Yearbook of the Chinese Lotteries 2022

中国彩票年鉴编辑委员会

中国彩票年鉴

中国财经出版传媒集团
中国财政经济出版社

图书在版编目（CIP）数据

中国彩票年鉴.2022/中国彩票年鉴编辑委员会编.——北京：中国财政经济出版社，2022.11
ISBN 978-7-5223-1662-8

Ⅰ.①中… Ⅱ.①中… Ⅲ.①彩票—中国—2022—年鉴 Ⅳ.①F832.5-54

中国版本图书馆CIP数据核字（2022）第152205号

责任编辑：陆宗祥　　　　　　　责任印制：史大鹏
封面设计：卜建辰　　　　　　　责任校对：胡永立

中国彩票年鉴2022
ZHONGGUO CAIPIAO NIANJIAN 2022

中国财政经济出版社 出版
URL：http://www.cfeph.cn
E-mail：cfeph@cfemg.cn
（版权所有　翻印必究）
社址：北京市海淀区阜成路甲28号　邮政编码：100142
营销中心电话：010-88191522
天猫网店：中国财政经济出版社旗舰店
网址：https://zgczjjcbs.tmall.com
北京时捷印刷有限公司　各地新华书店经销
成品尺寸：210mm×285mm　16开　30.5印张　780 000字
2022年12月第1版　2022年12月北京第1次印刷
定价：220.00元
ISBN 978-7-5223-1662-8
（图书出现印装问题，本社负责调换，电话：010-88190548）
本社质量投诉电话：010-88190744
打击盗版举报热线：010-88191661　QQ：2242791300

▲ 2021年9月，中国法律援助基金会张彦珍理事长带队赴山西省调研中央专项彩票公益金法律援助项目实施情况。

▲ 2021年，中央专项彩票公益金宏志助航计划：全国高校毕业生就业能力培训新疆大学基地培训结业合影。

▶ 2021年9月，中央专项彩票公益金法律援助项目荣获"中华慈善奖"，中国法律援助基金会张建华秘书长出席表彰大会并领奖。

◀ 2021年，中央专项彩票公益金法律援助项目实施单位志愿律师为困难群众提供法律援助。

▶ 2021年10月，在中央专项彩票公益金支持下，山西省红十字会举办第二届红十字应急救护大赛。

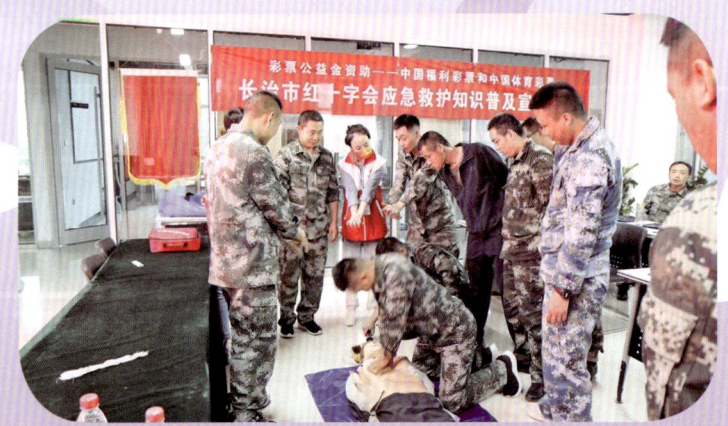

◀ 2021年，在中央专项彩票公益金支持下，山西省长治市红十字会开展应急救护知识普及宣传活动。

◀ 2021年,中央专项彩票公益金支持的黑龙江省伊春市中小学生校外研学实践活动项目:"洞藏酒窖"研学课程。该课程是伊春营地富有林区特色的工业生产类劳动教育课程,学生们通过参观天然形成的洞藏酒窖,可以学习酒的密度和酒的度数及发酵等专业知识。

▶ 2021年,中央专项彩票公益金支持的江西省永新县"滋蕙计划"集中评审现场。

▲ 2021年9月,中央专项彩票公益金支持乡村学校少年宫项目:贵州省黔南州荔波县瑶山民族小学少年宫社团跳瑶族猴鼓舞。

▲ 2021年,中央专项彩票公益金宏志助航计划:全国高校毕业生就业能力培训华东交通大学基地培训结业合影。

2021年，中央专项彩票公益金支持多地低收入妇女"两癌"救助项目

▲ 湖南省低收入妇女"两癌"救助彩票公益金集中发放仪式。

▲ 河南省平顶山市郏县举行"两癌"救助彩票公益金集中发放仪式。

▲ 广西桂林兴安县举行"两癌"救助彩票公益金集中发放仪式。

▲ 重庆市南川区低收入妇女"两癌"救助彩票公益金集中发放仪式。

▲ 浙江省淳安县石林镇组织全镇各村妇女进行"两癌"筛查活动。

▲ 贵州六盘水六枝特区妇联在家政培训班上宣传"两癌"防治知识及"两癌"救助政策。

▶ 2021年12月,中国红十字基金会"中央专项彩票公益金项目"儿童艺术关爱之旅在京举行。

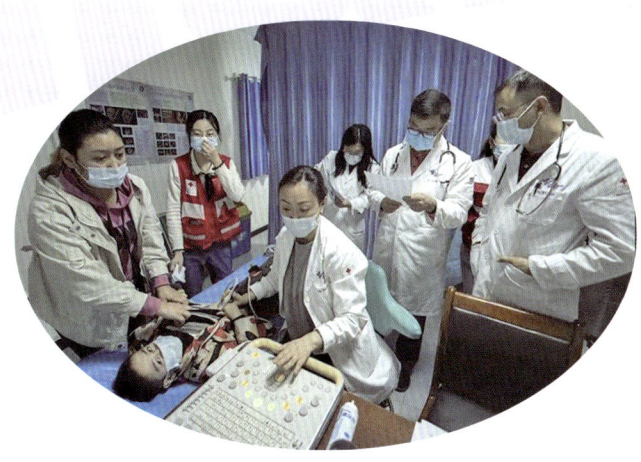

◀ 2021年4月,"天使之旅"新疆先心病患儿筛查救助行动:专家为先心病患儿会诊。

▶ 2021年,国家专项彩票公益金支持的"红十字博爱送万家"活动。

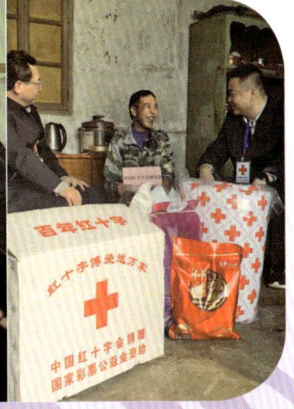

◀ 2021年,中央专项彩票公益金支持新疆生产建设兵团第五师85团少年宫开展活动的场景,孩子们可根据自己的兴趣爱好,在美术、音乐等活动中选择自己喜欢的项目参加,既提高了青少年社会实践能力,又推动了兵团文化事业发展。

▶ 2021年7月2日，庆祝中国共产党成立100周年大型舞台剧和作品主题创作资助项目歌剧《红船》作为"庆祝中国共产党成立100周年优秀舞台艺术作品展演"参演剧目，在北京国家大剧院演出。

▶ 2021年，中央专项彩票公益金资助的文化品牌基层行项目"星光之约"：起航舞之梦系列演出。

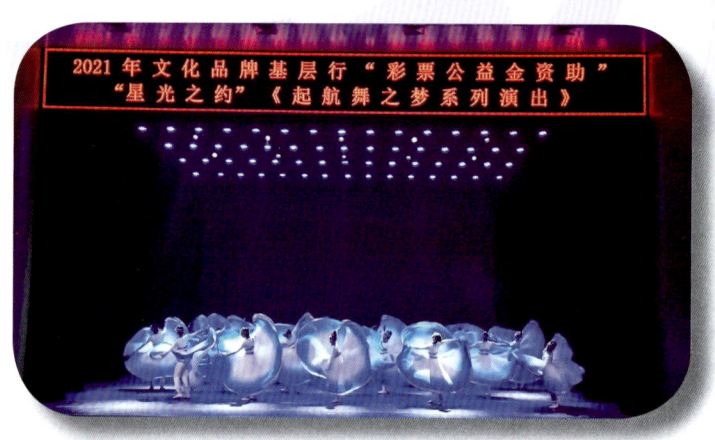

◀ 2021年，中央专项彩票公益金支持的器官捐献项目"生命之约·大爱传递——点亮生命之灯"主题宣传进社区活动在云南昆明举办。

▶ 2021年，中央专项彩票公益金支持的人体器官捐献志愿服务月：江西省举办"关爱生命·救在身边"活动走进社区。

▲ 2021年1月18日,中国福利彩票"有福有彩中国牛"线下推广活动走进西安。

▲ 2021年4月10日,广西福彩中心在南宁国际会展中心前广场举行壮美广西"三月三"即开型福利彩票游戏上市销售仪式。

▲ 2021年5月20日,中国福利彩票"文都寻宝"主题即开型彩票首发式在江苏南京举行。

◀ 2021年5月29日,中福彩中心"献礼百年辉煌,添彩幸福生活"主题地推活动启动,活动先后在上海、重庆、武汉、厦门、南昌及贵阳等六个城市成功开展。

▶ 2021年6月11日，中国福利彩票"人说山西好风光"（文旅结合）主题即开型彩票在山西太原举行首发式。

◀ 2021年7月17日，中国福利彩票"文润山青"主题即开型彩票首发式在云南文山州丘北县举行。

▶ 2021年7月25日，中福彩中心举办欢迎仪式，欢迎到京参加"福彩圆梦——北京欢迎你"民族团结一家亲活动的新疆阿克苏地区的孩子们。

◀ 2021年7月27日，在福彩生日当天，中国福利彩票发行管理中心在湖北武汉召开社会责任报告发布会，正式发布《2020年中国福利彩票社会责任报告》。

▶ 2021年10月11日至15日，中福彩中心在江西赣州举办地市级机构主要负责人、省级机构部门负责人和中福彩中心青年员工培训班。

◀ 2021年，中国福彩向凉山彝族自治州普格县大槽乡中心小学的妞妞合唱团捐赠了爱心音乐器材、音乐教室。

▶ 2021年9月5日，在我国第六个"中华慈善日"当天，广东省福彩中心委托广东省慈善总会向广州地铁捐赠一批价值20万元的自动体外除颤器AED。

◀ 2021年9月7日，"科圣故里·公益福彩"即开型福利彩票"墨子"全国云首发仪式在墨子故里——山东枣庄滕州举行。

◀ 2021年10月12日,黑龙江省伊春市福彩中心联合伊春市门球协会在红松体育场举办"福彩杯"迎重阳老年门球赛。

▶ 2021年11月8日,由广东省福彩中心主办的"中国福彩 一起造福"2021广东福利彩票公益宣传系列体育活动在佛山南海体育馆正式启动。

▲ 2021年11月30日,由浙江省福利彩票管理中心开展的"暖暖的很香甜"第二季福彩公益助农活动在庆元举行。

▲ 2021年,在第20届"福彩献真情,爱心助学子"活动中,河北省福彩中心共投入1 400多万元,资助近2 550名家庭生活困难学生。

◀ 2021年1月1日,"中国体育彩票"2021年全国新年登高健身大会在全国各地举行,主会场为浙江江山,全国31个省区市、几十个举办地同步联动,共同以登高望远的形式迎接新一年的到来。

▶ 2021年4月,由国家体育总局宣传司、国家体彩中心共同开展的"汇聚微公益 启航新征程"优秀彩票公益金项目宣传报道系列活动来到湖北,多家中央主流媒体及行业媒体共同组成采访团走进武汉、宜昌、荆门、京山四市,见证荆楚体育成就。

◀ 2021年4月10日,体彩开奖大厅迎来了中国国民党革命委员会见证团,他们中有救死扶伤的白衣天使,有辛勤耕耘的育人园丁,也有用法律守护公平正义的律师,等等。见证团目睹了摇奖机试机的全过程,见证了体彩公开、公平、公正的工作原则,见证了每一个幸运号码的诞生。

▶ 2021年4月21日,国家体彩中心在山西省太原市举行"平凡铸就伟大 奋斗筑梦未来"——2020体彩追梦人展示交流活动,对40位获得"2020体彩追梦人"称号的体彩人进行表彰。本次活动通过全程直播。

◀ 2021年5月13日，来自河南体彩中心濮阳分中心的肖寒松在河南肿瘤医院进行了造血干细胞采集，成为河南省第981例、濮阳市第47例造血干细胞捐献者，还是河南体彩系统第一位造血干细胞捐献者。

▶ 2021年6月27日，"善行海南·国兴筑梦"2021年海南希望工程助力乡村振兴圆梦行动温暖举行。海南体彩中心活动现场捐赠25万元，用于资助海南省50名品学兼优的低收入家庭学生。

◀ 2021年7月23日，为扎实推进党史学习教育活动，国家体彩中心党委和中心工会共同主办"永远跟党走"庆祝建党百年歌咏比赛。

▶ 2021年7月30日，湖南体彩常德分中心第一时间向金色晓岛社区、熊家台社区、体育东路社区、北堤社区、新东街社区、紫桥社区、美吉华庭小区共7个社区和采样点捐赠了30顶帐篷和220件矿泉水等物资，受到了社区工作人员、居民们的称赞。

▶ 2021年9月9日,"公益体彩·快乐操场"秋季支教活动在贵州省毕节市织金县第八小学举行,12名支教志愿者在织金县开展为期两个月的支教工作。

◀ 2021年11月16日,"汇聚微公益 添彩新征程"中国体育彩票主题展览在人民日报社新媒体大厦举办。主题展览全面展示了中国体育彩票的发展历程,以及体彩系统坚持党建引领、深入开展党史学习教育的典型事例等。

▶ 2021年11月16日,国家体育总局与人民网在北京举办《2020年中国体育彩票(1+31)社会责任报告》发布会,这份体育彩票发行机构和31个省级销售机构的年度责任报告,系统呈现中国体育彩票责任彩票建设成果。

◀ 2021年11月23日,中国体育彩票微光行动之"同心溢彩"AED捐赠仪式在广东省广州市天河体育中心体育场举行。中国体育彩票联合爱心企业向广州市11个公共体育场馆捐赠12台自动体外除颤器(AED),为人民群众的生命安全保驾护航。

◀ 2021年12月2日,中国体育彩票携手中国冰雪共同举办的"爱冰雪 同喝彩"冰雪嘉年华北京站活动开幕。活动旨在掀起全民"上冰雪"热潮,为"带动三亿人参与冰雪运动"续航。

▶ 2021年12月5日,中国体育彩票"好运'弈棋'来"全国象棋民间棋王电视争霸赛总决赛在海南省万宁市落下帷幕。30位省级"棋王"为观众奉献精彩、激烈的高水平对局,福建省"棋王"王石摘得桂冠。

◀ 2021年8月24日至9月5日,在日本东京举行的第16届残奥会上,中国体育代表团不畏强手,顽强拼搏,取得了96枚金牌、60枚银牌、51枚铜牌,已经连续五届金牌数和奖牌数高居榜首。疫情防控"零感染",反兴奋剂"零出现"。

▶ 2021年10月22日至29日,经国务院批准的全国第十一届残运会暨第八届特奥会在陕西举行。

中国彩票年鉴 2022

编辑委员会

主　任　欧文汉
副主任　林泽昌　方向阳　李卫华　安　宁　张　弛　刘　志
委　员

郭　梅	赵敏敏	李　绚	缪　丽	徐　鸣	张建华
裴　赓	廖明刚	郑胜利	李　杰	董红芳	王海新
王　健	文建中	陈鲁南	邓　宏	娄小晶	雷选沛
吴红智	丘晓敏	刘东崎	曾波彦	陈　曦	肖力竑
郑书俊	肖东海	高增起	曾小龙	高东勋	林克华
刘向梅	杨卓毅	张文书	蓝　挺	崔　伟	廖学志
潘巨春	赵　畅	问树林	梁其发	李江岭	温华川
葛　辉	陈　希	吴　俊	何亚雄	刘延辉	张小波
李凤双	包　波	何　彦	江　涛	侯要斌	陈万鹏
程　伟	王文荣	秦　岭	杜晓虎	王　鑫	鲁　明
赵学群	张素美	邵宁宁	杨春媛	陈恭伟	张云龙
肖艳菱	薛建刚	周　文	嘉　措	朱长河	方春雷（洛松扎西）
彭高俊	卢昌辉	朱长引	李哲宏	王振璋	王红年
林　烽	王　政	傅　昕	张　辉	孙光伟	刘　晨
余　彦	黄　培	张江龙	司光远	马永鑫	郭大忠
李　鹏	闫海涛	周　强	刘希伟	何东昌	纳　莉
何祖军		余广平	李永峰	张云海	程晋平
		王　伟	张　军		
		叶　川	林清泉		

中国彩票年鉴2022

编辑出版工作人员

编辑工作小组
方向阳　李卫华　郭　梅　赵敏敏　顾兆霞　夏晓曦
刘　艺　李　伟　刘建鲁　盛飒飒　秦　川　罗　姗

责任编辑
陆宗祥

英文目录翻译
吴楚松

英文校订
陆宗祥

封面设计
卜建辰

版式设计
南博文化

责任校对
胡永立

印制监督
史大鹏

编辑部电话
010-88190710
　　88190759
　　88190710（传真）

编辑说明

一、《中国彩票年鉴》是财政部综合司组织中国福利彩票发行管理中心和国家体育总局体育彩票管理中心等单位共同编纂的有关中国彩票业年度发展基本情况的综合信息密集型工具书，自2002年起每年出版一卷，已成系列。现奉献给读者的是该系列中的第二十一本。

二、年鉴工具书一般是以出版年号为卷次名称，具有按年度连续编纂的特点。2022年卷次主要收录从2021年1月1日到2021年12月31日中国彩票业的市场发展概况，汇集这期间的相关资料。

三、《中国彩票年鉴》不仅收录了最新彩票游戏规则、玩法说明，而且还汇集了如按系统、按类型、分地区，历年或按年、按月等多重方式叠加的彩票游戏销售统计数据，更加有利于读者从不同维度深入了解全国彩票市场的发行销售品种、结构和数量，有利于行业研究者开发出更加切合销售实际的彩票游戏新品种，整个统计体系脉络清晰，划分得当。

四、本年卷主体分为七个部分，包括彩票市场发展概况，彩票大事记，彩票制度、政策和文献，彩票统计资料，中央专项彩票公益金使用情况，附录及彩票票样等，其中彩票票样仍由中国福利彩票发行管理中心和国家体育总局体育彩票管理中心提供。

五、自2011年卷开始，年鉴已把"四、统计资料"部分的"（三）历年彩票游戏销售统计资料"栏目中"历年"的时间跨度改为十年，本年卷即为"2012—2021年"，以后仍逐年递推，敬请读者留意。

六、为扩大彩票公益金使用效果宣传，便于社会各界了解中央专项彩票公益金使用情况，自2012卷开始，增添"中央专项彩票公益金使用情况"栏目，内容逐年增加，越来越丰富。

七、本年卷文字记述中，凡涉及数据的，一般满亿的以亿为单位，不足亿的以万为单位，保留两位小数，四舍五入；读者如采用数据，请以统计资料中的数字为准；凡未注明提供者的统计数据均由财政部综合司提供，特此说明。

八、为进一步诠释国家彩票发行事业的"公益"理念，提高全书质量，增强可读性，在正文前设置了若干主要由教育部、民政部、文化和旅游部、中国红十字会总会、全国妇联妇女发展部、中国残疾人联合会、扶贫机构、教育机构，以及中国福利彩票发行管理中心、国家体育总局体育彩票管理中心等部门提供的专题彩色插页，力求生动、鲜活地反映2021年度彩票行业的发展风貌。凡是来稿中注明摄影者的，本书采用时就予以署名，而其他图片不再一一注明供稿机构。

九、为开阔读者视野，年鉴在附录中按照不同地区或品种，用19张附表详细统计了世界彩票销售情况，以飨读者。

十、《中国彩票年鉴2022》是集体协作的结晶，编辑过程中，特别得到了财政部综合司及两国家级彩票发行管理中心领导的热情支持。在此，谨向他们及其他为本年鉴的编辑出版付出辛勤劳动、给予大力支持的个人和单位，一并致以最诚挚的谢意！

中国彩票年鉴编辑委员会
2022年10月

目 录

一、2021年彩票市场发展概况 …………………………………………………… （1）
  全国彩票市场发展概况 …………………………………………………… （3）
  全国福利彩票市场发展概况 ……………………………………………… （4）
  全国体育彩票市场发展概况 ……………………………………………… （9）

二、2021年彩票大事记 …………………………………………………………… （15）

三、彩票制度、政策和文献 ……………………………………………………… （21）

（一）国家彩票监督管理制度、政策和文献 ………………………………… （23）
  中华人民共和国财政部公告（2021年8月27日 2021年第30号）……… （23）
  中华人民共和国财政部公告（2021年12月15日 2021年第35号）…… （42）
  财政部关于"1心1意"等13款即开型体育彩票游戏的审批意见
   （2021年2月25日 财政部 财综〔2021〕3号）………………………… （43）
  财政部关于"好运喵"等39款即开型福利彩票游戏的审批意见
   （2021年4月29日 财政部 财综〔2021〕15号）……………………… （48）
  财政部关于同意销毁"年年有鱼"等156款即开型体育彩票的通知
   （2021年4月29日 财政部 财综〔2021〕16号）……………………… （60）
  财政部关于印发《彩票市场调控资金管理办法》的通知
   （2021年5月12日 财政部 财综〔2021〕17号）……………………… （66）
  财政部关于印发《彩票公益金管理办法》的通知
   （2021年5月20日 财政部 财综〔2021〕18号）……………………… （70）
  关于印发《中央专项彩票公益金支持地方社会公益事业发展资金管理办法》的通知
   （2021年6月7日 财政部 财综〔2021〕21号）………………………… （76）
  财政部关于停止销售"'节'大欢喜"等65款即开型福利彩票游戏的审批意见
   （2021年9月14日 财政部 财综〔2021〕39号）……………………… （79）
  财政部关于"寅虎"等12款即开型体育彩票游戏的审批意见
   （2021年9月24日 财政部 财综〔2021〕40号）……………………… （82）
  财政部关于"壬寅虎5元"等27款即开型福利彩票游戏的审批意见
   （2021年11月30日 财政部 财综〔2021〕50号）……………………… （87）

（二）福利彩票管理制度和文献 ……………………………………………………………（96）

关于印发《中国福利彩票发行管理中心开奖操作规程》的通知
　　（2021年3月25日　中国福利彩票发行管理中心　中彩发字〔2021〕53号）……（96）
关于印发《中国福利彩票发行管理中心开奖信息发布管理办法》的通知
　　（2021年6月24日　中国福利彩票发行管理中心　中彩发字〔2021〕94号）……（99）
关于印发《中国福利彩票发行管理中心开奖应急处置办法》的通知
　　（2021年9月23日　中国福利彩票发行管理中心　中彩发字〔2021〕121号）……（101）
中福彩中心关于印发《中国福利彩票代销者违规名单管理暂行办法》的通知
　　（2021年11月29日　中国福利彩票发行管理中心　中彩发字〔2021〕149号）……（103）

（三）体育彩票管理制度和文献 ……………………………………………………………（105）

体育彩票基层队伍管理服务工作指导意见
　　（2021年1月1日　国家体育总局体育彩票管理中心　体彩字〔2021〕1号）……（105）
中国体育彩票创新发展指导意见
　　（2021年5月19日　国家体育总局体育彩票管理中心　体彩字〔2021〕157号）……（112）
中国体育彩票实体渠道管理办法
　　（2021年9月7日　国家体育总局体育彩票管理中心　体彩字〔2021〕286号）……（115）
关于做好近期安全稳定工作的通知
　　（2021年9月13日　国家体育总局体育彩票管理中心　体彩字〔2021〕302号）……（123）
国家体育总局体育彩票管理中心预算绩效管理暂行办法
　　（2021年10月30日）……………………………………………………………………（125）
关于进一步做好近期体育彩票领域安全稳定工作的通知
　　（2021年12月16日　国家体育总局体育彩票管理中心　体彩字〔2021〕375号）……（131）
关于印发《中国体育彩票突发业务事件等级定义清单（2021版）》的通知
　　（2021年12月16日　国家体育总局体育彩票管理中心　体彩字〔2021〕378号）……（133）

四、彩票统计资料 ……………………………………………………………………（135）

（一）历年综合统计资料 ……………………………………………………………………（137）

1987—2021年全国彩票销售统计表（分系统）……………………………………………（137）
1987—2021年全国彩票销售统计表（分类型）……………………………………………（138）
1987—2021年全国彩票销量折线图 ………………………………………………………（139）
1987—2021年全国彩票销售统计表（分系统分类型）……………………………………（140）
1987—2021年全国各地区彩票销售统计表 ………………………………………………（142）
1987—2021年全国彩票销售统计表（分地区分系统）……………………………………（146）
1987—2021年全国福利彩票公益金统计表 ………………………………………………（156）
1994—2021年全国体育彩票公益金统计表 ………………………………………………（160）
1987—2021年全国彩票公益金统计表 ……………………………………………………（164）
1987—2021年全国彩票公益金中央与地方分配表 ………………………………………（165）

（二）2021年综合统计资料 … （166）

- 2021年全国彩票销售情况表 … （166）
- 2021年全国彩票销售情况图 … （168）
- 2021年全国各地区彩票销售量排名表 … （169）
- 2021年全国各地区彩票销售情况表（分地区按月统计） … （170）
- 2021年全国各地区彩票销售额比重图 … （172）
- 2021年全国彩票分类型销售情况图 … （173）
- 2021年全国彩票销售情况表（分地区分系统） … （174）
- 2021年全国彩票公益金筹集情况表 … （176）
- 2021年全国福利彩票销售情况图 … （178）
- 2021年全国福利彩票各地区销售量排名表 … （179）
- 2021年全国福利彩票各地区销售额比重图 … （180）
- 2021年全国福利彩票分类型销售情况图 … （181）
- 2021年全国福利彩票销售情况表（分地区分类型） … （182）
- 2021年全国体育彩票销售情况图 … （194）
- 2021年全国体育彩票各地区销售量排名表 … （195）
- 2021年全国体育彩票各地区销售额比重图 … （196）
- 2021年全国体育彩票分类型销售情况图 … （197）
- 2021年全国体育彩票销售情况表（分地区分类型） … （198）

（三）历年彩票销售统计资料 … （211）

- 2012—2021年中国福利彩票全国联网彩票销售统计 … （211）
  - 双色球 … （211）
  - 3D … （212）
  - 七乐彩 … （213）
  - 快乐8 … （214）
  - 开乐彩 … （215）
- 2012—2021年中国福利彩票区域联网游戏销售统计 … （216）
  - 15选5 … （216）
  - 22选5 … （216）
  - 东方6+1 … （216）
- 2012—2021年中国福利彩票各地方彩票销售情况表 … （217）
- 2012—2021年中国福利彩票视频型彩票销售情况表（分游戏） … （221）
- 2012—2021年中国福利彩票即开型彩票销售情况表（分游戏） … （222）
- 2012—2021年中国体育彩票全国联网游戏销售统计 … （236）
  - 胜平负任选9场 … （236）
  - 足球4场进球 … （237）
  - 足球6场半全场胜平负 … （238）
  - 足球胜平负 … （239）

竞彩玩法 ··· （240）
　　排列 3 ··· （241）
　　排列 5 ··· （242）
　　七星彩 ··· （243）
　　22 选 5 ··· （244）
　　超级大乐透 ··· （245）
　　大乐透·幸运彩 ·· （246）
2012—2021 年中国体育彩票区域联网游戏销售统计 ··· （247）
　　31 选 7 ··· （247）
　　传统单场 ·· （248）
　　快中彩 ··· （248）
2012—2021 年中国体育彩票各地方彩票销售情况表 ··· （249）
2012—2021 年中国体育彩票竞猜型彩票销售情况表（分地区）······································· （256）
2012—2021 年中国体育彩票网点即开型彩票销售情况表（分地区）································ （257）

（四）2021 年彩票销售统计资料 ·· （258）

2021 年中国福利彩票全国联网游戏品种销售统计（分地区按月统计）···························· （258）
　　双色球 ··· （258）
　　3D ·· （260）
　　七乐彩 ··· （262）
　　快乐 8 ··· （264）
2021 年中国福利彩票区域联网游戏销售统计（分地区按月统计）·································· （266）
　　15 选 5 ··· （266）
　　东方 6+1 ··· （266）
2021 年中国福利彩票地方游戏销售情况表（分地区按月统计）····································· （267）
2021 年中国福利彩票即开型彩票销售情况表（分地区分品种）····································· （270）
2021 年中国体育彩票全国联网游戏销售统计（分地区按月统计）·································· （298）
　　胜平负任选 9 场 ··· （298）
　　足球 4 场进球 ·· （299）
　　足球 6 场半全场胜平负 ·· （300）
　　足球胜平负 ·· （301）
　　竞彩玩法 ·· （302）
　　排列 3 ··· （303）
　　排列 5 ··· （304）
　　七星彩 ··· （305）
　　超级大乐透 ··· （306）
2021 年中国体育彩票区域联网游戏销售统计（分地区按月统计）·································· （307）
　　传统单场 ·· （307）

2021年中国体育彩票地方游戏品种销售情况表（分地区按月统计） …………（308）
　　2021年中国体育彩票竞猜型彩票销售情况表（分地区分游戏） ……………（311）
　　2021年中国体育彩票网点即开型彩票销售情况表（分地区分游戏） ………（312）

（五）其他统计资料 …………………………………………………………………（333）
　　2002—2021年全国彩票机构代扣代缴中奖奖金个人所得税情况一览表 ……（333）
　　　　所得税额 ………………………………………………………………………（333）
　　2021年全国各地区彩票机构代扣代缴中奖奖金个人所得税情况一览表 ……（334）
　　　　所得税额 ………………………………………………………………………（334）
　　2002—2021年全国彩票机构中百万元以上大奖情况一览表 …………………（335）
　　2021年全国各地区福利彩票中百万元以上大奖情况一览表 …………………（336）
　　2021年全国各地区体育彩票中百万元以上大奖情况一览表 …………………（337）
　　2005—2021年全国彩票机构投注终端数量一览表 ……………………………（338）
　　　　投注终端机 ……………………………………………………………………（338）
　　2021年全国各地区彩票机构投注终端数量一览表 ……………………………（339）
　　　　投注终端机 ……………………………………………………………………（339）
　　2021年全国电脑福利彩票游戏一览表 …………………………………………（340）
　　2021年全国电脑体育彩票游戏品种一览表 ……………………………………（351）

五、中央专项彩票公益金使用情况 ……………………………………………………（363）
　　2021年中央专项彩票公益金支持全国低收入家庭高校毕业生就业帮扶项目
　　　（宏志助航计划）实施情况 ……………………………………………………（365）
　　2021年中央专项彩票公益金支持幼儿普通话教育项目（"童语同音"计划）
　　　实施情况 …………………………………………………………………………（367）
　　2021年中央专项彩票公益金支持中小学生校外研学实践活动项目实施情况 …（369）
　　2021年中央专项彩票公益金支持居家和社区基本养老服务提升行动项目实施情况 …（371）
　　2021年中央专项彩票公益金支持城乡医疗救助项目实施情况 ………………（373）
　　2021年中央专项彩票公益金支持欠发达革命老区乡村振兴项目实施情况 …（374）
　　2021年中央专项彩票公益金支持乡村学校少年宫项目实施情况 ……………（376）
　　2021年中央专项彩票公益金支持中国红十字会人道救助救援项目实施情况 …（377）
　　2021年中央专项彩票公益金支持中国红十字生命健康安全教育项目实施情况 …（379）
　　2021年中央专项彩票公益金支持中国造血干细胞捐献者资料库项目实施情况 …（381）
　　2021年中央专项彩票公益金支持大病儿童救助项目实施情况 ………………（384）
　　2021年中央专项彩票公益金支持人体器官捐献项目实施情况 ………………（386）
　　2021年中央专项彩票公益金支持教育助学项目实施情况 ……………………（388）
　　2021年中央专项彩票公益金支持法律援助项目实施情况 ……………………（390）
　　2021年中央专项彩票公益金支持残疾人事业项目实施情况 …………………（392）
　　2021年中央专项彩票公益金支持低收入妇女"两癌"救助项目实施情况 …（395）
　　2021年中央专项彩票公益金支持国家艺术基金项目实施情况 ………………（397）
　　2021年中央专项彩票公益金支持河北省社会公益事业发展项目实施情况 …（399）

2021年中央专项彩票公益金支持山西省社会公益事业发展项目实施情况 …………（401）
2021年中央专项彩票公益金支持内蒙古自治区社会公益事业发展项目实施情况 ……（403）
2021年中央专项彩票公益金支持黑龙江省社会公益事业发展项目实施情况 …………（405）
2021年中央专项彩票公益金支持安徽省社会公益事业发展项目实施情况 ……………（406）
2021年中央专项彩票公益金支持福建省原中央苏区社会公益事业发展项目实施
　情况 …………………………………………………………………………………（408）
2021年中央专项彩票公益金支持江西省赣南等原中央苏区社会公益事业发展项目
　实施情况 ……………………………………………………………………………（410）
2021年中央专项彩票公益金支持山东省沂蒙革命老区社会公益事业发展项目实施
　情况 …………………………………………………………………………………（412）
2021年中央专项彩票公益金支持河南省社会公益事业发展项目实施情况 ……………（414）
2021年中央专项彩票公益金支持湖北省社会公益事业发展项目实施情况 ……………（416）
2021年中央专项彩票公益金支持湖南省社会公益事业发展项目实施情况 ……………（417）
2021年中央专项彩票公益金支持广东省原中央苏区社会公益事业发展项目实施
　情况 …………………………………………………………………………………（418）
2021年中央专项彩票公益金支持广西壮族自治区社会公益事业发展项目实施
　情况 …………………………………………………………………………………（420）
2021年中央专项彩票公益金支持海南省社会公益事业发展项目实施情况 ……………（422）
2021年中央专项彩票公益金支持重庆市社会公益事业发展项目实施情况 ……………（424）
2021年中央专项彩票公益金支持四川省社会公益事业发展项目实施情况 ……………（426）
2021年中央专项彩票公益金支持贵州省社会公益事业发展项目实施情况 ……………（428）
2021年中央专项彩票公益金支持云南省社会公益事业发展项目实施情况 ……………（430）
2021年中央专项彩票公益金支持西藏自治区社会公益事业发展项目实施情况 ………（432）
2021年中央专项彩票公益金支持陕西省社会事业发展项目实施情况 …………………（434）
2021年中央专项彩票公益金支持甘肃省社会公益事业发展项目实施情况 ……………（437）
2021年中央专项彩票公益金支持青海省社会公益事业发展项目实施情况 ……………（439）
2021年中央专项彩票公益金支持宁夏回族自治区社会公益事业发展项目实施
　情况 …………………………………………………………………………………（442）
2021年中央专项彩票公益金支持新疆维吾尔自治区社会公益事业发展项目实施
　情况 …………………………………………………………………………………（444）
2021年中央专项彩票公益金支持新疆生产建设兵团社会公益事业发展项目实施
　情况 …………………………………………………………………………………（446）

六、附录 ……………………………………………………………………………………（449）

　主要彩票游戏类型简介 ……………………………………………………………………（451）
　2021年世界彩票销售情况 …………………………………………………………………（452）

七、彩票票样 ………………………………………………………………………………（467）

Contents

I. Overview of Lottery Market Development in 2021 (1)

    Overview of the Lottery Market Development in China (3)

    Overview of the Market Development of China Welfare Lottery (4)

    Overview of the Market Development of China Sports Lottery (9)

II. Important Events of Chinese Lottery in 2021 (15)

III. Regulations, Policies and Documents (21)

    A. State Regulations, Policies and Documents on Administration of Lottery (23)

    Announcement No. 30, 2021 of Ministry of Finance of the People's Republic of China. (August 27th, 2021) (23)

    Announcement No. 35, 2021 of Ministry of Finance of the People's Republic of China. (December 15th, 2021) (42)

    Approval Idea No.3, 2021 on the sales of the Instant Sports Lottery "1 Xin 1 Yi" and other 12 games by Ministry of Finance. (February 25th, 2021) (43)

    Approval Idea No.15, 2021, on China Welfare Lottery "Hao Yun Miao" and other 38 games by Ministry of Finance. (April 29th, 2021) (48)

    Circular No.16, 2021 on destroying the Instant Sports Lottery "Nian Nian You Yu" and other 155 games by Ministry of Finance. (April 29th, 2021) (60)

    Circular No. 17, 2021 on Printing and Distributing the Administration Measures of Lottery Market Regulation Funds.(May 12th, 2021) (66)

    Circular No. 18, 2021 on Printing and Distributing the Administration Measures of Lottery Pubic Welfare Funds.(May 20th, 2021) (70)

    Circular No. 21, 2021 on Printing and Distributing the Administration Measures of Central Special Lottery Public Welfare Fund to Support the Development of Local Social Public Welfare Charity.(June 7th, 2021) (76)

    Approval Idea No.39, 2021 on ceasing the sales of the Instant Welfare Lottery " 'Jie' Da Huan Xin" and other 64 games by Ministry of Finance. (September 14th, 2021) (79)

Approval Idea No.40,2021 on the Instant Sports Lottery "Yin Hu" and other 11 games by Ministry of Finance. (September 24th, 2021) ……………………………………………… （ 82 ）

Approval Idea No.50,2021, on China Welfare Lottery " 壬寅虎 5 Yuan" and other 26 games by Ministry of Finance. (November 30th, 2021) ………………………………………… （ 87 ）

B. Regulations and Document of Welfare Lottery …………………………………… （ 96 ）

Circular No. 53, 2021 on Printing and Distributing the Operating Procedures for Lottery Draw of China Welfare Lottery Distribution Management Center by Issuance Centre of China Welfare Lottery.(March 25th, 2021) ……………………………………………………… （ 96 ）

Circular No. 94, 2021 on Printing and Distributing the Administrative Measures for the Release of Lottery Information of China Welfare Lottery Distribution and Management Center by Issuance Centre of China Welfare Lottery. (June 24th, 2021) ………………………… （ 99 ）

Circular No. 121, 2021 on Printing and Distributing the Measures of China Welfare Lottery Distribution and Management Center for Emergency Handling of Lottery Draw by Issuance Centre of China Welfare Lottery. (September 23th, 2021) …………………………… （ 101 ）

Circular No. 149, 2021 on Printing and Distributing the Interim Administrative Measures of the Illegal List of China's Welfare Lottery retailers by Issuance Centre of China Welfare Lottery.(November 29th, 2021) ………………………………………………………… （ 103 ）

C. Regulations and Document of Sports Lottery ……………………………………… （ 105 ）

Guidance No. 1 on Management and Service of Sports Lottery Grass-roots Team by Sports Lottery Management Center of State Sport General Administration of China. (January 1st, 2021) ……………………………………………………………………………………… （ 105 ）

Guidance No. 157 on Innovation and Development of China Sports Lottery by Sports Lottery Management Center of State Sport General Administration of China.(May 19th, 2021) …… （ 112 ）

Measures for the Administration of Physical Channels of China Sports Lottery by Sports Lottery Management Center of State Sport General Administration of China. (No.286, September 7th, 2021) ………………………………………………………………… （ 115 ）

Circular No. 302 on Security and Stability in the Near Future by Sports Lottery Management Center of State Sport General Administration of China. (September 13th, 2021) …………… （ 123 ）

Interim Measures of Budget Performance Management by Sports Lottery Management Center of State Sport General Administration of China. (October 30th, 2021) ……………… （ 125 ）

Circular No. 375 on Further Security and Stability in the Near Future by Sports Lottery Management Center of State Sport General Administration of China. (December 16th, 2021) …………… （ 131 ）

Circular No. 378 on Printing and Distributing List of China Sports Lottery Contingency Level Definitions.(Edition of 2021) (December 16th, 2021) ………………………………… （ 133 ）

IV. Statistics of Lottery ……………………………………………………………… （ 135 ）

A. Statistical Data of Past Years ………………………………………………………… （ 137 ）

Statistical Table of Lottery Sales in Different Organizations in China from 1987 to 2021 …… （ 137 ）

Statistical Table of Lottery Sales in Different Lottery Games in China from 1987 to 2021 ……（138）
Statistical Line Chart of Lottery Sales in China from 1987 to 2021 ……………………（139）
Statistical Table of Lottery Sales in Different Organizations and Different Lottery Games in China
　　from 1987 to 2021 ………………………………………………………………………（140）
Statistical Table of Lottery Sales in Different Regions in China from 1987 to 2021 …………（142）
Statistical Table of Lottery Sales in Different Regions and Different Organizations in China from
　　1987 to 2021 ……………………………………………………………………………（146）
Statistical Table of Public Welfare Fund of Welfare Lottery in China from 1987 to 2021 ……（156）
Statistical Table of Public Welfare Fund of Sports Lottery in China from 1994 to 2021 ………（160）
Statistical Table of Public Welfare Fund of Lottery in China from 1987 to 2021 ………………（164）
Statistical Table of the Allocation of Public Welfare Fund of Lottery between Central and Local
　　Governments from 1987 to 2021 ………………………………………………………（165）

B. Statistical Data of 2021 ……………………………………………………………（166）
Statistical Table of Lottery Sales in China in 2021 ………………………………………（166）
Diagram of Lottery Sales in China in 2021 ………………………………………………（168）
Ranking of Lottery Sales in Different Regions in China in 2021 …………………………（169）
Statistical Table of Lottery Monthly Sales in Different Regions in China in 2021 ………（170）
Diagram of Lottery Sales Proportion in Different Regions in China in 2021 ……………（172）
Diagram of Lottery Sales in Different Lottery Games in China in 2021 …………………（173）
Statistical Table of Lottery Sales in Different Regions and Different Organizations in China in
　　2021 ……………………………………………………………………………………（174）
Statistical Table of the Public Welfare Fund Raised from Lottery Sales in China in 2021 ……（176）
Diagram of Sales of Welfare Lottery in China in 2021 ……………………………………（178）
Ranking of Sales of Welfare Lottery in Different Regions in China in 2021 ……………（179）
Diagram of Sales Proportion of Welfare Lottery in Different Regions in China in 2021 ………（180）
Diagram of Welfare Lottery Sales in Different Lottery Games in China in 2021 …………（181）
Statistical Table of Welfare Lottery Sales in Different Regions and Different Lottery Games
　　in China in 2021 …………………………………………………………………………（182）
Diagram of Sales of Sports Lottery in China in 2021 ……………………………………（194）
Ranking of Sales of Sports Lottery in Different Regions in China in 2021 ………………（195）
Diagram of Sports Lottery Sales Proportion in Different Regions of China in 2021 …………（196）
Diagram of Sports Lottery Sales in Different Lottery Games in China in 2021 …………（197）
Statistical Table of Sports Lottery Sales in Different Regions and Different Lottery Games
　　in China in 2021 …………………………………………………………………………（198）

C. Sales Statistics of Different Lottery Games in Past Years ……………………（211）
Sales Statistics of National Games of China Welfare Lottery from 2011 to 2021 ……………（211）
　　Double-Color Ball ………………………………………………………………………（211）
　　3D ………………………………………………………………………………………（212）

  Qi Le Cai ··· (213)

  Kuai Le 8 ·· (214)

  Kai Le Cai ··· (215)

Sales Statistics of Inter-Regional Games of China Welfare Lottery from 2012 to 2021 ········· (216)

  5/15 ··· (216)

  5/22 ··· (216)

  East 6+1 ·· (216)

Sales Statistics of Regional Games of China Welfare Lottery from 2012 to 2021 ··············· (217)

Sales Statistics of Video Terminal-Sail of China Welfare Lottery from 2012 to 2021 ············ (221)

Sales Statistics of Terminal-Sale Instant Win Tickets of China Welfare Lottery in Different Lottery Games from 2012 to 2021 ·· (222)

Sales Statistics of National Games of China Sports Lottery from 2012 to 2021 ················ (236)

  Any 9 Games in Winning, Drawing and Losing ·· (236)

  Scoring in 4 Football Games ·· (237)

  Winning, Drawing and Losing in Six Half-Time and Full-Time Football Matches ············ (238)

  Winning, Drawing and Losing in Football Games ·· (239)

  Betting ·· (240)

  Digit 3 ·· (241)

  Digit 5 ·· (242)

  Seven-Star Lotto ··· (243)

  5/22 ··· (244)

  Super Lotto·· (245)

  Super Lotto. Lucky Lotto ·· (246)

Sales Statistics of Inter-Regional Games of China Sports Lottery from 2012 to 2021 ············· (247)

  7/31 ··· (247)

  Traditional Single ··· (248)

  Kuai Zhong Cai ··· (248)

Sales Statistics of Regional Games of Sports Lottery in China from 2012 to 2021 ·············· (249)

Sales Statistics of Toto of Sports Lottery in Different Regions in China from 2012 to 2021 ··· (256)

Sales Statistics of Terminal-Sale Instant Win Tickets of Sports Lottery in Different Regions in China from 2012 to 2021 ··· (257)

D. Sales Statistics of Different Lottery Games in 2021 ··· (258)

Monthly Sales Statistics of National Games of Welfare Lottery in Different Regions in China in 2021··· (258)

  Double-Color Ball ··· (258)

  3D ·· (260)

  Qi Le Cai ··· (262)

  Kuai Le 8 ·· (264)

Monthly Sales Statistics of Inter-Regional Games of Welfare Lottery in Different Regions in China in 2021 ··· (266)

  5/15 ·· (266)

  East 6+1 ·· (266)

Monthly Sales Statistics of Regional Games of China Welfare Lottery in 2021 ················· (267)

Sales Instant win Tickets of Welfare Lottery in Different Regions and in Different Games

 in China in 2021 ·· (270)

Monthly Sales Statistics of National Games of Sports Lottery in Different Regions in China

 in 2021 ··· (298)

  Any 9 Games in Winning ,Drawing and Losing ··· (298)

  Scoring in 4 Football Games ··· (299)

  Winning, Drawing and Losing in Six Half-Time and Full-Time Football Matches ············ (300)

  Winning, Drawing and Losing in Football Games ····································· (301)

  Betting ·· (302)

  Digit 3 ·· (303)

  Digit 5 ·· (304)

  Seven-Star lotto ··· (305)

  Super Lotto ··· (306)

Monthly Sales Statistics of Inter-Regional Games of Sports Lottery in Different Regions

 in China in 2021 ·· (307)

  Traditional Single ·· (307)

Monthly Sales Statistics of Regional Games of Sports Lottery in China in 2021 ················· (308)

Sales Statistics of Terminal-Sale Sports Betting Tickets of Sports Lottery in Different

 Regions and in Different Games in China in 2021 ·· (311)

Sales Statistics of Terminal-Sales Instant Win Tickets of Sports Lottery in Different Regions

 and in Different Games in China in 2021 ·· (312)

E. Other Statistical Data ·· (333)

Table of Individual Income Tax from Lottery Winners Withheld by Lottery Organizations

 in China from 2002 to 2021 ··· (333)

Table of Individual Income Tax from Lottery Winners Withheld by Lottery Organizations

 in Different Regions in China in 2021 ·· (334)

Table of Quantity of Millionaire Prize Winners in Lottery Organizations in China from

 2002 to 2021 ··· (335)

Table of Quantity of Welfare Lottery Millionaire Prize Winners in Different Regions in 2021 ······ (336)

Table of Quantity of Sports Lottery Millionaire Prize Winners in Different Regions in 2021 ······ (337)

Table of the Quantity of Lottery Sales Terminals in China from 2005 to 2021 ················· (338)

Table of the Quantity of Lottery Sales Terminals in China in Different Regions in 2021 ········· (339)

Table of Computerized National Welfare Lottery Games in 2021 ································· (340)

Table of Computerized National Sports Lottery Games in 2021 ·································· (351)

V. Overview of Central Special Public Welfare Fund ······（363）

Overview of the Implementation of the National Low-income College Graduates Employment Assistance Project Supported by Central Special Public Welfare Fund in 2021.(Hongzhi Navigation Assistance Plan) ······（365）

Overview of the Implementation of Preschool Mandarin Education Project Supported by Central Special Public Welfare Fund in 2021.(Jintong Language Homophony Program) ······（367）

Overview of the Implementation of Out of School Research Practice Activities for Primary and Secondary School Students Supported by Central Special Public Welfare Fund in 2021 ······（369）

Overview of the Implementation of Improvement of Basic Elderly Care Services Project at Home and in Communities Supported by Central Special Public Welfare Fund in 2021. ······（371）

Overview of the Implementation of Urban and Rural Medical Assistance Project Supported by Central Special Public Welfare Fund in 2021 ······（373）

Overview of the Implementation of Rural Revitalization Project in Underdeveloped Old Revolutionary Base Areas Supported by Central Special Public Welfare Fund in 2021 ······（374）

Overview of the Implementation of Children's Palace of Rural School Project Supported by Central Special Public Welfare Fund in 2021 ······（376）

Overview of the Implementation of Humanitarian Relief and Rescue Project of the Red Cross in China Supported by Central Special Public Welfare Fund in 2021 ······（377）

Overview of the Implementation of Life, Health and Security Education of the Red Cross in China Project Supported by Central Special Public Welfare Fund in 2021 ······（379）

Overview of the Implementation of the Donors' Database of Hematopoietic Stem Cells Project in China Supported by Central Special Public Welfare Fund in 2021 ······（381）

Overview of the Implementation of Assistance to Severely Ill Children Project Supported by Central Special Public Welfare Fund in 2021 ······（384）

Overview of the Implementation of Human Organ Donation Project Supported by Central Special Public Welfare Fund in 2021 ······（386）

Overview of the Implementation of Educational Assistance Project Supported by Central Special Public Welfare Fund in 2021 ······（388）

Overview of the Implementation of Legal-Aid Project Supported by Central Special Public Welfare Fund in 2021 ······（390）

Overview of the Implementation of Disabled Project Supported by Central Special Public Welfare Fund in 2021 ······（392）

Overview of the Implementation of Two-Cancer-Aid for Low-Income Women Project Supported by Central Special Public Welfare Fund in 2021 ······（395）

Overview of the Implementation of National Art Funds Project Supported by Central Special Public Welfare Fund in 2021 ······（397）

Overview of the Implementation of Construction of Social Welfare Project in Hebei Supported by Central Special Public Welfare Fund in 2021 ······（399）

Overview of the Implementation of Construction of Social Welfare Project in Shanxi Supported by Central Special Public Welfare Fund in 2021 ……………………………………… (401)

Overview of the Implementation of Construction of Social Welfare Project in Inner Mongolia Supported by Central Special Public Welfare Fund in 2021 …………………………… (403)

Overview of the Implementation of Construction of Social Welfare Project in Heilong jiang Supported by Central Special Public Welfare Fund in 2021 …………………………… (405)

Overview of the Implementation of Construction of Social Welfare Project in Anhui Supported by Central Special Public Welfare Fund in 2021 ……………………………………… (406)

Overview of the Implementation of Social Public Welfare Project of the Former Central Soviet Area in Fujian Province Supported by Central Special Public Welfare Fund in 2021 ………… (408)

Overview of the Implementation of Social Public Welfare Project of the Former Central Soviet Area in Southern Part of Jiangxi Province Supported by Central Special Public Welfare Fund in 2021 ……………………………………………………………………………… (410)

Overview of the Implementation of Social Public Welfare Project in Yimeng and Other Districts in Shandong Province Supported by Central Special Public Welfare Fund in 2021 …………… (412)

Overview of the Implementation of Construction of Social Welfare Project in Henan Supported by Central Special Public Welfare Fund in 2021 ……………………………………… (414)

Overview of the Implementation of Construction of Social Welfare Project in Hubei Supported by Central Special Public Welfare Fund in 2021 ……………………………………… (416)

Overview of the Implementation of Construction of Social Welfare Project in Hunan Supported by Central Special Public Welfare Fund in 2021 ……………………………………… (417)

Overview of the Implementation of Social Public Welfare Project of the Former Central Soviet Area in Guangdong Province Supported by Central Special Public Welfare Fund in 2021 ……………………………………………………………………………… (418)

Overview of the Implementation of Social Public Welfare Project in Guangxi Zhuang Autonomous Region Supported by Central Special Public Welfare Fund in 2021 …………… (420)

Overview of the Implementation of Construction of Social Welfare Project in Hainan Supported by Central Special Public Welfare Fund in 2021 ……………………………………… (422)

Overview of the Implementation of Construction of Social Welfare Project in Chongqing Supported by Central Special Public Welfare Fund in 2021 …………………………… (424)

Overview of the Implementation of Construction of Social Welfare Project in the City of Luzhou in Sichuan Province Supported by Central Special Public Welfare Fund in 2021 …………… (426)

Overview of the Implementation of Construction of Social Welfare Project in Guizhou Supported by Central Special Public Welfare Fund in 2021 ……………………………………… (428)

Overview of the Implementation of Construction of Social Welfare Project in Yunnan Supported by Central Special Public Welfare Fund in 2021 ……………………………………… (430)

Overview of the Implementation of Social Public Welfare Project in Tibet Supported by Central Special Public Welfare Fund in 2021 ……………………………………………………… (432)

Overview of the Implementation of Social Public Welfare Project in Shan'xi Supported by Central Special Public Welfare Fund in 2021 …………………………………………… (434)

Overview of the Implementation of Social Public Welfare Project in Gansu Supported by
Central Special Public Welfare Fund in 2021 ·· (437)

Overview of the Implementation of Social Public Welfare Project in Qinghai Supported by
Central Special Public Welfare Fund in 2021 ·· (439)

Overview of the Implementation of Social Public Welfare Project in Ningxia Hui Autonomous
Region Supported by Central Special Public Welfare Fund in 2021 ···························· (442)

Overview of the Implementation of Social Public Welfare Project in Xinjiang Uygur
Autonomous Region Supported by Central Special Public Welfare Fund in 2021 ············ (444)

Overview of the Implementation of Social Public Welfare Project in Xinjiang Production
and Construction Corps Supported by Central Special Public Welfare Fund in 2021 ·········· (446)

VI. Appendix ·· (449)

Brief Introduction of Lottery Games ··· (451)

A Summary of World Lottery Sales in 2021 ··· (452)

VII. Sample Lottery Tickets ··· (467)

一、2021年彩票市场发展概况

全国彩票市场发展概况

2021年，我国彩票事业总体呈现平稳健康发展态势。全国累计销售彩票3 732.85亿元，其中，福利彩票机构销售1 422.55亿元，体育彩票机构销售2 310.30亿元。

财政部会同有关部门坚持规范管理与改革创新并重，不断优化彩票品种和游戏结构。一是有序退市高频快开彩票游戏，防范和化解市场风险，防止出现非理性投注等导致的社会问题；二是大力支持即开型彩票发展，推动研发博弈性小、沉迷性低、娱乐性强的绿色健康彩票品种；三是有效推进彩票制度建设，结合近年来彩票市场调控资金管理经验和使用成效，修订印发《彩票市场调控资金管理办法》(财综〔2021〕17号)。

此外，财政部会同相关部门和单位，保持高压态势，发现一起处置一起，精准打击擅自利用互联网销售彩票行为，封堵完成3 753个非法售彩网站，全面开展擅自利用手机APP销售彩票专项整治行动，组织指导地方对本地区违法违规问题开展清理整顿，严厉打击处理一批违法违规案件，净化全国彩票市场环境。同时，推动相关部门和单位进一步完善黑名单制度，深入推进责任彩票建设，不断优化彩票监管系统，加快研究建立彩票监管长效机制。

（财政部综合司供稿）

全国福利彩票市场发展概况

2021年是党和国家历史上具有里程碑意义的一年，也是福彩系统经受严峻考验、取得突出成绩、推进健康发展、坚定信心信念的一年。一年来，全国福彩系统面对转型发展和稳市场、稳网点、稳就业的多重压力，始终牢记习近平总书记关于彩票工作的重要指示批示精神，在民政部党组领导下，在财政、公安、市场监管等部门大力支持下，坚守初心、砥砺前行，积极应对形势发展变化，全年实现全国销量1 422.55亿元，筹集公益金443.60亿元，稳住发行销售基本盘，实现"十四五"良好开局。

一、全国福利彩票市场基本情况

（一）总体情况

2021年全国福利彩票销售受疫情防控、快开游戏春节后退市等因素影响，销售额呈现小幅下降，全年发行销售1 422.55亿元，同比减少22.33亿元，下降1.5%（见图1）。不计快开游戏和视频型彩票，即开型和其他乐透数字基诺型彩票的总销量实现同比增长65%。

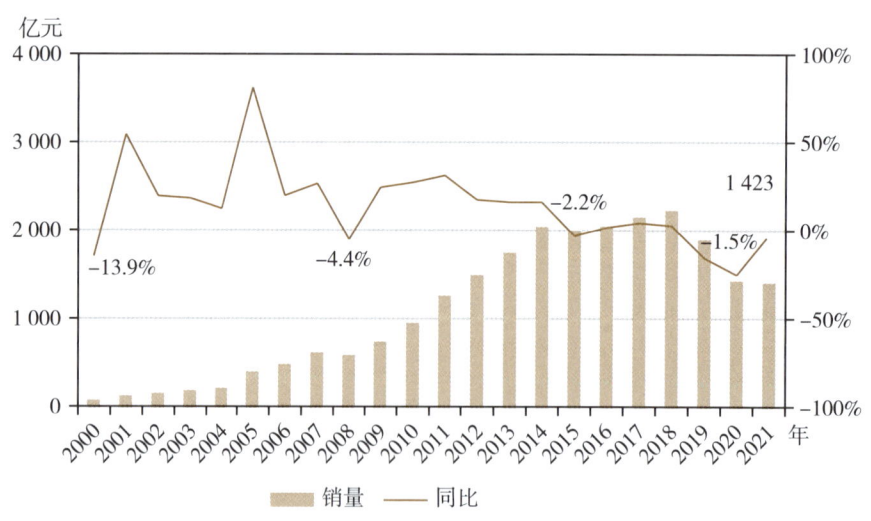

图1 2000—2021年福利彩票销量与同比增速情况

2021年福利彩票筹集公益金（不含弃奖）约443.60亿元，公益金筹集率约为31.2%，同比提高0.4个百分点（见图2），筹集率为近十年来最高。

（二）分月销售情况

2021年1—12月，福利彩票月销量呈现稳中有升态势，月均销量为119亿元。1月因快开游戏尚未退市销量为全年最高，2月因春节休市且春

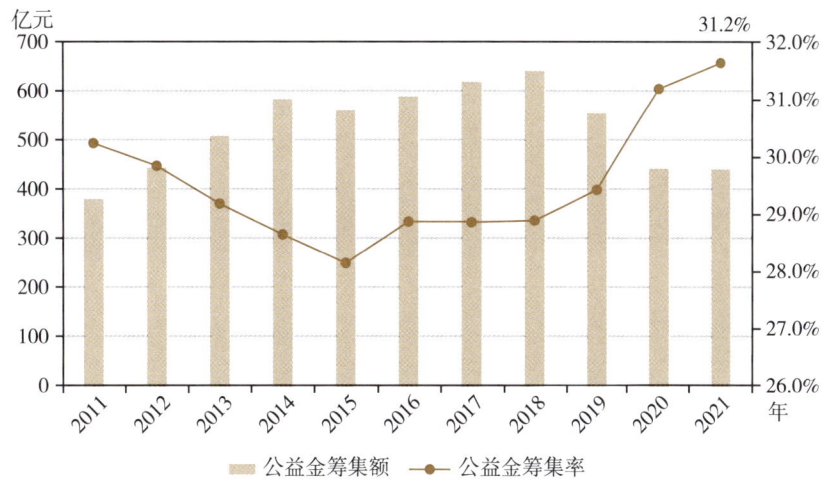

图2 2011—2021年福利彩票筹集公益金与公益金筹集率情况

节休市结束后（2月18日后）快开游戏退市影响销量为全年最低，3月至12月各月销量呈现企稳增长趋势（见图3）。其中，3月至5月受快乐8游戏分批试点影响，月销量稳步提高。6月至7月受快乐8派奖等因素拉动销量企稳增长。受"正当红"系列即开票派奖拉动，10月销量实现同比、环比双增长，弥补了因国庆节休市导致的销量下降。后两月受年底旺季及双色球派奖等因素共同拉动，年底呈现月销量小幅翘尾。

二、分类型销售情况

（一）主力游戏销售情况

2021年，乐透数字型彩票销售913.84亿元，同比减少307.57亿元（主要受快开游戏退市影响），下降25.2%。其中，双色球销售580.08亿元，同比增加96.06亿元，增长19.8%（见图4）；3D销售247.06亿元，同比增加84.30亿元，增长51.8%；快开游戏销售67.16亿元，同比减少488.42亿元，下降87.9%。即开型彩票销售281.88亿元，同比增加135.45亿元，增长92.5%。基诺型彩票销售226.83亿元，同比增加217.73亿元，增长2 390.1%。

（二）主力游戏占比情况

2021年全年，乐透数字型、即开型、基诺型彩票销售量分别占福利彩票销售总量的64.2%、19.8%和15.9%。乐透数字型彩票中，双

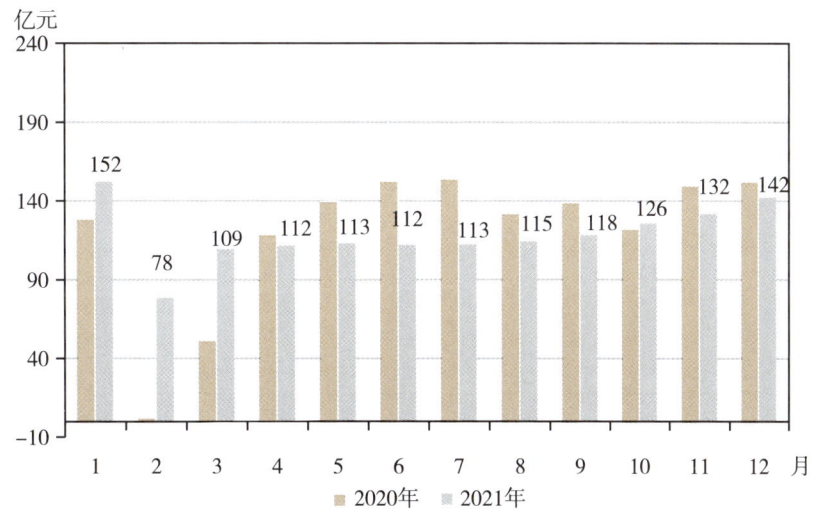

图3 2020—2021年福利彩票月销量

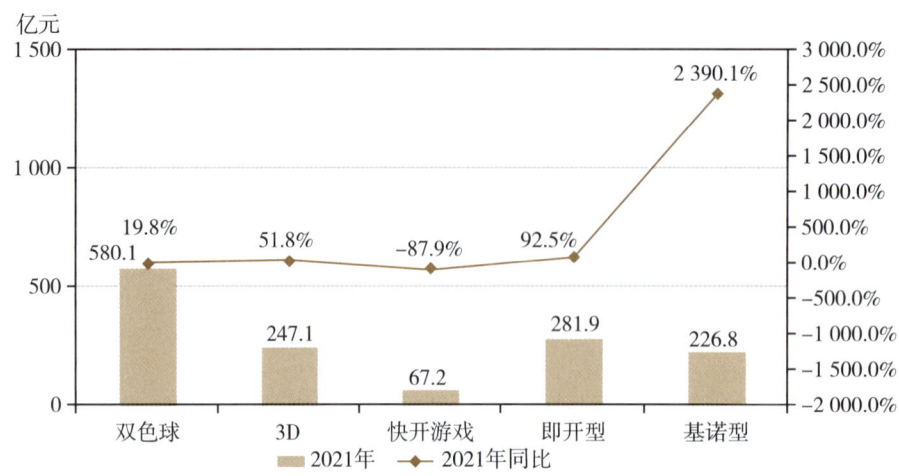

图4 2021年全国福利彩票主力游戏销量及同比情况

色球、3D、快开游戏分别占福利彩票销售总量的40.8%、17.4%和4.7%。

2021年主力游戏中，除快开游戏占比下降较多外，其他主力游戏占比均有所提高。一方面，快开游戏在销时间仅约1个月，直接导致销量同比大幅减少，占比较上年降低33.7个百分点。另一方面，其他游戏占比均呈现不同程度提高，其中基诺型彩票受快乐8游戏试点范围稳步扩大拉动，销量较上年增加较多，占比提高15.3个百分点；即开型彩票、双色球、3D游戏份额分别提高9.7个百分点、7.3个百分点、6.1个百分点。

三、各省销售情况

（一）从销售总量上看

2021年，销量排名前10位的省份贡献了全国福利彩票总销量的56.8%。其中，销量在100亿元以上的省份有2个、与上年持平，分别是广东（161.83亿元）、浙江（116.29亿元）（见图5）。销量在60亿—100亿元的省份有4个，依次是山东（90.41亿元）、江苏（81.25亿元）、四川（74.28亿元）、云南（67.65亿元）。销量在50亿—60亿元的省份有5个，分别是陕西（55.71亿元）、湖北（54.33亿元）、辽宁（53.43亿元）、新

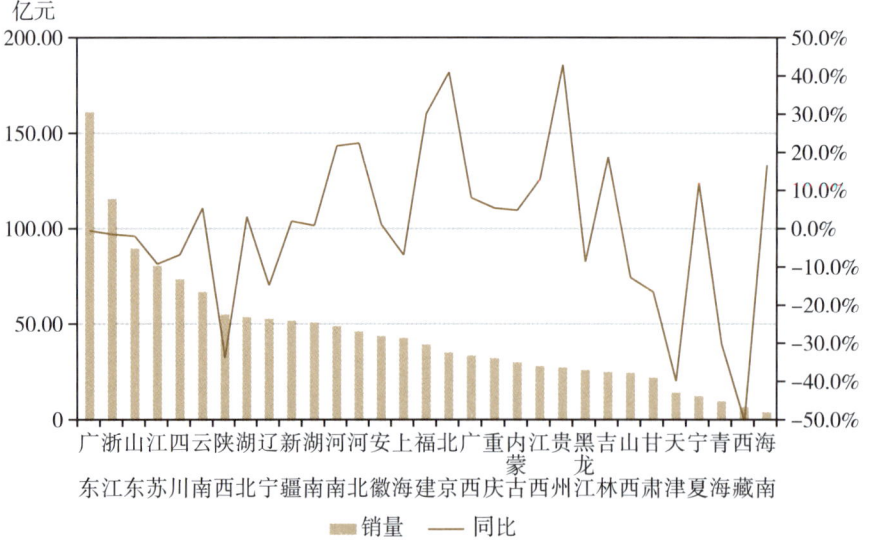

图5 2021年福利彩票各省份销量及同比情况

疆（52.38亿元）、湖南（51.43亿元）。销量在30亿—50亿元的省份有9个，分别是河南（49.53亿元）、河北（46.81亿元）、安徽（44.39亿元）、上海（43.39亿元）、福建（39.93亿元）、北京（35.81亿元）、广西（34.20亿元）、重庆（32.83亿元）、内蒙古（30.60亿元）。销量在30亿元以下的省份有11个，分别是江西（28.70亿元）、贵州（27.96亿元）、黑龙江（26.60亿元）、吉林（25.55亿元）、山西（25.13亿元）、甘肃（22.61亿元）、天津（14.78亿元）、宁夏（12.92亿元）、青海（10.26亿元）、西藏（7.08亿元）和海南（4.47亿元）。

（二）从同比增速上看

2021年，全国有17省份福利彩票年销量实现增长，比上年增加15省。其中，贵州增速达43.2%，为全国增速最高；北京同比增长41.3%，排名第二。同比增幅在10%—40%的省份有7个，分别是福建（30.4%）、河北（22.8%）、河南（22%）、吉林（19.1%）、海南（17%）、江西（13.2%）、宁夏（12.3%）。同比增幅在10%以内的省份有8个，分别是广西（8.4%）、云南（5.7%）、重庆（5.7%）、内蒙古（5.1%）、湖北（3.5%）、新疆（2.3%）、安徽（1.4%）、湖南（1.1%）。降幅在10%以内的省份有7个，分别是广东（-0.2%）、浙江（-1.1%）、山东（-1.6%）、四川（-6.5%）、上海（-6.6%）、黑龙江（-8.4%）、江苏（-8.9%）。降幅在10%—30%之间的省份有4个，分别是山西（-12.5%）、辽宁（-14.5%）、甘肃（-16.3%）、青海（-29.9%）。降幅超过30%的省份有3个，分别是陕西（-33.5%）、天津（-39.7%）、西藏（-59.9%）。

四、发行管理工作情况

（一）抓党建、带队伍，引领新发展

一是强化政治意识。"福彩事业是党的事业，福彩中心是政治机关"成为系统共识，对福利彩票人民性、国家性、公益性认识不断深化，在调整快开等高博弈性产品工作和清除中福在线影响等实践中彰显政治担当。二是强化理论武装。扎实推进党史学习教育，坚持系统上下联动学、内外贯通学、党建业务融合学，引导党员干部从党的百年奋斗中汲取智慧力量，提振干事创业精气神。三是强化全面从严治党。坚持以自我革命精神引领事业转型，落细落实中央八项规定精神，常态化开展以案释纪警示教育，风清气正的政治生态持续巩固发展。四是"我为群众办实事"实践活动成效显著。通过降低销售终端设备押金等为站点减负，通过提高站点代销费比例、以奖代补、以赛代补等增加站点收入，稳定了网点，稳定了就业，服务好了大局。中福彩中心工作受到党史学习教育中央第二十三指导组肯定；福彩系统18个省级机构获评中央或地方先进基层党组织，战斗堡垒作用更加凸显。

（二）守初心、担使命，展示新形象

一是履行宗旨更加自觉。快开游戏退市，游戏产品结构更优化、机理更健康；公益金筹集率为2010年以来最高，行业发展更加回归初心。二是责任彩票更加鲜明。严格游戏审核，加强销售监测预警，防范非理性购彩。发布年度社会责任报告，印发《理性购彩宣传手册》。河南、湖北、湖南、江苏、福建、陕西等地积极应对汛情疫情影响，及时延长兑奖期限，有力维护购彩者合法权益。三是公益品牌更加彰显。举办"献礼百年辉煌·添彩幸福生活"即开票手工艺品公益拍卖、双色球公益主题营销等活动。陕西、浙江、广东等地积极推进"公益驿站"建设，把销售网点打造成环卫工人的休憩地、快递小哥的歇脚点、周边群众的服务站。安徽、四川等地为困难群体提供销售公益岗位，广西筹措100多万元资助事实无人抚养儿童，河北等地持续开展助学等公益活动，进一步彰显了福利彩票的公益品牌特质。

（三）调结构、稳增长，激发新动能

一是即开票实现新跨越。全年即开票销售

281亿元，同比增长92%，占总销量的比重达19%，创历史新高。全国所有省份即开票同比均实现大幅增长，海南、北京、吉林等地增幅超过200%，有11个省份超过100%，销量突破亿元的地级市达69个，比2020年增加40个。二是快乐8正成长为主力游戏。全年快乐8销售227亿元，日销量逐步稳定在7 500万元以上，最高突破1亿元，新疆、广东、重庆、浙江、深圳单机日销量超过1 000元。三是乐透数字型游戏均创新高。双色球期销量首次突破5亿元，全年销售580亿元，同比增长20%。3D销售247亿元，同比增长52%。四是游戏结构趋于合理。高博弈性快开游戏有序退出市场，双色球基础地位进一步夯实，即开票、3D、快乐8多点发力，应对市场风险能力显著增强，公益彩民群体进一步扩大，福彩持续健康发展的基础更加稳固。

（四）拓渠道、优营销，蹚出新路子

一是改革创新打开新市场。坚持重心下移、资源下沉，积极推进彩票与其他业态融合，湖南创新建设"福潮店"，江苏积极探索布设创新销售终端，安徽、湖北、广东、四川等地在商圈、景点、网红打卡地、地铁站、高铁站、高速服务区等新设立一批销售网点，开展多业态、多场景销售。二是分类分级提升竞争力。重庆等地细化网点分类，加强销售员队伍管理；上海等地推行精细化星级评定，开展"一年一审、一站一档"动态管理；新疆等地实行市场管理员薪酬与业绩挂钩，充分调动积极性；山东、广东、云南、陕西等地实施"一厅一策"，推进综合体验中心建设运营。三是营销宣传注入新活力。首次推出全国整体营销，以"中国福彩 一起造福"为主题，创新开展即开票、双色球、快乐8派奖活动；各地配套营销和特色营销形式多样，市场效果良好。强化融媒体宣传，探索跨界营销，冠名7组"福彩号"高铁列车驰骋祖国大江南北；携手花博会、青岛啤酒节扩大品牌宣传；内蒙古、辽宁、黑龙江等地根据青年人特点创新开展"百店联刮"营销活动，吸引一大批年轻群体关注参与。

（五）打基础、保安全，迈上新台阶

一是制定"十四五"发展规划。围绕落实"十四五"民政事业发展规划确定的福利彩票发行销售相关任务和目标，制定"十四五"福利彩票发展规划，对产品、渠道、营销宣传、技术等进行布局，福彩发展的思路更加清晰。二是技术系统统一迈出新步伐。快乐8系统实现全国覆盖，纸质票系统在辽宁、山东试点上线，数据级异地灾备系统顺利建成。三是规范运行持续加强。中福彩中心持续开展省级机构内部控制评价，完善资金风险防控机制；深入推进"四不两直""神秘顾客"监督，强化专项检查。各地积极行动，严厉惩治擅自利用互联网售彩等违规行为。四是安全生产平稳有序。积极做好新上市快乐8游戏风险控制，持续开展双色球、3D、即开票风险监测，防范化解资金风险和社会风险。河南、山西等地全力抗击特大洪涝灾害，广东、江苏、陕西等地积极应对疫情，全国福彩系统始终保持新冠肺炎疫情"零感染"、重特大安全生产事故"零发生"。五是干部队伍建设实现新提升。中福彩中心创新党务、法律等专题培训方法，将培训资源向省级机构和地市负责人下沉；各级机构广泛开展"大走访""大练兵"活动，专业化、高素质人才队伍建设进程持续加快，为内强素质、外塑形象奠定基础。

（中国福利彩票发行管理中心供稿）

全国体育彩票市场发展概况

一、2021年体育彩票市场基本情况

2021年是"十四五"规划开局之年,也是全面建设社会主义现代化国家新征程起步之年。体育彩票围绕建设"负责任、可信赖、高质量发展的国家公益彩票"总体目标,按照"防风险、转方式、增后劲、促发展"的工作思路,扎实稳健开展各项工作。

2021年,体育彩票共销售2 310.30亿元,同比增长21.9%(见图1和表1),为国家筹集体彩公益金584.55亿元。其中,乐透数字型彩票销售705.08亿元,竞猜型彩票销售1 342.99亿元,即开型彩票销售262.23亿元。海南省体育娱乐视频电子即开彩票游戏共销售97.16万元。

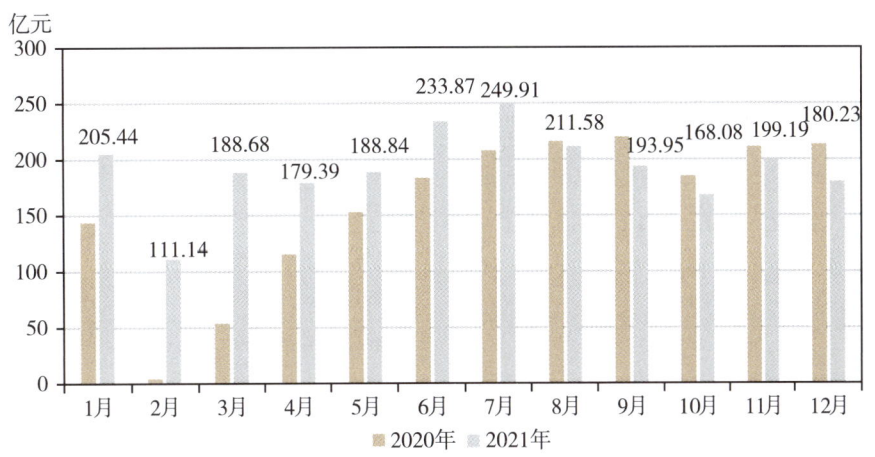

图1 2021年1—12月体育彩票销售量与上年同期比较图

表1　　　　　2021年体育彩票分类型销售情况与2020年同期比较　　　　　单位:亿元

	2020年					2021年			
	乐透数字型	竞猜型	即开型	所有游戏合计		乐透数字型	竞猜型	即开型	所有游戏合计
1月	63.45	68.04	11.71	**143.20**	1月	97.92	88.82	18.71	**205.44**
2月	0.00	0.00	0.01	**0.01**	2月	44.48	53.44	13.21	**111.14**
3月	39.99	7.68	5.66	**53.33**	3月	58.80	102.33	27.54	**188.68**
4月	98.45	4.32	11.98	**114.76**	4月	59.07	95.97	24.35	**179.39**

续表

	2020年					2021年			
	乐透数字型	竞猜型	即开型	所有游戏合计		乐透数字型	竞猜型	即开型	所有游戏合计
5月	110.71	27.16	14.21	**152.09**	5月	64.04	101.26	23.54	**188.84**
6月	104.75	63.61	14.37	**182.73**	6月	55.84	156.20	21.83	**233.87**
7月	100.14	93.10	13.89	**207.13**	7月	54.14	177.14	18.64	**249.91**
8月	99.86	102.40	13.02	**215.29**	8月	54.67	139.75	17.15	**211.58**
9月	96.40	105.79	16.85	**219.04**	9月	55.30	116.53	22.12	**193.95**
10月	86.81	83.99	13.58	**184.38**	10月	47.43	99.93	20.71	**168.08**
11月	97.86	96.38	16.01	**210.25**	11月	56.12	115.33	27.73	**199.19**
12月	99.25	96.69	16.48	**212.42**	12月	57.26	96.29	26.68	**180.23**
合计	997.67	749.17	147.77	1 894.63	合计	705.08	1 342.99	262.23	2 310.30
占比（%）	52.66	39.54	7.80	100	占比（%）	30.52	58.13	11.35	100

二、省（区、市）销售情况

（一）彩票销售量

彩票销售量在100亿元以上的省份有8个，依次为广东（216.84亿元）、江苏（183.17亿元）、浙江（169.13亿元）、山东（166.76亿元）、河南（165.31亿元）、四川（124.20亿元）、湖北（113.01亿元）、云南（100.85亿元）。

彩票销售量在50亿—100亿元的省份有10个，依次为福建（92.77亿元）、河北（91.78亿元）、安徽（75.19亿元）、江西（66.69亿元）、北京（66.07亿元）、重庆（60.88亿元）、陕西（59.64亿元）、湖南（58.26亿元）、辽宁（53.52亿元）、贵州（51.65亿元）。

彩票销售量在50亿元以下的省份有13个，依次为内蒙古（48.45亿元）、天津（46.85亿元）、上海（44.77亿元）、黑龙江（40.34亿元）、新疆（37.14亿元）、甘肃（36.78亿元）、山西（36.55亿元）、吉林（36.45亿元）、广西（26.94亿元）、宁夏（15.61亿元）、西藏（8.71亿元）、海南（8.40亿元）、青海（7.61亿元）。

（二）彩票销售量同比增长率

2021年相比2020年，有27个省份体彩销量同比增长，有4个省份体彩销量同比下降（见表2）。

表2　2021年体育彩票各省份销售情况

省份	2021年销售额（亿元）	2020年销售额（亿元）	同比（%）
北京	66.07	53.65	23.2%
天津	46.85	28.75	62.9%
河北	91.78	94.93	-3.3%
山西	36.55	24.41	49.7%
内蒙古	48.45	45.39	6.7%
辽宁	53.52	39.19	36.6%
吉林	36.45	36.09	1.0%
黑龙江	40.34	37.58	7.4%
上海	44.77	38.18	17.2%
江苏	183.17	195.51	-6.3%
浙江	169.13	132.16	28.0%
安徽	75.19	65.53	14.7%
福建	92.77	86.80	6.9%
江西	66.69	51.72	28.9%
山东	166.76	148.92	12.0%
河南	165.31	130.72	26.5%
湖北	113.01	82.72	36.6%
湖南	58.26	36.63	59.1%
广东	216.84	163.59	32.6%
广西	26.94	18.98	41.9%
海南	8.40	5.68	47.9%
重庆	60.88	40.78	49.3%
四川	124.20	73.76	68.4%

续表

省份	2021年销售额（亿元）	2020年销售额（亿元）	同比（%）
贵州	51.65	44.26	16.7%
云南	100.85	82.34	22.5%
西藏	8.71	12.87	-32.4%
陕西	59.64	45.92	29.9%
甘肃	36.78	31.60	16.4%
青海	7.61	7.64	-0.4%
宁夏	15.61	13.29	17.5%
新疆	37.14	25.06	48.2%

销量同比2020年增幅在20%以上的省份有17个，依次为四川（68.4%）、天津（62.9%）、湖南（59.1%）、山西（49.7%）、重庆（49.3%）、新疆（48.2%）、海南（47.9%）、广西（41.9%）、湖北（36.6%）、辽宁（36.6%）、广东（32.6%）、陕西（29.9%）、江西（28.9%）、浙江（28.0%）、河南（26.5%）、北京（23.2%）、云南（22.5%）。

销量同比2020年增幅在10%—20%的省份有6个，依次为宁夏（17.5%）、上海（17.2%）、贵州（16.7%）、甘肃（16.4%）、安徽（14.7%）、山东（12.0%）。

销量同比2020年增幅低于10%的省份有4个，依次为黑龙江（7.4%）、福建（6.9%）、内蒙古（6.7%）、吉林（1.0%）。

销量同比2020年下降的省份有4个，依次为西藏（-32.4%）、江苏（-6.3%）、河北（-3.3%）、青海（-0.4%）。

三、产品销售情况

竞猜型彩票、即开型彩票占比均有所提升，乐透数字型彩票受高频游戏停售影响，占比下降。乐透数字型彩票销售量占比为30.52%，较上年下降22.14个百分点；竞猜型彩票销售量占比为58.13%，较上年上升18.59个百分点；即开型彩票的销售量占比为11.35%，较上年上升3.55个百分点。

（一）游戏销售情况

2021年，全国共销售乐透数字型彩票705.08亿元，同比2020年减少292.59亿元，下降29.3%。其中，超级大乐透450.79亿元，同比2020年增加65.29亿元，上涨16.94%；高频58.94亿元，同比2020年减少405.69亿元，下降87.31%；七星彩31.19亿元，同比2020年增加11.73亿元，上涨60.25%；排列3/排列5 147.98亿元，同比2020年增加37.31亿元，上涨33.71%；其他游戏16.18亿元（见图2）。

2021年，全国发行销售竞猜型彩票1 342.99亿元，同比2020年增加593.81亿元。其中，竞彩1 182.14亿元，同比2020年增加547.23亿元；传统足彩89.02亿元，同比2020年增加45.43亿元；传统单场71.82亿元，同比2020年增加38.06亿元。三类玩法占竞猜型彩票销量的比重分别为88.02%、6.63%、5.35%（见图3）。

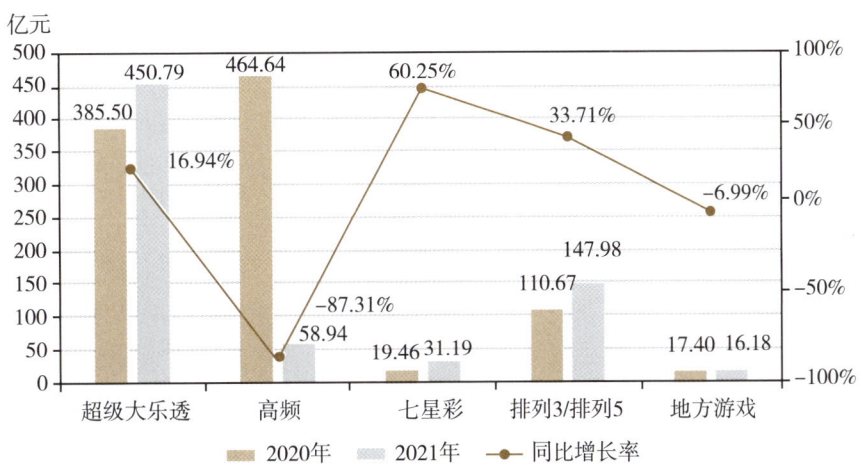

图2 2021年体育彩票乐透数字型游戏销售量及同比增长率

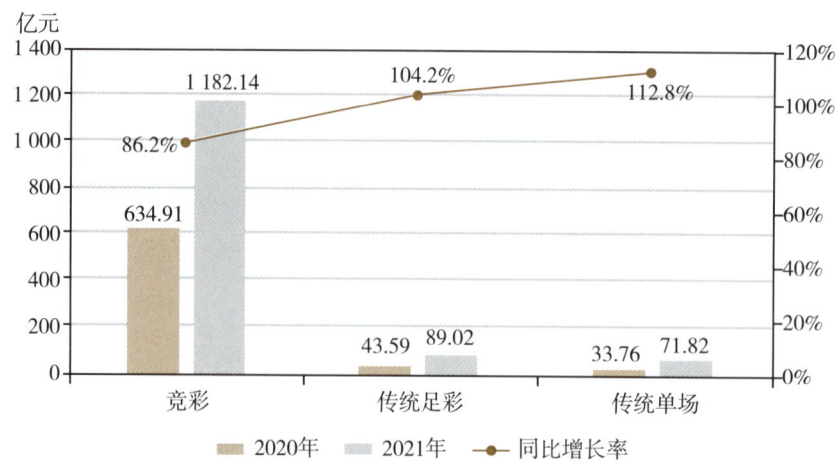

图3 2021年体育彩票竞猜型游戏销售量及同比增长率

2021年即开票销售262.23亿元，同比2020年增加114.46亿元，上涨77.5%。

（二）2021年体育彩票市场特点

1. 2021年体彩市场虽受到高频游戏停售、区域疫情偶发等因素影响，但市场发展整体仍然保持稳定。

尽管受到高频游戏停售影响，但体彩销售规模稳步回升。从2021年各月销量走势来看，2021年2月高频游戏全部停售，3月份体彩销量较1月份均有下降。但随着各项基础工作进一步夯实，顶呱刮营销活动、大乐透派奖活动、七星彩派奖活动的陆续开展，欧洲杯、奥运会开赛，以及新型渠道规模的进一步扩大，销量逐步回升。

受新冠肺炎疫情导致同期基数较低，以及2021年欧洲杯等因素影响，体彩销量保持较快增长，较2019年同期市场规模保持稳定。体彩全年销售2 310.30亿元，同比增加415.68亿元，上涨21.9%；较2019年增长0.1%。除高频游戏外，其余游戏销量较2019年增长385亿元，基本覆盖退市游戏带来的销量减量。

2. 基础游戏贡献率持续提升，体彩整体市场更加健康。

从基础游戏贡献率来看，2021年体彩基础游戏贡献率为30.9%，连续3年增长，相比2020年增长2.8个百分点，体彩整体市场发展更加健康。

3. 渠道规模稳中有升，渠道结构日益多元。截至12月底，全国正常营业实体店共计190 847家，与2020年同期相比新增实体店4 297家，同比提升2.3个百分点。其中正常营业专营店123 423家，占比64.7%；兼营店67 424家，占比35.3%，兼营店比例较2020年同期提升14.8个百分点。

渠道结构日益多元。便利连锁渠道拓展稳步提升，全国便利连锁渠道销售体育彩票实体店规模达到2.36万家，较2020年年底增长11%；初步探索小微零售渠道合作及运营模式，试点区域渠道结构得以优化；商业综合体渠道试点范围进一步扩大，体彩全国商业综合体实体店已覆盖26个省份。

四、2021年体育彩票主要工作情况

（一）突出党建政治引领作用，推进党的建设高质量发展

坚持以习近平新时代中国特色社会主义思想为指导，认真学习贯彻党的十九大和十九届二中、三中、四中、五中、六中全会精神，严格落实全面从严治党主体责任，着力提升整体党建工作水平，以高质量党建推动体育彩票高质量发展。

（二）完善风险防控体系，健全风险防控长效机制

2021年，体育彩票领域进一步完善风险防控体系，健全风险防控长效机制，切实提升风险防

控水平，风险防控工作再上新台阶。通过体彩风险防控全面调研和差距分析，对标通行的风险管理标准、先进经验，编制风险防控纲领性制度，搭建全国"一盘棋"的风险防控体系。统筹部署各级机构开展全面风险排查，形成体彩风险库和事件库。加强政治、廉政、社会领域重大风险防控工作，在全面风险排查工作的基础上，开展深入的风险评估，明确防控措施。

（三）加强责任彩票规划，持续深化责任彩票建设

2021年，中体彩中心注重责任彩票顶层设计，持续强化责任彩票在体彩工作中的渗透，取得较好成效。2021年，编制《"十四五"体育彩票社会责任建设实施纲要》，明确未来五年责任彩票建设目标及重点任务。推进引导理性购彩工作的落实，深入开展责任彩票培训，加强对讲师队伍的培养和管理；强化责任管理，梳理责任彩票相关制度规范，扩大责任彩票传播，发布《2020年中国体育彩票（1+31）社会责任报告》。

（四）制定"十四五"规划，探索创新体系建设

在国家体育总局指导下编制"十四五"体育彩票发展规划，完成11个关键业务领域编制实施纲要。强化对规划实施的管理，分解规划目标任务，与年度计划有效衔接，推动规划任务落地。积极探索创新体系建设，印发《中国体育彩票创新发展指导意见》。

（五）紧盯日常开奖计奖，提升综合运营能力

2021年，计奖运营工作平稳、有序开展。完成超级大乐透游戏、七星彩等游戏的数据封存、计奖及计奖验证工作，计奖运营保持"零失误"。完成运营管理体系顶层设计，构建了精细化运营管理闭环。狠抓应急预案建设与演练培训，推进"两级管理、三层处置"体系落地。加强数据管理制度建设，完成数据管理工作框架设计。

（六）深耕乐透市场培育，扎实做好产品管理

2021年，持续培育乐透市场，巩固基础性游戏作用。一是明确了乐透数字型体育彩票发展思路，将超级大乐透与七星彩作为长期工作重点，协同发力，以强带弱。二是以重点实体店为推手，抓牢抓实实体店宣传与代销者培训。三是开展超级大乐透、七星彩派奖、宣传推广工作，夯实市场培育工作基础。

（七）发挥即开票综合价值，推进高质量运营管理

2021年，持续发挥即开票综合价值，即开票相关工作有序推进。完成了即开场景化客户体验研究，初步探索和确定了拉新产品的奖级设计方向。提升了即开票市场的活跃度，加强供应链管理，积极消化库存积压产品，有效提升库存周转率和产品消化率。通过精细化管理，调整生产策略，提高印制和运营效率，保障供应平稳和市场稳步增长。

（八）保障竞猜游戏安全运营，搭建专业运营体系

2021年，统筹推进欧洲杯运营管理，以"公益平台+观赛娱乐体验"为原则，有效保障欧洲杯运营销售工作平稳、安全进行。从游戏运营视角出发，探索搭建竞猜游戏的专业运营体系。将防范安全风险提升到战略高度，建设与流程相匹配的竞猜制度框架，更新完善竞猜制度和业务架构。

（九）持续推进数字化赋能，加强互动类游戏研发储备

2021年，推进体育彩票数字化发展实施纲要的制定和实施，为品牌营销、责任彩票体系建设、渠道建设、游戏产品等工作提供数字化支持，提升体育彩票数字化产品运营能力。加强产品研究、设计和研发储备工作，支持海南视频电子即开新系统对接。

（十）丰富品牌营销手段，打造差异化品牌形象

2021年，品牌营销工作持续强化以责任为先、公益公信为核心的品牌价值传播，联动产

品、渠道等关键要素，积极拓展客户群体。联合党媒党网开展以"汇聚微公益 添彩新征程"为主题的系列宣传活动，围绕奥运会、全民健身日、全运会和北京冬奥会等体育大事，组织开展了主题鲜明、特色突出的四阶段品牌营销活动。修订了相关品牌管理制度，强化舆情监测的时效性、分析研判的专业性。着力强化公信力传播工作，提升公众对于体彩公信力的正面认知。升级创新公益项目，积极倡导实施体彩微光行动，开展特色公益实践。联合总局宣传司及主流媒体，开展优秀公益金资助项目系列宣传报道。以组织开展"体彩追梦人"宣传展示活动为平台，加强体彩精神和体彩文化的内化和传播。

（十一）强化渠道规范管理，积极拓展新型渠道

2021年，围绕"夯实基础、打造平台、创新发展"主线开展渠道工作，持续完善渠道管理制度体系，印发《体育彩票基层队伍管理服务工作指导意见》等制度，省市持续加强基层队伍，实体渠道拓展、建设、运营、退出及代销证等业务的规范化管理。进一步加强渠道合规管理，着重强化销售人员合规管理，加强在重点赛事期间渠道合规管理力度，欧洲杯期间对1 755台次终端采取处置措施；新渠道拓展工作取得新进展，便利连锁渠道数量和质量稳步提升，商业综合体渠道试点范围进一步扩大。

（十二）统筹技术资源，提升业务支撑能力

2021年，技术统筹管理方面，通过需求、架构、运行、安全、技术管控等统筹开展技术管理工作，并具体建设体彩统一开发测试环境；项目建设方面，G3建设取得突破性进展，12月中旬已完成全国8个省份万余台传统终端切换；完善各类数据产品，发挥数据中台作为体彩数据基础平台的作用。网络安全工作方面，完成整体规划设计，网络安全防护体系初步形成。体彩系统全年安全稳定运行，系统可用性达成≥99.95%的目标。

（十三）从严从紧压实责任，统筹做好疫情防控工作

2021年，切实提高政治站位，严格落实"党政同责、一岗双责、齐抓共管、失职追责"和"三个必须"要求，进一步压实主体责任，坚持全国体彩系统统一防控，协同防控。强化中心疫情防控工作小组责任，建立完善有针对性的管理措施和工作机制，严格落实突发事件工作报告制度，做到7×24小时实时响应。加强对实体店的日常检查和指导，对办公区域和摇奖现场等重点区域进行全方位防控管理，做到"常态监测、重点防控、日常防护、落实责任"。

（国家体育总局体育彩票管理中心供稿）

二、2021年彩票大事记

2021 年

1月

1日,"中国体育彩票"2021年全国新年登高健身大会主会场设在浙江江山,全国31个省(区、市)几十个举办地同步联动。

12日,《相约体彩》第四期特别节目"幸福中国 光芒汇聚"播出,带领观众回顾2020年体彩公益历程,开启2021年新篇章。

18日,中国福利彩票"辛丑牛"生肖系列即开型彩票游戏2亿元派奖活动启动,活动为期47天。同时,先后在杭州、西安、长沙、成都开展以"有福有彩中国牛"为主题的地推活动。

2月

4日,"中国体育彩票"辽宁省暨沈阳市"2022年北京冬奥会倒计时一周年系列庆祝活动"在沈阳奥体国际冰雪嘉年华举行。

18日起,中国体育彩票首届创新赛优秀项目成果展示正式启动。

25日,财政部印发《财政部关于"1心1意"等13款即开型体育彩票游戏的审批意见》。

3月

1日,2021年中国体育彩票全国象棋民间棋王电视争霸赛启动。

5日,中国福利彩票发行管理中心(以下简称"中福彩中心")印发《中福彩中心开奖操作规程》,进一步规范中福彩中心通过专用摇奖设备开奖的福利彩票游戏的开奖操作流程。

5日,山东、宁夏、吉林、河南、浙江、青海等地体彩中心积极开展志愿服务工作,包括清理城市垃圾、清理河道、清扫积雪、清晰健身设施、普及工艺知识、服务实体店等。

13日,第七届"携手公益体彩 共建绿色家园"公益植树活动在黄河边举行。全国多地体彩开展义务植树活动,用实际行动为美丽中国和生态文明建设贡献力量。

30日至31日,2021年全国福利彩票发行销售工作会议在浙江省嘉兴市召开。会议将工作部署与党史学习教育紧密结合,组织参会人员聆听"红船精神"专题党史辅导报告、参观南湖革命纪念馆、重温入党誓词并瞻仰红船,动员和激励全国福彩系统干部职工不忘初心、牢记使命,传承和发扬好"红船精神",在新阶段性征程上更好推进福彩事业高质量发展。

3月,体彩财富类主题即开票"翻倍赢家"携好运来袭,陆续在全国体彩实体店上市。

4月

1日,中福彩中心"献礼百年辉煌,添彩幸福生活"即开票手工艺品大赛启动。活动共计征集作品154件,最终评出各类优秀作品100件。

10日，中国福利彩票"三月三"即开型彩票游戏在广西南宁举行正式上市销售仪式。

10日，河北省张家口市举办"公益体彩 快乐冰雪"冬奥主题线下互动活动，喜迎北京冬奥会开幕倒计时300天。

19日，中福彩中心开奖团队被授予"民政部第六届青年五四奖章集体"光荣称号。

19日，2021年中国福利彩票"走近刮刮乐"活动启动，受疫情影响，全年开展41期，累计接待人数1 593人次。

21日，2021年全国体育彩票工作会议在太原召开，会议提出高质量发展是"十四五"体育彩票发展规划的主题词，要坚持公益彩票定位，强化责任担当，全面推进"十四五"时期体育彩票高质量发展。

21日，"平凡铸就伟大 奋斗筑梦未来"——2020体彩追梦人展示交流活动在山西太原举行。

23日，全国多地体彩中心通过捐赠"教室图书角"、守护"城市书巢"、创建"爱心书屋"等方式，促进全民阅读。

24日，山西省运城市举办"中国体育彩票杯"2021第十届走大运·徒步盐湖毅行活动。

29日，财政部印发《财政部关于"好运喵"等39款即开型福利彩票游戏的审批意见》。

29日，财政部印发《财政部关于同意销毁"年年有鱼"等156款即开型体育彩票的通知》。

5月

8日，世界游泳锦标赛男子800米自由泳冠军张琳在北京市丰台体育中心体彩开奖大厅监督见证体彩超级大乐透和排列游戏的开奖全流程。

12日，财政部印发《财政部关于印发〈彩票市场调控资金管理办法〉的通知》。

14日，中国体育彩票以全新时尚的形象成为"2021年中国便利店大会"的一道靓丽风景。

16日，中国福利彩票"花博会"主题即开型彩票首发式在上海花博园区举行。

18日，中福彩中心"献礼百年辉煌，添彩幸福生活"主题公益走访活动走进重庆市第一社会福利院。

19日，国家体育总局体育彩票管理中心（以下简称"中体彩中心"）印发《中国体育彩票创新发展指导意见》。

19日至21日，中国体育彩票打造全新时尚概念的商业综合体店亮相第16届中国商业地产节。

20日，中国福利彩票"文都寻宝"主题即开型彩票首发式在江苏南京举行。

20日，财政部印发《财政部关于印发〈彩票公益金管理办法〉的通知》。

25日，中福彩中心开展以"福彩刮刮乐，送颗小红心"为主题的抖音挑战赛，邀请社会公众以即开票为载体，巧手献礼新时代。

26日，体彩超级大乐透10亿元大派奖活动圆满谢幕。

27日，中福彩中心开展即开型福利彩票游戏征集活动。

29日，中福彩中心"献礼百年辉煌，添彩幸福生活"主题地推活动启动，活动先后在上海、重庆、武汉、厦门、南昌及贵阳等六个城市成功开展。

6月

1日，山西、北京、重庆等地体彩纷纷走进校园，通过"公益操场""粽情光爱""奔跑吧·少年"等形式多样的主题活动为青少年送福利。

6日起，中国体育彩票正式发起2021年即开票票面征集活动。

7日，财政部印发《关于印发〈中央专项彩票公益金支持地方社会公益事业发展资金管理办法〉的通知》。

10日，首款反映脱贫攻坚成果的中国福利彩票"美好生活"主题即开型彩票在湖南邵阳举行全国首发式。

11日，中国福利彩票"人说山西好风光"

（文旅结合）主题即开型彩票在山西太原举行首发式。

16日，福利彩票快乐8游戏2.8亿元派奖活动启动，连续开展30期。

18日，中国福利彩票"绿水青山"主题即开型彩票首发式在浙江丽水白云国家森林公园举行。

19日，中国福利彩票纸质票发行销售管理系统（纸质票系统）在辽宁上线。

24日，中福彩中心印发《中福彩中心开奖信息发布管理办法》，进一步规范中福彩中心通过专用摇奖设备开奖的福利彩票游戏的开奖信息发布工作。

29日，国家体育总局公布2020年度本级体育彩票公益金使用情况公告。

7月

12日至16日，中福彩中心在新疆乌鲁木齐组织开展省级机构新任领导班子成员培训，推动领导干部和业务骨干上讲台。本次培训活动锻炼了队伍，增强了省级机构新任领导的业务能力，增进了省级福彩机构间的业务交流。

17日，中国福利彩票"文润山青"主题即开型彩票首发式在云南文山州丘北县举行。

25日，中福彩中心与新疆维吾尔自治区民政厅联合开展"福彩圆梦·北京欢迎你"民族团结一家亲活动，欢迎到京参加活动的新疆阿克苏地区的孩子们。

27日，在福彩生日当天，中福彩中心在湖北武汉召开社会责任报告发布会，正式发布《2020年中国福利彩票社会责任报告》。该报告首次接受中国企业社会责任报告评级专家委员会专业评级并获首次参评单位最高等级四星半。

27日，中体彩中心召开2021年体育彩票市场形势分析会。会议强调总局中心和各省市中心要聚焦风险防控体系机制建设，全面落实重点风险防控，并对体育彩票市场形势、责任彩票、游戏管理等进行了分析和工作部署。

8月

6日至9月30日，体彩中心开展"与奥运同行 为全运加油"主题活动。

8日，"全民健身日"由中国体育彩票与《中国体育报》联合出版的2021年《全民健身特刊》随《中国体育报》发行。

26日，中国福利彩票纸质票发行销售管理系统（纸质票系统）在山东上线。

8月，由体育专业教师和大学生志愿者组成在辽宁、湖北、山西、四川等地开展的2021年"公益体彩 快乐操场"春季支教活动陆续结束。

9月

2日，陕西体彩中心主任王红年作为第50棒火炬手参加第十四届全国运动会、第十一届全国残疾人运动会暨第八届特殊奥林匹克运动会火炬传递活动。

14日，财政部印发《财政部关于停止销售"'节'大欢喜"等65款即开型福利彩票游戏的审批意见》。

16日，全国群众体育先进及体育系统先进表彰大会在陕西大会堂隆重举行。其中，云南体彩获得"2017—2020年度全国群众体育先进单位"荣誉称号，陕西体彩获得"全国体育系统先进集体"荣誉称号，河南体彩中心主任王海新获得"2017—2020年度全国群众体育先进个人"称号。

23日，中福彩中心印发《中福彩中心开奖应急处置办法》，进一步规范中福彩中心通过专用摇奖设备开奖的福利彩票游戏的开奖应急处置工作。

24日，财政部印发《财政部关于"寅虎"等12款即开型体育彩票游戏的审批意见》。

9月，在"十四运"即将来临之际，为倡导全民健身、积极健康的生活方式，作为"十四运"独家公益合作伙伴，体彩中心结合"十四运"赛事，于9月开展"全民全运 体彩同行"主题品牌落地活动，传递体彩公益品牌理念，号召公众关注全运赛事、为中国力量加油。

10月

10日，中国福利彩票"正当红"系列即开型彩票游戏2亿元派奖活动启动，活动为期20天。

11日至15日，中福彩中心在江西赣州举办地市级机构主要负责人、省级机构部门负责人和中福彩青年员工培训班。培训班将课堂讲授、现场教学和交流座谈相结合，加强了党史学习教育，强化了发行销售上下协同，促进了经验分享，增进了沟通交流，推动了福彩发行销售全国"一盘棋"。

14日，中福彩中心举行即开型彩票手工艺品公益拍卖活动，从获奖作品中选取了40件有代表性的作品举行公益拍卖，活动所筹善款全部用于公益项目支出。

19日，中福彩中心"献礼百年辉煌，添彩幸福生活"主题公益走访活动走进湖南韶山市福利（养老）中心。

21日至22日，2021年全国体育彩票警示教育暨战略研讨会在重庆召开。

23日，中国福利彩票"增福添彩正当红"主题地推活动启动，活动先后在武汉、济南、合肥成功开展。

23日，在吉林省长春市举行的中国体育彩票"爱冰雪 同喝彩 共绘百米画卷迎冬奥"主题品牌推广活动。

25日，上午10点40分，2021年"中国福利彩票"高铁专列在成都东站发车。福彩共冠名7列"福彩号"高铁专列，覆盖全国200余个城市。

11月

10日，国家体育总局正式印发《"十四五"体育彩票发展规划》。

12日至14日，"汇聚微公益 添彩新征程"中国体育彩票主题展览在人民日报社新媒体大厦举办。

16日，国家体育总局与人民网联合发布《2020年中国体育彩票社会责任报告》，31个省（区、市）体彩中心的《社会责任报告》也统一亮相。这是中国体育彩票责任报告首次由国家体育总局联合党媒党网进行权威发布，也是首次以"1+31"的形式进行集体发布。

16日，福利彩票双色球游戏12亿元派奖活动启动，连续开展20期。

22日至23日，中国体育彩票" ·家幸运好玩的店"入驻2021中国商业体验造物节。

23日，中国体育彩票微光行动之"同心溢彩"AED捐赠仪式在广东省广州市举行，在体彩"乐善基金"的统筹组织下"微光行动"向北京、广东、浙江、陕西4个省市的公共体育场所捐赠50台AED设备。

30日，财政部印发《财政部关于"壬寅虎5元"等27款即开型福利彩票游戏的审批意见》。

11月起，全国范围上线超级大乐透和七星彩长票新营销区宣传信息，乐透数字游戏的票面优化创新率先迈出步伐。

12月

12月初，全国范围上线排列3和排列5长票新营销区宣传信息。

4日至5日，2021年中国体育彩票"好运'弈棋'来"全国象棋民间棋王电视争霸赛总决赛隆重举行。

10日，经民政部、财政部批准同意，中福彩中心停止销售"'节'大欢喜"等65款即开票游戏。

三、彩票制度、政策和文献

（一）国家彩票监督管理制度、政策和文献

中华人民共和国财政部公告

（2021年8月27日 2021年第30号）

2020年，财政部门认真贯彻落实党中央、国务院决策部署，与民政、体育等部门密切配合，积极开展彩票公益金筹集分配使用工作，推动我国彩票事业持续健康发展。现将2020年彩票公益金筹集分配情况和中央集中彩票公益金安排使用情况公告如下：

一、2020年全国彩票公益金筹集情况

2020年，全国发行销售彩票3 339.51亿元。分机构看，福利彩票机构发行销售彩票1 444.88亿元，体育彩票机构发行销售彩票1 894.63亿元。分类型看，发行销售乐透数字型彩票2 219.08亿元，竞猜型彩票749.17亿元，即开型彩票294.20亿元，视频型彩票67.95亿元，基诺型彩票9.11亿元，占彩票销售总量的比重分别为66.5%、22.4%、8.8%、2.0%、0.3%。详见附件1。

根据现行彩票管理规定，彩票公益金来源于彩票发行销售收入和逾期未兑奖的奖金。彩票发行销售收入中，根据不同彩票品种，彩票公益金提取比例有所不同，主要有以下5种类型：一是乐透数字型彩票。其中，全国性乐透数字型彩票，彩票公益金提取比例约为36%，彩票奖金和彩票发行费提取比例约为51%和13%；地方性乐透数字型彩票，大部分彩票游戏的彩票公益金提取比例为29%，彩票奖金和彩票发行费提取比例为58%和13%。2020年乐透数字型彩票筹集彩票公益金722.91亿元。二是竞猜型彩票。大部分彩票游戏的彩票公益金提取比例为21%，彩票奖金和彩票发行费提取比例为70%和9%。2020年竞猜型彩票筹集彩票公益金153.05亿元。三是即开型彩票。彩票公益金提取比例为20%，彩票奖金和彩票发行费提取比例为65%和15%。2020年即开型彩票筹集彩票公益金58.84亿元。四是视频型彩票。彩票公益金提取比例为22%，彩票奖金和彩票发行费提取比例为65%和13%。2020年视频型彩票筹集彩票公益金14.95亿元。五是基诺

型彩票。大部分彩票游戏的彩票公益金提取比例为30%，彩票奖金和彩票发行费提取比例为58%和12%，2020年基诺型彩票筹集彩票公益金2.79亿元。2020年逾期未兑奖奖金15.28亿元。综上，2020年共筹集彩票公益金967.81亿元。详见附件2。

二、2020年全国彩票公益金分配情况

根据国务院批准的彩票公益金分配政策，彩票公益金在中央和地方之间按各50%的比例分配，专项用于社会福利、体育等社会公益事业，按政府性基金管理办法纳入预算，实行财政收支两条线管理。地方留成彩票公益金，由省级财政部门商民政、体育等有关部门研究确定分配原则。中央集中彩票公益金在全国社会保障基金、中央专项彩票公益金、民政部和体育总局之间分别按60%、30%、5%和5%的比例分配。

2020年中央财政当年收缴入库彩票公益金480.6亿元，加上2019年度结转收入3.99亿元，共484.59亿元。经全国人大审议批准，2020年中央财政安排彩票公益金支出298.64亿元。考虑收回结余资金、补充预算稳定调节基金等因素，收支相抵，期末余额144.18亿元。按上述分配政策，结合上年结余和疫情影响调整部分资金支出等因素，分配给全国社会保障基金理事会113.82亿元，用于补充全国社会保障基金；分配给中央专项彩票公益金165.85亿元，用于国务院批准的社会公益事业项目；分配给民政部9.48亿元，用于资助老年人福利、残疾人福利、儿童福利等方面（见附件3）；分配给国家体育总局9.48亿元，用于落实全民健身国家战略，提升竞技体育综合实力，加快推进体育强国建设（见附件4）。

三、2020年中央专项彩票公益金安排使用情况

2020年，中央专项彩票公益金165.85亿元的具体支出安排如下：

（一）未成年人校外教育9.2亿元。该项目由教育部组织实施，主要用于支持全国中小学生研学实践教育基地和全国中小学生研学实践教育营地等。详见附件5。

（二）乡村学校少年宫建设9.92亿元。该项目由中央文明办组织实施，主要用于新建乡村学校少年宫修缮装备补助以及已开展活动的乡村学校少年宫运转补助。详见附件6。

（三）教育助学10亿元。该项目由中国教育发展基金会组织实施，主要用于奖励普通高中品学兼优的家庭经济困难学生，资助家庭经济特别困难的教师，资助家庭经济困难的大学新生入学交通费和短期生活费，以及救助遭遇突发灾害的学校。详见附件7。

（四）大学生创新创业0.5亿元。该项目由教育部组织实施，主要用于支持创新创业教育优质课程建设、教师创新创业教育教学能力培训、"青年红色筑梦之旅"等活动开展。详见附件8。

（五）医疗救助18亿元。该项目由医保局组织实施，主要用于资助困难群众参加城乡居民基本医疗保险，并对其难以负担的基本医疗自付费用给予补助。详见附件9。

（六）养老公共服务9.93亿元。该项目由民政部组织实施，主要用于支持地方开展居家和社区养老服务改革试点。详见附件10。

（七）扶贫事业20.6亿元。该项目由原国务院扶贫办组织实施，主要用于支持贫困村村内小型生产性公益设施建设。详见附件11。

（八）文化公益事业1亿元。该项目由国家艺术基金管理中心组织实施，主要用于支持艺术创作生产、传播交流推广和人才培养等项目。

（九）残疾人事业22.28亿元。该项目由中国残联组织实施，主要用于残疾人体育、盲人读物出版、盲人公共文化服务，及残疾儿童康复救助、贫困智力精神和重度残疾人残疾评定补贴、

残疾人助学、贫困重度残疾人家庭无障碍改造、残疾人康复和托养机构设备补贴、残疾人文化等方面支出。详见附件12。

（十）红十字事业3.75亿元。该项目由中国红十字会总会组织实施，主要用于贫困大病儿童救助、中国造血干细胞捐献者资料库、红十字会人道救助救援、红十字生命健康安全教育、失能老人养老服务、人体器官捐献等项目。

（十一）法律援助1.5亿元。该项目由中国法律援助基金会组织实施，主要用于为农民工、残疾人、老年人、妇女家庭权益保障和未成年人提供法律援助服务。详见附件13。

（十二）农村贫困母亲"两癌"救助3.02亿元。该项目由中国妇女发展基金会组织实施，主要用于救助患有乳腺癌和宫颈癌的农村贫困妇女。详见附件14。

（十三）留守儿童快乐家园0.15亿元。该项目由中国儿童少年基金会组织实施，主要用于为农村留守儿童校外活动场所配置设施并开展关爱服务。详见附件15。

（十四）出生缺陷干预救助3亿元。该项目由中国出生缺陷干预救助基金会组织实施，主要用于出生缺陷救助、检测、防治宣传和健康教育等工作。

（十五）足球公益事业3亿元。该项目由体育总局委托中国足球发展基金会组织实施，主要用于支持青少年足球人才培养和社会足球公益活动。

（十六）支持地方社会公益事业50亿元。该项目主要由中西部等地区结合实际情况统筹使用，重点用于养老、扶贫、基本公共文化等社会公益事业发展薄弱环节和领域，促进全国社会公益事业协调发展。详见附件16。

特此公告。

附件：1. 2020年全国彩票销售情况表
2. 2020年全国彩票公益金筹集情况表
3. 2020年中央集中彩票公益金由民政部安排使用资金表
4. 2020年中央集中彩票公益金由体育总局安排使用资金表
5. 2020年中央专项彩票公益金支持未成年人校外教育项目资金分配表
6. 2020年中央专项彩票公益金支持乡村学校少年宫项目资金分配表
7. 2020年中央专项彩票公益金支持教育助学项目资金分配表
8. 2020年中央专项彩票公益金支持大学生创新创业项目资金分配表
9. 2020年中央专项彩票公益金支持医疗救助项目资金分配表
10. 2020年中央专项彩票公益金支持养老公共服务项目资金分配表
11. 2020年中央专项彩票公益金支持扶贫项目资金分配表
12. 2020年中央专项彩票公益金支持残疾人事业项目资金分配表
13. 2020年中央专项彩票公益金支持法律援助项目资金分配表
14. 2020年中央专项彩票公益金支持农村贫困母亲"两癌"救助项目资金分配表
15. 2020年中央专项彩票公益金支持留守儿童快乐家园项目资金分配表
16. 2020年中央专项彩票公益金支持地方社会公益事业资金分配表

附件1：

2020年全国彩票销售情况表

单位：万元

地区	全国销售量	分机构		分类型				
		福利彩票	体育彩票	乐透数字型	竞猜型	即开型	视频型	基诺型
北京	789 818	253 356	536 461	546 129	163 623	74 365	0	5 700
天津	532 600	245 067	287 534	329 469	152 458	36 967	13 585	121
河北	1 330 646	381 327	949 320	974 353	228 099	104 075	22 352	1 768
山西	531 164	287 096	244 068	355 919	135 500	31 484	8 262	0
内蒙古	744 934	291 074	453 861	506 931	152 795	73 431	11 777	0
辽宁	1 016 884	624 958	391 926	730 503	157 861	91 954	36 567	0
吉林	575 388	214 488	360 899	400 412	105 900	61 338	7 738	0
黑龙江	666 047	290 288	375 758	501 243	106 524	56 031	1 307	941
上海	846 383	464 546	381 837	652 016	112 694	72 962	4 934	3 777
江苏	2 847 000	891 882	1 955 118	1 709 294	847 679	216 345	66 666	7 016
浙江	2 497 918	1 176 311	1 321 607	1 773 920	440 661	242 248	25 997	15 092
安徽	1 092 995	437 733	655 261	707 009	280 155	61 029	40 800	4 001
福建	1 174 103	306 128	867 976	862 442	187 563	106 070	18 028	0
江西	770 626	253 448	517 178	394 867	292 677	44 128	33 267	5 688
山东	2 408 249	919 042	1 489 207	1 477 733	644 634	229 323	48 329	8 230
河南	1 713 048	405 817	1 307 231	981 105	543 622	141 079	47 242	0
湖北	1 352 198	525 039	827 159	737 870	485 236	56 235	69 762	3 095
湖南	874 831	508 576	366 255	537 661	229 253	61 982	38 269	7 667
广东	3 257 272	1 621 417	1 635 855	2 128 055	706 754	382 200	30 391	9 871
广西	505 368	315 563	189 804	322 044	107 236	48 286	27 802	0
海南	95 028	38 227	56 802	70 045	9 826	7 494	7 663	
重庆	718 468	310 711	407 757	352 578	291 044	43 830	26 868	4 149
四川	1 531 777	794 184	737 593	989 406	365 390	144 897	21 699	10 385
贵州	637 778	195 199	442 579	468 124	120 030	46 386	3 238	0
云南	1 463 186	639 784	823 402	1 130 387	181 670	123 223	27 906	0
西藏	305 226	176 480	128 746	253 912	6 231	45 083	0	0
陕西	1 296 639	837 471	459 168	957 529	211 965	111 115	12 752	3 279
甘肃	585 968	269 993	315 976	431 153	80 854	60 978	12 827	156
青海	222 848	146 459	76 389	183 889	19 499	17 567	1 893	0
宁夏	248 008	115 082	132 926	179 924	32 957	23 433	11 538	156
新疆	762 660	512 032	250 628	544 869	91 325	126 466	0	0
合计	33 395 059	14 448 779	18 946 280	22 190 789	7 491 716	2 942 003	679 457	91 093

注：因数据四舍五入，各分项数和合计数之间存在尾差。下表同。

附件2：

2020年全国彩票公益金筹集情况表

单位：万元

地　区	彩票公益金	彩票品种					弃奖奖金
		乐透数字型	竞猜型	即开型	视频型	基诺型	
北　京	232 073	177 593	34 088	14 873	0	2 109	3 410
天　津	148 893	104 772	31 868	7 393	2 989	36	1 835
河　北	395 181	313 982	46 556	20 815	4 917	530	8 380
山　西	152 594	114 823	27 568	6 297	1 818	0	2 089
内蒙古	213 558	162 619	30 991	14 686	2 591	0	2 672
辽　宁	297 786	235 217	32 226	18 391	8 045	0	3 908
吉　林	165 476	127 605	21 527	12 268	1 702	0	2 373
黑龙江	196 427	160 311	21 665	11 206	288	282	2 675
上　海	258 042	213 648	23 169	14 592	1 086	1 307	4 241
江　苏	796 418	553 619	171 149	43 269	14 666	2 105	11 610
浙　江	737 763	577 860	89 932	48 450	5 719	4 528	11 275
安　徽	317 187	233 534	56 874	12 206	8 976	1 200	4 397
福　建	361 321	292 310	38 258	21 214	3 966	0	5 573
江　西	212 189	133 034	59 483	8 826	7 319	1 706	1 821
山　东	674 949	476 191	130 873	45 865	10 632	2 469	8 919
河　南	485 132	328 467	110 395	28 216	10 393	0	7 661
湖　北	378 484	246 194	98 888	11 247	15 348	929	5 879
湖　南	254 729	181 147	46 698	12 396	8 419	2 300	3 769
广　东	942 685	688 718	148 964	76 440	6 686	2 983	18 894
广　西	151 280	110 884	22 023	9 657	6 116	0	2 600
海　南	29 653	23 513	2 014	1 499	1 684	0	942
重　庆	197 944	118 889	59 333	8 766	5 911	1 245	3 800
四　川	447 842	329 201	74 435	28 979	4 774	3 115	7 338
贵　州	193 739	154 462	24 425	9 277	712	0	4 863
云　南	445 833	369 836	36 946	24 645	6 139	0	8 267
西　藏	86 954	75 719	1 277	9 017	0	0	941
陕　西	375 811	301 306	43 101	22 223	2 805	984	5 392
甘　肃	170 381	136 898	16 456	12 196	2 822	47	1 963
青　海	66 617	57 924	3 968	3 513	416	0	795
宁　夏	73 543	58 612	6 712	4 687	2 538	47	946
新　疆	217 624	170 200	18 601	25 293	0	0	3 530
合　计	9 678 108	7 229 088	1 530 461	588 401	149 479	27 922	152 757

附件3：

2020年中央集中彩票公益金由民政部安排使用资金表

单位：万元

地　区	老年人福利	残疾人福利	儿童福利	社会公益	"三区三州"等专项倾斜	用于夕阳红救助服务等	合　计
中央本级	0	0	0	0	0	1 622	1 622
北　京	260	58	22	0	0	0	340
天　津	262	50	110	0	0	0	422
河　北	2 025	537	718	86	0	0	3 366
山　西	906	333	705	135	0	0	2 079
内蒙古	627	324	361	78	0	0	1 390
辽　宁	1 338	322	1 190	146	0	0	2 996
吉　林	1 078	283	659	59	0	0	2 079
黑龙江	1 040	416	599	115	0	0	2 170
上　海	1 111	71	103	0	0	0	1 285
江　苏	2 152	259	695	0	0	0	3 106
浙　江	1 038	203	517	0	0	0	1 758
安　徽	1 961	625	905	155	0	0	3 646
福　建	674	157	442	0	0	0	1 273
江　西	1 008	314	914	190	2 036	0	4 462
山　东	2 637	516	1 400	0	0	0	4 553
河　南	2 722	829	1 586	111	0	0	5 248
湖　北	2 356	543	892	647	0	0	4 438
湖　南	2 131	602	1 378	113	360	0	4 584
广　东	1 798	281	1 253	0	0	0	3 332
广　西	1 326	500	1 727	247	0	0	3 800
海　南	184	50	74	31	0	0	339
重　庆	965	273	670	31	0	0	1 939
四　川	2 802	925	2 844	224	2 525	0	9 320
贵　州	781	310	2 214	181	0	0	3 486
云　南	951	578	923	209	624	0	3 285
西　藏	124	33	1 099	105	1 990	0	3 351
陕　西	967	427	840	209	0	0	2 443
甘　肃	1 051	267	1 476	98	1 054	0	3 946
青　海	124	52	172	58	1 103	0	1 509
宁　夏	809	107	101	28	0	0	1 045
新　疆	360	156	655	117	4 045	0	5 333
新疆兵团	833	22	35	13	0	0	903
合　计	38 401	10 423	27 279	3 386	13 737	1 622	94 848

附件 4：

2020 年中央集中彩票公益金由体育总局安排使用资金表　　　　单位：万元

地　区	合　计
中央本级	35 253
北　京	0
天　津	6 250
河　北	45 000
山　西	205
内蒙古	3 841
辽　宁	0
吉　林	0
黑龙江	0
上　海	0
江　苏	0
浙　江	0
安　徽	0
福　建	0
江　西	0
山　东	0
河　南	0
湖　北	3 256
湖　南	800
广　东	0
广　西	0
海　南	0
重　庆	0
四　川	0
贵　州	0
云　南	0
西　藏	243
陕　西	0
甘　肃	0
青　海	0
宁　夏	0
新　疆	0
新疆兵团	0
合　计	**94 848**

附件5：

2020年中央专项彩票公益金支持未成年人校外教育项目资金分配表

单位：万元

地　　区	金　　额
北　京	2 676
天　津	130
河　北	4 137
山　西	4 236
内蒙古	3 122
辽　宁	2 104
吉　林	1 129
黑龙江	3 662
上　海	5 488
江　苏	2 887
浙　江	1 955
安　徽	2 220
福　建	3 308
江　西	2 221
山　东	5 453
河　南	4 641
湖　北	3 437
湖　南	3 988
广　东	2 236
广　西	2 852
海　南	964
重　庆	1 566
四　川	5 175
贵　州	2 768
云　南	2 512
西　藏	412
陕　西	4 781
甘　肃	4 254
青　海	1 421
宁　夏	1 178
新　疆	4 966
新疆兵团	121
合　计	92 000

附件 6：

2020 年中央专项彩票公益金支持乡村学校少年宫项目资金分配表　　　　单位：万元

地　区	金　额
北　京	473
天　津	372
河　北	5 146
山　西	2 712
内蒙古	2 204
辽　宁	2 094
吉　林	1 795
黑龙江	2 346
上　海	400
江　苏	3 426
浙　江	2 677
安　徽	3 981
福　建	2 233
江　西	3 611
山　东	4 676
河　南	6 273
湖　北	3 247
湖　南	5 152
广　东	3 865
广　西	4 083
海　南	698
重　庆	2 759
四　川	11 632
贵　州	4 475
云　南	4 416
西　藏	1 576
陕　西	3 934
甘　肃	3 651
青　海	1 066
宁　夏	702
新　疆	2 815
新疆兵团	684
合　计	**99 174**

附件 7：

2020 年中央专项彩票公益金支持教育助学项目资金分配表　　　　单位：万元

地　区	金　额
中国教育发展基金会	1 620
北　京	0
天　津	0
河　北	1 203
山　西	855
内蒙古	3 516
辽　宁	295
吉　林	3 122
黑龙江	3 864
上　海	0
江　苏	0
浙　江	0
安　徽	1 457
福　建	0
江　西	2 210
山　东	210
河　南	1 091
湖　北	8 055
湖　南	1 526
广　东	0
广　西	8 850
海　南	108
重　庆	4 370
四　川	11 611
贵　州	8 680
云　南	17 109
西　藏	650
陕　西	5 453
甘　肃	5 470
青　海	1 697
宁　夏	1 757
新　疆	4 689
新疆兵团	535
合　计	**100 000**

附件 8：

2020 年中央专项彩票公益金支持大学生创新创业项目资金分配表　　　单位：万元

地　区	金　额
北　京	290
天　津	80
河　北	200
山　西	90
内蒙古	30
辽　宁	280
吉　林	110
黑龙江	160
上　海	230
江　苏	400
浙　江	270
安　徽	230
福　建	160
江　西	120
山　东	230
河　南	220
湖　北	290
湖　南	240
广　东	260
广　西	120
海　南	30
重　庆	90
四　川	240
贵　州	80
云　南	120
西　藏	20
陕　西	230
甘　肃	80
青　海	20
宁　夏	40
新　疆	20
新疆兵团	20
合　计	5 000

附件9：

2020年中央专项彩票公益金支持医疗救助项目资金分配表　　　　单位：万元

地　区	金　额
北　京	358
天　津	936
河　北	5 997
山　西	4 145
内蒙古	3 162
辽　宁	2 730
吉　林	3 012
黑龙江	4 119
上　海	513
江　苏	2 307
浙　江	1 543
安　徽	10 236
福　建	2 286
江　西	5 669
山　东	3 873
河　南	10 988
湖　北	9 374
湖　南	11 623
广　东	3 089
广　西	8 074
海　南	1 838
重　庆	3 724
四　川	12 759
贵　州	15 696
云　南	14 107
西　藏	1 987
陕　西	7 096
甘　肃	9 109
青　海	8 640
宁　夏	2 570
新　疆	8 440
合　计	180 000

附件10：

2020年中央专项彩票公益金支持养老公共服务项目资金分配表

单位：万元

地 区	金 额
北 京	1 369
天 津	1 444
河 北	1 608
山 西	3 263
内蒙古	3 100
辽 宁	4 526
吉 林	3 240
黑龙江	3 863
上 海	2 095
江 苏	3 948
浙 江	3 523
安 徽	1 609
福 建	1 355
江 西	2 900
山 东	3 564
河 南	3 392
湖 北	5 496
湖 南	5 359
广 东	3 778
广 西	3 027
海 南	0
重 庆	5 356
四 川	6 615
贵 州	3 028
云 南	1 334
西 藏	1 258
陕 西	4 867
甘 肃	3 619
青 海	1 451
宁 夏	1 790
新 疆	4 522
新疆兵团	3 001
合 计	**99 300**

附件11：

2020年中央专项彩票公益金支持扶贫项目资金分配表

单位：万元

地　区	金　额
北　京	0
天　津	0
河　北	11 000
山　西	13 000
内蒙古	6 000
辽　宁	0
吉　林	1 000
黑龙江	2 000
上　海	0
江　苏	0
浙　江	0
安　徽	11 000
福　建	0
江　西	5 000
山　东	0
河　南	10 000
湖　北	21 000
湖　南	11 000
广　东	0
广　西	32 000
海　南	1 000
重　庆	3 000
四　川	38 000
贵　州	14 000
云　南	6 000
西　藏	0
陕　西	11 000
甘　肃	5 000
青　海	0
宁　夏	5 000
新　疆	0
新疆兵团	0
合　计	206 000

附件12：

2020年中央专项彩票公益金支持残疾人事业项目资金分配表　　　　单位：万元

地　区	残疾人体育	盲人读物出版项目、盲人公共文化服务	残疾人康复	贫困重度残疾人家庭无障碍改造等	合　计
中国残疾人联合会	18 700	4 000	0	0	22 700
北　京	0	0	0	52	52
天　津	0	0	938	114	1 052
河　北	0	0	8 974	1 420	10 394
山　西	0	0	4 546	966	5 512
内蒙古	0	0	3 258	789	4 047
辽　宁	0	0	5 376	1 241	6 617
吉　林	0	0	3 665	1 399	5 064
黑龙江	0	0	5 160	1 418	6 578
上　海	0	0	0	0	0
江　苏	0	0	7 538	798	8 336
浙　江	0	0	3 511	742	4 253
安　徽	0	0	8 316	2 401	10 717
福　建	0	0	4 602	667	5 269
江　西	0	0	6 061	1 821	7 882
山　东	0	0	11 460	1 277	12 737
河　南	0	0	14 861	3 507	18 368
湖　北	0	0	5 604	2 271	7 875
湖　南	0	0	9 455	2 411	11 866
广　东	0	0	11 129	1 299	12 428
广　西	0	0	6 527	1 800	8 327
海　南	0	0	1 284	223	1 507
重　庆	0	0	2 432	634	3 066
四　川	0	0	10 171	2 561	12 732
贵　州	0	0	4 513	1 711	6 224
云　南	0	0	5 862	1 530	7 392
西　藏	0	0	681	343	1 024
陕　西	0	0	5 056	1 642	6 698
甘　肃	0	0	4 238	1 356	5 594
青　海	0	0	1 084	311	1 395
宁　夏	0	0	1 080	422	1 502
新　疆	0	0	3 762	1 273	5 035
新疆兵团	0	0	456	101	557
合　计	18 700	4 000	161 600	38 500	222 800

附件13：

2020年中央专项彩票公益金支持法律援助项目资金分配表 单位：万元

地　区	金　额
中国法律援助基金会	300
北　京	1 015
天　津	125
河　北	799
山　西	351
内蒙古	230
辽　宁	720
吉　林	405
黑龙江	555
上　海	121
江　苏	256
浙　江	266
安　徽	738
福　建	235
江　西	705
山　东	869
河　南	745
湖　北	421
湖　南	594
广　东	132
广　西	251
海　南	100
重　庆	321
四　川	582
贵　州	559
云　南	764
西　藏	322
陕　西	606
甘　肃	597
青　海	331
宁　夏	305
新　疆	373
新疆兵团	310
合　计	**15 000**

附件 14：

2020 年中央专项彩票公益金支持农村贫困母亲"两癌"救助项目资金分配表　　　　单位：万元

地　区	金　额
中央本级	200
北　京	33
天　津	108
河　北	1 119
山　西	638
内蒙古	1 718
辽　宁	285
吉　林	60
黑龙江	328
上　海	7
江　苏	279
浙　江	48
安　徽	1 847
福　建	58
江　西	1 948
山　东	1 145
河　南	2 087
湖　北	2 853
湖　南	2 981
广　东	194
广　西	2 697
海　南	77
重　庆	1 263
四　川	1 471
贵　州	1 871
云　南	1 169
西　藏	155
陕　西	1 028
甘　肃	1 155
青　海	21
宁　夏	96
新　疆	1 062
新疆兵团	199
合　计	**30 200**

附件 15：

2020 年中央专项彩票公益金支持留守儿童快乐家园项目资金分配表　　　　单位：万元

地 区	金 额
中央本级	30
北 京	0
天 津	0
河 北	0
山 西	98
内蒙古	0
辽 宁	0
吉 林	0
黑龙江	0
上 海	0
江 苏	0
浙 江	0
安 徽	69
福 建	0
江 西	20
山 东	0
河 南	69
湖 北	69
湖 南	147
广 东	0
广 西	157
海 南	0
重 庆	0
四 川	137
贵 州	176
云 南	196
西 藏	0
陕 西	0
甘 肃	137
青 海	0
宁 夏	98
新 疆	98
新疆兵团	0
合 计	1 500

附件 16：

2020 年中央专项彩票公益金支持地方社会公益事业资金分配表

单位：万元

地　区	金　额
河　北	13 550
山　西	14 150
内蒙古	8 825
吉　林	10 475
黑龙江	8 900
安　徽	14 525
福建原中央苏区	16 500
江西原中央苏区	28 875
山东沂蒙革命老区	7 500
河　南	19 825
湖　北	11 450
湖　南	16 175
广东原中央苏区	5 775
广　西	18 025
重　庆	12 475
四　川	16 600
贵　州	50 000
云　南	13 250
西　藏	70 375
陕　西	10 450
甘　肃	13 525
青　海	33 275
宁　夏	24 250
新　疆	50 000
新疆生产建设兵团	11 250
合　计	**500 000**

中华人民共和国财政部公告

（2021年12月15日　2021年第35号）

根据《彩票管理条例》及其实施细则、《国务院办公厅关于2022年部分节假日安排的通知》（国办发明电〔2021〕11号）等有关规定，现将2022年彩票市场休市安排公告如下：

一、休市时间。春节10天，休市时间为2022年1月29日0：00至2月7日24：00。国庆节4天，休市时间为2022年10月1日0：00至10月4日24：00。

二、休市期间，除即开型彩票外，停止全国其他类型彩票游戏的销售、开奖和兑奖。具体彩票游戏的开奖、兑奖等时间调整安排，由彩票发行机构、彩票销售机构提前向社会公告。

三、休市期间，即开型彩票的销售活动由彩票销售机构根据彩票发行机构的要求和本地实际情况自行决定。要充分尊重彩票代销者的意愿，不得强行要求销售。彩票销售机构要制定全面细致的销售工作方案，切实加强安全管理。

四、彩票发行机构、彩票销售机构要妥善保管休市前形成的销售数据，确保数据安全；要充分利用休市间隙对彩票销售系统及设备进行调整和维护，为休市结束后的彩票销售活动做好准备。

五、彩票发行机构、彩票销售机构要密切关注新冠肺炎疫情情况，严格执行当地政府及相关部门疫情防控管理规定，切实落实主体责任，健全相关管理制度，完善配套应急预案，妥善做好彩票发行销售工作。

特此公告。

财政部关于"1心1意"等13款即开型体育彩票游戏的审批意见

(2021年2月25日　财政部　财综〔2021〕3号)

国家体育总局体育彩票管理中心:

你中心《关于发行"1心1意"等13款即开型体育彩票游戏的请示》(体彩字〔2021〕34号)收悉。为优化即开型彩票游戏结构,促进彩票市场健康发展,经研究,根据《彩票管理条例》、《彩票管理条例实施细则》和《彩票发行销售管理办法》(财综〔2018〕67号)等相关规定,现就有关事项通知如下:

一、同意你中心印制发行"1心1意"等13款即开型体育彩票游戏,具体游戏规则见附件。"1心1意"等13款即开型体育彩票游戏按其销售总额的65%、15%和20%分别计提彩票奖金、彩票发行费和彩票公益金。

二、"1心1意"等13款即开型体育彩票游戏上市销售前,你中心应及时向社会发布公告,并在公告中注明财政部批准的文件名称、文号、上市销售日期以及《"1心1意"等13款即开型体育彩票游戏规则》等。

三、即开型体育彩票游戏的兑奖工作应当严格按现行有关规定进行。其中,彩票中奖奖金应当以人民币现金或者现金支票形式一次性兑付,彩票中奖者应当自开奖之日起60个自然日内,持中奖彩票到指定的地点兑奖。

附件:"1心1意"等13款即开型体育彩票游戏规则

附件:

"1心1意"等13款即开型体育彩票游戏规则

一、1心1意

(一)面值:5元。

(二)奖组:18万张(90万元)。

(三)玩法规则:刮开覆盖膜,如果出现爱标志"LOVE",即中得该标志下方所示的金额。中奖奖金兼中兼得。

(四)设奖方案:

奖级	中奖金额(元)	中奖个数	中奖小计(元)
1	10 000	1	10 000
2	500	5	2 500
3	200	40	8 000
4	100	100	10 000
5	50	620	31 000

续表

奖级	中奖金额（元）	中奖个数	中奖小计（元）
6	30	1 200	36 000
7	25	1 200	30 000
8	20	2 250	45 000
9	15	4 500	67 500
10	10	6 000	60 000
11	5	57 000	285 000
合计		72 916	585 000

二、VIP

（一）面值：5元。

（二）奖组：180万张（900万元）。

（三）玩法规则：刮开覆盖膜，如果你的号码中任意一个号码与中奖号码之一相同，即中得该号码下方所示的金额；如果出现金条标志"▬"，即中得该标志下方所示金额的两倍。中奖奖金兼中兼得。

（四）设奖方案：

奖级	中奖金额（元）	中奖个数	中奖小计（元）
1	200 000	1	200 000
2	1 000	10	10 000
3	500	200	100 000
4	300	1 500	450 000
5	100	8 000	800 000
6	50	3 300	165 000
7	30	22 500	675 000
8	20	37 500	750 000
9	10	67 500	675 000
10	5	405 000	2 025 000
合计		545 511	5 850 000

三、嗨起来

（一）面值：5元。

（二）奖组：18万张（90万元）。

（三）玩法规则：游戏一：刮开覆盖膜，如果出现三个相同的金额标志，即中得该单一金额。

游戏二：刮开覆盖膜，如果出现嗨标志"嗨"，即中得该标志下方所示的奖金金额。中奖奖金兼中兼得。

（四）设奖方案：

奖级	中奖金额（元）	中奖个数	中奖小计（元）
1	10 000	6	60 000
2	1 000	10	10 000
3	500	20	10 000
4	100	900	90 000
5	20	125	2 500
6	10	11 250	112 500
7	5	60 000	300 000
合计		72 311	585 000

四、战斗鸡

（一）面值：5元。

（二）奖组：72万张（360万元）。

（三）玩法规则：刮开覆盖膜，如果出现吃鸡标志"吃鸡"，即中得该标志下方所示的金额。中奖奖金兼中兼得。

（四）设奖方案：

奖级	中奖金额（元）	中奖个数	中奖小计（元）
1	100 000	1	100 000
2	1 000	5	5 000
3	500	80	40 000
4	200	200	40 000
5	100	1 300	130 000
6	50	3 000	150 000
7	30	9 000	270 000
8	20	15 000	300 000
9	10	42 000	420 000
10	5	177 000	885 000
合计		247 586	2 340 000

五、VIP

（一）面值：10元。

（二）奖组：180万张（1 800万元）。

（三）玩法规则：刮开覆盖膜，如果你的号码中任意一个号码与中奖号码之一相同，即中得该号码下方所示的金额；如果出现金条标志"▬"，即中得该标志下方所示金额的两倍；如果出现铂金标志"⊙"，即中得该标志下方所示金额的5倍。中奖奖金兼中兼得。

（四）设奖方案：

奖级	中奖金额（元）	中奖个数	中奖小计（元）
1	500 000	1	500 000
2	10 000	10	100 000
3	1 000	100	100 000
4	500	300	150 000
5	300	6 000	1 800 000
6	100	3 500	350 000
7	50	6 000	300 000
8	30	75 000	2 250 000
9	20	135 000	2 700 000
10	10	345 000	3 450 000
合计		570 911	11 700 000

六、合体字

（一）面值：10元。

（二）奖组：72万张（720万元）。

（三）玩法规则：游戏一：刮开覆盖膜，如果在任一横线或者竖线方向出现两个相同的你的号码，即中得该两个号码中间所示的奖金金额；如果通吃号码与任意一个你的号码相同，即中得该游戏区内所示的4个奖金金额之和。

游戏二：刮开覆盖膜，如果出现元宝标志"⌘"，即中得该标志下方所示的奖金金额。

中奖奖金兼中兼得。

（四）设奖方案：

奖级	中奖金额（元）	中奖个数	中奖小计（元）
1	250 000	1	250 000
2	10 000	4	40 000
3	1 000	10	10 000
4	500	100	50 000
5	200	500	100 000
6	100	5 100	510 000
7	50	24 000	1 200 000

续表

奖级	中奖金额（元）	中奖个数	中奖小计（元）
8	20	60 000	1 200 000
9	10	132 000	1 320 000
合计		221 715	4 680 000

七、火星计划

（一）面值：10元。

（二）奖组：72万张（720万元）。

（三）玩法规则：游戏一：刮开覆盖膜，如果出现三个相同的金额标志，即中得该单一金额。

游戏二：刮开覆盖膜，如果你的号码中任意一个号码与中奖号码相同，即中得该号码下方所示的金额。

中奖奖金兼中兼得。

（四）设奖方案：

奖级	中奖金额（元）	中奖个数	中奖小计（元）
1	250 000	1	250 000
2	10 000	4	40 000
3	1 000	8	8 000
4	500	80	40 000
5	200	400	80 000
6	100	3 620	362 000
7	50	4 800	240 000
8	30	30 000	900 000
9	20	60 000	1 200 000
10	10	156 000	1 560 000
合计		254 913	4 680 000

八、进球啦

（一）面值：10元。

（二）奖组：180万张（1 800万元）。

（三）玩法规则：游戏一：刮开覆盖膜，如果你的投注比分中任意一个比分与实际比分相同，即中得该比分下方所示的奖金金额。

游戏二：刮开覆盖膜，如果出现进球啦标志"⚽"，即中得该标志下方所示的金额。

中奖奖金兼中兼得。

（四）设奖方案：

奖级	中奖金额（元）	中奖个数	中奖小计（元）
1	400 000	1	400 000
2	10 000	10	100 000
3	1 000	50	50 000
4	500	200	100 000
5	200	6 000	1 200 000
6	100	10 000	1 000 000
7	50	15 000	750 000
8	40	15 000	600 000
9	30	45 000	1 350 000
10	20	120 000	2 400 000
11	10	375 000	3 750 000
合计		586 261	11 700 000

九、哇哦

（一）面值：10元。

（二）奖组：72万张（720万元）。

（三）玩法规则：刮开覆盖膜，如果你的号码中任意一个号码与中奖号码相同，即中得该号码下方所示的金额；如果你的号码中任意一个号码与翻倍号码之一相同，即中得该号码下方所示的金额乘以该翻倍号码下方所示的倍数。中奖奖金兼中兼得。

（四）设奖方案：

奖级	中奖金额（元）	中奖个数	中奖小计（元）
1	100 000	1	100 000
2	10 000	4	40 000
3	1 000	40	40 000
4	500	120	60 000
5	100	2 400	240 000
6	50	6 600	330 000
7	30	30 000	900 000
8	20	72 000	1 440 000
9	15	54 000	810 000
10	10	72 000	720 000
合计		237 165	4 680 000

十、为中国力量加油 乐小星

（一）面值：10元。

（二）奖组：72万张（720万元）。

（三）玩法规则：主游戏：刮开覆盖膜，如果出现加油标志"加油"，即中得该标志下方所示的金额。

幸运游戏：刮开覆盖膜，如果在幸运游戏区出现金额标志，即中得该金额。

中奖奖金兼中兼得。

（四）设奖方案：

奖级	中奖金额（元）	中奖个数	中奖小计（元）
1	250 000	1	250 000
2	10 000	4	40 000
3	1 000	10	10 000
4	500	160	80 000
5	200	800	160 000
6	100	5 400	540 000
7	50	6 000	300 000
8	30	18 000	540 000
9	20	54 000	1 080 000
10	10	168 000	1 680 000
合计		252 375	4 680 000

十一、为中国力量加油 全运会

（一）面值：10元。

（二）奖组：72万张（720万元）。

（三）玩法规则：游戏一：刮开覆盖膜，如果出现加油标志"加油"，即中得该标志下方所示的金额。

游戏二：刮开覆盖膜，如果出现金额标志，即中得该金额。

中奖奖金兼中兼得。

（四）设奖方案：

奖级	中奖金额（元）	中奖个数	中奖小计（元）
1	250 000	1	250 000
2	5 000	4	20 000
3	1 000	40	40 000

续表

奖级	中奖金额（元）	中奖个数	中奖小计（元）
4	500	100	50 000
5	200	400	80 000
6	100	2 800	280 000
7	50	9 600	480 000
8	30	18 000	540 000
9	20	48 000	960 000
10	10	198 000	1 980 000
合计		276 945	4 680 000

十二、VIP

（一）面值：20元。

（二）奖组：900万张（1.8亿元）。

（三）玩法规则：刮开覆盖膜，如果你的号码中任意一个号码与中奖号码之一相同，即中得该号码下方所示的金额；如果出现金条标志"　"，即中得该标志下方所示金额的两倍；如果出现铂金标志"　"，即中得该标志下方所示金额的5倍；如果出现钻石标志"　"，即中得该标志下方所示金额的10倍。中奖奖金兼中兼得。

（四）设奖方案：

奖级	中奖金额（元）	中奖个数	中奖小计（元）
1	1 000 000	1	1 000 000
2	100 000	5	500 000
3	10 000	50	500 000
4	1 000	15 000	15 000 000
5	500	18 500	9 250 000
6	300	10 000	3 000 000

续表

奖级	中奖金额（元）	中奖个数	中奖小计（元）
7	100	75 000	7 500 000
8	50	375 000	18 750 000
9	30	750 000	22 500 000
10	20	1 950 000	39 000 000
合计		3 193 556	117 000 000

十三、95至尊

（一）面值：30元。

（二）奖组：900万张（2.7亿元）。

（三）玩法规则：刮开覆盖膜，如果你的号码中任意一个号码与中奖号码之一相同，即中得该号码下方所示的金额；如果出现5标志"　"，即中得该标志下方所示金额的5倍；如果出现9标志"　"，即中得该标志下方所示金额的9倍；如果出现至尊标志"　"，即中得刮开区内所示的25个金额之和。中奖奖金兼中兼得。

（四）设奖方案：

奖级	中奖金额（元）	中奖个数	中奖小计（元）
1	1 000 000	1	1 000 000
2	90 000	10	900 000
3	9 000	100	900 000
4	900	22 500	20 250 000
5	500	28 900	14 450 000
6	300	10 000	3 000 000
7	100	337 500	33 750 000
8	50	675 000	33 750 000
9	30	2 250 000	67 500 000
合计		3 324 011	175 500 000

财政部关于"好运喵"等39款即开型福利彩票游戏的审批意见

（2021年4月29日　财政部　财综〔2021〕15号）

中国福利彩票发行管理中心：

你中心《关于发行"好运喵"等39款即开型福利彩票新游戏的请示》（中彩发字〔2021〕55号）收悉。为优化即开型彩票游戏结构，促进彩票市场健康发展，经研究，根据《彩票管理条例》《彩票管理条例实施细则》和《彩票发行销售管理办法》（财综〔2018〕67号）等相关规定，现就有关事项通知如下：

一、同意你中心印制发行"好运喵"等39款即开型福利彩票游戏，具体游戏规则见附件。"好运喵"等39款即开型福利彩票游戏按其销售总额的65%、15%和20%分别计提彩票奖金、彩票发行费和彩票公益金。

二、"好运喵"等39款即开型福利彩票游戏上市销售前，你中心应及时向社会发布公告，并在公告中注明财政部批准的文件名称、文号、上市销售日期以及《"好运喵"等39款即开型福利彩票游戏规则》等。

三、即开型福利彩票游戏的兑奖工作应当严格按现行有关规定进行。其中，彩票中奖奖金应当以人民币现金或者现金支票形式一次性兑付，彩票中奖者应当自开奖之日起60个自然日内，持中奖彩票到指定的地点兑奖。

附件："好运喵"等39款即开型福利彩票游戏规则

附件：

"好运喵"等39款即开型福利彩票游戏规则

一、好运喵

（一）面值：2元

（二）奖组：20万张

（三）玩法：刮开覆盖膜，如果刮出任何奖金金额，即可获得该奖金。中奖奖金兼中兼得。

（四）设奖方案：

奖级	中奖金额（元）	中奖个数	奖金小计（元）
1	20 000	1	20 000
2	1 000	20	20 000
3	100	20	2 000
4	50	280	14 000
5	10	2 000	20 000

续表

奖级	中奖金额（元）	中奖个数	奖金小计（元）
6	6	8 000	48 000
7	4	24 000	96 000
8	2	20 000	40 000
合计		54 321	260 000

二、发财鸭

（一）面值：5元

（二）奖组：80万张

（三）玩法：刮开覆盖膜，如果任意一个"我的号码"与"中奖号码"相同，即可获得该"我的号码"下方所对应的奖金。中奖奖金兼中兼得。

（四）设奖方案：

奖级	中奖金额（元）	中奖个数	奖金小计（元）
1	100 000	1	100 000
2	1 000	28	28 000
3	500	160	80 000
4	200	640	128 000
5	60	8 000	480 000
6	20	8 000	160 000
7	10	62 400	624 000
8	5	200 000	1 000 000
合计		279 229	2 600 000

三、足够精彩

（一）面值：5元

（二）奖组：2 000万张

（三）玩法：刮开覆盖膜，如果刮出"⚽"图符，即可获得该图符下方所对应的奖金。中奖奖金兼中兼得。

（四）设奖方案：

奖级	中奖金额（元）	中奖个数	奖金小计（元）
1	100 000	10	1 000 000
2	5 000	120	600 000
3	1 000	700	700 000
4	500	4 000	2 000 000

续表

奖级	中奖金额（元）	中奖个数	奖金小计（元）
5	100	40 000	4 000 000
6	50	110 000	5 500 000
7	30	200 000	6 000 000
8	20	600 000	12 000 000
9	10	1 000 000	10 000 000
10	5	4 640 000	23 200 000
合计		6 594 830	65 000 000

四、喜上梅梢

（一）面值：5元

（二）奖组：100万张

（三）玩法：刮开覆盖膜，如果刮出"❀"图符的个数与《奖金对照表》中所示的个数相同，即可获得所对应的奖金。中奖奖金不可兼中兼得。

《奖金对照表》

10个"❀"	10万元	6个"❀"	50元
9个"❀"	5 000元	5个"❀"	20元
8个"❀"	500元	4个"❀"	10元
7个"❀"	100元	3个"❀"	5元

（四）设奖方案：

奖级	中奖金额（元）	中奖个数	奖金小计（元）
1	100 000	1	100 000
2	5 000	1	5 000
3	500	50	25 000
4	100	1 400	140 000
5	50	20 000	1 000 000
6	20	20 000	400 000
7	10	67 000	670 000
8	5	182 000	910 000
合计		290 452	3 250 000

五、满堂红

（一）面值：5元

（二）奖组：100万张

（三）玩法：刮开覆盖膜，如果刮出"满"或"堂"或"红"图符，即可获得该图符下方所对应的奖金，中奖奖金兼中兼得。如果刮出"满堂红"图符，即可获得玩法区内所有的奖金之和。

（四）设奖方案：

奖级	中奖金额（元）	中奖个数	奖金小计（元）
1	200 000	1	200 000
2	1 000	5	5 000
3	500	20	10 000
4	100	3 000	300 000
5	50	9 300	465 000
6	40	3 000	120 000
7	20	20 000	400 000
8	10	72 000	720 000
9	5	206 000	1 030 000
合计		313 326	3 250 000

六、12星座

（一）面值：5元

（二）奖组：24万张

（三）玩法：刮开覆盖膜，如果任意一个"我的号码"与"中奖号码"相同，即可获得该"我的号码"下方所对应的奖金；如果刮出"星座"图符，即可获得该图符下方所对应奖金的两倍。中奖奖金兼中兼得。

（四）设奖方案：

奖级	中奖金额（元）	中奖个数	奖金小计（元）
1	100 000	1	100 000
2	5 000	5	25 000
3	1 000	10	10 000
4	100	330	33 000
5	50	2 400	120 000
6	20	4 800	96 000
7	10	12 000	120 000
8	5	55 200	276 000
合计		74 746	780 000

七、梦花园

（一）面值：5元

（二）奖组：20万张

（三）玩法：刮开覆盖膜，如果任意一个"我的号码"与"中奖号码"相同，即可获得该"我的号码"下方所对应的奖金。中奖奖金兼中兼得。

（四）设奖方案：

奖级	中奖金额（元）	中奖个数	奖金小计（元）
1	10 000	1	10 000
2	1 000	10	10 000
3	500	40	20 000
4	100	1 000	100 000
5	50	1 000	50 000
6	30	100	3 000
7	20	2 850	57 000
8	10	10 000	100 000
9	5	60 000	300 000
合计		75 001	650 000

八、炫8

（一）面值：10元

（二）奖组：1 200万张

（三）玩法：本彩票共有两个玩法，两个玩法区内的中奖奖金兼中兼得。

玩法一：刮开覆盖膜，如果刮出任何奖金金额，即可获得该奖金。中奖奖金兼中兼得。

玩法二：刮开覆盖膜，如果任意一个"我的号码"与任意一个"中奖号码"相同，即可获得该"我的号码"下方所对应的奖金。中奖奖金兼中兼得。

（四）设奖方案：

奖级	中奖金额（元）	中奖个数	奖金小计（元）
1	300 000	6	1 800 000
2	10 000	30	300 000
3	1 000	900	900 000
4	200	27 000	5 400 000

续表

奖级	中奖金额（元）	中奖个数	奖金小计（元）
5	100	216 000	21 600 000
6	50	48 000	2 400 000
7	20	960 000	19 200 000
8	10	2 640 000	26 400 000
合计		3 891 936	78 000 000

九、金字塔

（一）面值：10元

（二）奖组：100万张

（三）玩法：刮开覆盖膜，如果任意一个"我的号码"与"中奖号码"相同，即可获得该"我的号码"下方所对应的奖金，中奖奖金兼中兼得。如果刮出"⛰"图符，即可获得玩法区内所有的奖金之和。

（四）设奖方案：

奖级	中奖金额（元）	中奖个数	奖金小计（元）
1	250 000	1	250 000
2	1 000	160	160 000
3	500	200	100 000
4	200	1 150	230 000
5	100	12 000	1 200 000
6	50	12 000	600 000
7	20	100 000	2 000 000
8	10	196 000	1 960 000
合计		321 511	6 500 000

十、快乐8

（一）面值：10元

（二）奖组：1 000万张

（三）玩法：刮开覆盖膜，如果任意一个"我的号码"与"中奖号码"相同，即可获得该"我的号码"下方所对应的奖金。中奖奖金兼中兼得。

（四）设奖方案：

奖级	中奖金额（元）	中奖个数	奖金小计（元）
1	800 000	3	2 400 000
2	80 000	4	320 000
3	8 000	45	360 000

续表

奖级	中奖金额（元）	中奖个数	奖金小计（元）
4	800	400	320 000
5	500	4 000	2 000 000
6	100	40 000	4 000 000
7	80	40 000	3 200 000
8	50	260 000	13 000 000
9	30	180 000	5 400 000
10	20	600 000	12 000 000
11	10	2 200 000	22 000 000
合计		3 324 452	65 000 000

十一、乘风破浪

（一）面值：10元

（二）奖组：100万张

（三）玩法：刮开覆盖膜，如果刮出"⛵"图符，即可获得该图符下方所对应的奖金；如果刮出"🌊"图符，即可获得该图符下方所对应奖金的两倍。中奖奖金兼中兼得。

（四）设奖方案：

奖级	中奖金额（元）	中奖个数	奖金小计（元）
1	300 000	1	300 000
2	1 000	100	100 000
3	500	1 000	500 000
4	100	2 000	200 000
5	50	10 000	500 000
6	30	80 000	2 400 000
7	10	250 000	2 500 000
合计		343 101	6 500 000

十二、山河锦绣

（一）面值：10元

（二）奖组：1 500万张

（三）玩法：刮开覆盖膜，如果任意一个"我的号码"与任意一个"中奖号码"相同，即可获得该"我的号码"下方所对应的奖金；如果刮出"锦绣"图符，即可获得该图符下方所对应的奖金。中奖奖金兼中兼得。

（四）设奖方案：

奖级	中奖金额（元）	中奖个数	奖金小计（元）
1	300 000	5	1 500 000
2	10 000	45	450 000
3	5 000	90	450 000
4	1 000	450	450 000
5	500	7 500	3 750 000
6	100	84 000	8 400 000
7	50	330 000	16 500 000
8	30	360 000	10 800 000
9	20	960 000	19 200 000
10	10	3 600 000	36 000 000
合计		5 342 090	97 500 000

十三、筑美中华

（一）面值：10元

（二）奖组：1 500万张

（三）玩法：刮开覆盖膜，如果刮出"筑美中华"图符，即可获得该图符下方所对应的奖金。中奖奖金兼中兼得。

（四）设奖方案：

奖级	中奖金额（元）	中奖个数	奖金小计（元）
1	500 000	1	500 000
2	10 000	20	200 000
3	1 000	3 500	3 500 000
4	400	15 000	6 000 000
5	100	240 000	24 000 000
6	50	270 000	13 500 000
7	20	990 000	19 800 000
8	10	3 000 000	30 000 000
合计		4 518 521	97 500 000

十四、味道

（一）面值：10元

（二）奖组：80万张

（三）玩法：刮开覆盖膜，如果任意一个"我的号码"与任意一个"中奖号码"相同，即可获得该"我的号码"下方所对应的奖金。中奖奖金兼中兼得。

（四）设奖方案：

奖级	中奖金额（元）	中奖个数	奖金小计（元）
1	250 000	1	250 000
2	50 000	1	50 000
3	5 000	80	400 000
4	500	320	160 000
5	200	340	68 000
6	100	9 600	960 000
7	50	8 000	400 000
8	20	60 800	1 216 000
9	10	169 600	1 696 000
合计		248 742	5 200 000

十五、正当红10元

（一）面值：10元

（二）奖组：2 000万张

（三）玩法：刮开覆盖膜，如果任意一个"我的号码"与任意一个"中奖号码"相同，即可获得该"我的号码"下方所对应的奖金；如果刮出"红"图符，即可获得该图符下方所对应的奖金。中奖奖金兼中兼得。

（四）设奖方案：

奖级	中奖金额（元）	中奖个数	奖金小计（元）
1	300 000	5	1 500 000
2	10 000	100	1 000 000
3	1 000	2 000	2 000 000
4	500	18 200	9 100 000
5	100	300 000	30 000 000
6	50	120 000	6 000 000
7	30	440 000	13 200 000
8	20	1 200 000	24 000 000
9	10	4 320 000	43 200 000
合计		6 400 305	130 000 000

十六、我愿意

（一）面值：10元

（二）奖组：1万张

（三）玩法：刮开覆盖膜，如果刮出"戒指"图符，即可获得该图符下方所对应的奖金。中奖奖金兼中兼得。

（四）设奖方案：

奖级	中奖金额（元）	中奖个数	奖金小计（元）
1	200	40	8 000
2	80	160	12 800
3	60	200	12 000
4	10	3 220	32 200
合计		3 620	65 000

十七、乐在棋中

（一）面值：10元

（二）奖组：100万张

（三）玩法：本彩票共有两个玩法，两个玩法区内的中奖奖金兼中兼得。

玩法一：刮开覆盖膜，如果任意一个"我的号码"与"中奖号码"相同，即可获得该"我的号码"下方所对应的奖金。中奖奖金兼中兼得。

玩法二：刮开覆盖膜，在同一局游戏中，如果刮出3个相同的图符，即可获得该局游戏右侧所对应的奖金。共有5局游戏，中奖奖金兼中兼得。

（四）设奖方案：

奖级	中奖金额（元）	中奖个数	奖金小计（元）
1	250 000	1	250 000
2	10 000	5	50 000
3	1 000	20	20 000
4	500	200	100 000
5	200	400	80 000
6	100	4 000	400 000
7	50	15 000	750 000
8	40	20 000	800 000
9	30	20 000	600 000
10	20	70 000	1 400 000
11	10	205 000	2 050 000
合计		334 626	6 500 000

十八、摩登色彩

（一）面值：10元

（二）奖组：50万张

（三）玩法：刮开覆盖膜，如果刮出"❀"图符，即可获得该图符下方所对应的奖金。中奖奖金兼中兼得。

（四）设奖方案：

奖级	中奖金额（元）	中奖个数	奖金小计（元）
1	50 000	1	50 000
2	1 000	25	25 000
3	500	200	100 000
4	100	5 000	500 000
5	50	5 000	250 000
6	30	7 500	225 000
7	20	50 000	1 000 000
8	10	110 000	1 100 000
合计		177 726	3 250 000

十九、表里山河

（一）面值：10元

（二）奖组：100万张

（三）玩法：刮开覆盖膜，如果任意一个"我的号码"与任意一个"中奖号码"相同，即可获得该"我的号码"下方所对应的奖金，中奖奖金兼中兼得。如果刮出"❀"图符，即可获得玩法区内所有的奖金之和。

（四）设奖方案：

奖级	中奖金额（元）	中奖个数	奖金小计（元）
1	250 000	1	250 000
2	1 000	400	400 000
3	400	100	40 000
4	200	200	40 000
5	100	2 100	210 000
6	80	20 000	1 600 000
7	50	2 000	100 000
8	40	14 000	560 000
9	30	20 000	600 000
10	20	44 000	880 000
11	10	182 000	1 820 000
合计		284 801	6 500 000

二十、人说山西好风光

（一）面值：10元

（二）奖组：20万张

（三）玩法：刮开覆盖膜，在同一局游戏中，如果刮出3个相同的数字，即可获得该局游戏右侧所对应的奖金。共有12局游戏，中奖奖金兼中兼得。

（四）设奖方案：

奖级	中奖金额（元）	中奖个数	奖金小计（元）
1	500 000	1	500 000
2	20 000	4	80 000
3	5 000	10	50 000
4	1 000	160	160 000
5	50	2 000	100 000
6	10	41 000	410 000
合计		43 175	1 300 000

二十一、花锦秀

（一）面值：10元

（二）奖组：80万张

（三）玩法：刮开覆盖膜，如果任意一个"我的号码"与"中奖号码"相同，即可获得该"我的号码"下方所对应的奖金。中奖奖金兼中兼得。

（四）设奖方案：

奖级	中奖金额（元）	中奖个数	奖金小计（元）
1	150 000	1	150 000
2	10 000	5	50 000
3	1 000	80	80 000
4	500	120	60 000
5	200	800	160 000
6	100	12 000	1 200 000
7	50	16 000	800 000
8	30	300	9 000
9	20	60 000	1 200 000
10	10	149 100	1 491 000
合计		238 406	5 200 000

二十二、文都寻宝

（一）面值：10元

（二）奖组：50万张

（三）玩法：刮开覆盖膜，如果任意一个"我的号码"与任意一个"中奖号码"相同，即可获得该"我的号码"下方所对应的奖金；如果刮出"🏯"图符，即可获得100元奖金。中奖奖金兼中兼得。

（四）设奖方案：

奖级	中奖金额（元）	中奖个数	奖金小计（元）
1	200 000	1	200 000
2	10 000	1	10 000
3	1 000	10	10 000
4	500	200	100 000
5	100	1 000	100 000
6	50	5 000	250 000
7	40	5 000	200 000
8	30	10 000	300 000
9	20	37 500	750 000
10	10	133 000	1 330 000
合计		191 712	3 250 000

二十三、绿水青山

（一）面值：10元

（二）奖组：25万张

（三）玩法：刮开覆盖膜，如果任意一个"我的号码"与任意一个"中奖号码"相同，即可获得该"我的号码"下方所对应的奖金；如果刮出"**绿水青山**"短语，即可获得100元奖金。中奖奖金兼中兼得。

（四）设奖方案：

奖级	中奖金额（元）	中奖个数	奖金小计（元）
1	150 000	1	150 000
2	1 000	10	10 000
3	500	10	5 000
4	100	1 700	170 000
5	60	250	15 000

续表

奖级	中奖金额（元）	中奖个数	奖金小计（元）
6	50	3 300	165 000
7	20	5 000	100 000
8	10	101 000	1 010 000
合计		**111 271**	**1 625 000**

二十四、美好生活

（一）面值：10元

（二）奖组：100万张

（三）玩法：刮开覆盖膜，如果任意一个"我的号码"与任意一个"中奖号码"相同，即可获得该"我的号码"下方所对应的奖金；如果刮出"美好生活"图符，即可获得该图符下方所对应奖金的10倍。中奖奖金兼中兼得。

（四）设奖方案：

奖级	中奖金额（元）	中奖个数	奖金小计（元）
1	300 000	1	300 000
2	10 000	5	50 000
3	1 000	30	30 000
4	500	800	400 000
5	200	1 000	200 000
6	100	8 000	800 000
7	50	20 000	1 000 000
8	30	20 000	600 000
9	20	20 000	400 000
10	10	272 000	2 720 000
合计		**341 836**	**6 500 000**

二十五、沁园春·长沙

（一）面值：10元

（二）奖组：100万张

（三）玩法：刮开覆盖膜，如果任意一个"我的号码"与任意一个"中奖号码"相同，即可获得该"我的号码"下方所对应的奖金。中奖奖金兼中兼得。如果刮出"长沙"图符，即可获得玩法区内所有的奖金之和。

（四）设奖方案：

奖级	中奖金额（元）	中奖个数	奖金小计（元）
1	300 000	1	300 000
2	10 000	5	50 000
3	1 000	300	300 000
4	100	9 000	900 000
5	50	30 000	1 500 000
6	40	1 000	40 000
7	30	10 000	300 000
8	20	42 500	850 000
9	10	226 000	2 260 000
合计		**318 806**	**6 500 000**

二十六、洪崖洞

（一）面值：10元

（二）奖组：100万张

（三）玩法：刮开覆盖膜，如果任意一个"我的号码"与任意一个"中奖号码"相同，即可获得该"我的号码"下方所对应的奖金；如果刮出"🏮"图符，即可获得该图符下方所对应奖金的10倍。中奖奖金兼中兼得。

（四）设奖方案：

奖级	中奖金额（元）	中奖个数	奖金小计（元）
1	300 000	1	300 000
2	5 000	10	50 000
3	1 000	50	50 000
4	500	600	300 000
5	200	800	160 000
6	100	7 000	700 000
7	60	2 000	120 000
8	50	8 000	400 000
9	40	10 000	400 000
10	30	20 000	600 000
11	20	82 000	1 640 000
12	10	178 000	1 780 000
合计		**308 461**	**6 500 000**

二十七、文润山青

（一）面值：10元

（二）奖组：50万张

（三）玩法：本彩票共有3个玩法，3个玩法区内的中奖奖金兼中兼得。

玩法一：刮开覆盖膜，如果刮出"❀"图符，即可获得该图符下方所对应的奖金。中奖奖金兼中兼得。

玩法二：刮开覆盖膜，如果刮出3个相同的奖金金额，即可获得该单一奖金。

玩法三：刮开覆盖膜，如果刮出"文润山青"短语，即可获得10元奖金。

（四）设奖方案：

奖级	中奖金额（元）	中奖个数	奖金小计（元）
1	8 000	30	240 000
2	1 000	50	50 000
3	500	100	50 000
4	100	1 000	100 000
5	50	10 000	500 000
6	20	40 500	810 000
7	10	150 000	1 500 000
合计		201 680	3 250 000

二十八、魅力长三角

（一）面值：10元

（二）奖组：1 200万张

（三）玩法：刮开覆盖膜，如果刮出任何奖金金额，即可获得该奖金。中奖奖金兼中兼得。

（四）设奖方案：

奖级	中奖金额（元）	中奖个数	奖金小计（元）
1	500 000	1	500 000
2	5 000	240	1 200 000
3	1 000	1 660	1 660 000
4	500	9 600	4 800 000
5	200	9 600	1 920 000
6	100	84 000	8 400 000
7	60	24 000	1 440 000
8	50	96 000	4 800 000
9	40	120 000	4 800 000
10	30	240 000	7 200 000
11	20	864 000	17 280 000
12	10	2 400 000	24 000 000
合计		3 849 101	78 000 000

二十九、花开中国梦

（一）面值：10元

（二）奖组：2 000万张

（三）玩法：刮开覆盖膜，如果刮出任何奖金金额，即可获得该奖金。中奖奖金兼中兼得。

（四）设奖方案：

奖级	中奖金额（元）	中奖个数	奖金小计（元）
1	500 000	1	500 000
2	50 000	20	1 000 000
3	5 000	80	400 000
4	1 000	100	100 000
5	500	2 000	1 000 000
6	200	100 000	20 000 000
7	100	100 000	10 000 000
8	50	500 000	25 000 000
9	20	1 000 000	20 000 000
10	10	5 200 000	52 000 000
合计		6 902 201	130 000 000

三十、5彩钻

（一）面值：20元

（二）奖组：500万张

（三）玩法：刮开覆盖膜，如果任意一个"我的号码"与任意一个"中奖号码"相同，即可获得该"我的号码"下方所对应的奖金；如果刮出"▽"图符，即可获得该图符下方所对应奖金的5倍。中奖奖金兼中兼得。

（四）设奖方案：

奖级	中奖金额（元）	中奖个数	奖金小计（元）
1	1 000 000	2	2 000 000
2	100 000	10	1 000 000
3	10 000	60	600 000

续表

奖级	中奖金额（元）	中奖个数	奖金小计（元）
4	1 000	900	900 000
5	500	7 000	3 500 000
6	200	40 000	8 000 000
7	100	40 000	4 000 000
8	50	140 000	7 000 000
9	40	160 000	6 400 000
10	30	320 000	9 600 000
11	20	1 100 000	22 000 000
合计		1 807 972	65 000 000

三十一、夺冠

（一）面值：20元

（二）奖组：100万张

（三）玩法：刮开覆盖膜，如果刮出"★"图符，即可获得该图符下方所对应的奖金，中奖奖金兼中兼得。如果刮出"🏆"图符，即可获得玩法区内所有的奖金之和。

（四）设奖方案：

奖级	中奖金额（元）	中奖个数	奖金小计（元）
1	1 000 000	1	1 000 000
2	10 000	2	20 000
3	1 000	200	200 000
4	300	5 000	1 500 000
5	100	1 200	120 000
6	50	56 000	2 800 000
7	30	64 000	1 920 000
8	20	272 000	5 440 000
合计		398 403	13 000 000

三十二、金满堂

（一）面值：20元

（二）奖组：100万张

（三）玩法：刮开覆盖膜，如果任意一个"我的号码"与"中奖号码"相同，即可获得该"我的号码"下方所对应的奖金，中奖奖金兼中兼得。如果刮出"福"图符，即可获得玩法区内所有的奖金之和。

（四）设奖方案：

奖级	中奖金额（元）	中奖个数	奖金小计（元）
1	1 000 000	1	1 000 000
2	10 000	24	240 000
3	1 000	400	400 000
4	500	480	240 000
5	300	4 000	1 200 000
6	100	8 000	800 000
7	50	36 000	1 800 000
8	40	40 000	1 600 000
9	30	60 000	1 800 000
10	20	196 000	3 920 000
合计		344 905	13 000 000

三十三、正当红20元

（一）面值：20元

（二）奖组：1 000万张

（三）玩法：刮开覆盖膜，如果任意一个"我的号码"与任意一个"中奖号码"相同，即可获得该"我的号码"下方所对应的奖金；如果刮出"囍"图符，即可获得该图符下方所对应的奖金。中奖奖金兼中兼得。

（四）设奖方案：

奖级	中奖金额（元）	中奖个数	奖金小计（元）
1	800 000	4	3 200 000
2	100 000	10	1 000 000
3	10 000	80	800 000
4	1 000	4 000	4 000 000
5	500	20 000	10 000 000
6	200	50 000	10 000 000
7	100	90 000	9 000 000
8	50	400 000	20 000 000
9	30	800 000	24 000 000
10	20	2 400 000	48 000 000
合计		3 764 094	130 000 000

三十四、富贵6

（一）面值：20元

（二）奖组：1 000万张

（三）玩法：刮开覆盖膜，在同一局游戏中，如果刮出3个相同的数字，即可获得该局游戏右侧所对应的奖金；如果在任意一局游戏中刮出"**6**"图符，即可获得该局游戏右侧所对应的奖金。共有16局游戏，中奖奖金兼中兼得。

（四）设奖方案：

奖级	中奖金额（元）	中奖个数	奖金小计（元）
1	1 000 000	2	2 000 000
2	100 000	5	500 000
3	10 000	20	200 000
4	2 000	500	1 000 000
5	500	20 000	10 000 000
6	300	25 000	7 500 000
7	100	200 000	20 000 000
8	50	400 000	20 000 000
9	30	960 000	28 800 000
10	20	2 000 000	40 000 000
合计		3 605 527	130 000 000

三十五、花满堂

（一）面值：20元

（二）奖组：100万张

（三）玩法：刮开覆盖膜，如果任意一个"我的号码"与"中奖号码"相同，即可获得该"我的号码"下方所对应的奖金，中奖奖金兼中兼得。如果刮出"✦"图符，即可获得玩法区内所有的奖金之和。

（四）设奖方案：

奖级	中奖金额（元）	中奖个数	奖金小计（元）
1	1 000 000	1	1 000 000
2	10 000	5	50 000
3	1 000	400	400 000
4	500	2 000	1 000 000
5	100	12 000	1 200 000
6	60	11 150	669 000
7	50	20 000	1 000 000
8	40	80 000	3 200 000
9	30	700	21 000
10	20	223 000	4 460 000
合计		349 256	13 000 000

三十六、墨子

（一）面值：20元

（二）奖组：50万张

（三）玩法：本彩票共有两个玩法，两个玩法区内的中奖奖金兼中兼得。

玩法一：刮开覆盖膜，在同一局游戏中，如果刮出两个相同的图符，即可获得该局游戏右侧所对应的奖金。共有4局游戏，中奖奖金兼中兼得。

玩法二：刮开覆盖膜，如果刮出"▨"图符，即可获得该图符下方所对应的奖金。中奖奖金兼中兼得。

（四）设奖方案：

奖级	中奖金额（元）	中奖个数	奖金小计（元）
1	500 000	1	500 000
2	10 000	10	100 000
3	1 000	40	40 000
4	500	100	50 000
5	200	400	80 000
6	100	15 300	1 530 000
7	50	20 000	1 000 000
8	30	40 000	1 200 000
9	20	100 000	2 000 000
合计		175 851	6 500 000

三十七、大美新疆

（一）面值：20元

（二）奖组：100万张

（三）玩法：刮开覆盖膜，如果任意一个"我的号码"与"中奖号码"相同，即可获得该"我的号码"下方所对应的奖金。中奖奖金兼中兼得。

（四）设奖方案：

奖级	中奖金额（元）	中奖个数	奖金小计（元）
1	1 000 000	1	1 000 000
2	8 000	5	40 000
3	1 000	200	200 000

续表

奖级	中奖金额（元）	中奖个数	奖金小计（元）
4	500	640	320 000
5	100	16 000	1 600 000
6	60	16 000	960 000
7	50	28 000	1 400 000
8	40	28 000	1 120 000
9	30	28 000	840 000
10	20	276 000	5 520 000
合计		392 846	13 000 000

三十八、财富密码

（一）面值：30元

（二）奖组：400万张

（三）玩法：本彩票共有两个玩法，两个玩法区内的中奖奖金兼中兼得。

玩法一：刮开覆盖膜，在同一局游戏中，如果在成行、成列或成斜方向上刮出3个相同的数字，即可获得该局游戏下方所对应的奖金。共有6局游戏，中奖奖金兼中兼得。

玩法二：刮开覆盖膜，如果任意一个"我的密码"与"中奖密码"相同，即可获得该"我的密码"下方所对应的奖金。中奖奖金兼中兼得。

（四）设奖方案：

奖级	中奖金额（元）	中奖个数	奖金小计（元）
1	1 000 000	2	2 000 000
2	50 000	10	500 000
3	10 000	100	1 000 000
4	1 000	4 000	4 000 000
5	300	10 000	3 000 000
6	100	100 000	10 000 000

续表

奖级	中奖金额（元）	中奖个数	奖金小计（元）
7	60	100 000	6 000 000
8	50	400 000	20 000 000
9	30	1 050 000	31 500 000
合计		1 664 112	78 000 000

三十九、正当红50元

（一）面值：50元

（二）奖组：400万张

（三）玩法：本彩票共有两个玩法，两个玩法区内的中奖奖金兼中兼得。

玩法一：刮开覆盖膜，如果刮出任何奖金金额，即可获得该奖金。中奖奖金兼中兼得。

玩法二：刮开覆盖膜，如果任意一个"我的号码"与任意一个"中奖号码"相同，即可获得该"我的号码"下方所对应的奖金；如果刮出"红"图符，即可获得该图符下方所对应的奖金。中奖奖金兼中兼得。

（四）设奖方案：

奖级	中奖金额（元）	中奖个数	奖金小计（元）
1	1 000 000	1	1 000 000
2	100 000	4	400 000
3	10 000	60	600 000
4	1 000	4 000	4 000 000
5	500	26 000	13 000 000
6	150	100 000	15 000 000
7	100	400 000	40 000 000
8	50	1 120 000	56 000 000
合计		1 650 065	130 000 000

财政部关于同意销毁"年年有鱼"等156款即开型体育彩票的通知

(2021年4月29日　财政部　财综〔2021〕16号)

国家体育总局体育彩票管理中心：

你中心《关于销毁"年年有鱼"等156款已停售即开型体育彩票库存尾票的请示》(体彩字〔2021〕141号)收悉。经研究，根据《彩票管理条例》《彩票管理条例实施细则》和《彩票发行销售管理办法》(财综〔2018〕67号)等有关规定，现就有关事项通知如下：

一、同意你中心组织销毁已经停止销售的"年年有鱼"等156款即开型体育彩票，共计25 695.008万张，票面总值共计222 434.08万元。具体数量和票面价值见附件。

二、请你中心根据彩票管理有关规定和程序，在国家体育总局监督下，选择符合要求的销毁地点组织销毁。发现问题的，应当立即停止销毁，查明原因并处置后再行销毁。你中心应当在本通知印发之日起30个工作日内完成销毁工作，在销毁工作完成之后20个工作日内向财政部报送销毁情况报告。

三、你中心应当按程序及时销毁积压彩票，加强即开型彩票发行销售的成本核算和仓储运输管理，节约发行销售费用。督促彩票销售机构切实加强彩票数据和安全管理等工作，确保即开型彩票市场平稳健康发展。

附件："年年有鱼"等156款即开型体育彩票游戏表

附件：

"年年有鱼"等156款即开型体育彩票游戏表

序号	游戏名称	面值（元）	数量（万张）	面值金额（万元）
1	年年有鱼	2	7.890	15.78
2	精彩奇妙5	5	44.016	220.08
3	碰碰和	3	24.560	73.68
4	摇钱树	5	15.828	79.14
5	情义两心知	2	291.330	582.66
6	星座奇缘	2	302.700	605.40
7	生日快乐	5	78.156	390.78
8	超级王牌	3	24.420	73.26
9	龙年吉祥	5	30.708	153.54
10	神秘礼物	2	149.340	298.68
11	金镶玉	10	19.104	191.04
12	甜蜜约会	5	16.332	81.66
13	情比金坚	10	17.022	170.22
14	三倍甜蜜	2	12.300	24.60
15	淘金乐	20	1.080	21.60
16	激情亚沙会快乐在一起	10	120.396	1 203.96
17	聚宝盆	10	6.048	60.48
18	黄金瓜	2	4.830	9.66
19	感恩母亲节	5	61.008	305.04
20	总冠军榜	10	1 339.014	13 390.14
21	赛事之都	10	7.518	75.18
22	十倍奖金	5	2.628	13.14
23	幸运星	20	84.516	1 690.32
24	幸运彩虹	5	1.932	9.66
25	快乐赢	2	40.170	80.34
26	英雄会	10	212.022	2 120.22
27	开心麻将	5	30.960	154.80
28	三江源	10	18.216	182.16
29	神奇的宝葫芦	5	1.116	5.58
30	点石成金Ⅱ	30	6.980	209.40
31	中国奥运军	10	254.682	2 546.82
32	携手奥运	5	18.168	90.84
33	草原那达慕	10	163.470	1 634.70
34	黄金8	2	0.015	0.03

续表

序号	游戏名称	面值（元）	数量（万张）	面值金额（万元）
35	可爱小樱桃	10	0.702	7.02
36	铁人夺金Ⅱ	10	45.186	451.86
37	快乐J	5	52.848	264.24
38	东海明珠	10	321.633	3 216.33
39	NBA20元	20	1 502.220	30 044.40
40	熊猫宝宝	2	0.090	0.18
41	金石奇缘	10	22.572	225.72
42	吉祥金桔	5	13.728	68.64
43	三只猴子	2	0.015	0.03
44	跳跃音符	5	30.312	151.56
45	浪漫水晶球	10	5.874	58.74
46	至尊钻石7	10	3.648	36.48
47	大富豪	20	2.367	47.34
48	紫水晶	10	2.538	25.38
49	小财神	5	8.904	44.52
50	宠物乐	2	3.090	6.18
51	童年记忆	5	3.912	19.56
52	金蛇添财	10	768.486	7 684.86
53	三国故事	5	17.340	86.70
54	剪子 包袱 锤	10	7.056	70.56
55	过大年20元	20	227.076	4 541.52
56	过大年10元	10	35.370	353.70
57	过大年5元	5	7.236	36.18
58	富贵鱼	2	0.180	0.36
59	砸金蛋	10	21.210	212.10
60	开心果	10	0.762	7.62
61	幸福99	10	0.243	2.43
62	棋	5	1.104	5.52
63	采蘑菇	5	15.768	78.84
64	魔法师	10	132.012	1 320.12
65	黑旋风	20	23.880	477.60
66	打黑8	10	71.874	718.74
67	基乐彩	5	2 447.676	12 238.38
68	欧洲风云	5	1.056	5.28
69	金满堂	10	321.144	3 211.44
70	金满罐	2	38.220	76.44

续表

序号	游戏名称	面值（元）	数量（万张）	面值金额（万元）
71	丝绸之路-奇观	10	49.977	499.77
72	魅力新兰州激情马拉松	5	14.532	72.66
73	加油	2	58.340	116.68
74	热力500	10	1 111.200	11 112.00
75	热力100	5	2 530.164	12 650.82
76	热力50	2	1 949.250	3 898.50
77	剪子 包袱 锤	5	155.388	776.94
78	挖地雷	3	0.060	0.18
79	超级赛车	10	22.140	221.40
80	超级大乐透	20	186.714	3 734.28
81	顶呱刮	10	475.848	4 758.48
82	顶呱刮	5	130.356	651.78
83	三江源	10	39.882	398.82
84	步步高	5	4.284	21.42
85	掼蛋	10	40.494	404.94
86	甜蜜蜜	10	28.320	283.20
87	金铃铛	2	10.650	21.30
88	富贵多多	30	16.414	492.42
89	好事成双	5	3.960	19.80
90	保龄球俱乐部	20	5.163	103.26
91	甜蜜蜜	20	63.363	1 267.26
92	NBA	10	478.140	4 781.40
93	NBA	20	503.352	10 067.04
94	环太湖赛	5	10.452	52.26
95	够级	5	0.336	1.68
96	黄金万两	10	15.348	153.48
97	钻石王朝	10	161.112	1 611.12
98	美好安徽 活力体博	10	53.424	534.24
99	中奖达人	10	302.442	3 024.42
100	神秘贝壳	5	343.308	1 716.54
101	金元宝	10	150.816	1 508.16
102	四叶草	2	15.630	31.26
103	宝罐	20	196.911	3 938.22
104	马到成功	10	24.960	249.60
105	竹报平安	5	34.230	171.15

续表

序号	游戏名称	面值（元）	数量（万张）	面值金额（万元）
106	开门八件事	10	134.130	1 341.30
107	开运罐	5	7.920	39.60
108	真金白银	20	5.940	118.80
109	切西瓜	2	3.180	6.36
110	财富金字塔	20	6.645	132.90
111	八方来财	10	257.232	2 572.32
112	梦想成金	5	3.852	19.26
113	黑旋风2	20	18.651	373.02
114	璀璨钻石	10	3.636	36.36
115	A&K	5	27.492	137.46
116	笑口常开	2	21.570	43.14
117	巅峰之战	10	166.236	1 662.36
118	星光大道	5	10.512	52.56
119	天下大足	10	2.145	21.45
120	欢乐扑克	20	9.486	189.72
121	清凉水果	5	237.810	1 189.05
122	魔钻	5	110.460	552.30
123	赚翻天	10	4.608	46.08
124	喜结良缘	10	41.940	419.40
125	强力金球	10	58.470	584.70
126	金砖	10	9.492	94.92
127	九宫格	5	577.836	2 889.18
128	六六顺	2	20.010	40.02
129	金玉满堂	30	20.642	619.26
130	富贵金锁	5	152.952	764.76
131	弹珠	5	236.244	1 181.22
132	狂热中	10	31.335	313.35
133	吉星高照	10	82.986	829.86
134	四季来财	20	100.545	2 010.90
135	大漠寻宝	10	264.378	2 643.78
136	双龙戏珠	5	204.012	1 020.06
137	炫动青运	10	28.038	280.38
138	三羊开泰	10	83.742	837.42
139	猜猜看	2	70.230	140.46
140	招财进宝	20	44.391	887.82
141	财富之门	10	696.600	6 966.00

续表

序号	游戏名称	面值（元）	数量（万张）	面值金额（万元）
142	小蛋糕	2	40.635	81.27
143	第十届少数民族运动会	5	48.936	244.68
144	红玫瑰	10	66.006	660.06
145	黄金世界	30	22.586	677.58
146	168	5	134.574	672.87
147	点秋香	10	4.218	42.18
148	功夫	5	255.612	1 278.06
149	夺宝	20	42.585	851.70
150	串串赢	10	36.174	361.74
151	甜蜜物语	10	536.640	5 366.40
152	9	10	723.546	7 235.46
153	绿宝石	5	206.190	1 030.95
154	赤壁	10	433.134	4 331.34
155	富贵 8	20	27.405	548.10
156	金猴献宝	10	608.652	6 086.52
合　计			25 695.008	222 434.08

财政部关于印发《彩票市场调控资金管理办法》的通知

（2021年5月12日　财政部　财综〔2021〕17号）

各省、自治区、直辖市财政厅（局），中国福利彩票发行管理中心、国家体育总局体育彩票管理中心：

根据《彩票管理条例》及其实施细则等规定，按照《中央对地方专项转移支付管理办法》《财政部规范性文件制定管理办法》《财政部专项资金管理办法要素框架》等相关要求，结合近年来彩票市场调控资金管理经验和使用成效，我们对《彩票市场调控资金管理暂行办法》（财综〔2016〕30号）进行了修订完善，形成了《彩票市场调控资金管理办法》。现予印发，请遵照执行。

附件：彩票市场调控资金管理办法

附件：

彩票市场调控资金管理办法

第一章　总　则

第一条　为规范彩票市场调控资金管理和使用，提高资金使用效益，促进国家彩票事业持续健康发展，根据《中华人民共和国预算法》及其实施条例、《彩票管理条例》及其实施细则等相关规定，制定本办法。

第二条　本办法所称彩票市场调控资金，是指通过上缴中央财政的彩票发行机构业务费安排的，专项用于统筹全国彩票市场省际之间、机构之间、品种之间协调发展，维护发行销售安全和彩票市场秩序，宣传彩票公益属性和社会责任等方面的资金。彩票市场调控资金纳入彩票发行机构业务费支出预算管理，通过中央对地方转移支付方式分配下达。

第三条　彩票市场调控资金由财政部、省级财政部门、彩票发行机构，以及彩票销售机构等资金使用单位，按照职责分工分别管理。

财政部按照预算管理规定，确定彩票市场调控资金使用范围和分配原则，审核资金分配建议方案并下达预算，组织指导预算绩效管理。省级财政部门负责本地区彩票市场调控资金的预算分解下达和执行、资金监管、预算绩效管理等。

彩票发行机构结合市场情况和销售机构资金需求，提出本系统资金分配建议方案和绩效目标，并提供资金测算基础数据。彩票销售机构等资金使用单位负责提出资金需求和绩效目标，开展项目储备，按既定绩效目标组织具体预算执行等。

第四条　彩票市场调控资金的分配和使用遵

循以下原则：

（一）突出重点。根据各地区彩票事业发展情况，彩票市场调控资金的安排与使用适当向弱势品种和地区倾斜。

（二）统筹兼顾。从彩票市场协调健康发展的全局出发，结合调控目标及财力状况，统筹考虑品种之间、机构之间、地区之间相关因素的差异，区分轻重缓急，择优安排。

（三）专款专用。严格按照彩票市场调控资金规定的用途使用资金，不得挪作他用。

（四）讲求绩效。对彩票市场调控资金安排的项目实行全过程绩效管理。绩效评价结果作为下一年度资金安排和使用的参考依据。

第二章　使用范围

第五条　彩票市场调控资金的具体使用范围包括：

（一）提升彩票销售场所能力。主要用于彩票销售场所形象建设和提升、设备购置和维护、业务培训等。

（二）改善彩票业务设施。主要用于专用机房、灾备机房、彩票开奖场所、兑奖服务场所、彩票存储专用仓库、销售系统等业务设施的升级和改造。

（三）支持宣传国家彩票公益属性和社会责任。

（四）规范彩票市场秩序。主要包括查处非法彩票、维护彩票市场秩序以及委托第三方开展相关工作发生的费用。

（五）支持业务创新。主要用于彩票游戏产品、销售渠道、业务运行等开展试点工作或创新发展等。

（六）补助因全国性不可抗力事件造成彩票销售场所暂停销售，需维持其基本运转的成本费用。

（七）经财政部核定与彩票市场调控相关的其他支出。

第六条　彩票市场调控资金不得用于彩票机构人员支出、日常公用支出、办公设备购置或改善，以及未经批准的项目或与彩票事业发展无关的其他项目。

第三章　资金分配和预算下达

第七条　彩票市场调控资金采取因素法分配，包括地方彩票事业发展因素、重点支持领域因素、申请因素三类。财政部可结合相关工作实际，研究确定和适时调整地方彩票事业发展因素、重点支持领域因素的子因素。

地方彩票事业发展因素（权重60%），主要包括总人口数与销售场所数量的比值、平均每个销售场所的年销量、彩票销量系数、上一年度销售机构业务费结余数等子因素。

重点支持领域因素（权重40%），主要包括即开型彩票发展系数、地方彩票市场秩序情况等子因素。

申请因素主要是指彩票销售机构是否提出申请彩票市场调控资金，该因素来源于彩票发行机构的申报材料。若某省份福利、体育彩票销售机构均提出申请，该因素的系数为1；若某省份仅有福利或体育彩票销售机构提出申请，该因素的系数为0.5；若某省份福利、体育彩票销售机构均不申请彩票市场调控资金，该因素的系数为0。

财政部在省级财政部门报送的彩票市场调控资金绩效自评结果基础上审核打分，设置绩效评价调节系数，对资金分配情况进行适当调节。财政部组织或委托第三方机构开展重点绩效评价的，以重点绩效评价结果为准。资金测算公式为：

某省份资金补助比例＝某省份彩票事业发展因素/∑有关省份彩票事业发展因素×60%＋某省份重点支持领域因素/∑有关省份重点支持领域因素×40%

某省份应分配的彩票市场调控资金＝[彩票市场调控资金年度预算总额×某省份资金补助比例×绩效评价调节系数/∑（有关省份资金补助

比例×绩效评价调节系数）]×某省份申请因素

绩效评价调节系数按照下表取值：

序号	年度绩效自评审核结果	绩效评价调节系数
1	≥90分	1
2	≥80分且<90分	0.9
3	≥70分且<80分	0.8
4	≥60分且<70分	0.7
5	<60分	0.6

第八条 彩票发行机构应当根据本系统彩票事业发展规划、年度彩票发行销售重点工作、彩票销售机构资金需求、上一年度本系统彩票市场调控资金执行情况等，制定彩票市场调控目标或措施，并据此提出下一年度彩票市场调控资金分配建议方案，于每年7月底前报送财政部。

第九条 财政部结合彩票市场发展状况、彩票发行机构提出的彩票市场调控资金分配建议方案、彩票发行机构业务费上一年度结余等情况，合理确定下一年度彩票市场调控资金支出总规模。财政部于每年10月31日前，提前下达下一年度预算，全国人民代表大会批准中央预算后90日内，正式向省级财政部门下达当年彩票市场调控资金预算。财政部向省级财政部门下达转移支付预算时，同步下达区域绩效目标。

第十条 省级财政部门在收到资金预算后，应于30日内合理分配、分解下达预算和绩效目标，并抄送财政部当地监管局。

第十一条 省级财政部门根据彩票市场调控资金转移支付金额，统筹考虑当年确定的彩票市场调控总体目标、彩票销售机构业务费年度预算安排等因素，结合彩票销售机构资金需求及项目储备情况，具体分配本区域彩票市场调控资金，并按照预算管理有关规定下达预算指标。

第四章 绩效管理和监督检查

第十二条 各级财政部门、彩票发行机构以及彩票销售机构等资金使用单位应当遵循科学规范、目标导向、推动整合和分级管理的原则，按照全面实施预算绩效管理的要求，建立健全全过程预算绩效管理机制，按规定科学合理设置绩效目标，并对照绩效目标做好绩效运行监控。如发现绩效运行与预期绩效目标发生偏离，应及时采取措施予以纠正。

彩票发行机构应当督促指导彩票销售机构管好用好彩票市场调控资金，及时了解掌握相关业务开展情况，将资金使用情况作为下一年度汇总申报彩票市场调控资金预算建议的依据。

第十三条 年度预算执行结束后，省级财政部门应组织彩票销售机构等资金使用单位，对照绩效目标开展绩效自评，可选择部分重点项目开展重点绩效评价，强化评价结果运用。

省级财政部门和彩票销售机构等资金使用单位是绩效自评工作的责任主体和实施主体，应当确保自评结果真实、准确、客观，严禁弄虚作假。

省级财政部门按照财政部要求，按时报送绩效自评有关材料。财政部根据工作需要组织或委托第三方机构开展重点绩效评价，加强绩效评价结果反馈应用。

第十四条 彩票销售机构等资金使用单位应在每年3月底前，按规定向省级财政部门、彩票发行机构报送上一年度彩票市场调控资金使用情况。省级财政部门应当在每年4月底前，将汇总情况报送财政部。具体包括：

（一）项目组织实施、资金使用和结余情况；

（二）项目社会效益和经济效益；

（三）资金管理经验、存在的问题及对策等；

（四）财政部及彩票发行机构要求报送的其他材料。

第十五条 各级财政部门、彩票发行机构以及彩票销售机构等资金使用单位应当提高资金使用效益。结转结余的彩票市场调控资金，按照财政部关于结转结余资金管理的相关规定处理。

第十六条 省级财政部门、彩票发行机构以及彩票销售机构等资金使用单位应当建立完善内部控制制度，强化项目审核申报、资金管理使用、后续监督问效,依法依规分配、使用和管理资金。财政部各地监管局按照工作职责和财政部要求对资金实施监管。

第十七条 彩票市场调控资金的支付按照国库集中支付制度有关规定执行。涉及政府采购的,应当严格按照政府采购的有关法律制度规定执行,加强政府采购需求管理,依法公开政府采购信息,促进市场主体平等参与竞争,确保政府采购活动的规范、透明。

第十八条 彩票市场调控资金年度预算一经批准,应当严格执行,不得截留、挤占、挪用,不得擅自扩大支出范围,提高支出标准。预算执行过程中如发生项目变更、终止,确需调剂预算的,由彩票销售机构等资金使用单位向省级财政部门提出调剂变更申请,按照部门预算相关规定,经省级财政部门批准后执行。

第十九条 彩票市场调控资金应当接受财政、审计部门的监督检查。

第二十条 各级财政部门、彩票发行机构以及彩票销售机构等资金使用单位及其工作人员,在资金分配、使用管理工作中存在违反规定分配资金,以及其他滥用职权、玩忽职守、徇私舞弊等违法违纪行为的,按照《中华人民共和国预算法》《中华人民共和国公务员法》《中华人民共和国监察法》《财政违法行为处罚处分条例》等国家有关规定追究相应责任;构成犯罪的,依法追究刑事责任。

第五章 附 则

第二十一条 省级财政部门可根据本办法,结合本地实际情况,制定具体实施办法。

第二十二条 本办法自发布之日起施行,实施期限为5年。《财政部关于印发〈彩票市场调控资金管理暂行办法〉的通知》(财综〔2016〕30号)同时废止。

财政部关于印发《彩票公益金管理办法》的通知

（2021年5月20日　财政部　财综〔2021〕18号）

党中央有关部门，国务院有关部委、直属机构，有关人民团体，各省、自治区、直辖市、计划单列市财政厅（局），新疆生产建设兵团财政局，财政部各地监管局：

为进一步加强彩票公益金管理，提高资金使用效益，根据财政预算管理规定和彩票管理制度要求，结合中央和地方管理实际，财政部对《彩票公益金管理办法》（财综〔2012〕15号）进行了修订。现将《彩票公益金管理办法》予以印发，请遵照执行。

附件：彩票公益金管理办法

附件：

彩票公益金管理办法

第一章　总　则

第一条　为了规范和加强彩票公益金筹集、分配和使用管理，健全彩票公益金监督机制，提高资金使用效益，根据《中华人民共和国预算法》《中华人民共和国预算法实施条例》《彩票管理条例》《彩票管理条例实施细则》等有关规定，制定本办法。

第二条　彩票公益金是按照规定比例从彩票发行销售收入中提取的，专项用于社会福利、体育等社会公益事业的资金。

逾期未兑奖的奖金纳入彩票公益金。

第三条　彩票公益金纳入政府性基金预算管理，结余结转按有关规定执行。

第二章　收缴管理

第四条　彩票公益金由各省、自治区、直辖市彩票销售机构（以下简称"彩票销售机构"）根据国务院批准的彩票公益金分配政策和财政部批准的提取比例，按照每月彩票销售额据实结算后分别上缴中央财政和省级财政。

逾期未兑奖的奖金由彩票销售机构上缴省级财政，全部留归地方使用。

第五条　上缴中央财政的彩票公益金，由财政部各地监管局负责执收。具体程序为：

（一）彩票销售机构于每月10日前向财政部当地监管局报送《上缴中央财政的彩票公益金申报表》（见附件1）及相关材料，申报上月彩票销售金额和应上缴中央财政的彩票公益金金额；

（二）财政部各地监管局完成彩票销售机构申报资料的审核工作并核定缴款金额后，按照收入收缴相关规定，向彩票销售机构开具《非税收入一般缴款书》；

（三）彩票销售机构于每月15日前，按照《非税收入一般缴款书》载明的缴款金额上缴中央财政。

第六条 财政部各地监管局应当于每季度终了后20日内、年度终了后30日内，向财政部报送《上缴中央财政的彩票公益金统计报表》（见附件2），相关重大问题应随时报告。

第七条 上缴省级财政的彩票公益金，由各省、自治区、直辖市人民政府财政部门（以下简称省级财政部门）负责执收，具体收缴程序按照省级财政部门的有关规定执行。

省级财政部门应当于年度终了后30日内，向财政部报送《上缴地方财政的彩票公益金统计报表》（见附件3）。

第八条 财政部各地监管局和省级财政部门应当于年度终了后30日内，完成对上一年度应缴中央财政和省级财政彩票公益金的清算及收缴工作。

第三章 分配和使用

第九条 彩票公益金的管理、分配和使用，应当充分体现公益属性，突出支持重点，并向欠发达地区和社会弱势群体等倾斜。坚持科学规范、厉行节约，依法依规安排预算。坚持公开透明、强化监管，主动接受人大、审计、财政和社会监督。坚持统筹谋划、讲求绩效，发挥资金使用效益。

第十条 彩票公益金不得用于以下方面的支出：

（一）已有财政拨款保障的各类工资福利、奖金等人员支出；

（二）与实施彩票公益金项目无直接关系的人员支出、日常运转支出及其他支出；

（三）公务接待、公务用车购置及运行等支出；

（四）以营利为目的的相关支出；

（五）建设楼堂馆所及职工住宅；

（六）其他国家规定禁止列支的支出。

第十一条 加强彩票公益金与一般公共预算的统筹衔接。彩票公益金与一般公共预算都安排支出的项目，要制定统一的资金管理办法，实行统一的资金分配方式。

第十二条 为促进社会公益事业发展，保证彩票公益金项目顺利开展，彩票公益金使用单位为基金会的，可据实列支管理费，即基金会为组织和实施彩票公益金项目活动所发生的管理性质的支出，使用情况应向社会公告。

管理费列支实施分档管理，随着项目支出规模的扩大，列支比例应适当降低；最高列支比例不得超过本单位当年彩票公益金项目支出的2.5%。本办法实施前列支比例高于2.5%的单位，按规定调减比例；低于2.5%的单位，确需调增比例的，按规定程序报批。相关资金使用管理办法应对报批程序、支出范围等作出具体规定。

第十三条 上缴中央财政的彩票公益金，用于社会福利事业、体育事业、补充全国社会保障基金和国务院批准的其他专项公益事业，财政部应会同民政部、国家体育总局等有关部门、单位制定资金使用管理办法。

第十四条 中央财政安排用于社会福利事业和体育事业的彩票公益金，按照以下程序执行：

（一）财政部根据国务院批准的彩票公益金分配政策每年核定用于社会福利事业和体育事业的彩票公益金预算支出指标，分别列入中央本级支出以及中央对地方转移支付预算；

（二）列入中央本级支出的彩票公益金，由民政部和国家体育总局以项目库为基础提出项目支出预算安排建议，按规定报财政部审核。民政部和国家体育总局根据财政部批复的预算，组织实施和管理；

（三）列入中央对地方转移支付预算的彩票公益金，由财政部分别会同民政部和国家体育总局确定资金分配原则，民政部、国家体育总局按职责提出有关资金的分地区建议数，报财政部审核后下达。

第十五条　中央财政安排用于补充全国社会保障基金的彩票公益金，由财政部根据国务院批准的彩票公益金分配政策每年核定预算支出指标，并按照有关规定拨付全国社会保障基金理事会。

第十六条　中央财政安排用于其他专项公益事业的彩票公益金，按照以下程序执行：

（一）申请使用彩票公益金的部门、单位，应当将相关项目纳入项目库并按程序向财政部提交项目申报材料，财政部审核后报国务院审批；

（二）经国务院批准后，财政部分别列入中央本级支出和中央对地方转移支付预算，并在部门预算中批复或下达地方；

（三）申请使用彩票公益金的部门、单位，根据财政部批复的项目支出预算，按资金使用管理办法组织实施和管理。项目资金支出预算因特殊原因需要进行调整的，应当报财政部审核批准；

（四）中央财政安排用于其他专项公益事业的彩票公益金支持项目因政策到期、政策调整、客观条件发生变化等已无必要继续实施的，按规定程序予以取消。

第十七条　上缴省级财政的彩票公益金，按照国务院批准的彩票公益金分配政策，由省级财政部门商民政、体育行政等有关部门研究确定分配原则。

第十八条　省级以上（含省级，下同）民政、体育行政等有关部门、单位，申请使用彩票公益金时，应当向同级财政部门提交项目申报材料。项目申报材料应当包括以下内容：

（一）项目申报书；

（二）项目可行性研究报告；

（三）项目实施方案；

（四）项目绩效目标；

（五）同级财政部门要求报送的其他材料。

第十九条　加强彩票公益金项目管理，完善项目库建设，建立健全项目入库评审机制和项目滚动管理机制。

第二十条　彩票公益金按照中央本级支出和转移支付支出分别编列预算，执行中未经规定程序不得相互调整。项目支出预算批准后，应当严格执行，不得擅自调整。

第二十一条　彩票公益金资金支付按照财政国库集中支付制度有关规定执行。

第二十二条　省级以上民政、体育行政等彩票公益金使用部门、单位，应当于每年3月底前向同级财政部门报送上一年度彩票公益金使用情况。具体包括：

（一）项目组织实施情况；

（二）项目资金使用和结余情况；

（三）项目社会效益和经济效益；

（四）同级财政部门要求报送的其他材料。

第二十三条　加强彩票公益金全过程绩效管理，建立彩票公益金绩效评价常态化机制。省级以上财政部门以及民政、体育行政等彩票公益金使用部门、单位应建立和完善彩票公益金支出绩效自评及评价制度，提高彩票公益金资源配置效率和使用效益。

第二十四条　强化彩票公益金绩效评价结果应用，将评价结果作为安排彩票公益金预算、完善政策和改进管理的重要依据。对评价结果较差的项目，限期整改，并视情予以调减项目预算直至取消。

第四章　宣传公告

第二十五条　彩票公益金资助的基本建设设施、设备或者社会公益活动等，应当以显著方式标明"彩票公益金资助—中国福利彩票和中国体育彩票"标识。

第二十六条 省级财政部门应当于每年4月底前，向省级人民政府和财政部提交上一年度本行政区域内彩票公益金的筹集、分配和使用情况报告；每年6月底前，向社会公告上一年度本行政区域内彩票公益金的筹集、分配和使用情况。

财政部应当于每年8月底前，向社会公告上一年度全国彩票公益金的筹集、分配和使用情况。

第二十七条 省级以上民政、体育行政等彩票公益金使用部门、单位，应当于每年6月底前，向社会公告上一年度本部门、单位彩票公益金的使用规模、资助项目、执行情况和实际效果等。具体包括：

（一）彩票公益金项目总体资金规模、支出内容、执行情况等；

（二）彩票公益金具体项目的资金规模、支出内容、执行情况等；

（三）彩票公益金项目支出绩效目标及绩效目标完成情况等；

（四）其他相关内容。

第五章 监督检查

第二十八条 彩票销售机构应当严格按照本办法的规定缴纳彩票公益金，不得拒缴、拖欠、截留、挤占、挪用彩票公益金。

第二十九条 彩票公益金的使用部门、单位，应当按照同级财政部门批准的项目支出预算执行，不得挤占、挪用、虚列、虚报冒领、套取彩票公益金，不得改变彩票公益金使用范围。

第三十条 各级财政部门应当加强对彩票公益金筹集、分配、使用等的监督管理，确保彩票公益金及时、足额上缴财政和按规定用途使用。

第三十一条 违反本办法规定，拒缴、拖欠、截留、挤占、挪用、虚列、虚报冒领、套取彩票公益金，改变彩票公益金使用范围的，不按规定向社会公告的，以及有其他滥用职权、玩忽职守、徇私舞弊等违纪违法行为的，依法责令改正，并视情调减项目预算支出直至取消。对负有责任的领导人员和直接责任人员依法给予处分；涉嫌犯罪的，依法移送有关机关处理。

第六章 附 则

第三十二条 省级财政部门应当根据本办法规定，结合本地实际，制定本行政区域的彩票公益金使用管理办法，报财政部备案。

第三十三条 本办法自发布之日起施行。《财政部关于印发〈彩票公益金管理办法〉的通知》（财综〔2012〕15号）同时废止。

附：1. 上缴中央财政的彩票公益金申报表
    2. 上缴中央财政的彩票公益金统计报表
    3. 上缴地方财政的彩票公益金统计报表

附 1

上缴中央财政的彩票公益金申报表

所属期：＿＿＿年＿＿＿月

填报日期：＿＿＿年＿＿＿月＿＿＿日　　　　　　　　　　　　　　　　　　　　　金额单位：万元

申报单位	省（自治区、直辖市）彩票销售机构					联系人	
地　址						联系电话	
项目＼彩票游戏	行次	彩票销售金额	彩票公益金提取比例（%）	彩票公益金金额	上缴中央财政比例（%）	上缴中央财政金额	备　注
	1						
	2						
	3						
	4						
	5						
	6						
	……						
合　计							
申报单位签章： 年　月　日				财政部监管局审核意见： 年　月　日			

附 2

上缴中央财政的彩票公益金统计报表

填报单位：财政部　　　监管局　　　所属期：　　　　　　　　　　　　金额单位：万元

项　目	行次	本期数			累计数			备　注
		合计	福利彩票	体育彩票	合计	福利彩票	体育彩票	
彩票销售金额	1							
彩票公益金金额	2							
应上缴中央财政金额	3							
已上缴中央财政金额	4							

填表人：　　　　　　　　　　　　联系电话：　　　　　　　　　　　填报日期：　年　月　日

附3

上缴地方财政的彩票公益金统计报表

填报单位： 省（自治区、直辖市）财政厅（局）　　所属年度：　　　　　　金额单位：万元

项　目	行次	合计	福利彩票	体育彩票	备注
彩票销售金额	1				
彩票公益金总额	2				
其中：按彩票销售量提取的彩票公益金	3				
逾期未兑奖奖金金额	4				

填表人：　　　　　　　联系电话：　　　　　　　填报日期：　年　月　日

关于印发《中央专项彩票公益金支持地方社会公益事业发展资金管理办法》的通知

（2021年6月7日　财政部　财综〔2021〕21号）

各省、自治区、直辖市财政厅（局），新疆生产建设兵团财政局：

为进一步规范和加强中央专项彩票公益金支持地方社会公益事业发展资金管理，根据《中华人民共和国预算法》《中华人民共和国预算法实施条例》《彩票管理条例》《彩票管理条例实施细则》以及《彩票公益金管理办法》等有关规定，财政部制定了《中央专项彩票公益金支持地方社会公益事业发展资金管理办法》，现印发给你们，请遵照执行。

附件：中央专项彩票公益金支持地方社会公益事业发展资金管理办法

附件：

中央专项彩票公益金支持地方社会公益事业发展资金管理办法

第一条　为规范和加强中央专项彩票公益金支持地方社会公益事业发展资金管理，提高资金使用效益，根据《中华人民共和国预算法》《中华人民共和国预算法实施条例》《彩票管理条例》《彩票管理条例实施细则》等有关规定，制定本办法。

第二条　本办法所称中央专项彩票公益金支持地方社会公益事业发展资金（以下简称"社会公益事业资金"），是指经国务院批准，由财政部下达省级财政部门统筹安排用于补助当地社会公益事业的中央专项彩票公益金。

第三条　社会公益事业资金纳入政府性基金预算管理。各级财政部门应当加强社会公益事业资金与一般公共预算的衔接，加强社会公益事业资金与地方留成彩票公益金统筹安排。

第四条　社会公益事业资金应坚持国家彩票公益属性和社会责任，突出重点，向欠发达地区和弱势群体等倾斜，用于当地社会公益事业发展薄弱环节和领域。

第五条　社会公益事业资金不得用于以下方面的支出：

（一）因公出国（境）、公务接待、公务用车购置及运行等支出；

（二）行政事业单位的基本支出，如基本工资、奖金、津贴、补贴、绩效工资等人员支出及水电费等日常公用支出；

（三）对外投资和其他经营性活动；

（四）建设楼堂馆所及职工住宅；

（五）支付各种罚款、捐款、赞助、偿还债务等；

（六）与社会公益事业无关的支出，以及其他国家规定禁止列支的支出。

第六条 财政部负责提出中央对地方社会公益事业资金分配意见报送国务院，并根据国务院审定意见，编制社会公益事业资金年度预算。省级财政部门按照财政部确定的转移支付预算、资金使用方向和分配原则，结合本地社会公益事业发展实际，可以采取因素法、项目法、因素法与项目法相结合等方法，提出资金分配方案，并负责管理监督等工作。省级社会公益事业主管部门协同财政部门具体管理社会公益事业资金，做好组织实施工作，严格按照批复的预算执行。

第七条 对于社会公益事业资金按因素法进行分配的省份，主要考虑需求因素和供给因素两大因素，并采用财政困难程度系数作为分配调节系数：

（一）供给因素：结合各地彩票公益金留成情况，加大对彩票公益金收入偏少、筹资能力较弱省份的支持力度，权重为35%；

（二）需求因素：助残、养老、教育、医疗和文化等领域的相应指标（含持证残疾人数、65岁老年人口数、义务教育阶段学生数、基层医疗卫生机构数和公共文化机构数），权重为65%。

分配金额 = 待分配金额 ×（需求因素 × 65% + 供给因素 × 35%）× 财政困难程度系数

其中，需求因素 = 某省份残疾人数占中西部地区残疾人总数比例 × 35% + 某省份65岁及以上老年人口数占中西部地区总数比例 × 30% + 某省份义务教育阶段在校学生数占中西部地区总数比例 × 10% + 某省份基层医疗卫生机构数占中西部地区总数比例 × 15% + 某省份公共文化机构数占中西部省份总数比例 × 10%；供给因素 = 某省份留成公益金倒数/中西部省份留成公益金倒数之和。

第八条 对于西藏、新疆、贵州、原中央苏区以及山东沂蒙革命老区等地社会公益事业资金予以倾斜支持，具体分配方式在财政部报送国务院的资金分配意见中予以明确。

第九条 省级财政部门收到财政部下达的社会公益事业资金预算和绩效目标后，应当在规定时限内正式分解下达预算和绩效目标，同时将下达预算文件和分解后的绩效目标报财政部备案并抄送财政部当地监管局（以下简称"监管局"）。

第十条 各级财政部门应当建立社会公益事业资金分配内部控制制度，对社会公益事业资金的分配和预算下达进行全过程监督，强化流程控制，依法合规分配。

第十一条 各级社会公益事业主管部门应当严格按照批复的预算执行，不得擅自调剂，不得截留、挤占、挪用资金。在预算执行过程中发生项目变更、终止，确需调整预算的，应当按照有关规定和程序进行审批。

第十二条 社会公益事业资金支付按照国库集中支付制度有关规定执行。社会公益事业资金使用过程中涉及政府采购的，按照政府采购有关规定执行。

第十三条 省级财政部门应当加强社会公益事业资金管理，加快预算执行进度，结转结余资金处理按预算管理有关规定执行。

第十四条 省级财政部门应当根据彩票公益金管理有关规定，公开社会公益事业资金使用规模、资助项目、执行情况、绩效评价结果等相关信息，接受社会监督。

第十五条 省级财政部门应当于每年4月底前向财政部报送上年度本行政区域内使用社会公益事业资金的规模、资助项目、执行情况和绩效评价结果等情况，同时抄送监管局。

第十六条 社会公益事业资金资助的基本建设设施、设备或社会公益活动等，应当以显著方式标明"彩票公益金资助——中国福利彩票和中国体育彩票"标识。

第十七条 各级社会公益事业主管部门和财

政部门应当按照全面实施预算绩效管理要求，对社会公益事业资金实施全过程绩效管理，按照职责分工做好绩效目标管理、绩效运行监控和绩效评价工作，并强化绩效评价结果应用，定期总结社会公益事业资金管理使用情况和成效，提高资金使用效益。

第十八条 社会公益事业资金的管理和使用应当严格执行国家法律法规和财务制度，接受财政部门的监督，对发现的问题，及时制定落实整改措施。

第十九条 各级财政部门和社会公益事业主管部门及其工作人员在资金分配、使用管理工作中存在违反规定分配资金，改变社会公益事业资金使用范围的，不按规定向社会公告的，以及有其他滥用职权、玩忽职守、徇私舞弊等违纪违法行为的，依法责令改正，并视情调减项目预算支出直至取消。对负有责任的领导人员和直接责任人员依法给予处分；涉嫌犯罪的，依法移送有关机关处理。

第二十条 本办法自公布之日起施行，有效期至2022年12月31日。

财政部关于停止销售"'节'大欢喜"等 65 款即开型福利彩票游戏的审批意见

（2021 年 9 月 14 日　财政部　财综〔2021〕39 号）

中国福利彩票发行管理中心：

你中心《关于停止销售"'节'大欢喜"等 65 款即开型福利彩票游戏的请示》（中彩发字〔2021〕113 号）收悉。根据《彩票管理条例》（国务院令第 554 号）、《彩票管理条例实施细则》（财政部 民政部 体育总局令第 96 号）和《彩票发行销售管理办法》（财综〔2018〕67 号）等有关规定，现就有关事项通知如下：

一、为进一步优化福利彩票游戏结构，促进彩票市场健康发展，同意你中心停止销售"'节'大欢喜"等 65 款即开型福利彩票游戏（见附件）。你中心应当自批准之日起 2 个月内向社会发布公告，公告内容包括财政部的批准文件名称及文号、停止销售日期、兑奖截止日期等。自公告之日起满 60 个自然日后，停止销售上述 65 款彩票游戏。

二、上述 65 款彩票游戏停止销售后，在兑奖期内，应当按照规定兑付奖金。兑奖期结束后，你中心应与彩票销售机构做好彩票资金结算工作。逾期未兑奖奖金纳入彩票公益金，奖金结余转为一般调节基金，超兑奖金在彩票发行销售风险基金中列支。兑奖期结束后，你中心和彩票销售机构应当在 60 个自然日内分别向同级财政部门提交书面报告，报告内容包括彩票发行销售、彩票奖金提取、兑付、结余划转等情况。

三、你中心应当严格按照现行彩票管理制度规定，督促彩票销售机构加强销售安全管理和风险控制，切实做好公告、兑奖、结算等相关工作。要合理规划即开型彩票游戏结构，统筹衔接好游戏报批、编列预算、印制物流、上市销售、停止销售等工作环节，切实节约成本、提高效率，确保即开型彩票持续健康发展。

附件：同意停止销售的"'节'大欢喜"等 65 款即开型福利彩票游戏

附件：

同意停止销售的"'节'大欢喜"等65款即开型福利彩票游戏

序号	彩票游戏名称	游戏面值（元）	财政部批复文号
1	"节"大欢喜	10	财办综〔2008〕71号
2	百万财富	20	财办综〔2013〕45号
3	神秘好礼	20	财办综〔2013〕90号
4	黄金盛典	20	财办综〔2014〕33号
5	博饼嘉年华	10	财办综〔2014〕76号
6	天下名楼·岳阳楼	10	财办综〔2015〕9号
7	蘑菇大战	10	财办综〔2015〕9号
8	幸福宝藏	20	财办综〔2015〕9号
9	满堂彩	20	财办综〔2015〕9号
10	招财进宝	10	财办综〔2015〕9号
11	魔幻21	10	财办综〔2015〕9号
12	中国结-节节高	20	财办综〔2015〕108号
13	开门红	10	财办综〔2015〕55号
14	欢乐钓鱼	5	财办综〔2015〕108号
15	吉庆有余	20	财办综〔2015〕55号
16	天下凤凰	5	财办综〔2015〕108号
17	旺旺彩	5	财办综〔2015〕55号
18	桃花源寻宝	10	财办综〔2015〕9号
19	黑桃KING	2	财办综〔2015〕108号
20	孔雀美	10	财办综〔2015〕55号
21	好运9	10	财办综〔2015〕108号
22	快乐高尔夫	20	财办综〔2015〕108号
23	一刮千金10元	10	财办综〔2011〕132号
24	金钥匙5元	5	财办综〔2011〕132号
25	天下为公	10	财办综〔2016〕125号
26	美丽衢州	10	财办综〔2016〕125号
27	幸运双星	2	财办综〔2010〕3号
28	森林探宝	10	财办综〔2012〕62号
29	码上有奖	10	财办综〔2015〕108号
30	以茶会友	5	财办综〔2016〕125号
31	青花瓷	5	财办综〔2016〕125号
32	闪耀钻石5元	5	财办综〔2016〕125号
33	闪耀钻石10元	10	财办综〔2016〕125号
34	闪耀钻石20元	20	财办综〔2016〕125号
35	丁酉鸡-金鸡银鸡	5	财办综〔2016〕125号

续表

序号	彩票游戏名称	游戏面值（元）	财政部批复文号
36	丁酉鸡-鸡鸣富贵	10	财办综〔2016〕125号
37	丁酉鸡-吉祥如意	20	财办综〔2016〕125号
38	福星	2	财办综〔2016〕125号
39	福	5	财办综〔2016〕125号
40	吉祥金蛋	5	财办综〔2016〕125号
41	幸运星座	5	财办综〔2016〕125号
42	扑克风云	10	财办综〔2016〕125号
43	5要赢	5	财办综〔2016〕125号
44	国色天香	10	财办综〔2016〕125号
45	一鸣惊人	5	财办综〔2016〕125号
46	Quick3	2	财办综〔2016〕125号
47	欢乐彩蛋	20	财办综〔2016〕125号
48	福彩三十周年纪念	20	财办综〔2016〕125号
49	十全十美	10	财办综〔2016〕125号
50	十二生肖	5	财综〔2017〕42号
51	擂台赛	2	财综〔2017〕42号
52	喜加福	5	财综〔2017〕42号
53	黄金时代	10	财综〔2017〕42号
54	摇钱树	20	财综〔2017〕42号
55	双赢	5	财综〔2017〕42号
56	5动奇迹	5	财综〔2017〕42号
57	步步惊喜	10	财综〔2017〕42号
58	蒸蒸日上	10	财综〔2017〕42号
59	北京印象	5	财综〔2017〕42号
60	趣味台球	10	财综〔2017〕42号
61	射门	2	财综〔2017〕42号
62	戊戌狗-金狗银狗	5	财综〔2017〕72号
63	戊戌狗-旺旺年	10	财综〔2017〕72号
64	戊戌狗-福禄寿喜	20	财综〔2017〕72号
65	冰雪良缘	10	财综〔2017〕72号

财政部关于"寅虎"等12款即开型体育彩票游戏的审批意见

(2021年9月24日　财政部　财综〔2021〕40号)

体育总局体育彩票管理中心：

你中心《关于发行"寅虎"等12款纸质即开型体育彩票游戏的请示》(体彩字〔2021〕299号)收悉。为优化即开型彩票游戏结构，促进彩票市场健康发展，经研究，根据《彩票管理条例》(国务院令第554号)、《彩票管理条例实施细则》(财政部 民政部 体育总局令第96号)和《彩票发行销售管理办法》(财综〔2018〕67号)等相关规定，现就有关事项通知如下：

一、同意你中心印制发行"寅虎"等12款即开型体育彩票游戏，具体游戏规则见附件。"寅虎"等12款即开型体育彩票游戏按其销售总额的65%、15%和20%分别计提彩票奖金、彩票发行费和彩票公益金。

二、"寅虎"等12款即开型体育彩票游戏上市销售前，你中心应及时向社会发布公告，并在公告中注明财政部批准的文件名称、文号、上市销售日期以及《"寅虎"等12款即开型体育彩票游戏规则》等。

三、即开型体育彩票游戏的兑奖工作应当严格按现行有关规定进行。其中，彩票中奖奖金应当以人民币现金或者现金支票形式一次性兑付，彩票中奖者应当自开奖之日起60个自然日内，持中奖彩票到指定的地点兑奖。

四、你中心应当切实履行彩票发行机构主体责任，严格遵守政府采购等相关规定，统筹衔接好游戏报批、预算编列、印制物流、上市销售、停止销售等工作环节，并指导彩票销售机构节约成本、提高效率、规范运营，确保即开型彩票持续健康发展。

附件："寅虎"等12款即开型体育彩票游戏规则

附件：

"寅虎"等12款即开型体育彩票游戏规则

一、寅虎

（一）面值：5元。

（二）奖组：180万张（900万元）。

（三）玩法规则：刮开覆盖膜，如果出现金额标志，即中得该金额。中奖奖金兼中兼得。

（四）设奖方案：

奖级	中奖金额（元）	中奖个数	中奖小计（元）
1	100 000	1	100 000
2	10 000	5	50 000
3	1 000	50	50 000
4	500	100	50 000
5	200	500	100 000
6	100	1 500	150 000
7	50	11 000	550 000
8	30	18 750	562 500
9	20	37 500	750 000
10	10	82 500	825 000
11	5	532 500	2 662 500
合计		684 406	5 850 000

二、锦虎贺岁

（一）面值：10元。

（二）奖组：180万张（1 800万元）。

（三）玩法规则：刮开覆盖膜，在任意一场游戏中，如果出现两个相同的虎标志"🐯"，即中得该场游戏右方所示的奖金金额；如果出现灯笼标志"🏮"，即中得该场游戏右方所示奖金金额的3倍。中奖奖金兼中兼得。

（四）设奖方案：

奖级	中奖金额（元）	中奖个数	中奖小计（元）
1	300 000	1	300 000
2	10 000	10	100 000
3	5 000	20	100 000

续表

奖级	中奖金额（元）	中奖个数	中奖小计（元）
4	1 000	100	100 000
5	500	400	200 000
6	200	2 000	400 000
7	100	9 000	900 000
8	50	30 000	1 500 000
9	30	45 000	1 350 000
10	20	120 000	2 400 000
11	10	435 000	4 350 000
合计		641 531	11 700 000

三、好彩头

（一）面值：10元。

（二）奖组：180万张（1 800万元）。

（三）玩法规则：刮开覆盖膜，如果出现钱袋标志"💰"，即中得该标志下方所示的金额；如果出现金条标志"🧈"，即中得该标志下方所示金额的5倍。中奖奖金兼中兼得。

（四）设奖方案：

奖级	中奖金额（元）	中奖个数	中奖小计（元）
1	250 000	1	250 000
2	10 000	10	100 000
3	5 000	20	100 000
4	1 000	50	50 000
5	500	800	400 000
6	150	9 000	1 350 000
7	60	30 000	1 800 000
8	30	45 000	1 350 000
9	20	135 000	2 700 000
10	10	360 000	3 600 000
合计		579 881	11 700 000

四、2022

（一）面值：10元。

（二）奖组：36万张（360万元）。

（三）玩法规则：刮开覆盖膜，如果你的号码中任意一个号码与中奖号码之一相同，即中得该号码下方所示金额乘以对应的倍数。中奖奖金兼中兼得。

（四）设奖方案：

奖级	中奖金额（元）	中奖个数	中奖小计（元）
1	100 000	1	100 000
2	10 000	2	20 000
3	1 000	10	10 000
4	500	40	20 000
5	200	200	40 000
6	100	3 500	350 000
7	50	3 000	150 000
8	20	24 000	480 000
9	15	18 000	270 000
10	10	90 000	900 000
合计		138 753	2 340 000

五、冠军数字

（一）面值：10元。

（二）奖组：72万张（720万元）。

（三）玩法规则：刮开覆盖膜，如果你的号码中任意一个号码与中奖号码相同，即中得该号码下方所示的金额；如果出现冠军标志"冠军"，即中得该标志下方所示金额的5倍。中奖奖金兼中兼得。

（四）设奖方案：

奖级	中奖金额（元）	中奖个数	中奖小计（元）
1	100 000	1	100 000
2	10 000	4	40 000
3	1 000	20	20 000
4	500	160	80 000
5	200	1 200	240 000
6	100	4 800	480 000
7	50	24 000	1 200 000
8	20	36 000	720 000
9	10	180 000	1 800 000
合计		246 185	4 680 000

六、好运沈阳

（一）面值：10元。

（二）奖组：60万张（600万元）。

（三）玩法规则：刮开覆盖膜，如果出现好运标志"好运"，即中得该标志下方所示的金额；如果出现沈阳标志"沈阳"，即中得该标志下方所示金额的5倍。中奖奖金兼中兼得。

（四）设奖方案：

奖级	中奖金额（元）	中奖个数	中奖小计（元）
1	250 000	1	250 000
2	5 000	2	10 000
3	1 600	20	32 000
4	800	65	52 000
5	400	70	28 000
6	100	2 955	295 500
7	50	4 650	232 500
8	30	30 000	900 000
9	20	50 000	1 000 000
10	10	110 000	1 100 000
合计		197 763	3 900 000

七、红都瑞金

（一）面值：10元。

（二）奖组：72万张（720万元）。

（三）玩法规则：刮开覆盖膜，如果出现星星标志"☆"，即中得该标志下方所示的金额；如果出现旗帜标志"▶"，即中得该标志下方所示金额的两倍。中奖奖金兼中兼得。

（四）设奖方案：

奖级	中奖金额（元）	中奖个数	中奖小计（元）
1	250 000	1	250 000
2	10 000	4	40 000
3	1 000	20	20 000
4	500	80	40 000
5	200	200	40 000
6	100	3 600	360 000
7	50	24 000	1 200 000
8	20	54 000	1 080 000
9	10	165 000	1 650 000
合计		246 905	4 680 000

八、虎虎生威

（一）面值：20元。

（二）奖组：900万张（1.8亿元）。

（三）玩法规则：刮开覆盖膜，如果出现虎标志"🐯"，即中得该标志下方所示的金额；如果出现威风标志"威"，即中得该标志下方所示金额的两倍；如果出现王者标志"王"，即中得刮开区内所有的金额之和。中奖奖金兼中兼得。

（四）设奖方案：

奖级	中奖金额（元）	中奖个数	中奖小计（元）
1	1 000 000	1	1 000 000
2	500 000	2	1 000 000
3	100 000	10	1 000 000
4	10 000	100	1 000 000
5	1 000	2 000	2 000 000
6	500	37 500	18 750 000
7	200	15 000	3 000 000
8	100	75 000	7 500 000
9	50	375 000	18 750 000
10	30	750 000	22 500 000
11	20	2 025 000	40 500 000
合计		3 279 613	117 000 000

九、好彩头

（一）面值：20元。

（二）奖组：900万张（1.8亿元）。

（三）玩法规则：刮开覆盖膜，如果出现钱袋标志"💰"，即中得该标志下方所示的金额；如果出现金条标志"▬"，即中得该标志下方所示金额的5倍；如果出现元宝标志"⚱"，即中得该标志下方所示金额的10倍。中奖奖金兼中兼得。

（四）设奖方案：

奖级	中奖金额（元）	中奖个数	中奖小计（元）
1	1 000 000	1	1 000 000
2	100 000	3	300 000
3	10 000	50	500 000

续表

奖级	中奖金额（元）	中奖个数	中奖小计（元）
4	5 000	200	1 000 000
5	1 000	1 200	1 200 000
6	500	40 000	20 000 000
7	150	15 000	2 250 000
8	60	375 000	22 500 000
9	30	975 000	29 250 000
10	20	1 950 000	39 000 000
合计		3 356 454	117 000 000

十、巴山蜀水

（一）面值：20元。

（二）奖组：180万张（3 600万元）。

（三）玩法规则：刮开覆盖膜，如果出现山水标志"山水"，即中得该标志下方所示的金额；如果出现巴蜀标志"巴蜀"，即中得该标志下方所示金额的两倍。中奖奖金兼中兼得。

（四）设奖方案：

奖级	中奖金额（元）	中奖个数	中奖小计（元）
1	1 000 000	1	1 000 000
2	10 000	20	200 000
3	1 000	200	200 000
4	500	1 100	550 000
5	100	30 000	3 000 000
6	50	90 000	4 500 000
7	30	195 000	5 850 000
8	20	405 000	8 100 000
合计		721 321	23 400 000

十一、汕头2021亚青会

（一）面值：20元。

（二）奖组：180万张（3 600万元）。

（三）玩法规则：刮开覆盖膜，如果出现亚青会标志"亚青会"，即中得该标志下方所示的金额；如果出现汕头标志"汕"，即中得该标志下方所示金额的3倍。中奖奖金兼中兼得。

（四）设奖方案：

奖级	中奖金额（元）	中奖个数	中奖小计（元）
1	1 000 000	1	1 000 000
2	100 000	1	100 000
3	5 000	10	50 000
4	1 000	750	750 000
5	500	2 950	1 475 000
6	100	67 500	6 750 000
7	50	60 000	3 000 000
8	30	22 500	675 000
9	20	480 000	9 600 000
合计		633 712	23 400 000

十二、汽车迷

（一）面值：20元。

（二）奖组：360万张（7 200万元）。

（三）玩法规则：

游戏一：刮开覆盖膜，如果出现金额标志，即中得该金额；如果累计出现4个轮胎标志"⊛"，即中得50元。

游戏二：刮开覆盖膜，如果你的号码中任意一个号码与中奖号码之一相同，即中得该号码下方所示的奖金金额；如果出现钥匙标志"🔑"，即中得该标志下方所示奖金金额的5倍。

中奖奖金兼中兼得。

（四）设奖方案：

奖级	中奖金额（元）	中奖个数	中奖小计（元）
1	1 000 000	1	1 000 000
2	100 000	1	100 000
3	10 000	20	200 000
4	1 000	1 000	1 000 000
5	500	14 600	7 300 000
6	200	6 000	1 200 000
7	100	6 000	600 000
8	50	210 000	10 500 000
9	30	390 000	11 700 000
10	20	660 000	13 200 000
合计		1 287 622	46 800 000

财政部关于"壬寅虎5元"等27款即开型福利彩票游戏的审批意见

（2021年11月30日　财政部　财综〔2021〕50号）

中国福利彩票发行管理中心：

你中心《关于发行"壬寅虎5元"等27款即开型福利彩票新游戏的请示》（中彩发字〔2021〕135号）收悉。为优化即开型彩票游戏结构，促进彩票市场健康发展，经研究，根据《彩票管理条例》（国务院令第554号）、《彩票管理条例实施细则》（财政部 民政部 体育总局令第96号）和《彩票发行销售管理办法》（财综〔2018〕67号）等相关规定，现就有关事项通知如下：

一、同意你中心印制发行"壬寅虎5元"等27款即开型福利彩票游戏，具体游戏规则见附件。"壬寅虎5元"等27款即开型福利彩票游戏按其销售总额的65%、15%和20%分别计提彩票奖金、彩票发行费和彩票公益金。

二、"壬寅虎5元"等27款即开型福利彩票游戏上市销售前，你中心应及时向社会发布公告，并在公告中注明财政部批准的文件名称、文号、上市销售日期以及《"壬寅虎5元"等27款即开型福利彩票游戏规则》等。

三、即开型福利彩票游戏的兑奖工作应当严格按现行有关规定进行。其中，彩票中奖奖金应当以人民币现金或者现金支票形式一次性兑付，彩票中奖者应当自开奖之日起60个自然日内，持中奖彩票到指定的地点兑奖。

四、你中心应当切实履行彩票发行机构主体责任，严格遵守政府采购等相关规定，统筹衔接好游戏报批、预算编列、印制物流、上市销售、停止销售等工作环节，并指导彩票销售机构节约成本、提高效率、规范运营，确保即开型彩票持续健康发展。

附件："壬寅虎5元"等27款即开型福利彩票游戏规则

"壬寅虎5元"等27款即开型福利彩票游戏规则

一、壬寅虎5元

（一）面值：5元

（二）奖组：200万张

（三）玩法：刮开覆盖膜，如果刮出"虎"图符，即可获得该图符下方所对应的奖金。中奖奖金兼中兼得。

（四）设奖方案：

奖级	中奖金额（元）	中奖个数	奖金小计（元）
1	100 000	1	100 000
2	5 000	2	10 000
3	500	100	50 000
4	200	400	80 000
5	100	4 000	400 000
6	50	42 000	2 100 000
7	20	36 000	720 000
8	10	124 000	1 240 000
9	5	360 000	1 800 000
合计		566 503	6 500 000

二、面面俱到

（一）面值：5元

（二）奖组：20万张

（三）玩法：刮开覆盖膜，在同一局游戏中，如果刮出3个相同的图符，即可获得该局游戏右侧所对应的奖金。共有6局游戏，中奖奖金兼中兼得。

（四）设奖方案：

奖级	中奖金额（元）	中奖个数	奖金小计（元）
1	50 000	1	50 000
2	1 000	10	10 000
3	500	40	20 000
4	100	400	40 000
5	50	1 200	60 000

续表

奖级	中奖金额（元）	中奖个数	奖金小计（元）
6	30	2 200	66 000
7	20	4 200	84 000
8	10	12 000	120 000
9	5	40 000	200 000
合计		**60 051**	**650 000**

三、9格惊喜

（一）面值：5元

（二）奖组：200万张

（三）玩法：刮开覆盖膜，如果刮出"9"图符，即可获得该图符下方所对应的奖金。中奖奖金兼中兼得。

（四）设奖方案：

奖级	中奖金额（元）	中奖个数	奖金小计（元）
1	100 000	1	100 000
2	1 000	10	10 000
3	500	400	200 000
4	100	2 000	200 000
5	50	10 000	500 000
6	40	2 500	100 000
7	30	8 000	240 000
8	20	100 000	2 000 000
9	10	120 000	1 200 000
10	5	390 000	1 950 000
合计		632 911	6 500 000

四、888

（一）面值：10元

（二）奖组：500万张

（三）玩法：刮开覆盖膜，在同一局游戏中，如果刮出3个相同的数字，即可获得该局游戏右侧所对应的奖金；如果在任意一局游戏中刮出

"8"图符，即可获得该局游戏右侧所对应的奖金。共有11局游戏，中奖奖金兼中兼得。

（四）设奖方案：

奖级	中奖金额（元）	中奖个数	奖金小计（元）
1	300 000	2	600 000
2	8 888	6	53 328
3	1 000	50	50 000
4	888	594	527 472
5	500	3 502	1 751 000
6	100	50 000	5 000 000
7	50	60 000	3 000 000
8	30	140 000	4 200 000
9	20	405 910	8 118 200
10	10	920 000	9 200 000
合计		1 580 064	32 500 000

五、爱拼才会赢

（一）面值：10元

（二）奖组：100万张

（三）玩法：刮开覆盖膜，如果任意一个"我的号码"与任意一个"中奖号码"相同，即可获得该"我的号码"下方所对应的奖金；如果刮出"🏆"图符，即可获得该图符下方所对应的奖金。中奖奖金兼中兼得。

（四）设奖方案：

奖级	中奖金额（元）	中奖个数	奖金小计（元）
1	300 000	1	300 000
2	10 000	1	10 000
3	1 000	200	200 000
4	500	400	200 000
5	200	2 150	430 000
6	100	4 000	400 000
7	50	24 000	1 200 000
8	20	88 000	1 760 000
9	10	200 000	2 000 000
合计		318 752	6 500 000

六、北京发现

（一）面值：10元

（二）奖组：100万张

（三）玩法：刮开覆盖膜，如果任意一个"我的号码"与任意一个"中奖号码"相同，即可获得该"我的号码"下方所对应的奖金，中奖奖金兼中兼得。如果刮出"北京发现"图符，即可获得玩法区内所有的奖金之和。

（四）设奖方案：

奖级	中奖金额（元）	中奖个数	奖金小计（元）
1	250 000	1	250 000
2	5 000	10	50 000
3	1 000	50	50 000
4	300	2 000	600 000
5	100	4 000	400 000
6	50	20 000	1 000 000
7	30	15 000	450 000
8	20	60 000	1 200 000
9	15	60 000	900 000
10	10	160 000	1 600 000
合计		321 061	6 500 000

七、和合美

（一）面值：10元

（二）奖组：20万张

（三）玩法：刮开覆盖膜，如果刮出"❀"图符，即可获得该图符下方所对应的奖金。中奖奖金兼中兼得。

（四）设奖方案：

奖级	中奖金额（元）	中奖个数	奖金小计（元）
1	100 000	1	100 000
2	1 000	80	80 000
3	200	200	40 000
4	100	1 200	120 000
5	50	4 400	220 000
6	20	13 600	272 000
7	10	46 800	468 000
合计		66 281	1 300 000

八、虎虎生威

（一）面值：10元

（二）奖组：100万张

（三）玩法：刮开覆盖膜，如果任意一个"我的号码"与"中奖号码"相同，即可获得该"我的号码"下方所对应的奖金；如果刮出"虎"图符，即可获得该图符下方所对应的奖金。中奖奖金兼中兼得。

（四）设奖方案：

奖级	中奖金额（元）	中奖个数	奖金小计（元）
1	100 000	1	100 000
2	10 000	2	20 000
3	1 000	30	30 000
4	500	300	150 000
5	100	5 000	500 000
6	50	10 000	500 000
7	30	40 000	1 200 000
8	20	100 000	2 000 000
9	10	200 000	2 000 000
合计		355 333	6 500 000

九、美味食足

（一）面值：10元

（二）奖组：100万张

（三）玩法：刮开覆盖膜，如果刮出任何奖金金额，即可获得该奖金；如果刮出"美"或"食"图符，即可获得50元奖金。中奖奖金兼中兼得。

（四）设奖方案：

奖级	中奖金额（元）	中奖个数	奖金小计（元）
1	250 000	1	250 000
2	10 000	1	10 000
3	1 000	130	130 000
4	500	500	250 000
5	100	2 000	200 000
6	60	6 000	360 000
7	50	10 000	500 000
8	40	6 000	240 000
9	30	8 000	240 000
10	20	136 000	2 720 000
11	10	160 000	1 600 000
合计		328 632	6 500 000

十、南海明珠

（一）面值：10元

（二）奖组：20万张

（三）玩法：刮开覆盖膜，如果任意一个"我的号码"与任意一个"中奖号码"相同，即可获得该"我的号码"下方所对应的奖金。中奖奖金兼中兼得。

（四）设奖方案：

奖级	中奖金额（元）	中奖个数	奖金小计（元）
1	150 000	1	150 000
2	1 000	10	10 000
3	500	400	200 000
4	100	1 200	120 000
5	50	2 400	120 000
6	20	10 000	200 000
7	10	50 000	500 000
合计		64 011	1 300 000

十一、壬寅虎10元

（一）面值：10元

（二）奖组：1 000万张

（三）玩法：刮开覆盖膜，如果刮出任何奖金金额，即可获得该奖金；如果刮出"虎"图符，即可获得50元奖金。中奖奖金兼中兼得。

（四）设奖方案：

奖级	中奖金额（元）	中奖个数	奖金小计（元）
1	300 000	2	600 000
2	10 000	10	100 000
3	1 000	1 000	1 000 000
4	500	4 000	2 000 000
5	200	8 000	1 600 000
6	100	80 000	8 000 000
7	60	80 000	4 800 000
8	50	170 000	8 500 000
9	30	120 000	3 600 000
10	20	600 000	12 000 000
11	10	2 280 000	22 800 000
合计		3 343 012	65 000 000

十二、阿福的旅城

（一）面值：10元

（二）奖组：50万张

（三）玩法：刮开覆盖膜，如果刮出任何奖金金额，即可获得该奖金；如果刮出"🌹"图符，即可获得20元奖金。中奖奖金兼中兼得。

（四）设奖方案：

奖级	中奖金额（元）	中奖个数	奖金小计（元）
1	100 000	1	100 000
2	10 000	2	20 000
3	500	1 060	530 000
4	100	100	10 000
5	50	10 000	500 000
6	20	47 500	950 000
7	10	114 000	1 140 000
合计		172 663	3 250 000

十三、喜相逢10元

（一）面值：10元

（二）奖组：200万张

（三）玩法：刮开覆盖膜，如果刮出"喜"图符，即可获得该图符下方所对应的奖金；如果刮出"囍"图符，即可获得该图符下方所对应奖金的两倍。中奖奖金兼中兼得。

（四）设奖方案：

奖级	中奖金额（元）	中奖个数	奖金小计（元）
1	300 000	1	300 000
2	10 000	5	50 000
3	1 000	20	20 000
4	500	1 000	500 000
5	200	1 000	200 000
6	100	8 100	810 000
7	50	20 000	1 000 000
8	40	8 000	320 000
9	30	80 000	2 400 000
10	20	220 000	4 400 000
11	10	300 000	3 000 000
合计		638 126	13 000 000

十四、心想事成

（一）面值：10元

（二）奖组：100万张

（三）玩法：刮开覆盖膜，如果任意一个"我的号码"与任意一个"中奖号码"相同，即可获得该"我的号码"下方所对应的奖金，中奖奖金兼中兼得。如果刮出"♡"图符，即可获得玩法区内所有的奖金之和。

（四）设奖方案：

奖级	中奖金额（元）	中奖个数	奖金小计（元）
1	250 000	1	250 000
2	5 000	6	30 000
3	1 000	100	100 000
4	500	400	200 000
5	200	600	120 000
6	100	8 000	800 000
7	50	14 000	700 000
8	30	22 000	660 000
9	20	98 000	1 960 000
10	10	168 000	1 680 000
合计		311 107	6 500 000

十五、超越梦想

（一）面值：20元

（二）奖组：100万张

（三）玩法：刮开覆盖膜，在同一局游戏中，如果"我的时间"小于"对手时间"，即可获得该局游戏下方所对应的奖金。共有15局游戏，中奖奖金兼中兼得。

（四）设奖方案：

奖级	中奖金额（元）	中奖个数	奖金小计（元）
1	1 000 000	1	1 000 000
2	10 000	4	40 000
3	1 000	240	240 000
4	500	1 200	600 000
5	200	2 000	400 000
6	100	12 000	1 200 000
7	60	16 000	960 000

续表

奖级	中奖金额（元）	中奖个数	奖金小计（元）
8	40	46 000	1 840 000
9	30	56 000	1 680 000
10	20	252 000	5 040 000
合计		385 445	13 000 000

十六、壬寅虎20元

（一）面值：20元

（二）奖组：500万张

（三）玩法：刮开覆盖膜，在同一局游戏中，如果刮出3个相同的图符，即可获得该局游戏右侧所对应的奖金；如果在任意一局游戏中刮出"虎"图符，即可获得该局游戏右侧所对应奖金的两倍。共有16局游戏，中奖奖金兼中兼得。

（四）设奖方案：

奖级	中奖金额（元）	中奖个数	奖金小计（元）
1	800 000	2	1 600 000
2	10 000	20	200 000
3	2 000	100	200 000
4	1 000	1 000	1 000 000
5	500	3 000	1 500 000
6	200	8 500	1 700 000
7	100	85 000	8 500 000
8	60	100 000	6 000 000
9	50	180 000	9 000 000
10	40	200 000	8 000 000
11	30	100 000	3 000 000
12	20	1 215 000	24 300 000
合计		1 892 622	65 000 000

十七、丝路明珠

（一）面值：20元

（二）奖组：100万张

（三）玩法：刮开覆盖膜，如果任意一个"我的号码"与"中奖号码"相同，即可获得该"我的号码"下方所对应的奖金；如果刮出"⛰"图符，即可获得该图符下方所对应奖金的两倍。中奖奖金兼中兼得。

（四）设奖方案：

奖级	中奖金额（元）	中奖个数	奖金小计（元）
1	1 000 000	1	1 000 000
2	10 000	4	40 000
3	1 000	100	100 000
4	500	800	400 000
5	200	4 000	800 000
6	100	16 000	1 600 000
7	50	48 000	2 400 000
8	30	72 000	2 160 000
9	20	225 000	4 500 000
合计		365 905	13 000 000

十八、唐潮-新彩绘散乐浮雕

（一）面值：20元

（二）奖组：500万张

（三）玩法：刮开覆盖膜，如果刮出任何奖金金额，即可获得该奖金。中奖奖金兼中兼得。

（四）设奖方案：

奖级	中奖金额（元）	中奖个数	奖金小计（元）
1	1 000 000	2	2 000 000
2	100 000	2	200 000
3	10 000	10	100 000
4	1 000	500	500 000
5	500	2 000	1 000 000
6	200	5 000	1 000 000
7	100	98 000	9 800 000
8	50	160 000	8 000 000
9	40	400 000	16 000 000
10	30	80 000	2 400 000
11	20	1 200 000	24 000 000
合计		1 945 514	65 000 000

十九、喜相逢20元

（一）面值：20元

（二）奖组：250万张

（三）玩法：刮开覆盖膜，如果刮出"喜"图符，即可获得该图符下方所对应的奖金；如果刮出"囍"图符，即可获得该图符下方所对应奖金的两倍。中奖奖金兼中兼得。

（四）设奖方案：

奖级	中奖金额（元）	中奖个数	奖金小计（元）
1	800 000	1	800 000
2	5 000	50	250 000
3	1 000	1 000	1 000 000
4	500	2 000	1 000 000
5	200	5 000	1 000 000
6	100	40 000	4 000 000
7	50	140 000	7 000 000
8	40	200 000	8 000 000
9	30	10 000	300 000
10	20	457 500	9 150 000
合计		855 551	32 500 000

二十、星光闪耀

（一）面值：20元

（二）奖组：250万张

（三）玩法：刮开覆盖膜，如果任意一个"我的号码"与"中奖号码"相同，即可获得该"我的号码"下方所对应的奖金；如果刮出"☆"图符，即可获得该图符下方所对应奖金的5倍。中奖奖金兼中兼得。

（四）设奖方案：

奖级	中奖金额（元）	中奖个数	奖金小计（元）
1	1 000 000	1	1 000 000
2	10 000	10	100 000
3	1 000	1 000	1 000 000
4	500	5 000	2 500 000
5	100	20 000	2 000 000
6	80	10 000	800 000
7	60	100 000	6 000 000
8	40	210 000	8 400 000
9	20	535 000	10 700 000
合计		881 011	32 500 000

二十一、幸运加倍

（一）面值：20元

（二）奖组：500万张

（三）玩法：刮开覆盖膜，在同一局游戏中，如果刮出3个相同的图符，即可获得该局游戏右侧所对应的奖金；如果在任意一局游戏中刮出"¥"图符，即可获得该局游戏右侧所对应奖金的两倍。共有20局游戏，中奖奖金兼中兼得。

（四）设奖方案：

奖级	中奖金额（元）	中奖个数	奖金小计（元）
1	1 000 000	2	2 000 000
2	5 000	1 000	5 000 000
3	1 000	1 000	1 000 000
4	500	4 000	2 000 000
5	200	10 000	2 000 000
6	80	40 000	3 200 000
7	60	180 000	10 800 000
8	40	320 000	12 800 000
9	30	220 000	6 600 000
10	20	980 000	19 600 000
合计		1 756 002	65 000 000

二十二、连中三元

（一）面值：30元

（二）奖组：100万张

（三）玩法：刮开覆盖膜，在同一局游戏中，如果刮出3个"🏆"图符，即可获得该局游戏右侧所对应的奖金。共有24局游戏，中奖奖金兼中兼得。

（四）设奖方案：

奖级	中奖金额（元）	中奖个数	奖金小计（元）
1	1 000 000	1	1 000 000
2	10 000	10	100 000
3	1 000	500	500 000
4	600	500	300 000
5	300	2 000	600 000
6	100	50 000	5 000 000
7	60	50 000	3 000 000
8	50	60 000	3 000 000
9	30	200 000	6 000 000
合计		363 011	19 500 000

二十三、千里江山图

（一）面值：30元

（二）奖组：100万张

（三）玩法：刮开覆盖膜，如果刮出任何奖金金额，即可获得该奖金。中奖奖金兼中兼得。

（四）设奖方案：

奖级	中奖金额（元）	中奖个数	奖金小计（元）
1	1 000 000	1	1 000 000
2	100 000	2	200 000
3	10 000	15	150 000
4	1 000	250	250 000
5	500	1 600	800 000
6	200	1 000	200 000
7	100	50 000	5 000 000
8	80	10 000	800 000
9	60	10 000	600 000
10	50	50 000	2 500 000
11	40	20 000	800 000
12	30	240 000	7 200 000
合计		382 868	19 500 000

二十四、喜相逢30元

（一）面值：30元

（二）奖组：100万张

（三）玩法：刮开覆盖膜，如果刮出"喜"图符，即可获得该图符下方所对应的奖金；如果刮出"囍"图符，即可获得该图符下方所对应奖金的两倍。中奖奖金兼中兼得。

（四）设奖方案：

奖级	中奖金额（元）	中奖个数	奖金小计（元）
1	1 000 000	1	1 000 000
2	200 000	2	400 000
3	10 000	20	200 000
4	900	1 000	900 000
5	600	2 000	1 200 000
6	300	4 000	1 200 000
7	100	10 000	1 000 000
8	80	5 000	400 000

续表

奖级	中奖金额（元）	中奖个数	奖金小计（元）
9	60	50 000	3 000 000
10	50	20 000	1 000 000
11	40	110 000	4 400 000
12	30	160 000	4 800 000
合计		362 023	19 500 000

二十五、状元卷

（一）面值：30元

（二）奖组：30万张

（三）玩法：刮开覆盖膜，如果刮出"▨"图符，即可获得该图符下方所对应的奖金。中奖奖金兼中兼得。

（四）设奖方案：

奖级	中奖金额（元）	中奖个数	奖金小计（元）
1	1 000 000	1	1 000 000
2	10 000	2	20 000
3	2 000	50	100 000
4	1 000	200	200 000
5	600	500	300 000
6	300	1 000	300 000
7	150	1 000	150 000
8	100	6 000	600 000
9	60	18 000	1 080 000
10	30	70 000	2 100 000
合计		96 753	5 850 000

二十六、超级9

（一）面值：50元

（二）奖组：200万张

（三）玩法：本彩票共有3个玩法，3个玩法区内的中奖奖金兼中兼得。

玩法一：刮开覆盖膜，如果刮出"9"图符，即可获得该图符下方所对应的奖金。中奖奖金兼中兼得。

玩法二：刮开覆盖膜，在同一局游戏中，如果两个数字相加等于"9"，即可获得该局游戏右侧所对应的奖金。共有3局游戏，中奖奖金兼中兼得。

玩法三：刮开覆盖膜，如果任意一个"我的号码"与任意一个"中奖号码"相同，即可获得该"我的号码"下方所对应的奖金；如果刮出"*999*"图符，即可获得该图符下方所对应奖金的两倍。中奖奖金兼中兼得。

（四）设奖方案：

奖级	中奖金额（元）	中奖个数	奖金小计（元）
1	1 000 000	1	1 000 000
2	500 000	2	1 000 000
3	10 000	200	2 000 000
4	1 000	2 000	2 000 000
5	500	4 000	2 000 000
6	300	10 000	3 000 000
7	150	20 000	3 000 000
8	100	70 000	7 000 000
9	80	130 000	10 400 000
10	60	220 000	13 200 000
11	50	408 000	20 400 000
合计		864 203	65 000 000

二十七、壬寅虎50元

（一）面值：50元

（二）奖组：200万张

（三）玩法：本彩票共有两个玩法，两个玩法区内的中奖奖金兼中兼得。

玩法一：刮开覆盖膜，如果刮出任何奖金金额，即可获得该奖金。中奖奖金兼中兼得。

玩法二：刮开覆盖膜，如果任意一个"我的号码"与任意一个"中奖号码"相同，即可获得该"我的号码"下方所对应的奖金；如果刮出"虎"图符，即可获得该图符下方所对应奖金的10倍。中奖奖金兼中兼得。

（四）设奖方案：

奖级	中奖金额（元）	中奖个数	奖金小计（元）
1	1 000 000	1	1 000 000
2	100 000	1	100 000
3	10 000	200	2 000 000
4	1 000	2 000	2 000 000
5	500	4 000	2 000 000
6	200	50 000	10 000 000
7	100	100 000	10 000 000
8	80	120 000	9 600 000
9	60	180 000	10 800 000
10	50	350 000	17 500 000
合计		806 202	65 000 000

（二）福利彩票管理制度和文献

关于印发《中国福利彩票发行管理中心开奖操作规程》的通知

（2021年3月25日　中国福利彩票发行管理中心　中彩发字〔2021〕53号）

各部（室）、直属单位：

《中国福利彩票发行管理中心开奖操作规程》已经中心主任办公会议研究通过，现印发给你们，请遵照执行。

附件：中国福利彩票发行管理中心开奖操作规程

附件：

中国福利彩票发行管理中心开奖操作规程

第一条　为规范中国福利彩票发行管理中心（以下简称"中福彩中心"）开奖操作，保障开奖工作安全有序进行，根据《彩票管理条例》《彩票管理条例实施细则》《彩票发行销售管理办法》《福利彩票开奖监督办法（试行）》《中国福利彩票发行管理中心开奖管理办法（暂行）》等规定，结合中福彩中心工作实际，制定本规程。

第二条　本规程适用于规范中福彩中心通过专用摇奖设备确定开奖号码的乐透型、数字型、基诺型、传统型等游戏的开奖操作流程。

第三条　本规程所指"开奖操作流程"，包括开奖活动准备、开奖活动实施和开奖活动收尾的完整操作过程。

开奖活动准备，是指对开奖场所、设备、人员进行检查确认。开奖活动实施，是指通过专用摇奖机摇出开奖号码，经现场公证后发布摇奖结果。开奖活动收尾，是指开奖号码全部产生后关闭摇奖机、填写工作日志、锁闭开奖场所等工作。

第四条 中福彩中心应当按照经批准的游戏规则和操作规程实施开奖，遵循合规、安全、有序的操作原则。

第五条 中福彩中心应当通过各种媒体形式，及时向社会公布福利彩票销售情况、开奖过程和开奖结果等信息。

第六条 中福彩中心应当邀请第三方公证机构对开奖过程和开奖结果进行公证，同时可以邀请社会公众代表观摩开奖活动。

第七条 开奖活动准备阶段，开奖工作人员应当对开奖场所基础设施、开奖节目制播系统、开奖证据保全监控等进行检查，确保具备安全顺利实施开奖活动的基础条件。

第八条 开奖场所基础设施包括配电系统、安防系统、消防系统等，开奖工作人员应当全面巡查有无异常情况，保障开奖场所基础设施安全稳定。

第九条 开奖节目制播系统包括节目制作设备、节目播出设备、信号传输线路等，开奖工作人员应当检测开奖节目播出渠道信号接收状态，保障节目制播系统运行正常。

第十条 开奖证据保全监控包括摄像机、录像机、存储服务器等，开奖工作人员应当检测监控设备有无异常，保障开奖证据保全监控运行正常。

第十一条 摇奖设备包括当天开奖游戏的主用摇奖机、备用摇奖机和配套摇奖球，开奖工作人员应当按照规定程序检测摇奖设备运行状态，确保摇奖设备运行正常。

第十二条 开奖活动准备阶段，主用摇奖机出现故障不能排除时，应当及时启用第一备用摇奖机。第一备用摇奖机也出现故障不能排除时，应当及时启用第二备用摇奖机，并做好测试工作。

第十三条 开奖工作人员应当提前确认公证人员、节目主持人等重要岗位人员到位情况，确保具备正常实施开奖活动的人员条件。

第十四条 开奖工作人员应当在公证人员的监督下选定正选、备选摇奖球，开奖证据保全监控应当完整记录选球过程。有社会公众代表现场观摩开奖的，可以邀请公众代表参加正选、备选摇奖球的选定。

第十五条 开奖工作人员收到当期开奖游戏销售数据通知后方可组织摇奖，未能按时接收的，开奖工作人员应当及时主动联系销售数据管理部门或省级福彩中心了解有关情况，督促销售数据通知发送进度。

第十六条 开奖工作人员收到当期开奖游戏销售数据通知单据，应当提交现场公证人员签字盖章。开奖游戏销售数据通知原始单据应当妥善保管，保存期限不少于60个月。

第十七条 开奖活动实施阶段，开奖工作人员应当按照当期开奖游戏规则设定、启动摇奖机，并确认全部摇奖球落入摇奖机搅拌室参与完整摇奖过程，确保摇奖机摇出的每个号码球合规、有效。

第十八条 开奖工作人员应当按照摇奖出球顺序实时记录当期游戏开奖号码，认真核对开奖节目中主持词、公证词、节目字幕等，确保开奖信息正确发布。

第十九条 公证人员按照规定流程对当期开奖游戏开奖过程和开奖结果进行现场公证，出具签字盖章的开奖公证文书。开奖公证文书应当妥善保管，保存期限不少于60个月。

第二十条 当期开奖游戏摇奖结果全部产生后，开奖工作人员应当将摇奖记录号码与摇出号码球进行现场比对，确保摇奖记录正确无误后由开奖现场负责人签字确认。

第二十一条 摇奖记录单据应当加盖开奖专用章、公证专用章，经开奖现场负责人和公证人员签字确认后发出。摇奖记录原始单据应当妥善保管，保存期限不少于60个月。

第二十二条 开奖活动收尾阶段，开奖工作人员应当将摇奖球从摇奖机中取出，并装入专用的摇奖球箱，经公证人员封存后进行妥善保管。

第二十三条 开奖工作人员应当按要求填写当天开奖工作日志，如实记录当天开奖工作人员姓名、开奖操作时间、突发情况及应急处置等工作信息。

第二十四条 开奖工作人员离开开奖场所前，应当关闭摇奖机、节目制播系统等设备设施电源，锁闭开奖场所。

第二十五条 开奖证据保全监控视频应当定期在公证人员的监督下进行封存，封存视频资料保存期限不少于36个月。

第二十六条 因设备设施故障、工作人员失误等因素，导致开奖活动中开奖信息发布错误的，开奖结果以当期开奖游戏摇奖记录和开奖公证文书为准。

第二十七条 开奖活动遇到突发事件的，开奖工作人员应当按照事先制定的开奖应急预案进行正确处置，保障开奖活动合规、安全、有序。

第二十八条 本规程有关条款如遇法律法规、游戏品种、游戏规则等调整，从其规定。

第二十九条 开奖工作人员在开奖工作中存在违反本操作规程的行为，以及滥用职权、玩忽职守、徇私舞弊等违法违纪行为的，视其情节轻重给予批评教育，或依照《公职人员政务处分法》《事业单位工作人员处分暂行规定》等有关规定追究相应责任；涉嫌犯罪的，依法移送司法机关处理。

第三十条 本规程自印发之日起施行。

关于印发《中国福利彩票发行管理中心开奖信息发布管理办法》的通知

（2021年6月24日 中国福利彩票发行管理中心 中彩发字〔2021〕94号）

各部（室）、直属单位：

《中国福利彩票发行管理中心开奖信息发布管理办法》已经中心主任办公会议研究通过，现印发给你们，请遵照执行。

附件：中国福利彩票发行管理中心开奖信息发布管理办法

附件：

中国福利彩票发行管理中心开奖信息发布管理办法

第一条 为进一步规范中国福利彩票发行管理中心（以下简称"中福彩中心"）开奖信息发布工作，提高福利彩票开奖工作的透明度和公信力，依据《彩票管理条例》《彩票管理条例实施细则》《彩票发行销售管理办法》《福利彩票开奖监督办法（试行）》《中国福利彩票发行管理中心开奖管理办法（暂行）》等规定，结合中福彩中心工作实际，制定本办法。

第二条 本办法所称"开奖信息"，是指中福彩中心在履行开奖职能过程中获取的以一定形式记录、发布的信息，主要包括开奖公告、开奖应急公告、开奖节目和开奖工作信息等。

第三条 中福彩中心应当遵循公开、公正、透明原则，及时、准确、完整发布开奖信息。

第四条 中福彩中心相关部门分工负责开奖信息发布的具体工作。开奖管理部会同数据管理部负责开奖信息的产生、记录、保存，开奖节目及开奖应急公告的发布；营销宣传部负责开奖公告及开奖工作信息的发布。

第五条 开奖公告的主要内容应当包括彩票游戏名称、开奖日期或者期号、当期彩票销售金额、当期彩票开奖结果、奖池资金余额、兑奖期限等。

第六条 开奖公告应当在每期开奖工作结束后，及时、准确、完整向社会发布。

第七条 开奖公告的发布流程：

（一）开奖管理部组织当期彩票摇奖，制作播出开奖节目，记录和保存开奖号码，经公证机构公证后，产生当期彩票开奖结果。

（二）数据管理部根据当期彩票开奖结果，生成彩票开奖公告。

（三）营销宣传部及时向社会发布彩票开奖公告。

第八条 开奖应急公告，是指发生开奖突发事件造成一定影响，中福彩中心向社会紧急公布事件情况的信息。开奖突发事件主要包括开奖延迟、开奖中断、开奖节目播出故障、开奖号码发布错误等。

第九条 出现开奖延迟的，开奖应急公告应当不晚于原定开奖时间或开奖节目播出时间发布，公告内容应当包括延迟开奖原因、预计恢复开奖时间等。

第十条 出现开奖中断的，中福彩中心应当在开奖故障排除后向社会发布恢复开奖公告，公告内容应当包括开奖中断原因、预计恢复开奖时间等。

第十一条 出现开奖节目播出故障的，中福彩中心应当综合播出渠道、故障情况和影响程度等因素，及时向社会发布开奖应急公告，说明相关情况。

第十二条 出现开奖号码发布错误的，中福彩中心应当及时发布开奖应急公告，更正相关信息。

第十三条 开奖应急公告的发布，应当按照事先制定的开奖应急处置预案规定的流程进行。

第十四条 开奖节目，是指通过电视、网络、广播等形式播出开奖过程和开奖结果等信息的节目。

第十五条 开奖节目应当考虑社会公众收视收听习惯，通过合适的播出渠道，按照相应类型渠道播出要求，在相对固定时间播出。

第十六条 开奖工作信息主要包括：

（一）开奖管理有关规定，包括开奖管理办法等；

（二）开奖活动信息，包括开奖时间、开奖地点、开奖方式等；

（三）摇奖设备信息，包括用于日常开奖活动的摇奖机和摇奖球的情况；

（四）开奖场所开放信息，包括开放时间、开放地点、开奖游戏名称、公众报名方式等；

（五）其他开奖工作信息。

第十七条 开奖工作信息的发布流程，按照中福彩中心新闻发布工作规程及自有网络媒体管理办法执行。

第十八条 开奖信息的保存对象包括摇奖结果确认文件、开奖公告文件、开奖节目影像资料等，保存期限自生成之日起不得少于60个月。

第十九条 对存在违反本办法规定的行为，或存在滥用职权、玩忽职守、徇私舞弊等违法违纪行为的，视其情节轻重给予批评教育，或依照《公职人员政务处分法》《事业单位工作人员处分暂行规定》等国家有关规定处理；涉嫌犯罪的，依法移送司法机关处理。

第二十条 本办法自印发之日起施行。

关于印发《中国福利彩票发行管理中心开奖应急处置办法》的通知

（2021年9月23日 中国福利彩票发行管理中心 中彩发字〔2021〕121号）

各部（室）、直属单位：

《中国福利彩票发行管理中心开奖应急处置办法》已经中心主任办公会议研究通过，现印发给你们，请遵照执行。

附件：中国福利彩票发行管理中心开奖应急处置办法

附件：

中国福利彩票发行管理中心开奖应急处置办法

第一条 为保障中国福利彩票开奖工作安全有序进行，强化开奖突发事件应急处置管理，根据《彩票管理条例》《彩票管理条例实施细则》《彩票发行销售管理办法》《福利彩票开奖监督办法（试行）》《中国福利彩票发行管理中心开奖管理办法（暂行）》等规定，制定本办法。

第二条 本办法适用于中国福利彩票发行管理中心（以下简称"中福彩中心"）负责组织实施，通过专用摇奖设备进行开奖的福利彩票游戏开奖应急处置工作。

第三条 中福彩中心开奖应急处置工作归口开奖管理部负责，遵循及时稳妥、安全规范原则，按照事先制定的具体游戏应急预案执行操作。

第四条 本办法所称突发事件包括但不限于：

（一）彩票销售原始数据未有效封存；

（二）公证人员未到开奖现场；

（三）开奖工作人员出现失误；

（四）摇奖设备出现故障；

（五）电力供应出现故障；

（六）通信、网络出现故障；

（七）开奖节目制作系统或播出系统出现故障；

（八）火灾、地震、瘟疫、战争、社会动乱等不可抗力事件。

第五条 彩票销售原始数据未有效封存的，中福彩中心应当延迟开奖，待彩票销售数据有效封存后恢复开奖。

第六条 公证人员未按时到达开奖现场的，中福彩中心应当延迟开奖，待公证人员到达开奖现场后恢复开奖。

第七条 公证人员、主持人等工作人员失误导致开奖信息发布错误且未在开奖节目中及时更正的，中福彩中心应当在开奖结束后及时向社会发布公告，更正相关信息。

第八条 主用摇奖设备摇奖前测试出现故障无法排除的，中福彩中心应当及时更换备用摇奖设备进行测试；主用、备用摇奖设备摇奖前测试全部出现故障无法排除的，中福彩中心应当延迟开奖，待故障排除后恢复开奖。

第九条 主用摇奖设备摇奖中出现故障无法排除的，中福彩中心应当及时启用备用摇奖设备完成摇奖；主用、备用摇奖设备全部出现故障的，中福彩中心应当暂停摇奖，已经摇出的号码球有效，待故障排除后恢复摇奖，摇出剩余号码球。

第十条 摇奖设备出现故障导致摇奖球未全部进入摇奖机搅拌室参与摇奖，或摇奖球未按照游戏规则出球的，摇出的号码球无效，中福彩中心应当重新进行摇奖。

第十一条 市政电力供应系统出现故障的，中福彩中心应当及时启用备用电源继续开奖，优先保障摇奖设备、开奖节目制作系统和播出系统用电需求。

第十二条 通信、网络出现故障的，中福彩中心应当及时切换至备用通信、网络线路继续开奖，并联系协调有关单位（部门）尽快修复故障通信、网络线路。

第十三条 开奖节目制作系统出现故障，导致开奖节目无法正常制作的，中福彩中心应当在公证人员监督下按时进行摇奖，开奖结束后及时向社会发布开奖信息。

第十四条 开奖节目播出系统出现故障，导致开奖节目无法正常播出的，中福彩中心应当在公证人员监督下按时进行摇奖，开奖节目制作正常进行，当期游戏开奖节目视频原则上应当不晚于下期游戏开奖前向社会发布。

第十五条 摇奖未在开奖节目常规时间内完成的，开奖节目应当延长至摇奖过程全部结束。开奖节目未播出摇奖完整过程的，中福彩中心应当在开奖结束后及时向社会公布准确、完整开奖信息。

第十六条 发生突发事件导致延迟开奖的，中福彩中心应当在原定开奖时间或开奖节目播出时间前向社会发布公告，说明延迟开奖原因。待故障排除后，中福彩中心应当向社会发布预告，说明开奖恢复时间。

第十七条 发生自然灾害等不可抗力事件，导致现有条件无法实施开奖的，中福彩中心应当暂停开奖，及时向社会发布公告说明原因，待具备正常开奖条件后另行实施开奖。

第十八条 发生开奖延迟或开奖节目未正常播出的，开奖现场工作人员按照应急预案做好处置工作，开奖管理部应当报告中福彩中心领导。

第十九条 开奖应急处置时，开奖现场工作人员应当准确记录突发事件发生时间、故障原因、处置措施、处置结果等信息，妥善保管开奖工作日志。

第二十条 中福彩中心应当定期组织开奖应急处置演练，对开奖相关工作人员进行开奖应急处置培训和考核。

第二十一条 中福彩中心应当定期梳理、排查开奖风险，完善具体游戏开奖应急处置预案。

第二十二条 对存在违反本办法规定的行为，或存在滥用职权、玩忽职守、徇私舞弊等违法违纪行为的，视其情节轻重给予批评教育，或依照《公职人员政务处分法》《事业单位工作人员处分暂行规定》等国家有关规定处理；涉嫌犯罪的，依法移送司法机关处理。

第二十三条 本办法自印发之日起施行。

中福彩中心关于印发《中国福利彩票代销者违规名单管理暂行办法》的通知

（2021年11月29日 中国福利彩票发行管理中心 中彩发字〔2021〕149号）

各省、自治区、直辖市福利彩票发行中心：

现将《中国福利彩票代销者违规名单管理暂行办法》印发给你们，请认真贯彻执行。

附件：中国福利彩票代销者违规名单管理暂行办法

附件：

中国福利彩票代销者违规名单管理暂行办法

第一条 为加强福利彩票发行销售管理，规范福利彩票销售行为，保障购彩者合法权益，维护福利彩票市场秩序，促进福利彩票安全健康发展，根据《彩票管理条例》《彩票管理条例实施细则》《彩票发行销售管理办法》以及《财政部 公安部 工商总局 民政部 体育总局关于做好查处擅自利用互联网销售彩票工作有关问题的通知》（财综〔2016〕22号）等有关规定，制定本办法。

第二条 本办法适用于福利彩票发行机构、福利彩票销售机构对代销者违规名单的管理。代销者包括自然人代销者和法人代销者。

第三条 代销者违规名单的管理应当遵循依法依规、统一管理、分级负责、信息共享、动态更新的原则。

第四条 福利彩票发行机构负责全国代销者违规名单管理工作，主要职责包括：

（一）制定、修订代销者违规名单管理制度；

（二）汇总下发代销者违规名单；

（三）监督检查代销者违规名单管理制度执行落实情况；

（四）向民政部、财政部报送擅自利用互联网或者变相利用互联网销售福利彩票的代销者信息。

第五条 福利彩票销售机构负责本行政区域代销者违规名单管理工作，主要职责包括：

（一）收集核实本行政区域存在违规行为的代销者情况，并根据核实结果进行处理；

（二）对存在列入违规名单情形的代销者，解除代销合同后将其列入违规名单；

（三）向福利彩票发行机构报送代销者违规名单；

（四）向省级民政部门、财政部门报送擅自利用互联网或者变相利用互联网销售福利彩票的代销者信息。

第六条 代销者违规名单包括自然人代销者的姓名及其身份信息，或者法人代销者的名称、营业执照信息、法定代表人姓名及其身份信息等。

第七条 代销者有以下情形之一的列入违规名单：

（一）未按经批准的发行方式、发行范围销售福利彩票的，擅自利用互联网或者变相利用互联网销售福利彩票的；

（二）组织或者参与销售非法彩票的；

（三）在销售场所内组织或者参与赌博活动、为他人赌博提供条件以及从事其他非法经营活动的；

（四）向未成年人销售福利彩票或者兑奖的；

（五）存在违反彩票法规政策、福利彩票代销合同和福利彩票管理规定的其他严重违规行为的。

第八条 代销者对被列入违规名单有异议的，可向福利彩票销售机构提出书面纠正申请并提交证明材料，福利彩票销售机构在20个工作日内进行核实，作出是否更改的决定，并书面告知申请人。不予更改的，应当说明理由。

第九条 福利彩票销售机构应当在代销者被列入或者移出违规名单之日起5个工作日内向福利彩票发行机构报送违规名单。

第十条 代销者被列入违规名单满3年的，由福利彩票销售机构将其移出违规名单。

第十一条 福利彩票发行机构将全国代销者违规名单下发至福利彩票销售机构，并将代销者违规名单与体育彩票机构进行信息共享。

第十二条 福利彩票销售机构不得与违规名单中的自然人和法人开展代销合作，对于已经存在代销关系的应当终止代销合作，解除彩票代销合同。

第十三条 福利彩票销售机构应当依法依规、客观公正、严肃处理违规行为，涉嫌违法的，应当依法移送执法机关处理。

第十四条 福利彩票销售机构应当提高销售系统监控能力，强化销售场所巡检，加强对代销行为的监督管理。

第十五条 任何单位和个人发现代销者有违法违规行为的，可以向福利彩票发行机构、福利彩票销售机构或者其他有关部门投诉、举报。福利彩票发行机构、福利彩票销售机构或者其他有关部门接到投诉、举报后，应当及时调查处理。

第十六条 福利彩票发行机构、销售机构应当严格按照本办法规定管理和使用代销者违规名单。工作人员在开展代销者违规名单管理工作中滥用职权、徇私舞弊、玩忽职守的，依照有关规定处理；涉嫌犯罪的，移交司法机关处理。

第十七条 本办法自印发之日起施行。

（三）体育彩票管理制度和文献

体育彩票基层队伍管理服务工作指导意见

（2021年1月1日　国家体育总局体育彩票管理中心　体彩字〔2021〕1号）

体育彩票基层队伍是指体育彩票机构聘用或托管聘用的为体育彩票代销者和销售人员提供渠道管理、业务指导与服务的全体人员。基层队伍在推动我国体育彩票健康持续发展，努力筹集公益金助力公益事业和体育事业的进程中，发挥了至关重要的作用，做出了积极贡献。当前，体育彩票事业坚持以人民为中心的发展理念，以建设负责任、可信赖、健康持续发展的国家公益彩票为总体目标，按照"全产品、全渠道、全价值链"的管理思维，正在进入新的转型发展阶段，体育彩票治理体系和治理能力也在不断朝着现代化方向发展。进一步提高基层队伍管理服务工作规范化水平是体育彩票治理体系建设的重要组成部分，是推动体育彩票事业实现转型发展的关键一环，是推动落实发展理念、实现总体目标和完成具体工作部署的可靠保障。

目前，基层队伍工作总体向好，但也存在不少问题。有的机构对基层队伍的管理缺乏统筹规划，管理制度、机制不健全，基层人员工作职责定位不明确，工作计划管理、流程管理、行为管理不规范，管理工具缺失。基层人员工作过程中仍然存在发展理念陈旧、工作方法落后、重管理轻服务、能力不足以及微腐败等问题。为积极适应事业发展需要，进一步统一思想认识，认真扎实解决当前基层队伍管理服务工作面临的矛盾和问题，推动基层队伍管理服务工作朝着更规范、更高质量的方向发展，按照"十四五"体育彩票发展规划思路，现提出如下意见。

一、总体要求

（一）基本原则

——紧密围绕体育彩票总体发展目标。要全面贯彻以人民为中心的发展理念、建设责任彩票、以客户为中心等核心要求，围绕落实总目标和核心要求确定基层队伍的职责定位，科学制定基层队伍管理服务工作规范和工作任务。

——着力提升基层队伍管理服务水平。要进一步完善制度体系和管理机制，进一步增强基层队伍主动服务意识，全面提升基层队伍科学规范开展工作的能力。

——以现代管理思维带动管理服务创新。要贯彻落实"全产品、全渠道、全价值链"的管理思维，根据体育彩票转型发展的新要求，坚决摆脱多年形成的固化思维和路径依赖，探索新思路、新方法，推动基层队伍管理服务创新。

（二）主要目标

分阶段持续稳步提升基层管理服务水平，确保各项工作要求在基层有效落地。短期内，明确基层队伍职责定位，完善管理服务工作规范。中长期，完善基层队伍相关制度，健全管理机制，不断加强基层队伍管理服务能力建设。

——基层队伍职责定位基本明确。根据体育彩票总体发展目标，明确基层队伍职责定位，确保基层人员牢记管理职责和服务内容，主动担当，履职尽责，积极作为。

——基层队伍工作规范化水平显著提高。对基层管理和服务不同岗位的业务流程进行梳理，把业务流程科学分解成不同业务环节，针对各业务环节制定标准化、程序化操作规范。同时借助新技术和数字化手段不断提高规范化水平。

——基层队伍制度体系基本建立。建立科学、规范、完整的基层队伍制度体系，提高管理效率，最大化发挥基层队伍整体效能。2022年底前体彩机构要健全和完善基层队伍聘用管理、报酬福利和晋升晋级等制度。

——基层队伍工作管理机制健全有效。建立健全管理机制，激活基层队伍活力和创造力，形成内在制约力，提高执行力。2022年底前，体彩机构建成较为完善的基层队伍巡查监督、沟通协作、奖励惩罚、流动管理等机制。

——基层队伍管理服务能力明显提升。要从思想意识、业务水平、工作技能等层面提升基层队伍的综合素质，不断创新培养方式，做好资源保障，提升人才培养效率和效果。

二、加强统筹，形成合力

（一）把提升基层队伍管理服务水平作为组织管理的重要内容

体彩机构要充分认识基层队伍管理服务工作对体育彩票发展的重要基础作用，要作为重要工作列入议事日程，纳入全局工作统筹推进。各级销售机构主要领导要对本辖区基层队伍管理服务现状进行深入了解，找准问题，积极研究提出政策建议，争取各方支持，因地制宜制订提升计划，层层落实，扎实推进。

（二）统筹协调各方资源，推进基层队伍管理服务水平提升

各级机构应加强内部沟通协调，明确主责部门，统筹规划，有序推进工作规范化和制度体系建设，不断完善工作机制，加强基层队伍日常管理和业务指导，加强在人力社保政策、经费、技术等方面的保障。同时，深入研究并积极借鉴同行业和其他行业在基层队伍规范化管理、组织文化、组织执行力等方面的先进理念和经验做法。

（三）增强危机意识和前瞻意识，加快突破创新

目前，基层管理和服务工作中还存在一些薄弱环节和问题，难以满足体育彩票事业未来发展需要。对此，各级机构要有清醒的认识，要破除安于现状、故步自封的思想，敢于担当、敢于碰硬，排除外部干扰，聚焦提升基层队伍管理服务水平的重点难点，勇于突破创新，以高标准高质量推进相关工作。

三、明确职责，强化服务

（一）明确基层队伍工作职责定位

基层队伍工作职责是指需要基层队伍完成的工作内容以及应当承担的责任范围。根据体育彩票总体发展目标和发行销售管理工作任务要求，基层队伍工作职责主要包括围绕实体店开展责任彩票落实、风险防控管理、渠道发展、品牌建设与维护、营销推广、产品维护以及设备管理等工

作内容。

责任彩票落实工作主要包括：对代销者、销售员进行责任彩票培训与指导，让代销者深刻认识责任彩票意义，熟练掌握落实责任彩票须具备的知识、技能。指导代销者在店内摆放责任彩票主题宣传品或张贴责任彩票内容宣传标识、海报。指导代销者学会对非理性购彩行为的辨识和有效干预，掌握引导理性购彩的相关话术和技巧。对辖区内销售人员向未成年人销售彩票及兑奖、以各种形式开展互联网销售、销售私彩、在店内设置摆放老虎机等违规销售行为进行监督检查，及时按程序汇报发现的违规情况，并按规定督促整改。

风险防控管理工作主要包括：做好本辖区风险梳理，落实所辖实体店风险防控任务。对代销者进行宣贯培训，让代销者了解体育彩票销售过程中面临的风险类型、不同类型风险的危害，熟悉不同类型风险的防范、应急处理等措施。根据机构要求做好风险防控检查和培训指导工作。做好安全预警，切实做到早排查、早预防、早发现、早控制。协助做好应急和善后处置，本辖区发生安全事件时，应第一时间到达现场并向直接上级报告，同时按照上级要求做好相关处置工作。

渠道发展工作主要包括：根据渠道发展计划，考察所属区域可以增设实体店的合适位置，主动发起邀约，优选潜在代销者，并协助、指导代销者完成合同签署和实体店开设工作。同时，对于机构牵头拓展的连锁渠道，协助、指导渠道方完成合同签署和实体店开设工作。受理或协助受理日常开店撤店申请，及时答复业务咨询，定期拜访所属区域实体店，为销售人员提供业务指导和支持服务，包括但不限于指导销售人员按照规范做好实体店形象建设、丰富渠道功能等工作。

品牌建设与维护工作主要包括：指导并协助代销者做好体彩品牌公益、公信、负责任等正面形象的传播工作，及时发现并正面引导品牌负面信息的传播。指导并协助代销者做好实体店内各类品牌宣传物料的维护与更新，实现店内的品牌氛围营造。指导并协助代销者做好潜在人群的开拓工作。做好面向代销者的体彩文化内部传播工作。

营销推广工作主要包括：及时向代销者通报营销活动方案，确保代销者明确营销活动执行标准、规范以及应该遵守的禁止事项等。指导代销者按要求落实营销活动，并做好过程监督。指导代销者正确使用品牌元素、规范宣传用语，对于错误或不规范使用的，及时督促整改。

产品维护工作主要包括：为销售人员提供产品知识和销售技巧培训，确保销售人员熟悉产品特点、目标客户等内容，熟练掌握各游戏产品的销售技巧。帮助代销者做好新产品开售、异常票处理、热敏纸和即开票配送等工作。协助、指导销售人员做好即开票陈列展示工作。及时将产品上市、规则调整、政策通告、休市、退市等信息告知代销者，并指导代销者做好应对准备工作。

设备管理工作主要包括：开展培训工作，让代销者熟悉实体店内专用销售终端设备及其他设备和物料相关管理规定，熟练掌握合规使用规范和禁止违规使用事项。对设备和物料使用情况进行检查，对于存在违规使用或长时间不开机等情况的，须及时按照规定流程处理。对于设备出现故障的，及时协助做好故障报修及处理工作。对于终止代销合同的，及时按照规定流程协助代销者做好退机和物资清理等工作。

基层人员在工作过程中，面对不同类型渠道，承担的工作内容明显不同，在工作绩效指标、管理要求等方面也存在明显区别。本着精细化管理的原则，各级销售机构需要根据渠道分类，结合区域市场实际情况，对基层人员的工作岗位进行细分和科学设定。根据不同岗位，职责内容也可以进一步细分和灵活配置。

（二）坚持管理与服务并重

基层人员在工作过程中，既要代表机构行使管理权利，又要承担对实体店服务的义务，要坚持管理与服务并重，做到管理规范，服务专业。不能以甲方思维片面强调管理而忽视服务，也不能只强调服务而放松或放弃管理。

首先应明确岗位管理职责。现阶段，基层人员务必对以下违法违规或不规范行为加强管理：销售私彩黑彩、组织参与赌博和摆放赌博机、老虎机等违法违规行为；擅自利用互联网及社交软件销售彩票和兑奖；为私彩、赌博、互联网销售平台进行宣传推广和引流；向未成年人售彩及兑奖；组织彩票合买，在实体店内和社交媒体、自媒体宣传推广合买跟单信息；放任非理性购彩或刻意引导大额购彩、盲目追加等不负责任行为；开展与责任彩票理念及彩票规律、游戏规则相悖的不当、虚假或误导性的培训及宣传；通过赊销或信用等方式售彩，兑奖欺诈及非实体票兑付等违法违规行为；将销售终端设备转借、出租、出售的行为。如果所辖实体店出现上述问题，应追究相关基层管理人员责任。

同时也要加强对代销者的服务。基层人员至少应在以下几个方面加强服务：责任彩票知识培训和宣传指导；非理性购彩的辨识、干预以及引导理性购彩的培训指导；合规管理相关的政策、规范、要求等内容的培训指导；风险防控知识培训指导；实体店形象建设、丰富渠道功能等内容的培训指导；营销活动内容宣贯指导；产品知识和销售技巧培训；协助做好销售终端设备的增退和维护；在日常拜访过程中，协助代销者做好营销活动海报张贴、更新，形象布建以及答疑解惑等工作。服务工作的好坏，应当与相关基层人员的绩效挂钩。

随着业务发展需要，各级销售机构需要根据本辖区实际情况，对基层队伍管理服务要求进行动态调整，并通过基层队伍对实体店的拜访加以落实。通过基层队伍管理与服务工作的有机融合，确保代销者能够按照彩票法规、代销合同、机构管理要求等，依法依规做好彩票销售工作，避免发生违规问题，降低经营风险。同时帮助代销者解决经营过程中存在的问题，让代销者减轻不必要负担，获得更多收益。

四、健全规范，提升水平

（一）推行工作计划管理

科学制订工作计划。基层人员应清楚了解责任彩票建设、合规管理、渠道发展、产品管理、营销宣传等各项工作的年度工作事项、数量、质量、要求、注意事项、完成时间等内容，据此制订年度、月度和每周工作计划。工作计划要做到具体化、可衡量、可实现、有明确的时限和责任人，并将工作计划反馈上级主管人员备案。

调整工作计划确保合理可控。因上级机构工作计划有调整或增加临时性工作时，基层人员可以在上级主管部门的统一安排下，合理调整工作计划。因种种原因导致工作进度或质量受影响，需要调整工作计划时，要保证年度工作计划最终可实现。

做好工作计划的过程管理和总结。根据周工作计划，合理安排每天的工作内容，做到日事日毕。对照工作计划，按周、按月评估工作进度，总结经验，查摆问题，改进落实。

（二）建立统一的工作流程

基层人员：

首先，要规范辖区基本情况的统计整理。一是要对本辖区现有实体店和待开发机会点进行资料整理，建立规范的资料信息档案；二是按一定标准对现有实体店进行分级，确定不同级别实体店的拜访频率；三是要做好拜访路线划分，根据不遗漏、不交叉重复等原则合理设定拜访路线。

其次，要规范拜访前的准备工作。一是要根据日工作计划和工作线路对计划拜访的实体店逐一盘点，熟悉每个要拜访实体店的工作进展以及上次拜访时遗留待解决的问题；二是要明确本次拜访每个实体店要达成的目标；三是要为达成拜访目标制定策略，并针对受访人员可能提问的问题准备好应答话术；四是要准备好拜访需要携带的物料。

再次，要规范拜访时的工作流程。在拜访现有实体店时，首先查看店内宣传物料和产品的展示情况，帮助销售人员按规范做好宣传物料和产品展示工作；随后与销售人员共同回顾各项工作落实情况，寻找业务增长机会，发现待改进事项，传达下一步工作信息，做好答疑解惑。在定向邀约潜在代销者时，要依次做好自我介绍、拜访目的、代销体育彩票的收益、代销流程、产品特点等内容介绍，详细记录并解答潜在代销者的疑问。

最后，要规范拜访后的回顾总结。在完成拜访工作之后，要形成工作日志，及时进行回顾，总结拜访成功经验，寻找未能达成拜访目标的原因，探索改进办法。

（三）规范日常工作行为

首先，要严守岗位纪律。基层人员在工作中，要爱岗敬业、诚实守信；严守考勤纪律、廉洁纪律，不随意旷工、迟到早退，严禁吃拿卡要；不诋毁同行业；遵循责任购彩理念，不放任实体店购彩者非理性购彩行为，坚决不组织、不参与销售私彩、互联网销售等违法违规活动，坚决不漠视瞒报销售私彩或涉赌行为；遵循责任宣传口径，坚决不在官方及私人社交平台上出现夸大、虚假、诱导性的宣传内容。

其次，要牢记服务宗旨。基层人员对所辖实体店要勤于拜访，每两周至少拜访1次；在与销售人员沟通时应使用文明用语，避免出现有损体育彩票形象的言行；提供专业、高效、优质的服务，不断提高服务水平。

再次，要注重仪容仪表。基层人员工作期间要注意着装、发型、配饰等，庄重得体，禁止穿奇装异服。

最后，要有安全防范意识。基层人员在工作中要注意交通安全、防范意外侵害；要注意行业信息、中奖者信息等涉密内容的保密。

（四）规范业务管理工具的使用

业务管理工具账号仅限基层人员本人使用，要做到一人一号、专人专用。

体彩机构要为基层人员提供并不断完善基础信息管理类工具。基础信息管理类工具主要包括：年度、月度工作计划分解表，工作计划跟进表、实体店基础信息表、拜访线路规划表等。完善基础信息管理类工具时要做到全面细致、内容翔实、条目清晰。基层人员应熟练准确使用上述工具。

体彩机构要为基层人员提供业务流程管理类工具并指导规范使用。业务流程管理类工具主要包括：公开邀约信息及进度登记表、定向邀约信息及进度登记表、实体店形象建设进度登记表、实体店业务拜访表、安全合规巡检表等。使用业务流程管理类工具时，应严格按照工作进展填写，避免事后补填或错填、乱填。

五、完善机制，做好保障

（一）优化基层队伍岗位设置

为了实现基层队伍工作目标、提高队伍执行力，各级销售机构应合理控制基层队伍规模，适当安排不同岗位之间的分工协作关系，科学建立不同岗位人员准入标准。

首先，合理规划基层队伍总体规模。根据渠道发展规划，科学评估不同级别市场渠道规模以及渠道细分情况，平衡不同岗位工作量，合理匹配基层人员数量。随着业务规模的变化，要合理调整基层队伍总体规模。

其次，理顺不同岗位之间的权责关系。因工作分工不同设置的不同工作岗位，工作上属于平行关系。要理顺不同岗位的权责，着力解决权责不清、权责交叉、多头管理等问题。

最后，要严格把好基层人员准入关。要确立严格的岗位准入和任职条件，明确不同岗位的能力素质要求和任职资格。在基层人员招聘过程中，要坚决排除外部干扰，严禁出现把关不严、任人唯亲、裙带关系等问题。对于新入职人员要培训合格后再安排上岗。

（二）完善基层队伍管理制度体系

建立科学完善的基层队伍管理制度体系，是规范基层队伍管理、维护工作秩序、提高工作效率的重要基础。制度体系的建立要围绕自身实际，解放思想，学习同行业及其他行业先进企业的管理理念，追求管理创新，彻底摒弃陈旧的管理观念，使基层队伍管理制度体系适应业务发展要求。需要重点完善优化聘用管理、晋升晋级和报酬福利等相关制度。

聘用管理制度要根据不同类型岗位，明确招聘渠道、录用标准、招聘流程以及解聘管理等内容。在招聘过程中要坚持公开透明和集体决策的原则。要明确解聘原则和解聘流程，确保基层队伍能进能出，不断优化。

晋升晋级制度要包含基层队伍职级划分、晋升晋级原则、标准和程序等内容。明确把基层队伍分为不同等级，并对不同岗位每一职级应具备的能力进行明确规定。

要建立符合彩票发行销售特点的报酬福利制度。明确不同等级的岗位报酬福利标准、结构以及发放原则等内容。不同等级的岗位报酬福利要有较为明显的差别。在报酬结构方面要与岗位工作紧密结合，细化绩效指标，改变简单与销量挂钩的报酬结构形式，适当加大绩效比重，体现多劳多得。

（三）建立健全基层队伍工作管理机制

为适应基层队伍管理服务工作要求，要建立健全基层队伍工作管理机制，以保障基层队伍正确履行职责，持续保持工作积极性。

要完善工作沟通协调机制。明确基层队伍工作汇报关系和汇报流程，理顺不同岗位之间的工作关系，建立工作沟通协调流程，形成晨会、周例会、月会制度。借助即时通讯软件等技术手段，创新沟通方式。

要完善巡查监督机制。建立定期、不定期巡查机制，明确巡查内容、巡查频次，以及在巡查过程中发现问题的处置办法和处置流程等内容，对基层人员日常工作执行情况进行监督检查，杜绝工作中的吃拿卡要和各类微腐败问题。

要完善奖惩机制。针对基层队伍不同岗位，结合关键绩效指标，建立奖惩机制。奖惩机制要依据量化标准，采用物质奖惩与精神奖惩相结合的方式，要体现公平性、合理性和及时性。奖惩机制要和聘用管理、晋升晋级等制度结合起来统筹考虑。

要建立基层人员流动机制。通过定期人才盘点的方式，根据工作需要和员工表现，在尊重员工意愿的前提下，适当对基层人员进行岗位调整或跨区域调动，破除内部人才流动壁垒，为基层人员提供更多选择机会和发展机会。根据聘用管理制度，对不符合工作管理要求、难以改进的基层人员进行合理优化，保持队伍活力。

（四）不断提升基层队伍能力素质

增强基层队伍培养的系统性、针对性、持续性，不断提升基层队伍能力素质和管理服务水平。

首先要明确基层队伍培养目标。销售机构要全面盘点、掌握目前基层队伍的学历、年龄、工作年限、流失率等基本情况和效率效益情况，定性评估基层队伍在实际工作中的各项能力表现。对照基层队伍建设目标，找出差距，明确基层队伍培养目标。

其次要健全基层队伍培养组织保障。各级机构要把基层队伍能力素质培训、人才储备管理、晋升晋级管理有机结合起来，一方面为基层人员提供专业、系统的培训，另一方面要让敢担当、能做事、善作为的基层人员有更多的发展机会，让不担当、不做事、不作为的基层人员合理退出。真正做到让基层队伍发展有平台，晋升有通道，工作有动力。

最后要丰富基层队伍培养形式。综合利用线上课题式培训、碎片化微课培训、研讨式培训、集中面授培训等多种培训方式,加强对基层队伍的培训。同时结合轮岗式培养、一对一辅导式培养等多种方式,拓宽培养实施路径,提高培养效果。

六、党建引领,增强活力

(一)坚持党建引领,促进党建与业务融合

各级机构要突出党建引领作用,把党建工作贯穿于基层队伍建设的全过程。

坚持下大力气抓好基层队伍思想建设。在人员准入层面把好政治素质关,倡导基层人员建立坚定的理想信念和正确的价值观。通过定期开展专题学习、交流研讨等方式,提升基层队伍政治素养,教育指导基层队伍深刻领会习近平新时代中国特色社会主义思想,认真学习彩票行业法律法规,增强守初心、担使命的思想自觉和行动自觉。要牢固树立合规意识和责任彩票意识,筑牢防范腐败的思想防线。

充分发挥基层队伍中党员的先锋模范作用,促进基层队伍中的党员成为坚定理想信念的先锋模范和立足本职、创造优秀业绩的表率。

(二)坚持弘扬体彩精神,激发基层队伍活力

"责任、诚信、团结、创新"的体彩精神是体育彩票发展历程中凝聚的精神力量,是体彩文化的核心价值观,也是展示体彩形象、引领体彩健康发展的一面旗帜。

各级机构要高度重视体彩精神对基层队伍的引领作用,把体彩精神和基层队伍具体工作结合起来,形成基层队伍团队文化。通过团建活动、先进经验和事迹学习等各种方式,加强宣传推广,不断增强团队建设实效。精心培育打造基层队伍践行团队文化的先进典型,及时总结成功经验和典型做法,充分发挥示范和带动作用。

(三)坚持以人为本,注重人文关怀

各级机构要把人文关怀摆在重要位置,融入基层队伍管理的全过程,提升基层人员责任感、归属感和获得感。

要多办有利于基层人员的实事。通过谈心谈话、定期走访等多种方式,了解基层队伍思想动态,倾听基层队伍的意见和建议,了解他们的主要诉求。对于有特殊困难的基层人员要及时关爱,并给予力所能及的帮助和慰问。

要充分发挥基层人员的主人翁作用。在职责范围内,给基层人员充分授权。基层人员不只是被动接受管理,更要代表机构主动参与本辖区的运营规划、市场开拓。要充分调动基层人员的工作积极性、主动性,鼓励积极参与,为体彩事业发展建言献策。

中国体育彩票创新发展指导意见

（2021年5月19日　国家体育总局体育彩票管理中心　体彩字〔2021〕157号）

创新是驱动发展的第一动力，是体彩精神的精髓，一直伴随着中国体育彩票的发展成长。为贯彻落实国家创新驱动发展战略，以2035年建成体育强国远景目标为指引，弘扬体彩创新精神，构建适应新时代体育彩票事业发展的创新体系，推进体育彩票高质量发展，现就体育彩票创新发展提出以下指导意见。

一、总体要求

（一）指导思想

以习近平新时代中国特色社会主义思想为指导，按照党中央、国务院和国家体育总局决策部署，坚持以人民为中心，坚持新发展理念，落实高质量发展要求，推动体育彩票治理体系和治理能力现代化，围绕"建设负责任、可信赖、高质量发展的国家公益彩票"的长期定位，加快中国体育彩票创新体系建设，提高全系统的创新能力和创新效率，助力构建体育彩票新发展格局，为国家公益事业、体育事业和体育彩票发展提供不竭源泉和动力。

（二）基本原则

坚持全面创新。鼓励体彩行业全员参与创新，按照"全产品、全渠道、全价值链"管理思维，将创新渗透到体彩行业运营的全领域，贯彻到管理创新、产品创新、运营创新和技术创新等方面。

坚持系统创新。系统化推进体育彩票创新发展，协同体育彩票自身力量和资源，引入外部创新经验和信息，创新主体之间强力协作，创新因子有效汇聚，上下联动、全员参与，打造政、产、学、研、用高效协同的有机创新生态系统。

坚持科学创新。遵循彩票行业发展规律，及时跟踪内外部环境变化，利用创新方法论，推动大数据、人工智能等信息技术等在体育彩票管理中的深度融合和科技创新，推进资源平台化、开放化，推动员工、创客及购彩者参与体彩创新。

坚持主动创新。坚持解放思想，实事求是，破除制约创新的惯性思维，坚持目标导向和问题导向相结合，加快核心问题和痛点的研究攻关，提升现代化管理水平，把握创新发展的主动权。

（三）发展目标

2025年底，围绕以客户为中心，基本形成完善的体彩创新体系，营造开放的创新生态，搭建好创新运营平台，加速创新要素的流动，促进创新主体之间协同创新，实现创新成果在体彩系统应用或推广，体彩创新能力和创新效率显著提高，为体育彩票高质量发展提供持续动力。

——构建有机创新体系。建立符合体彩自身特点，面向未来发展需要的创新体系，形成主体多元、素质优良、结构合理的创新人才队伍，打造形式差异、功能互补的创新平台，建立高效、系统、科学的创新管理评估制度，建设有效服务于各业务发展的创新孵化推广机制，完善创新激励和保障制度，形成创新管理工作闭环。

——形成持续创新能力。持续提升统筹和整合体育彩票内外部资源的能力，充分激活创新动能，释放创新潜能，增强创新思考能力、研发设计能力和创新成果推广能力，夯实体彩创新的基础，坚持服务于体育彩票长期可持续、高质量发展。

——营造良好创新文化。弘扬"责任、诚信、团结、创新"的体彩精神，营造"鼓励创新，容忍失败"的创新氛围，打造员工"想创新、愿创新、敢创新、会创新"的创新环境，形成重视创新成果推广和应用的创新文化，打造学习型、创新型组织。

二、加强创新统筹管理

（四）全方位把握创新方向，以推动体育彩票持续高质量发展为目标，以创新要素的有机组合和协同创新为手段，形成人人创新、事事创新、时时创新、处处创新的新格局。

（五）聚焦机制和人才两个关键点，围绕以客户为中心，落实"全产品、全渠道、全价值链"的管理思维，大力推动创新项目实践和创新文化建设。

（六）结合体彩发展规划和工作主线，但又不局限于当前工作，合理配置资源，为创新提供充分空间，协调落实自上而下的创新任务，支持自下而上涌现出的创意及其孵化和落地，持续推进本单位的创新工作。

（七）对本单位创新项目的孵化和推广进行可行性分析，处理好创新与风险防控的关系，在研究上勇于探索，在实践中把握尺度，避免形式主义，杜绝资源浪费，对创新项目进行复盘分析和总结评估。

三、健全创新激励机制

（八）建立或完善有利于创新发展的工作制度，建议将改革创新任务以及相关保障工作纳入绩效考核内容，及时清理、废止违背创新规律、阻碍创新发展的内部制度。

（九）结合本单位自身特点，建立物质激励与精神激励并重的创新激励机制，对改革创新工作有突出贡献的单位、团队和个人给予表彰和奖励。有关人员在改革创新中的突出贡献，可作为其职务晋升、职称评聘的重要依据。

（十）加大对创新的支持，建立创新转化的资源保障机制，有条件的单位可以设立"创新基金"，以支持预算外创新项目的孵化、落地和推广，激励在创新、专利和新技术发明等方面表现突出的员工。

（十一）加大对创新项目的扶持，支持组建创新项目团队，对创新研发、成果转化、知识产权保护提供全面系统的帮扶，提供配套资源，赋予项目团队更大的责、权、利，遵循创新规律，建立容错机制。

（十二）鼓励个人创新，广泛征集员工的创新创意，尊重员工的首创精神，保障创新者权益，员工的创意被采纳、形成孵化方案、复制推广的可以给予相应的奖励。对于代销者和销售员的创新创意，可与员工同等标准对待。

（十三）鼓励协同创新，支持员工之间的相互合作、优势互补、信息共享，为跨地区、跨层级、跨部门、跨业务的团队合作提供制度和机制保障。

（十四）坚持开放创新，鼓励引入外部创新经验促进自身发展，鼓励建立创新智库，在创新评审、论证、培训、研讨等活动中向外部专家支付合规、合理的报酬。

四、打造创新人才队伍

（十五）重视创新人才建设，将人才作为创新创意产生、推动创新成果应用的核心力量，培养造就一批具有创新能力和积极性的创新领军人才、青年创新人才、高水平创新团队。

（十六）逐步完善创新人才的选拔、使用、激励、退出管理制度，将创新能力作为人才梯队建设的重要因素，形成整体稳定、动态管理的创新人才管理模式，并根据创新工作需要不断吸纳新领域的创新人才。

（十七）重视创新能力培养，组织创新专题培训、研讨、考察、实践等，开拓思维视野，鼓励产生更多的创新创意。

五、搭建创新实践平台

（十八）搭建创意征集平台。通过征集平台收集日常创新想法和改良建议。平台形式可以根据本单位实际情况采用线上平台、电子邮箱等多种形式，更加便捷的实现自下而上的创意征集和自上而下的工作反馈。

（十九）构建创意产生平台。各级机构通过开展多种形式的创新活动，吸引更多员工参与创新，激发各类人才创造活力，产生出适合落地的创新项目。上一级机构对于有推广价值的创新成果，可以提供补充性资源进行增效，推进创新成果在更大范围产生实际作用。

（二十）搭建创新孵化平台。支持创意孵化和落地实施，对具有实用价值和可行性的创意和项目，通过辅导培训、创意优化、制定方案、快速验证、资金扶持等全流程帮扶，实现创意尽快转化成实际业务成果。

（二十一）建设创新信息平台。在加强保密管理的同时，推广创新经验和做法，提升创新创意对相关业务工作的支撑价值，形式不限于知识库、案例集、创新报告等。

（二十二）组织创新攻关。各级机构在党建工作、风险防控、责任彩票、品牌营销、渠道建设、产品管理、客户运营、数据运营、综合运营、技术系统、组织发展和人才队伍等关键领域，认真调查研究，开展对标行动，查找出工作差距和薄弱环节，通过关键节点的创新突破，破解制约发展的难题。

（二十三）加大创新成果的推广应用，形成"成果—应用—反馈—改进"的循环机制，使创新成果及时转化为生产力。

六、做好创新文化宣传

（二十四）加大创新政策宣传，提高各级人员对创新工作的理解认识，引导积极参与创新，将改革创新作为实现高质量发展的第一驱动力。

（二十五）总结自主创新及成果推广的典型事例，在本单位和行业内积极宣传改革创新、干事创业的先进典型，形成鼓励创新和重视成果推广的组织文化。

各省（区、市）体育彩票管理中心要依据本意见精神，结合本单位工作实际，建立创新保障机制，营造创新氛围，形成创新文化，构建体彩新发展格局。

中国体育彩票实体渠道管理办法

（2021年9月7日 国家体育总局体育彩票管理中心 体彩字〔2021〕286号）

第一章 总 则

第一条 为规范、优化体育彩票实体渠道（以下简称"渠道"）管理，促进渠道稳健、创新发展，保障渠道各参与方的合法权益，更好地满足购彩者便利需求和体验需求，根据《彩票管理条例》《彩票管理条例实施细则》《彩票发行销售管理办法》等国家有关法规和政策规定，制定本办法。

第二条 本办法仅适用于有固定销售场所、有销售人员为购彩者提供现场服务的实体店销售形式，不适用于电话销售、互联网销售、自助终端销售等其他销售形式。

第三条 本办法所称"渠道"，是指体育彩票销售的场所。单个场所称为实体店，所有实体店总称为渠道。渠道分为专营渠道和兼营渠道。

同时符合以下条件的为专营渠道：

（一）有独立的彩票店招；

（二）有专职彩票销售人员；

（三）以彩票销售为主要业务和收入来源。

符合下列条件之一的为兼营渠道：

（一）没有独立的彩票店招；

（二）没有专职彩票销售人员；

（三）不以彩票销售为主要业务和收入来源。

第四条 本办法所称"代销者"，是指体育彩票发行机构或销售机构委托代理销售体育彩票的单位和个人。代销彩票的单位称为法人代销者，代销彩票的个人称为自然人代销者。

法人代销者应当具备以下条件：

（一）依法成立的法人组织；

（二）有自己的名称、组织机构和场所；

（三）有满足体育彩票销售需要的场所；

（四）具有履行社会责任的意识，认可责任彩票理念，承诺履行责任彩票相关要求；

（五）近5年内无不良商业信用记录；

（六）体育彩票发行机构和销售机构规定的其他条件。

自然人代销者应当具备以下条件：

（一）年满18周岁且具有完全民事行为能力的个人；

（二）有与从事体育彩票代销业务相适应的资金；

（三）有满足体育彩票销售需要的场所；

（四）认可责任彩票理念，承诺履行责任彩票相关要求；

（五）近5年内无刑事处罚记录和不良商业信用记录；

（六）体育彩票发行机构和销售机构规定的其他条件。

第五条 体育彩票发行机构按照统一发行、统一管理、统一标准的原则，负责全国渠道组织管理工作，主要职责是：

（一）制定和完善全国渠道发展规划；

（二）组织制定和完善渠道管理制度、渠道建设标准、渠道服务规范；

（三）组织制定和完善代销者管理的有关

政策；

（四）指导监督销售机构渠道管理工作；

（五）拓展、建设和维护部分跨省级行政区域、具有一定规模和影响力的渠道；

（六）建设和完善全国统一的、覆盖全渠道业务的渠道相关管理系统。

第六条 体育彩票销售机构在体育彩票发行机构的统一组织下，负责本行政区域的渠道管理工作，主要职责是：

（一）制订和完善本行政区域的渠道发展计划、渠道管理规范和工作实施方案等；

（二）建立专门的渠道管理团队，明确渠道管理服务职责，建立和完善本行政区域的渠道工作机制；

（三）按照体育彩票发行机构要求，结合本行政区域实际情况，加强渠道合规管理，优化渠道结构，提升渠道质量，不断提升客户购彩的便利性，让客户获得更好的购彩体验；

（四）与代销者签订代销合同，并监督、指导代销者履行责任彩票义务，落实代销者有关政策和规定，加强对代销者的邀约、退出及日常管理和服务。重视代销者的诉求与权益保护，维护公开、公平、公正的市场秩序。

第七条 渠道发展应以"建设负责任、可信赖、高质量发展的国家公益彩票"为总体目标，遵循"全产品、全渠道、全价值链"的管理思维，坚持责任先导，坚持以客户为中心，坚持分类施策，坚持创新发展。

第二章 代销者邀约

第八条 体育彩票发行机构和销售机构根据业务发展需要开展代销者邀约工作。邀约方式包括公开邀约和定向邀约。

公开邀约主要有以下形式：

（一）举办或参加多种形式的展会，邀约潜在代销者；

（二）在媒体上发布邀约信息，吸引潜在代销者申请加入。

定向邀约主要有以下形式：

（一）对具有较为丰富的渠道资源、良好的品牌美誉度、积极践行社会责任、有利于体育彩票品牌传播的法人代销者发起邀约，洽谈代销体育彩票事宜；

（二）对经营其他业务、符合条件的个人发起邀约，洽谈代销体育彩票事宜。

第九条 体育彩票发行机构和销售机构设置实体店、邀约代销者，必须遵循以下原则：

（一）统筹规划，合理布局；

（二）公开公正，规范透明；

（三）从优选择，兼顾公益。

第十条 体育彩票发行机构和销售机构客观评估不同区域市场和各类渠道的发展潜力，明确不同区域市场的代销者邀约范围和规模。

第十一条 在设立新的专营实体店时，体育彩票销售机构应根据现有专营实体店人群覆盖、经营水平等情况合理设定间距。兼营实体店之间、兼营实体店和专营实体店之间不设定最小距离限制。

第十二条 在幼儿园及中小学学校周边不得设立任何类型实体店，体育彩票销售机构根据相关法律法规和本辖区内相关政策明确学校周边距离。

第十三条 体育彩票发行机构和销售机构建立代销者邀约办法和激励考核机制，定期跟踪邀约工作进度，同时做好监督检查和评估工作。

第十四条 体育彩票发行机构和销售机构在邀约之前，应做好邀约手册。手册内容包括体育彩票品牌介绍、产品介绍、发展前景介绍、责任彩票理念介绍、代销体育彩票可获得的利益介绍等。

第十五条 体育彩票发行机构和销售机构发布公开邀约信息，应符合以下要求：

（一）邀约信息应包括计划设立实体店的区域、数量、代销者条件、实体店条件、合作流程、投诉渠道以及邀约手册的内容等。邀约信息内容应简洁明了，便于潜在代销者了解；

（二）邀约信息发布渠道应包括体育彩票发行机构和销售机构官方网站、微信公众号、广播、电视台、杂志、报纸等多种媒体；

（三）邀约信息从发布到截止时间应当不少于10个工作日；

（四）体育彩票销售机构制定本辖区邀约信息的发布要求，明确发布频次。

第十六条 体育彩票销售机构发布邀约信息时，要明确销售场所的基本要求和自然人代销者的年龄。销售场所必须是对公众开放、能提供现场服务的场所；自然人代销者的年龄限制由体育彩票销售机构根据本区域实际情况自行制定。

第十七条 体育彩票发行机构和销售机构应及时收集、核验公开邀约应答信息，对受邀人进行信息核验，在收到申请之后5个工作日内将信息核验结果反馈给受邀人。

第十八条 体育彩票发行机构和销售机构应当及时将通过核验的受邀人信息下达至基层管理服务人员，基层管理服务人员应在5个工作日内完成勘查。勘查内容包括受邀人资质和实体店实际情况。做好受邀人签字确认的勘查记录。体育彩票发行机构和销售机构应在勘查完毕后5个工作日内将邀约结果告知受邀人。

受邀人对邀约结果存有疑义的，可通过邀约信息发布的投诉渠道提出复议，体育彩票发行机构和销售机构应在收到复议申诉后的5个工作日内给予回复。

对于偏远地区，勘查时限及邀约结果的反馈时限可由体育彩票发行机构和销售机构根据实际情况另行规定。

第十九条 对于同一个地理位置出现多个受邀的法人或自然人，且受邀人条件均符合本办法第四条要求的，体育彩票发行机构和销售机构应对受邀人进行择优录取。择优录取考虑的因素包括：

（一）受邀人参加体育彩票发行机构和销售机构售前培训的考试成绩；

（二）受邀人有无彩票从业经验；

（三）受邀人是否具有高中以上学历水平；

（四）受邀人对责任彩票、公益、公信理念的理解和认可程度，经营理念与体育彩票发展目标的一致程度；

（五）体育彩票发行机构和销售机构认定的其他条件。

体育彩票发行机构和销售机构可根据实际情况，对以上相关条件设定权重，进行综合打分，择优录取。

第二十条 体育彩票发行机构邀约的法人代销者，由体育彩票发行机构组织洽谈合作，双方签订合作框架协议。体育彩票销售机构应按照要求和对方签订代销合同，并落实实体店开设和维护工作。

体育彩票销售机构邀约的法人代销者，由体育彩票销售机构与对方洽谈合作，双方签订代销合同。

体育彩票销售机构应对潜在法人代销者的渠道规模、合作态度、信誉度、责任彩票理念认可度、发展潜力等因素进行综合评估，明确合作的优先次序，结合自身实际情况，有序发展，稳步推进。

第二十一条 体育彩票销售机构应组织基层管理服务人员对本辖区内经营其他业务的个体商户进行摸底，根据个体商户的地理位置、客群流量、经营能力、代销意愿、商业信用等情况，选择合适的商户定向邀约，洽谈合作，达成合作意愿后由基层管理服务人员协助办理相关事宜。

第二十二条 体育彩票发行机构和销售机构对潜在的法人代销者进行定向邀约前，应通过国家企业信用信息公示系统等网站查询对方的信用情况。对5年内存在经营异常、刑事处罚或违法失信记录的法人不得进行定向邀约；对信用情况良好的法人，深入了解对方的行业特点、运营规则、经营状况和组织管理等情况，设计合作建议方案。

第二十三条 体育彩票发行机构和销售机构应本着互信共赢的原则，与定向邀约的潜在法人代销者就实体店开设数量、销售目标、账款结算方式、销售费用、形象建设以及违约责任等内容进行谈判，达成合作意愿。

第二十四条 凡是被列入体育彩票黑名单的单位和个人，体育彩票发行机构和销售机构应按照体育彩票黑名单管理制度相关规定执行。

第二十五条 体育彩票销售机构应通过官方网站对拟批准的代销者进行公示，公示内容包括自然人姓名或法人名称、实体店位置等内容，公示时间不少于3个工作日。

第二十六条 体育彩票销售机构应当妥善保管代销审批的相关文件，包括审批表、公示文件及其他资料。相关资料的留存方式和期限由体育彩票销售机构根据实际情况自行规定。

第二十七条 体育彩票销售机构根据体育彩票发行机构规定，审批体育彩票游戏在具体实体店的开通资格。体育彩票发行机构应组织核查游戏开通审批的合规情况，不符合规定的，将责令体育彩票销售机构取消该实体店相关游戏代销权限，并核减该体育彩票销售机构相关游戏授权额度。

第二十八条 体育彩票销售机构应对实体店的装修验收、设备配备、网络开通和售前培训等明确完成时限，提高审批和工作效率。

第二十九条 在邀约过程中，禁止体育彩票发行机构和销售机构人员有以下行为。如有违反，严格按照相关管理规定处理；涉嫌违法犯罪的，移送公安机关处理：

（一）本人或家庭成员代理销售体育彩票的；

（二）收受潜在代销者贿赂的；

（三）存在舞弊行为的；

（四）无故拖延审批的；

（五）收到潜在代销者投诉，没有在5个工作日内回复的；

（六）在服务过程中言行不文明，有损体育彩票公益、公信、负责任形象，对体育彩票品牌形象造成恶劣影响的。

第三章 渠道建设管理

第三十条 体育彩票发行机构负责制定统一的渠道形象建设标准和更新改造计划。体育彩票销售机构根据发行机构发布的渠道形象建设标准制定具有地方特色、适合客观实际的渠道形象建设方案。渠道形象建设方案要体现分类施策的原则，并报发行机构审核后实施。

第三十一条 体育彩票销售机构应建立常态化的渠道形象更新机制，并根据本辖区实际情况制定渠道形象建设、更新改造的扶持方案，扶持方案要体现分类施策的原则。

第三十二条 实体店形象建设或更新改造完成后，体育彩票销售机构负责组织验收。不符合渠道形象建设方案要求的，体育彩票销售机构发出书面通知责令代销者改正。对于逾期不能改正的，体育彩票销售机构可依据代销合同做出相应处理。

第三十三条 实体店形象建设受当地城市管理要求制约的，体育彩票销售机构应向体育彩票发行机构做出情况说明。

体育彩票销售机构应按要求将每个实体店形象实景照片上传至实体渠道管理系统备案。

第三十四条 体育彩票销售机构应在体育彩票发行机构指导下，在渠道内增加责任彩票、公益、公信以及体育彩票文化等宣传内容，采取适合本行政区域和不同类型渠道的宣传形式、宣传机制等，将渠道打造成为责任彩票、公信、公益和体育彩票文化等的宣传平台。

第三十五条 体育彩票销售机构应在发行机构指导下，在渠道内以各种形式增加公益类、健康类等与体育彩票价值观念一致的便民服务内容或有偿服务内容，提升体育彩票的品牌形象，以助于培养新客户，增进现有客户的获得感、参与感。

第三十六条 体育彩票销售机构应加强对业务、技术等部门的统筹协调，明确职责，严格按照实体渠道管理系统的管理要求，及时录入、更新渠道信息，并确保每半年对渠道信息核检1次。

第四章 渠道运营管理

第三十七条 体育彩票发行机构负责制定代销证、彩票投注专用设备、渠道管理以及代销者等管理规范，并监督、评估执行情况。

第三十八条 体育彩票发行机构监督销售机构渠道运营合规管理工作，可采取要求核查涉嫌违规的实体店情况、追究管理责任、向其上级部门或监管部门反应情况等必要措施。

体育彩票销售机构根据发行机构下达的实体店核查清单，在5个自然日内对相关实体店进行实地核查，上报核查结果，并依据有关规定追究相关管理责任。

第三十九条 体育彩票销售机构负责建立常态化的合规运营管理机制，对辖区内实体店的合规运营情况进行管理和监督，对违规情况进行及时处理，重大违规情况应及时向体育彩票发行机构上报。

第四十条 体育彩票销售机构须对通过审核的代销者开展售前培训，售前培训课程须包含责任彩票内容。体育彩票销售机构应针对不同类型渠道的代销者建立相应的培训机制。

第四十一条 体育彩票销售机构参考《体育彩票代销合同示范文本》，制定符合本行政区域实际情况的代销合同。

合同内容须符合《彩票管理条例实施细则》第二十三条规定。

第四十二条 体育彩票销售机构应加强代销证的管理，做好代销证的印制、发放、管理、回收、销毁等工作。

代销者须将代销证置于彩票销售场所的显著位置。代销证不得转借、出租、出售。

代销证的有关信息必须与实际代销情况以及代销合同一致。如有关信息发生变化，应及时更新代销证和代销合同。

第四十三条 体育彩票销售机构应当根据不同类型渠道的特点为代销者配置相应的体育彩票投注专用设备。

第四十四条 在体育彩票投注专用设备使用过程中，代销者存在下列行为之一的，体育彩票销售机构立即给予代销者暂停销售处理；情况严重者取消其代销资格；涉及违法犯罪行为的，移送公安机关处理：

（一）改变体育彩票投注专用设备用途；

（二）拆卸、更换体育彩票投注专用设备及零部件；

（三）未经销售机构允许，私自将设备搬离实体店；

（四）私自对接外接设备；

（五）未经许可，私自查阅、修改、复制、删除体育彩票投注专用设备装载的程序和有关数据文件；

（六）安装、运行其他可能影响体育彩票投注专用设备使用或安全的程序和文件；

（七）代销合同中约定的其他条款。

第四十五条 体育彩票销售机构根据本辖区实际情况，针对不同类型、不同级别、不同发展阶段的渠道制定具体的扶持政策和差异化的代销者销售费用标准。

对提升体育彩票品牌价值有突出贡献的实体店，体育彩票销售机构要加强扶持，包括但不限于场地租赁费、形象建设费、营销宣传费、物料支持等。

第四十六条 体育彩票销售机构应明确实体店日常营业时间要求，通过系统监控、实地巡查、评估激励等方式，加强对代销者每日营业时间的管理。

代销者在规定的日常营业时间内，因故预计

需连续停售时间超过1天的，须向基层管理服务人员报备；需连续停售时间超过2天的，须经基层管理服务人员批准。停售期间，应在实体店外部显著位置张贴暂停销售告示并标示时限。除不可抗力因素和机构明确的特殊情况外，一年内累计停售时间超过45天的，体育彩票销售机构可依据代销合同约定取消其代销资格。

第四十七条 代销者有下列行为之一的，体育彩票销售机构应给予暂停销售处理并责令其改正：

（一）无故不参加体育彩票销售机构组织的培训、会议等活动；

（二）未按照体育彩票销售机构实体店建设规范进行店内外形象布建；

（三）因服务质量差，遭到购彩者投诉且投诉内容属实；

（四）将体育彩票销售机构配发的热敏纸、宣传品等物料进行变卖或改作它用、损毁浪费；

（五）不配合体育彩票发行机构和销售机构人员或机构委派的第三方监督检查工作或拒绝、妨碍开展监督检查工作；

（六）拒绝为购彩者兑奖；

（七）向购彩者做虚假或误导中奖的宣传，或夸大中奖的可能性；

（八）向购彩者宣传或提供声称会增加中奖或赢得更多奖金的投注方法；

（九）向购彩者宣传或建议把购彩当作投资；

（十）向购彩者宣传或建议以购彩替代就业；

（十一）向购彩者宣传或建议购彩是合理的改善经济、提高社会地位的策略；

（十二）为私彩、赌博、互联网售彩进行宣传推广和引流；

（十三）擅自利用社交软件售彩；

（十四）以恳求、胁迫、哄骗等违反他人真实意愿的方式让客户购彩；

（十五）诋毁未购彩者；

（十六）针对未成年人做购彩宣传；

（十七）组织购彩者合买；

（十八）组织推广计划跟单等非理性投注；

（十九）不配合体育彩票发行机构和销售机构推广责任彩票理念，不倡导理性购彩、防止购彩沉迷；

（二十）不配合国家彩票销售监督管理机关、体育彩票发行机构和销售机构的合规管理中有关宣传、监控、检查及可能影响彩票销售的风险控制监督管理措施，包括但不限于：暂停门店销售、暂停或取消游戏销售权限、控制终端机风险销售操作等；

（二十一）实体店未按销售行为合规要求张贴提示；

（二十二）其他违反体育彩票销售有关管理规定、违背责任彩票理念的行为，但不足以予以取消代销资格处罚；

（二十三）代销合同中约定的其他条款。

第四十八条 代销者有下列行为之一的，体育彩票销售机构有权取消其代销资格：

（一）因存在本办法第四十七条行为，一年内被给予暂停销售处理达到两次的；

（二）向未成年人销售体育彩票或者兑奖的；

（三）未收到实体彩票进行兑奖，引发纠纷、投诉等给体彩品牌、公信力造成负面影响的；

（四）以折价、溢价销售彩票的；

（五）以赊销或者信用方式销售体育彩票的；

（六）进行虚假性、误导性宣传，或者以诋毁同业者等手段进行不正当竞争的；

（七）委托他人代销的（代销者连续3个月未参与体育彩票代销活动视为委托他人代销）；

（八）转借、出租、出售体育彩票代销证或者体育彩票投注专用设备的；

（九）私自迁移、变更销售地址的；

（十）组织、参与赌博活动或者设置任何形式的赌博设施的；

（十一）组织、参与发行、销售非法彩票或者推销非法彩票的；

（十二）以非实体票兑付、以实物形式兑付、分期多次兑付、截留购彩者中奖奖金或故意向兑奖者隐瞒真实中奖金额的；

（十三）被证明参与刑事犯罪或赌博、吸毒等违法行为的；

（十四）泄露中奖者个人信息的；

（十五）擅自利用电话、互联网销售体育彩票及兑奖的；

（十六）代销者失去联系超过3个月的；

（十七）严重违背责任彩票工作要求，对体育彩票品牌公信力或品牌美誉度造成损害的；

（十八）体育彩票销售机构认为有必要规定的其他情形；

（十九）代销合同中约定的其他条款。

第四十九条 代销者因故需在所属辖区内变更体育彩票销售场所的，体育彩票销售机构应要求代销者以书面形式提出申请，经体育彩票销售机构批准，按规定的流程办理并监督代销者在规定期限内完成实体店建设和迁移工作。

第五十条 代销者信息、实体店地址或实体店类型等发生变更的，体育彩票销售机构应要求代销者及时上报，并为代销者办理变更手续，同时按照实体渠道管理系统管理制度相关规定，在实体渠道管理系统内更新实体店信息。

第五十一条 代销合同到期后，体育彩票销售机构有权根据代销者的履约情况决定是否续签。对于决定不续签的，体育彩票销售机构应提前告知代销者。体育彩票销售机构应在代销合同中明确提前告知的期限。

第五章 代销者退出管理

第五十二条 体育彩票销售机构负责本行政区域的代销者退出管理工作，主要职责是：

（一）制定本行政区域的代销者退出管理制度；

（二）为解除代销合同的代销者办理退出手续。

第五十三条 存在下列情形之一的，体育彩票销售机构与代销者解除代销合同：

（一）合同期满不再续约的；

（二）合同未到期，销售机构按照合同规定解除代销合同的；

（三）合同未到期，代销者书面提出解除代销合同申请，体育彩票销售机构经核实和批准，双方解除代销合同的。

第五十四条 体育彩票销售机构为代销者办理退出手续时，应在回收代销证和投注专用设备，确认代销者拆除店内外体育彩票销售标志标识及相关宣传品之后，方可对相关账目进行结算。

第五十五条 代销者退出手续应在单方面或双方解除代销合同之日起30个工作日内完成。因代销者不配合的，给代销者造成的损失由代销者自行承担。财务结算按照体育彩票销售机构和地方财政主管部门协商制定的相关制度执行。

第五十六条 体育彩票销售机构在代销者退出管理中应当遵循以下原则：

（一）依法依规，严格按照代销合同约定办理；

（二）平稳退出，避免出现账款纠纷等问题；

（三）提前布局，在代销者退出之前，在附近区域做好新实体店设置的准备工作，避免出现市场空白。

第六章 渠道安全管理

第五十七条 体育彩票发行机构和销售机构应自觉维护社会稳定，全力保障从业人员的人身财产安全，依法保障公共卫生安全，建立渠道安全管理机制。

第五十八条 渠道安全涉及的具体情形，包括因体育彩票销售争议引发的群体性事件、群众信访或民事纠纷；实体店内发生盗窃、抢劫、人身伤害等刑事案件；因自然灾害、公共卫生事件等不可抗力，火灾等人为事故引发代销者财产损失的严重事件；对中国体育彩票品牌形象可能产生不同程度负面影响的其他事件等。

第五十九条 体育彩票发行机构和体育彩票销售机构应强化各层级人员的风险防范意识，加强风险监测预警、预判和处置能力，定期开展风险识别与评估，制定专项应急预案和工作方案，适时安排渠道安全事件处置演练工作。

第六十条 体育彩票销售机构应加强对代销者的安全教育，并对实体店安全管理落实情况进行检查，监督代销者对不合格事项进行整改。

第六十一条 体育彩票销售机构应第一时间处置在实体店内发生的各类安全事件，及时采取措施，最大限度地减少国家、销售机构和从业人员的损失。

第六十二条 体育彩票销售机构应在渠道安全事件发生后，视实际情况对代销者给予适当的援助，包括但不限于法律服务、人文关怀、资金补贴等。

第六十三条 对于因渠道安全事件引发的危机传播，体育彩票发行机构和销售机构要严格按照中国体育彩票危机传播管理制度的有关规定妥善处置。

第六十四条 对因自然灾害等不可抗力因素导致彩票投注专用设备损坏的，体育彩票销售机构应免除代销者赔偿，并补发新设备。代销者没有尽到常规保护义务的除外。

第六十五条 有条件的体育彩票销售机构可以为代销者、体育彩票投注专用设备办理保险。

第七章　附　则

第六十六条 本办法最终解释权归体育彩票发行机构。

第六十七条 本办法自发布之日起实施。

关于做好近期安全稳定工作的通知

（2021年9月13日　国家体育总局体育彩票管理中心　体彩字〔2021〕302号）

各省、自治区、直辖市体育彩票管理中心：

国庆节临近，第十四届全国运动会开幕在即。根据《体育总局关于做好近期安全稳定工作的通知》（体办字〔2021〕146号）文件精神，为进一步做好体育彩票领域安全稳定工作，现将相关要求通知如下：

一、提高抓安全稳定工作的政治自觉，以总体国家安全观为引领，增强"四个意识"、坚定"四个自信"、做到"两个维护"，坚持底线思维，增强忧患意识，健全责任体系，细化工作措施，将维护体育彩票领域安全稳定作为重要的政治任务抓紧抓好。

二、坚持做好疫情防控工作不放松，密切关注国内外疫情形势，及时了解国内疫情风险等级。遵守属地疫情防控政策，非必要不离开常驻地，不前往中高风险地区。做好专管员、代销者疫苗接种动员工作，发挥好实体店疫苗接种示范作用，落实科学佩戴口罩、勤洗手、常通风等良好卫生习惯，自觉减少聚集聚会活动，坚决守住来之不易的疫情防控成果。

三、按照属地管理、分级负责的原则，贯彻"三个必须"的安全生产工作要求，认真履行体彩系统安全管理职责，围绕体育彩票发行管理、网络技术、运营管理、开奖计奖、销售场所、营销活动、办公场所等重点领域，加强标准建设、专业指导、日常检查和综合督查，深入细致开展安全风险排查和隐患治理，防范各类安全生产事故发生，提高全国体彩系统安全生产工作水平。

四、严格落实"三到位一处理"工作要求，持续做好信访工作，依法维护彩票参与者合法权益。涉及民生及群众切身利益的信访事项，具备条件的要及时化解办结；不具备条件的要综合施策，加强教育、疏导，防止矛盾激化；长期历史遗留问题，要进一步做好梳理核实，准确把握政策依据，加强沟通，坚决防止引发群体性事件。

五、落实"一岗双责"要求，健全责任体系，加强体彩系统内部安全稳定工作，做好日常安全保卫，强化突发事件应急处置、消防安全管理、食品卫生和建筑施工安全，坚决防止重大安全事故；加强干部职工教育和管理，模范遵守法律法规，杜绝酒驾醉驾等违法违规和失德失范行为。

六、主动适应国内外舆论环境变化，遵循新形势下新闻传播规律，加强舆情监测和处置，强化体育彩票领域热点事件、敏感事件、突发事件等舆情的风险研判，及时回应社会关切；加强自媒体管理，严格信息发布程序，规范使用行为，主动配合开展"清朗"系列专项行动，积极配合体育领域"饭圈"乱象整治；坚持弘扬主旋律，讲好体彩人的感人故事，展示体彩的发展成就，宣树体彩的良好形象。

七、加强值班值守，规范突发事件信息报送，突发事件发生后，按照《中国体育彩票重要情况报告暂行办法》要求，及时、准确向总局中心报告，严禁迟报、漏报、谎报、瞒报。

各体彩中心要以习近平新时代中国特色社会主义思想为指导，提高政治站位，把握目标要求，抓实重点环节，加强组织领导，采取切实措施做好近期体彩领域安全稳定工作，并继续严格按照《关于进一步做好安全生产和社会稳定工作的通知》文件要求，压实体彩系统安全稳定工作。对于贯彻落实不力，造成不良影响的，总局中心将依法依规依纪严肃追究责任。

国家体育总局体育彩票管理中心预算绩效管理暂行办法

（2021 年 10 月 30 日）

第一章 总 则

第一条【制定目的】 为加强国家体育总局体育彩票管理中心（以下简称"中心"）预算绩效管理，提高资源配置效率和使用效益，根据《关于贯彻落实〈中共中央 国务院关于全面实施预算绩效管理的意见〉的通知》（财预〔2018〕167 号）、《中央部门预算绩效目标管理办法》（财预〔2015〕88 号）、《中央部门预算绩效运行监控管理暂行办法》（财预〔2019〕136 号）、《项目支出绩效评价管理办法》（财预〔2020〕10 号）、《中央部门项目支出核心绩效目标和指标设置及取值指引（试行）》（财预〔2021〕101 号）等有关规定，结合中心实际，制定本办法。

第二条【定义范围】 预算绩效管理是指将绩效管理理念和方法贯穿于预算编制、执行、监督全过程，实现与预算管理有机融合的管理活动，包括绩效目标管理、绩效运行监控、绩效评价、评价结果应用等环节。

第三条【管理原则】 中心预算绩效管理遵循以下原则：

（一）绩效导向原则。将绩效管理作为核心导向贯穿于预算管理全过程，实现资金运行和预算管理效益最大化。

（二）目标管理原则。围绕绩效目标开展预算管理和执行，事前设定目标、事中监控目标实现进度、事后评价目标完成情况。

（三）责任明晰原则。明确项目执行部门的主体责任和财务部门的监管责任，实现绩效责任到位。

（四）信息公开原则。绩效目标及预算执行结果信息要依法依规向社会公开，自觉接受社会监督。

第四条【适用范围】 本办法适用于中心全面预算管理涵盖的所有资金支出。

第二章 职责分工

第五条【中心职责】 中心负责确定重点绩效评价项目和绩效信息公开项目，审定预算项目绩效目标、绩效运行监控报告和绩效评价报告。

第六条【归口部门】 财务部门是中心预算绩效管理归口部门，负责：

（一）贯彻执行财政部预算绩效管理相关规定，建立健全中心绩效管理制度；

（二）组织中心各部门开展绩效目标编制、绩效运行监控和绩效评价，审核各部门绩效工作开展情况；

（三）组织开展中心绩效评价工作；

（四）组织建立和完善绩效指标、评价指标体系；

（五）反馈绩效运行监控和绩效评价结果，完善结果应用机制；

（六）按财政管理要求对绩效管理情况进行公开。

第七条【执行部门】 中心各部门是预算绩

效管理具体执行部门，负责：

（一）开展本部门预算绩效管理工作，对执行监控和自评结果的真实性和准确性负责；

（二）建立完善本部门项目和牵头项目绩效指标，设定本部门项目绩效目标，审核汇总牵头项目绩效目标；

（三）组织项目执行，开展绩效运行监控，根据监控结果及时纠正偏差；

（四）实施本部门项目绩效自评，审核汇总牵头项目绩效自评，并对自评中发现的问题及时整改。

第三章　绩效目标管理

第八条【目标定义】 绩效目标是指预算资金计划在一定期限内达到的产出和效果，是建立预算项目库、编制部门预算、实施绩效运行监控、开展绩效评价等的重要基础和依据。

第九条【目标分类】 按照预算支出的范围和内容划分，包括基本支出绩效目标、项目支出绩效目标和部门整体支出绩效目标；按照时效性划分，包括中长期绩效目标、年度绩效目标和阶段性绩效目标。

第十条【目标内容】 绩效目标应清晰反映预算资金的预期产出和效果，并以相应的绩效指标和标准予以细化、量化描述，主要包括成本指标、产出指标、效益指标和满意度指标等。

第十一条【管理要求】 绩效目标是预算安排的重要依据，未按要求设定绩效目标或设定目标不合理的项目支出，不得纳入项目库管理，也不得申请预算资金；设定目标不符合要求的应及时修改、完善，符合要求后再纳入项目库，并进入下一步预算编制流程。

第十二条【设定原则】 绩效目标由中心各部门按照"谁申请资金，谁设定目标"的原则，根据事业发展要求、部门职责和支出内容编制中长期绩效目标、年度绩效目标和阶段性绩效目标，经分管领导审批后随预算同步报送财务部门，申请预算调整时需一并提出绩效目标调整建议。

第十三条【设定要求】 绩效目标设定应当符合以下要求：

（一）指向明确。绩效目标要符合国民经济和社会发展规划、体育和体育彩票事业发展规划、部门职能及发展规划，并与相应的支出内容、范围、方向、效果等紧密相关。

（二）细化量化。绩效目标应当从数量、质量、成本、时效以及经济效益、社会效益、生态效益、可持续影响、满意度等方面进行细化，尽量进行定量表述。不能以量化形式表述的，可采用定性的分级分档形式表述，但应具有可衡量性。

（三）合理可行。设定绩效目标时要经过调查研究和科学论证，符合客观实际，确保在一定期限内如期实现。

（四）相应匹配。绩效目标要与计划期内的任务数或计划数相对应，与预算确定的投资额或资金量相匹配，各级项目绩效目标应做好有序衔接。

第十四条【目标审核】 财务部门对中心各部门报送的绩效目标进行审核，提出修改完善意见，主要审核内容包括：

（一）完整性审核。绩效目标的内容是否完整，绩效目标是否明确、清晰。

（二）相关性审核。绩效目标的设定与事业发展规划、部门职能是否相关，是否对申报的绩效目标设定了相关联的绩效指标，绩效指标是否细化、量化。

（三）适当性审核。资金规模与绩效目标之间是否匹配，在既定资金规模下，绩效目标是否过高或过低；或者要完成既定绩效目标，资金规模是否过大或过小。

（四）可行性审核。绩效目标是否经过充分论证和合理测算；所采取的措施是否切实可行，并能确保绩效目标如期实现。

第十五条【上报批复】 财务部门按照财政部的要求,在规定时间内随部门预算上报绩效目标,财政部在批复部门预算或预算调整时,一并批复项目绩效目标。

第十六条【目标调整】 绩效目标确定后,一般不予调整。如因特殊原因确需调整的,应按照绩效管理要求审批。其中:二级项目绩效目标调整由中心审定后报财政部审批;三级项目和业务内容绩效目标调整在不影响二级项目绩效目标的前提下由中心审批。

第十七条【目标应用】 绩效目标对预算编制执行具有引导约束和控制作用,是衡量资金支出效果的重要依据。中心各部门应严格按照批复的绩效目标组织预算执行,按时保质保量完成各项指标,并根据设定的绩效目标开展绩效运行监控、绩效自评和绩效评价。

第四章 绩效运行监控

第十八条【监控定义】 绩效运行监控是指在预算执行过程中,根据管理需要阶段性不定期对预算执行情况和绩效目标实现程度开展的监督、控制和管理活动。

第十九条【监控要求】 绩效运行监控按照"全面覆盖、突出重点,权责对等、约束有力,结果运用、及时纠偏"的原则,由财务部门统一组织、各部门具体实施。

按照"谁支出,谁负责"的原则,中心各部门围绕设定的绩效目标开展预算绩效日常监控,及时掌握绩效目标实现程度和资金支出进度,对绩效运行监控信息进行收集、分析、汇总、填报,分析偏离绩效目标的原因,并及时采取纠偏措施。

第二十条【监控内容】 绩效运行监控范围涵盖所有项目支出,监控内容主要包括:

(一)绩效目标完成情况。一是预计产出的完成进度及趋势,包括数量、质量、时效、成本等;二是预计效果的实现进度及趋势,包括经济效益、社会效益、生态效益和可持续影响等;三是跟踪服务对象满意度及趋势。

(二)预算资金执行情况。包括预算资金拨付情况、预算实际支出情况以及预计结转结余情况。

第二十一条【监控方法】 绩效运行监控采用目标比较法,用定量分析和定性分析相结合的方式,将绩效实现情况与预期绩效目标进行比较,对目标完成、预算执行、组织实施、资金管理等情况进行分析评判。

第二十二条【监控重点】 绩效运行监控包括及时性、合规性和有效性监控。

及时性监控重点关注上年结转项目、当年新增预算,以及预算执行较慢项目等情况。

合规性监控重点关注相关预算管理制度落实情况。

有效性监控重点关注项目执行是否与绩效目标一致、执行效果能否达到预期等。

第二十三条【日常监控】 中心根据管理需要开展日常监控,将绩效管理有机嵌入政府采购全流程,建立完善政府采购和合同管理事前设定绩效目标、事中进行绩效跟踪、事后进行绩效评价的全生命周期绩效管理机制,重点关注采购需求、合同验收和款项支付等环节。

原则上采购项目应根据年初设定的绩效目标合理确定采购需求,实现目标与需求一致性;将重点绩效目标纳入合同管理,并作为验收和考核依据;动态监控合同执行和绩效目标完成情况,将绩效目标完成情况与合同支付挂钩。

第二十四条【定期监控】 根据财政部统一部署,中心每年8月份开展定期监控,各部门要对本部门项目和牵头项目1-7月份预算执行情况、年度绩效目标和1-7月份阶段性绩效目标开展绩效运行监控汇总分析,工作程序如下:

(一)收集绩效运行监控信息。对照批复的绩效目标,以绩效目标执行情况为重点收集绩效运行监控信息;

（二）分析绩效运行监控信息。对偏离绩效目标的原因进行分析，对全年绩效目标完成情况进行预计，并对预计年底不能完成目标的原因及拟采取的改进措施进行说明；

（三）填报绩效运行监控情况表和绩效运行监控报告。在分析绩效运行监控信息的基础上认真总结经验、发现问题、提出下一步改进措施，填写《项目支出绩效目标执行监控表》，编制绩效运行监控报告、提供必要的佐证材料或清单，于每年7月底前（具体时间按照财政部统一部署确定，下同）报分管领导审批后提交牵头部门；

（四）牵头部门审核汇总后于每年8月10日前将《项目支出绩效目标执行监控表》、绩效运行监控报告、佐证材料或清单报送至财务部门。

第二十五条【汇总报送】 财务部门审核中心各部门报送的绩效运行监控材料，汇总形成中心整体绩效运行监控报告，经中心审批后报送财政部。

第二十六条【监控应用】 中心各部门对绩效运行监控中发现的绩效目标执行偏差，应当及时采取改进措施，必要时可按程序提出调整预算申请，并同步调整绩效目标。

第五章 绩效评价

第二十七条【评价定义】 绩效评价是根据设定的绩效目标，对支出的经济性、效率性、效益性和公平性进行客观、公正的测量、分析和评判。包括绩效目标的设定情况、资金投入和使用情况、制度制定、采取措施、绩效目标的实现程度及效果和其他相关内容等。

第二十八条【评价分类】 根据实施主体和评价内容绩效评价分为部门自评、中心评价和财政评价。

部门自评是指财务部门组织中心各部门对预算批复的项目绩效目标完成情况进行的自我评价。

中心评价是指财务部门根据相关要求，运用科学、合理的绩效评价指标、评价标准和方法，对各部门项目组织开展的绩效评价。

财政评价是财政部对中心的项目组织开展的绩效评价。

第二十九条【评价原则】 绩效评价应当遵循以下基本原则：

（一）科学公正。绩效评价应当运用科学合理的方法，按照规范的程序，对项目绩效进行客观、公正的反映。

（二）统筹兼顾。部门自评和中心评价应职责明确，各有侧重，相互衔接。部门自评由中心各部门自主实施，"谁支出、谁自评"；中心评价应在部门自评的基础上开展，必要时可委托第三方机构实施。

（三）激励约束。绩效评价结果应与预算安排、政策调整、改进管理实质性挂钩，体现奖优罚劣和激励相容导向。

第三十条【评价依据】 绩效评价的主要依据：

（一）国家相关法律、法规和规章制度；

（二）党中央、国务院重大决策部署，经济社会发展目标；

（三）体育和体育彩票事业发展规划、部门职能及发展规划；

（四）相关行业政策、行业标准及专业技术规范；

（五）预算管理制度及办法，项目及资金管理办法、财务和会计资料；

（六）项目设立的政策依据和目标，预算执行情况，年度决算报告、项目决算或验收报告等相关材料；

（七）人大审查结果报告、审计报告及决定，财政监督稽核报告等；

（八）其他相关资料。

第三十一条【自评内容】 部门自评的主要内容包括项目总体绩效目标、各项绩效指标完成情况以及预算执行情况。对未完成绩效目标或偏离绩效目标较大的项目要分析并说明原因，研究提出改进措施。

第三十二条【自评指标】 自评指标是指预算批复确定的绩效指标，指标的权重由中心各部门根据财政部有关规定和项目实际情况确定。

第三十三条【自评方法】 部门自评采用定量与定性评价相结合的比较法，总分由各项指标得分汇总形成。

第三十四条【中心评价】 中心评价是指中心根据管理需要选择部分项目，按照绩效评价指标、评价标准、选用评价方法，对绩效目标完成情况以及实施过程开展的评价，由财务部门负责实施。

第三十五条【评价内容】 中心评价的内容主要包括决策情况、资金管理和使用情况、相关管理制度办法的健全性及执行情况、实现的产出情况、取得的效益情况、其他相关内容等。

第三十六条【评价指标】 中心评价指标应当与评价对象密切相关，优先选取反映产出和效益的核心指标；应当突出结果导向，原则上产出、效益指标权重不低于60%。

第三十七条【评价方法】 中心评价的方法主要包括成本效益分析法、比较法、因素分析法、最低成本法、公众评判法、标杆管理法等。根据评价对象的具体情况，可采用一种或多种方法。

（一）成本效益分析法。是指将投入与产出、效益进行关联性分析的方法。

（二）比较法。是指将实施情况与绩效目标、历史情况、不同部门和地区同类支出情况进行比较的方法。

（三）因素分析法。是指综合分析影响绩效目标实现、实施效果的内外部因素的方法。

（四）最低成本法。是指在绩效目标确定的前提下，成本最小者为优的方法。

（五）公众评判法。是指通过专家评估、公众问卷及抽样调查等方式进行评判的方法。

（六）标杆管理法。是指以国内外同行业中较高的绩效水平为标杆进行评判的方法。

（七）其他评价方法。

第三十八条【评价结果】 绩效评价结果采取评分和评级相结合的方式，具体分值和等级可根据不同评价内容设定。

第三十九条【结果形式】 部门自评结果主要通过项目支出绩效自评表的形式反映，做到内容完整、权重合理、数据真实、结果客观。中心评价结果主要以绩效评价报告的形式体现，绩效评价报告应当依据充分、分析透彻、逻辑清晰、客观公正。

第四十条【评价流程】 年度预算执行结束后，中心各部门应及时开展自评，并配合财务部门开展绩效评价：

（一）对纳入部门预算管理的所有项目支出情况进行部门自评，填写《项目支出绩效目标自评表》、编制绩效自评报告、提供必要的佐证材料或清单，报分管领导审批后于每年1月31日前报送牵头部门；

（二）牵头部门于每年2月20日前审核汇总后报送《项目支出绩效目标自评表》、绩效自评报告、佐证材料或清单至财务部门；

（三）在部门自评基础上，财务部门组织对重点项目进行评价。

第四十一条【汇总报送】 财务部门审核中心各部门报送的绩效自评材料，汇总形成中心整体绩效自评报告，经中心审批后于每年3月31日前报送财政部；重点项目绩效评价报告随决算报送财政部。

第四十二条【财政评价】 财政评价由财政部组织实施，按财政部有关规定执行。

第六章 绩效评价结果应用

第四十三条【结果反馈】 财务部门应及时将财政部绩效运行监控和绩效评价结果反馈中心各部门。中心各部门根据绩效评价结果，改进管理措施，提高管理水平，并向财务部门反馈绩效评价应用结果。

第四十四条【结果应用】 财务部门应将绩效运行监控和绩效评价结果作为以后年度预算编制和加强预算管理的重要依据。

第四十五条【考核奖惩】 实行绩效评价结果与年度考核挂钩制度。将绩效评价结果作为个人年度考核的重要参考，如无特殊情况，部门自评低于60分、中心评价结果或财政评价结果为"差"的项目，项目直接责任人、重要相关人和部门负责人原则上不得列入次年评优和表扬范围。

第七章　附　则

第四十六条【发布实施】 本办法自发布之日起实施。转移支付预算绩效管理按照财政部相关规定执行。

关于进一步做好近期体育彩票领域安全稳定工作的通知

（2021年12月16日　国家体育总局体育彩票管理中心　体彩字〔2021〕375号）

各省、自治区、直辖市体育彩票管理中心：

北京冬奥会、冬残奥会（以下简称"北京冬奥会"）筹办工作已进入最后冲刺阶段，维护好体育彩票领域安全稳定事关人民群众生命和财产安全，事关党和国家工作全局，是体育彩票行业各级部门和单位重要的政治责任。为切实做好当前至北京冬奥会结束前体育彩票领域安全稳定工作，为党和国家工作大局营造安全稳定的良好氛围，结合体育彩票工作实际，现对有关要求进行通知：

一、以高度的政治责任做好安全稳定工作

深入学习贯彻党的十九大和十九届二中、三中、四中、五中、六中全会精神，习近平总书记重要指示批示精神，提高政治站位，增强政治敏锐性，增强"四个意识"、坚定"四个自信"、做到"两个维护"，坚持底线思维，强化责任担当，立足党和国家工作大局，坚决落实党中央、国务院决策部署，统筹发展与安全，深化"全国一盘棋"思想，以高度的政治责任感、使命感，以最高标准、最严要求和最周密的措施，全力抓好当前体育彩票领域安全稳定各项工作，坚决杜绝各类安全事故，维护国家政治安全和社会大局稳定，为北京冬奥会顺利举办营造良好氛围。

二、持续抓好体育彩票领域疫情防控工作

严格贯彻党中央、国务院关于疫情防控工作的各项决策部署，认真落实《体育总局办公厅关于做好近期体育领域疫情防控和安全生产工作的通知》（体办字〔2021〕175号）要求，克服麻痹思想、侥幸心理、观望心态，坚持"外防输入、内防反弹"防控策略不动摇。按照属地疫情防控政策，非必要不离开常驻地，不前往中高风险地区。各省（区、市）体彩中心要做好专管员、代销者疫苗接种动员工作，发挥好实体店疫苗接种示范作用。严格执行属地疫情防控要求，全面落实实体店内各项防控措施，落实科学佩戴口罩、勤洗手、常通风等良好卫生习惯，自觉减少聚集聚会活动，坚决守住来之不易的疫情防控成果。

三、做好体育彩票重点领域安全稳定工作

各省（区、市）体彩中心要围绕体育彩票销售管理、网络技术、运营管理、开奖计奖、销售场所、营销活动、办公场所等重点领域，深入细致开展安全风险排查和隐患治理，定期巡查，销号管理。要建立地推活动、人群聚集性活动"熔断"机制，确保出现突发事件能够及时停止、有效避险，杜绝各类安全生产事故发生。

四、建立健全安全稳定工作责任体系

认真贯彻"党政同责，一岗双责，齐抓共管"的责任体系，将安全生产和稳定工作作为当前重要的政治任务，纳入重要议事日程。同时，各省（区、市）体彩中心要健全组织领导，压实基层体彩队伍安全责任，完善督促检查、奖惩问责等工作机制，确保各项工作落实落细。

五、及时、准确上报重要事项及突发舆情

严格落实"三到位一处理"工作要求，做好体育彩票领域信访工作，尤其是对涉及群众切身利益的信访事项，要妥善处理到位，防止引发群体性事件。要加强值班值守，规范突发事件信息报送，突发事故、异常现象和突发舆情发生后，按照《中国体育彩票重要情况报告暂行办法》要求，及时、准确向总局中心报告，严禁迟报、漏报、谎报、瞒报。

各省（区、市）体彩中心要牢固树立"全国一盘棋"思想，进一步提高政治站位，抓实责任环节，加强组织领导，采取切实措施，扎实做好当前至北京冬奥会前后体育彩票领域安全稳定工作。

特此通知。

关于印发《中国体育彩票突发业务事件等级定义清单（2021版）》的通知

（2021年12月16日 国家体育总局体育彩票管理中心 体彩字〔2021〕378号）

各省、自治区、直辖市体育彩票管理中心：

为统筹推进体育彩票"两级管理，三层处置"应急管理体系落地，进一步提升体育彩票全系统突发业务事件的处置效率，按照《中国体育彩票突发事件等级定义管理办法（暂行）》相关规定，总局中心对现行中国体育彩票突发业务事件等级定义清单内容进行了修订完善，形成了《中国体育彩票突发业务事件等级定义清单（2021版）》（以下简称《等级定义清单（2021版）》），现正式印发。有关事宜通知如下：

一、高度重视突发业务事件及其影响

突发业务事件要坚持以突发事件引发或潜在引发的影响及后果为导向，在重视彩票业务连续性、彩票资金、购彩者客户体验等方面影响的同时，进一步提高政治站位，高度重视政治影响、人身生命安全、重大社会影响、公信力（舆论）、合规性等方面的影响。确保突发事件第一时间报告、快速响应、妥善处置。

二、组织培训宣贯，切实提高应急处突能力

《等级定义清单（2021版）》将于2022年1月1日起在体育彩票全系统内正式执行。请各省（区、市）体彩中心认真组织学习，同时基于突发业务事件等级定义清单，不断完善在渠道销售、营销活动、品牌推广、公关舆情、游戏运营、技术保障等方面的专项应急预案及现场处置方案，合理匹配应急流程及资源保障；通过培训演练等多种形式，切实提高应急处突能力。

四、彩票统计资料

（一）历年综合统计资料
Statistical Data of Past Years

1987—2021 年全国彩票销售统计表（分系统）
Statistical Table of Lottery Sales in Different Organizations in China from 1987 to 2021

单位：万元
Unit: Ten Thousand Yuan

年 份 Year	福利彩票 Welfare Lottery	体育彩票 Sports Lottery	合计 Total	增长率（%） Rate of Increment
1987	1 739.50	—	1 739.50	—
1988	37 627.76	—	37 627.76	2 063.14
1989	38 315.65	—	38 315.65	1.83
1990	64 731.22	—	64 731.22	68.94
1991	77 388.04	—	77 388.04	19.55
1992	137 550.03	—	137 550.03	77.74
1993	184 288.52	—	184 288.52	33.98
1994	179 823.77	—	179 823.77	（2.42）
1995	573 023.46	100 000.00	673 023.46	274.27
1996	647 521.50	120 000.00	767 521.50	14.04
1997	363 751.40	150 000.00	513 751.40	（33.06）
1998	631 990.40	250 000.00	881 990.40	71.68
1999	1 044 448.50	403 551.00	1 447 999.50	64.17
2000	898 847.26	911 400.40	1 810 247.66	25.02
2001	1 395 735.16	1 492 928.39	2 888 663.55	59.57
2002	1 679 925.25	2 177 313.99	3 857 239.24	33.53
2003	2 000 569.58	2 013 453.28	4 014 022.86	4.06
2004	2 263 753.30	1 541 963.48	3 805 716.78	（5.19）
2005	4 112 077.66	3 026 557.94	7 138 635.60	87.58
2006	4 956 759.24	3 236 292.90	8 193 052.14	14.77
2007	6 315 902.51	3 851 370.97	10 167 273.49	24.10
2008	6 039 795.23	4 561 530.35	10 601 325.58	4.27
2009	7 560 580.05	5 687 306.97	13 247 887.02	24.96
2010	9 680 238.56	6 944 604.20	16 624 842.76	25.49
2011	12 779 719.93	9 378 464.56	22 158 184.49	33.28
2012	15 103 223.19	11 049 195.92	26 152 419.11	18.03
2013	17 652 846.37	13 279 658.55	30 932 504.92	18.28
2014	20 596 815.22	17 640 993.36	38 237 808.57	23.62
2015	20 151 098.97	16 637 325.74	36 788 424.71	（3.79）
2016	20 649 163.80	18 814 963.71	39 464 127.51	7.27
2017	21 697 679.20	20 969 229.54	42 666 908.74	8.12
2018	22 455 611.76	28 691 560.83	51 147 172.59	19.88
2019	19 123 816.68	23 081 517.43	42 205 334.12	（17.48）
2020	14 448 778.51	18 946 280.35	33 395 058.86	（20.87）
2021	14 225 492.54	23 103 046.41	37 328 538.95	11.78
合 计 Total	249 770 629.73	238 060 510.27	487 831 140.01	—

1987—2021年全国彩票销售统计表（分类型）

Statistical Table of Lottery Sales in Different Lottery Games in China from 1987 to 2021

单位：万元
Unit: Ten Thousand Yuan

年 份 Year	传统型 Traditional Games	即开型 Instant Games	乐透数字型 Lotto Games	竞猜型 Sports Betting	视频型 Online Instant Win	基诺型 Keno	合 计 Total
1987	1 739.50	—	—	—	—	—	1 739.50
1988	14 446.35	23 181.41	—	—	—	—	37 627.76
1989	4 265.32	34 050.33	—	—	—	—	38 315.65
1990	4 333.22	60 398.00	—	—	—	—	64 731.22
1991	5 697.45	71 690.59	—	—	—	—	77 388.04
1992	6 196.90	131 353.13	—	—	—	—	137 550.03
1993	3 831.52	180 457.00	—	—	—	—	184 288.52
1994	2 843.45	176 980.32	—	—	—	—	179 823.77
1995	1 487.00	646 150.53	25 385.93	—	—	—	673 023.46
1996	—	696 208.80	71 312.70	—	—	—	767 521.50
1997	—	401 779.40	111 972.00	—	—	—	513 751.40
1998	—	682 207.00	199 783.40	—	—	—	881 990.40
1999	—	1 042 575.00	405 424.50	—	—	—	1 447 999.50
2000	—	568 023.49	1 242 224.17	—	—	—	1 810 247.66
2001	—	289 993.93	2 465 206.91	133 462.71	—	—	2 888 663.55
2002	—	308 266.49	2 842 639.72	706 333.03	—	—	3 857 239.24
2003	—	404 405.42	2 818 291.62	791 112.78	213.04	—	4 014 022.86
2004	—	122 576.45	3 198 995.66	483 891.25	253.42	—	3 805 716.78
2005	—	26 447.48	6 653 117.10	391 897.83	67 173.19	—	7 138 635.60
2006	—	125 359.91	7 050 408.47	560 723.13	456 560.63	—	8 193 052.14
2007	—	366 038.84	7 901 932.76	579 335.85	1 319 966.04	—	10 167 273.49
2008	—	1 798 686.42	8 057 835.60	538 722.52	206 081.04	—	10 601 325.58
2009	—	2 447 161.08	10 024 861.15	659 663.40	116 201.39	—	13 247 887.02
2010	—	3 089 504.13	11 129 658.88	1 473 623.11	932 056.64	—	16 624 842.76
2011	—	4 000 574.46	14 275 680.65	2 180 541.40	1 701 387.99	—	22 158 184.49
2012	—	3 822 368.16	17 404 801.51	2 682 919.12	2 242 330.32	—	26 152 419.11
2013	—	3 519 179.54	21 135 200.81	3 384 239.04	2 893 885.10	—	30 932 504.92
2014	—	3 434 286.79	24 880 896.59	6 147 988.66	3 774 636.67	—	38 237 808.57
2015	—	3 025 199.88	23 580 003.97	5 892 454.97	4 247 309.48	43 456.41	36 788 424.71
2016	—	2 847 706.58	24 486 440.33	7 649 011.66	4 454 349.01	26 619.94	39 464 127.51
2017	—	2 460 565.91	26 281 446.41	9 285 217.94	4 621 435.78	18 242.69	42 666 908.73
2018	—	2 252 624.14	27 586 925.99	16 550 468.80	4 744 179.83	12 973.83	51 147 172.59
2019	—	2 852 189.71	22 733 706.99	12 194 262.34	4 408 489.32	16 685.76	42 205 334.12
2020	—	2 942 003.32	22 190 789.43	7 491 715.51	679 457.44	91 093.16	33 395 058.86
2021	—	5 441 088.79	16 189 152.79	13 429 855.89	97.16	2 268 344.23	37 328 538.95
合 计 Total	44 840.71	50 291 282.43	304 944 096.04	93 207 441.03	36 866 063.48	2 477 416.02	487 831 140.01

注：自2015年起基诺型彩票销量单独统计。

1987—2021 年全国彩票销量折线图

Statistical Line Chart of Lottery Sales in China from 1987 to 2021

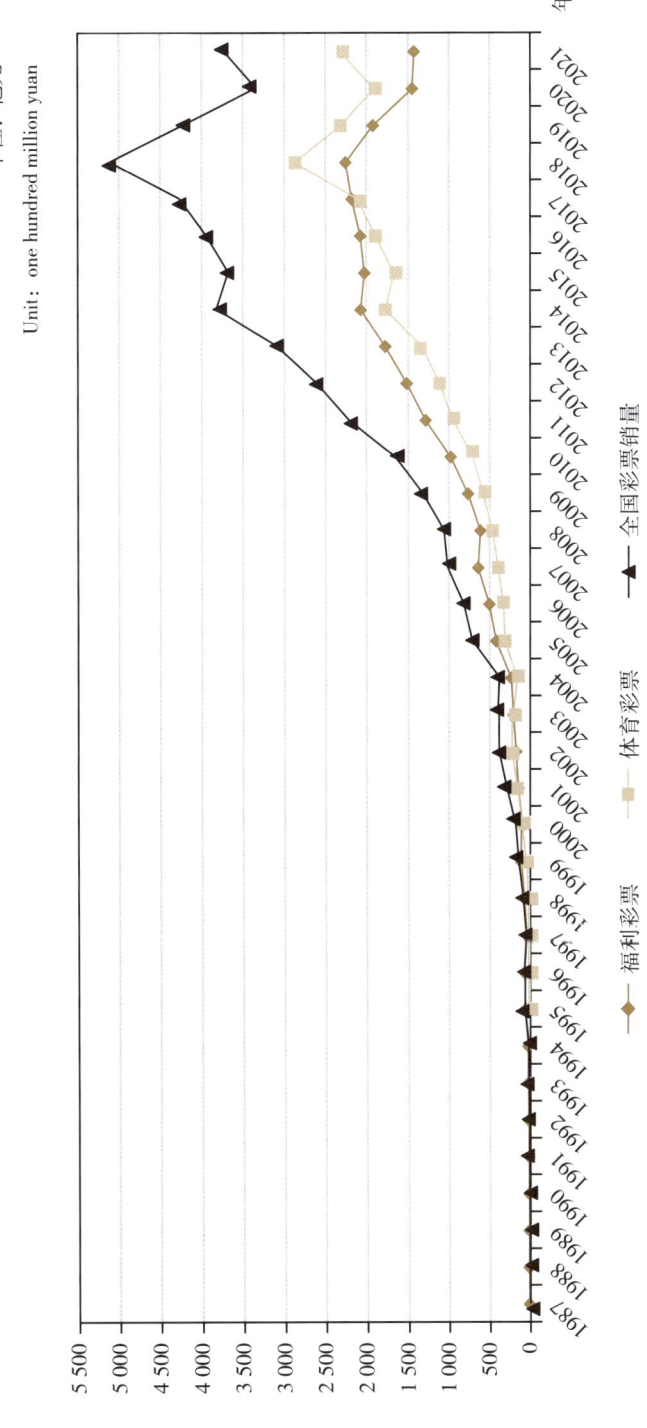

1987—2021 年全国彩票

Statistical Table of Lottery Sales in Different Organizations

年份 Year	福利彩票 Welfare Lottery					
	传统型 Traditional Games	即开型 Instant Games	乐透数字型 Lotto Games	视频型 Online Instant Win	基诺型 Keno	小计 Subtotal
1987	1 739.50	—	—	—	—	1 739.50
1988	14 446.35	23 181.41	—	—	—	37 627.76
1989	4 265.32	34 050.33	—	—	—	38 315.65
1990	4 333.22	60 398.00	—	—	—	64 731.22
1991	5 697.45	71 690.59	—	—	—	77 388.04
1992	6 196.90	131 353.13	—	—	—	137 550.03
1993	3 831.52	180 457.00	—	—	—	184 288.52
1994	2 843.45	176 980.32	—	—	—	179 823.77
1995	1 487.00	546 150.53	25 385.93	—	—	573 023.46
1996	—	576 208.80	71 312.70	—	—	647 521.50
1997	—	276 969.40	86 782.00	—	—	363 751.40
1998	—	492 640.00	139 350.40	—	—	631 990.40
1999	—	829 178.00	215 270.50	—	—	1 044 448.50
2000	—	393 001.91	505 845.35	—	—	898 847.26
2001	—	196 467.99	1 199 267.17	—	—	1 395 735.16
2002	—	201 349.59	1 478 575.66	—	—	1 679 925.25
2003	—	335 654.76	1 664 701.78	213.04	—	2 000 569.58
2004	—	79 068.61	2 184 431.27	253.42	—	2 263 753.30
2005	—	22 567.47	4 022 337.00	67 173.19	—	4 112 077.66
2006	—	129 359.91	4 370 838.70	456 560.63	—	4 956 759.24
2007	—	350 803.03	4 645 133.44	1 319 966.04	—	6 315 902.51
2008	—	770 040.30	5 063 673.89	206 081.04	—	6 039 795.23
2009	—	927 657.45	6 516 721.21	116 201.39	—	7 560 580.05
2010	—	1 445 717.55	7 302 464.37	932 056.64	—	9 680 238.56
2011	—	2 004 425.65	9 073 906.29	1 701 387.99	—	12 779 719.93
2012	—	2 020 302.00	10 840 590.87	2 242 330.32	—	15 103 223.19
2013	—	1 855 828.18	12 903 133.09	2 893 885.10	—	17 652 846.37
2014	—	1 858 958.92	14 963 219.63	3 774 636.67	—	20 596 815.22
2015	—	1 628 034.12	14 232 867.01	4 246 741.43	43 456.41	20 151 098.97
2016	—	1 491 247.58	14 677 736.45	4 453 559.83	26 619.94	20 649 163.80
2017	—	1 263 402.00	15 795 389.47	4 620 645.04	18 242.69	21 697 679.20
2018	—	1 142 669.18	16 556 516.16	4 743 452.59	12 973.83	22 455 611.76
2019	—	1 496 351.61	13 202 528.71	4 408 250.60	16 685.76	19 123 816.68
2020	—	1 464 256.06	12 214 118.16	679 311.13	91 093.16	14 448 778.51
2021	—	2 818 775.78	9 138 372.54	—	2 268 344.23	14 225 492.54
合计 Total	44 840.71	27 295 197.16	183 090 469.75	36 862 706.10	2 477 416.02	249 770 629.73

注：自 2015 年起福彩基诺型彩票销量单独统计，体彩视频型彩票单独统计。

销售统计表（分系统分类型）

and Different Lottery Games in China from 1987 to 2021

单位：万元
Unit: Ten Thousand Yuan

体育彩票 Sports Lottery					合 计
即开型 Instant Games	乐透数字型 Lotto Games	竞猜型 Sports Betting	视频型 Online Instant Win	小计 Subtotal	Total
—	—	—	—	—	1 739.50
—	—	—	—	—	37 627.76
—	—	—	—	—	38 315.65
—	—	—	—	—	64 731.22
—	—	—	—	—	77 388.04
—	—	—	—	—	137 550.03
—	—	—	—	—	184 288.52
—	—	—	—	—	179 823.77
100 000.00	—	—	—	100 000.00	673 023.46
120 000.00	—	—	—	120 000.00	767 521.50
124 810.00	25 190.00	—	—	150 000.00	513 751.40
189 567.00	60 433.00	—	—	250 000.00	881 990.40
213 397.00	190 154.00	—	—	403 551.00	1 447 999.50
175 021.58	736 378.82	—	—	911 400.40	1 810 247.66
93 525.94	1 265 939.74	133 462.71	—	1 492 928.39	2 888 663.55
106 916.90	1 364 064.06	706 333.03	—	2 177 313.99	3 857 239.24
68 750.66	1 153 589.84	791 112.78	—	2 013 453.28	4 014 022.86
43 507.84	1 014 564.39	483 891.25	—	1 541 963.48	3 805 716.78
3 880.01	2 630 780.10	391 897.83	—	3 026 557.94	7 138 635.60
—	2 675 569.77	560 723.13	—	3 236 292.90	8 193 052.14
15 236.17	3 256 798.96	579 335.85	—	3 851 370.97	10 167 273.49
1 028 646.12	2 994 161.71	538 722.52	—	4 561 530.35	10 601 325.58
1 519 503.63	3 508 139.94	659 663.40	—	5 687 306.97	13 247 887.02
1 643 786.58	3 827 194.51	1 473 623.11	—	6 944 604.20	16 624 842.76
1 996 148.81	5 201 774.36	2 180 541.40	—	9 378 464.56	22 158 184.49
1 802 066.16	6 564 210.65	2 682 919.12	—	11 049 195.92	26 152 419.11
1 663 351.36	8 232 068.14	3 384 239.04	—	13 279 658.55	30 932 504.92
1 575 327.81	9 917 676.88	6 147 988.66	—	17 640 993.36	38 237 808.57
1 397 163.72	9 347 136.60	5 892 454.97	570.46	16 637 325.74	36 788 424.71
1 356 459.00	9 808 703.87	7 649 011.66	789.17	18 814 963.71	39 464 127.51
1 197 163.92	10 486 056.94	9 285 217.94	790.74	20 969 229.54	42 666 908.74
1 109 954.96	11 030 409.83	16 550 468.80	727.24	28 691 560.83	51 147 172.59
1 355 838.10	9 531 178.28	12 194 262.34	238.71	23 081 517.43	42 205 334.12
1 477 747.26	9 976 671.27	7 491 715.51	146.31	18 946 280.35	33 395 058.86
2 622 313.01	7 050 780.25	13 429 855.99	97.16	23 103 046.41	37 328 538.95
23 000 083.53	**121 849 625.91**	**93 207 441.03**	**3 359.79**	**238 060 510.27**	**487 831 140.01**

1987—2021 年全国各

Statistical Table of Lottery Sales in Different

地 区 Region	1987	1988	1989	1990	1991	1992	1993	1994	1995
北 京	—	1 136.68	940.07	2 077.00	2 765.00	3 220.00	5 404.00	6 395.71	13 485.78
天 津	396.60	328.48	1 166.29	1 995.38	1 209.00	769.62	2 474.35	1 799.00	14 313.00
河 北	100.00	1 505.00	1 295.00	2 082.00	2 579.00	3 204.66	3 010.00	11 255.82	28 411.00
山 西	—	1 211.74	826.17	1 136.16	1 516.00	4 175.00	3 300.00	5 010.00	13 801.43
内蒙古	—	14.00	484.68	924.90	549.56	1 766.58	1 293.00	3 838.71	18 800.00
辽 宁	—	3 073.04	2 397.14	6 587.00	3 530.41	3 598.52	4 825.17	14 719.11	27 107.97
吉 林	—	997.98	1 577.14	4 617.10	1 683.33	2 388.21	4 262.68	5 499.95	15 885.96
黑龙江	—	1 550.48	1 463.44	2 214.32	1 417.00	1 650.38	3 185.00	7 313.00	16 879.00
上 海	373.71	701.80	833.99	2 371.89	2 724.00	2 841.00	1 496.60	1 523.00	15 992.00
江 苏	100.00	2 659.00	3 304.65	3 110.30	2 299.87	4 607.66	17 173.00	11 860.76	33 711.20
浙 江	193.90	2 757.89	2 615.25	2 431.00	3 921.82	19 642.22	16 724.97	5 445.48	14 629.72
安 徽	—	1 123.99	1 068.75	1 693.08	2 251.00	2 711.00	8 214.07	12 155.09	22 188.18
福 建	242.84	1 269.65	1 537.63	1 060.00	4 527.96	7 038.50	4 512.05	4 245.70	16 785.62
江 西	—	195.00	300.00	890.21	1 827.72	4 287.92	9 145.99	4 687.03	17 297.56
山 东	—	1 259.19	1 393.80	1 908.46	3 598.37	6 596.13	11 061.04	9 075.51	40 488.45
河 南	198.64	1 130.00	2 041.38	2 540.00	3 230.00	4 220.00	8 000.00	7 040.00	40 850.00
湖 北	133.81	867.40	650.41	787.09	1 107.17	7 962.42	10 882.76	12 679.81	34 767.00
湖 南	—	855.52	950.00	2 010.00	5 625.00	9 117.43	5 009.00	6 454.50	27 172.70
广 东	—	7 396.80	8 271.03	11 278.52	14 275.24	15 554.45	23 138.20	10 582.25	72 291.31
广 西	—	68.88	467.16	4 536.77	6 203.60	7 255.33	12 493.11	8 631.07	26 174.75
海 南	—	512.75	34.87	2 514.53	405.57	227.96	26.21	—	—
重 庆	—	816.18	339.61	1 140.00	733.00	1 463.00	3 444.00	1 051.26	11 727.14
四 川	—	1 795.63	912.58	1 405.59	2 356.00	5 907.00	4 857.81	3 978.24	33 252.38
贵 州	—	290.00	547.87	803.18	527.55	3 117.00	6 394.87	2 115.00	15 096.05
云 南	—	1 910.33	1 329.93	612.46	1 270.00	5 781.07	6 958.58	2 875.51	10 825.06
西 藏	—	—	—	—	—	—	60.00	—	100.00
陕 西	—	1 296.68	990.05	1 071.72	2 778.89	1 931.26	871.06	4 507.64	41 419.93
甘 肃	—	636.26	406.40	654.59	1 003.00	2 591.75	2 365.60	3 006.80	13 986.53
青 海	—	60.00	30.36	100.00	110.00	74.00	96.00	108.00	3 232.34
宁 夏	—	207.41	140.00	177.97	171.99	467.37	629.40	304.00	3 851.00
新 疆	—	—	—	—	1 190.99	3 382.59	2 980.00	11 665.82	28 500.40
中彩中心	—	—	—	—	—	—	—	—	—
合 计 Total	1 739.50	37 627.76	38 315.65	64 731.22	77 388.04	137 550.03	184 288.52	179 823.77	673 023.46

地区彩票销售统计表

Regions in China from 1987 to 2021

单位：万元
Unit：Ten Thousand Yuan

1996	1997	1998	1999	2000	2001	2002	2003	2004
5 452.40	10 003.40	12 722.30	43 131.50	63 118.20	183 426.03	186 984.23	212 481.94	231 696.76
7 259.90	5 843.00	9 717.30	11 712.30	55 439.48	62 878.15	72 439.67	74 972.27	69 962.76
16 559.40	13 528.40	12 499.50	26 277.40	35 183.56	78 277.90	123 133.92	126 060.59	129 222.49
30 227.10	12 877.40	17 973.10	15 337.30	7 556.82	59 527.70	43 995.89	43 391.10	52 268.78
26 400.00	12 846.20	4 318.50	14 977.00	6 523.15	6 461.29	17 007.15	29 466.86	36 534.14
27 892.50	13 833.00	11 716.10	39 806.60	46 842.62	111 621.48	206 723.54	203 604.56	206 744.28
24 455.60	8 507.40	5 647.70	16 878.70	8 027.99	48 248.19	58 025.93	90 297.35	81 510.56
22 697.80	12 155.70	9 568.90	21 969.70	42 058.77	85 260.30	117 798.85	139 917.21	145 173.76
22 770.00	24 833.70	40 900.90	131 004.10	177 625.55	157 562.63	182 801.32	178 651.20	151 761.70
33 926.80	34 324.60	76 061.60	177 922.00	251 908.42	248 549.71	255 104.13	228 805.79	209 357.33
11 622.80	10 609.40	81 921.20	151 933.90	121 948.65	137 212.28	196 464.30	252 183.56	229 524.97
20 129.00	14 650.20	18 902.20	31 695.40	24 559.70	59 261.08	57 630.47	72 671.55	76 483.46
22 663.90	24 925.00	47 528.80	108 638.40	100 047.75	262 631.42	385 834.77	249 397.58	193 359.61
16 776.80	16 508.20	16 970.00	26 132.80	11 690.15	49 749.19	47 804.77	64 517.88	55 083.25
28 738.00	17 257.30	35 253.20	45 327.30	88 189.99	227 938.13	333 516.51	330 205.30	318 519.65
24 649.70	13 207.30	17 302.20	22 013.30	23 157.14	154 390.98	176 796.70	159 270.29	161 142.88
42 408.40	29 090.00	26 587.60	29 308.80	74 845.08	100 171.69	141 856.34	192 607.05	215 459.97
47 291.40	18 565.10	15 684.70	35 218.90	36 432.86	37 239.45	62 677.66	78 911.74	80 893.66
139 585.20	118 132.00	264 180.10	293 098.20	224 923.94	315 492.94	628 070.76	612 706.20	496 055.70
39 601.50	19 799.60	34 670.30	33 950.20	54 054.78	72 449.87	107 097.48	136 795.58	126 466.13
5 420.00	2 680.00	8 644.00	11 536.80	4 855.42	8 374.90	9 509.17	12 092.93	17 888.68
8 648.00	6 857.30	17 589.00	15 456.40	51 301.08	41 999.61	40 775.48	50 373.34	51 979.64
53 626.70	21 683.90	30 833.10	67 514.10	222 815.23	144 497.28	116 733.32	122 764.54	107 251.73
16 560.50	11 769.60	11 216.10	16 439.20	22 314.81	33 481.67	18 622.06	33 560.19	33 953.12
13 228.90	12 084.40	19 255.10	23 888.00	13 832.37	87 714.63	87 157.57	98 595.84	111 534.98
800.00	400.00	820.00	1 147.00	1 930.54	717.70	1 234.39	2 583.28	4 579.57
18 630.40	10 472.70	8 803.10	9 221.60	15 296.50	64 606.28	69 762.04	67 625.38	64 902.44
18 866.60	8 057.90	7 201.20	5 181.90	4 646.90	24 580.28	42 040.26	43 143.79	35 752.11
3 766.20	406.00	630.70	689.10	1 190.38	2 036.49	4 663.22	9 295.74	11 987.66
5 586.60	1 764.00	2 566.00	3 254.40	1 210.01	4 395.50	18 189.21	20 095.16	17 591.70
11 279.40	6 078.70	14 305.90	17 337.20	16 719.82	17 908.80	46 471.02	76 977.07	81 073.31
—	—	—	—	—	—	317.11	—	—
767 521.50	513 751.40	881 990.40	1 447 999.50	1 810 247.66	2 888 663.55	3 857 239.24	4 014 022.86	3 805 716.78

续表

地 区 Region	2005	2006	2007	2008	2009	2010	2011	2012	2013
北 京	296 639.31	348 667.43	364 205.94	418 725.52	482 920.73	689 761.37	889 971.87	890 313.24	1 048 245.07
天 津	119 600.62	132 753.21	154 765.02	156 352.53	195 867.86	286 469.37	418 625.19	529 342.17	652 865.30
河 北	316 761.76	366 048.84	444 533.31	422 358.46	445 502.21	539 471.42	717 542.81	852 389.50	1 268 715.78
山 西	122 840.62	187 467.71	208 250.04	218 230.57	229 328.74	241 974.19	309 903.51	356 372.51	449 367.91
内蒙古	93 438.86	134 849.96	184 002.56	269 102.99	319 953.66	316 556.99	404 819.59	443 079.49	614 430.65
辽 宁	400 758.06	573 853.54	693 544.08	591 826.33	669 570.30	777 782.54	986 035.55	1 320 996.78	1 426 089.70
吉 林	168 178.60	246 662.33	335 385.86	272 217.64	282 356.77	310 482.61	369 346.58	490 751.36	747 339.35
黑龙江	544 557.78	332 262.63	349 002.33	334 752.57	380 371.88	399 893.63	555 524.82	741 169.01	867 065.92
上 海	177 276.14	240 564.33	306 813.42	292 498.07	412 311.40	450 127.54	590 816.19	646 935.65	833 034.07
江 苏	332 088.42	536 258.76	754 634.01	835 014.45	1 162 346.09	1 656 617.14	2 596 181.24	2 958 408.79	2 842 859.90
浙 江	396 910.77	569 548.38	806 654.80	809 606.24	946 078.70	1 261 175.46	1 533 861.39	1 757 255.10	2 107 540.33
安 徽	196 571.39	202 123.17	303 947.95	264 403.83	342 026.91	421 931.18	585 611.50	672 592.45	954 914.87
福 建	244 091.53	310 985.40	384 498.77	429 791.83	508 755.03	619 002.03	805 928.17	893 882.57	1 078 215.00
江 西	133 705.01	118 903.07	153 782.75	174 729.67	234 050.56	368 174.85	523 225.50	713 257.43	993 725.35
山 东	738 111.38	624 819.75	784 817.95	746 670.95	1 144 753.59	1 436 484.52	2 049 366.12	2 283 427.69	2 568 489.21
河 南	329 627.50	338 440.79	361 520.90	429 574.90	505 308.29	607 782.42	841 837.09	1 085 215.79	1 234 812.98
湖 北	517 317.41	421 096.47	491 046.51	442 788.63	482 768.24	602 493.22	711 836.86	870 990.19	1 092 247.60
湖 南	222 888.69	236 245.07	291 164.37	237 953.54	319 854.46	428 111.17	645 303.73	849 948.13	971 903.23
广 东	601 556.63	729 761.78	865 872.21	1 026 148.02	1 377 659.96	1 886 537.75	2 354 381.63	2 723 203.86	3 078 771.53
广 西	155 693.50	157 681.10	178 265.19	161 348.57	187 847.42	263 226.87	354 741.63	461 099.04	564 752.43
海 南	18 420.22	19 030.45	34 514.72	57 590.20	49 504.07	99 040.75	145 996.78	190 335.91	211 361.98
重 庆	85 626.17	116 315.65	164 078.78	162 061.62	204 168.77	320 375.10	491 887.88	531 924.09	626 087.19
四 川	202 844.03	312 249.70	353 850.78	416 268.59	561 413.98	660 079.25	819 856.12	974 965.46	1 039 204.03
贵 州	55 320.95	92 637.38	126 307.91	172 817.77	227 136.03	259 770.61	277 968.68	315 059.71	382 704.18
云 南	184 731.70	263 843.48	312 308.21	435 224.78	597 272.40	614 818.06	738 866.59	865 044.73	980 746.14
西 藏	5 693.45	9 709.00	13 525.92	33 477.56	47 719.77	39 099.13	57 271.24	57 340.02	72 233.10
陕 西	169 249.10	175 146.14	274 124.27	277 894.21	322 963.02	390 700.63	561 822.71	684 210.58	855 169.33
甘 肃	68 986.63	105 921.73	154 676.04	175 918.73	192 774.96	211 623.10	260 378.55	343 119.30	549 525.28
青 海	22 784.49	30 760.42	38 665.04	53 448.93	61 622.99	69 425.66	90 663.43	108 675.63	158 741.01
宁 夏	34 472.85	54 559.75	67 651.55	74 704.95	84 137.64	101 578.48	122 954.85	132 749.93	170 921.74
新 疆	181 892.02	203 884.71	210 862.32	207 822.93	269 540.60	294 275.71	345 656.70	408 363.01	490 424.77
中彩中心	—	—	—	—	—	—	—	—	—
合 计 Total	7 138 635.61	8 193 052.14	10 167 273.49	10 601 325.58	13 247 887.03	16 624 842.76	22 158 184.49	26 152 419.11	30 932 504.92

2014	2015	2016	2017	2018	2019	2020	2021	1987–2021
1 157 819.29	1 006 505.47	1 074 595.33	1 076 170.71	1 255 505.62	1 125 087.69	789 817.54	1 018 821.04	14 918 214.18
1 038 002.08	742 322.79	682 635.41	718 054.14	875 574.35	659 199.58	532 600.07	616 317.63	8 906 023.89
1 667 174.67	1 652 129.38	1 698 237.66	1 569 358.27	1 929 245.33	1 549 799.89	1 330 646.45	1 385 929.07	18 770 030.45
598 187.78	632 183.47	669 292.53	788 893.95	835 516.27	643 115.31	531 163.98	616 735.14	7 952 955.92
789 785.68	918 710.05	1 030 633.83	1 100 924.15	1 341 222.44	1 014 469.90	744 934.34	790 450.73	10 693 571.58
1 565 837.71	1 599 075.05	1 647 960.37	1 558 993.78	1 804 188.42	1 469 728.69	1 016 884.39	1 069 517.48	20 107 265.83
828 214.44	732 169.49	739 604.32	699 732.25	847 921.70	642 239.44	575 387.51	620 003.25	9 286 505.27
1 220 489.07	1 087 229.71	1 043 580.67	1 041 472.80	1 089 788.59	898 526.88	666 046.83	669 371.87	12 853 380.60
1 344 496.41	811 001.32	755 117.34	807 246.70	972 639.24	946 386.47	846 383.43	881 624.68	12 412 041.48
3 180 151.94	3 143 051.27	3 274 919.87	3 550 762.28	4 450 369.72	3 535 778.72	2 846 999.97	2 644 265.62	41 895 495.02
2 449 383.64	2 557 022.48	2 756 723.28	2 934 787.15	3 740 284.85	3 100 300.46	2 497 918.32	2 854 178.37	34 341 013.04
1 154 388.99	1 163 405.73	1 202 620.57	1 344 264.80	1 731 265.18	1 514 780.41	1 092 994.59	1 195 794.19	14 771 025.93
1 147 591.91	1 279 358.74	1 307 488.36	1 571 150.81	1 711 135.89	1 342 829.02	1 174 103.14	1 327 067.66	17 572 123.05
1 292 660.52	779 278.00	610 496.50	894 776.71	1 340 634.72	1 068 159.11	770 626.14	953 813.59	11 467 863.95
3 066 707.88	3 023 723.77	3 192 410.81	3 334 931.81	4 053 647.64	3 374 740.35	2 408 248.89	2 571 674.13	38 903 352.78
1 478 137.76	1 647 280.89	1 861 462.30	2 025 556.12	2 529 219.60	2 271 208.37	1 713 048.19	2 148 367.84	22 229 582.22
1 301 352.28	1 306 217.45	1 683 396.63	1 957 635.62	2 352 371.01	1 872 044.97	1 352 197.74	1 673 480.97	20 053 454.61
1 328 346.85	1 183 756.01	1 454 473.38	1 709 615.65	1 943 241.86	1 375 725.25	874 830.71	1 096 854.61	15 640 326.35
3 680 111.56	3 574 918.75	3 963 268.77	4 227 822.15	4 898 898.82	3 956 865.90	3 257 271.63	3 786 758.28	49 244 842.06
829 315.78	699 110.45	757 706.58	871 456.83	952 406.74	702 863.10	505 367.77	611 352.46	9 104 951.57
252 261.57	304 558.86	311 900.93	274 369.12	309 659.99	163 825.78	95 028.42	128 736.30	2 750 859.84
902 158.31	762 274.13	800 329.25	1 029 954.62	1 179 384.30	992 850.36	718 467.87	937 057.45	10 330 695.57
1 183 931.31	1 288 934.03	1 325 651.05	1 363 838.95	1 772 136.55	1 881 210.74	1 531 776.91	1 984 801.69	18 615 198.31
438 063.31	508 144.07	591 941.38	629 946.61	851 425.21	711 148.08	637 778.10	796 049.68	7 301 028.45
1 155 058.06	1 271 658.65	1 478 980.25	1 517 916.13	1 834 358.68	1 647 987.98	1 463 186.03	1 685 039.31	17 545 895.92
111 395.53	158 819.29	228 934.00	356 964.84	341 724.21	287 037.83	305 226.49	157 846.17	2 298 390.03
1 167 960.90	1 260 782.22	1 416 528.29	1 573 987.94	1 819 197.47	1 485 836.14	1 296 639.31	1 153 434.71	15 269 834.65
739 278.86	676 931.22	712 480.46	801 755.67	866 793.17	681 682.25	585 968.28	593 877.15	7 935 813.25
217 361.27	171 495.44	217 531.55	249 555.62	267 758.95	221 146.05	222 848.05	178 739.59	2 419 700.32
297 360.82	240 101.75	272 324.64	293 548.03	350 783.72	274 365.11	248 008.07	285 323.74	3 186 149.32
654 822.39	606 274.75	700 901.17	791 464.50	898 872.37	794 394.29	762 659.66	895 254.56	9 053 237.48
—	—	—	—	—	—	—	—	317.11
38 237 808.57	**36 788 424.69**	**39 464 127.51**	**42 666 908.74**	**51 147 172.59**	**42 205 334.12**	**33 395 058.86**	**37 328 538.95**	**487 831 140.01**

1987—2021 年全国彩票

Statistical Table of Lottery Sales in Different Regions and

地 区 Region	1987 福利彩票 Welfare Lottery	1988 福利彩票 Welfare Lottery	1989 福利彩票 Welfare Lottery	1990 福利彩票 Welfare Lottery	1991 福利彩票 Welfare Lottery	1992 福利彩票 Welfare Lottery	1993 福利彩票 Welfare Lottery	1994 福利彩票 Welfare Lottery
北 京	—	1 136.68	940.07	2 077.00	2 765.00	3 220.00	5 404.00	6 395.71
天 津	396.60	328.48	1 166.29	1 995.38	1 209.00	769.62	2 474.35	1 799.00
河 北	100.00	1 505.00	1 295.00	2 082.00	2 579.00	3 204.66	3 010.00	11 255.82
山 西	—	1 211.74	826.17	1 136.16	1 516.00	4 175.00	3 300.00	5 010.00
内蒙古	—	14.00	484.68	924.90	549.56	1 766.58	1 293.00	3 838.71
辽 宁	—	3 073.04	2 397.14	6 587.00	3 530.41	3 598.52	4 825.17	14 719.11
吉 林	—	997.98	1 577.14	4 617.10	1 683.33	2 388.21	4 262.68	5 499.95
黑龙江	—	1 550.48	1 463.44	2 214.32	1 417.00	1 650.38	3 185.00	7 313.00
上 海	373.71	701.80	833.99	2 371.89	2 724.00	2 841.00	1 496.60	1 523.00
江 苏	100.00	2 659.00	3 304.65	3 110.30	2 299.87	4 607.66	17 173.00	11 860.76
浙 江	193.90	2 757.89	2 615.25	2 431.00	3 921.82	19 642.22	16 724.97	5 445.48
安 徽	—	1 123.99	1 068.75	1 693.08	2 251.00	2 711.00	8 214.07	12 155.09
福 建	242.84	1 269.65	1 537.63	1 060.00	4 527.96	7 038.50	4 512.05	4 245.70
江 西	—	195.00	300.00	890.21	1 827.72	4 287.92	9 145.99	4 687.03
山 东	—	1 259.19	1 393.80	1 908.46	3 598.37	6 596.13	11 061.04	9 075.51
河 南	198.64	1 130.00	2 041.38	2 540.00	3 230.00	4 220.00	8 000.00	7 040.00
湖 北	133.81	867.40	650.41	787.09	1 107.17	7 962.42	10 882.76	12 679.81
湖 南	—	855.52	950.00	2 010.00	5 625.00	9 117.43	5 009.00	6 454.50
广 东	—	7 396.80	8 271.03	11 278.52	14 275.24	15 554.45	23 138.20	10 582.25
广 西	—	68.88	467.16	4 536.77	6 203.60	7 255.33	12 493.11	8 631.07
海 南	—	512.75	34.87	2 514.53	405.57	227.96	26.21	—
重 庆	—	816.18	339.61	1 140.00	733.00	1 463.00	3 444.00	1 051.26
四 川	—	1 795.63	912.58	1 405.59	2 356.00	5 907.00	4 857.81	3 978.24
贵 州	—	290.00	547.87	803.18	527.55	3 117.00	6 394.87	2 115.00
云 南	—	1 910.33	1 329.93	612.46	1 270.00	5 781.07	6 958.58	2 875.51
西 藏	—	—	—	—	—	—	60.00	—
陕 西	—	1 296.68	990.05	1 071.72	2 778.89	1 931.26	871.06	4 507.64
甘 肃	—	636.26	406.40	654.59	1 003.00	2 591.75	2 365.60	3 006.80
青 海	—	60.00	30.36	100.00	110.00	74.00	96.00	108.00
宁 夏	—	207.41	140.00	177.97	171.99	467.37	629.40	304.00
新 疆	—	—	—	—	1 190.99	3 382.59	2 980.00	11 665.82
中彩中心	—	—	—	—	—	—	—	—
合 计 Total	1 739.50	37 627.76	38 315.65	64 731.22	77 388.04	137 550.03	184 288.52	179 823.77

销售统计表（分地区分系统）

Different Organizations in China from 1987 to 2021

单位：万元
Unit：Ten Thousand Yuan

1995			1996			1997		
福利彩票 Welfare Lottery	体育彩票 Sports Lottery	小计 Subtotal	福利彩票 Welfare Lottery	体育彩票 Sports Lottery	小计 Subtotal	福利彩票 Welfare Lottery	体育彩票 Sports Lottery	小计 Subtotal
11 485.78	2 000.00	13 485.78	5 452.40	—	5 452.40	8 003.40	2 000.00	10 003.40
6 113.00	8 200.00	14 313.00	4 159.90	3 100.00	7 259.90	4 043.00	1 800.00	5 843.00
20 611.00	7 800.00	28 411.00	11 559.40	5 000.00	16 559.40	7 928.40	5 600.00	13 528.40
13 001.43	800.00	13 801.43	28 227.10	2 000.00	30 227.10	10 877.40	2 000.00	12 877.40
18 400.00	400.00	18 800.00	24 200.00	2 200.00	26 400.00	8 446.20	4 400.00	12 846.20
23 007.97	4 100.00	27 107.97	21 992.50	5 900.00	27 892.50	11 033.00	2 800.00	13 833.00
14 005.96	1 880.00	15 885.96	19 355.60	5 100.00	24 455.60	5 507.40	3 000.00	8 507.40
9 565.00	7 314.00	16 879.00	18 797.80	3 900.00	22 697.80	7 155.70	5 000.00	12 155.70
9 492.00	6 500.00	15 992.00	11 770.00	11 000.00	22 770.00	5 833.70	19 000.00	24 833.70
21 711.20	12 000.00	33 711.20	29 126.80	4 800.00	33 926.80	27 524.60	6 800.00	34 324.60
12 209.72	2 420.00	14 629.72	8 102.80	3 520.00	11 622.80	4 609.40	6 000.00	10 609.40
19 088.18	3 100.00	22 188.18	15 729.00	4 400.00	20 129.00	10 050.00	4 600.00	14 650.20
14 985.62	1 800.00	16 785.62	18 663.90	4 000.00	22 663.90	10 925.00	14 000.00	24 925.00
15 797.56	1 500.00	17 297.56	13 376.80	3 400.00	16 776.80	12 508.20	4 000.00	16 508.20
39 488.45	1 000.00	40 488.45	23 718.00	5 020.00	28 738.00	12 257.30	5 000.00	17 257.30
39 550.00	1 300.00	40 850.00	21 849.70	2 800.00	24 649.70	10 207.30	3 000.00	13 207.30
30 067.00	4 700.00	34 767.00	36 888.40	5 520.00	42 408.40	23 730.00	5 360.00	29 090.00
22 672.70	4 500.00	27 172.70	42 271.40	5 020.00	47 291.40	13 565.10	5 000.00	18 565.10
61 005.31	11 286.00	72 291.31	130 585.20	9 000.00	139 585.20	105 132.00	13 000.00	118 132.00
23 774.75	2 400.00	26 174.75	34 601.50	5 000.00	39 601.50	13 799.60	6 000.00	19 799.60
—	—	—	2 920.00	2 500.00	5 420.00	680.00	2 000.00	2 680.00
11 727.14	—	11 727.14	8 648.00	—	8 648.00	4 857.30	2 000.00	6 857.30
29 952.38	3 300.00	33 252.38	47 906.70	5 720.00	53 626.70	15 683.90	6 000.00	21 683.90
14 096.05	1 000.00	15 096.05	12 760.50	3 800.00	16 560.50	7 769.60	4 000.00	11 769.60
7 825.06	3 000.00	10 825.06	10 828.90	2 400.00	13 228.90	8 084.40	4 000.00	12 084.40
—	100.00	100.00	—	800.00	800.00	—	400.00	400.00
38 099.93	3 320.00	41 419.93	14 530.40	4 100.00	18 630.40	5 472.70	5 000.00	10 472.70
13 006.53	980.00	13 986.53	15 866.60	3 000.00	18 866.60	5 057.90	3 000.00	8 057.90
3 232.34	—	3 232.34	1 766.20	2 000.00	3 766.20	166.00	240.00	406.00
3 551.00	300.00	3 851.00	3 586.60	2 000.00	5 586.60	764.00	1 000.00	1 764.00
25 500.40	3 000.00	28 500.40	8 279.40	3 000.00	11 279.40	2 078.70	4 000.00	6 078.70
—	—	—	—	—	—	—	—	—
573 023.46	100 000.00	673 023.46	647 521.50	120 000.00	767 521.50	363 751.40	150 000.00	513 751.40

续表

地区 Region	1998			1999			2000		
	福利彩票 Welfare Lottery	体育彩票 Sports Lottery	小计 Subtotal	福利彩票 Welfare Lottery	体育彩票 Sports Lottery	小计 Subtotal	福利彩票 Welfare Lottery	体育彩票 Sports Lottery	小计 Subtotal
北 京	9 442.30	3 280.00	12 722.30	37 931.50	5 200.00	43 131.50	14 439.53	48 678.67	63 118.20
天 津	4 717.30	5 000.00	9 717.30	4 302.30	7 410.00	11 712.30	7 329.81	48 109.67	55 439.48
河 北	6 559.50	5 940.00	12 499.50	23 306.40	2 971.00	26 277.40	9 915.50	25 268.06	35 183.56
山 西	11 973.10	6 000.00	17 973.10	15 137.30	200.00	15 337.30	5 663.91	1 892.91	7 556.82
内蒙古	3 388.50	930.00	4 318.50	12 203.00	2 774.00	14 977.00	4 410.29	2 112.86	6 523.15
辽 宁	7 716.10	4 000.00	11 716.10	38 092.60	1 714.00	39 806.60	40 451.11	6 391.51	46 842.62
吉 林	3 647.70	2 000.00	5 647.70	15 166.70	1 712.00	16 878.70	7 027.99	1 000.00	8 027.99
黑龙江	5 568.90	4 000.00	9 568.90	15 389.70	6 580.00	21 969.70	14 793.15	27 265.62	42 058.77
上 海	30 900.90	10 000.00	40 900.90	87 778.10	43 226.00	131 004.10	127 451.61	50 173.94	177 625.55
江 苏	59 061.60	17 000.00	76 061.60	111 465.00	66 457.00	177 922.00	69 646.57	182 261.85	251 908.42
浙 江	57 921.20	24 000.00	81 921.20	106 897.90	45 036.00	151 933.90	60 531.70	61 416.95	121 948.65
安 徽	13 862.20	5 040.00	18 902.20	25 035.40	6 660.00	31 695.40	16 397.84	8 161.86	24 559.70
福 建	17 528.80	30 000.00	47 528.80	65 630.40	43 008.00	108 638.40	28 880.51	71 167.24	100 047.75
江 西	12 770.00	4 200.00	16 970.00	20 766.80	5 366.00	26 132.80	8 441.16	3 248.99	11 690.15
山 东	29 253.20	6 000.00	35 253.20	36 476.30	8 851.00	45 327.30	75 387.02	12 802.97	88 189.99
河 南	13 302.20	4 000.00	17 302.20	19 731.30	2 282.00	22 013.30	17 382.00	5 775.14	23 157.14
湖 北	17 227.60	9 360.00	26 587.60	23 651.80	5 657.00	29 308.80	31 098.02	43 747.06	74 845.08
湖 南	10 684.70	5 000.00	15 684.70	28 507.90	6 711.00	35 218.90	21 268.46	15 164.40	36 432.86
广 东	215 180.10	49 000.00	264 180.10	211 035.20	82 063.00	293 098.20	133 754.80	91 169.14	224 923.94
广 西	22 670.30	12 000.00	34 670.30	30 539.20	3 411.00	33 950.20	51 230.75	2 824.03	54 054.78
海 南	2 644.00	6 000.00	8 644.00	8 002.80	3 534.00	11 536.80	1 300.67	3 554.75	4 855.42
重 庆	14 589.00	3 000.00	17 589.00	13 131.40	2 325.00	15 456.40	45 989.14	5 311.94	51 301.08
四 川	17 793.10	13 040.00	30 833.10	31 239.10	36 275.00	67 514.10	55 473.45	167 341.78	222 815.23
贵 州	6 796.10	4 420.00	11 216.10	12 335.20	4 104.00	16 439.20	8 437.27	13 877.54	22 314.81
云 南	14 255.10	5 000.00	19 255.10	20 115.00	3 773.00	23 888.00	12 244.00	1 588.37	13 832.37
西 藏	—	820.00	820.00	—	1 147.00	1 147.00	1 186.54	744.00	1 930.54
陕 西	5 803.10	3 000.00	8 803.10	8 740.60	481.00	9 221.60	10 232.62	5 063.88	15 296.50
甘 肃	4 201.20	3 000.00	7 201.20	4 081.90	1 100.00	5 181.90	3 657.95	988.95	4 646.90
青 海	260.70	370.00	630.70	689.10	—	689.10	1 030.38	160.00	1 190.38
宁 夏	2 166.00	400.00	2 566.00	2 754.40	500.00	3 254.40	627.74	582.27	1 210.01
新 疆	10 105.90	4 200.00	14 305.90	14 314.20	3 023.00	17 337.20	13 165.77	3 554.05	16 719.82
中彩中心	—	—	—	—	—	—	—	—	—
合 计 Total	631 990.40	250 000.00	881 990.40	1 044 448.50	403 551.00	1 447 999.50	898 847.26	911 400.40	1 810 247.66

四、彩票统计资料

	2001			2002			2003		
	福利彩票 Welfare Lottery	体育彩票 Sports Lottery	小计 Subtotal	福利彩票 Welfare Lottery	体育彩票 Sports Lottery	小计 Subtotal	福利彩票 Welfare Lottery	体育彩票 Sports Lottery	小计 Subtotal
	33 179.03	150 247.00	183 426.03	56 126.23	130 858.00	186 984.23	100 520.93	111 961.01	212 481.94
	12 100.15	50 778.00	62 878.15	8 159.23	64 280.44	72 439.67	10 763.39	64 208.88	74 972.27
	25 530.36	52 747.54	78 277.90	48 987.11	74 146.81	123 133.92	58 907.49	67 153.10	126 060.59
	53 207.86	6 319.84	59 527.70	34 870.99	9 124.90	43 995.89	27 644.61	15 746.49	43 391.10
	5 473.39	987.90	6 461.29	10 824.25	6 182.90	17 007.15	16 957.45	12 509.41	29 466.86
	75 896.56	35 724.92	111 621.48	105 933.26	100 790.28	206 723.54	126 814.59	76 789.97	203 604.56
	33 078.01	15 170.18	48 248.19	25 229.36	32 796.57	58 025.93	46 783.59	43 513.76	90 297.35
	41 780.52	43 479.78	85 260.30	67 728.98	50 069.87	117 798.85	84 072.82	55 844.39	139 917.21
	100 356.05	57 206.58	157 562.63	80 032.30	102 769.02	182 801.32	102 551.43	76 099.77	178 651.20
	71 973.80	176 575.91	248 549.71	72 515.36	182 588.77	255 104.13	68 803.36	160 002.43	228 805.79
	54 559.50	82 652.78	137 212.28	53 042.52	143 421.78	196 464.30	84 922.35	167 261.21	252 183.56
	35 054.75	24 206.33	59 261.08	23 206.75	34 423.72	57 630.47	27 413.74	45 257.81	72 671.55
	81 017.90	181 613.52	262 631.42	67 481.65	318 353.12	385 834.77	29 091.19	220 306.39	249 397.58
	39 602.89	10 146.30	49 749.19	30 992.83	16 811.94	47 804.77	34 426.37	30 091.51	64 517.88
	185 322.67	42 615.46	227 938.13	265 900.88	67 615.63	333 516.51	288 136.42	42 068.88	330 205.30
	71 436.07	82 954.91	154 390.98	68 094.52	108 702.18	176 796.70	73 635.77	85 634.52	159 270.29
	32 817.84	67 353.85	100 171.69	40 236.65	101 619.69	141 856.34	78 832.09	113 774.96	192 607.05
	24 411.12	12 828.33	37 239.45	42 815.92	19 861.74	62 677.66	55 828.97	23 082.77	78 911.74
	172 421.81	143 071.13	315 492.94	287 606.13	340 464.63	628 070.76	314 331.30	298 374.90	612 706.20
	58 162.23	14 287.64	72 449.87	84 519.87	22 577.61	107 097.48	111 382.99	25 412.59	136 795.58
	3 575.51	4 799.39	8 374.90	3 296.49	6 212.68	9 509.17	2 068.59	10 024.34	12 092.93
	29 524.27	12 475.34	41 999.61	22 350.63	18 424.85	40 775.48	31 040.63	19 332.71	50 373.34
	19 000.56	125 496.72	144 497.28	13 806.77	102 926.55	116 733.32	28 635.87	94 128.67	122 764.54
	12 220.15	21 261.52	33 481.67	6 032.89	12 589.17	18 622.06	18 790.79	14 769.40	33 560.19
	25 311.57	62 403.06	87 714.63	24 168.39	62 989.18	87 157.57	27 504.37	71 091.47	98 595.84
	550.70	167.00	717.70	572.85	661.54	1 234.39	628.59	1 954.69	2 583.28
	52 690.49	11 915.79	64 606.28	42 608.99	27 153.05	69 762.04	37 829.76	29 795.62	67 625.38
	23 019.63	1 560.65	24 580.28	32 861.07	9 179.19	42 040.26	30 073.74	13 070.05	43 143.79
	1 717.27	319.22	2 036.49	3 545.14	1 118.08	4 663.22	6 992.77	2 302.97	9 295.74
	4 395.50	—	4 395.50	15 110.71	3 078.50	18 189.21	13 723.54	6 371.62	20 095.16
	16 347.00	1 561.80	17 908.80	41 266.53	5 204.49	46 471.02	61 460.08	15 516.99	76 977.07
	—	—	—	—	317.11	317.11	—	—	—
	1 395 735.16	1 492 928.39	2 888 663.55	1 679 925.25	2 177 313.99	3 857 239.24	2 000 569.58	2 013 453.28	4 014 022.86

续表

地区 Region	2004			2005			2006		
	福利彩票 Welfare Lottery	体育彩票 Sports Lottery	小计 Subtotal	福利彩票 Welfare Lottery	体育彩票 Sports Lottery	小计 Subtotal	福利彩票 Welfare Lottery	体育彩票 Sports Lottery	小计 Subtotal
北　京	157 995.61	73 701.15	231 696.76	207 187.56	89 451.75	296 639.31	229 001.22	119 666.21	348 667.43
天　津	19 589.60	50 373.16	69 962.76	40 174.97	79 425.65	119 600.62	54 531.44	78 221.77	132 753.21
河　北	80 013.37	49 209.12	129 222.49	176 551.16	140 210.60	316 761.76	233 993.59	132 055.25	366 048.84
山　西	37 431.99	14 836.79	52 268.78	83 938.78	38 901.84	122 840.62	131 537.22	55 930.49	187 467.71
内蒙古	23 363.02	13 171.12	36 534.14	55 135.96	38 302.91	93 438.86	80 375.24	54 474.73	134 849.96
辽　宁	152 600.09	54 144.19	206 744.28	266 384.46	134 373.60	400 758.06	399 046.63	174 806.91	573 853.54
吉　林	49 510.98	31 999.58	81 510.56	96 075.33	72 103.27	168 178.60	132 208.30	114 454.03	246 662.33
黑龙江	95 629.70	49 544.06	145 173.76	302 950.17	241 607.61	544 557.78	235 808.29	96 454.34	332 262.63
上　海	100 273.42	51 488.28	151 761.70	123 528.65	53 747.48	177 276.14	167 850.45	72 713.88	240 564.33
江　苏	75 014.61	134 342.72	209 357.33	136 391.95	195 696.48	332 088.42	210 184.33	326 074.44	536 258.76
浙　江	82 221.07	147 303.90	229 524.97	160 436.76	236 474.01	396 910.77	244 239.10	325 309.28	569 548.38
安　徽	41 476.63	35 006.83	76 483.46	100 089.03	96 482.37	196 571.39	128 081.78	74 041.39	202 123.17
福　建	21 336.50	172 023.11	193 359.61	45 162.07	198 929.46	244 091.53	100 104.26	210 881.14	310 985.40
江　西	30 510.91	24 572.34	55 083.25	51 637.78	82 067.23	133 705.01	52 859.06	66 044.01	118 903.07
山　东	284 915.79	33 603.86	318 519.65	539 046.67	199 064.71	738 111.38	468 047.68	156 772.06	624 819.75
河　南	91 656.07	69 486.81	161 142.88	157 659.30	171 968.20	329 627.50	177 670.69	160 770.10	338 440.79
湖　北	123 910.17	91 549.80	215 459.97	278 119.79	239 197.62	517 317.41	265 749.02	155 347.45	421 096.47
湖　南	60 041.08	20 852.58	80 893.66	118 344.02	104 544.68	222 888.69	147 414.49	88 830.59	236 245.07
广　东	306 563.04	189 492.66	496 055.70	391 173.93	210 382.70	601 556.63	487 050.04	242 711.74	729 761.78
广　西	111 488.44	14 977.69	126 466.13	136 391.95	19 301.55	155 693.50	136 514.05	21 167.05	157 681.10
海　南	12 918.82	4 969.86	17 888.68	13 857.37	4 562.85	18 420.22	13 112.29	5 918.16	19 030.45
重　庆	37 457.36	14 522.28	51 979.64	62 666.48	22 959.69	85 626.17	90 646.02	25 669.64	116 315.65
四　川	45 672.66	61 579.07	107 251.73	106 713.86	96 130.18	202 844.03	173 020.19	139 229.52	312 249.70
贵　州	23 482.24	10 470.88	33 953.12	39 630.18	15 690.77	55 320.95	61 166.11	31 471.27	92 637.38
云　南	52 379.05	59 155.93	111 534.98	105 475.42	79 256.28	184 731.70	149 057.25	114 786.23	263 843.48
西　藏	3 651.32	928.25	4 579.57	4 334.58	1 358.87	5 693.45	7 691.78	2 017.22	9 709.00
陕　西	35 969.80	28 932.64	64 902.44	106 804.71	62 444.39	169 249.10	116 610.58	58 535.56	175 146.14
甘　肃	22 782.61	12 969.50	35 752.11	43 373.18	25 613.45	68 986.63	67 309.07	38 612.66	105 921.73
青　海	8 826.95	3 160.71	11 987.66	16 054.81	6 729.68	22 784.49	22 232.30	8 528.13	30 760.42
宁　夏	10 684.80	6 906.90	17 591.70	18 688.45	15 784.40	34 472.85	31 646.79	22 912.96	54 559.75
新　疆	64 385.60	16 687.71	81 073.31	128 098.35	53 793.67	181 892.02	142 000.00	61 884.71	203 884.71
中彩中心	—	—	—	—	—	—	—	—	—
合　计 Total	2 263 753.30	1 541 963.48	3 805 716.78	4 112 077.66	3 026 557.94	7 138 635.60	4 956 759.24	3 236 292.90	8 193 052.14

四、彩票统计资料

	2007			2008			2009		
	福利彩票 Welfare Lottery	体育彩票 Sports Lottery	小计 Subtotal	福利彩票 Welfare Lottery	体育彩票 Sports Lottery	小计 Subtotal	福利彩票 Welfare Lottery	体育彩票 Sports Lottery	小计 Subtotal
	238 198.87	126 007.06	364 205.94	264 760.76	153 964.77	418 725.52	311 890.56	171 030.17	482 920.73
	72 412.81	82 352.20	154 765.02	64 095.76	92 256.78	156 352.53	83 173.48	112 694.38	195 867.86
	272 316.12	172 217.19	444 533.31	260 128.67	162 229.79	422 358.46	279 639.11	165 863.10	445 502.21
	157 469.17	50 780.87	208 250.04	125 853.49	92 377.08	218 230.57	148 620.24	80 708.50	229 328.74
	110 442.21	73 560.35	184 002.56	165 259.42	103 843.57	269 102.99	193 675.40	126 278.26	319 953.66
	493 266.48	200 277.60	693 544.08	400 885.63	190 940.70	591 826.33	474 376.30	195 194.00	669 570.30
	214 700.40	120 685.46	335 385.86	159 023.07	113 194.58	272 217.64	156 052.32	126 304.45	282 356.77
	224 301.91	124 700.41	349 002.33	212 956.64	121 795.93	334 752.57	233 872.57	146 499.31	380 371.88
	221 109.64	85 703.78	306 813.42	195 329.31	97 168.76	292 498.07	291 953.43	120 357.96	412 311.39
	320 308.22	434 325.79	754 634.01	334 282.22	500 732.23	835 014.45	478 358.21	683 987.88	1 162 346.09
	444 633.66	362 021.14	806 654.80	407 120.26	402 485.98	809 606.24	493 209.76	452 868.94	946 078.70
	188 383.13	115 564.82	303 947.95	157 284.48	107 119.35	264 403.83	201 035.41	140 991.50	342 026.91
	146 417.77	238 081.00	384 498.77	125 404.77	304 387.06	429 791.83	160 594.20	348 160.83	508 755.03
	65 072.47	88 710.28	153 782.75	81 403.05	93 326.62	174 729.67	107 444.82	126 605.74	234 050.56
	592 654.30	192 163.66	784 817.95	510 118.51	236 552.44	746 670.95	690 475.14	454 278.45	1 144 753.59
	207 361.08	154 159.82	361 520.90	191 362.83	238 212.07	429 574.90	227 658.45	277 649.84	505 308.29
	305 241.68	185 804.83	491 046.51	280 791.48	161 997.15	442 788.63	318 822.18	163 946.06	482 768.24
	191 915.75	99 248.63	291 164.37	151 375.73	86 577.80	237 953.54	203 959.50	115 894.96	319 854.46
	565 821.16	300 051.05	865 872.21	633 992.91	392 155.11	1 026 148.02	833 977.73	543 682.23	1 377 659.96
	155 515.47	22 749.72	178 265.19	136 672.69	24 675.88	161 348.57	159 526.95	28 320.47	187 847.42
	25 544.39	8 970.32	34 514.72	47 368.49	10 221.71	57 590.20	38 184.09	11 319.98	49 504.07
	127 322.18	36 756.60	164 078.78	111 486.31	50 575.31	162 061.62	140 283.50	63 885.27	204 168.77
	196 865.49	156 985.30	353 850.78	244 593.94	171 674.65	416 268.59	311 716.13	249 697.85	561 413.98
	78 969.03	47 338.89	126 307.91	103 451.21	69 366.56	172 817.77	135 172.12	91 963.91	227 136.03
	188 850.64	123 457.57	312 308.21	202 386.33	232 838.45	435 224.78	286 596.57	310 675.83	597 272.40
	11 116.17	2 409.76	13 525.92	17 889.68	15 587.88	33 477.56	27 808.32	19 911.45	47 719.77
	186 680.07	87 444.20	274 124.27	159 361.70	118 532.51	277 894.21	203 278.41	119 684.61	322 963.02
	107 355.26	47 320.78	154 676.04	100 122.40	75 796.32	175 918.73	129 457.73	63 317.23	192 774.96
	28 816.76	9 848.28	38 665.04	30 548.01	22 900.92	53 448.93	37 355.34	24 267.65	61 622.99
	42 365.13	25 286.42	67 651.55	35 768.60	38 936.36	74 704.95	44 247.36	39 890.28	84 137.64
	134 475.11	76 387.21	210 862.32	128 716.89	79 106.04	207 822.93	158 164.72	111 375.88	269 540.60
	—	—	—	—	—	—	—	—	—
	6 315 902.51	3 851 370.97	10 167 273.49	6 039 795.23	4 561 530.35	10 601 325.58	7 560 580.05	5 687 306.97	13 247 887.02

续表

地 区 Region	2010			2011			2012		
	福利彩票 Welfare Lottery	体育彩票 Sports Lottery	小计 Subtotal	福利彩票 Welfare Lottery	体育彩票 Sports Lottery	小计 Subtotal	福利彩票 Welfare Lottery	体育彩票 Sports Lottery	小计 Subtotal
北 京	382 292.54	307 468.83	689 761.37	503 554.26	386 417.61	889 971.87	507 317.39	382 995.85	890 313.24
天 津	123 844.76	162 624.61	286 469.37	160 714.27	257 910.92	418 625.19	228 000.86	301 341.31	529 342.17
河 北	347 006.56	192 464.86	539 471.42	471 188.65	246 354.16	717 542.81	546 386.83	306 002.67	852 389.50
山 西	159 719.43	82 254.76	241 974.19	213 702.01	96 201.50	309 903.51	254 806.03	101 566.48	356 372.51
内蒙古	200 553.74	116 003.25	316 556.99	258 553.80	146 265.79	404 819.59	281 124.50	161 954.99	443 079.49
辽 宁	543 791.57	233 990.98	777 782.54	627 739.73	358 295.82	986 035.55	798 047.23	522 949.55	1 320 996.78
吉 林	176 023.10	134 459.51	310 482.61	208 013.56	161 333.02	369 346.58	256 357.13	234 394.23	490 751.36
黑龙江	243 383.48	156 510.15	399 893.63	285 501.27	270 023.55	555 524.82	358 206.36	382 962.65	741 169.01
上 海	295 040.81	155 086.73	450 127.54	383 409.73	207 406.46	590 816.19	384 025.82	262 909.83	646 935.65
江 苏	723 258.10	933 359.04	1 656 617.14	1 178 830.30	1 417 350.94	2 596 181.24	1 340 066.74	1 618 342.05	2 958 408.79
浙 江	733 942.15	527 233.31	1 261 175.46	927 216.13	606 645.26	1 533 861.39	1 023 967.93	733 287.17	1 757 255.10
安 徽	251 627.30	170 303.88	421 931.18	355 627.04	229 984.46	585 611.50	436 558.35	236 034.10	672 592.45
福 建	241 186.14	377 815.89	619 002.03	329 024.52	476 903.65	805 928.17	371 984.26	521 898.31	893 882.57
江 西	144 329.17	223 845.68	368 174.85	231 094.96	292 130.54	523 225.50	352 383.78	360 873.65	713 257.43
山 东	898 454.89	538 029.63	1 436 484.52	1 097 297.13	952 068.99	2 049 366.12	1 223 637.80	1 059 789.89	2 283 427.69
河 南	321 660.36	286 122.06	607 782.42	452 936.10	388 900.99	841 837.09	568 890.93	516 324.86	1 085 215.79
湖 北	407 074.95	195 418.27	602 493.22	510 549.41	201 287.45	711 836.86	607 789.85	263 200.34	870 990.19
湖 南	263 449.03	164 662.14	428 111.17	409 434.94	235 868.79	645 303.73	529 189.21	320 758.92	849 948.13
广 东	1 135 538.64	750 999.12	1 886 537.75	1 407 034.45	947 347.17	2 354 381.63	1 695 551.18	1 027 652.68	2 723 203.86
广 西	209 737.98	53 488.89	263 226.87	282 296.16	72 445.47	354 741.63	384 769.57	76 329.47	461 099.04
海 南	84 036.38	15 004.37	99 040.75	118 814.54	27 182.24	145 996.78	143 251.44	47 084.47	190 335.91
重 庆	218 964.71	101 410.39	320 375.10	345 860.20	146 027.68	491 887.88	381 540.93	150 383.16	531 924.09
四 川	367 863.16	292 216.09	660 079.25	486 887.44	332 968.68	819 856.12	595 148.22	379 817.24	974 965.46
贵 州	144 454.78	115 315.83	259 770.61	160 217.70	117 750.99	277 968.68	181 386.47	133 673.24	315 059.71
云 南	330 270.78	284 547.28	614 818.06	396 464.71	342 401.88	738 866.59	448 759.71	416 285.02	865 044.73
西 藏	25 139.88	13 959.25	39 099.13	33 106.41	24 164.83	57 271.24	30 752.25	26 587.77	57 340.02
陕 西	257 242.51	133 458.12	390 700.63	401 325.86	160 496.85	561 822.71	502 854.75	181 355.83	684 210.58
甘 肃	147 863.66	63 759.44	211 623.10	182 711.20	77 667.35	260 378.55	228 036.40	115 082.90	343 119.30
青 海	45 868.17	23 557.49	69 425.66	58 201.79	32 461.64	90 663.43	74 962.26	33 713.37	108 675.63
宁 夏	63 665.31	37 913.17	101 578.48	77 054.53	45 900.32	122 954.85	90 801.09	41 948.84	132 749.93
新 疆	192 954.54	101 321.17	294 275.71	225 357.13	120 299.56	345 656.70	276 667.92	131 695.09	408 363.01
中彩中心	—	—	—	—	—	—	—	—	—
合 计 Total	9 680 238.56	6 944 604.20	16 624 842.76	12 779 719.93	9 378 464.56	22 158 184.49	15 103 223.19	11 049 195.92	26 152 419.11

四、彩票统计资料

	2013			2014			2015		
	福利彩票 Welfare Lottery	体育彩票 Sports Lottery	小计 Subtotal	福利彩票 Welfare Lottery	体育彩票 Sports Lottery	小计 Subtotal	福利彩票 Welfare Lottery	体育彩票 Sports Lottery	小计 Subtotal
	509 368.74	538 876.33	1 048 245.07	533 561.05	624 258.25	1 157 819.29	503 524.50	502 980.97	1 006 505.47
	300 405.71	352 459.59	652 865.30	426 338.61	611 663.47	1 038 002.08	378 401.65	363 921.14	742 322.79
	703 776.51	564 939.27	1 268 715.78	800 886.64	866 288.03	1 667 174.67	763 716.70	888 412.68	1 652 129.38
	293 196.41	156 171.50	449 367.91	408 477.29	189 710.49	598 187.78	423 735.15	208 448.33	632 183.48
	395 704.85	218 725.80	614 430.65	496 141.50	293 644.19	789 785.68	535 893.87	382 816.18	918 710.05
	929 441.33	496 648.37	1 426 089.70	1 065 603.03	500 234.68	1 565 837.71	1 095 785.72	503 289.33	1 599 075.05
	416 052.71	331 286.64	747 339.35	462 690.96	365 523.48	828 214.44	349 870.46	382 299.03	732 169.49
	440 035.04	427 030.88	867 065.92	517 108.71	703 380.36	1 220 489.07	500 557.37	586 672.34	1 087 229.71
	375 293.73	457 740.34	833 034.07	482 149.32	862 347.09	1 344 496.41	428 851.76	382 149.56	811 001.32
	1 285 029.01	1 557 830.89	2 842 859.90	1 390 860.66	1 789 291.28	3 180 151.94	1 444 830.57	1 698 220.70	3 143 051.27
	1 244 851.59	862 688.74	2 107 540.33	1 377 688.33	1 071 695.30	2 449 383.64	1 468 661.70	1 088 360.78	2 557 022.48
	590 768.95	364 145.92	954 914.87	693 312.85	461 076.14	1 154 388.99	656 254.60	507 151.13	1 163 405.73
	479 583.00	598 632.00	1 078 215.00	500 083.70	647 508.21	1 147 591.91	508 783.03	770 575.71	1 279 358.74
	487 034.84	506 690.51	993 725.35	614 656.18	678 004.34	1 292 660.52	323 469.70	455 808.30	779 278.00
	1 344 280.28	1 224 208.93	2 568 489.21	1 478 072.70	1 588 635.18	3 066 707.88	1 448 689.14	1 575 034.63	3 023 723.77
	617 988.22	616 824.76	1 234 812.98	651 909.83	826 227.93	1 478 137.76	626 568.06	1 020 712.83	1 647 280.89
	738 288.79	353 958.81	1 092 247.60	892 645.33	408 706.95	1 301 352.28	939 140.52	367 076.93	1 306 217.45
	603 054.26	368 848.97	971 903.23	729 030.42	599 316.43	1 328 346.85	777 265.40	406 490.61	1 183 756.01
	1 899 419.72	1 179 351.81	3 078 771.53	2 068 064.18	1 612 047.38	3 680 111.56	2 050 534.55	1 524 384.20	3 574 918.75
	477 437.00	87 315.43	564 752.43	708 822.47	120 493.31	829 315.78	507 303.86	191 806.59	699 110.45
	160 175.92	51 186.06	211 361.98	165 704.59	86 556.98	252 261.57	174 374.73	130 184.13	304 558.86
	435 129.47	190 957.72	626 087.19	619 904.19	282 254.12	902 158.31	456 499.56	305 774.57	762 274.13
	678 348.28	360 855.75	1 039 204.03	781 527.11	402 404.19	1 183 931.31	834 518.02	454 416.01	1 288 934.03
	202 467.37	180 236.81	382 704.18	215 145.52	222 917.79	438 063.31	249 779.74	258 364.33	508 144.07
	499 102.20	481 643.94	980 746.14	583 215.48	571 842.58	1 155 058.06	648 740.69	622 917.96	1 271 658.65
	42 693.91	29 539.19	72 233.10	72 678.17	38 717.36	111 395.53	106 564.02	52 255.27	158 819.29
	631 348.13	223 821.20	855 169.33	757 205.80	410 755.10	1 167 960.90	827 307.58	433 474.64	1 260 782.22
	330 035.41	219 489.87	549 525.28	465 377.65	273 901.21	739 278.86	453 227.88	223 703.34	676 931.22
	95 625.92	63 115.09	158 741.01	113 710.75	103 650.52	217 361.27	116 817.19	54 678.25	171 495.44
	107 387.08	63 534.66	170 921.74	154 022.67	143 338.15	297 360.82	153 316.56	86 785.19	240 101.75
	339 521.99	150 902.78	490 424.77	370 219.54	284 602.85	654 822.39	398 114.69	208 160.06	606 274.75
	—	—	—	—	—	—	—	—	—
	17 652 846.37	13 279 658.55	30 932 504.92	20 596 815.22	17 640 993.36	38 237 808.57	20 151 098.97	16 637 325.74	36 788 424.71

续表

地区 Region	2016			2017			2018		
	福利彩票 Welfare Lottery	体育彩票 Sports Lottery	小计 Subtotal	福利彩票 Welfare Lottery	体育彩票 Sports Lottery	小计 Subtotal	福利彩票 Welfare Lottery	体育彩票 Sports Lottery	小计 Subtotal
北 京	470 842.43	603 752.90	1 074 595.33	467 009.68	609 161.03	1 076 170.71	473 305.37	782 200.25	1 255 505.62
天 津	380 821.94	301 813.47	682 635.41	381 685.18	336 368.96	718 054.14	385 149.71	490 424.64	875 574.35
河 北	626 591.67	1 071 645.99	1 698 237.66	559 091.98	1 010 266.29	1 569 358.27	588 779.94	1 340 465.39	1 929 245.33
山 西	436 420.83	232 871.70	669 292.53	439 633.53	349 260.42	788 893.95	407 158.01	428 358.26	835 516.27
内蒙古	579 730.12	450 903.71	1 030 633.83	626 545.94	474 378.21	1 100 924.15	640 786.70	700 435.74	1 341 222.44
辽 宁	1 095 417.28	552 543.09	1 647 960.37	1 052 981.89	506 011.89	1 558 993.78	1 050 755.74	753 432.68	1 804 188.42
吉 林	356 845.77	382 758.55	739 604.32	346 250.70	353 481.55	699 732.25	396 421.24	451 500.46	847 921.70
黑龙江	505 207.23	538 373.44	1 043 580.67	476 565.58	564 907.22	1 041 472.80	460 193.02	629 595.57	1 089 788.59
上 海	449 770.02	305 347.32	755 117.34	485 804.71	321 441.99	807 246.70	512 340.77	460 298.47	972 639.24
江 苏	1 487 625.99	1 787 293.88	3 274 919.87	1 537 754.40	2 013 007.88	3 550 762.28	1 597 979.69	2 852 390.03	4 450 369.72
浙 江	1 513 054.59	1 243 668.69	2 756 723.28	1 564 390.98	1 370 396.17	2 934 787.15	1 677 928.21	2 062 356.64	3 740 284.85
安 徽	681 577.19	521 043.38	1 202 620.57	740 565.50	603 699.30	1 344 264.80	758 482.94	972 782.24	1 731 265.18
福 建	501 645.17	805 843.19	1 307 488.36	506 547.96	1 064 602.85	1 571 150.81	501 364.28	1 209 771.61	1 711 135.89
江 西	296 444.47	314 052.03	610 496.50	424 359.99	470 416.72	894 776.71	512 209.88	828 424.84	1 340 634.72
山 东	1 468 684.45	1 723 726.36	3 192 410.81	1 515 056.82	1 819 874.99	3 334 931.81	1 529 581.40	2 524 066.24	4 053 647.64
河 南	661 935.53	1 199 526.77	1 861 462.30	689 017.68	1 336 538.44	2 025 556.12	701 216.97	1 828 002.63	2 529 219.60
湖 北	1 013 843.03	669 553.60	1 683 396.63	1 027 641.37	929 994.25	1 957 635.62	1 045 917.96	1 306 453.05	2 352 371.01
湖 南	854 052.11	600 421.27	1 454 473.38	890 348.20	819 267.45	1 709 615.65	916 609.37	1 026 632.49	1 943 241.86
广 东	2 112 967.72	1 850 301.05	3 963 268.77	2 288 433.10	1 939 389.05	4 227 822.15	2 427 035.30	2 471 863.52	4 898 898.82
广 西	476 749.03	280 957.55	757 706.58	551 518.54	319 938.29	871 456.83	551 999.00	400 407.74	952 406.74
海 南	167 183.56	144 717.37	311 900.93	153 623.54	120 745.58	274 369.12	141 796.82	167 863.17	309 659.99
重 庆	449 407.98	350 921.27	800 329.25	555 295.93	474 658.69	1 029 954.62	582 714.75	596 669.55	1 179 384.30
四 川	849 549.42	476 101.63	1 325 651.05	892 199.95	471 639.00	1 363 838.95	923 632.21	848 504.34	1 772 136.55
贵 州	269 068.03	322 873.35	591 941.38	282 275.35	347 671.26	629 946.61	283 381.19	568 044.02	851 425.21
云 南	728 835.04	750 145.21	1 478 980.25	758 035.67	759 880.46	1 517 916.13	813 535.10	1 020 823.58	1 834 358.68
西 藏	157 978.07	70 955.93	228 934.00	268 131.94	88 832.90	356 964.84	239 728.16	101 996.05	341 724.21
陕 西	862 320.26	554 208.03	1 416 528.29	915 712.41	658 275.53	1 573 987.94	988 513.80	830 683.67	1 819 197.47
甘 肃	450 303.85	262 176.61	712 480.46	494 605.55	307 150.12	801 755.67	476 699.66	390 093.51	866 793.17
青 海	153 535.26	63 996.29	217 531.55	167 879.87	81 675.75	249 555.62	162 031.97	105 726.98	267 758.95
宁 夏	171 165.15	101 159.49	272 324.64	177 453.93	116 094.10	293 548.03	186 155.27	164 628.45	350 783.72
新 疆	419 590.61	281 310.56	700 901.17	461 261.32	330 203.18	791 464.50	522 207.32	376 665.05	898 872.37
中彩中心	—	—	—	—	—	—	—	—	—
合 计 Total	20 649 163.80	18 814 963.71	39 464 127.51	21 697 679.20	20 969 229.54	42 666 908.74	22 455 611.76	28 691 560.83	51 147 172.59

四、彩票统计资料

2019			2020			2021			1987—2021		
福利彩票 Welfare Lottery	体育彩票 Sports Lottery	小计 Subtotal	福利彩票 Welfare Lottery	体育彩票 Sports Lottery	小计 Subtotal	福利彩票 Welfare Lottery	体育彩票 Sports Lottery	小计 Subtotal	福利彩票 Welfare Lottery	体育彩票 Sports Lottery	合 计 Total
393 203.34	731 884.35	1 125 087.69	253 356.15	536 461.39	789 817.54	358 071.61	660 749.43	1 018 821.04	7 062 961.20	7 855 252.98	14 918 214.18
330 403.22	328 796.36	659 199.58	245 066.53	287 533.54	532 600.07	147 830.09	468 487.55	616 317.63	3 894 467.38	5 011 556.50	8 906 023.89
540 260.88	1 009 539.01	1 549 799.89	381 326.92	949 319.53	1 330 646.45	468 088.89	917 840.18	1 385 929.07	8 338 080.82	10 431 949.63	18 770 030.45
332 313.09	310 802.22	643 115.31	287 096.15	244 067.83	531 163.98	251 282.21	365 452.93	616 735.14	4 810 169.80	3 142 786.13	7 952 955.93
421 550.58	592 919.32	1 014 469.90	291 073.78	453 860.56	744 934.34	305 972.47	484 478.26	790 450.73	5 775 057.60	4 918 513.99	10 693 571.59
890 581.64	579 147.06	1 469 728.69	624 958.44	391 925.95	1 016 884.39	534 283.61	535 233.88	1 069 517.48	12 985 614.87	7 121 650.95	20 107 265.82
258 989.06	383 250.38	642 239.44	214 488.18	360 899.34	575 387.51	255 472.05	364 531.19	620 003.25	4 695 874.02	4 590 631.24	9 286 505.27
386 529.86	511 997.02	898 526.88	290 288.45	375 758.38	666 046.83	265 961.32	403 410.56	669 371.87	6 318 703.16	6 534 677.44	12 853 380.60
515 783.21	430 603.26	946 386.47	464 545.95	381 837.48	846 383.43	433 948.52	447 676.16	881 624.68	6 880 041.34	5 532 000.14	12 412 041.48
1 262 483.73	2 273 294.99	3 535 778.72	891 881.62	1 955 118.36	2 846 999.97	812 544.04	1 831 721.58	2 644 265.62	17 084 627.90	24 810 867.10	41 895 495.00
1 538 810.43	1 561 490.03	3 100 300.46	1 176 311.48	1 321 606.84	2 497 918.32	1 162 870.28	1 691 308.09	2 854 178.37	17 738 084.04	16 602 928.99	34 341 013.03
691 826.15	822 954.26	1 514 780.41	437 733.23	655 261.36	1 092 994.59	443 930.77	751 863.42	1 195 794.19	7 769 670.35	7 001 355.57	14 771 025.93
427 444.85	915 384.18	1 342 829.02	306 127.55	867 975.59	1 174 103.14	399 331.80	927 735.87	1 327 067.66	6 030 765.13	11 541 357.91	17 572 123.04
393 629.56	674 529.55	1 068 159.11	253 448.10	517 178.04	770 626.14	286 961.53	666 852.06	953 813.59	4 918 966.71	6 548 897.24	11 467 863.95
1 359 853.07	2 014 887.28	3 374 740.35	919 042.15	1 489 206.73	2 408 248.89	904 099.09	1 667 575.04	2 571 674.13	19 262 839.76	19 640 513.02	38 903 352.77
646 884.50	1 624 323.87	2 271 208.37	405 817.35	1 307 230.84	1 713 048.19	495 295.98	1 653 071.86	2 148 367.84	8 257 078.79	13 972 503.43	22 229 582.22
812 453.36	1 059 591.61	1 872 044.97	525 038.71	827 159.03	1 352 197.74	543 344.17	1 130 136.80	1 673 480.97	10 985 982.05	9 067 472.56	20 053 454.61
754 604.46	621 120.79	1 375 725.25	508 575.98	366 254.73	874 830.71	514 304.28	582 550.32	1 096 854.61	8 915 015.96	6 725 310.39	15 640 326.35
1 947 740.69	2 009 125.21	3 956 865.90	1 621 417.04	1 635 854.59	3 257 271.63	1 618 339.43	2 168 418.85	3 786 758.28	27 212 203.15	22 032 638.92	49 244 842.07
452 344.85	250 518.25	702 863.10	315 563.45	189 804.32	505 367.77	341 984.33	269 368 13	611 352.46	6 566 972.88	2 537 978.68	9 104 951.56
88 437.77	75 388.00	163 825.78	38 226.68	56 801.74	95 028.42	44 716.78	84 019.52	128 736.30	1 659 538.16	1 091 321.67	2 750 859.84
432 843.97	560 006.38	992 850.36	310 711.34	407 756.53	718 467.87	328 301.07	608 756.38	937 057.45	5 877 880.51	4 452 815.05	10 330 695.56
988 072.32	893 138.42	1 881 210.74	794 184.04	737 592.87	1 531 776.91	742 847.81	1 241 953.88	1 984 801.69	10 294 064.92	8 321 133.38	18 615 198.31
242 653.31	468 494.77	711 148.08	195 199.05	442 579.05	637 778.10	279 585.01	516 464.67	796 049.68	3 260 518.42	4 040 510.03	7 301 028.45
775 348.34	872 639.65	1 647 987.98	639 783.82	823 402.21	1 463 186.03	676 530.62	1 008 508.68	1 685 039.31	8 454 442.08	9 091 453.84	17 545 895.92
189 486.36	97 551.48	287 037.83	176 480.00	128 746.49	305 226.49	70 792.87	87 053.30	157 846.17	1 489 022.57	809 367.46	2 298 390.03
952 596.17	533 239.97	1 485 836.14	837 471.03	459 168.28	1 296 639.31	557 080.60	596 354.11	1 153 434.71	9 529 140.06	5 740 694.59	15 269 834.65
339 210.52	342 471.73	681 682.25	269 992.68	315 975.60	585 968.28	226 092.42	367 784.73	593 877.15	4 677 048.06	3 258 765.19	7 935 813.25
139 904.30	81 241.75	221 146.05	146 459.03	76 389.02	222 848.05	102 633.05	76 106.54	178 739.59	1 541 441.98	878 258.33	2 419 700.31
134 071.58	140 293.53	274 365.11	115 081.58	132 926.48	248 008.07	129 188.71	156 135.02	285 323.74	1 791 542.21	1 394 607.12	3 186 149.33
483 501.52	310 892.77	794 394.29	512 032.05	250 627.62	762 659.66	523 807.15	371 447.42	895 254.56	5 692 813.82	3 360 423.65	9 053 237.48
—	—	—	—	—	—	—	—	—	—	317.11	317.11
19 123 816.68	23 081 517.43	42 205 334.12	14 448 778.51	18 946 280.35	33 395 058.86	14 225 492.54	23 103 046.41	37 328 538.95	249 770 629.73	238 060 510.27	487 831 140.01

1987—2021 年全国福利

Statistical Table of Public Welfare Funds of Welfare

地 区 Region	1987–1988	1989	1990	1991	1992	1993	1994	1995	1996
北 京	331.66	279.23	549.80	606.20	770.60	1 332.50	1 550.40	2 780.40	1 265.60
天 津	242.28	322.41	392.60	302.70	191.70	567.60	460.00	1 528.30	1 033.10
河 北	516.60	390.40	578.80	708.90	767.30	753.00	2 810.00	5 152.70	3 154.40
山 西	485.32	248.28	320.40	380.70	1 001.40	641.40	1 168.00	3 187.20	6 756.40
内蒙古	—	134.66	312.00	146.00	439.30	323.20	959.60	4 600.00	5 747.50
辽 宁	1 065.78	676.35	1 510.80	878.10	870.70	1 191.20	3 642.50	5 681.10	5 636.30
吉 林	407.55	616.26	1 114.60	429.60	647.90	1 037.10	1 372.00	3 504.80	4 996.00
黑龙江	239.73	443.32	567.00	375.31	412.20	800.40	1 829.00	2 392.70	4 772.90
上 海	170.24	249.69	615.63	680.90	710.20	374.10	386.80	2 373.00	2 970.00
江 苏	395.41	919.78	662.49	1 007.02	1 382.20	4 524.80	2 925.60	5 454.00	6 853.50
浙 江	443.59	762.12	777.98	1 218.64	5 062.80	4 069.60	1 358.00	2 926.00	1 942.70
安 徽	256.00	238.60	478.10	605.30	675.50	1 912.80	2 849.70	4 723.70	3 962.30
福 建	282.01	447.74	264.70	1 078.12	1 759.60	1 124.80	1 061.70	3 731.10	4 642.30
江 西	58.72	98.40	236.00	475.96	1 014.40	2 252.00	1 171.50	3 912.80	3 537.40
山 东	391.67	381.34	466.20	798.00	1 657.90	2 672.10	2 206.00	9 733.70	5 916.30
河 南	643.20	640.00	842.56	966.70	1 055.00	2 000.00	1 760.00	9 850.80	5 516.40
湖 北	346.47	193.35	281.18	267.40	2 046.10	2 745.70	3 100.70	7 443.20	8 980.10
湖 南	206.80	232.66	691.30	1 127.93	2 027.60	1 252.30	1 613.60	5 716.50	10 615.70
广 东	1 325.72	1 339.04	2 064.60	4 467.14	3 463.00	5 248.80	2 035.70	14 882.40	31 719.80
广 西	—	135.72	1 217.97	1 542.70	1 825.50	3 131.40	2 157.80	5 943.70	8 248.60
海 南	154.94	9.27	668.80	100.20	35.40	5.00	—	—	730.00
重 庆	269.64	88.77	278.20	173.25	359.60	861.00	237.80	2 931.80	2 121.90
四 川	816.55	277.96	165.22	586.45	1 476.70	1 214.50	990.60	7 436.20	11 919.10
贵 州	185.03	149.30	230.50	129.20	779.30	1 598.70	528.70	3 524.00	3 190.10
云 南	543.58	422.43	194.50	314.90	1 432.80	1 740.60	654.60	1 898.90	2 582.80
西 藏	—	—	—	—	—	—	—	—	—
陕 西	479.89	279.00	293.17	701.65	480.60	206.50	913.20	8 819.40	3 530.30
甘 肃	206.15	145.03	196.00	252.00	637.00	591.40	751.70	3 251.60	3 948.10
青 海	37.92	8.46	43.00	41.00	117.00	155.60	76.00	887.70	437.10
宁 夏	24.00	49.44	18.80	27.40	18.50	24.00	27.00	808.10	902.30
新 疆	—	—	—	256.00	963.60	732.00	1 576.80	6 445.10	2 090.50
小 计 Subtotal	10 526.45	10 179.01	16 032.90	20 645.37	34 081.40	45 084.10	42 175.00	141 520.90	159 719.50
中央集中 Central Government	2 754.52	2 445.82	3 994.94	4 326.92	6 517.90	9 459.20	11 266.60	27 828.40	31 348.90
合 计 Total	13 280.97	12 624.83	20 027.84	24 972.29	40 599.30	54 543.30	53 441.60	169 349.30	191 068.40

注：本统计表为按福利彩票销量计算的福利彩票公益金筹集数，未包括弃奖奖金。

四、彩票统计资料

彩票公益金统计表

Lottery in China from 1987 to 2021

单位：万元
Unit：Ten Thousand Yuan

1997	1998	1999	2000	2001	2002	2003	2004
1 813.00	2 300.20	9 662.40	1 219.80	5 480.47	8 418.93	15 125.01	23 846.42
1 012.90	1 180.70	1 252.20	1 849.00	2 056.17	1 223.88	1 689.67	3 009.68
1 729.90	1 764.00	6 128.60	2 005.40	4 316.92	7 348.07	9 191.86	12 043.49
2 779.40	2 551.60	3 292.70	1 146.80	8 653.94	5 230.65	4 547.58	6 106.91
1 408.30	1 017.60	1 545.00	988.40	977.31	1 623.64	2 674.52	3 571.25
2 502.90	1 862.00	9 795.50	10 562.40	12 543.96	15 889.99	19 197.34	23 047.29
1 184.50	930.60	1 813.50	1 553.00	5 508.87	3 784.41	7 151.71	7 496.73
1 920.40	1 309.50	3 492.60	3 371.60	6 866.66	10 159.34	12 812.95	14 380.24
1 605.60	7 627.00	21 922.30	26 506.90	16 712.70	12 004.84	16 603.34	15 227.70
6 684.90	14 827.50	27 539.70	14 346.80	11 888.38	10 877.31	11 653.50	11 674.64
917.60	14 481.70	25 784.90	11 646.40	9 926.85	7 956.38	15 355.76	12 562.01
2 457.40	3 321.60	6 251.10	4 472.20	5 785.92	3 481.01	4 390.16	6 235.43
2 645.50	4 541.10	16 505.70	5 334.20	13 992.24	10 122.25	4 776.13	3 200.48
3 315.30	3 108.90	5 131.00	1 723.00	6 568.38	4 648.93	5 653.09	4 585.05
2 762.50	7 847.90	7 190.30	16 878.10	30 797.28	39 885.13	44 120.98	43 466.53
2 551.80	3 414.70	4 451.70	4 717.80	11 673.44	10 214.18	11 363.33	13 848.48
5 629.40	4 277.00	5 950.60	6 613.50	5 402.41	6 035.50	12 575.80	18 586.53
3 404.00	2 278.20	5 811.10	4 217.30	4 027.84	6 422.39	8 699.57	9 112.68
25 403.70	53 784.00	52 758.70	28 912.90	27 862.23	43 140.93	51 235.63	46 643.02
3 446.90	5 659.60	8 536.80	9 231.50	10 190.26	12 677.98	17 259.95	16 850.17
170.00	661.00	2 000.70	291.40	1 072.64	494.47	322.07	1 938.82
1 214.30	3 684.00	3 219.10	10 030.60	4 872.59	3 352.59	4 906.19	5 622.92
3 777.40	4 384.90	7 809.80	16 300.60	3 148.34	2 071.02	4 896.20	6 899.19
1 262.70	1 826.50	3 083.80	1 637.00	2 004.59	904.93	3 194.07	3 522.34
1 888.10	3 568.20	4 990.60	2 657.50	4 496.99	3 625.26	4 301.16	7 882.40
—	—	—	—	212.74	85.93	101.79	568.87
1 186.50	1 480.30	2 041.10	2 109.10	8 860.98	6 391.35	5 876.35	5 421.98
1 212.20	1 062.40	945.60	792.30	3 796.64	4 929.16	4 533.76	3 446.34
191.00	55.00	160.00	130.40	303.49	531.77	1 055.36	1 331.57
41.50	541.50	691.20	205.30	725.26	2 266.61	2 144.76	1 656.92
487.20	2 445.80	3 244.80	2 071.40	2 201.74	6 189.98	9 469.27	9 743.03
86 606.80	157 795.00	253 003.10	193 522.60	232 928.23	251 988.78	316 878.83	343 529.11
14 519.90	38 101.20	51 493.80	48 749.90	186 276.48	335 985.06	383 320.53	448 784.56
101 126.70	195 896.20	304 496.90	242 272.50	419 204.71	587 973.84	700 199.35	792 313.67

续表

地 区 Region	2005	2006	2007	2008	2009	2010	2011	2012	2013
北 京	36 257.82	40 075.21	41 684.80	46 169.80	53 321.25	62 758.89	80 253.82	81 297.16	81 416.45
天 津	7 030.62	9 530.61	12 672.20	10 466.53	13 339.66	18 893.37	23 951.07	33 190.78	43 486.63
河 北	30 895.16	40 948.88	46 849.16	42 529.15	46 337.35	54 763.92	71 949.28	83 086.61	102 570.29
山 西	14 689.29	23 019.02	27 454.42	21 464.47	25 224.57	26 077.44	33 203.91	38 897.58	43 990.72
内蒙古	9 648.79	14 059.47	19 253.18	25 479.13	32 288.45	31 711.11	40 233.26	43 175.30	60 012.01
辽 宁	46 306.91	68 123.77	82 550.02	66 626.69	77 452.55	84 539.25	95 591.86	118 755.49	134 779.26
吉 林	16 813.18	23 136.45	35 488.97	26 445.23	26 343.85	28 063.93	31 657.88	37 707.30	58 895.90
黑龙江	53 016.28	40 720.57	38 311.01	35 766.60	39 301.21	40 499.32	45 939.11	55 810.22	66 865.14
上 海	21 572.47	28 580.21	37 737.18	33 097.73	49 539.94	48 478.65	62 206.07	60 725.59	58 939.14
江 苏	23 702.90	36 407.25	54 908.28	54 825.79	77 178.98	107 255.56	168 363.91	190 044.87	178 760.89
浙 江	28 076.43	42 236.66	75 587.26	66 877.86	80 029.63	108 563.76	134 755.72	147 740.95	173 237.40
安 徽	17 485.58	21 841.56	31 613.33	26 337.35	33 310.21	39 377.60	52 544.92	63 259.94	82 572.69
福 建	7 903.36	17 480.75	25 451.51	20 239.45	25 331.11	35 272.14	47 376.55	53 585.90	67 832.48
江 西	9 036.61	9 065.37	11 282.90	13 862.57	17 582.82	23 351.29	36 170.17	55 368.17	75 014.99
山 东	94 333.17	81 397.99	101 406.39	81 333.60	105 963.96	127 961.10	153 636.15	170 438.23	185 807.34
河 南	27 590.38	31 092.37	36 456.85	32 170.44	37 351.38	49 766.78	67 552.55	83 251.53	88 223.30
湖 北	48 390.26	45 870.45	52 531.85	47 452.26	52 720.12	62 857.32	76 430.12	89 384.31	105 108.65
湖 南	20 524.15	25 292.25	32 645.77	25 449.41	34 272.85	42 127.11	60 554.61	75 987.30	84 539.85
广 东	68 426.12	83 241.16	95 294.74	101 914.62	132 438.73	169 057.84	207 638.59	246 642.15	272 618.59
广 西	23 791.02	23 274.97	25 867.56	22 768.27	26 308.23	32 681.03	41 820.99	57 214.67	71 180.02
海 南	2 410.12	2 270.38	4 057.07	5 965.34	5 320.61	10 254.99	14 466.55	17 252.67	18 951.12
重 庆	10 966.63	15 724.25	21 401.43	18 566.09	23 472.16	33 928.07	51 113.44	55 260.24	65 103.46
四 川	18 674.93	30 278.53	34 405.76	38 986.96	50 645.27	58 732.50	75 192.53	89 834.05	98 866.84
贵 州	6 864.54	10 514.34	13 316.06	16 919.49	22 544.53	24 108.00	26 524.26	29 818.35	32 527.45
云 南	18 458.20	26 055.58	32 667.88	34 615.37	46 884.01	54 415.67	63 720.46	71 337.39	77 679.09
西 藏	758.55	1 346.07	1 945.33	3 089.56	4 339.29	4 084.50	5 172.87	4 826.50	6 411.05
陕 西	18 690.82	20 296.65	31 075.13	25 641.13	32 901.19	39 994.23	61 028.64	77 350.03	91 867.19
甘 肃	7 590.31	11 747.58	18 783.42	16 880.79	21 426.09	23 156.97	27 561.77	33 544.44	47 042.22
青 海	2 809.59	3 869.52	4 997.42	5 101.56	6 357.28	7 403.66	8 994.68	11 505.57	14 252.51
宁 夏	3 270.48	5 538.19	7 358.48	6 026.10	7 260.51	9 759.27	11 614.77	13 662.63	16 085.11
新 疆	22 417.21	24 711.22	23 485.57	22 007.45	24 656.34	28 281.25	32 979.64	40 305.87	48 712.85
小计 Subtotal	718 401.90	857 747.28	1 078 540.93	995 076.79	1 231 444.12	1 488 176.51	1 910 200.15	2 230 261.73	2 553 350.65
中央集中 Central Government	718 401.90	857 747.28	1 078 540.93	995 076.79	1 231 444.12	1 488 176.51	1 910 200.15	2 230 261.73	2 553 350.65
合 计 Total	1 436 803.80	1 715 494.56	2 157 081.86	1 990 153.58	2 462 888.24	2 976 353.01	3 820 400.30	4 460 523.45	5 106 701.31

2014	2015	2016	2017	2018	2019	2020	2021	1987—2021
86 111.02	77 736.83	74 234.02	73 065.71	74 071.32	63 551.67	41 644.81	57 699.53	1 148 682.73
62 799.49	52 955.04	53 505.62	53 563.10	53 908.67	46 530.59	36 188.80	22 645.92	572 973.57
113 751.22	107 803.82	91 346.86	82 504.91	86 782.14	81 270.25	61 187.45	75 666.74	1 279 603.52
58 449.16	59 938.58	62 864.59	63 300.37	58 901.55	49 381.96	44 230.84	39 640.92	739 228.07
73 728.94	75 913.92	82 983.88	89 674.24	91 703.63	61 396.79	44 813.58	47 392.62	869 936.58
150 949.37	153 218.81	155 766.58	150 210.11	150 316.76	128 793.18	95 250.90	84 809.85	1 960 595.58
64 575.16	48 999.23	51 313.22	49 767.63	59 002.79	37 950.21	32 754.09	37 688.81	710 152.94
77 410.43	73 776.22	75 284.23	71 022.48	68 724.67	59 135.48	45 188.16	41 795.06	994 712.04
75 354.15	64 579.78	68 990.45	75 159.79	78 020.53	79 069.51	73 117.00	68 084.85	1 109 993.96
191 168.67	197 823.40	209 275.12	214 633.68	222 116.93	178 069.19	134 765.98	124 330.66	2 497 249.57
187 865.41	200 575.91	213 077.06	221 206.75	238 149.36	221 664.43	180 390.60	176 412.06	2 613 640.29
95 681.16	88 740.48	94 930.76	102 966.07	105 725.67	98 299.93	68 659.91	71 373.85	1 146 817.83
69 125.35	70 894.67	72 571.57	73 652.22	73 208.48	63 938.25	49 715.34	63 806.67	912 895.47
92 831.96	45 867.71	42 393.67	61 427.58	74 396.94	55 276.55	39 755.76	45 720.06	755 895.93
201 912.06	196 831.82	205 107.74	211 126.84	214 008.30	194 102.12	140 902.48	141 816.36	2 825 257.58
92 048.36	88 139.81	95 818.83	99 784.57	100 728.65	93 500.59	64 912.85	80 178.84	1 254 078.18
124 678.43	129 441.02	141 974.48	144 289.43	147 293.08	116 282.39	81 526.82	87 732.20	1 644 438.11
98 790.24	103 922.81	117 888.57	122 772.13	126 816.06	107 331.63	78 524.15	81 348.30	1 306 244.67
292 414.25	288 671.58	302 521.93	322 137.70	340 371.12	285 568.73	244 735.42	245 221.19	4 095 201.75
101 056.51	72 221.94	71 186.92	83 442.22	82 963.03	65 744.89	49 524.09	52 628.18	1 011 731.09
19 289.95	20 148.01	19 933.40	18 439.71	17 075.66	11 655.53	5 994.61	7 356.48	209 496.90
92 709.74	63 146.03	64 443.89	82 695.49	85 858.90	62 438.63	47 637.49	51 187.73	889 877.93
110 715.75	117 033.00	122 693.95	128 913.51	135 095.58	144 422.77	121 889.39	116 150.81	1 566 702.86
33 811.87	37 690.87	41 450.76	43 186.18	43 605.94	38 598.07	32 452.96	45 961.23	527 645.66
87 426.99	93 898.72	107 959.69	112 237.45	120 716.03	117 667.38	102 402.23	111 744.86	1 323 082.30
10 422.58	15 013.05	22 281.50	37 653.11	33 717.97	27 265.29	25 172.38	9 893.90	214 362.82
107 217.37	116 101.64	123 386.54	131 141.97	141 378.54	138 373.24	124 929.84	85 274.81	1 415 720.31
64 624.23	62 275.25	63 813.61	69 893.66	67 347.11	49 021.67	40 639.42	35 037.97	691 083.90
16 488.21	16 814.89	22 264.25	24 323.18	23 613.36	21 026.05	22 266.35	16 009.40	233 659.83
22 202.09	21 470.61	24 471.94	25 244.04	26 601.58	19 558.61	17 608.97	20 497.85	268 403.81
52 895.87	57 071.84	61 528.56	67 063.23	75 725.86	70 690.34	73 976.65	73 037.81	847 464.76
2 928 506.00	2 818 717.22	2 957 264.14	3 106 499.06	3 217 946.21	2 787 575.92	2 222 759.32	2 218 145.51	37 636 830.51
2 928 506.00	2 818 717.22	2 957 264.14	3 106 499.06	3 217 946.21	2 787 575.92	2 222 759.32	2 218 145.51	36 927 788.06
5 857 012.01	5 637 434.44	5 914 528.27	6 212 998.12	6 435 892.42	5 575 151.84	4 445 518.63	4 436 291.03	74 564 618.58

1994—2021 年全国体育

Statistical Table of Public Welfare Funds of Sports

地区 Region	1994–1995	1996	1997	1998	1999	2000
北　京	—	—	477.20	887.00	1 279.00	10 305.00
天　津	4 000.00	431.35	748.50	1 320.00	2 256.00	10 268.60
河　北	1 510.30	1 280.60	1 057.48	1 545.60	810.00	5 567.90
山　西	117.00	313.80	676.40	1 560.00	54.00	530.00
内蒙古	51.00	370.00	1 019.00	251.10	724.00	622.30
辽　宁	785.00	1 518.60	745.20	1 080.00	189.00	1 705.80
吉　林	223.00	661.00	869.00	540.00	459.00	280.00
黑龙江	—	—	1 169.70	1 130.00	1 734.20	5 694.20
上　海	1 725.00	3 300.00	5 700.00	2 465.00	10 497.80	11 006.20
江　苏	1 131.20	917.90	1 314.00	4 234.30	16 270.00	38 174.10
浙　江	653.40	909.60	1 539.20	5 868.60	11 967.20	13 524.50
安　徽	465.00	800.10	1 256.40	1 329.60	1 728.00	2 056.20
福　建	230.00	1 050.00	2 970.00	7 320.00	10 452.00	15 276.30
江　西	300.00	530.40	995.76	1 156.00	1 419.00	607.90
山　东	200.00	1 069.56	1 063.80	1 560.00	2 229.00	1 931.00
河　南	—	575.40	975.50	1 096.10	634.70	1 432.70
湖　北	1 131.20	917.90	1 314.00	2 328.30	1 469.00	9 386.00
湖　南	1 263.60	1 213.40	1 134.00	1 320.00	1 736.10	3 922.00
广　东	3 385.80	2 160.00	2 940.00	12 352.30	18 534.00	22 323.00
广　西	240.00	1 085.70	1 808.40	2 959.00	918.00	660.30
海　南	—	577.00	985.00	1 560.00	945.00	872.10
重　庆	—	—	—	820.00	621.30	1 358.40
四　川	990.00	1 373.00	1 533.00	3 169.60	8 740.00	34 145.30
贵　州	153.70	987.30	1 039.70	1 230.10	1 109.30	3 374.70
云　南	—	—	928.00	1 284.30	1 042.00	466.00
西　藏	—	302.00	—	239.00	297.00	208.30
陕　西	996.53	763.82	777.94	850.20	136.70	1 417.00
甘　肃	192.00	636.00	630.00	810.00	297.00	277.00
青　海	—	—	—	108.00	147.00	123.70
宁　夏	—	360.00	310.00	78.20	—	61.60
新　疆	743.00	661.00	869.00	1 128.00	868.30	1 093.20
小计 Subtotal	20 486.73	24 765.43	36 846.18	63 580.30	99 563.60	198 671.30
中央集中 Central Gov.	2 055.60	3 981.63	5 872.61	12 371.40	21 549.00	75 920.50
合　计 Total	22 542.33	28 747.06	42 718.79	75 951.70	121 112.60	274 591.80

注：本统计表为按体育彩票销量计算的体育彩票公益金筹集数，未包括弃奖奖金。

彩票公益金统计表

Lottery in China from 1994 to 2021

单位：万元
Unit: Ten Thousand Yuan

2001	2002	2003	2004	2005	2006	2007
22 044.00	19 270.95	16 807.15	12 540.46	14 577.38	17 311.61	18 450.80
7 525.00	9 525.58	9 659.63	8 563.44	13 613.06	12 826.11	13 150.80
8 315.00	10 969.88	10 114.67	8 417.15	24 355.88	22 527.80	28 792.20
1 079.00	1 470.20	2 381.54	2 524.74	6 680.63	9 408.59	8 555.43
281.00	1 025.40	1 930.55	2 245.48	6 616.53	9 224.03	12 527.34
5 183.00	15 155.98	11 568.50	9 278.84	22 749.68	28 415.28	33 175.01
2 202.00	5 055.05	6 633.41	5 452.18	12 412.01	19 392.87	20 527.82
6 596.00	7 866.24	8 492.94	8 427.07	42 084.64	16 324.82	21 293.00
8 863.00	16 481.75	11 574.66	8 799.54	8 728.42	10 632.21	12 891.50
26 428.00	29 672.42	24 440.00	23 096.14	33 755.13	55 477.24	74 404.85
13 833.00	24 042.50	26 083.72	25 347.46	40 776.75	54 980.98	61 427.92
3 918.00	5 499.60	6 863.52	5 997.67	16 764.94	12 381.02	19 106.43
26 981.00	46 316.72	33 045.96	29 243.93	34 518.53	35 920.23	40 689.22
1 716.00	2 858.00	4 728.78	4 177.30	14 047.15	9 999.38	13 139.03
6 563.00	10 204.15	6 367.65	5 830.56	34 378.90	26 095.62	32 176.29
12 529.00	16 254.46	12 854.47	11 812.88	29 879.91	27 494.57	26 367.60
9 819.00	15 104.85	17 131.32	15 567.66	41 347.27	25 586.21	30 827.41
3 010.00	3 619.95	3 542.53	3 566.01	17 931.89	14 390.18	16 564.89
22 703.00	52 852.91	44 904.98	32 347.58	34 114.82	34 609.00	43 875.47
2 206.00	3 447.13	3 869.12	2 588.57	3 121.31	2 935.62	3 244.76
789.00	943.11	1 503.65	847.46	746.67	856.91	1 278.15
1 891.00	3 210.49	2 980.90	2 479.69	3 795.62	3 789.04	5 673.11
18 896.00	15 954.31	14 394.61	10 487.21	16 362.51	23 108.33	26 249.51
3 346.00	1 996.61	2 269.82	1 809.64	2 591.75	5 032.65	7 839.09
9 253.00	9 483.14	10 708.42	10 075.02	13 633.75	19 308.22	20 886.48
55.00	118.22	293.20	157.80	227.36	328.17	400.72
2 201.00	4 052.82	4 575.59	4 992.91	10 745.31	9 704.32	14 795.20
265.00	1 507.97	1 995.76	2 220.99	4 400.91	6 516.10	8 059.23
76.00	193.45	348.28	538.41	1 159.60	1 447.21	1 676.43
15.00	468.39	982.79	1 179.71	2 722.53	3 877.04	4 307.16
1 040.00	874.23	2 407.43	2 882.95	9 242.92	10 389.26	12 951.04
229 621.00	335 496.46	305 455.53	263 496.45	518 083.71	530 290.62	635 303.89
218 342.59	426 563.44	399 253.12	276 291.20	518 083.71	530 290.62	635 303.89
447 963.59	762 059.90	704 708.65	539 787.65	1 036 167.42	1 060 581.24	1 270 607.78

续表

地 区 Region	2008	2009	2010	2011	2012	2013	2014
北 京	20 868.27	22 266.67	37 550.11	47 230.81	46 349.01	65 211.99	76 808.55
天 津	13 923.17	16 972.12	22 771.77	31 113.56	36 407.29	42 590.95	70 452.18
河 北	25 421.02	25 865.80	28 343.35	35 176.53	42 697.10	78 396.51	112 158.34
山 西	12 170.10	12 546.46	11 607.32	12 700.79	13 282.21	21 298.16	25 734.64
内蒙古	15 320.74	18 872.89	16 275.81	19 965.56	21 505.33	29 877.51	40 477.88
辽 宁	29 286.82	28 252.15	30 800.57	47 598.49	69 732.04	66 164.09	65 301.73
吉 林	17 636.05	19 471.22	20 052.83	23 377.10	32 395.76	45 169.47	49 812.83
黑龙江	18 611.17	21 659.29	22 057.55	37 156.82	52 396.60	58 300.00	89 296.55
上 海	14 091.26	16 770.38	20 293.35	26 857.63	32 079.73	51 912.26	92 973.64
江 苏	79 483.70	101 430.89	127 297.04	191 956.12	217 581.40	208 559.09	227 609.30
浙 江	63 575.33	68 961.92	77 052.09	87 763.25	104 476.35	122 111.66	140 552.25
安 徽	16 443.49	20 940.92	24 459.98	30 449.02	31 083.51	46 948.81	55 529.85
福 建	48 447.34	53 412.05	55 701.97	69 267.89	74 349.86	85 121.94	92 023.21
江 西	13 314.38	17 331.11	29 624.22	37 891.18	43 630.07	61 849.71	84 829.05
山 东	34 318.00	62 658.98	72 239.77	123 049.18	137 002.36	158 411.60	204 698.91
河 南	35 993.55	43 809.38	43 057.32	54 963.41	72 464.59	85 893.28	114 739.06
湖 北	25 757.44	25 993.78	29 978.24	30 156.80	37 883.80	48 623.14	52 211.53
湖 南	13 870.02	17 255.75	22 535.57	31 923.77	41 695.31	46 764.63	70 437.76
广 东	54 103.19	71 246.81	96 927.51	120 285.13	129 005.08	149 395.62	203 742.25
广 西	3 458.48	3 857.35	6 367.41	8 944.47	8 953.75	10 377.34	14 014.70
海 南	1 498.71	1 689.86	2 149.31	3 728.83	5 615.39	6 203.66	10 240.53
重 庆	7 122.22	8 847.75	12 830.96	18 863.42	18 653.05	23 539.55	32 871.39
四 川	26 804.51	36 335.70	41 798.61	47 534.61	53 096.75	51 147.39	57 996.15
贵 州	10 643.93	13 653.59	17 208.63	16 994.01	19 006.63	25 234.79	31 438.29
云 南	32 691.46	42 471.83	39 387.38	47 521.83	57 120.77	66 770.81	79 131.42
西 藏	1 794.99	2 210.75	1 661.67	2 962.93	3 220.74	3 608.05	4 915.01
陕 西	17 381.61	16 910.87	18 459.20	21 728.31	24 846.20	30 420.44	49 404.45
甘 肃	10 514.67	9 522.04	9 214.04	10 931.32	15 001.18	29 397.20	36 376.98
青 海	3 013.88	3 213.24	3 158.42	4 064.31	4 422.71	7 262.73	11 115.44
宁 夏	5 934.47	6 172.89	5 528.88	6 885.16	6 356.97	8 731.40	16 544.43
新 疆	11 595.10	15 438.45	13 323.40	15 088.27	16 509.24	18 882.26	31 870.68
小计 Subtotal	685 089.07	826 042.87	959 714.29	1 264 130.52	1 468 820.80	1 754 176.05	2 245 308.99
中央集中 Central Gov.	685 089.07	826 042.87	959 714.29	1 264 130.52	1 468 820.80	1 754 176.05	2 245 308.99
合 计 Total	1 370 178.14	1 652 085.75	1 919 428.58	2 528 261.03	2 937 641.59	3 508 352.10	4 490 617.98

2015	2016	2017	2018	2019	2020	2021	1994—2021
66 601.97	79 480.75	81 106.27	99 048.94	97 153.05	72 686.62	84 507.24	1 030 820.79
40 412.73	34 971.62	39 894.10	54 290.32	40 319.30	37 340.37	56 389.38	631 736.94
116 222.98	135 478.09	130 874.55	165 057.79	134 555.69	132 212.91	118 019.75	1 405 744.87
27 176.43	28 724.30	39 617.55	46 344.98	36 214.67	31 021.62	43 729.58	397 520.13
52 172.50	60 656.43	62 939.36	82 212.56	73 541.07	60 629.76	60 128.05	651 463.17
62 953.55	67 280.73	62 411.77	85 524.69	71 051.25	51 688.31	66 656.70	936 252.78
51 234.00	51 883.05	48 397.76	56 560.97	50 254.51	48 797.06	45 789.85	635 539.81
76 137.85	73 687.76	76 404.58	79 862.33	67 714.91	51 687.52	52 021.58	897 807.32
45 139.06	39 826.77	42 324.09	57 175.46	58 066.69	53 783.86	59 601.52	723 560.78
217 249.30	234 817.94	255 797.43	332 485.01	287 782.57	257 638.01	239 576.58	3 308 579.64
139 908.95	160 476.78	176 218.54	243 357.37	204 923.22	182 853.73	220 083.92	2 273 270.17
57 256.30	63 080.08	72 293.71	107 453.50	101 875.77	87 735.38	96 164.14	889 880.95
104 522.85	111 903.51	136 497.51	150 888.26	130 642.41	128 158.87	130 776.80	1 655 728.36
51 821.50	38 874.64	56 465.51	91 201.99	78 651.35	65 428.00	80 268.27	806 855.66
184 189.98	210 593.29	220 652.83	284 313.26	242 093.01	192 112.35	200 901.14	2 456 904.20
127 670.50	152 038.87	167 714.77	212 745.49	198 787.55	173 822.60	205 557.55	1 831 165.21
48 835.28	79 786.05	110 482.53	146 139.31	128 189.01	104 775.95	138 020.80	1 178 763.80
45 794.66	66 068.31	89 602.01	109 252.04	71 459.27	46 956.07	71 249.84	818 079.55
180 214.00	224 298.33	236 851.49	290 725.65	253 754.44	217 160.28	271 839.84	2 826 652.47
20 367.68	30 487.84	35 696.99	45 134.79	30 204.70	24 815.77	33 539.90	305 305.09
14 124.10	16 207.58	14 104.67	18 465.81	10 225.50	8 360.46	12 117.98	136 636.42
31 256.41	37 437.73	50 057.36	61 892.34	63 406.94	49 434.48	72 574.00	515 407.14
62 306.00	66 148.73	65 235.06	100 683.04	112 543.89	98 362.88	155 747.09	1 151 143.81
35 752.19	44 337.97	48 219.90	70 010.97	62 165.85	61 984.88	66 775.86	556 207.85
82 751.94	98 468.18	101 540.74	127 983.56	118 819.71	116 381.00	132 905.81	1 241 014.76
6 839.36	9 579.62	12 135.36	13 673.70	13 423.59	17 833.93	10 770.74	107 257.20
51 095.19	65 014.64	74 486.37	89 155.70	65 130.97	60 279.49	74 120.44	714 443.21
30 698.14	35 060.02	40 703.54	48 649.12	44 554.30	43 569.89	46 255.10	438 255.48
6 991.69	8 576.67	10 588.43	13 435.71	10 803.05	10 644.36	9 993.93	113 102.63
11 723.00	14 102.44	16 188.03	20 895.09	18 578.55	18 689.29	20 855.63	191 548.64
25 699.69	36 109.80	42 715.26	45 544.91	39 033.72	33 070.44	45 833.42	435 864.97
2 075 119.72	2 375 458.53	2 618 218.06	3 350 164.66	2 915 920.50	2 539 916.13	2 922 772.43	31 262 513.80
2 075 119.72	2 375 458.53	2 618 218.06	3 350 164.66	2 915 920.50	2 539 916.13	2 922 772.43	31 126 731.92
4 150 239.43	4 750 917.07	5 236 436.12	6 700 329.32	5 831 840.99	5 079 832.25	5 845 544.85	62 389 245.71

1987—2021 年全国彩票公益金统计表

Statistical Table of Public Welfare Funds of Lottery in China from 1987 to 2021

单位：万元
Unit：Ten Thousand Yuan

年 份 Year	福利彩票 Welfare Lottery	体育彩票 Sports Lottery	合 计 Total
1987	855.00	—	855.00
1988	12 425.97	—	12 425.97
1989	12 624.83	—	12 624.83
1990	20 027.84	—	20 027.84
1991	24 972.29	—	24 972.29
1992	40 599.30	—	40 599.30
1993	54 543.30	—	54 543.30
1994	53 441.60	—	53 441.60
1995	169 349.30	22 542.33	191 891.63
1996	191 068.40	28 747.06	219 815.46
1997	101 126.70	42 718.79	143 845.49
1998	195 896.20	75 951.70	271 847.90
1999	304 496.90	121 112.60	425 609.50
2000	242 272.50	274 591.80	516 864.30
2001	419 204.71	447 963.59	867 168.30
2002	587 973.84	762 059.90	1 350 033.74
2003	700 199.35	704 708.65	1 404 908.00
2004	792 313.67	539 787.65	1 332 101.32
2005	1 436 803.80	1 036 167.42	2 472 971.22
2006	1 715 494.56	1 060 581.24	2 776 075.80
2007	2 157 081.86	1 270 607.78	3 427 689.64
2008	1 990 153.58	1 370 178.14	3 360 331.72
2009	2 462 888.24	1 652 085.75	4 114 973.99
2010	2 976 353.01	1 919 428.58	4 895 781.59
2011	3 820 400.30	2 528 261.03	6 348 661.33
2012	4 460 523.45	2 937 641.59	7 398 165.04
2013	5 106 701.31	3 508 352.10	8 615 053.41
2014	5 857 012.01	4 490 617.98	10 347 629.99
2015	5 637 434.44	4 150 239.43	9 787 673.87
2016	5 914 528.27	4 750 917.07	10 665 445.34
2017	6 212 998.12	5 236 436.12	11 449 434.24
2018	6 435 892.42	6 700 329.32	13 136 221.74
2019	5 575 151.84	5 831 840.99	11 406 992.83
2020	4 445 518.64	5 079 832.25	9 525 350.90
2021	4 436 291.03	5 845 544.85	10 281 835.88
合 计 Total	74 564 618.58	62 389 245.71	136 953 864.29

注：本统计表为按彩票销量计算的彩票公益金筹集数，未包括弃奖奖金。

1987—2021年全国彩票公益金中央与地方分配表

Statistical Table of the Allocation of Public Welfare Funds of Lottery between Central and Local Goverments from 1987 to 2021

单位：万元
Unit：Ten Thousand Yuan

年份 Year	合计 Total	中央集中 Central Government	地方留成 Local Government	分成比例（%） Percentage 中央 Central	地方 Local
1987–1988	13 280.97	2 754.52	10 526.45	20.70	79.30
1989	12 624.83	2 445.82	10 179.01	19.40	80.60
1990	20 027.84	3 994.94	16 032.90	19.90	80.10
1991	24 972.29	4 326.92	20 645.37	17.30	82.70
1992	40 599.30	6 517.90	34 081.40	16.10	83.90
1993	54 543.30	9 459.20	45 084.10	17.30	82.70
1994	53 441.60	11 266.60	42 175.00	21.10	78.90
1995	191 891.63	29 884.00	162 007.63	15.60	88.40
1996	219 815.46	35 330.53	184 484.93	16.10	83.90
1997	143 845.49	20 392.51	123 452.98	14.10	85.90
1998	271 847.90	50 472.60	221 375.30	18.60	81.40
1999	425 609.50	73 042.80	352 566.70	17.20	82.80
2000	516 864.30	124 670.40	392 193.90	24.10	75.90
2001	867 168.30	404 619.07	462 549.23	46.70	53.30
2002	1 350 033.74	762 548.50	587 485.24	56.50	43.50
2003	1 404 908.00	782 573.65	622 334.35	55.70	44.30
2004	1 332 101.32	725 075.76	607 025.56	54.40	45.60
2005	2 472 971.22	1 236 485.61	1 236 485.61	50.00	50.00
2006	2 776 075.80	1 388 037.90	1 388 037.90	50.00	50.00
2007	3 427 689.64	1 713 844.82	1 713 844.82	50.00	50.00
2008	3 360 331.72	1 680 165.86	1 680 165.86	50.00	50.00
2009	4 114 973.99	2 057 486.99	2 057 486.99	50.00	50.00
2010	4 895 781.59	2 447 890.80	2 447 890.80	50.00	50.00
2011	6 348 661.33	3 174 330.66	3 174 330.66	50.00	50.00
2012	7 398 165.04	3 699 082.52	3 699 082.52	50.00	50.00
2013	8 615 053.41	4 307 526.70	4 307 526.70	50.00	50.00
2014	10 347 629.99	5 173 814.99	5 173 814.99	50.00	50.00
2015	9 787 673.87	4 893 836.94	4 893 836.94	50.00	50.00
2016	10 665 445.34	5 332 722.67	5 332 722.67	50.00	50.00
2017	11 449 434.24	5 724 717.12	5 724 717.12	50.00	50.00
2018	13 136 221.74	6 568 110.87	6 568 110.87	50.00	50.00
2019	11 406 992.83	5 703 496.42	5 703 496.42	50.00	50.00
2020	9 525 350.90	4 762 675.45	4 762 675.45	50.00	50.00
2021	10 281 835.88	5 140 917.94	5 140 917.94	50.00	50.00
合计 Total	136 953 864.29	68 054 519.98	68 899 344.31	49.69	50.31

注：本统计表为按彩票销量计算的彩票公益金筹集数，未包括弃奖奖金。

（二）2021 年综合统计资料
Statistical Data of 2021

2021 年全国彩票
Statistical Table of Lottery

月　份 Month	乐透数字型 Lotto Games	即开型 Instant Games	福利彩票 Welfare Lottery 视频型 Online Instant Win	基诺型 Keno	小计 Subtotal
1 月	121.44	21.74	—	8.94	152.12
2 月	53.91	18.07	—	6.43	78.41
3 月	71.37	23.39	—	14.67	109.42
4 月	71.99	24.06	—	15.59	111.64
5 月	72.83	22.79	—	17.57	113.18
6 月	69.16	21.74	—	21.33	112.23
7 月	68.15	20.37	—	24.02	112.54
8 月	73.43	19.59	—	21.49	114.51
9 月	72.44	22.34	—	23.66	118.43
10 月	66.80	35.83	—	23.20	125.83
11 月	82.18	26.74	—	22.96	131.88
12 月	90.15	25.22	—	26.98	142.34
合　计 Total	913.84	281.88	—	226.83	1 422.55

销售情况表

Sales in China in 2021

单位：亿元
Unit: One Hundred Million Yuan

体育彩票
Sports Lottery

乐透数字型 Lotto Games	竞猜型 Sports Betting	视频型 Online Instant Win	即开型 Instant Games	小计 Subtotal	合 计 Total
97.92	88.82	0.00	18.71	205.44	357.57
44.48	53.44	0.00	13.21	111.14	189.55
58.80	102.33	0.00	27.54	188.68	298.10
59.07	95.97	0.00	24.35	179.39	291.03
64.04	101.26	0.00	23.54	188.84	302.02
55.84	156.20	0.00	21.83	233.87	346.10
54.14	177.14	0.00	18.64	249.91	362.45
54.67	139.75	0.00	17.15	211.58	326.09
55.30	116.53	0.00	22.12	193.95	312.39
47.43	99.93	0.00	20.71	168.08	293.91
56.12	115.33	0.00	27.73	199.19	331.07
57.26	96.29	0.00	26.68	180.23	322.57
705.08	**1 342.99**	**0.01**	**262.23**	**2 310.30**	**3 732.85**

2021年全国彩票销售情况图

Diagram of Lottery Sales in China in 2021

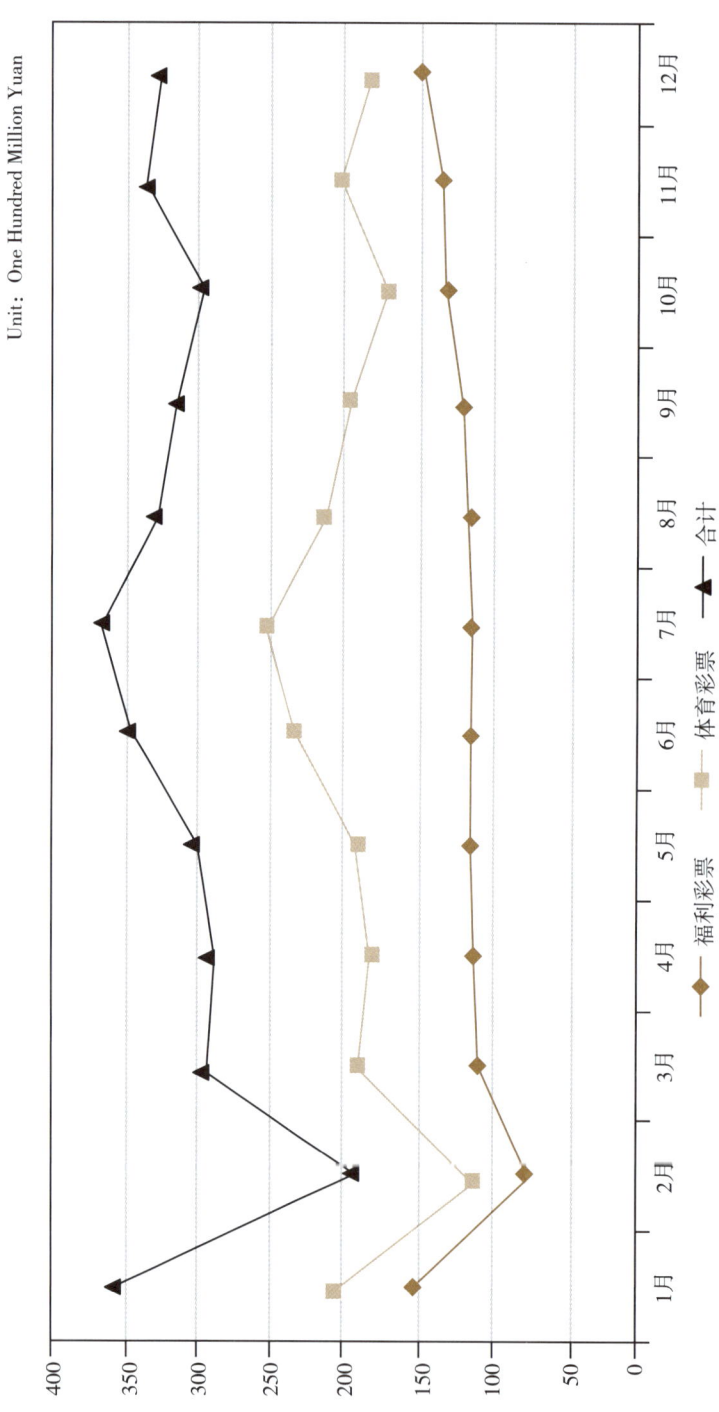

单位：亿元

Unit: One Hundred Million Yuan

2021年全国各地区彩票销售量排名表

Ranking of Lottery Sales in Different Regions in China in 2021

单位：万元
Unit：Ten Thousand Yuan

名次 Ranking	地区 Region	销售额 Sales Volume
1	广东	3 786 758.28
2	浙江	2 854 178.37
3	江苏	2 644 265.62
4	山东	2 571 674.13
5	河南	2 148 367.84
6	四川	1 984 801.69
7	云南	1 685 039.31
8	湖北	1 673 480.97
9	河北	1 385 929.07
10	福建	1 327 067.66
11	安徽	1 195 794.19
12	陕西	1 153 434.71
13	湖南	1 096 854.61
14	辽宁	1 069 517.48
15	北京	1 018 821.04
16	江西	953 813.59
17	重庆	937 057.45
18	新疆	895 254.56
19	上海	881 624.68
20	贵州	796 049.68
21	内蒙古	790 450.73
22	黑龙江	669 371.87
23	吉林	620 003.25
24	山西	616 735.14
25	天津	616 317.63
26	广西	611 352.46
27	甘肃	593 877.15
28	宁夏	285 323.74
29	青海	178 739.59
30	西藏	157 846.17
31	海南	128 736.30
合计 Total		37 328 538.95

2021年全国各地区彩票

Statistical Table of Lottery Monthly Sales in

地 区 Region	1月 Jan.	2月 Feb.	3月 Mar.	4月 Apr.	5月 May	6月 June
北 京	96 639.37	49 342.69	79 021.59	80 420.17	82 055.39	91 200.15
天 津	60 539.71	30 393.43	47 309.73	46 246.13	47 185.05	53 614.89
河 北	125 840.18	66 582.86	107 902.05	108 950.01	115 467.36	130 599.19
山 西	62 051.00	29 443.55	47 490.77	46 566.27	48 313.70	55 768.76
内蒙古	80 782.96	40 803.32	62 019.21	60 595.01	62 963.81	77 664.51
辽 宁	106 819.36	55 597.98	82 721.90	86 886.77	86 269.85	99 442.12
吉 林	63 251.17	31 474.63	48 533.96	48 670.29	49 511.51	63 385.10
黑龙江	72 653.04	32 118.74	54 226.45	51 231.01	54 093.62	68 965.92
上 海	95 209.61	46 808.14	68 685.70	68 560.72	73 144.06	78 279.25
江 苏	263 636.99	138 177.48	208 401.12	201 023.65	205 031.07	256 526.47
浙 江	265 747.35	138 776.22	216 564.22	214 829.23	222 246.72	274 797.05
安 徽	109 270.26	57 912.36	98 057.93	95 056.22	100 390.86	114 124.91
福 建	126 692.79	72 507.88	113 800.01	104 326.72	112 640.75	115 004.36
江 西	81 435.52	43 530.98	79 256.86	75 539.92	80 028.46	84 707.77
山 东	250 683.61	132 653.33	210 822.89	198 406.07	211 772.33	243 366.75
河 南	193 237.40	104 370.20	182 279.67	178 817.14	178 006.02	197 134.32
湖 北	143 691.10	78 014.63	136 458.19	133 919.53	135 499.41	153 279.96
湖 南	94 246.80	51 175.43	88 433.61	85 909.25	88 727.05	102 785.79
广 东	366 602.11	199 329.63	311 041.96	299 635.02	311 364.80	313 683.75
广 西	52 028.12	33 629.73	51 414.71	47 126.23	49 307.68	53 407.45
海 南	10 763.18	6 554.84	10 565.77	10 248.77	10 421.27	10 516.53
重 庆	86 955.74	57 986.74	76 172.95	74 032.60	78 488.76	81 003.53
四 川	172 815.54	105 986.86	158 292.44	155 470.78	162 718.82	192 073.79
贵 州	68 348.87	37 082.82	61 236.25	60 468.41	62 176.72	90 745.72
云 南	154 627.86	82 623.11	131 691.42	128 171.92	135 270.23	164 646.61
西 藏	28 897.80	8 896.18	8 725.33	10 456.97	12 337.84	12 712.82
陕 西	132 440.72	62 375.50	88 075.63	89 173.32	93 073.77	110 927.55
甘 肃	67 335.72	31 282.45	45 415.35	46 325.16	46 340.46	54 218.97
青 海	22 435.24	9 940.56	13 443.44	13 921.14	13 625.81	15 563.98
宁 夏	29 908.71	15 407.25	22 727.48	24 361.63	23 977.58	27 087.63
新 疆	90 096.93	44 725.59	70 240.22	64 957.41	67 797.40	73 771.27
合 计 Total	3 575 684.75	1 895 504.88	2 981 028.82	2 910 303.47	3 020 248.15	3 461 006.87

销售情况表（分地区按月统计）

Different Regions in China in 2021

单位：万元

Unit：Ten Thousand Yuan

7月 July	8月 Aug.	9月 Sept.	10月 Oct.	11月 Nov.	12月 Dec.	合 计 Total
94 310.36	91 128.46	89 722.61	82 682.19	92 047.63	90 250.41	1 018 821.04
58 492.93	57 009.07	58 211.62	48 099.81	56 449.65	52 765.61	616 317.63
138 497.64	123 943.97	115 367.41	109 064.30	120 538.36	123 175.74	1 385 929.07
59 569.68	54 156.83	51 133.94	51 641.02	55 754.81	54 844.83	616 735.14
79 559.07	65 619.33	64 021.26	62 414.28	70 754.44	63 253.53	790 450.73
105 167.74	91 954.13	86 722.13	78 853.89	92 049.84	97 031.79	1 069 517.48
69 484.42	49 943.77	50 241.73	45 637.82	49 035.46	50 833.39	620 003.25
68 878.34	57 847.17	57 048.39	51 589.92	52 763.45	47 955.82	669 371.87
78 341.83	72 622.30	70 548.73	70 116.64	78 735.53	80 572.18	881 624.68
266 659.47	224 757.28	208 993.43	202 415.49	235 578.81	233 064.38	2 644 265.62
286 880.34	249 287.79	243 279.73	236 619.93	258 512.27	246 637.53	2 854 178.37
119 213.18	107 282.54	97 061.25	89 447.51	104 662.06	103 315.11	1 195 794.19
120 143.64	112 056.28	105 500.58	98 970.80	122 250.88	123 172.96	1 327 067.66
99 251.72	87 660.67	83 942.63	81 929.94	81 168.99	75 360.14	953 813.59
250 547.31	224 748.72	209 826.32	201 350.88	222 925.58	214 570.35	2 571 674.13
202 295.26	191 342.54	180 399.19	168 229.69	198 786.88	173 469.54	2 148 367.84
171 417.58	149 825.34	142 276.78	131 496.37	147 944.93	149 657.14	1 673 480.97
102 697.70	97 645.03	98 263.16	87 288.41	101 303.35	98 379.03	1 096 854.61
330 738.76	322 803.53	313 472.74	303 363.35	359 044.18	355 678.45	3 786 758.28
56 574.50	52 556.33	51 063.08	49 837.79	59 298.80	55 108.04	611 352.46
12 837.85	10 855.22	11 036.78	9 527.74	12 307.11	13 101.22	128 736.30
91 703.62	84 875.70	78 864.64	73 428.32	76 283.39	77 261.44	937 057.45
202 659.07	178 819.94	169 887.73	155 525.10	169 331.92	161 219.70	1 984 801.69
87 620.29	70 684.59	65 306.39	58 872.99	67 901.23	65 605.41	796 049.68
169 471.73	144 283.25	140 399.96	132 185.80	150 588.32	151 079.10	1 685 039.31
13 009.31	12 232.23	12 570.39	11 257.90	14 344.04	12 405.37	157 846.17
112 471.84	99 143.09	95 166.23	86 783.25	97 122.17	86 681.65	1 153 434.71
55 393.12	52 735.12	53 339.51	45 808.70	45 006.12	50 676.48	593 877.15
16 052.86	15 072.72	14 427.57	13 418.23	14 786.24	16 051.80	178 739.59
26 638.69	24 318.64	22 863.80	21 642.60	22 486.61	23 903.11	285 323.74
77 940.72	83 682.35	82 898.86	79 609.27	80 929.14	78 605.61	895 254.56
3 624 520.55	3 260 893.95	3 123 858.56	2 939 109.94	3 310 692.20	3 225 686.83	37 328 538.95

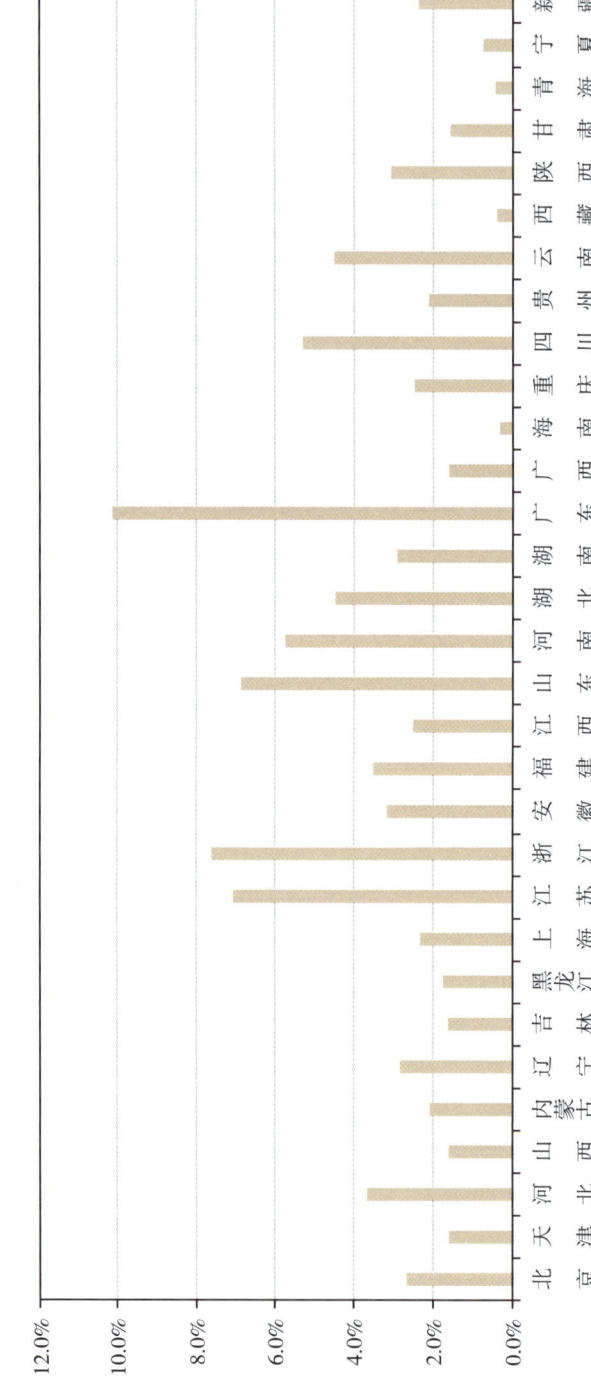

2021年全国各地区彩票销售额比重图

Diagram of Lottery Sales Proportion in Different Regions in China in 2021

2021年全国彩票分类型销售情况图

Diagram of Lottery Sales in Different Lottery Games in China in 2021

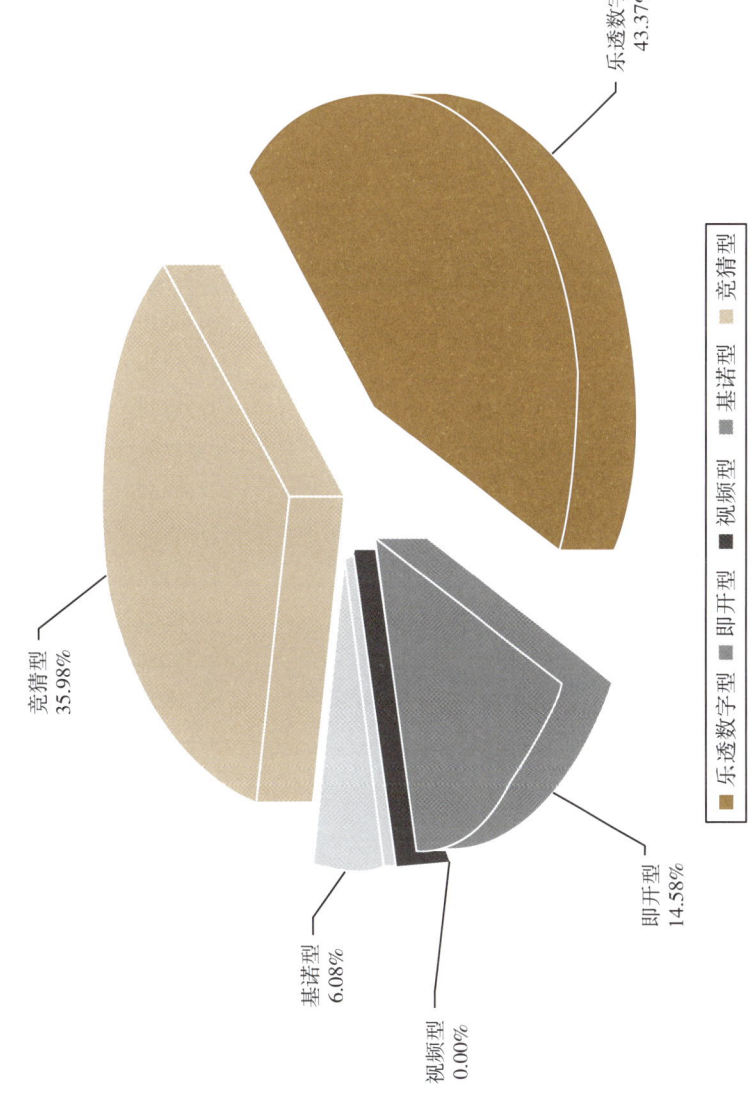

2021年全国彩票销售

Statistical Table of Lottery Sales in Different

地区 Region	福利彩票 Welfare Lottery					体育 Sports	
	乐透数字型 Lotto Games	即开型 Instant Games	视频型 Online Instant Win	基诺型 Keno	小计 Subtotal	乐透数字型 Lotto Games	即开型 Instant Games
北　京	268 925.72	63 455.06	—	25 690.83	358 071.61	217 532.58	112 063.14
天　津	100 802.95	32 434.79	—	14 592.34	147 830.09	92 083.24	37 510.19
河　北	321 783.26	64 739.97	—	81 565.67	468 088.89	321 226.98	115 853.51
山　西	171 560.73	40 979.56	—	38 741.91	251 282.21	75 857.21	26 521.15
内蒙古	204 637.31	67 369.01	—	33 966.15	305 972.47	140 625.39	69 384.02
辽　宁	379 736.32	75 702.17	—	78 845.12	534 283.61	151 015.64	93 567.58
吉　林	130 645.72	74 467.18	—	50 359.16	255 472.05	114 156.88	60 928.35
黑龙江	183 996.20	49 051.83	—	32 913.29	265 961.32	141 617.36	53 263.81
上　海	305 773.67	98 181.56	—	29 993.29	433 948.52	177 137.29	60 358.47
江　苏	508 343.61	200 342.78	—	103 857.66	812 544.04	683 740.07	212 991.13
浙　江	673 499.22	301 763.60	—	187 607.47	1 162 870.28	602 086.02	198 555.27
安　徽	304 947.29	65 626.61	—	73 356.86	443 930.77	243 014.70	46 018.09
福　建	250 684.55	65 403.03	—	83 244.22	399 331.80	463 415.31	116 728.03
江　西	175 607.15	42 272.32	—	69 082.05	286 961.53	144 351.87	30 000.56
山　东	561 687.44	159 059.14	—	183 352.51	904 099.09	378 377.10	176 778.85
河　南	335 659.70	67 490.02	—	92 146.25	495 295.98	459 754.46	171 084.34
湖　北	375 099.84	63 023.20	—	105 221.14	543 344.17	268 518.50	37 309.98
湖　南	331 478.34	82 740.94	—	100 085.01	514 304.28	135 589.00	21 608.77
广　东	962 615.45	410 969.06	—	244 754.92	1 618 339.43	585 828.36	289 951.27
广　西	195 771.05	80 643.04	—	65 570.25	341 984.33	70 549.35	19 630.13
海　南	34 849.42	6 108.89	—	3 758.47	44 716.78	46 477.90	10 715.26
重　庆	186 018.32	54 989.46	—	87 293.29	328 301.07	117 741.92	28 767.37
四　川	465 838.71	136 516.90	—	140 492.21	742 847.81	346 680.38	102 031.46
贵　州	195 460.74	20 890.76	—	63 233.51	279 585.01	180 930.82	59 717.07
云　南	564 473.61	55 589.50	—	56 467.52	676 530.62	391 519.60	212 019.46
西　藏	41 171.43	26 167.14	—	3 454.30	70 792.87	29 406.78	36 721.71
陕　西	352 952.85	117 240.85	—	86 886.90	557 080.60	161 993.16	61 330.05
甘　肃	158 559.60	46 869.18	—	20 663.65	226 092.42	113 568.17	44 164.40
青　海	76 139.32	19 554.22	—	6 939.51	102 633.05	29 359.85	12 070.96
宁　夏	91 061.96	23 233.71	—	14 893.05	129 188.71	64 705.00	19 186.68
新　疆	228 591.09	205 900.32	—	89 315.74	523 807.15	101 919.38	85 481.95
合　计 Total	9 138 372.54	2 818 775.78	—	2 268 344.23	14 225 492.54	7 050 780.25	2 622 313.01

四、彩票统计资料

情况表（分地区分系统）

Regions and Different Organizations in China in 2021

单位：万元
Unit：Ten Thousand Yuan

彩票 Lottery					销售合计 Sales Total			
视频型 Online Instant Win	竞猜型 Sports Betting	小计 Subtotal	乐透数字型 Lotto Games	即开型 Instant Games	视频型 Online Instant Win	基诺型 Keno	竞猜型 Sports Betting	小计 Subtotal
—	331 153.72	660 749.43	486 458.29	175 518.20	—	25 690.83	331 153.72	1 018 821.04
—	338 894.12	468 487.55	192 886.19	69 944.98	—	14 592.34	338 894.12	616 317.63
—	480 759.69	917 840.18	643 010.23	180 593.48	—	81 565.67	480 759.69	1 385 929.07
—	263 074.57	365 452.93	247 417.95	67 500.71	—	38 741.91	263 074.57	616 735.14
—	274 468.85	484 478.26	345 262.70	136 753.03	—	33 966.15	274 468.85	790 450.73
—	290 650.66	535 233.88	530 751.95	169 269.75	—	78 845.12	290 650.66	1 069 517.48
—	189 445.97	364 531.19	244 802.60	135 395.53	—	50 359.16	189 445.97	620 003.25
—	208 529.38	403 410.56	325 613.56	102 315.64	—	32 913.29	208 529.38	669 371.87
—	210 180.40	447 676.16	482 910.97	158 540.03	—	29 993.29	210 180.40	881 624.68
—	934 990.37	1 831 721.58	1 192 083.68	413 333.91	—	103 857.66	934 990.37	2 644 265.62
—	890 666.80	1 691 308.09	1 275 585.24	500 318.87	—	187 607.47	890 666.80	2 854 178.37
—	462 830.63	751 863.42	547 962.00	111 644.70	—	73 356.86	462 830.63	1 195 794.19
—	347 592.52	927 735.87	714 099.87	182 131.06	—	83 244.22	347 592.52	1 327 067.66
—	492 499.64	666 852.06	319 959.02	72 272.88	—	69 082.05	492 499.64	953 813.59
—	1 112 419.10	1 667 575.04	940 064.54	335 837.99	—	183 352.51	1 112 419.10	2 571 674.13
—	1 022 233.07	1 653 071.86	795 414.16	238 574.36	—	92 146.25	1 022 233.07	2 148 367.84
—	824 308.31	1 130 136.80	643 618.34	100 333.18	—	105 221.14	824 308.31	1 673 480.97
—	425 352.55	582 550.32	467 067.34	104 349.71	—	100 085.01	425 352.55	1 096 854.61
—	1 292 639.23	2 168 418.85	1 548 443.80	700 920.33	—	244 754.92	1 292 639.23	3 786 758.28
—	179 188.65	269 368.13	266 320.39	100 273.17	—	65 570.25	179 188.65	611 352.46
97.16	26 729.19	84 019.52	81 327.32	16 824.15	97.16	3 758.47	26 729.19	128 736.30
—	462 247.09	608 756.38	303 760.24	83 756.83	—	87 293.29	462 247.09	937 057.45
—	793 242.04	1 241 953.88	812 519.09	238 548.36	—	140 492.21	793 242.04	1 984 801.69
—	275 816.78	516 464.67	376 391.56	80 607.83	—	63 233.51	275 816.78	796 049.68
—	404 969.62	1 008 508.68	955 993.21	267 608.96	—	56 467.52	404 969.62	1 685 039.31
—	20 924.81	87 053.30	70 578.21	62 888.85	—	3 454.30	20 924.81	157 846.17
—	373 030.91	596 354.11	514 946.00	178 570.90	—	86 886.90	373 030.91	1 153 434.71
—	210 052.16	367 784.73	272 127.77	91 033.58	—	20 663.65	210 052.16	593 877.15
—	34 675.73	76 106.54	105 499.17	31 625.18	—	6 939.51	34 675.73	178 739.59
—	72 243.35	156 135.02	155 766.95	42 420.39	—	14 893.05	72 243.35	285 323.74
—	184 046.09	371 447.42	330 510.47	291 382.27	—	89 315.74	184 046.09	895 254.56
97.16	13 429 855.99	23 103 046.41	16 189 152.79	5 441 088.79	97.16	2 268 344.23	13 429 855.99	37 328 538.95

2021 年全国彩票

Statistical Table of the Public Welfare Funds Raised

地 区 Region	福利彩票 Welfare Lottery		
	小计 Subtotal	中央集中 Central Gov.	地方留成 Local Gov.
北 京	115 399.05	57 699.53	57 699.53
天 津	45 291.84	22 645.92	22 645.92
河 北	151 333.47	75 666.74	75 666.74
山 西	79 281.85	39 640.92	39 640.92
内蒙古	94 785.24	47 392.62	47 392.62
辽 宁	169 619.69	84 809.85	84 809.85
吉 林	75 377.61	37 688.81	37 688.81
黑龙江	83 590.12	41 795.06	41 795.06
上 海	136 169.70	68 084.85	68 084.85
江 苏	248 661.32	124 330.66	124 330.66
浙 江	352 824.12	176 412.06	176 412.06
安 徽	142 747.69	71 373.85	71 373.85
福 建	127 613.34	63 806.67	63 806.67
江 西	91 440.13	45 720.06	45 720.06
山 东	283 632.72	141 816.36	141 816.36
河 南	160 357.68	80 178.84	80 178.84
湖 北	175 464.41	87 732.20	87 732.20
湖 南	162 696.60	81 348.30	81 348.30
广 东	490 442.38	245 221.19	245 221.19
广 西	105 256.36	52 628.18	52 628.18
海 南	14 712.96	7 356.48	7 356.48
重 庆	102 375.47	51 187.73	51 187.73
四 川	232 301.62	116 150.81	116 150.81
贵 州	91 922.46	45 961.23	45 961.23
云 南	223 489.73	111 744.86	111 744.86
西 藏	19 787.80	9 893.90	9 893.90
陕 西	170 549.62	85 274.81	85 274.81
甘 肃	70 075.94	35 037.97	35 037.97
青 海	32 018.80	16 009.40	16 009.40
宁 夏	40 995.69	20 497.85	20 497.85
新 疆	146 075.61	73 037.81	73 037.81
合 计 Total	4 436 291.03	2 218 145.51	2 218 145.51

注：本统计表为按彩票销量计算的彩票公益金筹集数，未包括弃奖奖金。

公益金筹集情况表

from Lottery Sales in China in 2021

单位：万元
Unit: Ten Thousand Yuan

	体育彩票 Sports Lottery			两种彩票汇总 Total	
小计 Subtotal	中央集中 Central Gov.	地方留成 Local Gov.	合计 Total	中央集中 Central Gov.	地方留成 Local Gov.
169 014.49	84 507.24	84 507.24	284 413.54	142 206.77	142 206.77
112 778.77	56 389.38	56 389.38	158 070.61	79 035.30	79 035.30
236 039.50	118 019.75	118 019.75	387 372.97	193 686.49	193 686.49
87 459.17	43 729.58	43 729.58	166 741.02	83 370.51	83 370.51
120 256.10	60 128.05	60 128.05	215 041.34	107 520.67	107 520.67
133 313.40	66 656.70	66 656.70	302 933.09	151 466.54	151 466.54
91 579.70	45 789.85	45 789.85	166 957.32	83 478.66	83 478.66
104 043.17	52 021.58	52 021.58	187 633.29	93 816.64	93 816.64
119 203.04	59 601.52	59 601.52	255 372.74	127 686.37	127 686.37
479 153.16	239 576.58	239 576.58	727 814.47	363 907.24	363 907.24
440 167.85	220 083.92	220 083.92	792 991.97	396 495.99	396 495.99
192 328.28	96 164.14	96 164.14	335 075.97	167 537.99	167 537.99
261 553.60	130 776.80	130 776.80	389 166.94	194 583.47	194 583.47
160 536.53	80 268.27	80 268.27	251 976.66	125 988.33	125 988.33
401 802.28	200 901.14	200 901.14	685 435.00	342 717.50	342 717.50
411 115.09	205 557.55	205 557.55	571 472.78	285 736.39	285 736.39
276 041.59	138 020.80	138 020.80	451 506.00	225 753.00	225 753.00
142 499.68	71 249.84	71 249.84	305 196.29	152 598.14	152 598.14
543 679.69	271 839.84	271 839.84	1 034 122.07	517 061.03	517 061.03
67 079.80	33 539.90	33 539.90	172 336.16	86 168.08	86 168.08
24 235.95	12 117.98	12 117.98	38 948.92	19 474.46	19 474.46
145 147.99	72 574.00	72 574.00	247 523.46	123 761.73	123 761.73
311 494.18	155 747.09	155 747.09	543 795.80	271 897.90	271 897.90
133 551.72	66 775.86	66 775.86	225 474.18	112 737.09	112 737.09
265 811.62	132 905.81	132 905.81	489 301.35	244 650.68	244 650.68
21 541.47	10 770.74	10 770.74	41 329.27	20 664.64	20 664.64
148 240.88	74 120.44	74 120.44	318 790.50	159 395.25	159 395.25
92 510.20	46 255.10	46 255.10	162 586.13	81 293.07	81 293.07
19 987.86	9 993.93	9 993.93	52 006.66	26 003.33	26 003.33
41 711.25	20 855.63	20 855.63	82 706.95	41 353.47	41 353.47
91 666.83	45 833.42	45 833.42	237 742.45	118 871.22	118 871.22
5 845 544.85	**2 922 772.43**	**2 922 772.43**	**10 281 835.88**	**5 140 917.94**	**5 140 917.94**

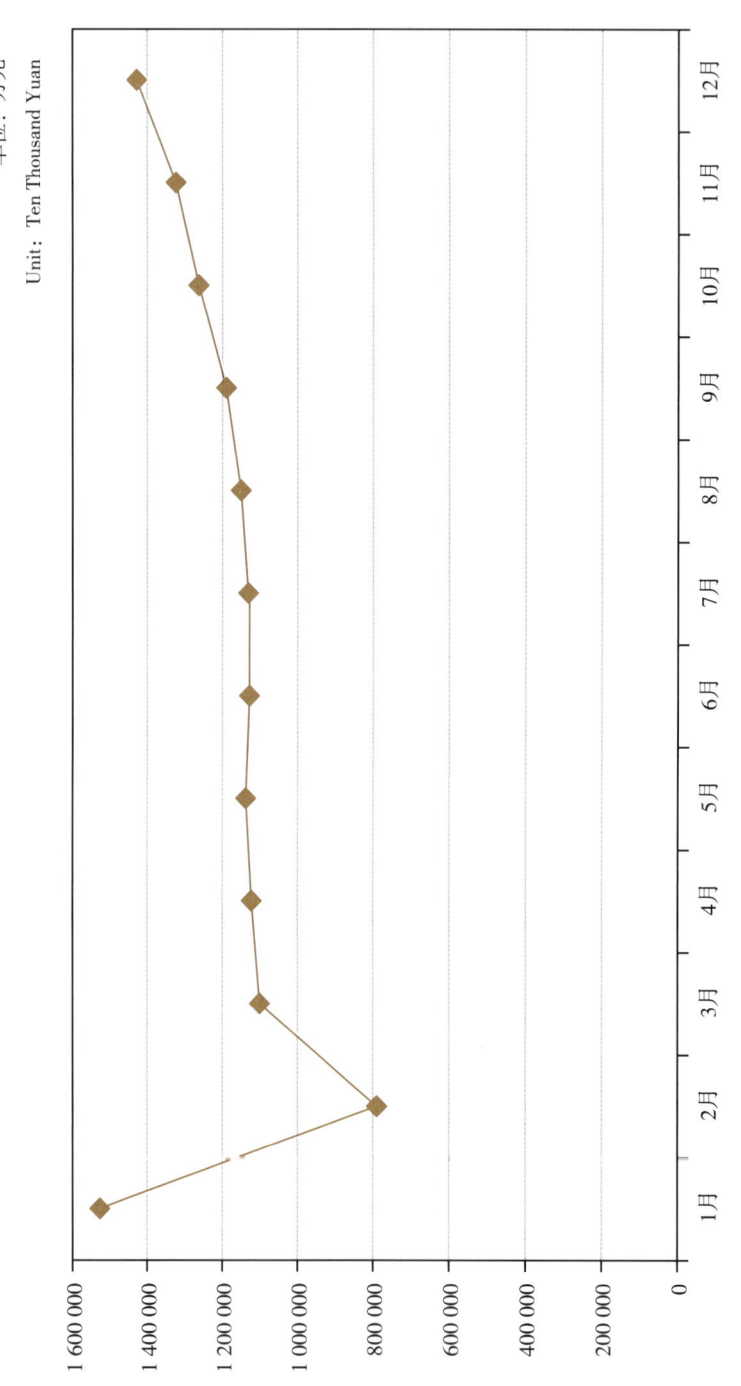

2021年全国福利彩票各地区销售量排名表

Ranking of Sales of Welfare Lottery in Different Regions in China in 2021

单位：万元
Unit：Ten Thousand Yuan

名次 Ranking	地区 Region	销售量 Sales Amounts
1	广东	1 618 339.43
2	浙江	1 162 870.28
3	山东	904 099.09
4	江苏	812 544.04
5	四川	742 847.81
6	云南	676 530.62
7	陕西	557 080.60
8	湖北	543 344.17
9	辽宁	534 283.61
10	新疆	523 807.15
11	湖南	514 304.28
12	河南	495 295.98
13	河北	468 088.89
14	安徽	443 930.77
15	上海	433 948.52
16	福建	399 331.80
17	北京	358 071.61
18	广西	341 984.33
19	重庆	328 301.07
20	内蒙古	305 972.47
21	江西	286 961.53
22	贵州	279 585.01
23	黑龙江	265 961.32
24	吉林	255 472.05
25	山西	251 282.21
26	甘肃	226 092.42
27	天津	147 830.09
28	宁夏	129 188.71
29	青海	102 633.05
30	西藏	70 792.87
31	海南	44 716.78
合计 Total		14 225 492.54

（中国福利彩票发行管理中心供稿）

2021年全国福利彩票各地区销售额比重图

Diagram of Sales Proprotion of Welfare Lottery in Different Regions in China in 2021

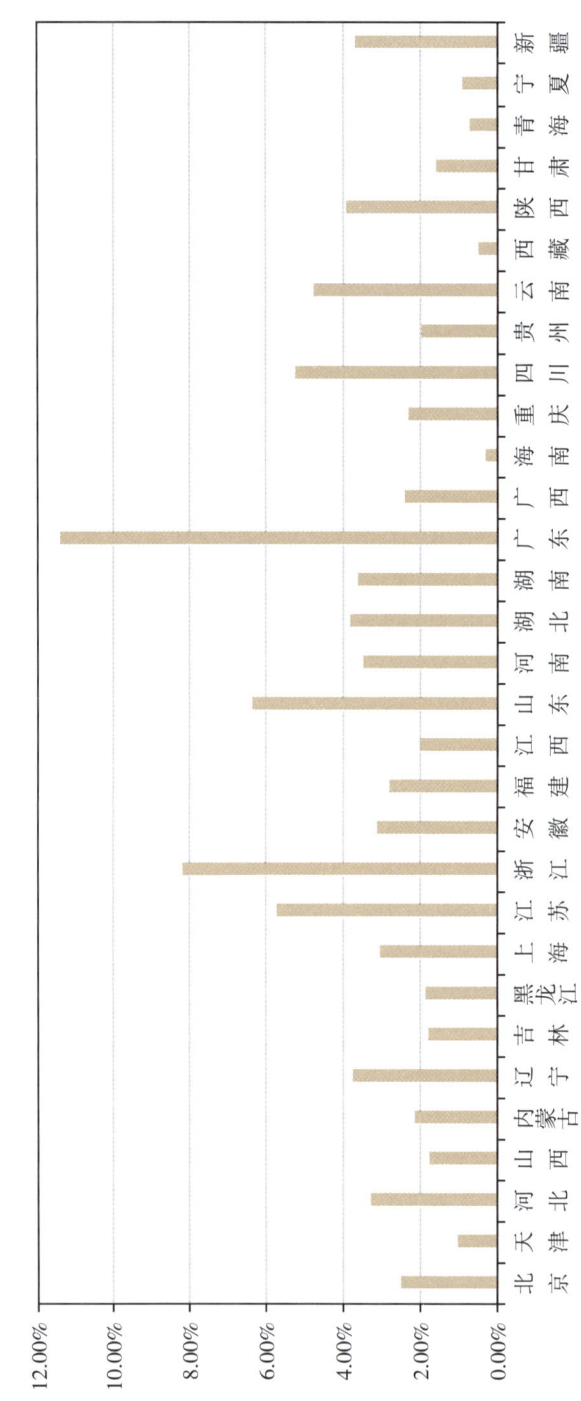

（中国福利彩票发行管理中心供稿）

2021 年全国福利彩票分类型销售情况图

Diagram of Welfare Lottery Sales in Different Lottery Games in China in 2021

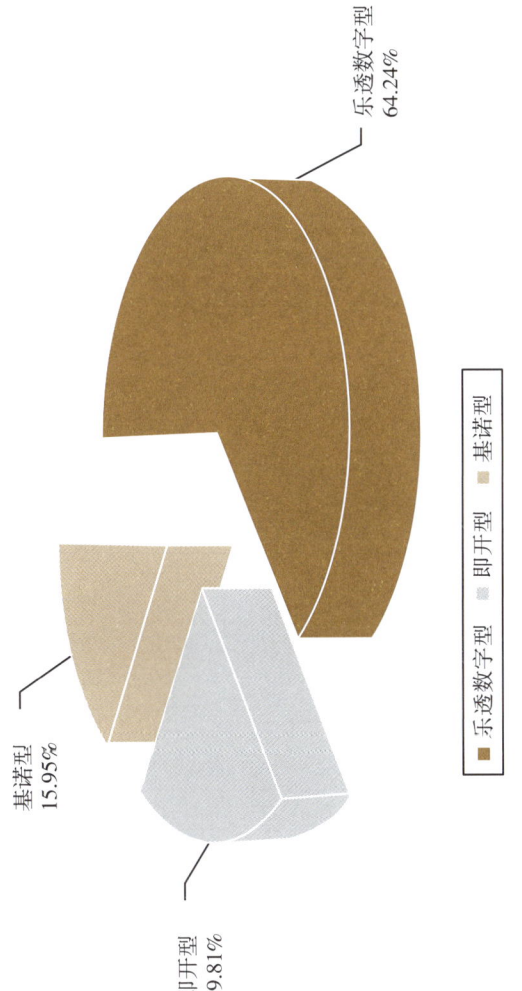

（中国福利彩票发行管理中心供稿）

2021年全国福利彩票销售

Statistical Table of Welfare Lottery Sales in Different Regions

地区 Regin	乐透数字型 Lotto Games	即开型 Instant Games	基诺型 Keno	小计 Subtotal
北　京	25 647.70	3 114.26	184.42	28 946.38
天　津	21 979.51	2 619.21	630.00	25 228.72
河　北	28 451.91	3 913.99	426.10	32 791.99
山　西	26 504.10	3 887.43	1 578.81	31 970.34
内蒙古	25 281.07	4 965.97	1 118.60	31 365.64
辽　宁	58 066.41	4 669.87	4 658.39	67 394.66
吉　林	18 442.46	3 342.62	1 400.73	23 185.80
黑龙江	28 033.90	3 157.88	1 216.80	32 408.59
上　海	44 266.58	6 172.61	2 380.11	52 819.29
江　苏	75 937.59	12 057.90	4 831.75	92 827.24
浙　江	88 008.66	19 003.35	12 822.05	119 834.07
安　徽	33 267.68	5 142.84	4 116.61	42 527.13
福　建	25 314.17	5 951.20	1 887.09	33 152.45
江　西	15 007.41	2 520.96	2 825.46	20 353.83
山　东	72 223.92	19 814.12	7 308.27	99 346.31
河　南	31 821.07	7 618.76	2 764.11	42 203.94
湖　北	44 125.68	4 095.55	2 991.04	51 212.27
湖　南	38 744.53	11 043.80	4 970.41	54 758.74
广　东	147 762.82	29 423.62	9 631.20	186 817.64
广　西	22 055.82	5 038.78	1 399.84	28 494.44
海　南	3 653.23	152.25	100.12	3 905.61
重　庆	24 599.67	4 365.37	1 817.32	30 782.37
四　川	60 153.65	16 635.99	5 465.22	82 254.86
贵　州	18 272.85	2 087.66	2 073.36	22 433.87
云　南	60 442.97	2 862.35	1 747.39	65 052.70
西　藏	13 892.01	1 164.93	78.90	15 135.84
陕　西	68 077.59	12 156.07	3 291.68	83 525.34
甘　肃	28 140.66	3 314.27	763.27	32 218.20
青　海	12 643.00	1 373.26	274.78	14 291.04
宁　夏	10 468.16	3 136.34	584.94	14 189.44
新　疆	43 071.93	12 631.04	4 105.44	59 808.42
合　计 Total	1 214 358.70	217 434.24	89 444.22	1 521 237.15

情况表（分地区分类型）

and Different Lottery Games in China in 2021

单位：万元
Unit：Ten Thousand Yuan

2月 Feb.

乐透数字型 Lotto Games	即开型 Instant Games	基诺型 Keno	小计 Subtotal
12 924.95	3 333.40	808.34	17 066.69
	2 086.76	470.32	10 374.95
15 741.02	3 344.54	404.59	19 490.15
10 544.88	1 902.98	1 198.39	13 646.25
11 663.79	3 488.33	984.26	16 136.38
25 645.51	3 186.09	3 013.22	31 844.81
7 544.69	2 928.48	1 763.83	12 237.00
11 420.96	1 719.22	723.59	13 863.77
18 797.06	4 577.41	1 039.34	24 413.81
32 661.29	11 341.33	2 938.02	46 940.64
37 741.53	18 859.71	7 525.65	64 126.89
16 210.36	3 492.91	2 603.11	22 306.38
13 210.99	4 819.04	3 078.34	21 108.37
8 326.96	1 123.72	1 719.50	11 170.18
33 680.16	13 138.98	5 500.86	52 320.00
16 700.22	6 305.56	2 319.49	25 325.27
22 439.05	2 987.10	1 935.10	27 361.25
18 480.39	4 229.55	3 265.71	25 975.64
61 280.99	25 144.46	6 525.50	92 950.95
10 970.35	6 616.43	1 858.63	19 445.41
1 903.78	145.05	130.87	2 179.71
11 478.63	12 146.94	1 263.50	24 889.06
27 100.56	19 616.30	3 601.78	50 318.64
9 818.32	1 167.59	1 576.70	12 562.61
28 748.35	2 619.68	1 196.79	32 564.83
3 860.07	639.95	69.78	4 569.81
24 936.93	7 540.23	1 994.14	34 471.30
10 924.50	2 229.73	387.90	13 542.13
4 929.53	919.74	302.07	6 151.34
4 967.97	2 137.30	299.64	7 404.92
16 621.01	6 921.89	3 809.22	27 352.12
539 092.68	**180 710.38**	**64 308.19**	**784 111.26**

续表

3月 Mar.

地区 Regin	乐透数字型 Lotto Games	即开型 Instant Games	基诺型 Keno	小计 Subtotal
北 京	22 619.24	3 130.03	1 606.03	27 355.30
天 津	6 521.60	2 606.39	1 061.44	10 189.43
河 北	26 528.93	6 258.15	2 153.89	34 940.97
山 西	12 909.55	3 276.36	2 696.35	18 882.27
内蒙古	18 519.62	4 089.09	1 546.23	24 154.93
辽 宁	27 986.31	5 437.35	7 492.22	40 915.87
吉 林	9 684.83	5 362.96	4 152.18	19 199.96
黑龙江	14 779.93	5 821.53	1 424.05	22 025.52
上 海	23 744.61	7 393.11	1 896.18	33 033.89
江 苏	38 378.09	17 689.63	6 307.68	62 375.40
浙 江	51 562.29	20 729.75	13 628.18	85 920.22
安 徽	26 352.84	5 085.32	4 754.24	36 192.40
福 建	20 635.28	5 155.12	6 817.65	32 608.05
江 西	13 930.80	1 076.35	3 668.45	18 675.60
山 东	44 087.41	12 975.26	13 534.86	70 597.53
河 南	28 077.66	5 970.05	5 855.22	39 902.93
湖 北	31 767.45	4 259.82	5 391.43	41 418.69
湖 南	26 421.35	8 718.50	6 151.57	41 291.42
广 东	74 003.05	41 866.60	16 006.23	131 875.89
广 西	16 547.80	7 998.43	3 952.02	28 498.25
海 南	3 089.60	432.26	171.24	3 693.09
重 庆	14 342.15	2 876.96	5 920.83	23 139.95
四 川	36 899.20	12 825.84	8 636.65	58 361.69
贵 州	15 922.37	1 579.18	3 706.74	21 208.29
云 南	41 672.75	4 689.69	2 158.48	48 520.91
西 藏	1 710.32	1 627.11	169.02	3 506.45
陕 西	24 833.36	8 800.95	5 617.61	39 251.92
甘 肃	11 935.62	4 010.51	829.92	16 776.04
青 海	5 432.71	1 790.32	486.72	7 709.75
宁 夏	7 488.78	1 598.14	911.65	9 998.57
新 疆	15 310.78	18 765.00	7 948.59	42 024.37
合 计 Total	713 696.24	233 895.75	146 653.55	1 094 245.53

4月 Apr.

乐透数字型 Lotto Games	即开型 Instant Games	基诺型 Keno	小计 Subtotal
22 733.99	4 500.51	1 709.93	28 944.43
6 612.74	4 550.53	1 026.53	12 189.80
26 609.43	5 333.87	6 147.55	38 090.85
14 572.05	3 235.13	2 588.75	20 395.93
16 742.56	4 763.37	1 642.49	23 148.43
28 225.73	6 374.24	6 474.38	41 074.35
9 867.41	6 385.14	3 979.19	20 231.74
15 305.49	3 362.27	1 587.39	20 255.15
23 963.57	8 553.51	1 742.58	34 259.65
39 394.92	19 345.69	6 273.58	65 014.19
53 182.15	27 315.81	12 489.71	92 987.68
26 448.85	6 114.34	4 670.30	37 233.50
20 798.95	4 967.78	5 876.32	31 643.05
13 818.59	2 322.76	4 159.56	20 300.90
44 694.46	13 911.85	13 938.98	72 545.29
28 437.49	9 393.82	6 533.57	44 364.88
30 098.33	4 742.94	7 345.78	42 187.05
25 966.72	6 589.05	7 446.62	40 002.39
73 019.78	32 122.59	18 082.79	123 225.16
16 043.57	6 935.85	3 661.89	26 641.31
2 922.89	795.30	182.17	3 900.36
14 314.86	3 558.72	6 038.38	23 911.96
36 892.74	10 660.39	10 015.08	57 568.21
16 492.24	2 442.23	3 823.27	22 757.74
42 676.38	4 637.63	2 720.91	50 034.92
2 101.18	2 065.55	160.16	4 326.89
25 748.14	11 208.67	6 597.80	43 554.61
12 232.89	5 986.79	1 010.69	19 230.37
5 615.75	1 826.23	452.61	7 894.59
8 540.84	2 249.95	930.02	11 720.81
15 851.67	14 335.19	6 610.80	36 797.66
719 926.36	**240 587.71**	**155 919.78**	**1 116 433.85**

续表

地区 Regin	5月 May			
	乐透数字型 Lotto Games	即开型 Instant Games	基诺型 Keno	小计 Subtotal
北 京	22 126.44	5 887.64	1 904.73	29 918.81
天 津	6 576.62	3 512.31	1 194.90	11 283.83
河 北	28 292.55	8 358.73	7 326.93	43 978.21
山 西	13 853.60	2 989.23	3 561.55	20 404.37
内蒙古	16 201.83	5 726.28	2 155.08	24 083.19
辽 宁	32 865.06	5 976.85	6 302.66	45 144.57
吉 林	10 529.27	5 824.83	4 279.36	20 633.46
黑龙江	15 087.44	3 770.99	2 186.64	21 045.06
上 海	23 789.00	9 428.52	1 858.56	35 076.08
江 苏	38 736.38	16 957.97	8 026.92	63 721.28
浙 江	56 526.51	20 572.76	13 697.60	90 796.87
安 徽	24 919.25	4 651.73	5 663.36	35 234.34
福 建	20 483.41	3 894.25	7 181.23	31 558.90
江 西	16 086.29	7 752.70	4 451.59	28 290.57
山 东	45 391.96	10 295.23	16 200.90	71 888.09
河 南	28 837.38	5 766.27	7 672.89	42 276.54
湖 北	29 597.06	6 213.88	6 535.09	42 346.04
湖 南	25 963.78	6 768.21	6 898.41	39 630.39
广 东	71 309.75	30 897.87	20 049.15	122 256.77
广 西	16 098.65	5 547.25	4 647.23	26 293.13
海 南	2 894.39	354.46	246.05	3 494.89
重 庆	14 228.30	3 667.96	5 985.58	23 881.84
四 川	37 641.66	9 618.53	11 032.54	58 292.74
贵 州	16 930.49	1 776.92	4 600.02	23 307.42
云 南	44 666.71	4 756.51	4 320.30	53 743.52
西 藏	2 289.71	2 775.32	358.03	5 423.05
陕 西	25 479.53	12 378.80	7 447.41	45 305.73
甘 肃	11 841.91	4 038.04	1 675.06	17 555.01
青 海	5 569.46	1 370.84	509.20	7 449.50
宁 夏	7 607.71	1 523.47	1 323.65	10 454.82
新 疆	15 838.18	14 821.19	6 390.53	37 049.91
合 计 Total	728 260.27	227 875.51	175 683.14	1 131 818.93

6月 June

乐透数字型 Lotto Games	即开型 Instant Games	基诺型 Keno	小计 Subtotal
21 770.78	6 097.33	2 380.39	30 248.50
6 335.94	2 345.24	1 368.45	10 049.63
26 316.91	5 630.72	8 712.60	40 660.23
12 280.22	2 765.09	3 754.87	18 800.18
15 392.19	5 454.41	3 549.25	24 395.84
28 078.18	4 764.75	7 557.74	40 400.67
10 081.52	6 326.52	5 038.99	21 447.02
14 088.15	4 238.60	3 116.72	21 443.47
23 312.50	10 391.25	2 348.67	36 052.42
36 581.27	14 858.59	9 942.36	61 382.21
51 874.91	24 553.18	17 068.16	93 496.25
23 599.69	5 725.01	6 432.91	35 757.60
19 361.16	3 851.37	8 117.12	31 329.65
16 808.26	1 342.17	5 825.95	23 976.38
43 267.98	13 712.36	16 511.80	73 492.14
27 150.75	4 429.03	9 065.67	40 645.45
27 722.62	4 011.49	9 203.89	40 937.99
24 648.55	8 071.62	8 834.54	41 554.71
69 957.29	26 328.11	22 765.59	119 050.99
15 476.62	5 272.36	6 434.62	27 183.60
2 835.00	277.99	344.47	3 457.46
13 679.24	3 162.47	6 899.96	23 741.68
35 521.18	9 302.18	13 996.84	58 820.19
15 907.94	1 162.69	6 964.75	24 035.38
43 896.04	4 805.85	5 929.59	54 631.48
2 157.52	2 189.28	244.64	4 591.44
24 473.54	11 710.78	8 294.07	44 478.39
11 390.11	5 952.76	2 597.28	19 940.14
5 414.18	1 764.28	644.85	7 823.32
6 973.61	1 990.18	1 774.16	10 737.95
15 263.34	14 955.30	7 538.43	37 757.07
691 617.17	**217 442.94**	**213 259.32**	**1 122 319.43**

续表

7月
July

地 区 Regin	乐透数字型 Lotto Games	即开型 Instant Games	基诺型 Keno	小计 Subtotal
北 京	21 236.22	5 853.01	2 822.16	29 911.40
天 津	6 177.12	1 959.17	1 500.14	9 636.43
河 北	24 938.65	3 672.39	9 436.82	38 047.86
山 西	12 303.32	2 368.10	3 667.66	18 339.08
内蒙古	15 148.01	5 043.49	4 159.67	24 351.17
辽 宁	27 916.98	6 862.00	7 828.28	42 607.26
吉 林	9 918.61	13 152.22	5 676.26	28 747.09
黑龙江	13 638.79	4 709.70	3 459.94	21 808.43
上 海	22 540.72	7 975.51	2 756.87	33 273.10
江 苏	36 052.87	13 888.87	11 355.01	61 296.75
浙 江	50 341.82	19 350.92	18 991.78	88 684.51
安 徽	23 583.46	3 469.43	7 926.96	34 979.84
福 建	19 220.90	3 834.03	9 039.13	32 094.07
江 西	13 253.59	748.15	7 383.19	21 384.92
山 东	42 588.67	9 038.22	17 670.37	69 297.26
河 南	25 712.67	4 530.77	9 628.65	39 872.10
湖 北	28 448.31	8 542.04	11 836.22	48 826.57
湖 南	25 079.80	4 179.61	9 349.78	38 609.19
广 东	71 469.14	27 002.60	26 069.23	124 540.96
广 西	15 379.99	4 673.38	7 667.07	27 720.43
海 南	2 681.55	1 177.28	416.10	4 274.93
重 庆	13 464.30	3 393.64	8 011.10	24 869.04
四 川	34 510.53	8 255.30	15 743.09	58 508.93
贵 州	15 762.62	1 221.89	7 933.75	24 918.26
云 南	44 887.95	5 860.84	6 353.34	57 102.13
西 藏	2 163.67	2 058.82	362.23	4 584.71
陕 西	24 342.24	8 640.02	9 116.43	42 098.69
甘 肃	11 239.62	3 408.45	2 546.54	17 194.61
青 海	5 471.44	1 675.61	702.38	7 849.43
宁 夏	6 674.84	1 690.29	1 753.56	10 118.68
新 疆	15 396.28	15 425.93	9 001.72	39 823.93
合 计 Total	681 544.69	203 661.68	240 165.40	1 125 371.78

	8月 Aug.		
乐透数字型 Lotto Games	即开型 Instant Games	基诺型 Keno	小计 Subtotal
23 283.35	6 142.76	2 610.04	32 036.14
7 081.60	2 103.48	1 403.54	10 588.62
27 780.65	4 221.51	8 670.11	40 672.27
13 310.65	2 332.62	3 180.79	18 824.06
16 201.39	4 262.63	3 747.06	24 211.08
29 692.09	6 936.09	6 545.44	43 173.63
11 086.17	4 703.60	4 442.44	20 232.21
14 571.40	3 886.28	3 348.63	21 806.32
24 567.71	6 625.82	2 600.71	33 794.24
36 783.62	19 042.01	9 843.67	65 669.31
54 971.96	18 051.60	16 991.71	90 015.27
25 528.70	3 105.10	8 290.93	36 924.73
20 809.72	3 657.17	8 037.03	32 503.92
13 910.11	902.42	6 511.70	21 324.23
45 694.77	8 941.31	16 329.36	70 965.43
26 450.95	2 155.83	8 428.20	37 034.99
30 054.93	1 985.38	10 438.37	42 478.69
26 876.79	4 448.55	9 663.94	40 989.27
75 717.59	28 710.74	24 289.11	128 717.44
17 009.11	4 618.73	6 720.68	28 348.53
2 813.57	85.21	357.67	3 256.45
15 323.26	3 217.76	6 896.98	25 438.01
37 488.03	7 129.07	13 416.25	58 033.35
17 073.56	1 746.78	6 467.88	25 288.22
49 528.19	4 258.86	5 503.14	59 290.19
2 339.25	2 515.97	385.64	5 240.86
26 146.46	8 069.53	7 990.53	42 206.51
12 248.19	2 850.67	2 122.18	17 221.04
5 940.64	1 608.21	650.17	8 199.01
7 252.49	1 464.56	1 401.65	10 118.69
16 766.52	26 133.61	7 629.06	50 529.19
734 303.44	**195 913.86**	**214 914.58**	**1 145 131.88**

续表

地 区 Regin	9月 Sept.			
	乐透数字型 Lotto Games	即开型 Instant Games	基诺型 Keno	小计 Subtotal
北 京	23 266.88	5 119.40	2 783.23	31 169.51
天 津	8 671.35	2 781.21	1 375.88	12 828.43
河 北	26 582.68	4 701.91	8 909.07	40 193.66
山 西	12 762.48	2 749.44	3 665.51	19 177.43
内蒙古	15 660.41	7 865.46	3 828.41	27 354.28
辽 宁	28 597.81	8 309.96	7 209.70	44 117.46
吉 林	10 276.86	7 186.87	4 874.48	22 338.21
黑龙江	13 970.01	3 929.76	3 713.41	21 613.18
上 海	23 125.36	7 337.84	2 974.35	33 437.55
江 苏	38 352.01	12 800.15	10 739.90	61 892.06
浙 江	53 003.22	29 003.05	19 187.56	101 193.84
安 徽	24 236.61	4 641.01	7 343.36	36 220.98
福 建	20 099.43	4 594.79	8 630.38	33 324.60
江 西	16 991.74	1 692.10	7 209.54	25 893.38
山 东	43 989.26	10 361.75	17 647.17	71 998.18
河 南	26 506.07	5 119.82	9 504.38	41 130.27
湖 北	30 211.05	3 184.45	11 886.21	45 281.71
湖 南	27 093.59	9 273.28	10 966.12	47 332.99
广 东	71 758.05	27 707.25	25 246.46	124 711.75
广 西	16 229.97	5 276.71	6 939.62	28 446.31
海 南	2 660.09	821.86	410.96	3 892.90
重 庆	14 632.50	3 491.02	11 299.29	29 422.81
四 川	37 004.81	9 025.94	14 425.05	60 455.80
贵 州	16 640.23	1 117.31	6 650.03	24 407.58
云 南	51 113.81	3 854.68	5 592.57	60 561.07
西 藏	2 315.58	3 057.30	396.11	5 768.99
陕 西	25 753.52	9 661.20	10 255.69	45 670.41
甘 肃	13 310.81	3 741.34	2 172.02	19 224.17
青 海	5 846.03	1 635.91	750.41	8 232.36
宁 夏	7 053.11	1 299.37	1 477.54	9 830.01
新 疆	16 694.62	22 019.40	8 505.14	47 219.16
合 计 Total	724 409.95	223 361.51	236 569.58	1 184 341.04

10月
Oct.

乐透数字型 Lotto Games	即开型 Instant Games	基诺型 Keno	小计 Subtotal
20 503.07	9 672.62	2 691.50	32 867.19
6 434.58	2 954.42	1 327.12	10 716.12
24 465.02	8 937.84	8 886.50	42 289.36
11 614.12	8 184.26	3 868.02	23 666.40
14 495.74	7 797.33	3 564.20	25 857.27
26 192.44	9 055.50	6 548.27	41 796.21
8 952.19	8 969.08	4 672.95	22 594.21
12 963.76	6 669.06	4 265.41	23 898.23
21 322.50	12 169.30	3 221.36	36 713.16
39 454.76	23 329.68	9 782.32	72 566.76
49 387.72	41 799.82	17 888.51	109 076.05
22 083.77	9 153.50	6 685.02	37 922.28
18 422.27	7 748.86	8 196.53	34 367.66
12 801.66	11 001.80	9 436.55	33 240.01
40 637.32	22 404.89	18 598.63	81 640.84
28 310.83	8 012.21	9 897.96	46 221.00
27 718.00	8 225.59	9 942.96	45 886.55
24 650.44	6 981.09	10 409.87	42 041.40
71 536.85	49 744.91	23 087.50	144 369.26
14 152.59	9 232.41	7 669.42	31 054.41
2 415.57	384.32	439.87	3 239.76
14 444.23	8 312.49	11 283.82	34 040.54
33 328.35	17 103.77	14 097.11	64 529.23
14 610.91	3 350.07	5 981.48	23 942.46
44 509.12	5 750.76	7 918.96	58 178.84
2 086.54	2 377.27	371.73	4 835.54
23 731.27	11 863.70	8 625.29	44 220.26
9 939.81	4 972.57	2 059.86	16 972.25
5 242.68	2 103.28	671.20	8 017.16
6 108.53	3 551.74	1 423.07	11 083.34
15 441.52	26 527.94	8 520.67	50 490.13
667 958.15	**358 342.06**	**232 033.65**	**1 258 333.86**

续表

地 区 Regin	11月 Nov.					
	乐透数字型 Lotto Games	即开型 Instant Games	基诺型 Keno	小计 Subtotal	乐透数字型 Lotto Games	即开型 Instant Games
北 京	24 796.61	5 111.90	2 849.66	32 758.17	28 016.48	5 492.20
天 津	7 792.58	2 494.44	1 443.61	11 730.64	8 801.44	2 421.63
河 北	30 794.42	5 137.85	9 570.39	45 502.66	35 281.10	5 228.46
山 西	14 716.39	3 470.92	3 982.74	22 170.05	16 189.37	3 818.01
内蒙古	19 025.69	9 326.59	3 649.97	32 002.25	20 305.00	4 586.06
辽 宁	31 268.01	6 913.75	6 924.27	45 106.03	35 201.79	7 215.74
吉 林	11 695.87	5 011.50	4 500.41	21 207.78	12 565.84	5 273.39
黑龙江	15 715.87	3 406.96	3 868.32	22 991.15	14 420.48	4 379.58
上 海	26 025.85	9 570.06	3 283.64	38 879.54	30 318.24	7 986.62
江 苏	46 440.75	19 264.00	10 169.36	75 874.11	49 570.04	19 766.97
浙 江	60 604.16	31 758.71	17 698.75	110 061.62	66 294.27	30 764.94
安 徽	27 432.87	6 459.12	7 091.91	40 983.90	31 283.24	8 586.30
福 建	24 174.51	9 495.32	7 804.63	41 474.46	28 153.76	7 434.10
江 西	16 466.04	4 222.92	7 462.14	28 151.10	18 205.72	7 566.27
山 东	49 820.61	13 691.49	18 396.04	81 908.14	55 610.93	10 773.69
河 南	33 693.48	4 250.66	9 638.38	47 582.52	33 961.14	3 937.24
湖 北	32 565.44	8 417.60	9 917.58	50 900.62	40 351.91	6 357.35
湖 南	31 930.00	7 000.68	10 935.12	49 865.80	35 622.42	5 437.02
广 东	83 996.87	44 324.99	25 269.81	153 591.68	90 803.27	47 695.31
广 西	17 208.82	11 235.07	7 533.29	35 977.18	18 597.77	8 197.63
海 南	3 243.10	557.55	473.55	4 274.20	3 736.64	925.37
重 庆	17 029.49	3 733.33	8 951.06	29 713.88	18 481.68	3 062.80
四 川	42 420.49	9 563.61	14 091.74	66 075.84	46 877.51	6 779.99
贵 州	18 654.21	1 734.86	6 470.29	26 859.36	19 375.01	1 503.58
云 南	55 521.59	5 177.83	6 193.85	66 893.26	56 809.75	6 314.82
西 藏	3 338.44	3 429.69	400.05	7 168.18	2 917.15	2 265.95
陕 西	30 423.56	8 560.97	8 646.55	47 631.08	29 006.71	6 649.95
甘 肃	10 513.79	1 836.77	1 891.99	14 242.56	14 841.68	4 527.28
青 海	6 629.72	1 447.37	734.13	8 811.22	7 404.17	2 039.17
宁 夏	8 059.35	1 219.49	1 359.14	10 637.99	9 866.57	1 372.89
新 疆	19 755.56	19 557.85	8 432.54	47 745.95	22 579.68	13 805.98
合 计 Total	821 754.13	267 383.85	229 634.94	1 318 772.91	901 450.77	252 166.27

12月 Dec.		合 计 Total			
基诺型 Keno	小计 Subtotal	乐透数字型 Lotto Games	即开型 Instant Games	基诺型 Keno	小计 Subtotal
3 340.40	36 849.08	268 925.72	63 455.06	25 690.83	358 071.61
1 790.42	13 013.49	100 802.95	32 434.79	14 592.34	147 830.09
10 921.12	51 430.69	321 783.26	64 739.97	81 565.67	468 088.89
4 998.47	25 005.85	171 560.73	40 979.56	38 741.91	251 282.21
4 020.92	28 911.99	204 637.31	67 369.01	33 966.15	305 972.47
8 290.54	50 708.07	379 736.32	75 702.17	78 845.12	534 283.61
5 578.35	23 417.58	130 645.72	74 467.18	50 359.16	255 472.05
4 002.38	22 802.44	183 996.20	49 051.83	32 913.29	265 961.32
3 890.93	42 195.79	305 773.67	98 181.56	29 993.29	433 948.52
13 647.08	82 984.09	508 343.61	200 342.78	103 857.66	812 544.04
19 617.81	116 677.02	673 499.22	301 763.60	187 607.47	1 162 870.28
7 778.15	47 647.69	304 947.29	65 626.61	73 356.86	443 930.77
8 578.77	44 166.63	250 684.55	65 403.03	83 244.22	399 331.80
8 428.44	34 200.42	175 607.15	42 272.32	69 082.05	286 961.53
21 715.28	88 099.89	561 687.44	159 059.14	183 352.51	904 099.09
10 837.73	48 736.11	335 659.70	67 490.02	92 146.25	495 295.98
17 797.48	64 506.74	375 099.84	63 023.20	105 221.14	543 344.17
11 192.92	52 252.35	331 478.34	82 740.94	100 085.01	514 304.28
27 732.37	166 230.95	962 615.45	410 969.06	244 754.92	1 618 339.43
7 085.92	33 881.33	195 771.05	80 643.04	65 570.25	341 984.33
485.41	5 147.42	34 849.42	6 108.89	3 758.47	44 716.78
12 925.45	34 469.94	186 018.32	54 989.46	87 293.29	328 301.07
15 970.85	69 628.34	465 838.71	136 516.90	140 492.21	742 847.81
6 985.24	27 863.83	195 460.74	20 890.76	63 233.51	279 585.01
6 832.21	69 956.77	564 473.61	55 589.50	56 467.52	676 530.62
458.01	5 641.11	41 171.43	26 167.14	3 454.30	70 792.87
9 009.70	44 666.35	352 952.85	117 240.85	86 886.90	557 080.60
2 606.94	21 975.90	158 559.60	46 869.18	20 663.65	226 092.42
760.99	10 204.33	76 139.32	19 554.22	6 939.51	102 633.05
1 654.03	12 893.49	91 061.96	23 233.71	14 893.05	129 188.71
10 823.59	47 209.25	228 591.09	205 900.32	89 315.74	523 807.15
269 757.88	**1 423 374.93**	**9 138 372.54**	**2 818 775.78**	**2 268 344.23**	**14 225 492.54**

（中国福利彩票发行管理中心供稿）

2021年全国体育彩票销售情况图

Diagram of Sales of Sports Lottery in China in 2021

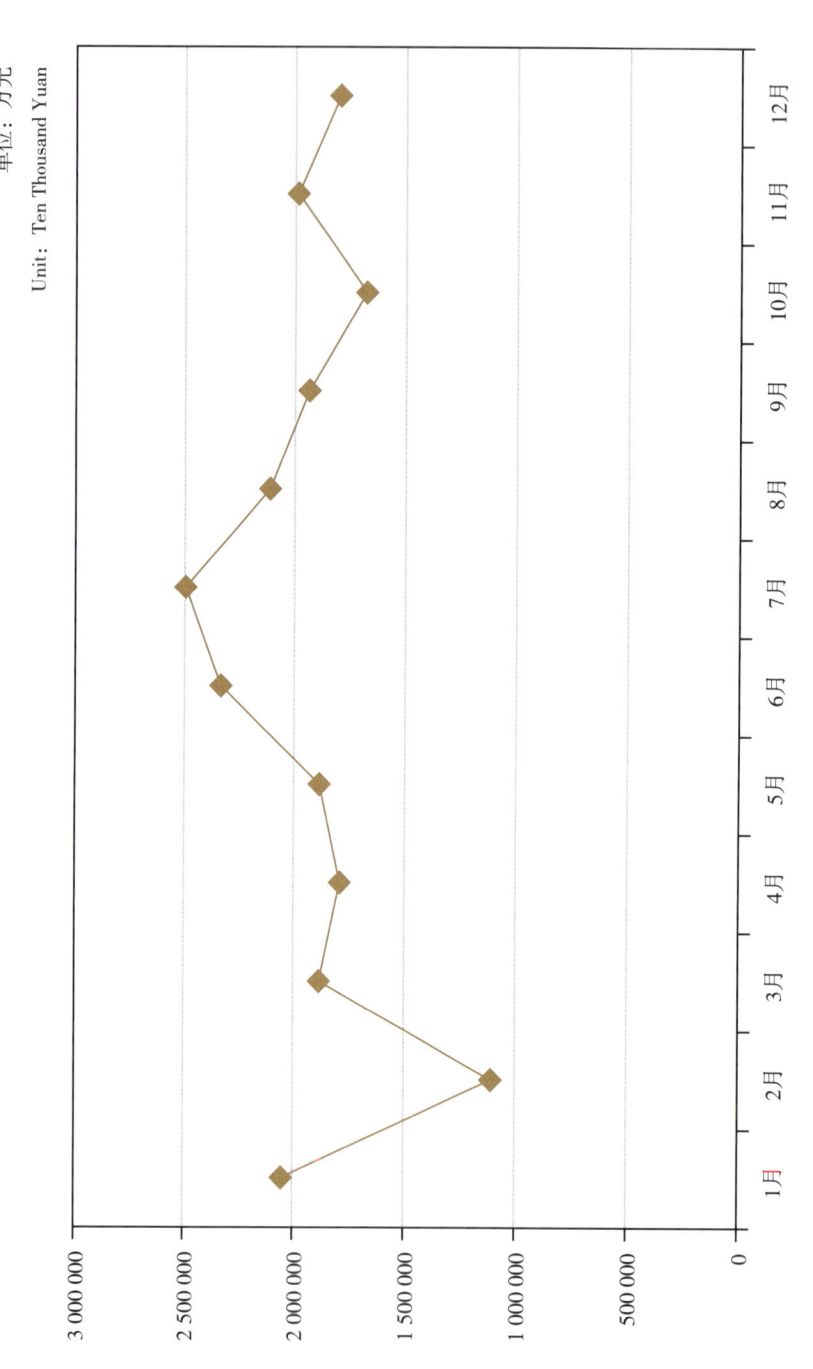

单位：万元
Unit: Ten Thousand Yuan

（国家体育总局体育彩票管理中心供稿）

2021年全国体育彩票各地区销售量排名表

Ranking of sales of Sports Lottery in Different Regions in China in 2021

单位：万元
Unit：Ten Thousand Yuan

名次 Ranking	地区 Region	销售量（万元）Sales Amounts
1	广东	2 168 418.85
2	江苏	1 831 721.58
3	浙江	1 691 308.09
4	山东	1 667 575.04
5	河南	1 653 071.86
6	四川	1 241 953.88
7	湖北	1 130 136.80
8	云南	1 008 508.68
9	福建	927 735.87
10	河北	917 840.18
11	安徽	751 863.42
12	江西	666 852.06
13	北京	660 749.43
14	重庆	608 756.38
15	陕西	596 354.11
16	湖南	582 550.32
17	辽宁	535 233.88
18	贵州	516 464.67
19	内蒙古	484 478.26
20	天津	468 487.55
21	上海	447 676.16
22	黑龙江	403 410.56
23	新疆	371 447.42
24	甘肃	367 784.73
25	山西	365 452.93
26	吉林	364 531.19
27	广西	269 368.13
28	宁夏	156 135.02
29	西藏	87 053.30
30	海南	84 019.52
31	青海	76 106.54
合 计 Total		23 103 046.41

（国家体育总局体育彩票管理中心供稿）

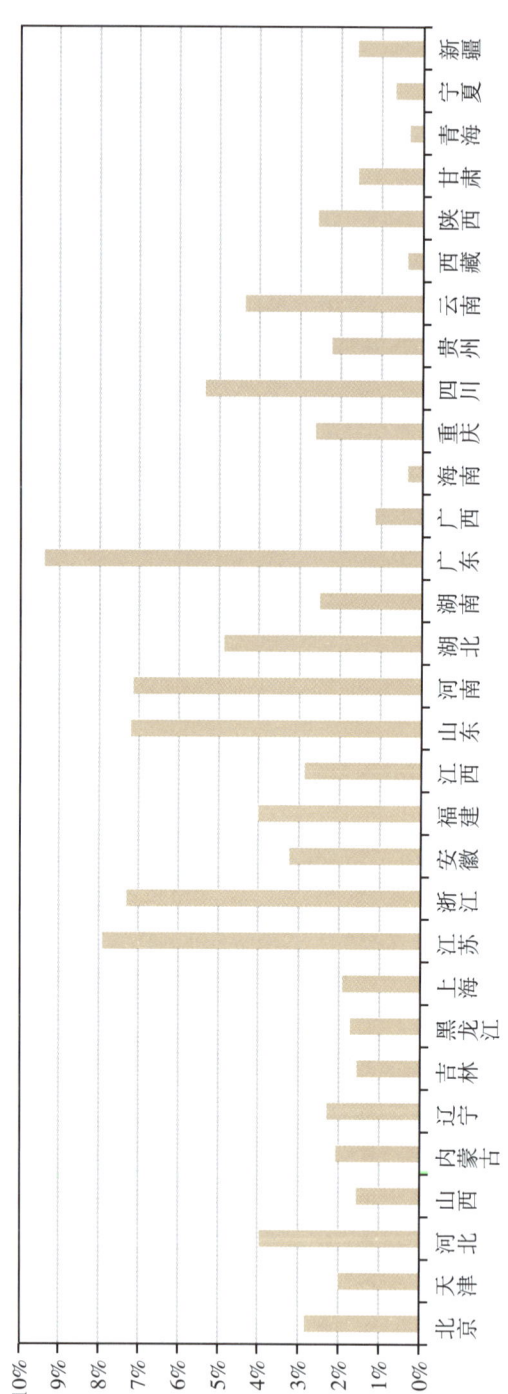

2021年全国体育彩票各地区销售额比重图

Diagram of Sports Lottery Sales Proportion in Different Regions of China in 2021

（国家体育总局体育彩票管理中心供稿）

2021 年全国体育彩票分类型销售情况图

Diagram of Sports Lottery Sales in Different Lottery Games in China in 2021

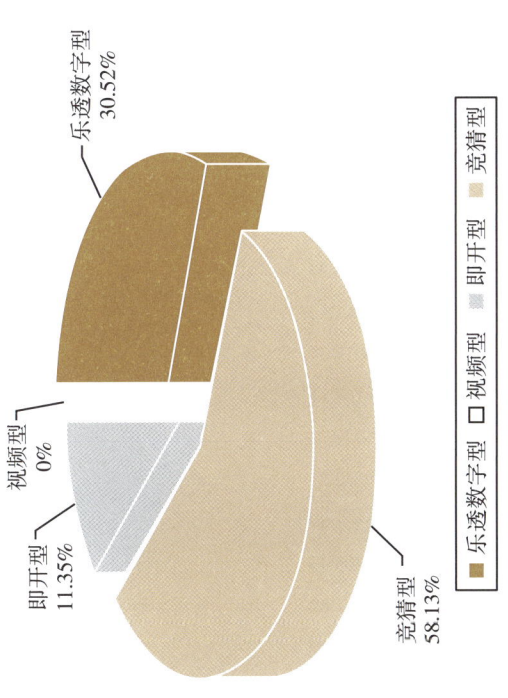

（国家体育总局体育彩票管理中心供稿）

2021年全国体育彩票销售情况表（分地区分类型）

Statistical Table of Sports Lottery Sales in Different Regions and Different Lottery Games in China in 2021

单位：万元
Unit: Ten Thousand Yuan

地区 Region	乐透数字型 Lotto Games	竞猜型 Sports Betting	视频型 Online Instant Win	即开型 Instant Games	小计 Subtotal
			1月 Jan.		
北　京	39 417.95	21 295.77	—	6 979.28	67 693.00
天　津	10 776.66	21 860.03	—	2 674.30	35 310.99
河　北	60 093.18	28 064.92	—	4 890.08	93 048.18
山　西	8 819.30	19 510.92	—	1 750.43	30 080.66
内蒙古	28 626.83	16 499.71	—	4 290.77	49 417.32
辽　宁	17 529.71	18 734.26	—	3 160.72	39 424.69
吉　林	23 414.32	13 119.88	—	3 531.17	40 065.37
黑龙江	24 145.39	12 432.47	—	3 666.59	40 244.45
上　海	24 230.51	14 528.24	—	3 631.57	42 390.32
江　苏	99 502.76	55 071.12	—	16 235.87	170 809.76
浙　江	77 141.92	53 017.34	—	15 754.02	145 913.28
安　徽	32 661.84	30 767.11	—	3 314.18	66 743.13
福　建	59 038.89	23 227.31	—	11 274.14	93 540.33
江　西	21 881.57	37 142.21	—	2 057.91	61 081.69
山　东	57 614.12	79 121.89	—	14 601.29	151 337.30
河　南	62 061.12	72 405.43	—	16 566.91	151 033.46
湖　北	32 481.68	56 952.64	—	3 044.51	92 478.83
湖　南	11 348.17	27 105.29	—	1 034.60	39 488.06
广　东	77 992.65	85 960.98	—	15 830.84	179 784.47
广　西	7 709.02	14 244.65	—	1 580.01	23 533.69
海　南	4 860.05	1 404.12	19.05	574.36	6 857.57
重　庆	9 118.15	45 335.60	—	1 719.63	56 173.38
四　川	29 550.82	48 268.74	—	12 741.11	90 560.68
贵　州	28 023.63	13 206.05	—	4 685.32	45 915.00
云　南	54 334.25	21 359.73	—	13 881.17	89 575.16
西　藏	10 269.01	1 124.92	—	2 368.03	13 761.96
陕　西	18 713.07	25 414.53	—	4 787.78	48 915.38
甘　肃	19 580.44	11 672.00	—	3 865.08	35 117.52
青　海	4 877.03	2 416.13	—	851.04	8 144.20
宁　夏	9 874.93	4 272.90	—	1 571.44	15 719.27
新　疆	13 480.54	12 645.93	—	4 162.04	30 288.51
总　计 Total	979 169.52	888 182.83	19.05	187 076.19	2 054 447.60

续表

2月 Feb.

地 区 Region	乐透数字型 Lotto Games	竞猜型 Sports Betting	视频型 Online Instant Win	即开型 Instant Games	小计 Subtotal
北 京	14 935.95	12 607.40	—	4 732.66	32 276.00
天 津	5 300.99	13 267.39	—	1 450.10	20 018.48
河 北	25 110.96	17 146.46	—	4 835.30	47 092.71
山 西	4 119.30	10 532.49	—	1 145.51	15 797.30
内蒙古	10 940.75	10 390.56	—	3 335.63	24 666.93
辽 宁	8 875.95	11 402.04	—	3 475.17	23 753.16
吉 林	8 888.49	7 949.42	—	2 399.72	19 237.63
黑龙江	9 550.04	6 847.90	—	1 857.02	18 254.96
上 海	10 887.30	8 954.45	—	2 552.58	22 394.33
江 苏	44 955.23	34 792.29	—	11 489.32	91 236.84
浙 江	35 671.83	31 900.60	—	7 076.90	74 649.33
安 徽	14 806.36	18 708.84	—	2 090.78	35 605.98
福 建	30 438.13	14 434.95	—	6 526.43	51 399.51
江 西	9 224.38	21 619.09	—	1 517.33	32 360.80
山 东	24 297.14	47 414.58	—	8 621.61	80 333.33
河 南	28 225.53	40 296.96	—	10 522.45	79 044.94
湖 北	15 804.45	32 351.99	—	2 496.93	50 653.37
湖 南	6 999.58	17 425.70	—	774.51	25 199.79
广 东	36 423.54	56 825.57	—	13 129.57	106 378.68
广 西	4 143.89	8 996.73	—	1 043.70	14 184.31
海 南	2 904.17	822.33	9.10	639.53	4 375.13
重 庆	5 774.14	23 899.88	—	3 423.66	33 097.67
四 川	17 833.11	29 618.24	—	8 216.87	55 668.22
贵 州	12 157.01	8 791.63	—	3 571.57	24 520.20
云 南	24 269.62	13 363.29	—	12 425.37	50 058.28
西 藏	2 812.91	450.29	—	1 063.17	4 326.37
陕 西	9 031.48	14 547.10	—	4 325.62	27 904.20
甘 肃	7 882.70	7 294.84	—	2 562.79	17 740.32
青 海	1 892.49	1 452.89	—	443.84	3 789.22
宁 夏	4 366.78	2 739.65	—	895.91	8 002.34
新 疆	6 325.54	7 541.22	—	3 506.50	17 373.26
总 计 Total	444 849.70	534 386.77	9.10	132 148.05	1 111 393.62

续表

3月 Mar.

地 区 Region	乐透数字型 Lotto Games	竞猜型 Sports Betting	视频型 Online Instant Win	即开型 Instant Games	小计 Subtotal
北 京	16 826.93	23 404.71	—	11 434.66	51 666.30
天 津	8 023.44	24 777.43	—	4 319.43	37 120.30
河 北	24 134.27	35 409.67	—	13 417.15	72 961.09
山 西	6 187.33	19 848.55	—	2 572.62	28 608.50
内蒙古	10 295.69	20 563.38	—	7 005.21	37 864.27
辽 宁	13 784.36	20 090.73	—	7 930.94	41 806.03
吉 林	8 880.67	14 350.34	—	6 102.99	29 334.00
黑龙江	11 759.17	15 209.31	—	5 232.45	32 200.93
上 海	14 390.97	15 618.62	—	5 642.21	35 651.81
江 苏	55 487.05	66 709.89	—	23 828.78	146 025.72
浙 江	49 927.50	59 716.03	—	21 000.47	130 643.99
安 徽	20 960.09	34 904.53	—	6 000.91	61 865.53
福 建	40 047.90	27 501.23	—	13 642.84	81 191.97
江 西	10 953.51	45 168.09	—	4 459.66	60 581.26
山 东	31 698.23	90 346.51	—	18 180.62	140 225.36
河 南	39 570.20	82 365.57	—	20 440.98	142 376.75
湖 北	25 914.26	65 407.68	—	3 717.56	95 039.50
湖 南	11 410.31	34 237.79	—	1 494.10	47 142.19
广 东	50 357.06	99 760.89	—	29 048.13	179 166.08
广 西	5 986.19	15 118.93	—	1 811.34	22 916.46
海 南	3 980.72	1 431.82	10.10	1 450.04	6 872.68
重 庆	10 111.59	40 440.06	—	2 481.36	53 033.01
四 川	29 246.51	60 956.33	—	9 727.91	99 930.75
贵 州	14 849.03	17 694.67	—	7 484.26	40 027.96
云 南	32 391.79	26 633.85	—	24 144.86	83 170.50
西 藏	1 345.61	1 153.15	—	2 720.12	5 218.88
陕 西	14 542.85	28 022.80	—	6 258.06	48 823.71
甘 肃	9 658.62	14 387.83	—	4 592.86	28 639.31
青 海	2 235.96	2 518.53	—	979.20	5 733.69
宁 夏	5 297.05	5 294.59	—	2 137.27	12 728.91
新 疆	7 788.01	14 238.39	—	6 189.45	28 215.85
总 计 Total	588 042.87	1 023 281.88	10.10	275 448.44	1 886 783.29

续表

4月 Apr.

地 区 Region	乐透数字型 Lotto Games	竞猜型 Sports Betting	视频型 Online Instant Win	即开型 Instant Games	小计 Subtotal
北 京	16 975.91	22 493.17	—	12 006.65	51 475.74
天 津	7 687.42	22 963.27	—	3 405.64	34 056.33
河 北	25 920.31	32 394.92	—	12 543.94	70 859.17
山 西	6 152.73	17 641.31	—	2 376.30	26 170.34
内蒙古	10 964.28	20 083.11	—	6 399.20	37 446.58
辽 宁	14 155.10	18 577.34	—	13 079.97	45 812.41
吉 林	8 705.89	13 735.08	—	5 997.59	28 438.55
黑龙江	12 033.37	13 806.13	—	5 136.36	30 975.86
上 海	14 643.46	14 081.36	—	5 576.25	34 301.07
江 苏	56 059.30	61 407.23	—	18 542.93	136 009.46
浙 江	50 295.11	55 861.98	—	15 684.46	121 841.55
安 徽	21 251.23	32 658.42	—	3 913.07	57 822.72
福 建	39 080.02	25 007.87	—	8 595.78	72 683.68
江 西	11 566.04	40 573.80	—	3 099.18	55 239.01
山 东	28 964.61	82 926.26	—	13 969.91	125 860.78
河 南	41 744.49	75 217.67	—	17 490.11	134 452.26
湖 北	24 198.96	62 237.19	—	5 296.33	91 732.48
湖 南	11 964.75	32 474.37	—	1 467.75	45 906.87
广 东	47 603.49	101 988.78	—	26 817.58	176 409.86
广 西	6 149.18	12 884.66	—	1 451.08	20 484.92
海 南	3 926.28	1 354.24	8.21	1 059.69	6 348.41
重 庆	11 017.90	37 185.08	—	1 917.66	50 120.64
四 川	30 596.52	58 872.62	—	8 433.43	97 902.56
贵 州	15 503.26	16 442.24	—	5 765.18	37 710.68
云 南	31 999.54	26 350.76	—	19 786.71	78 137.01
西 藏	1 693.80	1 333.47	—	3 102.81	6 130.08
陕 西	14 055.65	25 434.73	—	6 128.32	45 618.70
甘 肃	9 445.67	13 524.68	—	4 124.44	27 094.79
青 海	2 444.60	2 502.24	—	1 079.71	6 026.55
宁 夏	5 591.83	5 043.14	—	2 005.85	12 640.82
新 疆	8 296.56	12 662.22	—	7 200.97	28 159.75
总 计 Total	590 687.22	959 719.34	8.21	243 454.85	1 793 869.62

续表

地 区 Region	5月 May				
	乐透数字型 Lotto Games	竞猜型 Sports Betting	视频型 Online Instant Win	即开型 Instant Games	小计 Subtotal
北 京	18 490.18	23 257.56	—	10 388.84	52 136.58
天 津	8 245.52	24 486.49	—	3 169.21	35 901.22
河 北	27 534.83	33 973.68	—	9 980.64	71 489.14
山 西	6 782.79	18 646.86	—	2 479.67	27 909.32
内蒙古	11 923.80	20 604.81	—	6 352.01	38 880.62
辽 宁	13 979.38	20 755.04	—	6 390.86	41 125.28
吉 林	9 433.04	13 868.96	—	5 576.05	28 878.05
黑龙江	13 104.72	14 727.16	—	5 216.67	33 048.55
上 海	16 358.78	16 007.48	—	5 701.72	38 067.98
江 苏	59 399.67	65 326.21	—	16 583.91	141 309.79
浙 江	55 191.71	60 784.59	—	15 473.55	131 449.86
安 徽	24 513.90	36 192.92	—	4 449.71	65 156.52
福 建	42 023.57	27 782.56	—	11 275.72	81 081.85
江 西	12 344.31	37 360.95	—	2 032.62	51 737.88
山 东	32 541.57	89 055.93	—	18 286.75	139 884.24
河 南	41 146.77	80 314.68	—	14 268.02	135 729.47
湖 北	25 475.93	64 381.99	—	3 295.45	93 153.37
湖 南	13 245.19	33 627.46	—	2 224.00	49 096.65
广 东	53 835.36	106 764.77	—	28 507.91	189 108.04
广 西	6 833.49	14 507.50	—	1 673.55	23 014.55
海 南	4 390.98	1 636.87	8.71	889.82	6 926.38
重 庆	11 877.19	40 502.90	—	2 226.84	54 606.93
四 川	35 504.19	60 515.89	—	8 406.01	104 426.09
贵 州	16 623.74	17 232.45	—	5 013.11	38 869.29
云 南	35 131.54	27 000.41	—	19 394.77	81 526.72
西 藏	2 065.29	1 341.25	—	3 508.24	6 914.78
陕 西	14 755.05	27 021.03	—	5 991.96	47 768.04
甘 肃	10 022.78	13 841.77	—	4 920.90	28 785.45
青 海	2 554.51	2 475.95	—	1 145.85	6 176.31
宁 夏	5 936.97	5 345.01	—	2 240.79	13 522.76
新 疆	9 155.03	13 234.03	—	8 358.43	30 747.49
总 计 Total	640 421.77	1 012 575.16	8.71	235 423.58	1 888 429.22

续表

6月 June

地 区 Region	乐透数字型 Lotto Games	竞猜型 Sports Betting	视频型 Online Instant Win	即开型 Instant Games	小计 Subtotal
北 京	16 275.38	34 654.47	—	10 021.80	60 951.65
天 津	7 299.25	33 379.09	—	2 886.92	43 565.26
河 北	23 168.84	55 004.83	—	11 765.30	89 938.96
山 西	6 053.43	28 421.69	—	2 493.46	36 968.58
内蒙古	10 124.55	37 492.62	—	5 651.50	53 268.67
辽 宁	11 998.35	39 406.98	—	7 636.11	59 041.45
吉 林	8 115.22	27 392.44	—	6 430.42	41 938.08
黑龙江	11 001.61	29 551.91	—	6 968.93	47 522.45
上 海	14 132.04	23 578.09	—	4 516.70	42 226.83
江 苏	57 598.94	121 969.61	—	15 575.70	195 144.25
浙 江	47 962.78	118 682.01	—	14 656.02	181 300.81
安 徽	18 257.55	56 598.48	—	3 511.27	78 367.31
福 建	36 773.15	38 359.53	—	8 542.03	83 674.71
江 西	10 157.48	48 695.51	—	1 878.40	60 731.39
山 东	33 854.61	120 710.46	—	15 309.54	169 874.61
河 南	35 414.96	105 335.17	—	15 738.74	156 488.87
湖 北	20 745.94	88 735.91	—	2 860.11	112 341.97
湖 南	11 099.50	48 122.34	—	2 009.24	61 231.08
广 东	45 516.92	129 109.60	—	20 006.25	194 632.76
广 西	5 778.95	19 118.02	—	1 326.87	26 223.84
海 南	3 816.26	2 400.16	6.42	836.23	7 059.08
重 庆	9 562.42	45 810.24	—	1 889.20	57 261.86
四 川	31 134.78	94 787.13	—	7 331.69	133 253.60
贵 州	13 896.05	46 192.04	—	6 622.25	66 710.34
云 南	30 578.41	61 841.66	—	17 595.06	110 015.13
西 藏	1 656.80	3 200.36	—	3 264.22	8 121.38
陕 西	12 852.09	48 282.62	—	5 314.45	66 449.16
甘 肃	8 323.75	21 698.68	—	4 256.40	34 278.83
青 海	2 247.54	4 416.44	—	1 076.68	7 740.66
宁 夏	5 048.63	9 291.28	—	2 009.76	16 349.68
新 疆	7 928.44	19 732.93	—	8 352.83	36 014.20
总 计 Total	558 374.62	1 561 972.31	6.42	218 334.08	2 338 687.44

续表

地 区 Region	7月 July				
	乐透数字型 Lotto Games	竞猜型 Sports Betting	视频型 Online Instant Win	即开型 Instant Games	小计 Subtotal
北 京	15 864.46	41 142.33	—	7 392.18	64 398.96
天 津	7 032.49	38 866.74	—	2 957.27	48 856.50
河 北	22 642.99	67 188.11	—	10 618.68	100 449.78
山 西	5 671.61	33 416.89	—	2 142.09	41 230.59
内蒙古	9 577.64	40 434.93	—	5 195.33	55 207.90
辽 宁	11 642.84	44 390.92	—	6 526.71	62 560.48
吉 林	7 740.17	28 299.30	—	4 697.86	40 737.33
黑龙江	10 526.08	33 076.32	—	3 467.52	47 069.91
上 海	13 562.03	27 896.59	—	3 610.10	45 068.73
江 苏	55 980.51	135 849.72	—	13 532.48	205 362.71
浙 江	46 628.61	138 652.83	—	12 914.39	198 195.83
安 徽	17 631.99	64 114.40	—	2 486.94	84 233.33
福 建	35 485.74	43 148.67	—	9 415.17	88 049.57
江 西	11 795.14	64 199.55	—	1 872.11	77 866.80
山 东	30 450.29	137 128.45	—	13 671.31	181 250.05
河 南	35 410.43	116 346.39	—	10 666.34	162 423.16
湖 北	21 355.49	98 583.84	—	2 651.69	122 591.01
湖 南	11 006.59	51 371.59	—	1 710.33	64 088.51
广 东	44 956.60	142 493.03	—	18 748.17	206 197.80
广 西	5 696.90	21 924.37	—	1 232.81	28 854.07
海 南	3 700.10	4 010.48	8.74	843.60	8 562.92
重 庆	9 168.22	56 013.39	—	1 652.97	66 834.58
四 川	28 500.46	106 644.37	—	9 005.32	144 150.15
贵 州	13 041.62	46 725.79	—	2 934.61	62 702.02
云 南	29 984.99	67 555.63	—	14 828.98	112 369.60
西 藏	1 587.42	3 772.95	—	3 064.22	8 424.60
陕 西	12 241.87	52 974.41	—	5 156.87	70 373.15
甘 肃	7 805.69	26 807.64	—	3 585.17	38 198.50
青 海	2 237.00	4 856.67	—	1 109.75	8 203.42
宁 夏	4 778.38	10 030.44	—	1 711.19	16 520.01
新 疆	7 654.41	23 455.96	—	7 006.42	38 116.79
总 计 Total	541 358.76	1 771 372.69	8.74	186 408.58	2 499 148.77

续表

8月 Aug.

地 区 Region	乐透数字型 Lotto Games	竞猜型 Sports Betting	视频型 Online Instant Win	即开型 Instant Games	小计 Subtotal
北 京	15 810.30	36 299.13	—	6 982.89	59 092.32
天 津	7 907.72	35 634.22	—	2 878.52	46 420.46
河 北	22 873.05	52 262.39	—	8 136.26	83 271.70
山 西	6 140.42	27 394.56	—	1 797.80	35 332.77
内蒙古	9 854.75	26 471.63	—	5 081.87	41 408.25
辽 宁	11 962.25	29 236.85	—	7 581.40	48 780.50
吉 林	7 940.76	17 480.69	—	4 290.11	29 711.56
黑龙江	10 556.66	21 987.85	—	3 496.34	36 040.85
上 海	13 936.48	21 206.73	—	3 684.86	38 828.06
江 苏	50 474.15	96 588.17	—	12 025.65	159 087.97
浙 江	48 659.80	97 398.53	—	13 214.19	159 272.52
安 徽	18 376.22	48 169.69	—	3 811.90	70 357.81
福 建	36 668.52	35 062.86	—	7 820.98	79 552.36
江 西	14 382.75	50 243.35	—	1 710.34	66 336.44
山 东	28 216.77	114 183.53	—	11 382.99	153 783.29
河 南	33 038.98	113 210.53	—	8 058.05	154 307.56
湖 北	21 911.44	83 851.96	—	1 583.26	107 346.66
湖 南	11 917.21	43 429.07	—	1 309.48	56 655.76
广 东	46 371.99	126 637.65	—	21 076.45	194 086.09
广 西	5 651.18	17 335.56	—	1 221.06	24 207.80
海 南	3 691.83	3 344.75	0.31	561.88	7 598.77
重 庆	10 447.32	47 449.30	—	1 541.07	59 437.70
四 川	29 376.42	85 391.39	—	6 018.78	120 786.59
贵 州	13 413.58	28 722.12	—	3 260.67	45 396.37
云 南	29 959.33	42 405.53	—	12 628.20	84 993.06
西 藏	1 614.78	2 439.50	—	2 937.09	6 991.37
陕 西	12 305.90	39 449.17	—	5 181.51	56 936.58
甘 肃	8 090.70	24 063.14	—	3 360.25	35 514.08
青 海	2 253.55	3 601.91	—	1 018.24	6 873.70
宁 夏	4 832.78	7 924.06	—	1 443.11	14 199.94
新 疆	8 091.83	18 628.04	—	6 433.29	33 153.16
总 计 Total	546 729.41	1 397 503.85	0.31	171 528.49	2 115 762.06

续表

地 区 Region	9月 Sept.				
	乐透数字型 Lotto Games	竞猜型 Sports Betting	视频型 Online Instant Win	即开型 Instant Games	小计 Subtotal
北 京	15 903.81	32 234.06	—	10 415.23	58 553.10
天 津	7 372.71	34 485.18	—	3 525.31	45 383.19
河 北	22 828.11	42 807.36	—	9 538.28	75 173.75
山 西	6 389.57	23 176.34	—	2 390.61	31 956.51
内蒙古	9 851.68	21 561.19	—	5 254.10	36 666.97
辽 宁	12 239.56	24 056.17	—	6 308.94	42 604.67
吉 林	8 068.66	14 417.50	—	5 417.37	27 903.53
黑龙江	10 457.12	17 586.43	—	7 391.66	35 435.21
上 海	13 920.93	18 379.66	—	4 810.59	37 111.18
江 苏	51 866.93	77 817.88	—	17 416.56	147 101.37
浙 江	49 934.58	74 577.34	—	17 573.97	142 085.89
安 徽	18 994.41	37 744.71	—	4 101.16	60 840.27
福 建	36 147.45	29 307.68	—	6 720.85	72 175.98
江 西	11 816.04	43 702.99	—	2 530.22	58 049.25
山 东	28 234.29	94 269.77	—	15 324.08	137 828.14
河 南	35 011.48	90 239.26	—	14 018.18	139 268.92
湖 北	21 550.50	72 697.96	—	2 746.62	96 995.08
湖 南	12 115.11	36 789.23	—	2 025.84	50 930.18
广 东	47 335.93	117 381.23	—	24 043.82	188 760.99
广 西	5 668.62	14 616.44	—	2 331.72	22 616.77
海 南	3 619.44	2 760.61	1.82	762.00	7 143.87
重 庆	10 607.56	36 557.86	—	2 276.41	49 441.83
四 川	30 389.25	70 835.86	—	8 206.82	109 431.94
贵 州	13 525.97	22 773.75	—	4 599.09	40 898.81
云 南	30 392.23	33 244.08	—	16 202.58	79 838.89
西 藏	1 674.80	1 744.85	—	3 381.74	6 801.40
陕 西	12 771.94	31 756.54	—	4 967.33	49 495.81
甘 肃	8 460.83	21 628.43	—	4 026.07	34 115.34
青 海	2 239.52	2 818.00	—	1 137.69	6 195.22
宁 夏	4 970.35	6 416.75	—	1 646.69	13 033.79
新 疆	8 617.40	16 954.36	—	10 107.95	35 679.71
总 计 Total	552 976.75	1 165 339.47	1.82	221 199.48	1 939 517.52

续表

10月 Oct.

地 区 Region	乐透数字型 Lotto Games	竞猜型 Sports Betting	视频型 Online Instant Win	即开型 Instant Games	小计 Subtotal
北 京	13 625.73	26 481.96	—	9 707.32	49 815.01
天 津	6 727.09	27 589.67	—	3 066.93	37 383.69
河 北	19 303.04	38 666.15	—	8 805.75	66 774.94
山 西	5 162.75	20 642.31	—	2 169.56	27 974.62
内蒙古	8 280.96	19 452.81	—	8 823.24	36 557.01
辽 宁	10 196.87	20 241.70	—	6 619.11	37 057.68
吉 林	6 831.28	12 133.05	—	4 079.27	23 043.60
黑龙江	9 086.40	15 616.34	—	2 988.95	27 691.69
上 海	11 998.17	15 679.21	—	5 726.10	33 403.48
江 苏	44 416.97	69 395.99	—	16 035.77	129 848.73
浙 江	42 795.06	65 023.31	—	19 725.51	127 543.88
安 徽	15 353.14	32 382.27	—	3 789.82	51 525.23
福 建	31 294.97	26 125.63	—	7 182.54	64 603.15
江 西	9 526.87	36 879.54	—	2 283.53	48 689.94
山 东	23 732.06	83 224.61	—	12 753.37	119 710.04
河 南	31 790.73	78 707.51	—	11 510.45	122 008.69
湖 北	17 727.01	64 648.83	—	3 233.99	85 609.82
湖 南	10 802.33	32 747.30	—	1 697.37	45 247.01
广 东	39 573.24	95 265.77	—	24 155.08	158 994.09
广 西	4 772.64	12 575.22	—	1 435.52	18 783.38
海 南	3 174.49	2 289.75	10.44	813.30	6 287.98
重 庆	8 761.70	28 321.99	—	2 304.09	39 387.78
四 川	25 488.93	58 163.54	—	7 343.40	90 995.87
贵 州	11 356.04	19 641.59	—	3 932.91	34 930.54
云 南	28 835.52	28 340.96	—	16 830.48	74 006.96
西 藏	1 368.71	1 485.16	—	3 568.50	6 422.37
陕 西	11 933.08	26 216.93	—	4 412.99	42 562.99
甘 肃	7 130.17	18 876.73	—	2 829.56	28 836.46
青 海	1 887.52	2 499.88	—	1 013.67	5 401.06
宁 夏	4 010.29	5 454.30	—	1 094.67	10 559.26
新 疆	7 385.93	14 548.72	—	7 184.49	29 119.14
总 计 Total	474 329.69	999 318.72	10.44	207 117.24	1 680 776.09

续表

地 区 Region	11月 Nov.				
	乐透数字型 Lotto Games	竞猜型 Sports Betting	视频型 Online Instant Win	即开型 Instant Games	小计 Subtotal
北 京	16 383.42	31 913.23	—	10 992.81	59 289.46
天 津	7 534.28	33 602.89	—	3 581.84	44 719.01
河 北	22 599.18	43 015.02	—	9 421.51	75 035.71
山 西	7 376.54	23 531.43	—	2 676.79	33 584.76
内蒙古	9 703.51	23 628.22	—	5 420.46	38 752.19
辽 宁	12 282.34	23 692.52	—	10 968.95	46 943.81
吉 林	7 712.27	14 495.53	—	5 619.88	27 827.68
黑龙江	10 202.86	15 746.49	—	3 822.96	29 772.30
上 海	14 380.53	18 176.84	—	7 298.61	39 855.98
江 苏	52 988.25	81 757.90	—	24 958.55	159 704.69
浙 江	48 265.95	73 363.94	—	26 820.76	148 450.65
安 徽	21 081.94	37 875.31	—	4 720.91	63 678.16
福 建	36 925.36	30 065.54	—	13 785.53	80 776.43
江 西	9 998.75	39 856.32	—	3 162.82	53 017.89
山 东	30 600.49	92 734.89	—	17 682.06	141 017.43
河 南	39 927.08	92 088.43	—	19 188.85	151 204.36
湖 北	20 841.00	72 297.30	—	3 906.02	97 044.31
湖 南	11 720.22	36 633.79	—	3 083.54	51 437.55
广 东	47 174.88	123 808.24	—	34 469.38	205 452.50
广 西	6 285.53	14 738.99	—	2 297.10	23 321.62
海 南	3 959.81	2 936.99	5.49	1 130.62	8 032.91
重 庆	10 574.41	31 856.37	—	4 138.73	46 569.51
四 川	28 835.02	65 529.68	—	8 891.38	103 256.08
贵 州	13 780.66	21 490.15	—	5 771.07	41 041.88
云 南	31 118.55	31 019.15	—	21 557.36	83 695.05
西 藏	1 627.84	1 741.20	—	3 806.81	7 175.85
陕 西	14 891.56	29 492.86	—	5 106.68	49 491.10
甘 肃	7 351.04	21 047.96	—	2 364.56	30 763.56
青 海	2 154.74	2 773.19	—	1 047.09	5 975.02
宁 夏	4 610.81	5 987.43	—	1 250.39	11 848.63
新 疆	8 342.15	16 451.02	—	8 390.02	33 183.19
总 计 Total	561 230.96	1 153 348.80	5.49	277 334.04	1 991 919.28

续表

12月 Dec.

地 区 Region	乐透数字型 Lotto Games	竞猜型 Sports Betting	视频型 Online Instant Win	即开型 Instant Games	小计 Subtotal
北 京	17 022.55	25 369.95	—	11 008.82	53 401.32
天 津	8 175.68	27 981.72	—	3 594.72	39 752.12
河 北	25 018.24	34 826.19	—	11 900.62	71 745.05
山 西	7 001.45	20 311.22	—	2 526.31	29 838.98
内蒙古	10 480.96	17 285.88	—	6 574.70	34 341.55
辽 宁	12 368.91	20 066.11	—	13 888.70	46 323.72
吉 林	8 426.10	12 203.79	—	6 785.92	27 415.81
黑龙江	9 193.94	11 941.07	—	4 018.36	25 153.38
上 海	14 696.08	16 073.13	—	7 607.18	38 376.39
江 苏	55 010.31	68 304.37	—	26 765.61	150 080.29
浙 江	49 611.19	61 688.29	—	18 661.03	129 960.51
安 徽	19 126.04	32 713.94	—	3 827.44	55 667.43
福 建	39 491.61	27 568.69	—	11 946.02	79 006.33
江 西	10 705.02	27 058.26	—	3 396.44	41 159.72
山 东	28 172.91	81 302.22	—	16 995.32	126 470.46
河 南	36 412.70	75 705.47	—	12 615.26	124 733.43
湖 北	20 511.86	62 161.03	—	2 477.51	85 150.40
湖 南	11 960.06	31 388.61	—	2 778.01	46 126.68
广 东	48 686.70	106 642.71	—	34 118.09	189 447.50
广 西	5 873.75	13 127.59	—	2 225.37	21 226.71
海 南	4 453.77	2 337.07	8.78	1 154.19	7 953.81
重 庆	10 721.33	28 874.42	—	3 195.75	42 791.51
四 川	30 224.37	53 658.24	—	7 708.74	91 591.36
贵 州	14 760.25	16 904.30	—	6 077.03	37 741.58
云 南	32 523.83	25 854.57	—	22 743.92	81 122.32
西 藏	1 689.80	1 137.71	—	3 936.76	6 764.26
陕 西	13 898.62	24 418.19	—	3 698.48	42 015.29
甘 肃	9 815.78	15 208.47	—	3 676.32	28 700.58
青 海	2 335.39	2 343.88	—	1 168.20	5 847.47
宁 夏	5 386.21	4 443.80	—	1 179.61	11 009.62
新 疆	8 853.53	13 953.26	—	8 589.56	31 396.35
总 计 Total	572 608.96	962 854.17	8.78	266 839.99	1 802 311.91

续表

地 区 Region	合计 Total				
	乐透数字型 Lotto Games	竞猜型 Sports Betting	视频型 Online Instant Win	即开型 Instant Games	小计 Subtotal
北　京	217 532.58	331 153.72	—	112 063.14	660 749.43
天　津	92 083.24	338 894.12	—	37 510.19	468 487.55
河　北	321 226.98	480 759.69	—	115 853.51	917 840.18
山　西	75 857.21	263 074.57	—	26 521.15	365 452.93
内蒙古	140 625.39	274 468.85	—	69 384.02	484 478.26
辽　宁	151 015.64	290 650.66	—	93 567.58	535 233.88
吉　林	114 156.88	189 445.97	—	60 928.35	364 531.19
黑龙江	141 617.36	208 529.38	—	53 263.81	403 410.56
上　海	177 137.29	210 180.40	—	60 358.47	447 676.16
江　苏	683 740.07	934 990.37	—	212 991.13	1 831 721.58
浙　江	602 086.02	890 666.80	—	198 555.27	1 691 308.09
安　徽	243 014.70	462 830.63	—	46 018.09	751 863.42
福　建	463 415.31	347 592.52	—	116 728.03	927 735.87
江　西	144 351.87	492 499.64	—	30 000.56	666 852.06
山　东	378 377.10	1 112 419.10	—	176 778.85	1 667 575.04
河　南	459 754.46	1 022 233.07	—	171 084.34	1 653 071.86
湖　北	268 518.50	824 308.31	—	37 309.98	1 130 136.80
湖　南	135 589.00	425 352.55	—	21 608.77	582 550.32
广　东	585 828.36	1 292 639.23	—	289 951.27	2 168 418.85
广　西	70 549.35	179 188.65	—	19 630.13	269 368.13
海　南	46 477.90	26 729.19	97.16	10 715.26	84 019.52
重　庆	117 741.92	462 247.09	—	28 767.37	608 756.38
四　川	346 680.38	793 242.04	—	102 031.46	1 241 953.88
贵　州	180 930.82	275 816.78	—	59 717.07	516 464.67
云　南	391 519.60	404 969.62	—	212 019.46	1 008 508.68
西　藏	29 406.78	20 924.81	—	36 721.71	87 053.30
陕　西	161 993.16	373 030.91	—	61 330.05	596 354.11
甘　肃	113 568.17	210 052.16	—	44 164.40	367 784.73
青　海	29 359.85	34 675.73	—	12 070.96	76 106.54
宁　夏	64 705.00	72 243.35	—	19 186.68	156 135.02
新　疆	101 919.38	184 046.09	—	85 481.95	371 447.42
总　计 Total	7 050 780.25	13 429 855.99	97.16	2 622 313.01	23 103 046.41

（国家体育总局体育彩票管理中心供稿）

（三）历年彩票销售统计资料
Sales Statistics of Different Lottery Games in Past Years

2012—2021年中国福利彩票全国联网彩票销售统计
Sales Statistics of National Games of China Welfare Lottery from 2012 to 2021

双 色 球

单位：万元
Unit：Ten Thousand Yuan

地 区 Region	游戏类型 Game Type	2012	2013	2014	2015	2016	2017	2018	2019	2020	2021	合 计 Total
北 京		238 395.99	237 406.52	262 458.65	187 337.75	182 144.69	169 291.03	170 197.65	180 269.62	126 844.89	189 043.83	1 943 390.64
天 津		70 071.30	77 893.73	143 334.58	79 195.45	62 614.97	64 439.81	57 860.00	55 248.23	47 188.33	57 361.81	715 208.20
河 北		195 276.81	182 447.25	178 571.18	180 201.05	183 119.22	189 015.35	192 294.60	214 245.67	189 123.42	231 975.97	1 936 270.51
山 西		99 458.58	98 957.24	92 833.87	87 249.08	84 653.57	85 140.98	85 901.40	88 083.13	84 508.11	100 113.71	906 899.68
内蒙古		103 460.99	135 945.07	181 132.94	104 015.16	92 153.30	92 295.73	95 194.43	96 081.15	87 901.27	108 396.49	1 096 576.52
辽 宁		218 378.50	211 457.08	203 203.98	195 462.76	188 132.28	184 233.24	186 830.44	184 422.44	155 134.91	182 048.10	1 909 303.73
吉 林		77 273.73	74 966.47	73 205.06	71 903.60	74 949.11	77 293.96	97 808.13	66 806.05	61 834.93	74 421.99	750 463.03
黑龙江		144 972.14	144 879.09	161 038.84	129 308.46	120 361.38	114 282.76	112 683.50	112 902.19	90 223.50	110 943.01	1 241 594.89
上 海		233 197.98	218 818.35	281 866.52	219 068.93	206 553.86	215 767.99	202 659.74	204 300.47	185 325.34	225 401.25	2 192 960.43
江 苏		351 933.00	317 509.11	304 314.23	301 615.11	306 815.10	296 129.52	296 560.03	321 496.47	287 355.98	339 133.72	3 122 862.28
浙 江		412 498.37	363 720.60	356 724.46	377 925.63	394 420.76	406 643.92	418 221.67	433 751.81	400 574.78	465 491.85	4 029 973.84
安 徽		193 282.55	187 267.00	199 809.57	174 316.68	175 299.71	177 239.86	181 225.84	197 077.98	183 310.10	214 134.69	1 882 963.98
福 建		172 277.03	163 427.18	162 554.45	164 525.36	169 100.32	168 541.80	172 060.53	185 657.71	178 632.44	211 434.05	1 748 210.87
江 西	乐透组合	190 187.28	219 449.72	239 477.97	117 467.42	108 412.71	139 087.86	155 286.55	122 618.22	118 518.53	126 892.43	1 537 398.70
山 东		305 181.48	304 495.64	298 940.88	293 389.44	302 780.37	309 520.32	317 929.21	337 593.22	298 815.39	349 364.76	3 118 010.70
河 南		204 973.61	213 517.92	215 518.04	214 773.43	221 794.57	228 921.02	225 358.04	234 242.73	212 539.55	242 446.64	2 214 115.54
湖 北		217 305.29	189 729.99	210 993.24	208 606.19	205 160.09	202 894.49	198 828.36	212 907.02	181 338.43	224 125.46	2 051 888.55
湖 南		182 660.22	183 450.01	186 376.27	187 406.95	196 703.60	192 805.53	203 249.11	206 931.96	182 732.91	207 190.36	1 929 506.92
广 东		678 920.66	696 569.12	674 812.59	621 536.53	598 483.42	599 663.79	619 917.93	662 988.01	576 537.30	702 147.90	6 431 577.23
广 西		159 605.65	195 205.93	154 533.68	143 101.65	151 343.29	211 340.28	189 259.97	145 180.15	132 728.77	150 326.02	1 632 625.37
海 南		37 542.26	37 602.07	34 628.84	34 284.69	33 258.45	31 772.01	29 203.75	27 915.20	25 079.92	32 082.05	323 369.24
重 庆		131 434.60	170 041.16	253 706.52	126 938.92	125 101.77	180 059.83	183 860.94	125 536.23	110 664.41	129 015.54	1 536 359.90
四 川		235 593.15	223 847.84	224 604.45	231 376.83	239 947.42	244 989.13	257 919.69	275 342.70	251 762.43	296 296.76	2 481 680.41
贵 州		93 051.89	91 846.02	94 089.63	95 075.96	101 203.18	102 343.65	103 109.05	111 888.63	103 394.29	123 490.00	1 019 492.30
云 南		179 021.02	178 597.60	171 578.06	168 792.57	182 561.75	181 060.14	181 250.80	202 833.88	188 711.32	236 216.67	1 870 623.80
西 藏		9 638.93	9 190.98	9 216.46	9 878.00	10 705.43	10 771.80	10 965.61	12 205.58	11 755.22	14 372.72	108 700.72
陕 西		149 198.61	150 812.66	147 986.45	146 268.33	146 850.86	145 125.40	156 729.43	168 452.00	156 426.02	186 342.87	1 554 192.63
甘 肃		68 552.56	71 202.28	69 680.73	72 437.14	76 286.95	73 772.64	72 799.84	75 930.89	67 265.14	80 678.11	728 606.28
青 海		27 455.78	27 591.21	24 625.08	24 571.55	25 963.89	25 763.38	25 813.70	27 511.52	25 049.82	28 685.92	263 031.87
宁 夏		37 821.20	39 742.79	44 446.60	34 864.18	34 172.45	34 419.21	37 505.35	37 662.24	38 506.36	54 974.92	394 116.00
新 疆		69 063.66	72 239.84	75 784.20	80 517.25	88 537.52	86 956.40	87 222.37	90 576.67	80 446.23	106 251.77	837 595.91
合 计 Total		5 487 684.78	5 489 857.47	5 732 048.01	5 083 412.04	5 089 586.03	5 241 583.53	5 325 707.65	5 418 659.77	4 840 230.04	5 800 801.36	53 509 570.69

3D

单位：万元
Unit: Ten Thousand Yuan

地 区 Region	游戏类型 Game Type	2012	2013	2014	2015	2016	2017	2018	2019	2020	2021	合计 Total
北京	乐透排列	79 817.34	84 192.20	85 845.31	62 597.75	58 882.13	57 801.94	57 327.71	60 473.53	40 387.65	73 130.69	660 456.25
天津		23 428.81	24 100.57	27 537.38	18 243.80	16 811.90	15 479.80	18 422.31	13 858.16	12 203.14	22 623.50	192 709.37
河北		125 711.11	79 484.22	63 017.53	54 113.76	52 002.40	48 445.50	52 485.32	57 127.19	48 733.82	74 711.64	655 832.48
山西		71 940.27	67 611.23	48 039.65	36 913.50	32 178.17	29 399.61	30 520.71	32 565.58	29 921.51	52 108.13	431 198.36
内蒙古		68 224.92	68 737.13	60 635.56	53 693.50	56 907.56	50 624.73	52 238.37	50 562.99	45 380.79	81 305.18	588 310.71
辽宁		167 495.66	142 218.06	128 636.60	119 135.97	115 911.85	110 153.27	115 577.31	119 053.94	96 997.50	153 908.76	1 269 088.91
吉林		59 640.23	41 022.57	36 668.28	33 179.72	33 356.26	31 193.73	35 098.24	27 415.64	28 505.39	43 708.96	369 789.02
黑龙江		64 180.59	57 848.81	54 700.02	47 239.07	46 192.18	41 732.28	40 304.94	42 208.90	33 926.17	50 752.67	479 085.63
上海		30 524.48	32 610.83	44 000.39	29 390.97	27 050.55	34 969.85	28 442.38	24 669.46	23 134.33	37 172.86	311 966.09
江苏		75 125.92	61 594.33	54 102.77	54 730.46	56 316.07	53 735.54	58 804.78	64 728.39	59 138.10	105 200.79	643 477.14
浙江		150 172.30	104 786.26	91 371.38	96 137.68	93 797.47	96 812.03	101 366.87	108 877.85	99 876.90	147 961.86	1 091 160.60
安徽		50 505.45	42 045.73	36 489.94	37 281.42	37 247.63	38 900.54	45 797.19	50 502.39	47 162.57	71 372.83	457 305.67
福建		15 021.35	13 446.61	12 584.58	15 263.00	13 456.79	13 685.64	15 275.23	21 002.40	20 112.93	24 364.42	164 212.96
江西		35 814.51	50 379.30	71 958.63	25 077.54	15 518.93	30 212.05	37 062.61	31 140.71	38 662.08	44 206.89	380 633.24
山东		115 197.71	104 325.82	90 376.86	85 305.28	84 438.39	86 220.36	94 584.49	107 999.02	102 030.55	152 244.71	1 022 723.20
河南		71 101.52	61 029.13	57 366.00	49 095.97	50 439.96	50 618.77	49 952.07	55 629.79	52 308.29	75 001.74	572 543.25
湖北		115 633.97	87 300.04	83 071.26	76 229.94	78 235.87	76 210.57	81 924.45	90 408.88	99 263.44	132 785.49	920 763.92
湖南		73 093.51	70 357.51	68 034.58	67 426.73	72 053.29	76 923.54	81 326.28	84 832.53	80 370.20	106 789.91	781 808.07
广东		67 040.34	70 215.61	66 684.41	67 797.07	67 664.10	67 519.02	72 600.61	77 866.30	67 980.46	111 555.97	736 923.89
广西		23 599.60	24 171.79	16 499.60	17 538.98	22 009.89	29 278.27	35 113.06	23 939.61	23 044.56	30 939.67	246 135.04
海南		1 260.13	1 306.15	1 437.94	1 707.25	1 530.65	1 428.92	1 273.34	1 206.43	1 081.26	1 633.38	13 865.46
重庆		23 019.03	28 187.57	28 784.06	22 831.50	27 239.98	31 375.15	33 437.01	36 924.50	36 598.80	42 979.91	311 377.50
四川		103 434.38	93 153.96	84 703.03	91 468.41	96 755.91	96 440.20	107 722.40	109 967.17	103 255.97	137 824.79	1 024 726.21
贵州		54 969.99	43 498.61	40 216.22	41 043.94	44 566.50	42 796.36	46 588.10	50 172.71	46 699.58	68 024.65	478 576.65
云南		157 386.73	151 479.12	146 459.19	142 927.67	157 391.73	165 206.31	180 358.12	195 685.16	191 808.58	300 680.51	1 789 383.11
西藏		11 897.53	10 81.88	7 819.11	7 328.74	7 399.25	6 834.70	6 226.72	6 293.28	5 067.81	11 291.72	80 340.73
陕西		119 227.47	100 73.66	88 177.66	78 376.03	77 461.95	74 561.66	78 201.93	84 516.01	72 871.95	109 807.29	883 375.61
甘肃		68 976.83	65 340.26	42 589.62	42 522.75	42 360.86	41 326.09	37 945.06	40 363.48	36 500.77	56 157.99	474 083.71
青海		23 051.53	23 436.09	20 653.15	19 554.10	20 443.38	20 740.98	22 450.36	27 203.56	26 741.33	38 301.32	242 575.78
宁夏		22 202.96	25 770.24	21 237.17	18 986.47	19 125.46	16 618.69	17 624.62	17 973.23	18 702.01	31 763.75	210 004.60
新疆		27 445.40	26 76.38	25 654.33	26 276.63	28 059.83	26 115.94	27 664.66	35 279.52	39 161.81	80 336.93	342 171.42
合计 Total		2 096 141.53	1 857 081.67	1 705 352.19	1 539 415.58	1 552 806.90	1 563 362.02	1 663 717.24	1 750 448.33	1 627 630.26	2 470 648.89	17 826 604.61

四、彩票统计资料

七 乐 彩

单位：万元
Unit: Ten Thousand Yuan

地 区 Region	游戏类型 Game Type	2012	2013	2014	2015	2016	2017	2018	2019	2020	2021	合计 Total
北京	乐透组合	2 860.00	2 754.66	2 370.65	2 384.55	2 435.75	2 262.27	2 101.02	1 911.21	1 188.03	1 534.14	21 802.28
天津		1 933.53	2 045.59	2 844.95	1 408.01	1 459.63	1 207.38	943.38	646.30	545.00	597.81	13 631.59
河北		7 232.28	6 018.38	5 385.88	5 694.21	5 422.70	4 622.75	4 572.11	4 232.24	3 383.55	3 465.07	50 029.18
山西		2 492.58	2 235.86	1 888.59	1 711.49	1 673.75	1 524.51	1 423.75	1 335.88	1 228.44	1 217.30	16 732.13
内蒙古		3 036.58	3 977.80	4 853.68	2 625.78	2 304.81	1 914.69	2 027.46	1 697.82	1 428.30	1 547.07	25 413.98
辽宁		6 461.57	5 486.83	5 071.01	5 013.36	4 855.64	4 110.67	3 998.49	3 733.64	3 121.97	3 056.39	44 909.58
吉林		2 185.37	1 763.28	1 680.48	1 757.32	1 835.16	1 682.64	2 698.21	1 344.83	1 216.08	1 177.31	17 340.68
黑龙江		2 918.83	2 578.66	2 426.67	1 965.11	1 781.25	1 516.10	1 427.06	1 273.49	966.55	994.04	17 847.75
上海		4 940.63	4 209.70	4 213.73	3 667.52	3 842.91	3 376.42	3 136.76	2 984.92	2 667.03	3 208.13	36 247.76
江苏		7 240.98	5 970.43	5 498.77	5 733.91	5 777.07	4 981.44	5 093.88	4 693.65	4 050.62	3 903.52	52 944.26
浙江		10 636.78	8 118.16	6 608.44	7 558.97	8 039.22	6 876.43	7 133.28	6 554.09	5 561.11	4 845.98	71 932.47
安徽		4 769.62	4 322.74	4 206.79	4 405.52	4 680.77	4 212.58	4 222.57	3 991.79	3 402.33	3 143.01	41 357.73
福建		11 274.51	9 259.04	8 489.33	9 225.50	9 591.58	7 736.56	8 132.20	8 430.26	7 794.85	7 483.52	87 417.34
江西		6 860.28	8 603.40	11 355.65	4 597.23	2 853.23	3 027.48	3 001.36	2 187.04	1 952.39	1 711.18	46 149.24
山东		46 944.93	40 084.33	35 977.62	33 611.82	33 691.96	30 016.04	28 961.73	27 767.56	23 317.55	23 225.10	323 598.64
河南		4 768.94	4 390.95	3 979.13	3 747.30	3 811.95	3 520.15	3 285.91	2 946.73	2 501.55	2 207.28	35 159.89
湖北		4 209.59	3 173.90	3 524.70	3 118.58	3 135.33	2 569.95	2 486.12	2 354.55	2 040.15	1 982.30	28 595.18
湖南		3 811.86	3 346.49	3 169.35	3 193.65	3 492.73	2 821.19	2 781.68	2 805.57	2 502.42	1 892.20	29 817.13
广东		1 823.84	1 669.94	1 330.08	1 283.32	1 257.29	1 163.13	1 161.49	1 143.13	929.43	1 028.21	12 789.86
广西		8 232.64	8 891.54	6 291.06	6 212.26	6 765.16	6 535.50	5 685.14	5 071.49	4 448.89	3 936.66	62 070.33
海南		231.27	205.45	226.91	262.39	274.39	239.89	204.91	181.80	167.94	187.97	2 182.92
重庆		1 647.89	2 079.23	1 422.43	1 121.78	1 494.33	1 627.78	1 084.84	1 001.30	903.33	802.40	13 185.32
四川		2 911.80	2 664.89	2 485.52	2 516.32	2 732.81	2 274.66	2 181.82	2 119.74	1 898.30	1 566.79	23 352.64
贵州		988.63	874.74	750.81	779.49	815.98	727.90	750.27	791.30	615.13	563.85	7 658.10
云南		3 615.41	4 133.89	3 221.16	2 729.68	2 892.45	2 336.88	2 292.83	2 272.54	2 046.73	2 062.94	27 604.51
西藏		166.57	139.43	119.25	118.43	114.44	99.08	91.13	88.86	83.97	96.14	1 117.31
陕西		3 894.29	3 639.87	3 283.24	3 014.67	2 789.32	2 348.93	2 372.60	2 228.03	1 881.82	1 808.55	27 261.32
甘肃		1 667.87	1 618.37	1 351.92	1 309.87	1 365.62	1 114.51	1 017.88	975.35	831.53	816.97	12 069.87
青海		653.67	468.80	384.27	392.10	416.46	351.96	343.78	391.96	378.18	282.71	4 063.88
宁夏		874.69	920.69	748.32	602.25	603.07	517.30	519.88	476.34	432.44	457.95	6 152.91
新疆		2 636.91	2 146.50	1 931.74	2 065.26	2 550.86	1 659.01	1 547.37	1 610.49	1 318.82	1 633.50	19 100.45
合计 Total		163 924.35	147 793.54	137 092.11	123 827.65	124 757.63	108 975.78	106 680.89	99 243.90	84 804.40	82 435.98	1 179 536.22

快 乐 8

单位：万元
Unit: Ten Thousand Yuan

地 区 Region	游戏类型 Game Type	2012	2013	2014	2015	2016	2017	2018	2019	2020	2021	合计 Total
北京	乐透组合	—	—	—	—	—	—	—	—	0.00	25 690.83	25 690.83
天津		—	—	—	—	—	—	—	—	120.82	14 592.34	14 713.16
河北		—	—	—	—	—	—	—	—	1 768.11	81 565.67	83 333.78
山西		—	—	—	—	—	—	—	—	0.00	38 741.91	38 741.91
内蒙古		—	—	—	—	—	—	—	—	0.00	33 966.15	33 966.15
辽宁		—	—	—	—	—	—	—	—	0.00	78 845.12	78 845.12
吉林		—	—	—	—	—	—	—	—	0.00	50 359.16	50 359.16
黑龙江		—	—	—	—	—	—	—	—	940.99	32 913.29	33 854.28
上海		—	—	—	—	—	—	—	—	1 295.89	29 993.29	31 289.18
江苏		—	—	—	—	—	—	—	—	7 016.33	103 857.66	110 873.98
浙江		—	—	—	—	—	—	—	—	15 091.78	187 607.47	202 699.25
安徽		—	—	—	—	—	—	—	—	4 001.35	73 356.86	77 358.21
福建		—	—	—	—	—	—	—	—	0.00	83 244.22	83 244.22
江西		—	—	—	—	—	—	—	—	5 687.53	69 082.05	74 769.58
山东		—	—	—	—	—	—	—	—	8 229.74	183 352.51	191 582.24
河南		—	—	—	—	—	—	—	—	0.00	92 146.25	92 146.25
湖北		—	—	—	—	—	—	—	—	3 095.21	105 221.14	108 316.35
湖南		—	—	—	—	—	—	—	—	7 666.59	100 085.01	107 751.60
广东		—	—	—	—	—	—	—	—	9 567.15	244 754.92	254 322.07
广西		—	—	—	—	—	—	—	—	0.00	65 570.25	65 570.25
海南		—	—	—	—	—	—	—	—	0.00	3 758.47	3 758.47
重庆		—	—	—	—	—	—	—	—	4 149.18	87 293.29	91 442.47
四川		—	—	—	—	—	—	—	—	10 384.93	140 492.21	150 877.14
贵州		—	—	—	—	—	—	—	—	0.00	63 233.51	63 233.51
云南		—	—	—	—	—	—	—	—	0.00	56 467.52	56 467.52
西藏		—	—	—	—	—	—	—	—	0.00	3 454.30	3 454.30
陕西		—	—	—	—	—	—	—	—	3 279.09	86 886.90	90 165.99
甘肃		—	—	—	—	—	—	—	—	156.35	20 663.65	20 819.99
青海		—	—	—	—	—	—	—	—	0.00	6 939.51	6 939.51
宁夏		—	—	—	—	—	—	—	—	156.34	14 893.05	15 049.39
新疆		—	—	—	—	—	—	—	—	0.00	89 315.74	89 315.74
合计 Total		—	—	—	—	—	—	—	—	82 607.36	2 268 344.23	2 350 951.59

开 乐 彩

单位：万元
Unit: Ten Thousand Yuan

地 区 Region	游戏类型 Game Type	2012	2013	2014	2015	2016	2017	2018	2019	2020	2021	合计 Total
天 津		3.50	—	—	—	—	—	—	—	—	—	3.50
河 北		25 168.17	7 045.93	2 794.59	960.63	343.02	123.48	—	—	—	—	36 435.82
山 西		1 860.68	972.94	313.05	82.39	12.13	1.31	—	—	—	—	3 242.50
内蒙古		—	—	—	—	—	—	—	—	—	—	0.00
辽 宁		7 182.33	1 539.71	573.24	171.15	81.65	15.47	—	—	—	—	9 563.55
吉 林		1 966.15	474.44	143.77	59.44	16.01	0.69	—	—	—	—	2 660.50
安 徽	乐	—	—	—	—	—	—	—	—	—	—	0.00
福 建	透	—	—	—	—	—	—	—	—	—	—	0.00
山 东	组	1 029.85	277.18	122.65	88.34	99.88	38.85	—	—	—	—	1 656.75
河 南	合	0.43	—	—	—	—	—	—	—	—	—	0.43
湖 北		—	—	—	—	—	—	—	—	—	—	0.00
湖 南		448.21	89.99	55.16	—	—	—	—	—	—	—	593.36
广 东		4.52	0.83	0.64	—	—	—	—	—	—	—	5.99
四 川		348.82	37.86	9.27	—	—	—	—	—	—	—	395.95
云 南		—	—	—	—	—	—	—	—	—	—	0.00
陕 西		215.79	56.90	17.74	0.65	—	—	—	—	—	—	291.08
甘 肃		4 013.41	4 486.00	3 968.98	971.07	116.27	34.66	—	—	—	—	13 590.38
宁 夏		—	—	—	—	—	—	—	—	—	—	0.00
合计 Total		42 241.87	14 981.77	7 999.06	2 333.68	668.96	214.46	—	—	—	—	68 439.80

2012—2021年中国福利彩票区域联网游戏销售统计

Sales Statistics of Inter-Regional Games of China Welfare Lottery from 2012 to 2021

15 选 5

单位：万元
Unit：Ten Thousand Yuan

地区 Region	游戏类型 Game Type	2012	2013	2014	2015	2016	2017	2018	2019	2020	2021	合计 Total
上海	乐透组合	3 810.64	4 294.76	6 069.99	3 403.39	2 439.91	2 385.95	3 526.13	3 554.60	2 963.24	2 752.12	35 200.73
江苏		9 531.71	8 942.62	8 292.09	7 192.68	6 337.28	6 390.03	8 752.01	6 801.52	6 548.83	6 679.31	75 468.08
浙江		14 615.74	8 634.76	6 245.00	4 578.22	3 837.12	3 685.12	5 401.78	3 986.06	4 348.92	3 588.38	58 921.11
安徽		8 966.47	10 910.74	11 859.21	5 580.02	3 664.66	3 520.61	4 495.24	4 153.14	4 037.74	3 814.21	61 002.05
福建		4 674.47	4 858.22	3 812.12	2 944.91	2 500.73	2 322.48	4 037.61	2 682.18	3 316.63	2 138.63	33 287.98
江西		1 708.42	3 020.05	1 969.05	1 438.84	1 239.81	1 242.13	1 460.18	1 500.89	1 519.47	1 166.83	16 265.67
合计 Total		43 307.44	40 661.15	38 247.46	25 138.07	20 019.51	19 546.33	27 672.94	22 678.41	22 734.83	20 139.48	280 145.61

22 选 5

单位：万元
Unit：Ten Thousand Yuan

地区 Region	游戏类型 Game Type	2012	2013	2014	2015	2016	2017	2018	2019	2020	2021	合计 Total
四川	乐透组合	620.50	523.01	491.85	195.65	—	—	—	—	—	—	1 831.02
贵州		562.16	403.80	308.05	105.58	—	—	—	—	—	—	1 379.59
云南		2 664.96	2 054.93	1 631.38	532.19	—	—	—	—	—	—	6 883.47
合计 Total		3 847.62	2 981.74	2 431.29	833.42	—	—	—	—	—	—	10 094.08

东 方 6+1

单位：万元
Unit：Ten Thousand Yuan

地区 Region	游戏类型 Game Type	2012	2013	2014	2015	2016	2017	2018	2019	2020	2021	合计 Total
辽宁	乐透排列	613.07	507.36	447.60	373.57	329.53	302.72	288.35	258.15	225.43	235.94	3 581.73
上海		2 119.44	2 010.29	1 881.44	1 527.03	1 450.30	1 392.85	1 364.47	1 328.40	1 206.13	1 328.90	15 609.25
江苏		3 944.65	4 091.24	3 767.99	3 249.04	2 879.57	2 608.42	2 522.36	2 372.24	2 034.45	2 122.40	29 592.35
浙江		6 736.76	5 860.07	5 639.92	5 058.06	4 580.32	4 186.69	4 013.04	3 853.59	3 169.04	3 089.94	46 187.44
安徽		1 319.66	1 398.62	1 321.91	1 113.24	1 063.67	1 020.66	1 022.22	1 007.09	887.17	824.40	10 978.64
福建		1 370.32	1 347.43	1 261.68	1 118.74	1 067.90	1 051.36	1 455.45	1 079.56	977.69	907.10	11 637.23
江西		229.02	364.65	463.21	203.76	157.47	163.86	165.65	163.02	131.51	148.99	2 191.14
合计 Total		16 332.90	15 579.66	14 783.74	12 643.44	11 528.77	10 726.56	10 831.53	10 062.06	8 631.43	8 657.68	119 777.78

2012—2021年中国福利彩票各地方彩票销售情况表
Sales Statistics of Regional Games of China Welfare Lottery from 2012 to 2021

单位：万元
Unit: Ten Thousand Yuan

地区 Region	游戏类型 Game Type	游戏名称 Game Name	2012	2013	2014	2015	2016	2017	2018	2019	2020	2021	合计 Total
北京	乐透组合	北京快3	—	—	7 066.49	141 054.66	150 326.77	177 824.35	198 840.29	98 232.51	60 871.25	5 217.06	839 433.39
		北京快乐8	75 802.35	71 896.71	73 637.15	38 326.34	24 469.86	16 348.63	10 995.75	12 429.32	5 700.25	—	329 606.35
		北京两步彩	426.88	75.50	—	—	—	—	—	—	—	—	502.38
	乐透排列	北京PK拾	10 236.33	10 068.72	11 122.10	3 408.81	1 838.20	943.96	522.82	191.37	108.47	—	38 440.79
天津		天津15选5	675.35	—	—	—	—	—	—	—	—	—	675.35
		天津15选5好运2	6.04	—	—	—	—	—	—	—	—	—	6.04
	乐透组合	天津15选5好运3	131.18	—	—	—	—	—	—	—	—	—	131.18
		天津15选5好运4	119.88	—	—	—	—	—	—	—	—	—	119.88
		天津快乐十分	75 069.75	139 553.40	179 315.54	194 627.49	210 387.80	207 090.40	214 935.30	159 992.37	150 833.53	20 219.84	1 552 025.42
	乐透排列	天津时时彩	2 218.24	1 157.27	180.76	93.95	75.86	85.82	53.25	2 081.27	857.04	—	6 803.46
河北		河北20选5	9 860.42	6 331.00	5 455.10	4 421.14	4 476.10	3 797.42	4 557.29	4 305.19	3 015.25	6 944.57	53 163.48
	乐透组合	河北20选5好运2	107.25	49.05	28.40	34.59	24.80	21.61	22.95	26.38	—	27.99	343.02
		河北20选5好运3	327.69	247.03	188.01	98.16	101.92	85.14	76.81	92.49	—	110.16	1 327.42
		河北快3	26 234.26	274 326.79	363 081.53	330 378.43	203 361.69	148 991.43	164 429.50	89 519.50	79 929.71	7 286.43	1 687 539.27
	乐透排列	河北数字5	302.92	189.79	174.65	136.28	142.00	113.09	127.57	92.14	84.89	91.88	1 455.21
		河北数字7	1 327.47	1 114.38	991.47	841.19	742.85	688.38	639.92	666.58	631.13	710.91	8 354.78
山西		山西21选5	1 078.41	951.93	—	—	—	—	—	—	—	—	2 030.34
	乐透组合	山西21选5好运2	74.48	56.66	—	—	—	—	—	—	—	—	131.14
		山西21选5好运3	371.54	290.72	—	—	—	—	—	—	—	—	662.26
		山西21选5好运4	117.51	93.68	—	—	—	—	—	—	—	—	211.19
		山西快乐十分	—	19 512.71	166 605.69	207 179.62	235 739.27	243 366.79	212 294.91	139 593.71	143 978.61	18 121.59	1 386 392.90
	乐透排列	山西时时彩	1 498.95	14 037.34	3 800.64	183.36	—	—	—	—	—	—	19 520.30
内蒙古	乐透组合	内蒙古快3	—	76 243.07	109 026.04	242 642.33	294 444.55	359 140.72	364 869.25	142 524.85	102 932.12	13 388.58	1 705 211.51
	乐透排列	内蒙古时时彩	26 115.70	23 230.63	18 188.98	11 496.21	9 953.28	8 484.87	8 461.04	9 035.71	7 368.55	—	122 334.96

续表

地区 Region	游戏类型 Game Type	游戏名称 Game Name	2012	2013	2014	2015	2016	2017	2018	2019	2020	2021	合计 Total
辽宁	乐透组合	辽宁35选7	2 608.17	2 130.71	1 695.08	1 358.15	1 101.43	934.12	838.09	744.33	—	—	11 410.09
		辽宁35选7好运1	28.69	22.28	14.07	10.82	8.98	7.70	7.78	6.82	—	—	107.13
		辽宁35选7好运2	74.46	63.39	53.95	41.24	36.16	31.98	33.66	29.48	—	—	364.32
		辽宁35选7好运3	286.34	240.86	202.84	161.87	141.98	117.73	108.03	100.20	—	—	1 359.84
		辽宁35选7好运4	832.28	637.84	497.14	376.47	303.18	267.98	217.67	191.58	—	—	3 324.15
		辽宁快乐十二	216 342.34	362 808.11	476 946.68	501 950.09	507 146.44	496 626.16	490 626.70	317 492.30	286 760.84	40 487.11	3 697 186.78
吉林	乐透组合	吉林快3	30 185.18	209 673.23	249 048.28	153 288.69	161 917.46	163 245.61	192 711.34	92 397.52	90 081.15	11 337.46	1 353 885.94
	乐透排列	吉林时时彩	3 790.22	489.30	387.02	376.53	228.77	1 206.82	8 083.89	1 244.71	1 430.01	—	17 237.28
黑龙江	乐透组合	黑龙江22选5	2 164.59	1 741.12	1 701.93	—	—	993.25	830.10	733.03	469.15	553.20	9 186.37
		黑龙江36选7	1 418.16	1 064.75	662.83	548.10	430.58	315.76	237.83	212.31	144.26	151.89	5 186.46
		黑龙江快乐十分	85 746.70	168 761.70	223 956.50	255 386.19	277 737.39	264 633.17	258 061.49	179 789.27	139 282.66	19 260.17	1 872 615.24
	乐透排列	黑龙江数字6	4 357.44	5 616.03	2 963.47	2 475.66	3 141.09	2 822.22	1 195.86	1 058.80	979.70	1 341.22	25 951.48
		黑龙江时时彩	784.49	1 087.17	1 020.86	167.04	17.24	14.74	8.03	1 010.82	235.46	—	4 345.84
上海	乐透组合	上海基诺(KENO)	4 850.55	3 335.34	3 113.72	732.51	2.26	1 368.07	1 499.36	3 823.34	2 481.34	—	21 206.49
		上海快3	4 617.10	19 112.27	24 057.32	46 014.95	82 044.71	112 100.66	148 468.19	148 439.30	186 000.92	27 895.74	798 751.17
	乐透排列	上海4位数(天天彩4)	5 751.36	5 525.34	5 696.37	5 636.83	5 900.60	6 214.61	6 396.32	6 427.53	6 027.98	8 014.67	61 591.61
		上海天天彩选3(时时乐)	9 910.11	4 465.72	3 219.75	3 235.01	3 778.59	4 181.28	4 926.29	6 024.26	4 760.09	—	44 501.09
		上海时时彩	72.44										72.44
江苏	乐透组合	江苏快3	561 374.33	509 997.83	599 497.06	641 861.62	680 416.29	706 097.09	716 070.96	371 196.12	363 518.15	51 303.87	5 201 333.33
浙江	乐透组合	浙江快乐十二	18 616.26	297 956.50	381 608.72	433 646.62	443 962.04	493 514.61	601 327.00	459 720.08	479 518.02	48 145.25	3 658 015.26
	乐透排列	浙江快3	—	—	6 741.30	21 083.60	21 161.48	23 952.23	5 707.61	3 498.45	375.96		82 520.63
安徽	乐透组合	安徽25选5	879.74	783.92	896.31	857.49	829.32						4 246.77
		安徽快3	—	124 778.48	183 016.35	163 341.18	165 187.58	209 222.21	211 175.95	145 993.08	124 544.86	11 658.16	1 338 917.86
	乐透排列	安徽时时彩	1 664.55										1 664.55
福建	乐透组合	福建快3	—	128 415.57	124 670.92	140 258.35	139 141.11	159 497.47	145 836.20	62 699.26	48 804.81	4 356.83	953 680.53
	乐透排列	福建时时彩	26 028.60	7 804.37	—	—	—	—	—	—	—	—	33 832.97
江西	乐透组合	江西快3	—	—	177 666.68	62 167.46	36 271.30	105 080.22	161 727.71	49 420.32	28 884.11	1 480.82	382 864.48
	乐透排列	江西时时彩	62 995.59	128 255.51	—	—	4 695.20						435 780.43
山东	乐透组合	山东23选5	9 707.91	7 533.14	5 718.33	—	—	—	—	—	—	—	22 959.38
		山东群英会	305 495.14	428 140.07	548 123.11	536 494.79	530 970.53	547 519.46	553 471.17	391 512.79	334 980.54	36 852.88	4 213 560.48

续表

地区 Region	游戏类型 Game Type	游戏名称 Game Name	2012	2013	2014	2015	2016	2017	2018	2019	2020	2021	合计 Total
河南	乐透组合	河南 22 选 5	15 995.42	14 066.80	12 242.68	9 834.59	9 540.24	9 296.61	8 500.65	8 610.55	11 669.70	19 007.11	118 764.35
		河南 22 选 5 好运 2	697.04	792.51	689.60	500.26	570.48	540.61	493.99	433.71	—	445.42	5 163.62
		河南 22 选 5 好运 3	4 772.03	4 405.72	4 234.26	3 317.83	3 440.91	3 166.09	2 916.10	2 792.61	—	2 820.84	31 866.40
		河南 22 选 5 好运 4	2 274.90	2 498.63	2 594.79	2 336.02	2 363.71	2 455.13	2 531.84	2 160.26	—	2 140.51	21 355.98
	乐透排列	河南快 3	—	—	25 062.94	50 232.63	75 137.37	95 676.84	102 316.61	39 351.05	31 344.38	3 797.10	422 918.92
		河南幸运彩	—	96 740.22	92 625.85	61 134.91	45 192.58	37 267.92	28 571.12	13 543.37	12 864.36	—	387 940.31
		河南幸运武林	87 966.17	—	—	—	—	—	—	—	—	—	87 966.17
湖北		湖北 22 选 5	7 255.35	5 672.21	4 158.84	3 634.16	1 902.26	—	—	—	—	—	22 622.81
		湖北 22 选 5 好运 1	26.02	15.87	14.33	11.97	5.59	—	—	—	—	—	73.79
		湖北 22 选 5 好运 2	159.59	114.07	103.00	94.55	41.94	—	—	—	—	—	513.15
	乐透组合	湖北 22 选 5 好运 3	2 293.44	1 575.60	1 415.35	1 257.60	615.07	—	—	—	—	—	7 157.06
		湖北 22 选 5 好运 4	1 409.49	1 061.89	985.37	882.11	463.22	—	—	—	—	—	4 802.08
		湖北 30 选 5	—	—	—	—	2 377.09	1 927.08	1 159.63	834.07	454.24	347.91	7 100.01
	乐透排列	湖北快 3	59 639.26	238 582.87	312 778.32	339 977.83	370 168.64	410 476.53	441 388.43	155 826.12	123 462.47	15 858.68	2 468 159.15
		湖北时时彩	1 303.91	1 475.85	3 072.82	3 595.86	3 654.05	3 181.19	2 350.26	18 257.39	10 524.63	—	47 415.97
湖南	乐透组合	湖南快乐十分	89 183.62	122 403.19	167 092.79	179 501.28	211 350.00	239 279.23	243 258.66	150 097.34	143 184.10	15 605.86	1 560 956.06
	乐透排列	湖南时时彩	—	—	—	—	—	—	—	—	—	—	0.00
广东		广东 26 选 5	1 526.80	1 522.15	1 511.83	1 317.18	1 083.23	1 052.70	736.60	—	—	—	8 750.50
		广东 26 选 5 好彩 2	194.38	176.63	163.88	152.21	145.24	128.43	86.04	—	—	—	1 046.81
		广东 26 选 5 好彩 3	1 560.69	1 428.59	1 330.35	1 277.63	1 163.77	1 088.06	754.93	—	—	—	8 604.43
		广东 36 选 7	25 519.26	29 402.37	28 663.42	24 016.26	21 166.36	17 249.48	17 831.79	14 545.66	12 993.35	14 567.38	205 957.34
	乐透组合	广东 36 选 7 好彩 1	28 955.02	38 209.26	49 555.59	21 339.62	15 709.75	16 368.55	15 426.07	15 403.32	14 795.76	17 228.21	232 991.15
		广东 36 选 7 好彩 2	1 477.26	1 417.33	1 327.91	1 252.11	1 123.37	1 124.35	1 131.73	1 180.34	1 043.66	1 201.15	12 279.21
		广东 36 选 7 好彩 3	21 301.13	21 087.46	20 331.02	19 158.73	17 859.60	17 233.09	17 124.05	17 177.81	14 982.44	17 175.65	183 430.99
		广东快乐彩	—	—	—	—	—	1 063.29	480.19	12.29	—	—	1 555.77
		广东快乐十分	410 750.19	503 033.36	630 406.75	704 534.05	780 844.54	843 369.91	906 235.42	594 021.85	620 447.66	89 658.96	6 083 308.20
深圳		深圳 35 选 7	1 623.51	1 493.97	1 276.43	972.13	765.17	709.52	618.66	550.34	395.86	411.74	8 817.34
	乐透组合	深圳快乐彩	252.86	705.16	1 861.29	2 565.69	32 078.60	204 183.72	275 460.43	82 071.16	51 315.06	7 640.28	658 134.26
		深圳快乐 8	3 772.40	3 563.81	2 635.04	2 066.30	1 478.85	311.53	478.72	433.10	304.21	27.49	15 071.44

续表

地区 Region	游戏类型 Game Type	游戏名称 Game Name	2012	2013	2014	2015	2016	2017	2018	2019	2020	2021	合计 Total
广西	乐透组合	广西快乐十分	52 480.81	41 816.13	43 692.87	44 038.12	47 349.35	39 378.24	42 187.94	29 568.69	23 768.44	—	364 280.59
		广西快3	—	69 985.67	332 615.59	135 675.50	91 660.40	93 128.51	106 948.54	52 227.51	57 562.95	6 839.53	946 644.19
		广西快乐双彩	4 391.20	4 928.08	4 292.73	4 444.69	4 658.79	4 164.41	4 362.00	4 598.35	4 125.44	3 729.17	43 694.87
		广西跑跑彩	1 526.24	145.06	—	—	—	—	—	—	—	—	1 671.29
海南	乐透组合	海南快乐三宝	—	—	188.13	402.82	1 130.39	455.64	266.20	437.44	83.11	—	2 963.73
		海南快2	88 652.79	99 042.04	100 700.17	98 640.95	87 929.36	76 913.91	64 134.42	9 085.00	2 770.99	946.02	628 815.66
重庆	乐透组合	重庆快乐十分	81 736.62	103 161.81	155 649.26	141 037.68	156 421.30	178 285.73	203 266.22	107 820.28	96 360.91	13 220.47	1 236 960.28
	乐透排列	重庆时时彩	28 387.57	32 545.94	43 368.12	8 690.80	2 288.41	25 688.33	13 464.35	5 001.32	2 912.51	—	162 347.34
四川	乐透组合	四川快乐十二	115 027.06	175 373.77	232 310.80	240 543.53	244 594.11	283 209.49	314 632.57	309 708.48	315 655.11	30 150.37	2 261 205.30
贵州	乐透组合	贵州十二生肖	2 042.72	205.42	132.16	58.08	—	—	—	—	—	—	2 438.38
		贵州快3	7 713.80	50 643.99	55 151.65	65 937.63	71 147.53	81 414.62	81 862.97	32 802.72	29 063.78	3 382.24	479 120.95
云南	乐透组合	云南快乐十分	18 598.16	63 196.70	128 563.82	152 682.91	186 432.72	210 653.15	257 411.31	187 538.85	209 868.19	25 513.49	1 440 459.28
	乐透排列	云南时时彩	211.63	281.10	206.59	110.68	76.26	63.60	66.40	43.74	35.96	—	1 095.97
西藏	乐透组合	西藏时时彩	1 647.27	835.19	111.34	59.39	26.53	24.94	327.31	295.95	98.88	—	3 426.78
		西藏快3	—	15 389.97	46 843.61	77 236.11	127 433.12	237 229.99	209 911.55	155 049.78	138 070.65	15 410.86	1 022 575.62
陕西	乐透组合	陕西快乐十分	99 819.78	240 778.55	342 203.53	417 182.42	463 085.80	533 725.84	575 188.62	504 685.66	513 693.09	54 994.13	3 745 357.43
甘肃	乐透组合	甘肃快3	83 504.22	231 678.55	209 300.25	216 185.63	264 821.67	254 649.57	121 234.20	122 158.25	20 906.53		1 524 438.88
青海	乐透组合	青海快3	7 292.09	18 464.90	43 206.28	47 297.22	79 374.12	95 187.23	88 943.89	61 707.86	82 077.72	8 869.37	525 128.60
	乐透排列	青海时时彩	2 296.95	1 188.21	—	—	—	—	—	—	—	—	3 485.16
宁夏	乐透组合	宁夏快3	—	9 005.73	46 344.26	53 748.02	71 747.09	78 339.07	82 388.96	33 663.98	34 471.32	3 865.33	413 573.76
	乐透排列	宁夏时时彩	201.39	91.28	—	—	—	—	—	—	—	—	292.66
新疆	乐透组合	新疆18选7	318.72	266.11	297.52	248.92	244.83	179.58	182.20	148.38	94.17	134.79	2 115.21
		新疆25选7	2 448.30	1 058.76	1 178.63	2 530.05	1 273.64	655.41	744.65	322.52	171.63	168.39	10 551.97
		新疆35选7	7 292.09	7 273.76	6 835.43	5 819.54	5 378.72	4 288.86	3 612.37	3 455.41	2 240.77	2 500.10	48 697.04
		新疆35选7偶数彩中彩	73.45	—	—	—	—	—	—	—	—	—	73.45
		新疆喜乐彩	1 635.45	738.25	419.42	367.04	331.20	253.98	159.93	124.53	123.06	—	4 152.85
	乐透排列	新疆时时彩	108 013.20	162 954.73	187 841.89	213 872.63	242 276.72	288 859.36	351 493.75	274 747.62	294 670.87	37 565.61	2 162 296.38
合计 Total			2 987 110.38	5 334 196.21	7 325 264.66	7 486 939.98	7 903 866.41	8 868 228.65	9 434 696.15	5 916 328.86	5 638 573.01	771 464.95	61 666 669.26

（中国福利彩票发行管理中心供稿）

2012—2021年中国福利彩票视频型彩票销售情况表（分游戏）

Sales Statistics of Video Terminal-Sail of China Welfare Lottery from 2012 to 2021

单位：万元
Unit：Ten Thousand Yuan

序号	游戏品种	2012	2013	2014	2015	2016	2017	2018	2019	2020	2021	合计 Total
1	四花选五	527.07	633.29	795.25	686.37	489.37	401.29	334.18	308.22	31.87	0.00	4 206.89
2	小猫钓鱼	0.00	0.00	0.00	0.00	0.00	0.00	0.00	0.00	0.00	0.00	0.00
3	洞穴寻宝	0.00	0.00	0.00	0.00	0.00	0.00	0.00	0.00	0.00	0.00	0.00
4	幸运七彩	0.00	0.00	0.00	0.00	0.00	0.00	0.00	0.00	0.00	0.00	0.00
5	开心一刻	60.22	58.23	64.66	62.60	50.92	39.81	31.09	30.50	3.63	0.00	401.66
6	幸运五彩	809.16	921.76	990.36	957.26	685.71	1 041.90	979.31	711.29	61.98	0.00	7 158.73
7	幸运扑克	0.00	0.00	0.00	0.00	0.00	0.00	0.00	0.00	0.00	0.00	0.00
8	西游夺彩	0.00	0.00	0.00	0.00	0.00	0.00	0.00	0.00	0.00	0.00	0.00
9	多级扑克	0.00	0.00	0.00	0.00	0.00	0.00	0.00	0.00	0.00	0.00	0.00
10	三江风光	1 194.77	1 078.01	954.68	720.48	505.39	477.90	351.05	383.49	38.51	0.00	5 704.27
11	连环夺宝	2 235 373.54	2 884 955.30	3 762 037.82	4 234 298.77	4 443 250.99	4 610 283.25	4 733 475.22	4 400 434.80	678 461.25	0.00	31 982 570.92
12	趣味高尔夫	4 120.94	5 965.59	9 420.77	9 667.70	8 294.64	8 166.55	8 081.06	6 228.14	698.12	0.00	60 643.51
13	好运射击	244.63	272.92	373.13	345.85	282.85	234.34	200.69	154.16	15.77	0.00	2 124.35
	合计 Total	2 242 330.32	2 893 885.09	3 774 636.67	4 246 739.03	4 453 559.86	4 620 645.04	4 743 452.59	4 408 250.60	679 311.13	0.00	32 062 810.33

（中国福利彩票发行管理中心供稿）

2012—2021 年中国福利彩票即开型彩票销售情况表（分游戏）

Sales Statistics of Terminal-Sale Instant Win Tickets of China Welfare Lottery in Different Lottery Games from 2012 to 2021

单位：万元
Unit: Ten Thousand Yuan

序号	游戏品种	2012	2013	2014	2015	2016	2017	2018	2019	2020	2021	合计 Total
1	人工销售统计游戏	—	—	—	—	—	37.35	—	—	—	—	37.35
2	勇士闯关 4	1.94	0.64	34.03	—	—	—	—	—	—	—	36.62
3	开心宾果	0.73	2.35	0.42	—	—	—	—	—	—	—	3.50
4	百变扑克	0.38	—	—	—	—	—	—	—	—	—	0.38
5	点石成金	2.79	—	—	—	—	—	—	—	—	—	2.79
6	喜庆吉祥	3.75	—	—	—	—	—	—	—	—	—	3.75
7	F1 赛车	0.60	—	—	—	—	—	—	—	—	—	0.60
8	即开 3D	4.85	0.24	-3.08	—	—	—	—	—	—	—	2.01
9	棒球小子	0.01	0.00	0.02	—	—	—	—	—	—	—	0.03
10	趣味麻将一	310.00	101.16	24.95	—	0.01	—	—	—	—	—	436.12
11	喜庆吉祥 2	21.28	11.84	-2.29	—	0.11	—	—	—	—	—	30.94
12	比大小	83.14	17.73	5.82	—	—	—	—	—	—	—	106.69
13	66 顺	1.39	0.12	0.21	—	—	—	—	—	—	—	1.73
14	幸运宝贝	0.30	0.02	6.00	—	—	—	—	—	—	—	6.32
15	吉星高照	29.22	-5.07	-0.75	—	0.02	—	—	0.06	—	—	23.48
16	鉴宝	10.08	-1.11	0.04	—	—	—	—	—	—	—	9.01
17	清一色	19.59	5.42	1.15	—	0.03	—	—	—	—	—	26.19
18	游乐场 3 元	7.83	3.10	0.32	—	—	—	—	—	—	—	11.24
19	棒球小子 2	0.00	—	—	—	—	—	—	—	—	—	0.00
20	快乐生肖	0.07	0.06	1.17	—	—	—	—	—	—	—	1.30
21	和气生财	1.76	0.38	0.24	—	—	—	—	—	—	—	2.38
22	大富翁	0.11	—	—	—	—	—	—	—	—	—	0.11
23	发奖金	60 457.29	48 162.31	46 173.91	40 658.19	33 948.44	24 700.72	19 780.00	19 881.81	15 202.61	15 498.02	324 463.30
24	生肖	2.27	0.08	—	—	—	—	—	—	—	—	2.35
25	硕果累累	1.34	2.42	1.21	—	0.01	—	—	—	—	—	4.98
26	多彩扑克	1.74	0.25	-1.68	—	0.02	—	—	—	—	—	0.33
27	幸运宝藏	104.25	40.10	10.11	—	0.20	—	—	—	—	—	154.66
28	富贵有余	5.84	—	—	—	—	—	—	—	—	—	5.84
29	勇士闯关 5	53 100.04	24 562.27	12 159.79	1 759.98	294.74	57.44	11.69	0.74	26.76	—	91 973.45
30	大富翁 2	220.73	108.64	-5.49	—	0.02	—	—	—	—	—	323.92
31	幸运宝贝 2	0.02	0.01	0.05	—	—	—	—	—	—	—	0.08
32	和气生财 2	76.03	98.00	-2.59	—	—	—	—	—	—	—	171.44
33	四季发	57.37	13.21	-1.93	—	0.06	—	—	—	—	—	68.71
34	农家乐	14.05	0.15	0.19	—	0.22	—	—	—	—	—	14.61
35	富贵有余 2	39 736.37	27 902.56	25 461.38	18 984.01	17 163.12	11 556.65	7 731.73	8 353.47	5 935.28	9 047.36	171 871.94
36	吉林硕果	4.79	—	—	—	—	—	—	—	—	—	4.79
37	对对和	12.71	10.07	0.06	—	—	—	—	—	—	—	22.84
38	金花	180.01	41.19	10.24	—	—	—	—	—	—	—	231.44
39	扑克比大小	28.29	13.55	0.04	—	—	—	—	—	—	—	41.88
40	对对碰	14.21	0.05	—	—	—	—	—	—	—	—	14.26
41	见缝插金	45.62	11.07	3.14	—	—	—	—	—	—	—	59.83
42	66 顺 2	112.09	25.15	5.47	—	0.11	—	—	—	—	—	142.82

续表

序号	游戏品种	2012	2013	2014	2015	2016	2017	2018	2019	2020	2021	合计 Total
43	翱翔海航	1.75	—	—	—	—	—	—	—	—	—	1.75
44	幸运宝贝3	29.90	6.48	-2.98	—	0.05	—	—	—	—	—	33.46
45	数字魔方	56.36	11.42	0.40	—	—	—	—	—	—	—	68.18
46	海底寻宝	81.29	-1.28	-6.19	—	0.19	—	—	—	—	—	74.00
47	红楼十二钗	661.63	9.81	7.00	—	—	—	—	—	0.25	—	678.69
48	点石成金2	—	0.00	—	—	0.13	—	—	—	—	—	0.13
49	幸运宝藏2	80.45	40.03	4.79	—	—	—	—	—	—	—	125.27
50	赛车	48.10	11.70	1.35	—	—	—	—	—	—	—	61.15
51	宁夏票5元	—	0.80	5.00	—	—	—	—	—	—	—	5.80
52	宁夏票2元	15.04	52.21	8.00	—	—	—	—	—	—	—	75.25
53	西游探宝	180.22	—	-0.20	—	2.79	—	—	—	—	—	182.80
54	游乐场	15.78	0.09	—	—	0.02	—	—	—	—	—	15.89
55	节大欢喜	37.65	60.10	-74.48	—	5.08	—	—	—	—	—	28.35
56	硕果累累2	2.96	10.02	—	—	—	—	—	—	—	—	12.98
57	金花2	5.97	2.04	0.08	—	—	—	—	—	—	—	8.08
58	重建家园	32.01	15.13	0.15	—	—	—	—	—	—	—	47.28
59	同舟共济	59.28	10.70	-37.82	—	0.10	—	—	—	—	—	32.26
60	众志成城	54.25	6.52	0.65	—	—	—	—	—	—	—	61.42
61	扶危济困	66.48	35.21	-7.19	—	—	—	—	—	—	—	94.50
62	阖家欢乐	67.87	20.85	-7.89	—	—	—	—	—	—	—	80.84
63	福牛乐乐	35.16	3.58	1.30	—	—	—	—	—	—	—	40.04
64	超越自我	27.17	0.30	—	—	—	—	—	—	—	—	27.47
65	欢聚北京	37.81	3.29	0.15	—	—	—	—	—	—	—	41.25
66	节大欢喜2	112.59	52.62	8.38	—	0.05	—	—	—	—	—	173.64
67	牛年2元	2.02	0.38	—	—	0.01	—	—	—	—	—	2.41
68	牛年5元	63.34	63.95	12.15	—	—	—	—	—	—	—	139.44
69	喜庆吉祥3	234.72	34.07	34.54	—	—	—	—	—	—	—	303.33
70	阖家欢乐3	7.89	5.68	2.09	—	—	—	—	—	—	—	15.66
71	阖家欢乐2	165.99	16.83	18.09	—	0.03	—	—	—	—	—	200.93
72	富贵有余3	1.00	—	—	—	—	—	—	—	—	—	1.00
73	富贵有余4	2.13	—	—	—	—	—	—	—	—	—	2.13
74	富贵有余5	43.55	21.65	—	—	—	—	—	—	—	—	65.20
75	争分夺秒	129 226.87	88 898.94	70 582.57	52 260.78	37 605.47	22 983.00	15 546.92	15 984.98	8 982.09	9 815.58	451 887.22
76	星座	222.94	16.78	0.82	—	0.01	—	—	—	—	—	240.54
77	万事如意	17.81	5.37	1.42	—	—	—	—	—	—	—	24.60
78	美丽辽宁	0.08	0.94	0.60	—	—	—	—	—	—	—	1.62
79	和谐辽宁	24.46	28.80	0.65	—	—	—	—	—	—	—	53.91
80	好运辽宁	214.18	113.22	30.30	—	—	—	—	—	—	—	357.70
81	欢乐碰碰碰	32.24	-0.30	0.07	—	—	—	—	—	—	—	32.00
82	开心时刻	75.55	9.19	-1.40	—	—	—	—	—	—	—	83.34
83	淘宝商城	347.23	62.29	8.20	—	—	—	—	—	—	—	417.73
84	节大欢喜3	2 755.81	1 045.97	25.05	—	—	—	—	—	—	—	3 826.83
85	爱满人间	0.45	—	—	—	—	—	—	—	—	—	0.45
86	美梦成真	76 104.77	50 448.75	43 857.36	34 164.38	22 300.31	12 588.13	8 077.13	7 635.20	4 376.63	5 666.89	265 219.55
87	水浒108将	254.01	81.50	5.32	—	—	—	—	—	—	—	340.83
88	一刮一乐	108.77	55.55	-1.28	—	—	—	—	—	—	—	163.04

续表

序号	游戏品种	2012	2013	2014	2015	2016	2017	2018	2019	2020	2021	合计 Total
89	财源滚滚	61.73	22.06	1.02	—	0.01	—	—	—	—	—	84.82
90	梁祝	267.68	16.28	9.71	—	—	—	—	—	—	—	293.68
91	节大欢喜 4	12 937.51	18 800.90	20 727.29	13 405.18	8 712.76	4 163.25	3 292.75	3 590.58	2 171.41	2 142.86	89 944.49
92	五福临门	29 166.32	23 126.18	16 348.01	5 783.99	8 101.24	7 650.58	5 320.72	2 666.88	533.92	166.65	98 864.48
93	游乐场 2	152.94	17.35	—	—	—	—	—	—	—	—	170.29
94	祝福	117.95	32.85	4.60	—	—	—	—	—	—	—	155.39
95	锦绣中华	662.14	80.04	17.30	—	—	—	—	—	—	—	759.48
96	缤纷世博	−228.66	5.30	0.30	—	—	—	—	—	—	—	−223.06
97	奇妙世博	16.47	0.40	0.23	—	—	—	—	—	—	—	17.10
98	海宝风情	19.48	1.59	—	—	—	—	—	—	—	—	21.08
99	吉祥海宝	367.10	211.12	8.56	—	—	—	—	—	—	—	586.78
100	美丽辽宁 2	650.39	0.25	0.56	—	—	—	—	—	—	—	651.19
101	和谐辽宁 2	4.29	0.25	0.40	—	—	—	—	—	—	—	4.94
102	水浒 108 将 2	25.90	1.75	—	—	—	—	—	—	—	—	27.65
103	圣诞快乐 1	3 315.61	322.96	191.93	53.26	—	—	0.10	—	—	—	3 883.85
104	爱情密码	72.88	0.07	1.45	—	—	—	—	—	—	—	74.40
105	奇妙世博 2	15.11	11.45	—	—	—	—	—	—	—	—	26.56
106	游乐场 3	2 394.05	966.50	1 990.05	115.20	55.00	78.85	—	—	—	—	5 599.65
107	彩运天天有	81.25	15.51	10.42	0.10	0.06	—	—	—	—	—	107.34
108	指动金来	61 119.78	9 968.43	235.19	1 163.49	2 399.29	622.50	119.39	26.93	−6.66	—	75 648.35
109	欢天喜地	91.31	3.14	1.02	0.10	—	—	—	—	—	—	95.58
110	阖家欢乐 4	55.87	4.45	1.32	—	—	—	—	—	—	—	61.64
111	中华名人	95.50	1.25	5.00	—	—	—	—	—	—	—	101.75
112	中华泰山	31.00	71.40	4.30	—	—	—	—	—	—	—	106.70
113	楚天 2 元	92.10	6.46	2.16	—	—	—	—	—	—	—	100.72
114	楚天 5 元	33.40	3.75	1.80	—	—	—	—	—	—	—	38.95
115	节大欢喜 5	25 270.88	11 532.29	8 285.01	3 977.40	2 463.83	1 057.90	406.15	29.15	2.58	—	53 025.19
116	畅游天下	297.30	125.20	5.00	—	—	—	—	—	—	—	427.50
117	苏州园林 5 元	132.30	236.35	65.20	11.95	8.65	1.85	—	—	—	—	456.30
118	苏州园林 10 元	200.15	206.75	93.15	4.45	0.30	2.65	—	—	—	—	507.45
119	寻宝乐	6.90	1.25	2.00	—	—	—	—	—	—	—	10.15
120	海宝赛车	3.45	0.04	—	0.05	—	—	—	—	—	—	3.54
121	海宝魔术师	253.42	80.95	2.95	—	—	—	—	—	—	—	337.32
122	海底大寻宝	557.84	204.47	27.57	22.02	—	—	—	—	—	—	811.90
123	红楼探秘	131.28	24.78	1.42	0.10	—	—	—	—	—	—	157.58
124	虎门销烟	5 760.50	5 667.64	6 225.09	4 475.61	3 362.69	2 349.19	2 175.68	2 821.80	2 110.34	896.35	35 844.88
125	羊城八景	559.74	15.85	6.20	—	—	—	—	—	—	—	581.79
126	桂林山水	78.93	27.88	32.53	6.64	—	—	—	—	—	—	145.98
127	岩洞寻宝	547.09	9.31	23.50	1.89	—	—	—	—	—	—	581.79
128	长春雕塑	187.56	83.13	10.74	5.85	0.78	—	—	—	—	—	288.06
129	秀美吉林	54.25	10.65	2.20	16.85	1.01	—	—	—	—	—	84.96
130	足球之源	128.72	29.48	10.90	0.10	0.01	—	0.05	—	—	—	169.25
131	星耀世博	12.04	3.09	0.05	0.00	—	—	—	—	—	—	15.18
132	金山银山	2.67	—	—	0.00	0.05	—	—	—	—	—	2.72
133	欢乐彩	695.56	494.47	214.77	28.55	0.18	−0.02	0.05	—	—	—	1 433.57
134	羊城新八景	207.65	65.55	—	0.00	—	—	—	—	—	—	273.20

续表

序号	游戏品种	2012	2013	2014	2015	2016	2017	2018	2019	2020	2021	合 计 Total
135	吉星高照 2	4 490.68	31.13	0.35	0.00	—	9.46	—	0.08	0.19	—	4 531.89
136	开奖啦	151.90	24.12	0.08	0.00	—	—	—	—	—	—	176.10
137	福寿有余	9 716.63	1 324.42	62.22	8.42	0.16	—	—	—	—	—	11 111.85
138	乐翻天	10 623.36	903.85	181.76	111.75	0.05	—	—	—	—	—	11 820.78
139	中华名人 2	187.10	7.29	5.86	0.00	—	—	—	—	—	—	200.25
140	淘金者	2 343.55	1 059.10	220.30	154.58	—	—	—	—	—	—	3 777.52
141	畅游天下 2	194.10	24.55	33.60	1.60	—	—	—	—	—	—	253.85
142	我爱电影-唐山大地震	95.00	0.05	—	0.00	0.05	—	—	—	—	—	95.10
143	大熊猫 2 元	21.23	0.01	—	0.00	—	—	—	—	—	—	21.24
144	大熊猫 5 元	20.85	—	—	0.06	—	—	—	—	—	—	20.91
145	大熊猫 20 元	34.77	1.30	—	0.00	—	—	—	—	—	—	36.07
146	缘定金生	417.40	17.89	5.04	0.02	—	—	—	—	—	—	440.36
147	王牌高手	1 563.46	82.00	22.57	4.60	0.03	—	0.05	—	—	—	1 672.70
148	好运气	2.50	757.50	1 389.20	512.50	35.00	—	—	—	-24.68	—	2 672.02
149	世博熊猫	199.39	104.00	8.10	0.00	—	—	—	—	—	—	311.49
150	百发百中	181 815.25	176 320.60	156 850.85	132 454.90	126 511.79	102 518.98	91 773.32	101 118.21	89 180.49	148 870.50	1 307 414.89
151	魅力新疆	0.10	—	—	0.00	—	—	—	—	—	—	0.10
152	和谐中华	1 423.29	86.40	11.05	0.05	—	—	—	—	—	—	1 520.79
153	高山流水	92.50	49.90	9.00	6.20	0.01	—	—	—	—	—	157.61
154	荷包满满	22.02	0.70	2.35	0.00	—	—	—	—	—	—	25.07
155	紫荆花开	111.33	25.35	3.55	0.00	—	—	—	—	—	—	140.23
156	宝岛风情	186.82	23.73	8.55	0.00	—	—	—	—	—	—	219.10
157	畅游天下 3	164.80	15.00	30.00	0.00	—	—	—	—	—	—	209.80
158	东方之冠 1	74.45	39.65	5.69	0.00	—	—	—	—	—	—	119.78
159	东方之冠 2	623.04	145.85	5.30	0.06	—	—	—	—	—	—	774.25
160	漫游世博	80.57	28.45	0.75	0.00	—	—	—	—	—	—	109.77
161	中华名人 3	25 270.95	8 112.34	3 273.32	288.42	53.54	17.90	2.60	1.81	3.61	—	37 024.50
162	锦绣中华 2	—	0.60	—	0.00	—	—	—	—	—	—	0.60
163	红楼探秘 2	39 813.13	42 360.76	39 103.32	32 283.00	18 702.36	13 023.07	10 186.37	17 020.33	16 240.70	20 327.90	249 060.94
164	筑美世博	53.30	0.15	0.05	0.00	—	—	—	—	—	—	53.50
165	筑美(套票)	27.46	3.48	0.69	0.00	—	—	—	—	—	—	31.63
166	水浒 108 将 3	157.85	10.46	0.49	0.00	—	—	—	—	—	—	168.79
167	灌篮高手	483.45	32.45	1.99	0.00	—	—	—	—	—	—	517.89
168	超越梦想	49.03	2.95	0.55	0.00	—	—	—	—	—	—	52.53
169	京彩京韵 5 元	600.35	—	—	0.00	—	—	—	—	—	—	600.35
170	惊喜夺金	13 014.20	6 000.71	1 203.41	1 049.47	146.30	28.73	0.01	0.50	0.48	—	21 443.80
171	领奖台	2 497.90	458.36	47.93	79.71	—	—	0.50	—	—	—	3 084.41
172	大满贯	69.62	2.50	—	0.00	0.30	—	—	—	—	—	72.42
173	欢乐嘉年华 10 元	81 334.84	20 027.40	265.30	45.23	0.66	—	0.40	—	—	—	101 673.82
174	上海风采-过年啦	139.40	—	—	0.00	—	—	—	—	—	—	139.40
175	上海风采-童子乐	150.00	—	—	0.00	—	—	—	—	—	—	150.00
176	恭贺新春	91.17	8.49	0.76	0.00	—	—	—	—	—	—	100.42
177	玉兔迎春	1 109.92	34.53	2.26	0.00	—	—	—	—	—	—	1 146.71
178	爱情密码 2	141.39	8.24	0.35	0.00	—	—	—	—	—	—	149.98
179	淘金者 2	6 795.40	4 607.90	2 758.10	339.00	19.30	15.50	—	—	—	—	14 535.20
180	吉祥如意	466.05	13.53	7.72	0.00	—	—	—	—	—	—	487.30

续表

序号	游戏品种	2012	2013	2014	2015	2016	2017	2018	2019	2020	2021	合计 Total
181	发奖金5元	37 470.49	32 708.00	29 040.17	19 687.24	15 687.39	12 548.77	9 719.42	15 672.25	12 515.58	15 191.53	200 240.83
182	年年有余	2 570.85	971.57	26.70	8.95	0.90	4.00	—	—	—	—	3 582.97
183	欢乐园	540.68	5.51	7.45	0.00	0.00	—	—	—	—	—	553.64
184	中华故事2元-老子	14.82	—	—	0.00	0.00	—	—	—	—	—	14.82
185	中华故事5元-上善若水	1 813.60	154.55	16.40	0.00	0.00	0.05	—	—	—	—	1 984.60
186	中华故事5元-2-老子说	13.30	1.70	1.75	0.00	0.00	—	—	—	—	—	16.75
187	中华故事10元-老子经典	1 684.45	296.40	6.40	1.50	0.00	0.20	—	—	—	—	1 988.95
188	环游世界	6 727.50	1 526.07	156.10	29.74	13.85	5.71	0.10	—	0.05	—	8 459.13
189	连连看	242.33	12.39	2.68	0.00	0.00	—	—	—	—	—	257.40
190	神笔马良	1 332.68	66.11	4.61	0.00	0.00	—	—	—	—	—	1 403.40
191	上海风采-外滩	1 927.50	805.00	102.50	0.00	0.00	—	—	—	—	—	2 835.00
192	富贵有余6	721.97	219.14	30.24	8.36	1.00	2.15	-1.15	—	—	—	981.71
193	富贵有余7	11.25	—	—	0.00	0.00	—	—	—	—	—	11.25
194	富贵有余8	1 188.25	255.70	50.46	0.00	0.00	—	—	—	—	—	1 494.41
195	畅游天下4-文明深圳	2.50	—	—	0.00	0.00	—	—	—	—	—	2.50
196	和谐中华2	13.95	—	—	0.00	0.00	—	—	—	—	—	13.95
197	好运十倍	205 463.28	257 183.78	287 395.74	255 372.83	236 192.66	190 956.73	180 277.21	221 177.58	202 263.07	438 451.11	2 474 733.99
198	普天同庆	179.95	11.35	—	0.00	0.10	—	—	—	—	—	191.40
199	金色土地	9 936.94	418.63	98.51	66.16	6.90	9.96	0.15	—	—	—	10 537.24
200	美好生活-永结同心	15 551.97	5 349.90	2 527.64	2 007.91	474.05	160.58	83.56	26.90	2.64	—	26 185.15
201	财富之旅	14 943.58	4 717.89	919.91	91.62	81.15	5.60	0.21	—	0.15	—	20 760.11
202	中状元	20 764.30	1 944.18	703.07	312.66	125.42	66.65	1.01	5.02	6.01	—	23 928.34
203	数字达人2元	2 974.29	141.17	8.83	8.05	11.02	3.70	0.06	—	—	—	3 147.11
204	奇兵夺宝	20 434.02	-229.01	-5.26	0.00	0.00	—	—	—	—	—	20 199.76
205	中秋送福	7 488.77	2 097.73	707.82	523.16	228.07	122.76	0.30	0.25	0.64	—	11 169.51
206	九九重阳	4 158.24	174.90	53.35	0.70	0.20	0.55	—	—	—	—	4 387.94
207	灌篮高手20元	23 036.72	6 346.74	1 661.86	328.38	12.10	2.28	—	—	—	—	31 388.08
208	中华故事10元	1 342.40	20.35	—	0.00	0.00	—	—	—	—	—	1 362.75
209	富贵有余20元	2 339.50	87.30	—	0.00	2.50	—	—	—	—	—	2 429.30
210	国泰民安	67 148.22	32 909.99	33 941.34	31 792.78	19 331.69	13 984.88	13 571.16	22 535.09	22 928.10	44 060.14	302 203.39
211	马到功成	8 818.87	1 785.34	687.66	232.75	52.40	17.35	0.20	—	—	—	11 594.57
212	对对碰5元	17 798.41	3 213.75	29.40	5.15	1.40	3.40	—	—	—	—	21 051.51
213	我爱电影-龙门飞甲10元	717.30	4.80	7.25	0.00	0.00	—	—	—	—	—	729.35
214	上海风采5元-龙	496.00	—	—	0.00	0.00	—	—	—	—	—	496.00
215	生态鄱阳2元	1 039.18	139.66	25.38	39.88	15.16	6.83	0.30	0.40	6.06	—	1 272.84
216	大吉大利	79 689.68	37 457.84	25 110.01	16 019.29	4 494.37	3 018.56	3 525.81	4 943.78	3 441.88	9 183.71	186 884.92
217	企鹅探宝	62 748.93	21 575.70	12 362.00	2 238.68	215.50	25.78	-3.89	2.51	2.95	—	99 168.17
218	金龙贺岁	63 231.19	3 148.63	213.55	55.97	15.15	10.66	—	—	0.05	—	66 675.20
219	三国争雄	4 496.10	-147.84	-100.55	0.00	0.00	—	—	—	—	—	4 247.72
220	金钥匙	55 863.47	10 118.95	1 904.91	256.04	28.70	38.31	0.80	—	—	—	68 211.18
221	江门风光	6 477.80	5 100.71	4 638.17	3 077.68	1 465.23	1 195.92	161.01	14.08	0.60	—	22 131.20
222	2012龙	24 662.31	2 038.35	518.06	80.49	81.60	31.52	-5.95	—	—	—	27 406.38

续表

序号	游戏品种	2012	2013	2014	2015	2016	2017	2018	2019	2020	2021	合 计 Total
223	2012龙四联张	10 595.70	2 138.14	576.06	300.40	108.90	45.28	0.70	—	—	—	13 765.18
224	2012龙小本票	7 154.98	1 315.17	736.53	134.34	83.50	38.33	-3.70	—	0.05	—	9 459.20
225	魅力丹霞	3 734.40	234.69	17.17	3.40	0.40	0.10	—	—	—	—	3 990.15
226	张家界风光5元	1 192.01	5.69	1.20	1.00	0.00	—	—	—	—	—	1 199.90
227	张家界风光10元	1 461.05	79.68	16.51	40.32	0.00	—	—	—	—	—	1 597.57
228	心连心	28 588.53	10 735.24	592.19	47.77	6.04	3.91	0.48	0.72	1.38	—	39 976.28
229	招财猫	35 417.75	9 270.05	3 859.12	1 471.91	719.24	367.86	0.25	-31.27	0.52	—	51 075.44
230	美好生活20元	37 157.34	11 076.36	3 330.86	613.39	188.83	185.70	2.80	0.90	0.30	—	52 556.48
231	大赢家	13 080.05	11 793.14	3 143.06	1 088.31	436.82	51.89	-2.91	0.45	0.45	—	29 591.26
232	夺宝嘉年华	26 433.15	7 927.37	2 299.16	963.23	554.12	167.72	0.10	—	—	—	38 344.85
233	倍给力	35 159.72	16 842.99	1 596.50	197.78	33.05	11.26	0.10	—	—	—	53 841.40
234	存钱罐	9 297.40	22 255.33	4 390.50	419.60	12.24	2.15	1.62	0.89	0.10	—	36 379.83
235	欢乐嘉年华20元	14 242.51	11 970.45	4 019.72	1 725.57	525.77	224.78	-0.05	0.15	—	—	32 708.90
236	荷塘月色	4 571.45	34 740.10	3 653.17	749.65	154.25	50.11	0.30	0.70	0.70	—	43 920.43
237	蚂蚁搬家	3 418.06	10 682.90	5 626.57	966.32	99.48	20.65	1.32	1.02	0.08	—	20 816.39
238	七彩盛世	950.95	869.80	668.70	581.62	25.55	0.76	—	—	—	—	3 097.38
239	黄河魂	6 575.45	2 818.79	546.55	106.20	40.35	23.65	—	—	—	—	10 110.98
240	敦煌韵	5 897.35	2 803.95	531.10	376.30	312.12	65.87	-0.06	—	—	—	9 986.63
241	花好月圆	29 946.33	8 425.28	754.00	172.14	50.10	28.71	0.20	0.10	—	—	39 376.86
242	巍巍井冈	3 342.92	8 738.32	8 884.30	717.50	2.80	0.44	1.94	1.60	4.10	—	21 693.92
243	跷跷板	10 937.78	11 768.71	1 079.37	126.32	11.66	4.80	0.22	0.20	0.14	—	23 929.21
244	幸运扑克	14 336.80	9 894.63	1 254.31	248.77	114.55	37.92	—	0.15	—	—	25 887.14
245	喜从天降	7 947.89	24 980.58	16 610.13	9 958.80	6 156.66	5 382.08	5 784.09	7 865.68	6 621.65	5 504.14	96 811.71
246	龙腾盛世	5 281.84	32 910.79	20 340.95	18 972.83	9 774.31	4 656.49	3 768.63	8 361.62	3 630.83	9 742.20	117 440.49
247	打地鼠	—	26 693.15	4 170.01	3 084.21	1 308.74	194.33	38.91	0.70	0.01	—	35 490.05
248	招财纳福	8 821.10	35 989.57	17 121.81	7 316.08	1 520.14	107.06	26.27	4.35	0.39	—	70 906.78
249	网鱼高手	7 657.90	54 763.85	29 609.58	6 466.59	688.78	232.71	73.19	3.18	1.61	—	99 497.41
250	圣诞快乐2	7 156.14	6 325.72	1 229.11	301.88	273.45	8.36	-0.05	—	—	—	15 294.61
251	生肖-蛇	884.00	316.00	—	0.00	0.00	—	—	—	—	—	1 200.00
252	群岛之彩	—	1 471.75	187.10	6.35	0.00	—	—	—	—	—	1 665.20
253	伏羲定姓氏	1 064.70	615.75	37.75	43.00	11.15	1.05	-0.08	—	—	—	1 773.32
254	中国节	—	29 416.83	5 347.32	2 121.39	842.49	235.17	34.18	0.33	0.64	—	37 998.34
255	闹新春	—	21 375.72	1 777.17	472.68	309.95	53.98	0.04	0.60	0.58	—	23 990.72
256	跳房子	—	7 991.59	5 787.86	986.18	351.53	75.15	0.10	1.20	0.10	—	15 193.70
257	博爱中山	—	3 587.93	442.22	78.45	30.86	23.54	9.75	—	—	—	4 172.75
258	中华名人-孟子	—	14 171.40	4 752.45	2 350.60	1 193.78	244.22	84.82	-0.17	-0.10	—	22 797.01
259	昆曲	—	9 499.56	4 476.21	1 117.57	1 181.60	463.73	98.42	1.99	—	—	16 839.08
260	民俗文化	—	2 143.90	1 174.75	681.30	0.00	—	0.05	—	—	—	4 000.00
261	快乐生肖10元-祥蛇献瑞	—	34 755.03	4 122.35	500.42	103.56	29.38	9.93	-0.35	—	—	39 520.32
262	金鹊报喜	—	15 009.34	2 833.16	132.01	9.52	2.94	2.18	0.06	0.10	—	17 989.30
263	幸运殿堂	—	24 928.96	12 340.70	1 264.49	172.69	83.30	29.95	0.05	—	—	38 820.13
264	黄山风光	—	5 482.43	713.36	154.24	38.62	17.26	16.78	1.04	—	—	6 423.72
265	巅峰对决	—	22 105.65	5 259.17	1 528.82	532.08	111.57	76.00	0.60	0.40	—	29 614.29
266	7乐无穷	—	54 555.28	59 307.27	43 153.47	36 958.15	26 681.69	24 729.39	30 531.59	25 215.10	46 339.90	347 471.84
267	好彩头	—	7 371.42	1 951.28	184.29	31.18	25.70	6.98	0.11	0.02	—	9 570.99
268	小鸡快跑	—	20 569.78	3 600.84	496.66	31.98	5.90	-0.27	-0.37	—	—	24 704.51

续表

序号	游戏品种	2012	2013	2014	2015	2016	2017	2018	2019	2020	2021	合计 Total
269	花神	—	23 257.16	13 119.78	1 939.41	245.39	134.23	21.23	0.03	0.05	—	38 717.27
270	幸运双色球	—	24 165.33	10 600.73	4 176.50	1 493.90	735.26	429.93	-0.25	—	—	41 601.40
271	幸福来电	—	26 703.47	18 408.61	3 571.56	493.46	81.01	10.21	1.68	0.68	—	49 270.68
272	爱我家园	—	8 919.65	7 412.10	1 847.67	594.93	264.74	70.13	0.10	0.05	—	19 109.37
273	探险家	—	15 364.92	6 235.03	995.92	395.95	144.51	85.95	1.83	0.08	—	23 224.19
274	柿柿如意	—	4 962.54	4 727.52	167.82	27.56	39.80	22.26	0.28	0.26	—	9 948.05
275	甜蜜连连	—	3 438.07	6 084.66	338.14	56.90	24.90	18.26	0.02	0.02	—	9 960.97
276	福运连连	—	7 283.13	14 427.90	2 139.87	405.40	158.27	96.45	0.55	-2.64	—	24 508.92
277	金蜂巢	—	12 051.76	12 351.92	489.61	43.15	28.79	8.60	1.50	1.37	—	24 976.71
278	7喜	—	4 430.08	3 466.73	97.09	5.45	0.50	—	—	—	—	7 999.85
279	欢乐马戏团	—	10 704.15	34 447.37	3 701.53	507.37	183.71	114.51	3.00	1.55	—	49 663.19
280	好日子	—	7 338.40	6 971.05	640.70	19.50	12.75	2.60	—	—	—	14 985.00
281	冰激凌	—	3 900.58	12 278.10	2 929.87	1 386.46	963.71	171.04	-0.58	—	—	21 629.18
282	福气8	—	8 453.62	22 655.84	3 988.95	377.00	101.31	42.99	0.50	—	—	35 620.20
283	百万财富	—	6 902.80	4 931.85	3 061.55	57.35	921.10	1 120.25	992.45	12.55	—	17 999.90
284	放飞梦想5元	—	2 087.40	908.50	639.63	694.19	293.46	77.77	—	—	—	4 700.95
285	财神到	—	1 376.74	1 619.80	3.42	0.00	—	0.04	—	—	—	3 000.00
286	欢乐购	—	1 321.15	453.95	22.50	2.30	—	0.10	—	—	—	1 800.00
287	印象中国	—	744.45	491.10	97.05	23.85	15.30	19.35	—	—	—	1 391.10
288	时空瑰宝	—	983.80	805.35	419.60	72.75	34.00	21.50	—	—	—	2 337.00
289	沪塔	—	4.00	—	-4.00	184.00	-2.16	0.80	—	—	—	182.64
290	幸福汕头-宜居之城	—	—	615.16	885.47	228.68	81.51	33.62	15.08	—	—	1 859.52
291	幸福汕头-百载商埠	—	—	785.12	533.25	70.34	19.98	16.25	6.30	—	—	1 431.24
292	幸福汕头-潮人之都	—	—	511.92	474.56	66.79	14.82	7.40	3.12	—	—	1 078.61
293	幸福汕头-潮菜之乡	—	—	356.03	1 340.90	226.48	39.01	6.28	1.25	—	—	1 969.96
294	春夏秋冬	—	2 049.00	15 797.02	3 808.91	1 235.41	573.91	217.94	90.96	2.14	—	23 775.28
295	蝌蚪找妈妈	—	1 972.35	8 533.39	1 383.42	157.83	50.76	18.41	1.55	1.25	—	12 118.97
296	水果连连看	—	872.25	530.85	99.35	55.05	14.20	6.77	0.30	—	—	1 578.77
297	幸运抽奖	—	2 020.15	23 439.26	7 119.21	1 237.28	520.37	189.93	227.85	13.18	—	34 767.23
298	淘宝乐	—	681.95	888.40	649.10	437.50	269.45	245.55	3.10	—	—	3 175.05
299	生日快乐	—	1 676.10	2 267.45	54.75	1.20	0.05	0.45	—	—	—	4 000.00
300	大满贯10元	—	1 658.50	2 059.87	521.20	267.10	99.75	43.35	-0.25	—	—	4 649.52
301	步步高	—	3 790.16	11 386.53	3 903.61	445.15	105.20	28.55	—	—	—	19 659.20
302	日出东方韶山	—	357.40	3 060.86	343.75	265.10	126.40	37.45	—	—	—	4 190.96
303	5倍惊喜	—	—	66 159.73	64 413.51	57 158.68	48 659.92	42 980.93	53 318.74	45 024.01	85 962.64	463 678.15
304	俏佳人	—	—	17 518.47	4 057.97	1 336.45	349.34	120.44	82.90	0.49	—	23 466.05
305	马到成功10元	—	—	20 404.78	2 262.49	615.12	110.68	44.99	197.25	0.99	—	23 636.29
306	成语故事	—	—	385.80	626.20	187.90	—	—	0.10	—	—	1 200.00
307	赣南苏区-荣光	—	—	3 539.79	1 656.27	443.75	136.65	1.44	1.30	8.65	—	5 787.85
308	挖金豆	—	—	2 750.10	249.05	0.60	0.25	—	—	—	—	3 000.00
309	圣地延安	—	—	3 656.01	1 326.59	791.25	519.50	396.80	59.90	—	—	6 750.05
310	七星瓢虫	—	—	12 567.12	3 020.99	323.61	45.11	10.00	0.76	0.60	—	15 968.18
311	太极	—	—	4 291.40	2 885.32	1 557.19	259.15	137.90	57.10	0.20	—	9 188.25
312	宝石奇缘	—	—	—	33 515.29	6 092.37	249.96	25.42	7.80	-0.15	0.45	39 891.13

续表

序号	游戏品种	2012	2013	2014	2015	2016	2017	2018	2019	2020	2021	合 计 Total
313	神秘好礼	—	—	18 537.39	10 452.56	4 810.70	1 677.13	1 288.37	737.90	-43.16	—	37 460.89
314	吉祥草原	—	—	923.80	167.25	114.75	106.25	54.30	14.00	—	—	1 380.35
315	牛7冲天	—	—	10 882.65	5 431.60	2 599.51	2 839.69	242.65	3.90	—	—	22 000.00
316	熊出没	—	—	16 250.54	3 048.68	333.62	148.27	70.99	24.15	-0.20	—	19 876.04
317	空战赢家	—	—	14 493.90	6 524.06	2 357.74	938.70	415.80	323.26	6.86	—	25 060.32
318	赛马	—	—	14 630.79	6 104.37	1 982.54	874.66	444.45	297.40	0.60	—	24 334.79
319	好运加倍	—	—	13 093.05	5 680.25	694.86	138.23	126.90	48.60	-1.13	—	19 780.74
320	相约咖啡	—	—	12 071.42	8 123.90	2 418.71	639.70	390.50	72.90	0.83	—	23 717.97
321	加油加油	—	—	15 130.75	13 062.22	4 652.57	1 508.59	693.57	280.65	-0.89	—	35 327.46
322	10来运转	—	—	26 075.58	20 525.66	6 127.91	1 483.66	290.50	91.77	-3.91	—	54 591.16
323	足球盛宴5元	—	—	20 349.20	8 344.69	3 035.67	681.98	378.00	99.49	-1.31	—	32 887.72
324	黄金盛典	—	—	80 088.91	26 565.27	6 398.75	2 882.48	946.53	728.63	-69.69	—	117 540.89
325	"粽"奖	—	—	11 474.31	2 333.49	716.31	243.10	93.26	82.70	-1.05	—	14 942.11
326	足球盛宴10元	—	—	15 660.76	5 295.35	1 567.14	613.85	376.88	314.71	4.74	—	23 833.44
327	魅力安徽-九华仙境	—	—	—	252.00	102.07	135.06	32.60	8.06	5.14	-0.32	534.61
328	天降好礼	—	—	—	4 528.12	3 885.41	680.81	180.56	66.40	15.84	0.73	9 357.87
329	砸金蛋	—	—	—	11 375.15	8 160.10	376.57	35.58	17.22	1.98	-0.88	19 965.72
330	多彩假日	—	—	—	9 201.54	5 833.72	1 196.19	425.92	206.99	152.31	-1.47	17 015.21
331	幸运星	—	—	—	5 215.57	4 004.88	536.80	75.50	28.70	5.20	-0.20	9 866.45
332	好运百万	—	—	—	11 237.03	26 429.18	27 257.67	25 641.99	28 359.25	37 968.00	32 139.01	53 616.40	242 648.52
333	莲乡意蕴	—	—	—	3 021.95	19 761.65	70 919.25	57 006.40	62 480.95	86 144.70	25 244.85	34 397.01	358 976.76
334	美丽嘉兴	—	—	—	—	1 774.30	163.30	30.65	2.85	3.00	-0.99	1 973.11
335	天长地久	—	—	—	2 962.75	9 334.18	1 126.35	46.82	3.20	1.80	-0.01	13 475.09
336	钻石联盟	—	—	—	3 320.37	7 707.33	1 956.46	490.52	14.64	4.05	0.04	13 493.40
337	冰VS火	—	—	—	4 062.76	14 676.74	951.35	89.90	58.85	44.45	0.03	19 884.33
338	我爱电影-一步之遥	—	—	—	2 765.31	7 109.45	1 672.61	247.18	272.82	53.64	0.78	12 121.80
339	雪人	—	—	893.35	8 950.60	751.90	91.26	50.75	22.05	1.85	—	10 761.76
340	陕西名胜(一)	—	—	—	1 816.00	649.10	106.85	241.00	182.30			2 995.25
341	羊票5元	—	—	—	21 277.98	575.75	138.57	85.81	41.20	1.20	—	22 120.51
342	羊票10元	—	—	—	25 122.32	1 571.59	435.80	172.60	255.09	1.07	—	27 558.47
343	羊票20元	—	—	—	6 988.20	806.35	144.65	13.20	44.20		—	7 996.60
344	连环夺宝	—	—	—	26 347.10	4 602.79	1 001.88	290.92	223.67	4.93	—	32 471.28
345	博饼嘉年华	—	—	—	1 512.20	729.00	88.80	36.95	396.20	319.75	—	3 082.90
346	天下名楼岳阳楼	—	—	—	1 982.20	294.90	128.05	54.65	46.85	—	—	2 506.65
347	醉美婺源	—	—	—	1 732.50	0.75	680.40	13.75	—	3.75	—	2 431.15
348	喜气羊羊	—	—	—	20 940.53	3 361.45	1 621.25	153.14	48.10	-1.68	—	26 122.79
349	蘑菇大战	—	—	—	28 331.26	6 643.51	912.05	1 298.53	872.80	307.35	96.35	38 461.86
350	财高8斗	—	—	—	19 568.09	6 076.11	1 898.26	1 281.40	357.83	13.55	—	29 195.25
351	金冠	—	—	—	13 990.46	4 153.21	674.53	233.61	52.81	-1.33	—	19 103.30
352	喜上加喜	—	—	—	23 845.72	23 139.93	10 132.05	3 337.71	3 840.01	2 683.90	8 267.43	75 246.75
353	彩运亨通	—	—	—	91 009.82	28 370.27	8 619.78	3 464.49	3 981.77	3 963.99	4 453.80	143 863.91
354	龟兔赛跑	—	—	—	15 766.05	6 319.14	1 668.88	329.11	116.82	8.95	—	24 208.96

续表

序号	游戏品种	2012	2013	2014	2015	2016	2017	2018	2019	2020	2021	合计 Total
355	动物乐园	—	—	—	8 827.76	7 202.25	885.47	233.86	134.13	6.58	—	17 290.06
356	扑克王	—	—	—	6 066.79	2 295.45	306.61	121.73	30.28	1.62	—	8 822.47
357	幸运投篮机	—	—	—	7 217.87	6 362.64	1 377.02	466.48	71.21	-3.81	—	15 491.41
358	幸运草	—	—	—	15 727.93	8 220.45	2 549.06	497.72	109.99	6.47	—	27 111.62
359	幸福温州	—	—	—	8 595.00	3 434.00	3 316.00	5 571.75	5 826.40	0.95	1.80	26 745.90
360	流星雨	—	—	—	12 335.27	9 784.73	1 081.63	248.95	72.80	-8.79	—	23 514.57
361	和平是福	—	—	—	14 825.65	3 157.90	452.46	249.14	244.52	-5.19	—	18 924.49
362	幸福宝藏	—	—	—	8 863.88	13 401.25	5 808.36	2 322.02	1 534.62	261.30	—	32 191.43
363	满堂彩	—	—	—	49 018.62	28 763.46	11 581.92	5 286.23	4 692.58	771.50	0.62	100 114.92
364	招财进宝	—	—	—	8 129.09	22 670.65	5 033.70	2 046.19	1 260.65	298.76	—	39 439.04
365	一刮千金 5 元	—	—	—	3 273.00	5 972.53	1 194.29	484.33	348.34	15.36	—	11 287.84
366	太极拳	—	—	—	2 218.20	493.70	150.60	1.00	47.10	-0.30	—	2 910.30
367	大闹天宫	—	—	—	8 136.73	17 203.10	1 426.39	367.40	144.23	3.36	—	27 281.21
368	购彩乐	—	—	—	4 990.05	12 891.07	1 157.61	529.90	305.16	-58.63	—	19 815.17
369	中华武圣	—	—	—	167.60	1 213.58	184.03	-561.01	23.79	0.05	—	1 028.05
370	向阳花	—	—	—	302.78	8 585.16	824.58	221.35	33.53	1.07	—	9 968.46
371	点赞	—	—	—	2 892.05	15 065.75	2 062.29	963.94	587.92	24.89	—	21 596.84
372	水果联盟	—	—	—	1 585.95	8 512.92	653.92	170.08	20.10	-8.30	—	10 934.67
373	魔幻 21	—	—	—	—	14 204.46	3 169.09	1 056.51	841.13	102.25	—	19 373.44
374	最佳阵容	—	—	—	—	10 756.16	2 010.38	621.20	258.32	18.24	—	13 664.31
375	丝路寻梦	—	—	—	—	11 473.42	2 397.86	595.49	193.53	-43.08	—	14 617.22
376	丙申猴-灵猴献彩 5 元	—	—	—	—	22 532.46	2 058.39	649.35	338.51	31.51	—	25 610.22
377	丙申猴-脸谱 10 元	—	—	—	—	33 515.17	1 734.01	515.75	280.62	3.13	—	36 048.68
378	丙申猴-金猴银猴 20 元	—	—	—	—	29 562.48	3 008.04	1 157.67	431.63	11.78	—	34 171.60
379	中国结-节节高	—	—	—	—	14 884.33	5 204.80	1 215.44	841.51	55.50	11.03	22 212.60
380	开门红	—	—	—	—	25 676.36	6 896.63	2 282.48	1 648.94	451.31	83.18	37 038.90
381	欢乐钓鱼	—	—	—	—	15 987.62	3 760.68	2 012.32	838.88	651.40	174.83	23 425.73
382	吉庆有余	—	—	—	—	13 013.45	6 153.44	2 091.40	1 743.97	531.73	140.22	23 674.20
383	天下凤凰	—	—	—	—	4 031.75	315.50	140.00	135.65	125.15	1.00	4 749.05
384	红宝石蓝宝石	—	—	—	—	54 572.66	7 750.79	1 200.18	314.91	-194.19	-0.07	63 644.28
385	旺旺彩	—	—	—	—	10 927.44	3 600.92	1 447.11	654.91	252.79	112.20	16 994.59
386	桃花源寻宝	—	—	—	—	9 000.32	5 977.85	1 651.78	853.89	637.67	126.59	18 248.10
387	黑桃 KING	—	—	—	—	4 830.79	1 700.56	401.11	175.79	29.92	10.13	7 148.29
388	孔雀美	—	—	—	—	8 509.61	3 900.41	996.15	944.04	235.24	138.63	14 724.08
389	好运 9	—	—	—	—	18 446.88	15 480.58	2 357.73	1 253.35	348.69	236.98	38 124.20
390	快乐高尔夫	—	—	—	—	4 850.81	7 725.74	2 508.18	2 432.32	735.82	535.48	18 788.34
391	魅力香吻	—	—	—	—	7 303.74	3 395.34	564.40	102.17	-342.91	—	11 022.73
392	一刮千金 10 元	—	—	—	—	60 289.94	13 861.89	7 080.18	6 073.08	2 427.53	1 423.40	91 156.03
393	金钥匙 5 元	—	—	—	—	3 665.17	9 206.83	1 999.93	556.25	64.40	20.42	15 513.00
394	天下为公	—	—	—	—	291.37	434.70	64.48	3.00	0.65	-0.81	793.39
395	美丽衢州	—	—	—	—	0.00	179.30	404.30	18.80	0.05	—	602.45
396	幸运双星	—	—	—	—	1 122.07	7 675.70	2 439.49	1 180.13	451.86	209.56	13 078.81
397	森林探宝	—	—	—	—	0.00	13 637.48	4 793.70	1 768.40	580.38	259.99	21 039.96
398	码上有奖	—	—	—	—	0.00	23 115.35	6 130.83	3 299.71	1 622.54	2 152.85	36 321.28

续表

序号	游戏品种	2012	2013	2014	2015	2016	2017	2018	2019	2020	2021	合 计 Total
399	以茶会友	—	—	—	—	1 318.78	4 900.51	955.35	640.92	329.45	189.50	8 334.49
400	青花瓷	—	—	—	—	286.95	924.20	513.10	178.05	3.10	0.40	1 905.80
401	闪耀钻石 5 元	—	—	—	—	0.00	15 691.33	987.28	425.65	186.13	94.28	17 384.68
402	闪耀钻石 10 元	—	—	—	—	0.00	26 538.42	2 774.45	2 018.02	514.91	341.63	32 187.42
403	闪耀钻石 20 元	—	—	—	—	0.00	24 922.96	3 469.96	1 962.02	1 004.29	574.97	31 934.20
404	丁酉鸡－金鸡银鸡	—	—	—	—	692.65	16 465.88	1 293.40	464.67	186.54	96.28	19 199.42
405	丁酉鸡－鸡鸣富贵	—	—	—	—	1 422.80	32 585.58	1 490.56	476.52	133.61	129.25	36 238.32
406	丁酉鸡－吉祥如意	—	—	—	—	573.85	19 887.67	2 322.87	1 505.30	425.38	176.49	24 891.56
407	福星	—	—	—	—	—	4 723.76	2 067.56	1 094.25	456.23	210.71	8 552.52
408	好运 123	—	—	—	—	—	17 266.54	5 000.80	2 512.90	278.49	70.76	25 129.49
409	福运红包	—	—	—	—	—	16 408.36	18 611.86	15 946.14	6 391.52	5 408.69	62 766.56
410	福 5 元	—	—	—	—	—	14 943.34	4 428.69	1 892.56	665.43	805.13	22 735.15
411	吉祥金蛋	—	—	—	—	—	7 851.00	2 706.00	1 147.95	346.99	182.39	12 234.34
412	幸运星座	—	—	—	—	—	6 237.68	3 932.47	1 467.04	491.34	191.01	12 319.54
413	扑克风云	—	—	—	—	—	29 550.04	10 011.33	4 468.09	811.18	262.39	45 103.03
414	5 要赢	—	—	—	—	—	2 324.75	125.40	33.05	7.70	2.25	2 493.15
415	六六顺	—	—	—	—	—	3 751.65	863.48	3 494.60	3 565.40	8 453.93	20 129.05
416	金玉满堂	—	—	—	—	—	10 939.92	5 503.23	5 879.79	3 642.30	887.66	26 852.90
417	国色天香	—	—	—	—	—	20 954.15	5 121.76	3 938.96	1 286.73	734.92	32 036.52
418	一鸣惊人	—	—	—	—	—	4 891.24	4 400.81	1 861.97	293.89	174.97	11 622.89
419	Quick3	—	—	—	—	—	3 238.62	1 975.75	1 150.56	296.56	124.72	6 786.22
420	欢乐彩蛋	—	—	—	—	—	14 850.42	4 684.95	3 818.42	1 325.40	299.95	24 979.14
421	福彩三十周年纪念	—	—	—	—	—	16 952.03	13 092.65	10 707.30	4 810.50	1 936.13	47 498.60
422	十全十美	—	—	—	—	—	56 850.14	10 794.84	5 818.91	3 186.69	1 385.90	78 036.48
423	十二生肖	—	—	—	—	—	1 740.40	1 929.07	664.70	191.50	205.30	4 730.97
424	蓝玫瑰	—	—	—	—	—	4 580.60	12 013.68	13 055.57	5 839.39	5 697.73	41 186.96
425	擂台赛	—	—	—	—	—	1 256.43	2 010.24	904.40	288.78	175.33	4 635.18
426	喜加福	—	—	—	—	—	5 981.27	5 990.37	1 895.79	1 086.36	786.55	15 740.33
427	临川四梦	—	—	—	—	—	518.50	681.75	1 321.55	266.65	0.70	2 789.15
428	黄金时代	—	—	—	—	—	10 323.68	19 126.58	3 553.62	1 147.44	409.65	34 560.96
429	摇钱树	—	—	—	—	—	7 721.17	24 327.50	15 682.81	5 220.69	1 629.49	54 581.65
430	双赢	—	—	—	—	—	480.35	9 948.27	4 843.29	1 770.65	904.97	17 947.53
431	5 动奇迹	—	—	—	—	—	3 981.29	6 129.66	1 556.51	257.70	131.50	12 056.66
432	步步惊喜	—	—	—	—	—	2 237.94	8 829.39	2 823.07	749.65	587.81	15 227.85
433	蒸蒸日上	—	—	—	—	—	2 137.80	21 139.29	8 791.87	3 107.80	2 405.82	37 582.58
434	玫瑰之约	—	—	—	—	—	2 996.16	13 445.38	12 122.22	18 287.95	14 180.30	61 032.01
435	北京印象	—	—	—	—	—	516.65	3 184.15	1 619.45	510.10	319.86	6 150.21
436	幸运宝 10	—	—	—	—	—	578.55	13 225.01	4 155.84	5 723.35	267.88	23 950.63
437	趣味台球	—	—	—	—	—	1 051.65	7 298.97	2 746.94	506.57	71.22	11 675.35
438	射门	—	—	—	—	—	109.28	1 962.25	806.97	310.66	124.68	3 313.84
439	戊戌狗－金狗银狗	—	—	—	—	—	—	17 588.28	765.33	103.11	72.77	18 529.48
440	戊戌狗－旺旺年	—	—	—	—	—	—	20 391.27	1 091.60	267.72	221.27	21 971.86
441	戊戌狗－福禄寿喜	—	—	—	—	—	—	31 651.23	5 848.49	1 267.60	377.51	39 144.83
442	冰雪良缘	—	—	—	—	—	—	3 942.45	1 425.72	526.57	336.11	6 230.85
443	风花雪月	—	—	—	—	—	—	2 310.95	680.30	8.75	—	3 000.00
444	天生一对	—	—	—	—	—	—	10 676.51	4 429.80	2 373.90	1 542.46	19 022.67

续表

序号	游戏品种	2012	2013	2014	2015	2016	2017	2018	2019	2020	2021	合计 Total
445	赢在2018	—	—	—	—	—	—	1 891.34	878.18	110.60	52.38	2 932.50
446	小黄人	—	—	—	—	—	—	2 895.42	1 716.56	451.46	601.51	5 664.95
447	福满人间	—	—	—	—	—	—	750.27	512.63	179.65	413.00	1 855.55
448	非常惊喜	—	—	—	—	—	—	5 587.92	3 786.05	428.33	966.50	10 768.80
449	怀袖清风	—	—	—	—	—	—	1 821.71	677.98	137.81	188.35	2 825.85
450	金光闪耀	—	—	—	—	—	—	11 177.66	2 203.76	10 593.32	1 041.12	25 015.85
451	冠军荣耀	—	—	—	—	—	—	28 807.89	4 900.86	1 854.14	3 356.31	38 919.20
452	财源广进	—	—	—	—	—	—	2 268.96	877.84	48.20	4.95	3 199.95
453	魅力宁波	—	—	—	—	—	—	3 167.15	1 280.00	394.69	74.96	4 916.80
454	群英会	—	—	—	—	—	—	1 453.24	391.88	49.39	40.69	1 935.20
455	沙漠寻宝	—	—	—	—	—	—	1 900.22	3 743.14	598.14	498.25	6 739.75
456	7开得胜	—	—	—	—	—	—	7 241.90	5 431.33	933.78	242.68	13 849.69
457	一路福星	—	—	—	—	—	—	1 597.10	8 986.50	1 589.90	1 411.60	13 585.10
458	壕7	—	—	—	—	—	—	58 430.98	16 655.38	4 703.35	2 714.17	82 503.89
459	祝你快乐	—	—	—	—	—	—	1 097.15	2 707.70	113.90	164.85	4 083.60
460	八仙过海	—	—	—	—	—	—	5 527.22	3 817.20	557.66	1 386.11	11 288.19
461	金沙滩	—	—	—	—	—	—	192.46	2 054.64	726.50	878.12	3 851.72
462	福袋	—	—	—	—	—	—	504.65	9 224.45	2 151.60	1 026.16	12 906.86
463	24K金	—	—	—	—	—	—	2 581.30	10 213.54	1 905.89	294.18	14 994.91
464	美丽三沙	—	—	—	—	—	—	51.57	22.58	0.95	0.50	75.60
465	青蛙过河	—	—	—	—	—	—	201.65	2 179.15	870.60	555.20	3 806.60
466	橙意满满	—	—	—	—	—	—	4 967.08	20 184.98	5 440.44	5 933.70	36 526.20
467	聚宝盆	—	—	—	—	—	—	300.40	15 529.80	9 032.05	22 148.20	47 010.45
468	积金至斗	—	—	—	—	—	—	2 781.00	14 125.05	5 234.22	3 326.57	25 466.84
469	开心夹夹乐	—	—	—	—	—	—	857.65	5 678.37	1 099.89	1 090.13	8 726.03
470	66顺88发	—	—	—	—	—	—	3 891.10	34 433.59	25 036.76	71 760.79	135 122.23
471	苍狼啸月	—	—	—	—	—	—	308.60	7 478.46	1 036.08	160.16	8 983.30
472	丹桂飘香-金桂银桂	—	—	—	—	—	—	4 457.00	7 285.17	804.86	811.02	13 358.06
473	女书	—	—	—	—	—	—	1 679.90	273.25	46.85	—	2 000.00
474	越剧	—	—	—	—	—	—	2 290.64	1 239.98	50.04	144.50	3 725.15
475	369	—	—	—	—	—	—	6 153.16	33 744.38	17 777.71	29 587.61	87 262.86
476	圣诞快乐	—	—	—	—	—	—	3 518.71	4 131.19	629.36	792.66	9 071.92
477	己亥猪-金猪银猪	—	—	—	—	—	—	—	21 923.65	524.97	246.21	22 699.83
478	己亥猪-福猪拱门	—	—	—	—	—	—	—	45 527.64	719.67	467.69	46 715.00
479	己亥猪-喜事连连	—	—	—	—	—	—	—	28 203.87	2 114.33	970.67	31 288.81
480	8炫彩	—	—	—	—	—	—	—	1 575.94	1 303.10	1 842.22	4 721.26
481	梦圆桃花源	—	—	—	—	—	—	—	4 740.25	285.15	147.80	5 173.20
482	富贵满堂	—	—	—	—	—	—	—	13 065.59	4 225.89	4 136.65	21 428.13
483	同喜同囍	—	—	—	—	—	—	—	12 048.31	6 916.59	5 648.68	24 613.58
484	新芽	—	—	—	—	—	—	—	19 551.94	8 211.24	11 819.45	39 582.63
485	魅力4射	—	—	—	—	—	—	—	14 221.54	6 571.96	11 173.86	31 967.36
486	超级钱袋子	—	—	—	—	—	—	—	8 874.62	5 684.96	1 724.75	16 284.33
487	中国龙5元	—	—	—	—	—	—	—	26 858.53	3 001.23	1 739.30	31 599.07
488	中国龙10元	—	—	—	—	—	—	—	55 331.41	8 327.04	9 589.42	73 247.88
489	中国龙20元	—	—	—	—	—	—	—	37 228.89	14 819.42	13 004.87	65 053.18
490	嗨啤	—	—	—	—	—	—	—	15 174.93	5 931.06	4 064.68	25 170.67

续表

序号	游戏品种	2012	2013	2014	2015	2016	2017	2018	2019	2020	2021	合计 Total
491	天仙配	—	—	—	—	—	—	—	4 818.87	2 863.13	1 985.89	9 667.89
492	福延吉至	—	—	—	—	—	—	—	143.65	34.95	46.20	224.80
493	繁荣昌盛	—	—	—	—	—	—	—	56.00	1 803.80	139.50	1 999.30
494	锦绣江山	—	—	—	—	—	—	—	0.05	324.40	1 340.70	1 665.15
495	财富传奇	—	—	—	—	—	—	—	13 972.38	15 801.23	22 469.99	52 243.60
496	666	—	—	—	—	—	—	—	7 189.73	6 555.21	3 968.95	17 713.90
497	3分制胜	—	—	—	—	—	—	—	12 789.21	5 174.94	10 899.60	28 863.74
498	黄金传奇	—	—	—	—	—	—	—	7 309.97	7 020.70	1 253.79	15 584.45
499	钻石风暴	—	—	—	—	—	—	—	3 019.01	2 587.16	354.29	5 960.46
500	小黄人-财神	—	—	—	—	—	—	—	1 175.79	775.25	48.82	1 999.85
501	龙凤呈祥	—	—	—	—	—	—	—	1 631.40	3 306.64	1 856.20	6 794.24
502	超级幸运	—	—	—	—	—	—	—	5 532.03	78 255.96	47 526.77	131 314.76
503	好运锦鲤	—	—	—	—	—	—	—	1 712.61	681.50	5.84	2 399.95
504	鸿运当头	—	—	—	—	—	—	—	380.10	589.55	223.30	1 192.95
505	龙腾虎跃	—	—	—	—	—	—	—	878.88	1 010.78	110.15	1 999.80
506	至尊黄金	—	—	—	—	—	—	—	4 404.49	20 412.82	10 254.60	35 071.90
507	好礼多多	—	—	—	—	—	—	—	661.23	1 659.81	1 410.50	3 731.53
508	淘金王	—	—	—	—	—	—	—	3 298.30	4 874.69	3 603.75	11 776.74
509	甜如蜜	—	—	—	—	—	—	—	2 560.45	8 750.07	7 101.96	18 412.48
510	金福星	—	—	—	—	—	—	—	1 237.15	8 390.83	14 577.28	24 205.26
511	唱响幸运	—	—	—	—	—	—	—	1 128.20	3 108.45	3 859.75	8 096.40
512	蓝色奇迹	—	—	—	—	—	—	—	393.05	2 912.45	5 594.66	8 900.16
513	喜事成双	—	—	—	—	—	—	—	570.90	2 321.55	2 177.50	5 069.95
514	庚子鼠5元	—	—	—	—	—	—	—	131.96	24 540.29	3 038.06	27 710.31
515	庚子鼠10元	—	—	—	—	—	—	—	188.20	66 526.37	4 209.96	70 924.54
516	庚子鼠20元	—	—	—	—	—	—	—	159.31	40 723.77	3 974.25	44 857.33
517	鼠兆丰年	—	—	—	—	—	—	—	653.70	9 130.98	972.85	10 757.53
518	好运来	—	—	—	—	—	—	—	—	4 821.34	9 968.64	14 789.98
519	新春大吉	—	—	—	—	—	—	—	—	4 443.77	5 132.95	9 576.71
520	南岳衡山	—	—	—	—	—	—	—	—	3 000.00	—	3 000.00
521	金山·银山	—	—	—	—	—	—	—	—	3 681.58	4 568.33	8 249.91
522	开宝箱	—	—	—	—	—	—	—	—	929.59	1 629.12	2 558.70
523	笑口常开	—	—	—	—	—	—	—	—	3 071.02	2 827.44	5 898.46
524	心相连	—	—	—	—	—	—	—	—	2 200.76	3 855.23	6 055.98
525	幸运时刻	—	—	—	—	—	—	—	—	8 762.59	3 733.25	12 495.84
526	欢乐Party	—	—	—	—	—	—	—	—	2 280.91	4 427.46	6 708.37
527	莲花绽放	—	—	—	—	—	—	—	—	139.55	27.50	167.05
528	荣耀夺金	—	—	—	—	—	—	—	—	5 870.08	9 851.77	15 721.85
529	金砖	—	—	—	—	—	—	—	—	1 037.70	935.50	1 973.20
530	十里桃花	—	—	—	—	—	—	—	—	11 592.39	30 265.48	41 857.86
531	福彩	—	—	—	—	—	—	—	—	6 663.32	3 835.28	10 498.60
532	一触即发	—	—	—	—	—	—	—	—	11 354.37	17 334.18	28 688.54
533	福在眼前	—	—	—	—	—	—	—	—	4 732.60	11 351.05	16 083.65
534	扶贫帮困	—	—	—	—	—	—	—	—	3 109.28	3 274.18	6 383.46
535	福	—	—	—	—	—	—	—	—	4 441.24	11 396.85	15 838.08
536	九天揽月	—	—	—	—	—	—	—	—	3 054.78	750.67	3 805.45

续表

序号	游戏品种	2012	2013	2014	2015	2016	2017	2018	2019	2020	2021	合计 Total
537	丽美千秋	—	—	—	—	—	—	—	—	1 612.60	1 160.70	2 773.30
538	超给力10元	—	—	—	—	—	—	—	—	76 693.45	70 290.16	146 983.61
539	超给力20元	—	—	—	—	—	—	—	—	61 239.56	30 280.59	91 520.15
540	超给力50元	—	—	—	—	—	—	—	—	56 677.85	33 245.48	89 923.33
541	平凡英雄	—	—	—	—	—	—	—	—	16 834.75	8 912.96	25 747.71
542	鹊桥会	—	—	—	—	—	—	—	—	5 229.43	8 262.72	13 492.15
543	连连好运	—	—	—	—	—	—	—	—	2 353.05	6 872.85	9 225.90
544	圆满	—	—	—	—	—	—	—	—	11 430.44	12 385.04	23 815.47
545	牛气10足	—	—	—	—	—	—	—	—	12 160.51	37 849.22	50 009.73
546	韩熙载夜宴图	—	—	—	—	—	—	—	—	5 055.05	24 934.82	29 989.88
547	承德风光	—	—	—	—	—	—	—	—	580.50	1 145.35	1 725.85
548	福源宝地	—	—	—	—	—	—	—	—	2 990.80	1 279.85	4 270.65
549	大美湘中	—	—	—	—	—	—	—	—	2 257.00	739.85	2 996.85
550	美丽画卷	—	—	—	—	—	—	—	—	—	8 544.21	8 544.21
551	挖金矿	—	—	—	—	—	—	—	—	614.65	4 331.05	4 945.70
552	哦耶	—	—	—	—	—	—	—	—	434.55	2 218.75	2 653.30
553	七彩叠叠乐	—	—	—	—	—	—	—	—	1 968.05	17 253.23	19 221.28
554	百年辉煌	—	—	—	—	—	—	—	—	743.85	42 006.55	42 750.40
555	大运鲁风	—	—	—	—	—	—	—	—	1 163.47	1 085.53	2 249.00
556	五牛图	—	—	—	—	—	—	—	—	3 337.69	10 351.93	13 689.62
557	辛丑牛5元	—	—	—	—	—	—	—	—	98.75	15 256.70	15 355.45
558	辛丑牛10元	—	—	—	—	—	—	—	—	256.14	134 605.22	134 861.36
559	辛丑牛20元	—	—	—	—	—	—	—	—	187.54	98 022.28	98 209.82
560	黄金时代20元	—	—	—	—	—	—	—	—	10 209.29	41 521.45	51 730.74
561	深圳40周年5元	—	—	—	—	—	—	—	—	—	331.90	331.90
562	深圳40周年10元	—	—	—	—	—	—	—	—	—	742.80	742.80
563	深圳40周年20元	—	—	—	—	—	—	—	—	—	1 340.70	1 340.70
564	瓷意安康	—	—	—	—	—	—	—	—	—	1 382.50	1 382.50
565	三月三	—	—	—	—	—	—	—	—	—	2 108.95	2 108.95
566	六福喜事	—	—	—	—	—	—	—	—	—	54 956.09	54 956.09
567	才华盖世	—	—	—	—	—	—	—	—	—	23 587.83	23 587.83
568	富贵临门	—	—	—	—	—	—	—	—	—	19 141.02	19 141.02
569	梦花园	—	—	—	—	—	—	—	—	—	12 366.24	12 366.24
570	花满堂	—	—	—	—	—	—	—	—	—	43 591.24	43 591.24
571	文都寻宝	—	—	—	—	—	—	—	—	—	8 755.79	8 755.79
572	花锦秀	—	—	—	—	—	—	—	—	—	33 198.87	33 198.87
573	花开中国梦	—	—	—	—	—	—	—	—	—	24 070.06	24 070.06
574	美好生活	—	—	—	—	—	—	—	—	—	2 000.00	2 000.00
575	沁园春·长沙	—	—	—	—	—	—	—	—	—	7 688.30	7 688.30
576	大美新疆	—	—	—	—	—	—	—	—	—	10 000.00	10 000.00
577	绿水青山	—	—	—	—	—	—	—	—	—	4 012.40	4 012.40
578	12星座	—	—	—	—	—	—	—	—	—	4 792.45	4 792.45
579	我愿意	—	—	—	—	—	—	—	—	—	478.10	478.10
580	墨子	—	—	—	—	—	—	—	—	—	12 565.80	12 565.80
581	表里山河	—	—	—	—	—	—	—	—	—	525.50	525.50
582	人说山西好风光	—	—	—	—	—	—	—	—	—	164.80	164.80

续表

序号	游戏品种	2012	2013	2014	2015	2016	2017	2018	2019	2020	2021	合 计 Total
583	洪崖洞	—	—	—	—	—	—	—	—	—	3 467.10	3 467.10
584	文润山青	—	—	—	—	—	—	—	—	—	2 523.30	2 523.30
585	足够精彩	—	—	—	—	—	—	—	—	—	9 202.79	9 202.79
586	炫8	—	—	—	—	—	—	—	—	—	37 721.85	37 721.85
587	夺冠	—	—	—	—	—	—	—	—	—	21 967.01	21 967.01
588	财富密码	—	—	—	—	—	—	—	—	—	21 809.06	21 809.06
589	味道	—	—	—	—	—	—	—	—	—	1 298.15	1 298.15
590	好运喵	—	—	—	—	—	—	—	—	—	229.78	229.78
591	正当红10元	—	—	—	—	—	—	—	—	—	98 298.20	98 298.20
592	正当红20元	—	—	—	—	—	—	—	—	—	79 287.25	79 287.25
593	正当红50元	—	—	—	—	—	—	—	—	—	77 515.88	77 515.88
594	发财鸭	—	—	—	—	—	—	—	—	—	873.25	873.25
595	喜上梅梢	—	—	—	—	—	—	—	—	—	925.62	925.62
596	满堂红	—	—	—	—	—	—	—	—	—	1 151.40	1 151.40
597	金字塔	—	—	—	—	—	—	—	—	—	2 887.40	2 887.40
598	快乐8	—	—	—	—	—	—	—	—	—	8 995.80	8 995.80
599	乘风破浪	—	—	—	—	—	—	—	—	—	3 974.70	3 974.70
600	山河锦绣	—	—	—	—	—	—	—	—	—	40.00	40.00
601	筑美中华	—	—	—	—	—	—	—	—	—	4 617.32	4 617.32
602	乐在棋中	—	—	—	—	—	—	—	—	—	1 024.65	1 024.65
603	摩登色彩	—	—	—	—	—	—	—	—	—	892.23	892.23
604	魅力长三角	—	—	—	—	—	—	—	—	—	3 929.34	3 929.34
605	5彩钻	—	—	—	—	—	—	—	—	—	14 740.49	14 740.49
606	金满堂	—	—	—	—	—	—	—	—	—	10 475.75	10 475.75
607	富贵6	—	—	—	—	—	—	—	—	—	7 636.93	7 636.93
	合计	2 020 302.00	1 855 448.62	1 858 958.92	1 628 034.12	1 491 247.57	1 263 402.02	1 142 669.16	1 496 351.61	1 464 256.06	2 818 775.85	17 039 445.92

（中国福利彩票发行管理中心供稿）

2012—2021年中国体育彩票全国联网游戏销售统计

Sales Statistics of National Games of China Sports Lottery from 2012 to 2021

胜平负任选9场

单位：万元
Unit: Ten Thousand Yuan

地区 Region	游戏类型 Game Type	2012	2013	2014	2015	2016	2017	2018	2019	2020	2021	合计 Total
北 京	竞猜	17 511.38	27 390.66	25 602.76	17 509.34	15 395.35	15 647.11	17 025.31	16 100.92	6 881.48	13 304.63	172 368.94
天 津		17 462.76	16 156.36	14 360.38	8 734.05	5 745.69	5 965.41	6 922.55	6 156.49	3 192.39	6 220.61	90 916.69
河 北		4 766.65	4 466.20	8 094.69	8 003.81	20 411.05	23 880.49	20 061.94	8 029.24	5 594.02	10 081.37	113 389.46
山 西		3 206.72	2 441.41	2 414.58	2 829.74	2 737.37	6 036.68	3 731.68	2 860.45	1 528.95	3 078.52	30 866.10
内蒙古		2 275.94	2 347.75	3 011.16	3 833.05	2 937.62	2 997.90	3 818.07	3 620.93	1 701.38	3 022.41	29 566.20
辽 宁		11 635.61	11 465.65	11 878.91	12 604.16	12 453.34	13 117.08	13 820.52	13 241.26	6 272.04	11 824.85	118 313.41
吉 林		3 481.19	3 089.91	3 189.53	3 358.43	3 212.59	3 536.42	3 612.98	3 385.16	1 850.13	3 660.92	32 377.26
黑龙江		3 180.06	3 421.09	3 769.23	3 508.30	3 420.57	3 249.47	3 338.66	3 004.39	1 437.87	2 905.42	31 235.07
上 海		14 496.04	19 135.38	39 135.91	16 721.78	14 341.37	15 353.39	15 506.50	15 746.47	7 815.75	14 973.15	173 225.76
江 苏		11 479.84	14 320.24	22 304.1354	14 239.27	14 616.36	17 251.03	19 654.81	18 690.49	9 173.41	17 304.96	159 034.54
浙 江		13 895.31	13 303.85	14 875.587	19 643.54	20 293.16	21 593.03	25 813.45	26 125.36	13 142.69	24 577.15	193 263.12
安 徽		8 698.96	12 067.93	9 255.18	6 287.68	5 570.36	6 603.05	7 867.50	8 095.14	4 055.94	7 332.12	75 833.87
福 建		6 442.17	6 224.20	6 266.35	8 291.78	8 671.25	10 576.28	11 393.74	11 198.10	5 526.50	10 639.50	85 229.88
江 西		22 802.95	30 976.66	37 418.59	13 748.59	7 822.75	9 342.42	11 480.71	9 666.99	5 156.53	8 874.25	157 290.43
山 东		9 890.81	10 995.72	8 791.64	11 783.72	12 669.08	13 976.07	14 973.71	14 488.36	6 539.49	11 774.64	115 883.24
河 南		4 157.62	4 203.63	4 292.99	4 952.34	5 014.56	5 582.95	6 260.68	6 344.56	3 256.22	6 245.89	50 311.45
湖 北		11 382.36	10 913.54	12 457.38	14 840.61	15 406.32	18 080.36	18 877.39	18 628.44	9 243.87	17 569.40	147 399.68
湖 南		14 266.40	19 135.54	28 928.24	14 447.00	12 157.31	26 697.23	20 043.65	12 189.84	6 393.15	12 323.52	166 581.87
广 东		41 512.36	41 523.25	43 226.42	49 614.25	53 170.77	60 997.22	67 814.06	65 825.67	31 453.72	59 862.32	515 000.04
广 西		7 987.01	8 546.76	9 426.42	10 602.20	10 730.65	14 180.67	17 055.74	14 407.78	7 022.48	13 340.51	113 300.21
海 南		917.11	911.33	843.96	1 091.07	1 260.18	1 343.72	1 527.26	1 333.41	549.88	1 208.57	10 986.48
重 庆		8 691.50	10 126.34	11 814.24	6 756.59	6 233.84	7 995.88	9 858.98	10 705.22	5 370.96	9 323.71	86 877.26
四 川		11 080.76	11 633.56	11 053.15	12 705.91	12 706.03	15 366.08	17 623.39	17 467.44	9 341.61	17 351.38	136 329.30
贵 州		3 248.55	3 132.00	3 256.23	4 002.79	3 902.06	4 265.55	4 497.85	4 676.52	2 304.31	4 414.61	37 700.47
云 南		4 904.37	4 522.01	4 776.71	5 185.82	5 661.97	5 251.46	5 978.43	5 765.02	2 877.19	5 726.75	50 649.73
西 藏		160.93	177.00	149.58	214.62	150.55	123.16	118.69	170.78	124.07	215.45	1 604.81
陕 西		4 017.32	3 969.32	5 529.16	6 975.96	8 041.16	14 048.03	8 879.07	7 151.39	3 263.51	5 795.17	67 670.09
甘 肃		1 721.89	1 387.86	1 516.23	1 757.02	1 773.41	2 112.52	2 268.19	2 414.75	1 226.11	2 432.91	18 610.91
青 海		308.57	295.21	507.44	617.27	808.95	962.92	686.40	436.94	254.34	479.08	5 357.14
宁 夏		574.97	578.54	1 019.91	760.50	732.17	934.04	1 205.41	1 088.57	535.83	1 064.71	8 494.65
新 疆		3 404.09	4 211.72	8 499.47	5 336.90	4 510.73	5 505.43	5 173.09	4 679.85	2 182.31	4 339.94	47 843.55
合计 Total		269 562.21	303 070.62	357 666.15	290 958.09	292 558.55	352 573.05	366 890.44	333 695.95	165 268.14	311 268.44	3 043 511.63

足球 4 场进球

单位：万元
Unit: Ten Thousand Yuan

地区 Region	游戏类型 Game Type	2012	2013	2014	2015	2016	2017	2018	2019	2020	2021	合计 Total
北 京		1 314.74	959.88	1 459.45	848.78	749.06	496.95	672.73	731.22	297.63	776.13	8 306.58
天 津		1 376.56	962.49	1 079.52	333.66	215.87	160.47	283.90	210.94	107.66	245.71	4 976.78
河 北		306.78	277.25	590.98	504.77	607.16	738.45	879.24	810.85	455.37	2 087.73	7 258.57
山 西		239.80	129.23	158.16	199.93	102.75	130.52	139.57	115.78	48.45	241.49	1 505.68
内蒙古		170.33	115.54	207.92	152.56	130.58	186.43	193.73	128.73	78.64	218.35	1 582.82
辽 宁		717.88	386.14	458.94	381.67	321.58	315.13	417.68	404.25	142.07	399.67	3 945.02
吉 林		154.57	134.09	205.95	151.99	97.62	93.04	207.95	233.22	86.01	201.15	1 565.58
黑龙江		262.93	295.72	443.53	232.26	195.00	170.19	167.34	137.14	76.94	167.95	2 149.01
上 海		927.42	914.81	2 862.87	781.76	540.34	700.82	755.91	623.79	325.46	955.18	9 388.35
江 苏		574.54	726.44	1 614.39	579.95	551.53	595.51	846.44	852.71	379.77	1 034.17	7 755.46
浙 江		986.13	659.44	1 049.75	929.27	721.99	591.93	847.82	1 150.37	477.31	1 504.86	8 918.87
安 徽		520.00	663.75	546.33	417.81	423.20	322.51	283.64	253.25	160.41	409.84	4 000.74
福 建		516.96	283.36	422.89	492.48	539.85	390.71	650.90	504.61	274.43	851.66	4 927.85
江 西	竞	2 018.69	2 076.06	2 948.53	758.26	370.69	345.72	396.13	588.13	249.95	559.77	10 311.95
山 东		650.17	659.81	792.16	785.28	812.94	761.06	985.78	910.28	346.31	756.86	7 460.65
河 南		281.14	249.49	315.88	392.18	246.27	265.13	368.96	400.49	237.73	525.13	3 282.41
湖 北	猜	842.96	520.35	967.60	801.21	584.61	632.57	780.01	1 434.18	441.12	939.11	7 943.73
湖 南		1 783.74	2 147.32	2 844.30	659.09	462.35	696.45	810.27	747.70	292.81	768.22	11 212.24
广 东		2 816.81	2 197.98	2 618.00	2 050.90	1 823.95	1 944.71	2 667.23	3 015.54	1 487.82	3 503.91	24 126.86
广 西		573.96	494.77	731.26	624.09	477.96	570.08	762.42	814.86	323.02	762.32	6 134.73
海 南		55.35	52.86	74.55	133.86	78.39	63.80	105.11	129.44	38.92	128.78	861.04
重 庆		1 170.41	1 010.49	1 301.83	413.73	445.98	331.46	364.14	788.21	623.47	972.68	7 422.40
四 川		735.60	540.58	699.48	519.96	403.09	323.83	728.19	718.19	327.60	868.28	5 864.80
贵 州		206.76	170.16	204.19	215.02	199.11	178.33	296.18	253.05	84.31	207.88	2 014.98
云 南		349.69	256.39	322.69	359.85	416.62	268.89	378.04	366.64	178.79	388.84	3 286.44
西 藏		9.31	5.25	14.97	13.36	6.04	4.11	8.06	8.47	8.49	15.39	93.44
陕 西		414.81	247.31	380.63	298.53	257.19	503.03	369.67	253.11	131.04	316.11	3 171.43
甘 肃		169.01	104.88	113.45	80.01	113.61	101.39	122.52	117.79	69.08	120.19	1 111.94
青 海		14.25	11.10	52.58	24.88	94.80	82.13	68.01	169.92	18.54	37.12	573.33
宁 夏		75.74	22.48	78.53	33.00	29.34	12.29	16.68	29.58	20.53	31.58	349.76
新 疆		229.12	174.91	531.90	270.88	271.81	137.82	168.78	172.27	71.65	162.61	2 191.77
合计 Total		20 466.17	17 450.35	26 093.22	14 440.99	12 291.28	12 115.46	15 742.99	17 074.73	7 861.32	20 158.69	163 695.20

足球 6 场半全场胜平负

单位：万元
Unit: Ten Thousand Yuan

地区 Region	游戏类型 Game Type	2012	2013	2014	2015	2016	2017	2018	2019	2020	2021	合计 Total
北 京		257.62	197.14	241.19	117.71	49.01	41.30	46.34	87.86	70.29	165.12	1 273.57
天 津		436.46	220.50	197.89	96.62	26.62	35.49	45.14	39.65	25.74	70.49	1 194.60
河 北		121.17	75.70	87.42	60.30	59.86	118.46	147.21	143.84	124.92	613.98	1 552.85
山 西		64.57	25.85	27.00	22.70	11.72	35.84	10.40	14.92	13.79	40.54	267.34
内蒙古		47.51	26.90	41.31	26.06	19.07	16.79	18.07	26.16	19.79	54.09	295.76
辽 宁		204.64	110.64	92.63	100.73	49.46	65.58	43.72	77.71	49.10	132.57	926.78
吉 林		54.80	24.24	22.56	17.61	10.83	10.52	11.50	13.14	10.75	33.96	209.90
黑龙江		82.12	50.36	82.26	62.88	15.38	18.32	17.25	25.39	20.87	52.40	427.23
上 海		248.36	257.27	720.77	184.05	81.01	114.46	69.99	110.81	109.17	266.60	2 162.48
江 苏		217.74	196.62	282.21	103.69	61.94	73.75	104.44	182.87	115.40	277.64	1 616.29
浙 江		294.20	156.35	185.61	166.87	90.46	104.93	77.61	208.05	252.61	594.31	2 130.99
安 徽		141.61	202.55	149.85	154.03	52.79	42.52	43.48	72.84	80.25	131.73	1 071.63
福 建		186.51	134.56	100.81	108.67	75.72	97.53	66.65	142.40	127.72	358.48	1 399.05
江 西	竞	867.62	675.26	771.64	260.09	34.51	51.32	38.02	104.94	86.75	146.94	3 037.09
山 东		185.41	157.35	95.29	129.91	75.74	80.52	81.52	152.41	85.01	198.13	1 241.29
河 南		71.37	56.13	53.08	61.40	39.56	60.22	42.20	67.78	54.87	118.55	625.16
湖 北		167.10	88.48	100.06	178.47	144.32	170.57	63.55	238.78	132.79	279.21	1 563.33
湖 南	猜	754.21	749.35	543.61	224.81	63.30	124.16	105.94	78.11	72.44	167.53	2 883.46
广 东		882.23	630.58	574.38	470.82	258.66	305.99	342.90	550.86	433.45	911.78	5 361.64
广 西		146.87	118.62	112.70	112.10	56.26	78.74	74.41	109.19	88.61	214.96	1 112.46
海 南		26.82	28.06	23.29	33.04	21.56	26.31	15.99	45.83	25.42	37.91	284.23
重 庆		194.37	192.84	228.04	117.83	22.29	27.49	28.24	144.14	254.17	243.90	1 453.30
四 川		192.50	133.88	121.37	77.48	48.71	51.71	53.85	111.50	87.95	258.74	1 137.70
贵 州		65.74	35.98	35.71	33.34	16.96	21.37	24.90	51.80	34.04	86.28	406.12
云 南		96.02	81.80	77.20	53.19	30.97	29.09	24.39	60.51	41.48	202.76	697.41
西 藏		1.75	1.01	8.04	2.72	1.13	0.77	0.83	1.34	1.53	5.73	24.86
陕 西		108.41	45.35	43.29	76.61	25.34	121.27	72.34	97.63	61.33	110.65	762.22
甘 肃		41.89	28.71	14.81	15.90	12.85	20.73	16.64	23.67	21.65	41.53	238.38
青 海		7.30	2.29	6.99	8.41	5.58	21.11	19.77	4.65	4.15	10.99	91.25
宁 夏		12.17	8.81	24.92	6.93	2.24	3.91	2.72	8.12	7.51	14.27	91.60
新 疆		61.26	48.19	131.57	77.69	38.95	33.89	15.13	30.80	19.68	59.51	516.66
合计 Total		6 240.35	4 761.35	5 197.47	3 162.68	1 502.78	2 004.66	1 725.13	3 027.69	2 533.22	5 901.28	36 056.60

足球胜平负

单位：万元
Unit：Ten Thousand Yuan

地区 Region	游戏类型 Game Type	2012	2013	2014	2015	2016	2017	2018	2019	2020	2021	合计 Total
北京		25 364.66	47 737.22	31 887.00	20 150.00	18 619.13	22 125.08	24 364.12	25 473.17	11 120.74	23 262.28	250 103.38
天津		22 630.13	16 816.20	15 294.77	8 659.87	6 069.40	7 442.85	9 383.24	8 764.94	4 137.12	9 619.05	108 817.56
河北		6 198.13	5 922.14	8 602.03	8 495.85	23 779.24	26 746.27	24 379.20	12 619.15	12 530.05	25 387.92	154 659.98
山西		4 926.18	2 977.24	3 070.18	3 943.13	3 054.86	8 172.57	4 499.36	3 884.50	1 877.69	4 847.61	41 253.32
内蒙古		3 628.28	3 748.95	3 313.52	5 137.07	4 528.60	5 179.72	7 250.34	5 837.70	2 578.98	5 544.86	46 748.03
辽宁		14 813.40	13 746.55	14 349.18	14 086.53	14 253.19	16 848.58	17 128.44	17 645.80	8 477.18	16 920.51	148 269.35
吉林		4 857.17	3 951.23	3 528.18	3 712.14	3 300.38	4 093.16	4 932.83	4 696.75	2 719.75	5 870.04	41 661.63
黑龙江		3 926.16	4 573.93	5 124.31	5 301.28	4 983.79	4 457.12	4 906.23	4 626.67	2 173.01	4 492.92	44 565.42
上海		15 024.07	32 318.98	46 393.85	19 571.16	15 897.69	19 749.54	23 446.90	24 785.85	11 821.03	25 496.63	234 505.71
江苏		14 410.67	19 822.41	29 174.40	16 866.60	16 832.63	22 759.51	29 303.06	31 595.24	15 318.97	30 789.17	226 872.66
浙江		20 337.84	18 961.48	19 570.36	26 183.32	24 974.31	32 170.32	40 476.79	46 533.89	24 546.94	50 910.98	304 666.24
安徽		10 820.18	15 741.71	10 854.12	6 956.55	5 911.18	8 383.53	9 409.23	11 396.67	5 338.23	11 650.35	96 461.74
福建		9 338.96	9 736.71	9 098.52	11 288.40	12 400.23	16 267.59	19 390.84	20 689.60	10 320.00	20 916.27	139 447.10
江西	竞猜	40 462.13	42 518.17	53 150.81	17 911.21	8 844.20	11 082.57	13 665.70	15 235.07	7 811.28	13 799.27	224 480.40
山东		12 699.13	14 953.58	11 681.03	15 676.90	18 812.96	19 167.54	22 437.76	22 207.01	9 806.76	21 067.81	168 510.47
河南		6 289.54	6 159.46	6 671.45	6 881.83	7 128.95	8 390.88	9 153.57	9 399.45	5 002.48	10 908.40	75 986.02
湖北		11 306.80	11 670.46	12 536.96	14 760.99	14 962.91	19 022.87	22 812.91	27 764.05	14 468.27	30 074.49	179 380.70
湖南		26 972.44	27 455.23	48 521.01	26 076.24	19 921.46	32 418.73	28 626.79	20 670.93	10 112.67	29 499.92	270 275.42
广东		48 657.11	52 023.44	53 605.65	60 520.12	63 563.91	80 316.63	93 108.04	104 885.72	49 199.52	104 759.60	710 639.75
广西		8 922.36	9 985.73	10 135.35	11 294.02	10 606.41	16 377.07	19 279.26	18 475.87	8 594.96	18 728.27	132 399.29
海南		1 090.74	1 256.01	1 188.73	1 568.76	1 669.45	2 412.33	1 900.01	1 817.14	741.48	2 104.44	15 749.09
重庆		8 010.70	10 986.04	11 772.46	7 140.02	7 665.26	10 611.91	13 851.97	19 272.48	9 585.23	16 753.97	115 650.03
四川		13 395.35	14 281.95	13 199.94	14 109.02	13 556.06	18 361.83	22 332.87	23 795.36	12 208.54	26 574.56	171 815.49
贵州		4 046.64	4 455.43	4 327.97	4 784.08	4 580.47	5 980.65	6 858.43	7 619.85	3 453.90	7 730.20	53 837.61
云南		6 219.51	7 119.16	7 335.18	7 903.86	7 948.94	8 762.13	10 587.47	9 602.52	4 881.20	10 475.88	80 835.83
西藏		202.34	254.86	275.35	410.39	269.50	180.22	220.89	257.29	176.81	463.85	2 711.52
陕西		7 662.41	7 022.20	8 435.09	10 472.20	9 897.62	17 592.25	12 971.20	11 091.67	4 807.72	9 683.45	99 635.81
甘肃		2 021.83	2 258.76	1 863.83	1 913.98	2 065.32	2 985.19	3 161.34	3 758.84	2 021.13	4 185.90	26 236.11
青海		718.04	494.78	523.03	802.33	1 031.39	1 289.29	1 629.88	996.86	531.75	1 102.88	9 120.21
宁夏		903.10	1 223.74	1 804.36	1 235.25	1 590.29	1 944.59	2 254.36	1 987.81	1 064.01	2 151.10	16 158.60
新疆		3 726.14	4 745.96	8 228.53	6 366.37	5 396.39	6 656.91	6 563.39	6 431.43	2 854.29	7 133.58	58 102.98
合计 Total		359 582.10	414 919.71	455 517.14	360 179.47	354 116.11	457 949.41	510 286.42	523 819.27	260 281.71	552 906.12	4 249 557.47

竞 彩 玩 法

单位：万元
Unit：Ten Thousand Yuan

地区 Region	游戏类型 Game Type	2012	2013	2014	2015	2016	2017	2018	2019	2020	2021	合计 Total
北 京		9 627.25	85 154.41	55 115.37	44 165.09	81 999.26	86 203.32	237 100.88	182 923.86	108 525.89	209 506.16	1 100 321.49
天 津		82 597.16	130 952.30	241 155.13	175 677.78	172 186.34	125 661.96	258 422.50	160 712.11	96 216.70	187 919.62	1 631 501.58
河 北		16 400.46	21 452.45	176 474.28	155 056.97	334 184.40	266 836.56	518 960.97	327 322.51	209 394.55	442 588.69	2 468 671.85
山 西		21 167.75	11 344.40	18 295.80	44 010.39	97 912.11	208 316.79	299 974.22	212 422.20	132 031.27	254 866.40	1 300 341.35
内蒙古		7 779.79	7 754.74	9 150.49	28 791.97	67 163.46	98 802.23	349 706.16	290 924.18	148 415.94	265 629.13	1 274 118.07
辽 宁		62 591.83	52 104.57	87 099.61	133 618.39	226 956.27	194 161.99	430 604.05	294 493.65	142 920.38	261 373.06	1 885 923.80
吉 林		26 578.36	20 767.57	24 034.12	42 816.54	55 369.50	49 842.40	162 997.93	134 586.73	101 233.17	179 679.91	797 906.22
黑龙江		21 765.19	28 222.10	195 242.29	119 601.61	72 732.97	104 092.48	214 655.35	179 269.12	102 815.74	200 910.70	1 239 307.55
上 海		99 412.91	238 408.27	545 425.71	170 140.82	110 309.13	103 201.00	197 556.56	140 482.43	92 622.87	168 488.84	1 866 048.54
江 苏		301 023.51	304 647.44	497 742.32	444 033.06	431 892.83	599 261.85	1 410 014.38	819 119.57	453 611.08	885 584.43	6 146 930.45
浙 江		89 621.04	73 746.11	274 172.51	296 079.89	429 360.76	489 117.81	1 078 206.77	655 183.21	402 241.28	813 079.49	4 600 808.36
安 徽	竞	64 599.41	105 028.84	199 551.33	275 997.40	267 673.89	324 287.17	663 421.43	477 957.15	270 520.28	443 306.59	3 092 343.49
福 建		35 441.21	31 198.60	51 189.80	137 877.31	180 722.55	423 596.81	547 278.77	241 224.34	171 314.29	314 826.62	2 134 670.29
江 西		132 996.44	180 798.99	243 599.50	226 024.95	138 429.43	236 340.92	548 170.22	455 473.64	279 372.46	469 119.40	2 910 325.94
山 东		151 848.62	200 492.52	316 877.07	599 185.59	655 504.42	734 103.11	1 444 500.06	1 134 178.47	627 856.76	1 078 621.66	6 943 168.28
河 南		34 604.28	65 913.73	103 218.98	336 809.28	452 120.10	534 219.18	1 015 483.34	939 149.72	535 070.42	1 004 435.09	5 021 024.11
湖 北		39 232.00	81 204.09	151 111.02	99 938.16	369 758.97	511 982.53	841 430.40	654 168.35	460 949.72	775 446.11	3 985 221.34
湖 南		75 304.69	121 282.89	153 640.57	219 635.44	419 237.56	582 804.44	786 059.65	454 528.93	212 381.78	382 593.36	3 407 469.32
广 东	猜	188 228.16	186 470.11	204 545.31	526 358.53	728 996.58	721 193.36	1 122 067.49	676 157.49	372 105.73	624 350.76	5 350 473.51
广 西		30 860.07	32 473.59	52 758.16	110 345.26	187 673.50	200 303.16	243 221.76	134 633.47	91 207.03	146 142.60	1 229 618.60
海 南		6 585.13	5 927.10	2 103.17	38 176.43	59 445.78	42 829.69	88 545.73	21 262.25	8 470.63	23 249.50	296 595.39
重 庆		42 832.04	77 788.72	152 347.45	210 616.69	264 271.44	367 184.02	472 412.48	417 091.56	275 209.84	434 952.83	2 714 707.07
四 川		40 891.72	32 280.24	44 669.12	101 082.90	139 762.22	148 213.70	504 924.21	509 569.23	343 424.78	748 189.08	2 613 007.20
贵 州		18 913.08	19 574.03	25 385.73	37 114.79	69 413.41	64 951.06	250 606.55	184 535.28	114 153.01	263 377.81	1 048 024.75
云 南		42 732.76	37 214.99	60 711.00	122 941.42	229 448.21	205 312.75	424 525.06	269 379.47	173 691.74	388 175.39	1 954 132.80
西 藏		1 254.77	1 020.52	1 221.67	2 175.93	2 232.04	1 637.45	10 263.81	7 463.47	5 920.47	20 224.39	53 414.53
陕 西		20 294.26	16 293.38	166 594.62	177 405.77	291 861.62	394 722.74	592 545.43	313 034.42	203 701.39	357 125.52	2 533 579.14
甘 肃		27 846.71	40 382.58	55 020.54	18 730.70	52 144.30	75 715.49	145 530.55	134 394.72	77 516.28	203 271.64	830 553.50
青 海		7 811.01	33 169.32	68 642.44	15 240.21	15 238.86	25 593.49	37 781.97	30 696.28	18 690.04	33 045.66	285 909.28
宁 夏		1 985.73	12 071.44	76 121.51	11 887.12	14 844.09	17 922.87	63 519.86	54 215.30	31 328.86	68 981.69	352 878.49
新 疆		28 763.10	32 825.61	151 102.32	61 018.81	81 435.77	92 793.29	166 866.50	134 931.68	86 197.16	172 350.43	1 008 284.66
合计 Total		1 731 590.45	2 287 965.67	4 404 318.94	4 982 555.14	6 700 281.27	8 031 205.61	15 127 355.01	10 641 484.79	6 349 111.52	11 821 412.56	72 077 280.96

排 列 3

单位：万元
Unit：Ten Thousand Yuan

地区 Region	游戏类型 Game Type	2012	2013	2014	2015	2016	2017	2018	2019	2020	2021	合计 Total
北 京		29 927.98	34 343.96	28 097.75	20 312.72	19 168.85	18 861.90	18 970.19	19 679.42	14 887.49	27 941.81	232 192.07
天 津		17 936.51	21 006.01	20 957.42	14 406.01	12 890.14	12 971.67	12 699.90	12 938.90	19 251.05	16 896.10	161 953.71
河 北		45 473.11	30 005.89	24 904.60	21 320.25	19 650.04	23 607.04	20 748.48	23 671.47	29 230.80	40 918.84	279 530.52
山 西		9 660.32	7 543.86	6 161.14	5 782.17	5 515.05	6 545.40	5 761.21	6 017.36	13 114.34	13 447.12	79 547.98
内蒙古		28 360.81	25 734.56	22 166.01	19 385.25	16 026.62	18 229.85	17 480.71	18 035.82	19 033.15	24 475.13	208 927.90
辽 宁		27 157.74	26 067.11	24 060.29	22 617.68	19 556.20	22 154.72	22 807.63	22 564.18	21 972.01	33 097.74	242 055.31
吉 林		18 405.58	14 422.82	13 040.63	11 924.86	10 610.46	11 722.91	11 657.46	11 144.83	15 117.51	15 919.58	133 966.63
黑龙江		14 669.19	14 687.82	14 049.93	12 468.04	12 182.44	12 135.08	12 761.65	13 495.21	11 945.62	15 408.75	133 803.74
上 海		13 027.44	12 514.00	19 218.14	12 649.55	11 460.63	11 268.81	11 054.76	11 074.07	11 448.92	16 020.57	129 736.88
江 苏		84 667.31	68 395.69	60 985.28	61 628.75	58 142.94	60 599.31	62 585.28	64 394.21	68 842.18	104 367.88	694 608.85
浙 江		84 787.67	54 631.99	48 189.76	50 525.81	45 120.11	46 892.93	46 713.79	48 321.82	53 100.55	78 373.82	556 658.24
安 徽		19 213.51	16 667.07	14 502.31	13 926.63	13 310.45	14 369.08	14 879.34	15 699.97	20 924.95	31 040.85	174 534.16
福 建		8 421.99	7 771.61	6 971.65	7 221.52	7 184.57	7 448.81	8 175.46	8 296.34	11 004.31	12 690.48	85 186.73
江 西	乐透排列	11 179.95	12 504.29	13 694.72	8 693.77	7 436.02	8 426.33	9 314.36	11 201.61	17 539.05	24 774.88	124 764.99
山 东		17 110.35	16 352.58	15 964.86	14 087.50	16 299.29	15 434.48	17 375.69	22 578.94	35 688.14	51 128.76	222 020.59
河 南		36 642.85	36 996.19	34 313.33	34 288.57	31 093.15	32 619.60	33 269.34	36 842.89	78 516.26	83 142.46	437 724.65
湖 北		38 435.03	32 271.79	27 151.60	27 863.13	27 274.41	31 568.44	32 657.78	42 616.59	44 468.26	64 263.97	368 571.01
湖 南		21 667.16	21 291.74	20 515.78	18 125.49	17 358.86	21 377.40	21 260.68	16 974.78	26 310.07	26 407.65	211 289.61
广 东		19 048.09	18 453.78	17 790.18	18 515.65	20 239.40	21 955.30	22 812.77	26 610.70	32 782.03	45 890.49	244 098.38
广 西		2 309.89	2 291.31	2 391.06	2 447.09	2 274.33	3 738.29	5 241.95	3 534.26	4 746.59	5 155.32	34 130.09
海 南		400.34	343.71	317.87	477.88	612.59	683.34	644.65	544.76	703.41	1 066.37	5 794.90
重 庆		4 336.80	6 927.38	7 961.08	4 000.94	3 632.02	6 287.09	6 357.94	11 088.93	18 190.82	20 903.93	89 686.94
四 川		39 826.00	37 456.23	35 100.37	33 627.68	30 854.39	31 398.85	33 688.64	43 208.31	54 843.10	61 173.78	401 177.34
贵 州		15 007.63	11 793.69	10 871.44	10 754.70	11 004.18	10 781.31	11 370.66	12 175.21	13 098.59	20 980.23	127 837.64
云 南		38 970.41	35 482.91	33 829.90	31 150.91	30 813.90	31 776.97	33 180.61	34 330.19	38 271.20	56 524.94	364 331.92
西 藏		1 237.98	1 265.46	1 485.60	959.68	995.07	859.68	803.21	837.76	935.15	1 837.72	11 217.31
陕 西		19 728.31	14 507.15	12 231.05	11 533.67	11 118.82	10 564.86	10 684.31	12 121.80	20 861.53	21 351.52	144 703.03
甘 肃		17 573.11	15 403.48	11 299.48	10 266.25	9 471.83	9 071.52	9 137.56	9 386.75	17 228.93	23 257.97	132 096.88
青 海		2 844.96	2 707.43	2 293.42	2 347.52	2 283.87	2 488.74	2 565.57	2 950.54	3 119.60	4 627.52	28 229.16
宁 夏		9 255.44	9 865.67	8 038.55	7 068.73	7 184.20	7 773.64	8 018.06	7 806.35	8 269.15	12 372.15	85 651.95
新 疆		10 350.99	10 132.63	9 733.65	10 411.22	9 900.67	10 597.11	10 356.09	11 037.19	11 120.24	19 367.27	113 007.07
合计 Total		707 634.45	619 839.81	568 288.82	520 789.62	490 665.50	524 210.49	535 035.72	581 181.17	736 564.99	974 825.61	6 259 036.18

排 列 5

单位：万元
Unit: Ten Thousand Yuan

地区 Region	游戏类型 Game Type	2012	2013	2014	2015	2016	2017	2018	2019	2020	2021	合计 Total
北 京	乐透排列	9 021.63	11 097.37	10 132.77	8 774.74	8 901.11	9 500.31	10 356.77	10 923.74	7 611.60	13 402.14	99 722.18
天 津		6 383.69	9 697.67	10 551.00	5 813.91	4 747.69	4 990.91	4 986.12	5 106.35	5 567.77	6 235.62	64 080.72
河 北		14 359.45	11 982.56	12 399.10	12 680.84	13 293.55	13 829.78	14 426.05	15 052.89	15 006.09	20 053.20	143 083.51
山 西		4 068.35	3 903.59	3 820.72	3 977.05	3 653.13	4 859.57	4 467.58	4 101.93	4 319.66	5 875.47	43 047.05
内蒙古		10 718.91	12 009.52	11 780.35	11 421.54	11 013.60	12 020.79	12 589.81	12 680.49	11 363.84	15 224.92	120 823.78
辽 宁		11 857.94	11 714.44	11 193.46	11 234.14	11 068.90	11 429.86	12 490.21	12 614.09	11 265.24	14 644.69	119 512.97
吉 林		7 024.29	6 656.02	7 030.01	7 106.59	7 032.51	7 072.43	7 090.56	7 105.15	6 574.98	8 806.79	71 499.32
黑龙江		6 471.92	6 894.35	7 747.42	6 568.18	6 276.92	6 231.19	6 490.38	6 561.56	5 967.10	7 943.64	67 152.66
上 海		4 827.54	5 385.74	9 132.74	5 440.19	5 070.12	5 475.84	5 821.78	6 106.22	6 099.33	8 917.22	62 276.72
江 苏		28 424.55	27 800.52	27 098.40	27 675.99	26 881.88	28 726.47	30 902.66	32 254.38	30 503.41	40 867.43	301 135.69
浙 江		29 473.83	24 377.64	22 803.06	23 323.12	23 681.19	25 241.43	27 060.98	29 111.91	28 542.35	38 124.13	271 739.65
安 徽		10 320.04	10 204.98	9 605.93	9 798.34	9 925.24	10 911.03	12 623.40	13 905.47	13 070.64	17 482.25	117 847.31
福 建		3 831.13	4 030.19	3 876.45	4 290.49	4 281.23	4 688.44	5 300.08	5 810.49	5 950.08	7 777.63	49 836.21
江 西		4 094.47	4 951.82	5 129.42	3 672.63	3 258.90	4 459.86	5 707.59	4 561.63	5 714.59	7 105.20	48 656.11
山 东		7 520.59	8 583.26	7 595.80	7 906.34	9 495.50	9 504.35	10 032.56	10 988.19	10 976.05	13 791.01	96 393.64
河 南		19 928.90	21 526.35	23 154.23	24 786.62	23 092.17	24 221.79	25 275.03	26 289.66	27 291.00	35 483.03	251 048.78
湖 北		20 373.75	21 013.68	21 259.69	20 766.96	20 768.77	24 520.66	25 312.47	24 274.32	20 732.06	29 393.01	228 415.37
湖 南		10 558.13	11 493.85	11 408.25	10 021.12	10 515.88	12 762.53	13 516.31	11 545.07	11 579.63	14 547.83	117 948.59
广 东		12 595.10	13 548.15	13 248.93	14 490.39	15 877.43	17 135.60	19 727.47	22 358.82	22 432.35	31 302.43	182 716.67
广 西		1 391.06	1 895.11	2 050.01	1 551.94	1 643.29	2 576.90	4 201.80	2 331.91	2 715.74	3 435.45	23 793.21
海 南		481.80	530.00	495.41	624.39	829.46	1 534.87	2 839.25	4 308.75	5 265.72	8 667.18	25 576.84
重 庆		1 943.63	3 370.33	3 556.52	2 180.71	2 118.45	3 498.81	3 378.01	3 490.64	4 461.24	6 098.46	34 096.80
四 川		19 563.10	19 872.54	20 045.74	20 962.09	20 031.36	20 594.02	22 195.15	23 875.24	24 192.79	32 141.41	223 473.45
贵 州		10 311.49	10 031.90	10 268.58	10 512.88	10 600.46	11 003.07	12 240.06	13 136.63	12 549.67	16 129.01	116 783.74
云 南		24 244.39	28 356.95	30 086.01	30 826.40	29 494.00	33 593.07	37 477.22	37 775.01	37 521.67	54 012.50	343 387.21
西 藏		1 132.02	1 178.79	1 286.10	1 423.98	1 544.34	1 495.01	1 372.00	1 477.90	1 473.48	2 297.98	14 681.59
陕 西		7 814.02	7 057.33	7 016.54	7 580.47	7 789.97	7 991.70	8 673.33	10 107.66	9 665.15	12 253.22	85 949.39
甘 肃		7 752.02	8 677.33	8 141.40	7 944.05	8 344.95	8 369.02	8 589.87	8 854.89	8 976.50	13 221.74	88 871.76
青 海		2 054.11	2 101.45	1 912.85	2 264.48	2 556.40	2 616.88	2 925.86	2 950.06	2 642.41	3 675.26	25 699.78
宁 夏		3 807.58	4 376.29	4 329.11	4 447.48	4 622.67	4 969.44	5 440.41	5 470.14	5 307.32	7 946.53	50 716.97
新 疆		4 236.38	4 624.95	4 800.74	5 097.76	5 278.17	5 802.43	5 785.17	5 756.38	4 809.59	8 094.26	54 285.82
合计 Total		306 585.81	318 944.65	322 956.74	315 165.79	313 689.22	341 628.02	369 295.95	380 887.58	370 149.04	504 950.66	3 544 253.46

七 星 彩

单位：万元
Unit：Ten Thousand Yuan

地区 Region	游戏类型 Game Type	2012	2013	2014	2015	2016	2017	2018	2019	2020	2021	合计 Total
北京	乐透排列	6 124.20	10 473.67	10 914.48	5 469.43	4 837.03	4 265.52	4 151.00	4 697.50	3 412.19	6 622.74	60 967.75
天津		11 014.43	12 775.81	12 828.89	8 496.93	7 190.66	6 329.31	5 931.14	6 026.00	5 136.39	6 900.35	82 629.90
河北		18 324.62	18 307.98	18 062.71	16 083.35	15 178.90	13 342.06	12 320.08	13 104.33	12 761.49	16 901.46	154 386.98
山西		1 865.16	1 837.93	1 727.30	1 526.67	1 353.40	1 456.48	1 200.86	1 292.56	1 606.40	2 202.73	16 069.48
内蒙古		2 394.74	2 653.98	2 587.03	2 290.51	2 273.36	2 151.77	1 956.60	2 031.74	2 216.68	3 269.72	23 826.13
辽宁		3 501.88	3 536.65	3 273.85	2 989.65	2 749.41	2 469.18	2 388.21	2 508.85	2 696.36	4 159.73	30 273.76
吉林		8 803.65	8 608.94	7 944.23	7 263.29	6 637.23	5 699.83	5 231.79	5 305.66	4 892.07	5 673.61	66 060.31
黑龙江		5 796.39	6 214.93	6 851.34	5 072.98	4 427.79	3 879.29	3 735.78	3 863.01	3 300.93	4 915.20	48 057.65
上海		5 368.69	6 008.06	8 194.20	4 886.57	4 360.09	4 008.21	3 955.66	4 367.11	3 976.00	6 118.74	51 243.32
江苏		—	—	—	—	—	—	—	—	—	23 845.43	23 845.43
浙江		—	—	—	—	—	—	—	—	3 962.01	14 713.18	18 675.19
安徽		11 453.31	11 523.73	10 435.41	9 290.49	8 757.19	7 947.63	7 592.76	8 347.41	8 136.35	11 624.72	95 109.00
福建		5 233.19	5 754.82	5 438.80	4 985.41	4 627.40	4 396.89	4 629.72	5 133.56	6 103.78	11 745.45	58 049.02
江西		4 322.92	5 870.55	8 114.68	3 303.65	2 255.51	2 515.25	2 301.85	2 252.17	2 964.08	3 644.23	37 544.90
山东		7 915.57	9 343.54	7 959.57	7 056.64	7 523.93	6 657.12	6 290.29	7 160.58	9 600.52	13 532.57	83 040.33
河南		33 702.21	36 276.35	35 079.49	32 022.07	29 588.29	26 425.19	24 697.92	26 098.90	24 274.37	31 541.94	299 706.73
湖北		19 303.49	19 925.53	19 315.26	17 340.57	16 354.98	18 270.00	15 011.57	15 431.79	12 596.88	18 017.14	171 567.21
湖南		4 652.02	5 047.80	5 466.63	3 690.54	3 547.19	4 420.40	5 558.66	3 191.21	3 406.99	4 277.83	43 259.27
广东		23 483.97	25 145.45	22 953.82	21 076.73	20 304.49	19 087.84	18 350.41	20 063.77	18 313.29	30 376.74	219 156.52
广西		1 466.82	1 684.67	1 669.20	1 505.23	1 472.12	1 689.56	1 774.94	1 577.07	1 714.25	2 686.88	17 240.74
海南		6 027.51	7 064.10	7 435.52	8 490.99	8 800.24	8 870.19	8 112.65	7 912.82	7 097.13	9 148.82	78 959.98
重庆		2 269.74	3 502.01	3 647.53	1 752.21	1 557.46	1 752.53	1 539.37	1 738.34	2 482.05	4 581.69	24 822.93
四川		37 741.93	37 632.60	35 200.73	31 298.42	27 902.77	23 793.07	21 903.63	25 010.92	22 898.45	31 115.23	294 497.75
贵州		4 590.50	4 812.37	4 825.59	4 405.13	4 313.39	3 872.59	3 757.11	4 076.59	5 195.95	7 352.82	47 202.05
云南		21 550.88	22 971.89	22 559.88	20 506.55	19 910.89	17 689.45	16 561.00	18 428.31	16 746.84	22 123.48	199 049.18
西藏		452.18	480.73	481.32	471.28	445.91	429.17	369.92	442.04	590.27	768.38	4 931.19
陕西		2 459.46	2 787.41	2 770.87	2 491.59	2 674.90	2 705.86	1 971.87	2 201.50	2 328.27	4 007.78	26 399.51
甘肃		1 841.06	2 756.89	2 724.52	1 445.76	1 422.61	1 368.49	1 207.94	1 276.68	2 070.61	3 539.68	19 654.25
青海		973.14	909.57	779.68	722.17	712.94	679.31	604.11	641.43	720.25	932.39	7 674.98
宁夏		838.58	910.58	937.88	851.05	902.30	847.03	809.74	819.58	971.44	1 439.27	9 327.44
新疆		3 520.00	3 843.95	3 733.38	3 655.46	3 279.38	3 118.30	2 675.52	2 785.24	2 437.17	4 080.11	33 128.50
合计 Total		256 992.24	278 662.51	273 913.79	230 441.31	215 361.77	200 137.51	186 592.12	197 786.65	194 609.46	311 860.02	2 346 357.38

22 选 5

单位：万元
Unit：Ten Thousand Yuan

地区 Region	游戏类型 Game Type	2012	2013	2014	2015	2016	2017	2018	2019	2020	2021	合计 Total
天 津	乐透组合	1 591.49	938.19	—	—	—	—	—	—	—	—	2 529.68
河 北		5 906.18	2 085.37	—	—	—	—	—	—	—	—	7 991.55
山 西		1 035.79	471.94	—	—	—	—	—	—	—	—	1 507.73
内蒙古		2 809.35	1 330.02	—	—	—	—	—	—	—	—	4 139.37
辽 宁		1 702.01	784.29	—	—	—	—	—	—	—	—	2 486.30
吉 林		2 881.40	1 121.30	—	—	—	—	—	—	—	—	4 002.70
黑龙江		2 160.43	960.65	—	—	—	—	—	—	—	—	3 121.08
上 海		3 048.80	1 375.08	—	—	—	—	—	—	—	—	4 423.88
江 苏		8 881.90	3 963.98	—	—	—	—	—	—	—	—	12 845.88
安 徽		5 068.64	2 256.93	—	—	—	—	—	—	—	—	7 325.57
江 西		4 036.52	1 941.91	—	—	—	—	—	—	—	—	5 978.43
山 东		2 334.27	1 112.98	—	—	—	—	—	—	—	—	3 447.25
湖 北		1 405.58	540.89	—	—	—	—	—	—	—	—	1 946.47
湖 南		2 563.07	1 061.79	—	—	—	—	—	—	—	—	3 624.86
广 东		7 278.53	3 197.15	—	—	—	—	—	—	—	—	10 475.68
广 西		811.43	416.56	—	—	—	—	—	—	—	—	1 227.99
海 南		126.49	54.88	—	—	—	—	—	—	—	—	181.37
重 庆		736.99	534.84	—	—	—	—	—	—	—	—	1 271.83
四 川		1 262.57	554.76	—	—	—	—	—	—	—	—	1 817.33
西 藏		57.06	26.97	—	—	—	—	—	—	—	—	84.03
陕 西		2 400.20	973.92	—	—	—	—	—	—	—	—	3 374.12
甘 肃		1 588.42	725.00	—	—	—	—	—	—	—	—	2 313.42
青 海		572.46	253.59	—	—	—	—	—	—	—	—	826.05
宁 夏		1 123.95	529.68	—	—	—	—	—	—	—	—	1 653.63
新 疆		974.85	454.42	—	—	—	—	—	—	—	—	1 429.27
合计 Total		62 358.49	27 667.08	—	—	—	—	—	—	—	—	90 025.57

超级大乐透

单位：万元
Unit：Ten Thousand Yuan

地区 Region	游戏类型 Game Type	2012	2013	2014	2015	2016	2017	2018	2019	2020	2021	合计 Total
北 京	乐透组合	36 947.78	70 687.06	94 075.23	83 559.83	95 333.84	97 240.82	109 107.96	133 339.66	94 081.73	139 422.52	953 796.43
天 津		31 775.07	49 624.95	72 419.87	42 746.43	34 727.84	37 302.34	37 603.70	48 741.55	48 188.35	57 134.23	460 264.32
河 北		42 364.17	45 975.41	77 112.20	98 582.62	114 430.34	121 111.44	129 826.26	168 635.94	164 155.16	190 991.61	1 153 185.17
山 西		12 580.58	13 824.88	23 924.82	32 749.81	31 389.72	35 564.25	36 790.63	40 853.55	42 383.09	50 142.77	320 204.09
内蒙古		19 558.39	24 137.00	41 158.72	48 550.50	52 786.87	53 934.97	56 325.83	69 769.13	63 484.77	73 824.99	503 531.17
辽 宁		31 816.74	33 935.54	52 148.05	64 923.89	70 829.73	67 896.83	73 978.43	82 771.16	73 964.44	90 238.42	642 503.23
吉 林		27 971.17	29 993.36	43 624.54	50 625.44	55 183.52	51 331.39	53 132.42	57 274.17	54 757.04	63 611.61	487 504.65
黑龙江		33 355.52	42 032.44	73 068.66	74 604.67	79 586.79	86 645.05	83 399.06	91 597.95	76 028.16	94 276.34	734 594.64
上 海		44 477.67	50 907.26	70 974.47	87 297.49	86 884.15	86 619.60	95 171.26	118 205.53	108 537.48	131 469.03	880 543.92
江 苏		184 445.06	181 875.77	242 653.95	274 021.00	294 453.34	294 869.54	312 681.12	381 331.88	349 809.40	403 711.34	2 919 852.40
浙 江		118 680.10	118 842.08	185 171.09	219 139.24	239 547.48	269 823.59	288 990.69	367 464.60	350 901.69	405 855.85	2 564 416.43
安 徽		41 087.95	48 917.19	68 549.26	75 983.69	83 466.32	92 123.29	102 665.38	153 728.25	141 463.63	162 573.19	970 558.15
福 建		82 988.92	91 364.59	131 561.76	164 858.92	185 591.08	195 793.98	208 934.07	285 279.27	287 688.33	314 513.34	1 948 574.25
江 西		40 289.46	51 483.85	140 211.78	72 534.84	56 384.14	72 392.66	80 751.69	89 729.58	91 915.56	98 813.60	794 507.16
山 东		65 649.36	78 122.33	127 524.58	139 036.11	168 377.12	181 192.31	197 166.12	254 002.65	233 342.91	257 554.95	1 701 968.42
河 南		72 516.40	86 227.42	135 332.88	154 362.78	174 127.59	192 051.30	203 140.21	256 702.99	246 399.88	274 334.10	1 795 195.56
湖 北		37 284.64	44 526.00	64 281.94	76 987.65	89 100.38	119 194.74	118 631.76	148 842.58	121 690.88	144 426.48	964 967.05
湖 南		34 205.00	51 338.13	230 613.83	72 902.78	80 131.60	114 936.18	128 110.05	85 334.76	81 444.35	89 700.80	968 717.49
广 东		121 343.82	143 436.34	199 256.59	229 569.89	268 474.63	290 664.50	322 693.05	396 399.68	366 264.40	434 760.44	2 772 863.34
广 西		11 360.46	13 738.35	22 984.61	29 379.60	34 697.35	46 458.27	57 570.66	49 653.86	51 867.66	56 954.76	374 665.56
海 南		5 475.08	6 778.11	11 971.60	14 703.19	17 646.06	18 273.40	19 161.70	20 076.68	19 208.69	24 502.56	157 797.07
重 庆		30 184.60	41 242.59	55 987.45	46 599.67	49 417.21	60 527.73	66 413.83	78 151.44	75 227.32	85 784.61	589 536.46
四 川		64 814.79	69 402.37	111 621.08	131 976.83	143 299.32	145 569.60	160 505.47	195 316.28	183 228.48	220 000.03	1 425 734.26
贵 州		29 085.24	32 377.92	52 467.39	58 756.66	68 116.55	72 238.56	77 141.88	99 473.68	100 129.22	116 641.36	706 428.46
云 南		56 687.49	64 178.01	93 636.96	108 849.87	132 733.94	141 791.50	151 983.94	191 104.29	182 852.19	224 833.68	1 348 651.86
西 藏		1 734.93	1 814.84	3 209.65	4 980.96	5 810.46	6 133.45	6 505.08	9 353.37	11 153.68	13 296.49	63 992.91
陕 西		28 045.11	31 626.76	52 547.55	65 989.22	72 712.13	76 702.82	76 816.97	94 805.88	98 215.34	116 183.67	713 645.46
甘 肃		14 923.73	29 477.53	33 823.14	26 935.91	32 509.22	44 951.19	38 898.58	53 197.28	50 147.04	57 999.65	382 863.26
青 海		6 699.91	7 159.72	8 187.72	9 565.19	10 974.34	12 516.22	14 933.68	16 312.22	15 000.85	16 587.40	117 937.25
宁 夏		8 235.70	8 948.18	13 310.96	15 383.37	17 572.39	20 408.70	23 337.74	25 559.46	26 478.19	36 232.56	195 467.55
新 疆		16 570.57	18 674.13	28 619.52	35 732.53	43 355.69	47 543.07	46 600.23	52 088.38	44 945.56	61 498.24	395 627.62
合计 Total		1 353 155.41	1 582 670.12	2 562 031.84	2 611 890.60	2 889 650.84	3 153 803.26	3 378 969.46	4 115 098.01	3 854 955.45	4 507 870.61	30 010 095.60

大乐透·幸运彩

单位：万元
Unit: Ten Thousand Yuan

地区 Region	游戏类型 Game Type	2012	2013	2014	2015	2016	2017	2018	2019	2020	2021	合计 Total
北　京	乐透组合	719.56	333.86	—	—	—	—	—	—	—	—	1 053.42
天　津		422.56	196.47	—	—	—	—	—	—	—	—	619.03
河　北		1 124.50	243.11	—	—	—	—	—	—	—	—	1 367.61
山　西		204.10	63.92	—	—	—	—	—	—	—	—	268.02
内蒙古		210.41	81.72	—	—	—	—	—	—	—	—	292.13
辽　宁		408.51	144.46	—	—	—	—	—	—	—	—	552.97
吉　林		404.97	129.00	—	—	—	—	—	—	—	—	533.97
黑龙江		389.13	171.20	—	—	—	—	—	—	—	—	560.33
上　海		1 082.33	368.41	—	—	—	—	—	—	—	—	1 450.74
江　苏		1 572.25	446.55	—	—	—	—	—	—	—	—	2 018.80
浙　江		1 521.99	408.82	—	—	—	—	—	—	—	—	1 930.81
安　徽		464.15	156.54	—	—	—	—	—	—	—	—	620.69
福　建		2 194.81	646.17	—	—	—	—	—	—	—	—	2 840.98
江　西		897.90	360.18	—	—	—	—	—	—	—	—	1 258.08
山　东		938.58	324.87	—	—	—	—	—	—	—	—	1 263.45
河　南		1 003.69	335.23	—	—	—	—	—	—	—	—	1 338.92
湖　北		376.64	103.33	—	—	—	—	—	—	—	—	479.97
湖　南		771.59	179.68	—	—	—	—	—	—	—	—	951.27
广　东		1 649.91	531.98	—	—	—	—	—	—	—	—	2 181.89
广　西		237.74	87.97	—	—	—	—	—	—	—	—	325.71
海　南		29.27	10.42	—	—	—	—	—	—	—	—	39.69
重　庆		304.42	142.52	—	—	—	—	—	—	—	—	446.94
四　川		480.62	154.12	—	—	—	—	—	—	—	—	634.74
贵　州		295.31	94.51	—	—	—	—	—	—	—	—	389.82
云　南		861.94	263.86	—	—	—	—	—	—	—	—	1 125.80
西　藏		6.68	2.83	—	—	—	—	—	—	—	—	9.51
陕　西		364.70	141.37	—	—	—	—	—	—	—	—	506.07
甘　肃		278.52	82.87	—	—	—	—	—	—	—	—	361.39
青　海		56.60	13.98	—	—	—	—	—	—	—	—	70.58
宁　夏		137.78	43.81	—	—	—	—	—	—	—	—	181.59
新　疆		147.08	76.84	—	—	—	—	—	—	—	—	223.92
合计 Total		19 558.38	6 340.59	—	—	—	—	—	—	—	—	25 898.97

2012—2021年中国体育彩票区域联网游戏销售统计

Sales Statistics of Inter-Regional Games of China Sports Lottery from 2012 to 2021

31 选 7

单位：万元
Unit: Ten Thousand Yuan

地区 Region	游戏类型 Game Type	2012	2013	2014	2015	2016	2017	2018	2019	2020	2021	合计 Total
河北	乐透组合	1 148.43	—	—	—	—	—	—	—	—	—	1 148.43
山西		127.39	—	—	—	—	—	—	—	—	—	127.39
辽宁		620.97	—	—	—	—	—	—	—	—	—	620.97
内蒙古		428.8	—	—	—	—	—	—	—	—	—	428.8
吉林		496.33	—	—	—	—	—	—	—	—	—	496.33
黑龙江		424.38	—	—	—	—	—	—	—	—	—	424.38
安徽		555.16	—	—	—	—	—	—	—	—	—	555.16
江西		329.65	—	—	—	—	—	—	—	—	—	329.65
山东		950.86	—	—	—	—	—	—	—	—	—	950.86
湖南		230.79	—	—	—	—	—	—	—	—	—	230.79
广西		288.88	—	—	—	—	—	—	—	—	—	288.88
重庆		83.07	—	—	—	—	—	—	—	—	—	83.07
陕西		321.56	—	—	—	—	—	—	—	—	—	321.56
甘肃		124.46	—	—	—	—	—	—	—	—	—	124.46
宁夏		92.17	—	—	—	—	—	—	—	—	—	92.17
青海		19.67	—	—	—	—	—	—	—	—	—	19.67
新疆		315.09	—	—	—	—	—	—	—	—	—	315.09
合计 Total		6 557.68	—	—	—	—	—	—	—	—	—	6 557.68

传 统 单 场

单位：万元
Unit：Ten Thousand Yuan

地区 Region	游戏类型 Game Type	2012	2013	2014	2015	2016	2017	2018	2019	2020	2021	合计 Total
北 京	竞猜	138 301.07	175 528.88	268 613.91	73 466.81	108 938.28	69 663.00	38 638.46	54 155.20	36 726.81	84 139.40	1 048 171.82
天 津		72 882.09	64 430.81	177 256.65	43 723.80	2 666.51	78 384.39	93 927.29	33 056.63	48 778.46	134 818.65	749 925.27
广 东		84 294.68	111 733.07	360 031.20	66 018.91	66 832.52	89 664.80	148 810.66	249 709.28	252 073.79	499 250.86	1 928 419.76
合计 Total		**295 477.84**	**351 692.76**	**805 901.76**	**183 209.52**	**178 437.30**	**237 712.19**	**281 376.41**	**336 921.11**	**337 579.07**	**718 208.90**	**3 726 516.85**

快 中 彩

单位：万元
Unit：Ten Thousand Yuan

地区 Region	游戏类型 Game Type	2012	2013	2014	2015	2016	2017	2018	2019	2020	2021	合计 Total
北 京	乐透组合	227.05	487.88	357.99	62.16	27.93	8.79	17.77	4.81	0.21	0.00	1 194.59
天 津		110.39	90.87	43.57	19.66	14.80	5.40	12.52	10.74	2.31	0.00	310.26
广 东		234.72	310.22	272.27	211.79	251.27	76.48	64.24	48.13	20.49	0.00	1 489.61
合计 Total		**572.16**	**888.97**	**673.83**	**293.62**	**294.00**	**90.67**	**94.52**	**63.68**	**23.02**	**0.00**	**2 994.46**

2012—2021年中国体育彩票各地方彩票销售情况表

Sales Statistics of Regional Games of Sports Lottery in China from 2012 to 2021

单位：万元
Unit: Ten Thousand Yuan

地 区 Region	游戏类型 Game Type	游戏名称 Game Name	2012	2013	2014	2015	2016	2017	2018	2019	2020	2021	合计 Total
北 京	乐透组合	北京11选5	0.00	0.00	23 478.00	182 609.74	208 732.53	242 550.67	277 530.90	223 980.97	196 735.61	30 143.38	1 385 761.81
		北京33选7	1 274.44	1 346.38	679.51	—	—	—	—	—	—	—	3 300.33
		北京36选7	0.00	—	—	—	—	—	—	—	—	—	0.00
天 津		天津11选5	260.57	269.13	29 062.10	40 737.44	41 708.45	43 476.46	47 503.40	33 561.73	39 696.00	4 916.94	281 192.23
		天津21选5	0.00	—	—	—	—	—	—	—	—	—	0.00
	乐透组合	天津四选乐	0.00	—	—	—	—	—	—	—	—	—	0.00
		天津冰坛夺金	18 478.66	14 342.95	2 708.99	—	—	—	—	—	—	—	35 530.60
		天津6+1	0.00	—	—	—	—	—	—	—	—	—	0.00
	乐透排列	天津6+1（停用2）	0.00	—	—	—	—	—	—	—	—	—	0.00
河 北	乐透组合	河北11选5	32 695.32	—	443 855.49	481 026.27	455 915.89	458 292.00	540 434.15	369 905.54	428 283.59	52 361.87	3 262 770.12
		河北快乐扑克	5 664.07	345 490.08	479.85	370.96	235.78	220.61	198.82	32.27	13.76	—	352 706.20
		河北运动生肖	11 305.21	600.90	—	—	—	—	—	—	—	—	11 906.11
山 西	乐透组合	山西11选5	6 634.48	82 358.83	103 824.61	95 271.54	75 013.63	69 385.82	64 569.75	28 497.11	34 856.97	4 189.13	564 601.87
		山西冰坛夺金	7 322.77	4 101.52	1 517.47	762.94	398.25	180.05	164.04	32.82	1.37	—	14 481.24
内蒙古	乐透组合	内蒙古11选5	5 109.21	70 711.36	131 721.89	207 205.00	241 014.67	238 960.74	213 947.00	146 904.46	165 813.95	23 830.63	1 445 218.90
		内蒙古冰坛夺金	4 241.26	2 434.93	1 324.41	801.27	549.95	608.99	343.59	67.09	7.86	—	10 379.34
		内蒙古运动生肖	0.00	—	—	—	—	—	—	—	—	—	0.00
辽 宁	乐透组合	辽宁11选5	301 219.47	276 209.94	234 538.74	187 638.84	145 277.00	132 018.69	134 761.62	87 088.95	78 358.60	8 875.05	1 585 986.91
		辽宁33选7	0.00	—	—	—	—	—	—	—	—	—	0.00
		辽宁快乐扑克	95.30	14.94	17.49	5.16	50.10	47.05	40.29	8.14	6.04	—	284.51
		辽宁即乐彩	0.00	—	—	—	—	—	—	—	—	—	0.00

续表

地区 Region	游戏类型 Game Type	游戏名称 Game Name	2012	2013	2014	2015	2016	2017	2018	2019	2020	2021	合计 Total
吉林	乐透组合	吉林11选5	81 805.89	190 165.73	203 069.49	201 965.65	194 383.34	186 448.43	170 980.89	127 525.62	136 002.86	20 145.28	1 512 493.18
		吉林快乐扑克	45.25	—	—	—	—	—	—	—	—	—	45.25
黑龙江	乐透组合	黑龙江11选5	231 428.25	256 674.97	336 293.20	307 193.02	305 459.24	302 817.58	260 726.40	170 018.52	137 130.06	18 379.38	2 326 120.63
		黑龙江快乐扑克	794.95	308.07	218.36	133.27	77.63	51.68	32.03	31.90	2.66	—	1 650.55
		黑龙江运动生肖	0.00	—	—	—	—	—	—	—	—	—	0.00
	乐透排列	黑龙江6位数	2 847.02	2 446.80	2 171.65	1 769.16	1 612.00	1 391.56	1 162.17	997.48	640.90	694.05	15 732.78
上海		上海11选5	18 800.59	56 353.86	93 135.97	43 676.10	38 299.54	58 204.84	87 619.14	83 207.90	109 869.23	14 611.73	603 778.90
		上海22选5	0.00	0.00	0.00	—	—	—	—	—	—	—	0.00
		上海30选7	0.00	0.00	0.00	—	—	—	—	—	—	—	0.00
		上海36选7	424.71	0.00	0.00	—	—	—	—	—	—	—	424.71
		上海即乐彩	0.00	0.00	0.00	—	—	—	—	—	—	—	0.00
	竞猜	上海篮球单场	0.00	0.00	—	—	—	—	—	—	—	—	0.00
江苏	乐透组合	江苏体彩11选5	715 652.02	662 801.69	595 589.10	590 759.55	565 123.70	579 810.66	589 103.86	417 786.34	479 620.24	64 730.42	5 260 977.58
		江苏体彩22选5	0.00	—	—	—	—	—	—	—	—	—	0.00
		江苏快乐扑克	0.00	—	—	—	—	—	—	—	—	—	0.00
	乐透排列	江苏体彩7位数	90 202.53	104 231.84	86 801.05	75 168.56	80 760.26	77 424.67	70 142.99	68 140.71	57 872.36	46 217.57	756 962.53
		江苏5+1	0.00	—	—	—	—	—	—	—	—	—	0.00
浙江		浙江11选5	159 377.06	383 200.98	314 985.79	274 348.59	296 624.25	334 482.09	394 951.99	246 817.97	286 389.95	36 723.13	2 727 901.79
		浙江20选5	16 611.74	10 166.86	8 214.89	8 358.82	7 230.87	6 271.73	5 777.70	5 273.05	4 600.71	5 223.43	77 729.80
		浙江29选7（停用）	0.00	—	—	—	—	—	—	—	—	—	0.00
		浙江31选7	0.00	—	—	—	—	—	—	—	—	—	0.00
		浙江快乐扑克	0.00	—	—	—	—	—	—	—	—	—	0.00
		浙江飞鱼	—	—	42 544.10	49 526.39	36 705.00	51 701.16	66 115.70	28 670.58	26 789.93	4 607.71	306 660.58
	乐透组合	浙江冰坛夺金	7 229.57	305.23	215.32	139.29	46 951.44	68.67	14.39	4.58	3.16	—	54 931.65
	乐透排列	浙江6+1	79 210.10	70 219.29	50 404.01	42 566.05	95.10	30 510.15	26 491.87	29 561.36	23 082.70	18 464.78	370 605.42

续表

地区 Region	游戏类型 Game Type	游戏名称 Game Name	2012	2013	2014	2015	2016	2017	2018	2019	2020	2021	合计 Total
安徽		安徽11选5	24 817.41	114 206.68	114 596.54	95 443.53	108 396.53	125 861.27	141 507.34	108 991.33	160 069.07	20 293.70	1 014 183.40
		安徽21选5	0.00	—	—	—	—	—	—	—	—	—	0.00
	乐透组合	安徽21选5 幸运2	0.00	—	—	—	—	—	—	—	—	—	0.00
		安徽21选5 幸运3	0.00	—	—	—	—	—	—	—	—	—	0.00
		安徽21选5 幸运4	0.00	—	—	—	—	—	—	—	—	—	0.00
		安徽快乐扑克	0.00	—	—	—	—	—	—	—	—	—	0.00
		安徽快乐3	0.00	—	—	—	—	—	—	—	—	—	0.00
		安徽快乐4	0.00	—	—	—	—	—	—	—	—	—	0.00
		安徽快乐5	0.00	—	—	—	—	—	—	—	—	—	0.00
福建		福建11选5	187 243.17	252 021.38	255 970.18	276 427.41	259 871.71	254 061.84	264 700.52	179 341.21	206 099.26	27 638.15	2 164 374.82
		福建22选5	7 989.25	7 203.60	6 325.25	7 660.42	5 306.31	4 564.79	4 390.33	4 301.82	5 564.24	4 964.33	58 270.33
		福建31选7	45 336.18	44 074.54	42 675.61	32 475.60	38 424.69	60 520.05	57 387.25	47 230.32	44 076.25	37 023.76	449 224.25
	乐透组合	福建31选7附加	—	—	—	—	10 099.08	14 862.41	16 354.98	17 834.64	22 435.57	32 909.06	114 495.74
		福建36选7	42 136.09	43 502.27	37 193.39	31 841.30	25 928.78	20 632.55	17 320.57	16 633.39	13 880.66	14 153.12	263 222.12
		福建即乐彩	0.00	0.00	0.00	—	—	—	—	—	—	—	0.00
江西		江西20选5 幸运1	0.00	0.00	0.00	—	—	—	—	—	—	—	0.00
	乐透组合	江西20选5 幸运2	0.00	0.00	0.00	—	—	—	—	—	—	—	0.00
		江西20选5 幸运3	0.00	0.00	0.00	—	—	—	—	—	—	—	0.00
		江西20选5 幸运4	0.00	0.00	0.00	—	—	—	—	—	—	—	0.00

续表

地区 Region	游戏类型 Game Type	游戏名称 Game Name	2012	2013	2014	2015	2016	2017	2018	2019	2020	2021	合计 Total
江西	乐透组合	江西28选7	0.00	0.00	0.00	—	—	—	—	—	—	—	0.00
		江西28选7幸运1	0.00	0.00	0.00	—	—	—	—	—	—	—	0.00
		江西28选7幸运2	0.00	0.00	0.00	—	—	—	—	—	—	—	0.00
		江西28选7幸运3	0.00	0.00	0.00	—	—	—	—	—	—	—	0.00
		江西28选7幸运4	0.00	0.00	0.00	—	—	—	—	—	—	—	0.00
		江西28选7幸运5	0.00	0.00	0.00	—	—	—	—	—	—	—	0.00
		江西多乐彩	83 739.13	161 068.52	159 881.68	96 560.53	79 575.88	115 122.21	144 811.57	68 642.86	87 065.52	10 013.95	1 006 481.85
	竞猜	江西足球幸运3	0.00	0.00	0.00	—	—	—	—	—	—	—	0.00
		江西足球幸运4	0.00	0.00	0.00	—	—	—	—	—	—	—	0.00
		江西足彩4场竞猜	0.00	0.00	0.00	—	—	—	—	—	—	—	0.00
山东	乐透组合	山东21选5幸运1	0.00	0.00	0.00	—	—	—	—	—	—	—	0.00
		山东21选5幸运2	0.00	0.00	0.00	—	—	—	—	—	—	—	0.00
		山东21选5幸运3	0.00	0.00	0.00	—	—	—	—	—	—	—	0.00
		山东21选5幸运4	0.00	0.00	0.00	—	—	—	—	—	—	—	0.00
		山东快乐扑克	33.63	16.30	1.61	—	—	—	—	—	—	—	51.53
		山东快乐扑克3	—	—	94 142.31	74 942.20	108 910.46	107 951.81	112 710.90	66 581.73	46 331.93	—	611 571.34
		山东十一运夺金	617 373.05	729 719.58	851 224.58	571 318.07	600 945.11	609 972.84	577 034.53	351 692.58	382 649.69	42 369.81	5 334 299.85

续表

地 区 Region	游戏类型 Game Type	游戏名称 Game Name	2012	2013	2014	2015	2016	2017	2018	2019	2020	2021	合计 Total
山东	竞猜	山东进球幸运彩	0.00	—	—	—	—	—	—	—	—	—	0.00
		山东胜平负猜大小	0.00	—	—	—	—	—	—	—	—	—	0.00
		山东胜平负猜单双	0.00	—	—	—	—	—	—	—	—	—	0.00
		山东足彩幸运6	0.00	—	—	—	—	—	—	—	—	—	0.00
河南	乐透组合	河南9选9	0.00	—	—	—	—	—	—	—	—	—	0.00
		河南11选5	772.53	880.12	1 079.52	1 303.01	1 230.31	1 359.18	931.92	349.15	255.22	—	8 160.97
		河南21选5	0.00	—	—	—	—	—	—	—	—	—	0.00
		河南泳坛夺金	218 191.35	277 378.31	402 009.72	346 918.22	394 849.00	429 803.17	425 870.49	225 703.05	281 140.51	35 252.92	3 037 116.75
	乐透排列	河南快乐3	0.00	—	—	—	—	—	—	—	—	—	0.00
		河南快乐4	0.00	—	—	—	—	—	—	—	—	—	0.00
		河南快乐5	0.00	—	—	—	—	—	—	—	—	—	0.00
湖北		湖北11选5	66 247.33	123 219.53	86 600.67	80 961.55	100 613.45	171 032.37	206 971.07	99 091.86	121 298.25	12 417.90	1 068 453.98
		湖北21选5	0.00	—	—	—	—	—	—	—	—	—	0.00
	乐透组合	湖北21选5幸运1	0.00	—	—	—	—	—	—	—	—	—	0.00
		湖北21选5幸运2	0.00	—	—	—	—	—	—	—	—	—	0.00
		湖北21选5幸运3	0.00	—	—	—	—	—	—	—	—	—	0.00
		湖北21选5幸运4	0.00	—	—	—	—	—	—	—	—	—	0.00
		湖北四花选四	2.97	—	—	—	—	—	—	—	—	—	2.97
	乐透排列	湖北快乐3	0.00	—	—	—	—	—	—	—	—	—	0.00
		湖北快乐4	0.00	—	—	—	—	—	—	—	—	—	0.00
		湖北快乐5	0.00	—	—	—	—	—	—	—	—	—	0.00

续表

地 区 Region	游戏类型 Game Type	游戏名称 Game Name	2012	2013	2014	2015	2016	2017	2018	2019	2020	2021	合计 Total
湖南	乐透组合	湖南幸运赛车	108 700.79	95 411.34	85 096.07	33 983.32	26 787.49	18 801.94	14 877.43	669.92	6 129.90	654.88	391 113.08
		湖南即乐彩	71.84	3.43	1.22	0.37	0.09	0.04	0.05	0.21	0.00	—	77.25
广 东	乐透组合	广东11选5	300 400.39	397 433.14	533 034.35	382 968.66	467 753.56	497 917.48	524 453.26	286 225.30	326 821.69	43 498.25	3 760 506.07
		广东36选7	5 358.54	—	—	—	—	—	—	—	—	—	5 358.54
	竞 猜	广东篮球单场	0.00	—	—	—	—	—	—	—	—	—	0.00
广 西	乐透组合	广西11选5	1 797.28	6 360.86	8 474.08	14 089.74	21 257.73	26 328.35	41 847.48	10 617.86	15 320.59	2 316.93	148 410.90
海 南	乐透组合	海南环岛赛	—	524.14	4 761.54	15 976.82	14 577.71	13 403.60	15 580.28	2 799.08	1 171.07	—	68 794.23
		海南2位数	0.00	—	—	—	—	—	—	—	—	—	0.00
		海南3位数	0.00	—	—	—	—	—	—	—	—	—	0.00
	乐透排列	海南飞鱼	20 731.38	21 239.70	49 745.28	39 440.96	28 100.32	22 036.73	21 344.40	7 686.85	5 573.06	1 564.57	217 463.25
重 庆		海南4+1	1 135.59	1 324.63	1 291.51	1 763.30	2 296.72	2 185.84	1 685.30	1 219.65	1 842.78	1 528.39	16 273.71
		重庆11选5	21 979.12	20 488.44	23 432.00	4 760.53	0.00	0.00	0.00	—	—	—	70 660.09
	乐透组合	重庆百变王牌	—	—	—	12 164.18	8 114.39	8 624.68	13 308.45	6 184.88	4 776.37	373.23	53 546.18
		重庆快乐123	0.00	—	—	—	—	—	—	—	—	—	0.00
四 川		四川11选5	74 830.66	68 456.86	74 106.87	61 000.82	16 910.19	0.00	0.00	—	—	—	295 305.41
	乐透组合	四川金7乐	—	—	—	—	32 362.25	39 896.88	38 185.70	17 447.00	31 671.02	2 249.92	161 812.78
		四川4项13选1	0.00	—	—	—	—	—	—	—	—	—	0.00
		四川扑克十分乐	0.00	—	—	—	—	—	—	—	—	—	0.00
贵 州	乐透组合	贵州11选5	24 195.19	72 390.93	87 179.64	107 231.82	129 262.29	154 990.47	181 719.99	117 635.45	157 378.29	19 827.42	1 051 811.49
云 南	乐透组合	云南11选5	126 728.74	186 965.25	226 478.76	214 324.66	215 436.84	238 174.08	272 349.01	212 139.01	262 498.10	34 025.01	1 989 119.46
		云南30选7	0.00	—	—	—	—	—	—	—	—	—	0.00
		云南快乐123	814.81	481.86	351.47	222.38	176.20	106.11	96.54	41.95	26.04	—	2 317.36
西藏	乐透组合	西藏11选5	2 989.28	6 395.07	14 265.07	26 701.11	44 960.31	63 773.92	71 213.87	60 640.89	84 683.28	11 206.21	386 829.01

续表

地 区 Region	游戏类型 Game Type	游戏名称 Game Name	2012	2013	2014	2015	2016	2017	2018	2019	2020	2021	合计 Total
陕 西	乐透组合	陕西11选5	37 656.02	—	113 954.80	114 902.64	120 970.24	112 412.56	99 770.97	59 877.49	81 576.32	8 196.97	749 318.00
		陕西即乐彩	1 666.53	94 702.09	—	—	—	—	—	—	—	—	96 368.62
		陕西快乐扑克	0.00	—	—	—	—	—	—	—	—	—	0.00
		陕西泳坛夺金	976.13	243.82	148.59	127.31	77.95	21.60	10.91	8.50	9.16	—	1 623.97
甘 肃	乐透组合	甘肃11选5	5 328.96	85 496.94	132 669.85	129 892.41	130 073.95	140 036.99	160 565.70	104 677.55	125 870.46	15 549.12	1 030 161.94
		甘肃即乐彩	0.00	—	—	—	—	—	—	—	—	—	0.00
		甘肃泳坛夺金	471.66	566.08	406.31	346.85	319.81	390.72	381.50	149.66	103.31	—	3 135.89
青 海	乐透组合	青海11选5	1 700.82	6 865.42	14 174.24	17 721.14	24 854.71	29 935.14	38 559.48	20 110.69	28 158.96	3 537.28	185 617.87
		青海快乐扑克	17.98	3.51	2.74	3.50	1.43	1.69	0.93	0.04	0.00	—	31.81
宁 夏	乐透组合	宁夏11选5	5 482.15	13 830.69	27 089.86	35 089.08	43 327.05	51 441.18	51 827.51	33 567.71	46 785.64	6 714.49	315 155.36
		宁夏快乐扑克	2.52	—	—	—	—	—	—	—	—	—	2.52
新 疆	乐透组合	新疆11选5	21 704.18	29 822.68	53 595.11	47 958.61	95 051.37	129 900.61	106 394.10	53 923.21	63 328.59	8 879.50	590 557.96
		新疆泳坛夺金	0.00	—	—	—	—	—	—	—	—	—	0.00
合计 Total			3 857 353.09	5 397 053.98	6 189 811.87	5 668 555.66	5 899 042.55	6 281 049.40	6 576 777.03	4 250 131.92	4 820 369.30	751 273.35	49 691 418.15

（国家体育总局体育彩票管理中心供稿）

2012—2021年中国体育彩票竞猜型彩票销售情况表（分地区）

Sales Statistics of Toto of Sports Lottery in Different Regions in China from 2012 to 2021

序号	地区	2012	2013	2014	2015	2016	2017	2018	2019	2020	2021	合计 Total
1	北京	192 376.71	336 968.20	382 919.68	156 257.73	225 750.09	194 176.75	317 847.82	279 472.23	163 622.84	331 153.72	2 580 545.76
2	天津	197 385.15	229 538.66	449 344.35	237 225.78	186 910.43	217 650.57	368 984.61	208 940.75	152 458.07	338 894.12	2 587 332.49
3	河北	27 793.19	32 193.74	193 849.40	172 121.70	379 041.70	318 320.23	564 428.55	348 925.60	228 098.92	480 759.69	2 745 532.71
4	山西	29 605.03	16 918.13	23 965.71	51 005.89	103 818.81	222 692.41	308 355.23	219 297.85	135 500.14	263 074.57	1 374 233.78
5	内蒙古	13 901.85	13 993.87	15 724.40	37 940.71	74 779.33	107 183.07	360 986.37	300 537.69	152 794.73	274 468.85	1 352 310.88
6	辽宁	89 963.36	77 813.56	113 879.26	160 791.47	254 033.85	224 508.35	462 014.42	325 862.67	157 860.77	290 650.66	2 157 378.37
7	吉林	35 126.09	27 967.04	30 980.34	50 056.72	61 990.92	57 575.54	171 763.19	142 914.99	105 899.81	189 445.97	873 720.60
8	黑龙江	29 216.46	36 563.20	204 661.63	128 706.34	81 347.71	111 987.58	223 084.83	187 062.72	106 524.43	208 529.38	1 317 684.28
9	上海	130 108.81	291 034.72	634 539.10	207 399.57	141 169.54	139 119.22	237 335.86	181 749.35	112 694.26	210 180.40	2 285 330.84
10	江苏	327 706.30	344 092.15	644 411.43	533 771.61	573 779.65	831 599.21	1 707 015.55	1 208 679.70	847 679.16	934 990.37	7 953 725.13
11	浙江	125 134.52	106 827.23	309 853.81	343 002.89	475 440.16	543 578.02	1 145 422.44	729 200.61	440 660.84	890 666.80	5 109 787.58
12	安徽	84 780.16	133 704.79	220 356.81	289 813.46	279 631.41	339 638.78	681 025.28	497 775.05	280 155.11	462 830.63	3 269 711.47
13	福建	51 925.81	47 577.43	67 078.37	158 058.64	202 409.60	450 928.93	578 780.90	273 759.04	187 562.94	347 592.52	2 365 674.16
14	江西	199 147.83	257 045.15	337 889.08	258 703.09	155 501.57	257 162.95	573 750.77	481 068.78	292 676.96	492 499.64	3 305 445.82
15	山东	175 274.14	227 258.98	338 237.20	627 561.40	687 875.13	768 088.31	1 482 978.84	1 171 936.52	644 634.32	1 112 419.10	7 236 263.93
16	河南	45 403.96	76 582.44	114 552.37	349 097.04	464 549.45	548 518.35	1 031 308.74	955 362.01	543 621.72	1 022 233.07	5 151 229.16
17	湖北	62 931.21	104 396.92	177 173.02	130 519.43	400 857.14	549 888.90	883 964.27	702 233.80	485 235.78	824 308.31	4 321 508.78
18	湖南	119 081.47	170 770.33	234 477.73	261 042.58	451 841.98	642 741.01	835 646.29	488 215.51	229 252.85	425 352.55	3 858 422.31
19	广东	366 391.35	394 578.43	664 600.96	705 033.53	914 646.38	954 422.71	1 434 810.39	1 100 144.55	706 754.03	1 292 639.23	8 534 021.57
20	广西	48 490.26	51 619.47	73 163.89	132 977.66	209 544.78	231 509.72	280 393.59	168 441.17	107 236.10	179 188.65	1 482 565.29
21	海南	8 675.15	8 175.36	4 233.69	41 003.16	62 475.36	46 675.84	92 094.09	24 588.07	9 826.32	26 729.19	324 476.24
22	重庆	60 899.01	100 104.44	177 464.01	225 044.86	278 638.81	386 150.75	496 515.81	448 001.62	291 043.67	462 247.09	2 926 110.05
23	四川	66 295.93	58 870.20	69 743.05	128 495.28	166 476.11	182 317.15	545 662.50	551 661.74	365 390.48	793 242.04	2 928 154.49
24	贵州	26 480.77	27 367.60	33 209.82	46 150.02	78 112.00	75 396.96	262 283.92	197 136.49	120 029.57	275 816.78	1 141 983.92
25	云南	54 302.35	49 194.36	73 222.78	136 444.14	243 506.71	219 624.33	441 493.38	285 174.15	181 670.39	404 969.62	2 089 602.22
26	西藏	1 629.10	1 458.64	1 669.60	2 817.02	2 659.26	1 945.71	10 612.29	7 901.36	6 231.37	20 924.81	57 849.15
27	陕西	32 497.21	27 577.56	180 982.80	195 229.07	310 082.92	426 987.32	614 837.70	331 628.22	211 964.99	373 030.91	2 704 818.70
28	甘肃	31 801.34	44 162.78	58 528.86	22 497.61	56 109.49	80 935.32	151 099.25	140 709.77	80 854.26	210 052.16	876 750.84
29	青海	8 859.18	33 972.69	69 732.48	16 693.10	17 179.58	27 948.95	40 186.02	32 304.66	19 498.82	34 675.73	301 051.22
30	宁夏	3 551.72	13 905.01	79 049.23	13 922.81	17 198.13	20 817.69	66 999.03	57 329.39	32 956.74	72 243.35	377 973.09
31	新疆	36 183.70	42 006.40	168 493.79	73 070.64	91 653.66	105 527.34	178 786.89	146 246.03	91 325.09	184 046.09	1 116 939.62
	合计 Total	2 682 919.12	3 384 239.47	6 147 988.66	5 892 454.97	7 649 011.66	9 285 217.94	16 550 468.80	12 194 262.34	7 491 715.51	13 429 855.99	84 708 134.45

（国家体育总局体育彩票管理中心供稿）

2012—2021年中国体育彩票网点即开型彩票销售情况表（分地区）

Sales Statistics of Terminal-Sales Instant Win Tickets of Sports Lottery in Different Regions in China from 2012 to 2021

序号	地区	2012	2013	2014	2015	2016	2017	2018	2019	2020	2021	合计 Total
1	北　京	106 376.49	73 137.96	73 602.84	45 934.64	41 001.51	42 556.26	44 217.83	59 786.01	56 109.72	112 063.14	654 786.40
2	天　津	15 982.80	13 978.89	13 747.29	14 474.97	13 623.48	13 642.29	12 703.25	13 470.34	17 233.61	37 510.19	166 367.11
3	河　北	100 992.81	78 054.23	95 624.68	86 226.68	73 899.78	61 543.13	58 083.00	70 210.96	71 769.74	115 853.51	812 258.52
4	山　西	28 589.85	25 146.90	24 768.72	17 372.28	11 729.70	8 576.45	7 048.95	10 709.03	12 285.85	26 521.15	172 748.88
5	内蒙古	74 650.02	65 638.83	67 181.37	55 221.39	52 459.32	41 288.04	36 805.84	42 892.90	39 145.58	69 384.02	544 667.31
6	辽　宁	55 226.57	66 127.44	61 123.53	53 088.51	48 977.90	45 487.20	44 951.87	45 729.01	45 802.50	93 567.58	560 082.11
7	吉　林	51 925.92	52 222.44	59 834.24	53 356.49	46 920.58	33 631.01	31 644.15	31 979.98	37 655.07	60 928.35	460 098.22
8	黑龙江	55 833.36	60 076.46	58 318.17	50 156.67	47 402.90	39 768.23	38 203.26	38 368.67	34 218.54	53 263.81	475 610.07
9	上　海	41 743.22	33 609.12	27 152.46	20 800.10	18 103.27	16 745.48	19 340.02	25 893.09	29 212.25	60 358.47	292 957.47
10	江　苏	176 790.09	164 222.69	131 752.07	111 178.62	87 241.77	85 983.37	79 958.58	100 707.76	120 791.61	212 991.13	1 271 617.68
11	浙　江	111 260.55	93 708.62	89 313.48	77 430.57	72 273.09	61 826.40	60 817.08	77 063.29	103 572.94	198 555.27	945 821.29
12	安　徽	38 828.90	26 508.02	23 029.88	12 894.99	17 556.25	12 848.22	12 488.74	24 506.78	31 441.60	46 018.09	246 121.46
13	福　建	84 597.74	94 685.40	89 416.77	82 756.01	62 118.75	61 566.57	60 152.70	71 764.10	77 610.18	116 728.03	801 396.24
14	江　西	13 165.58	11 463.89	13 082.99	12 339.79	9 640.00	10 337.46	11 787.01	17 072.93	19 302.27	30 000.56	148 192.46
15	山　东	165 640.32	153 374.52	143 335.49	128 633.81	114 224.95	113 103.78	111 479.57	118 150.40	118 432.53	176 778.85	1 343 154.20
16	河　南	88 162.94	80 622.35	80 706.39	77 934.51	80 996.81	81 539.86	83 508.97	96 975.21	105 731.88	171 084.34	947 263.25
17	湖　北	16 839.66	7 961.15	12 924.49	12 637.64	14 584.46	15 519.14	23 904.12	27 100.68	21 136.94	37 309.98	189 918.53
18	湖　南	18 487.82	12 250.88	11 736.93	6 724.41	10 238.19	4 227.96	7 663.03	9 160.04	8 130.93	21 608.77	110 228.95
19	广　东	169 868.31	182 717.16	160 890.29	152 517.56	142 753.89	138 129.14	128 951.93	157 274.26	162 466.31	289 951.27	1 685 520.11
20	广　西	8 464.49	9 221.13	9 760.47	9 855.35	10 067.95	7 637.21	9 377.32	14 362.12	6 203.39	19 630.13	104 579.55
21	海　南	4 001.82	5 141.01	6 298.83	7 029.84	8 006.21	5 778.63	5 260.07	5 444.42	5 500.45	10 715.26	63 176.94
22	重　庆	27 728.82	14 645.18	10 205.52	9 271.47	7 442.92	7 817.11	9 156.13	11 350.54	11 575.05	28 767.37	137 960.11
23	四　川	75 001.61	68 456.06	56 586.35	47 054.90	38 265.24	28 069.43	26 363.24	36 618.93	55 368.54	102 031.46	533 815.74
24	贵　州	23 707.07	21 367.91	24 095.33	20 553.12	21 464.47	19 388.30	19 530.40	24 860.72	34 197.77	59 717.07	268 882.15
25	云　南	92 123.97	93 748.85	91 676.84	80 593.07	78 072.75	77 124.96	67 681.88	93 646.72	103 815.78	212 019.46	990 504.26
26	西　藏	17 348.49	16 915.86	16 320.03	14 901.24	14 540.58	14 195.97	11 119.68	16 898.16	23 679.27	36 721.71	182 640.99
27	陕　西	47 748.09	44 203.80	41 102.91	35 620.68	28 781.10	20 888.81	17 917.60	22 488.92	34 547.51	61 330.05	354 629.47
28	甘　肃	33 524.04	32 140.97	26 307.65	24 374.51	23 924.77	22 026.87	20 213.11	24 219.16	30 724.49	44 164.40	281 619.96
29	青　海	9 934.17	9 127.74	6 567.41	5 361.15	5 433.01	5 488.82	5 951.34	5 972.11	7 248.14	12 070.96	73 154.85
30	宁　夏	9 513.39	11 124.74	10 582.56	10 022.66	10 352.75	9 836.44	8 195.95	9 740.60	12 158.02	19 186.68	110 713.78
31	新　疆	38 007.30	41 266.79	35 626.68	32 233.83	32 791.92	28 114.32	26 067.06	39 056.35	32 661.37	85 481.95	391 307.57
合计 Total		1 802 066.16	1 662 866.91	1 572 672.88	1 368 551.40	1 244 890.64	1 134 686.86	1 100 543.68	1 343 474.19	1 469 729.83	2 622 313.01	15 321 795.55

注：本统计表只统计网点销售即开票的销量，不包含手机即开票销量。

（国家体育总局体育彩票管理中心供稿）

（四）2021年彩票销售统计资料
Sales Statistics of Different Lottery Games in 2021

2021年中国福利彩票全国联网游戏
Monthly Sales Statistics of National Games

双 色 球

地区 Region	游戏类型 Game Type	1月 Jan.	2月 Feb.	3月 Mar.	4月 Apr.	5月 May	6月 June
北　京	乐透组合	15 990.73	8 634.90	16 585.21	16 772.63	16 246.63	15 968.62
天　津		4 752.08	2 610.66	4 975.96	5 009.31	4 931.40	4 709.99
河　北		16 144.12	10 342.74	19 689.18	19 977.79	21 530.22	19 785.51
山　西		8 740.77	4 645.19	8 704.71	8 697.58	8 519.13	8 067.18
内蒙古		9 139.54	5 033.30	9 246.82	9 395.83	9 340.29	8 982.66
辽　宁		15 313.73	9 048.18	15 926.12	15 611.01	15 510.85	14 907.64
吉　林		6 212.85	3 364.71	6 262.78	6 265.30	6 188.60	5 935.42
黑龙江		8 824.23	5 087.49	10 260.57	10 511.64	10 213.57	9 459.65
上　海		18 878.02	10 255.92	19 639.67	19 841.21	19 450.82	19 007.78
江　苏		28 879.08	15 934.24	29 287.15	29 753.51	29 459.31	28 117.68
浙　江		38 344.55	20 328.38	40 067.98	39 902.63	39 598.85	38 228.54
安　徽		18 168.96	10 340.82	18 154.52	18 547.53	18 080.65	17 291.77
福　建		19 135.03	10 416.62	17 914.19	17 988.51	17 649.97	16 677.56
江　西		10 959.06	6 109.84	10 854.77	10 926.09	10 803.86	10 383.43
山　东		29 748.67	16 476.86	29 638.59	29 947.14	29 961.09	28 660.98
河　南		21 726.26	11 941.78	21 145.78	21 388.98	21 126.45	19 818.84
湖　北		19 964.58	11 575.58	20 143.97	19 048.85	18 403.69	17 315.83
湖　南		17 582.12	9 915.76	17 574.20	17 449.07	17 162.47	16 351.37
广　东		59 655.98	32 273.70	60 777.92	60 379.74	58 417.65	57 284.74
广　西		13 468.75	7 420.04	13 427.24	13 033.70	13 012.84	12 478.28
海　南		2 765.30	1 596.51	2 823.70	2 775.07	2 758.81	2 701.37
重　庆		10 797.83	6 196.75	10 916.91	10 757.92	10 565.29	10 235.41
四　川		25 122.93	14 360.02	25 316.81	25 351.59	25 520.48	24 051.23
贵　州		10 403.72	5 811.31	10 639.54	11 016.40	11 058.85	10 428.10
云　南		19 197.51	10 460.80	19 829.84	20 153.99	20 388.70	19 582.42
西　藏		1 124.72	381.18	1 035.57	1 257.90	1 344.17	1 254.87
陕　西		16 256.35	8 668.91	16 200.81	16 855.90	16 186.32	15 322.37
甘　肃		7 208.84	3 871.72	7 324.56	7 493.70	7 194.42	6 878.11
青　海		2 523.53	1 233.96	2 396.33	2 461.97	2 439.51	2 325.11
宁　夏		5 042.88	2 764.14	5 094.57	5 002.37	4 683.68	4 429.43
新　疆		8 594.80	4 664.48	8 941.22	9 155.22	8 744.91	8 657.95
合计 Total		490 667.53	271 766.45	500 797.18	502 730.08	496 493.50	475 299.82

品种销售统计（分地区按月统计）

of Welfare Lottery in Different Regions in China in 2021

单位：万元
Unit：Ten Thousand Yuan

7月 July	8月 Aug.	9月 Sept.	10月 Oct.	11月 Nov.	12月 Dec.	合计 Total
15 168.27	16 448.36	15 441.24	13 974.18	17 487.01	20 326.06	189 043.83
4 492.39	4 975.00	4 739.87	4 285.08	5 495.98	6 384.08	57 361.81
17 974.28	20 371.94	19 407.77	17 699.81	22 771.08	26 281.54	231 975.97
7 943.33	8 722.56	8 271.67	7 413.20	9 580.63	10 807.77	100 113.71
8 534.40	9 418.84	8 726.69	7 715.27	11 025.58	11 837.25	108 396.49
14 605.41	16 065.57	15 295.49	13 673.63	16 992.54	19 097.93	182 048.10
5 670.19	7 236.29	6 409.18	5 409.36	7 543.17	7 924.14	74 421.99
9 021.62	9 796.12	9 182.96	8 419.27	10 477.60	9 688.30	110 943.01
17 967.17	19 892.08	18 561.54	17 132.19	21 006.85	23 767.99	225 401.25
27 277.44	27 859.52	27 664.68	25 256.74	32 659.86	36 984.51	339 133.72
36 845.61	41 008.88	39 342.12	36 427.96	45 212.00	50 184.34	465 491.85
16 894.44	18 696.56	17 639.57	15 986.28	20 428.97	23 904.61	214 134.69
16 342.44	17 929.66	16 721.36	15 345.14	20 867.39	24 446.20	211 434.05
9 853.27	10 674.41	10 154.34	9 244.33	12 584.71	14 344.33	126 892.43
27 566.07	30 668.33	28 851.74	26 361.85	33 185.47	38 297.97	349 364.76
18 664.96	19 195.74	19 424.49	18 002.61	24 936.10	25 074.65	242 446.64
17 733.88	19 209.25	19 495.54	17 292.39	20 671.59	23 270.28	224 125.46
16 164.46	17 273.85	17 337.91	15 709.58	21 180.44	23 489.13	207 190.36
58 332.27	62 281.08	57 895.86	52 682.22	67 580.81	74 585.95	702 147.90
12 344.41	13 287.68	12 248.77	11 003.04	13 731.31	14 869.97	150 326.02
2 539.81	2 676.70	2 532.24	2 289.01	3 080.65	3 542.87	32 082.05
9 987.01	11 726.76	11 102.41	9 964.99	12 541.52	14 222.76	129 015.54
22 729.93	25 047.00	24 727.27	21 943.81	29 079.56	33 046.14	296 296.76
9 938.00	10 447.89	9 966.66	8 757.64	12 105.29	12 916.61	123 490.00
19 047.40	20 571.02	19 761.09	17 718.62	24 385.59	25 119.68	236 216.67
1 231.78	1 330.47	1 275.92	1 124.97	1 447.80	1 563.37	14 372.72
14 990.80	16 128.94	15 419.17	13 974.40	18 539.48	17 799.44	186 342.87
6 585.74	7 261.76	6 897.98	5 292.23	5 943.91	8 725.15	80 678.11
2 233.97	2 490.20	2 401.73	2 083.28	2 798.95	3 297.40	28 685.92
4 143.70	4 522.07	4 309.42	3 586.59	5 021.45	6 374.62	54 974.92
8 348.11	9 186.52	8 910.99	7 830.57	10 726.22	12 490.79	106 251.77
461 172.55	**502 401.02**	**480 117.67**	**433 600.24**	**561 089.50**	**624 665.84**	**5 800 801.36**

3D

地区 Region	游戏类型 Game Type	1月 Jan.	2月 Feb.	3月 Mar.	4月 Apr.	5月 May	6月 June
北 京	乐透排列	5 361.66	3 134.94	5 900.57	5 832.12	5 758.69	5 678.70
天 津		1 322.14	805.69	1 481.66	1 554.03	1 597.78	1 580.30
河 北		6 038.64	3 314.35	6 033.71	5 943.06	6 108.01	5 911.76
山 西		3 379.25	1 963.64	4 072.81	5 761.85	5 234.61	4 124.71
内蒙古		5 553.31	3 593.41	9 130.63	7 208.97	6 737.86	6 297.93
辽 宁		11 252.99	7 111.79	11 764.69	12 343.62	17 091.78	12 915.30
吉 林		3 048.73	1 835.66	3 317.34	3 503.43	4 246.40	4 055.40
黑龙江		3 767.02	2 180.00	4 286.79	4 557.90	4 643.83	4 369.88
上 海		2 466.42	1 447.18	2 765.81	2 827.70	3 014.92	3 068.10
江 苏		6 659.79	3 947.14	7 900.11	8 525.00	8 144.08	7 419.33
浙 江		10 911.79	5 991.35	10 509.75	12 330.58	15 941.39	12 720.90
安 徽		5 103.64	3 007.88	7 508.89	7 243.36	6 185.80	5 692.24
福 建		1 921.74	1 113.16	1 919.58	1 960.88	2 006.56	1 914.49
江 西		2 597.27	1 711.34	2 810.79	2 638.54	5 029.62	6 187.24
山 东		11 747.45	7 509.10	12 216.53	12 677.73	13 538.61	12 784.04
河 南		5 611.89	3 184.60	5 561.97	5 728.93	6 459.29	6 135.00
湖 北		11 561.23	7 226.41	11 380.96	10 805.28	10 972.10	10 203.54
湖 南		8 857.91	4 977.26	8 674.12	8 355.14	8 647.57	8 149.51
广 东		7 599.63	4 483.58	7 968.07	8 110.13	8 659.84	8 553.10
广 西		2 531.59	1 451.06	2 434.07	2 387.08	2 401.55	2 362.15
海 南		131.08	88.27	248.51	132.02	118.20	118.53
重 庆		3 607.47	2 135.96	3 353.13	3 490.90	3 598.94	3 383.20
四 川		10 958.44	6 409.28	11 433.66	11 405.83	11 997.90	11 354.82
贵 州		5 232.51	3 165.44	5 228.77	5 426.32	5 826.54	5 435.62
云 南		21 318.10	12 397.37	21 652.64	22 344.86	24 114.67	24 154.46
西 藏		566.44	257.62	666.05	833.57	937.38	894.88
陕 西		8 220.81	4 601.01	8 453.90	8 723.51	9 139.99	9 003.06
甘 肃		4 450.29	2 499.90	4 516.46	4 653.73	4 574.25	4 446.11
青 海		3 241.81	1 651.15	3 008.51	3 128.72	3 108.75	3 068.64
宁 夏		2 334.40	1 351.00	2 346.83	3 496.44	2 888.57	2 508.87
新 疆		4 750.06	3 409.23	5 916.18	6 248.80	6 698.55	6 234.43
合计 Total		182 105.50	107 955.75	194 463.50	200 180.01	215 424.02	200 726.24

四、彩票统计资料

单位：万元
Unit: Ten Thousand Yuan

7月 July	8月 Aug.	9月 Sept.	10月 Oct.	11月 Nov.	12月 Dec.	合计 Total
5 942.81	6 711.47	7 700.82	6 397.05	7 179.60	7 532.26	73 130.69
1 637.45	2 060.05	3 882.09	2 098.73	2 246.33	2 357.24	22 623.50
6 325.54	6 760.43	6 535.83	6 144.48	7 367.78	8 228.03	74 711.64
4 268.77	4 497.72	4 397.82	4 112.78	5 037.37	5 256.80	52 108.13
6 494.69	6 665.90	6 807.17	6 649.75	7 862.29	8 303.26	81 305.18
13 038.51	13 355.39	13 032.53	12 237.50	13 999.41	15 765.25	153 908.76
4 151.76	3 761.66	3 772.69	3 438.41	4 057.69	4 519.81	43 708.96
4 366.96	4 506.69	4 482.23	4 228.26	4 899.56	4 463.53	50 752.67
3 303.61	3 390.49	3 238.17	2 990.99	3 647.16	5 012.32	37 172.86
7 683.49	7 939.57	9 679.25	13 232.78	12 711.76	11 358.50	105 200.79
12 517.28	13 007.63	12 733.51	11 985.08	14 392.80	14 919.80	147 961.86
6 015.28	6 194.46	5 977.38	5 477.95	6 355.47	6 610.49	71 372.83
2 012.71	2 064.39	2 606.05	1 968.75	2 381.80	2 494.33	24 364.42
3 152.24	2 993.93	6 599.64	3 310.21	3 624.53	3 551.55	44 206.89
13 171.06	13 176.55	13 263.15	12 439.65	14 666.38	15 054.47	152 244.71
5 894.25	6 093.32	5 913.55	9 271.01	7 584.90	7 563.03	75 001.74
10 514.47	10 688.72	10 551.69	10 249.42	11 732.84	16 898.82	132 785.49
8 760.87	9 455.29	9 605.87	8 773.88	10 591.31	11 941.18	106 789.91
8 982.70	9 172.00	9 461.12	14 438.52	12 177.76	11 949.52	111 555.97
2 442.21	3 169.30	3 414.70	2 473.57	2 861.88	3 010.51	30 939.67
127.03	123.42	113.34	112.96	147.27	172.75	1 633.38
3 411.74	3 533.02	3 463.12	4 409.67	4 418.50	4 174.26	42 979.91
11 661.27	12 320.81	12 152.98	11 255.55	13 203.04	13 671.20	137 824.79
5 778.47	6 584.96	6 631.68	5 808.14	6 503.56	6 402.62	68 024.65
25 671.81	28 796.00	31 190.07	26 606.89	30 954.12	31 479.52	300 680.51
924.04	1 001.18	1 032.10	953.43	1 881.35	1 343.69	11 291.72
9 207.79	9 877.09	10 186.63	9 615.51	11 726.00	11 051.98	109 807.29
4 584.90	4 921.60	6 352.03	4 596.52	4 522.33	6 039.88	56 157.99
3 214.48	3 428.93	3 422.08	3 139.84	3 808.23	4 080.17	38 301.32
2 496.71	2 695.25	2 706.76	2 490.06	3 002.52	3 446.33	31 763.75
6 648.52	7 170.53	7 397.53	7 246.01	8 754.72	9 862.36	80 336.93
204 403.40	**216 117.75**	**228 303.58**	**218 153.37**	**244 300.24**	**258 515.51**	**2 470 648.89**

七 乐 彩

地 区 Region	游戏类型 Game Type	1月 Jan.	2月 Feb.	3月 Mar.	4月 Apr.	5月 May	6月 June
北 京	乐透组合	140.84	92.53	133.45	129.25	121.12	123.46
天 津		51.93	35.05	63.97	49.40	47.44	45.66
河 北		285.44	228.89	345.82	303.60	279.00	258.46
山 西		120.13	78.41	132.03	112.62	99.86	88.32
内蒙古		143.25	93.47	142.16	137.76	123.68	111.59
辽 宁		270.11	192.58	272.41	252.26	240.34	235.36
吉 林		112.83	74.92	104.71	98.68	94.28	90.69
黑龙江		86.11	58.53	94.38	90.32	80.27	74.48
上 海		262.72	179.19	282.84	271.73	254.51	251.31
江 苏		341.61	240.66	370.65	355.27	333.84	316.52
浙 江		399.10	267.29	387.29	401.54	383.21	378.31
安 徽		267.33	187.81	262.14	265.38	243.46	240.05
福 建		614.28	447.37	521.70	595.68	557.40	524.04
江 西		154.90	106.51	142.97	145.78	137.28	134.31
山 东		2 133.47	1 435.66	2 232.28	2 069.59	1 892.26	1 822.96
河 南		228.06	147.46	206.33	194.64	182.68	173.84
湖 北		199.73	133.74	206.79	191.53	184.71	177.10
湖 南		168.29	117.72	173.02	162.50	153.74	147.67
广 东		107.47	64.57	99.53	81.49	76.58	79.25
广 西		392.13	246.16	363.29	351.33	319.30	296.71
海 南		17.42	12.42	17.39	15.80	17.38	15.09
重 庆		71.37	48.45	72.12	66.05	64.06	60.64
四 川		150.98	102.19	148.73	135.33	123.28	115.13
贵 州		57.83	38.12	54.05	49.51	45.10	44.22
云 南		183.96	120.10	190.28	177.54	163.34	159.16
西 藏		7.14	4.12	8.69	9.71	8.15	7.77
陕 西		165.68	107.63	178.66	168.74	153.22	148.10
甘 肃		77.02	50.86	94.60	85.47	73.24	65.89
青 海		35.92	16.80	27.87	25.07	21.21	20.43
宁 夏		47.26	31.11	47.38	42.03	35.46	35.30
新 疆		120.54	78.88	132.37	131.85	121.59	121.28
合计 Total		7 414.83	5 039.18	7 509.91	7 167.43	6 630.98	6 363.12

四、彩票统计资料

单位：万元
Unit: Ten Thousand Yuan

7月 July	8月 Aug.	9月 Sept.	10月 Oct.	11月 Nov.	12月 Dec.	合计 Total
125.15	123.51	124.82	131.83	130.00	158.17	1 534.14
47.28	46.54	49.38	50.77	50.27	60.12	597.81
282.20	281.88	274.08	294.20	285.07	346.44	3 465.07
91.22	90.38	92.99	88.14	98.40	124.79	1 217.30
118.93	116.65	126.54	130.72	137.83	164.49	1 547.07
253.53	251.07	249.59	264.05	256.69	318.41	3 056.39
96.66	88.22	94.99	104.42	95.02	121.89	1 177.31
82.46	79.94	80.57	87.18	82.95	96.84	994.04
259.24	267.48	276.50	278.17	285.96	338.48	3 208.13
328.91	284.94	289.64	322.71	323.11	395.65	3 903.52
406.61	394.19	385.17	463.83	422.08	557.36	4 845.98
265.61	254.83	253.78	290.01	268.17	344.44	3 143.01
610.89	580.56	534.02	894.38	669.15	934.06	7 483.52
136.89	135.07	133.14	152.70	146.54	185.08	1 711.18
1 851.54	1 849.89	1 874.37	1 835.82	1 968.76	2 258.49	23 225.10
170.45	164.26	170.74	168.16	185.82	214.84	2 207.28
172.55	134.19	136.27	141.43	139.29	164.97	1 982.30
154.47	147.64	149.81	166.98	158.25	192.10	1 892.20
82.04	84.04	77.16	84.66	89.23	102.20	1 028.21
318.09	307.61	301.40	326.60	314.53	399.53	3 936.66
14.71	13.45	14.51	13.60	15.17	21.03	187.97
65.56	63.49	66.98	69.57	69.47	84.67	802.40
119.33	120.22	124.56	128.99	137.88	160.17	1 566.79
46.16	40.72	41.89	45.13	45.36	55.77	563.85
168.73	161.16	162.66	183.61	181.87	210.55	2 062.94
7.84	7.61	7.57	8.14	9.30	10.09	96.14
143.65	140.43	147.71	141.36	158.08	155.29	1 808.55
68.99	64.83	60.80	51.06	47.56	76.65	816.97
22.99	21.51	22.22	19.56	22.54	26.60	282.71
34.42	35.17	36.93	31.87	35.38	45.63	457.95
127.35	134.65	132.99	141.10	164.38	226.53	1 633.50
6 674.44	**6 486.12**	**6 493.76**	**7 110.77**	**6 994.11**	**8 551.32**	**82 435.98**

地区 Region	游戏类型 Game Type	1月 Jan.	2月 Feb.	3月 Mar.	4月 Apr.	5月 May	6月 June
北京	基诺	184.42	808.34	1 606.03	1 709.93	1 904.73	2 380.39
天津		630.00	470.32	1 061.44	1 026.53	1 194.90	1 368.45
河北		426.10	404.59	2 153.89	6 147.55	7 326.93	8 712.60
山西		1 578.81	1 198.39	2 696.35	2 588.75	3 561.55	3 754.87
内蒙古		1 118.60	984.26	1 546.23	1 642.49	2 155.08	3 549.25
辽宁		4 658.39	3 013.22	7 492.22	6 474.38	6 302.66	7 557.74
吉林		1 400.73	1 763.83	4 152.18	3 979.19	4 279.36	5 038.99
黑龙江		1 216.80	723.59	1 424.05	1 587.39	2 186.64	3 116.72
上海		2 380.11	1 039.34	1 896.18	1 742.58	1 858.56	2 348.67
江苏		4 831.75	2 938.02	6 307.68	6 273.58	8 026.92	9 942.36
浙江		12 822.05	7 525.65	13 628.18	12 489.71	13 697.60	17 068.16
安徽		4 116.61	2 603.11	4 754.24	4 670.30	5 663.36	6 432.91
福建		1 887.09	3 078.34	6 817.65	5 876.32	7 181.23	8 117.12
江西		2 825.46	1 719.50	3 668.45	4 159.56	4 451.59	5 825.95
山东		7 308.27	5 500.86	13 534.86	13 938.98	16 200.90	16 511.80
河南		2 764.11	2 319.49	5 855.22	6 533.57	7 672.89	9 065.67
湖北		2 991.04	1 935.10	5 391.43	7 345.78	6 535.09	9 203.89
湖南		4 970.41	3 265.71	6 151.57	7 446.62	6 898.41	8 834.54
广东		9 631.20	6 525.50	16 006.23	18 082.79	20 049.15	22 765.59
广西		1 399.84	1 858.63	3 952.02	3 661.89	4 647.23	6 434.62
海南		100.12	130.87	171.24	182.17	246.05	344.47
重庆		1 817.32	1 263.50	5 920.83	6 038.38	5 985.58	6 899.96
四川		5 465.22	3 601.78	8 636.65	10 015.08	11 032.54	13 996.84
贵州		2 073.36	1 576.70	3 706.74	3 823.27	4 600.02	6 964.75
云南		1 747.39	1 196.79	2 158.48	2 720.91	4 320.30	5 929.59
西藏		78.90	69.78	169.02	160.16	358.03	244.64
陕西		3 291.68	1 994.14	5 617.61	6 597.80	7 447.41	8 294.07
甘肃		763.27	387.90	829.92	1 010.69	1 675.06	2 597.28
青海		274.78	302.07	486.72	452.61	509.20	644.85
宁夏		584.94	299.64	911.65	930.02	1 323.65	1 774.16
新疆		4 105.44	3 809.22	7 948.59	6 610.80	6 390.53	7 538.43
合计 Total		89 444.21	64 308.19	146 653.55	155 919.78	175 683.14	213 259.32

四、彩票统计资料

单位：万元
Unit: Ten Thousand Yuan

7月 July	8月 Aug.	9月 Sept.	10月 Oct.	11月 Nov.	12月 Dec.	合计 Total
2 822.16	2 610.04	2 783.23	2 691.50	2 849.66	3 340.40	25 690.83
1 500.14	1 403.54	1 375.88	1 327.12	1 443.61	1 790.42	14 592.34
9 436.82	8 670.11	8 909.07	8 886.50	9 570.39	10 921.12	81 565.67
3 667.66	3 180.79	3 665.51	3 868.02	3 982.74	4 998.47	38 741.91
4 159.67	3 747.06	3 828.41	3 564.20	3 649.97	4 020.92	33 966.15
7 828.28	6 545.44	7 209.70	6 548.27	6 924.27	8 290.54	78 845.12
5 676.26	4 442.44	4 874.48	4 672.95	4 500.41	5 578.35	50 359.16
3 459.94	3 348.63	3 713.41	4 265.41	3 868.32	4 002.38	32 913.29
2 756.87	2 600.71	2 974.35	3 221.36	3 283.64	3 890.93	29 993.29
11 355.01	9 843.67	10 739.90	9 782.32	10 169.36	13 647.08	103 857.66
18 991.78	16 991.71	19 187.56	17 888.51	17 698.75	19 617.81	187 607.47
7 926.96	8 290.93	7 343.36	6 685.02	7 091.91	7 778.15	73 356.86
9 039.13	8 037.03	8 630.38	8 196.53	7 804.63	8 578.77	83 244.22
7 383.19	6 511.70	7 209.54	9 436.55	7 462.14	8 428.44	69 082.05
17 670.37	16 329.36	17 647.17	18 598.63	18 396.04	21 715.28	183 352.51
9 628.65	8 428.20	9 504.38	9 897.96	9 638.38	10 837.73	92 146.25
11 836.22	10 438.37	11 886.21	9 942.96	9 917.58	17 797.48	105 221.14
9 349.78	9 663.94	10 966.12	10 409.87	10 935.12	11 192.92	100 085.01
26 069.23	24 289.11	25 246.46	23 087.50	25 269.81	27 732.37	244 754.92
7 667.07	6 720.68	6 939.62	7 669.42	7 533.29	7 085.92	65 570.25
416.10	357.67	410.96	439.87	473.55	485.41	3 758.47
8 011.10	6 896.98	11 299.29	11 283.82	8 951.06	12 925.45	87 293.29
15 743.09	13 416.25	14 425.05	14 097.11	14 091.74	15 970.85	140 492.21
7 933.75	6 467.88	6 650.03	5 981.48	6 470.29	6 985.24	63 233.51
6 353.34	5 503.14	5 592.57	7 918.96	6 193.85	6 832.21	56 467.52
362.23	385.64	396.11	371.73	400.05	458.01	3 454.30
9 116.43	7 990.53	10 255.69	8 625.29	8 646.55	9 009.70	86 886.90
2 546.54	2 122.18	2 172.02	2 059.86	1 891.99	2 606.94	20 663.65
702.38	650.17	750.41	671.20	734.13	760.99	6 939.51
1 753.56	1 401.65	1 477.54	1 423.07	1 359.14	1 654.03	14 893.05
9 001.72	7 629.06	8 505.14	8 520.67	8 432.54	10 823.59	89 315.74
240 165.40	**214 914.58**	**236 569.58**	**232 033.65**	**229 634.94**	**269 757.88**	**2 268 344.23**

2021年中国福利彩票区域联网游戏销售统计（分地区按月统计）

Monthly Sales Statistics of Inter-Regional Games of Welfare Lottery in Different Regions in China in 2021

15 选 5

单位：万元
Unit: Ten Thousand Yuan

地 区 Region	游戏类型 Game Type	1月 Jan.	2月 Feb.	3月 Mar.	4月 Apr.	5月 May	6月 June	7月 July	8月 Aug.	9月 Sept.	10月 Oct.	11月 Nov.	12月 Dec.	合计 Total
上海	乐透组合	329.52	135.05	231.70	220.13	228.18	207.17	225.14	215.29	222.72	207.32	250.03	279.87	2 752.12
江苏		627.25	347.55	611.72	589.14	605.39	547.55	583.30	532.25	536.67	486.78	562.67	649.04	6 679.31
浙江		364.93	157.12	291.18	289.42	317.39	289.05	318.61	306.11	282.78	287.17	314.23	370.39	3 588.38
安徽		396.19	212.20	341.96	322.84	331.75	306.53	340.35	318.62	301.29	272.44	313.96	356.08	3 814.21
福建		252.59	115.32	189.34	177.14	181.55	163.56	175.97	163.43	168.45	155.00	186.61	209.68	2 138.63
江西		127.70	66.53	108.09	96.23	101.14	89.63	98.06	94.74	91.62	83.43	97.58	112.09	1 166.83
合 计 Total		2 098.18	1 033.77	1 773.98	1 694.90	1 765.40	1 603.49	1 741.44	1 630.44	1 603.52	1 492.14	1 725.09	1 977.16	20 139.48

东 方 6+1

单位：万元
Unit: Ten Thousand Yuan

地 区 Region	游戏类型 Game Type	1月 Jan.	2月 Feb.	3月 Mar.	4月 Apr.	5月 May	6月 June	7月 July	8月 Aug.	9月 Sept.	10月 Oct.	11月 Nov.	12月 Dec.	合计 Total
辽宁	乐透排列	21.21	14.22	23.09	18.84	22.09	19.88	19.53	20.07	20.20	17.26	19.36	20.19	235.94
上海		117.07	77.09	128.62	107.29	120.15	110.84	110.05	110.17	115.36	97.94	114.99	119.32	1 328.90
江苏		190.96	126.74	208.47	172.01	193.77	180.18	179.73	167.35	181.77	155.75	183.35	182.33	2 122.40
浙江		283.40	181.07	306.09	257.99	285.67	258.11	253.70	255.15	259.65	223.69	263.05	262.37	3 089.94
安徽		82.60	52.45	85.33	69.74	77.59	69.11	67.78	64.23	64.59	57.08	66.29	67.62	824.40
福建		92.71	59.51	90.47	76.75	87.94	81.52	78.90	71.69	69.56	59.00	69.56	69.49	907.10
江西		11.69	8.70	14.17	11.95	14.39	13.65	13.12	11.98	13.00	10.99	12.67	12.67	148.99
合 计 Total		799.65	519.78	856.25	714.56	801.59	733.29	722.83	700.62	724.14	621.70	729.27	734.00	8 657.68

2021年中国福利彩票地方游戏销售情况表（分地区按月统计）
Monthly Sales Statistics of Regional Games of China Welfare Lottery in 2021

单位：万元
Unit: Ten Thousand Yuan

地区 Region	游戏类型 Game Type	游戏名称 Game Name	1月 Jan.	2月 Feb.	3月 Mar.	4月 Apr.	5月 May	6月 June	7月 July	8月 Aug.	9月 Sept.	10月 Oct.	11月 Nov.	12月 Dec.	合计 Total
北 京	乐透组合	北京快3	4 154.47	1 062.59	—	—	—	—	—	—	—	—	—	—	5 217.06
天 津	乐透组合	天津快乐十分	15 853.36	4 366.48	—	—	—	—	—	—	—	—	—	—	20 219.84
河 北	乐透组合	河北20选5	498.47	385.50	756.91	635.33	621.42	587.00	581.00	599.52	596.44	525.55	599.02	696.57	7 082.73
	乐透组合	河北快3	5 673.10	1 613.33	—	—	—	—	—	—	—	—	—	—	7 286.43
	乐透排列	河北数字5	10.04	8.56	12.07	7.37	6.81	6.42	6.38	6.50	6.05	5.87	6.50	9.31	91.88
		河北数字7	51.33	40.39	69.69	59.94	57.80	61.26	59.76	60.15	60.73	57.88	64.47	67.51	710.91
山 西	乐透组合	山西快乐十分	14 263.95	3 857.64	—	—	—	—	—	—	—	—	—	—	18 121.59
内蒙古	乐透组合	内蒙古快3	10 444.97	2 943.61	—	—	—	—	—	—	—	—	—	—	13 388.58
辽 宁	乐透组合	辽宁快乐十二	31 208.37	9 278.74	—	—	—	—	—	—	—	—	—	—	40 487.11
吉 林	乐透组合	吉林快3	9 068.06	2 269.41	—	—	—	—	—	—	—	—	—	—	11 337.46
黑龙江	乐透组合	黑龙江22选5	47.93	32.84	46.40	47.50	42.86	74.69	46.47	48.20	48.44	43.04	38.54	36.30	553.20
		黑龙江36选7	13.36	9.00	17.59	13.57	15.11	12.66	12.16	12.38	12.41	11.29	11.90	10.45	151.89
		黑龙江快乐十分	15 241.48	4 018.69	—	—	—	—	—	—	—	—	—	—	19 260.17
	乐透排列	黑龙江数字6	53.77	34.41	74.21	84.56	91.79	96.79	109.12	128.07	163.40	174.72	205.32	125.05	1 341.22
上 海	乐透组合	上海快3	21 580.39	6 315.35	—	—	—	—	—	—	—	—	—	—	27 895.74
	乐透排列	上海选4	632.43	387.28	695.97	695.51	720.41	667.29	675.51	692.20	711.07	615.89	720.87	800.25	8 014.67

续表

地区 Region	乐透类型 Game Type	游戏名称 Game Name	1月 Jan.	2月 Feb.	3月 Mar.	4月 Apr.	5月 May	6月 June	7月 July	8月 Aug.	9月 Sept.	10月 Oct.	11月 Nov.	12月 Dec.	合计 Total
江 苏	乐透组合	江苏快3	39 238.90	12 064.97	—	—	—	—	—	—	—	—	—	—	51 303.87
浙 江	乐透组合	浙江快乐十二	37 428.07	10 717.19	—	—	—	—	—	—	—	—	—	—	48 145.25
	乐透组合	浙江快2	276.83	99.13	—	—	—	—	—	—	—	—	—	—	375.96
安 徽	乐透组合	安徽快3	9 248.96	2 409.21	—	—	—	—	—	—	—	—	—	—	11 658.16
福 建	乐透组合	福建快3	3 297.82	1 059.01	—	—	—	—	—	—	—	—	—	—	4 356.83
江 西	乐透组合	江西快3	1 156.78	324.04	—	—	—	—	—	—	—	—	—	—	1 480.82
山 东	乐透组合	山东群英会	28 594.33	8 258.54	—	—	—	—	—	—	—	—	—	—	36 852.88
河 南	乐透组合	河南22选5	2 395.28	1 372.97	2 327.15	2 249.87	2 137.93	2 046.15	1 966.01	1 995.26	1 994.59	1 738.10	1 973.34	2 217.23	24 413.88
	乐透组合	河南快3	3 057.22	739.88	—	—	—	—	—	—	—	—	—	—	3 797.10
湖 北	乐透组合	湖北30选5	28.29	16.50	35.72	52.68	36.56	26.14	27.41	22.77	27.55	34.75	21.72	17.83	347.91
	乐透组合	湖北快3	12 371.86	3 486.82	—	—	—	—	—	—	—	—	—	—	15 858.68
湖 南	乐透组合	湖南快乐十分	12 136.21	3 469.65	—	—	—	—	—	—	—	—	—	—	15 605.86
广 东	乐透组合	广东36选7	1 634.10	1 101.48	1 881.41	1 398.96	1 091.37	1 183.79	1 145.70	989.43	1 117.14	1 035.18	938.66	1 050.15	14 567.38
		广东36选7好彩1	1 449.70	768.26	1 462.04	1 344.42	1 450.83	1 348.49	1 357.82	1 555.67	1 571.66	1 854.87	1 620.51	1 443.93	17 228.21
		广东36选7好彩2	96.71	63.84	115.20	111.29	106.21	94.63	97.42	103.04	106.98	92.98	103.38	109.42	1 201.15
		广东36选7好彩3	1 440.47	939.14	1 656.30	1 553.22	1 472.56	1 375.86	1 432.01	1 487.08	1 496.27	1 315.79	1 444.84	1 562.10	17 175.65
		广东快乐十分	69 641.11	20 017.85	—	—	—	—	—	—	—	—	—	—	89 658.96
广 西	乐透组合	广西快乐双彩	414.52	262.40	323.20	271.46	364.96	339.48	275.28	244.53	265.10	349.38	301.11	317.75	3 729.17
		广西快3	5 248.83	1 590.70	—	—	—	—	—	—	—	—	—	—	6 839.53

续表

地区 Region	乐透类型 Game Type	游戏名称 Game Name	1月 Jan.	2月 Feb.	3月 Mar.	4月 Apr.	5月 May	6月 June	7月 July	8月 Aug.	9月 Sept.	10月 Oct.	11月 Nov.	12月 Dec.	合计 Total
海 南	乐透组合	海南快2	739.43	206.58	—	—	—	—	—	—	—	—	—	—	946.02
重 庆	乐透组合	重庆快乐十分	10 123.00	3 097.47	—	—	—	—	—	—	—	—	—	—	13 220.47
四 川	乐透组合	四川快乐十二	23 921.31	6 229.07	—	—	—	—	—	—	—	—	—	—	30 150.37
贵 州	乐透组合	贵州快3	2 578.79	803.46	—	—	—	—	—	—	—	—	—	—	3 382.24
云 南	乐透组合	云南快乐十分	19 743.40	5 770.09	—	—	—	—	—	—	—	—	—	—	25 513.49
西 藏	乐透组合	西藏快3	12 193.71	3 217.15	—	—	—	—	—	—	—	—	—	—	15 410.86
陕 西	乐透组合	陕西快乐十分	43 434.75	11 559.38	—	—	—	—	—	—	—	—	—	—	54 994.13
甘 肃	乐透组合	甘肃快3	16 404.50	4 502.02	—	—	—	—	—	—	—	—	—	—	20 906.53
青 海	乐透组合	青海快3	6 841.74	2 027.63	—	—	—	—	—	—	—	—	—	—	8 869.37
宁 夏	乐透组合	宁夏快3	3 043.61	821.72	—	—	—	—	—	—	—	—	—	—	3 865.33
新 疆	乐透组合	新疆18选7	10.21	13.87	1.87	21.21	10.09	12.39	12.34	14.56	11.58	8.43	8.24	0.00	134.79
新 疆	乐透组合	新疆25选7	22.42	17.44	27.21	19.76	12.12	10.48	12.38	13.33	15.86	11.65	5.74	0.00	168.39
新 疆	乐透组合	新疆35选7	268.55	176.88	231.93	274.82	250.92	226.81	247.59	246.94	225.66	203.75	96.26	0.00	2 500.10
新 疆	乐透排列	新疆时时彩	29 305.36	8 260.24	—	—	—	—	—	—	—	—	—	—	37 565.61
深 圳	乐透组合	深圳35选7	41.16	24.78	42.58	40.53	34.67	37.43	39.18	45.24	31.85	32.63	41.69	0.00	411.74
深 圳	乐透组合	深圳快乐8	27.49	—	—	—	—	—	—	—	—	—	—	—	27.49
深 圳	乐透组合	深圳快彩	6 096.49	1 543.79	—	—	—	—	—	—	—	—	—	—	7 640.28
合计 Total			532 747.37	153 656.99	9 837.45	8 881.99	8 524.47	8 207.78	8 103.55	8 264.87	8 462.79	8 111.75	8 202.09	8 463.86	771 464.95

（中国福利彩票发行管理中心供稿）

2021 年中国福利彩票即开

Sale Instant Win Tickets of Welfare Lottery

序号	地区	发奖金	富贵有余2	争分夺秒	美梦成真	节大欢喜4	五福临门	虎门销烟	百发百中
1	北 京	—	—	2.50	—	—	—	—	1 200.00
2	天 津	338.98	—	375.52	—	448.55	—	—	1 347.75
3	河 北	1 307.26	—	1 322.52	—	—	—	—	6 745.52
4	山 西	—	385.26	299.64	200.00	—	—	—	3 096.85
5	内蒙古	205.16	1 079.38	133.70	160.30	222.60	53.5	—	2 083.80
6	辽 宁	3 412.04	1 820.54	156.50	509.62	—	—	—	2 757.05
7	吉 林	679.62	113.68	563.66	346.38	—	—	—	1 169.65
8	黑龙江	1 399.94	814.62	727.34	506.06	25.35	—	—	1 585.55
9	上 海	0.30	—	111.00	—	—	—	—	2 654.20
10	江 苏	893.92	—	32.68	—	271.75	—	—	7 157.20
11	浙 江	135.67	—	137.31	145.95	—	6.15	—	11 829.12
12	安 徽	51.70	105.36	15.26	0.02	—	—	—	3 638.26
13	福 建	—	—	0.02	—	—	—	—	3 069.15
14	江 西	—	—	73.04	20.12	—	—	—	944.45
15	山 东	6 182.01	—	1 797.46	21.84	—	44.39	—	7 427.49
16	河 南	174.38	257.74	145.13	516.16	156.56	58.95	—	7 360.36
17	湖 北	—	35.69	56.52	37.17	99.52	−0.20	—	4 490.21
18	湖 南	—	209.98	246.72	132.02	—	—	—	6 457.90
19	广 东	—	6.28	1 467.87	1 831.14	—	4.81	896.35	15 717.51
20	深 圳	—	—	200.00	676.68	—	—	—	4 720.70
21	广 西	—	−14.20	36.17	107.24	—	—	—	4 411.16
22	海 南	22.95	—	—	—	—	—	—	184.10
23	重 庆	—	336.08	137.86	147.12	—	−1.00	—	5 293.85
24	四 川	—	—	1 667.92	—	28.65	0.05	—	9 385.70
25	贵 州	61.26	42.86	27.77	26.28	10.24	—	—	2 044.35
26	云 南	—	1 103.14	—	—	—	—	—	3 475.80
27	西 藏	—	—	—	—	79.00	—	—	6 780.50
28	陕 西	632.82	1 435.74	—	40.00	785.65	—	—	6 276.45
29	甘 肃	—	95.38	—	—	—	—	—	2 104.25
30	青 海	—	97.04	—	—	—	—	—	1 116.65
31	宁 夏	—	—	80.22	77.98	—	—	—	1 346.32
32	新 疆	—	1 122.78	1.26	164.82	15.00	—	—	10 998.65
	合计 Total	15 498.02	9 047.36	9 815.58	5 666.89	2 142.86	166.65	896.35	148 870.50

型彩票销售情况表（分地区分品种）

in Different Regions and in Different Games in China in 2021

单位：万元
Unit: Ten Thousand Yuan

红楼探秘 2	发奖金 5 元	好运十倍	国泰民安	大吉大利	喜从天降	龙腾盛世	7 乐无穷
—	1.35	11 622.35	1 000.00	1 200.30	—	—	3 898.30
407.50	—	4 004.35	—	—	—	610.15	1 358.25
—	—	9 478.03	—	—	—	—	—
—	—	6 823.25	—	—	—	—	—
64.50	113.70	3 524.05	10.85	563.60	—	40.70	495.40
—	1 144.35	8 486.35	—	—	—	1 753.50	3 236.60
—	705.30	7 367.60	—	539.55	—	—	1 574.05
—	—	5 059.25	—	—	—	43.15	3 013.10
—	1 398.60	15 810.35	—	—	—	—	1 956.25
460.10	1 203.40	34 312.10	4 794.50	979.20	—	1 972.50	3 494.75
5 877.70	—	54 925.03	9 396.82	1 451.33	—	915.25	6 847.74
—	0.20	6 729.93	—	—	—	—	501.50
—	—	12 331.90	2 553.85	—	—	1 826.70	498.50
—	121.05	2 901.65	—	—	—	—	—
1.40	3 921.97	15 142.56	—	—	—	—	5 212.02
—	115.24	8 596.54	—	16.70	—	—	—
—	871.68	11 579.86	179.55	—	—	—	—
—	—	11 868.60	1 146.15	—	—	2 250.60	—
—	—	53 012.55	8 533.57	558.23	5 504.14	—	1 176.24
—	—	24 764.70	4 379.80	600.00	—	—	1 151.50
—	508.70	21 439.43	2 106.80	—	—	—	500.35
—	0.27	1 308.15	—	—	—	—	—
2 447.20	—	9 384.00	—	—	—	—	—
5 228.20	2 249.45	23 019.10	5 904.55	1 608.90	—	—	5 100.55
—	135.01	2 236.94	—	153.30	—	—	—
—	—	8 765.05	3 916.15	—	—	—	3 256.25
2 766.30	—	5 005.40	—	—	—	142.65	945.45
3 027.50	2 697.15	11 408.15	—	—	—	0.10	15.00
47.50	—	5 290.50	—	7.85	—	186.90	1 116.55
—	—	1 636.85	—	—	—	—	—
—	—	2 195.59	—	343.35	—	—	—
—	4.10	38 420.95	137.55	1 160.65	—	—	991.55
20 327.90	15 191.53	438 451.11	44 060.14	9 183.71	5 504.14	9 742.20	46 339.90

续表

序号	地区	5倍惊喜	好运百万	莲乡意蕴	蘑菇大战	喜上加喜	彩运亨通	幸福温州	满堂彩
1	北京	1 958.55	—	—	—	—	—	—	—
2	天津	1 612.35	—	—	—	—	—	—	—
3	河北	876.25	—	—	—	—	—	—	—
4	山西	986.35	—	478.75	—	—	—	—	—
5	内蒙古	1 554.45	—	1.10	—	7.30	—	—	—
6	辽宁	5 743.95	—	—	—	624.03	—	—	—
7	吉林	4 433.85	—	—	—	318.43	—	—	—
8	黑龙江	3 627.05	—	—	—	9.55	—	—	—
9	上海	3 255.95	—	—	—	—	4 453.80	—	—
10	江苏	4 110.05	—	140.00	—	4.75	—	—	—
11	浙江	7 728.09	—	—	—	0.08	—	1.80	0.62
12	安徽	68.70	—	—	96.35	335.30	—	—	—
13	福建	3 253.75	—	250.00	—	0.05	—	—	—
14	江西	1 325.75	—	14 165.45	—	—	—	—	—
15	山东	—	—	—	—	1 254.80	—	—	—
16	河南	—	—	748.56	—	—	—	—	—
17	湖北	1 454.18	—	7 133.10	—	127.35	—	—	—
18	湖南	2 776.95	—	—	—	691.95	—	—	—
19	广东	17 644.67	53 616.40	0.15	—	1 612.34	—	—	—
20	深圳	3 915.00	—	—	—	—	—	—	—
21	广西	4 613.49	—	2 163.25	—	459.15	—	—	—
22	海南	—	—	—	—	—	—	—	—
23	重庆	3 377.20	—	—	—	—	—	—	—
24	四川	6 087.40	—	—	—	1 341.08	—	—	—
25	贵州	—	—	—	—	33.34	—	—	—
26	云南	2 168.85	—	200.00	—	—	—	—	—
27	西藏	—	—	—	—	—	—	—	—
28	陕西	2 372.40	—	4 185.20	—	1 447.95	—	—	—
29	甘肃	460.05	—	4 931.45	—	—	—	—	—
30	青海	0.15	—	—	—	—	—	—	—
31	宁夏	557.20	—	—	—	—	—	—	—
32	新疆	—	—	—	—	—	—	—	—
合计 Total		85 962.64	53 616.40	34 397.01	96.35	8 267.43	4 453.80	1.80	0.62

中国结-节节高	开门红	欢乐钓鱼	吉庆有余	天下凤凰	红宝石蓝宝石	旺旺彩	桃花源寻宝	黑桃KING	孔雀美
—	—	—	—	—	—	—	—	—	—
—	—	—	—	—	—	—	—	—	—
0.08	22.16	−0.09	—	—	—	—	0.90	−0.08	—
—	—	—	—	—	—	—	—	—	—
0.05	—	1.95	—	—	—	—	—	—	—
—	37.65	25.80	—	—	—	11.15	—	6.03	23.20
—	—	—	—	—	—	—	—	—	—
—	0.55	0.85	—	—	—	4.95	—	—	3.05
—	7.50	1.90	2.45	—	—	7.20	24.15	0.14	10.30
0.05	—	1.55	0.18	—	—	0.60	4.09	0.02	—
—	—	98.20	—	—	—	—	74.70	—	—
—	—	3.00	—	—	—	38.85	—	—	—
—	—	—	—	—	—	31.60	—	—	—
—	0.17	20.97	39.21	—	—	—	—	1.16	24.15
—	—	—	9.65	—	—	0.80	6.45	4.11	3.05
−0.61	0.24	−0.15	84.73	—	−0.12	1.75	4.89	−0.07	—
—	—	—	—	1.00	—	—	—	—	—
4.03	4.53	1.46	—	—	—	—	—	—	—
—	—	—	—	—	—	—	—	—	—
0.17	0.59	0.14	—	—	—	—	—	−1.19	24.79
—	—	—	—	—	—	—	—	—	—
—	—	2.40	—	—	—	—	—	—	—
−0.18	0.55	2.50	0.05	—	—	—	5.65	—	37.30
—	—	—	—	—	—	11.45	—	0.01	11.19
—	—	—	—	—	—	—	—	—	—
—	—	5.65	—	—	—	—	2.10	—	—
0.55	0.90	1.25	—	—	0.05	—	—	—	—
1.45	—	1.55	3.95	—	—	3.60	3.65	—	1.60
—	—	—	—	—	—	0.25	—	—	—
—	—	0.10	—	—	—	—	—	—	—
5.45	8.35	5.80	—	—	—	—	—	—	—
11.03	**83.18**	**174.83**	**140.22**	**1.00**	**−0.07**	**112.20**	**126.59**	**10.13**	**138.63**

续表

序号	地区	好运9	快乐高尔夫	一刮千金10元	金钥匙5元	天下为公	幸运双星	森林探宝	码上有奖
1	北 京	—	—	—	—	—	—	—	—
2	天 津	—	—	—	—	—	—	—	—
3	河 北	—	128.05	26.20	—	—	−0.02	—	1.44
4	山 西	—	—	110.15	—	—	—	—	—
5	内蒙古	—	—	117.25	1.20	—	14.32	15.40	512.15
6	辽 宁	0.05	140.35	73.35	—	—	0.88	17.15	0.60
7	吉 林	206.20	198.10	130.75	—	—	—	—	—
8	黑龙江	—	—	246.30	6.20	—	2.50	—	—
9	上 海	—	—	230.45	—	—	—	—	—
10	江 苏	0.55	0.90	4.80	—	—	25.16	25.35	0.10
11	浙 江	0.29	—	3.10	—	—	—	86.80	0.48
12	安 徽	—	—	—	—	—	0.30	—	369.55
13	福 建	—	—	—	—	—	—	—	—
14	江 西	—	—	—	—	—	5.52	—	—
15	山 东	1.72	40.17	62.17	0.39	—	77.92	67.91	5.55
16	河 南	15.60	15.60	14.55	—	—	7.06	9.75	8.65
17	湖 北	—	—	41.39	—	—	—	24.83	300.31
18	湖 南	—	—	—	—	—	—	—	—
19	广 东	1.51	—	73.77	6.58	−0.81	5.64	4.36	952.60
20	深 圳	—	—	—	—	—	—	—	—
21	广 西	14.44	—	77.04	—	—	0.04	—	0.09
22	海 南	—	—	6.10	—	—	—	—	—
23	重 庆	—	—	15.85	—	—	—	—	—
24	四 川	2.70	—	11.65	1.20	—	—	—	—
25	贵 州	−7.04	—	22.79	—	—	7.71	—	—
26	云 南	—	—	—	—	—	—	—	—
27	西 藏	—	—	30.20	—	—	—	3.60	—
28	陕 西	0.80	—	0.90	—	—	0.08	—	—
29	甘 肃	0.15	11.05	—	4.60	—	4.30	4.80	1.10
30	青 海	—	0.40	29.00	0.25	—	29.40	—	—
31	宁 夏	—	—	95.65	—	—	18.30	0.05	0.23
32	新 疆	—	0.85	—	—	—	10.46	—	—
	合计 Total	236.98	535.48	1 423.40	20.42	−0.81	209.56	259.99	2 152.85

四、彩票统计资料

以茶会友	青花瓷	闪耀钻石 5元	闪耀钻石 10元	闪耀钻石 20元	丁酉鸡-金鸡银鸡	丁酉鸡-鸡鸣富贵	丁酉鸡-吉祥如意	福星	好运123
18.95	—	—	—	0.20	—	—	—	—	—
0.95	—	—	—	—	—	—	—	—	—
12.12	—	−0.01	—	—	2.17	—	3.45	5.40	−0.53
0.05	—	—	38.50	—	1.80	—	—	—	—
—	—	2.40	7.95	11.15	12.05	6.85	5.45	0.50	0.05
—	—	5.00	10.45	—	27.70	41.55	13.50	0.04	—
—	—	—	150.50	153.80	—	—	—	—	—
—	—	3.40	8.70	16.50	3.55	—	—	19.46	—
—	—	—	—	—	—	9.30	—	—	26.10
8.55	—	0.45	4.60	—	1.55	6.35	11.65	35.02	0.50
—	—	0.41	8.89	1.04	0.10	—	1.98	—	—
−0.25	—	—	—	—	−0.20	—	—	23.04	−1.13
—	—	—	—	—	—	—	—	0.26	—
—	—	18.10	3.15	58.80	—	—	—	9.66	−0.54
36.54	—	—	6.43	72.35	12.55	1.60	3.98	82.69	4.62
3.55	—	10.35	12.10	28.50	0.27	—	0.95	1.56	0.27
—	—	1.25	10.41	9.35	−0.49	0.05	13.64	—	—
—	—	—	—	—	—	—	—	16.66	—
45.58	—	9.75	16.20	142.80	−1.99	1.86	2.89	—	—
—	—	—	—	—	—	—	—	—	—
0.87	—	0.51	14.15	15.73	−0.63	−0.10	—	—	−0.15
—	0.40	—	—	—	—	—	—	1.46	—
—	—	—	—	41.70	35.80	—	—	—	—
0.20	—	—	—	—	0.79	2.45	—	1.04	—
—	—	12.92	—	—	−0.14	11.14	—	—	41.21
—	—	—	—	—	—	—	—	—	—
0.50	—	27.60	—	3.55	—	3.90	7.55	—	—
—	—	—	0.05	—	—	—	0.04	—	—
3.45	—	1.90	7.70	24.85	1.75	0.15	13.85	—	0.35
30.65	—	0.25	—	0.25	8.30	—	0.50	—	—
27.79	—	—	0.15	0.30	11.80	53.45	96.40	13.88	—
—	—	—	—	—	6.05	—	0.70	—	—
189.50	**0.40**	**94.28**	**341.63**	**574.97**	**96.28**	**129.25**	**176.49**	**210.71**	**70.76**

续表

序号	地区	福运红包	福5元	吉祥金蛋	幸运星座	扑克风云	5要赢	六六顺	金玉满堂
1	北 京	—	—	—	—	—	—	—	—
2	天 津	—	—	—	—	—	—	—	—
3	河 北	783.20	533.49	−0.03	—	31.90	—	—	—
4	山 西	98.53	—	—	—	5.05	—	—	—
5	内蒙古	14.95	4.05	0.05	—	0.05	0.20	0.15	0.05
6	辽 宁	16.65	16.75	—	8.15	19.75	—	—	—
7	吉 林	75.00	88.10	48.45	—	140.60	—	—	—
8	黑龙江	44.05	0.10	—	—	7.65	—	—	—
9	上 海	—	—	—	42.55	—	—	—	—
10	江 苏	6.35	21.45	0.20	14.75	11.55	—	19.05	31.20
11	浙 江	—	—	—	9.26	0.85	—	8 434.73	596.82
12	安 徽	96.85	—	115.15	74.50	—	—	—	—
13	福 建	0.15	0.05	—	—	—	—	—	—
14	江 西	—	—	0.55	—	−2.11	—	—	—
15	山 东	131.13	—	—	—	18.43	—	—	53.91
16	河 南	55.35	80.90	17.15	34.30	30.65	—	—	27.30
17	湖 北	239.38	28.14	2.93	—	−0.56	—	—	—
18	湖 南	14.65	—	—	—	—	—	—	—
19	广 东	825.99	4.16	—	—	−0.97	—	—	—
20	深 圳	—	—	—	—	—	—	—	—
21	广 西	0.65	9.73	—	—	−2.23	—	—	—
22	海 南	—	—	—	—	—	—	—	—
23	重 庆	230.25	—	—	—	—	—	—	36.15
24	四 川	1 898.95	11.30	—	—	3.45	—	—	—
25	贵 州	44.72	—	−2.96	—	−2.28	—	—	137.78
26	云 南	—	—	—	—	—	—	—	—
27	西 藏	—	—	—	—	—	—	—	2.25
28	陕 西	0.25	—	0.80	—	0.25	—	—	0.40
29	甘 肃	38.25	4.60	0.10	7.50	0.05	2.05	—	1.75
30	青 海	—	—	—	—	—	—	—	—
31	宁 夏	0.20	—	—	—	0.29	—	—	0.05
32	新 疆	793.20	2.30	—	—	—	—	—	—
	合计 Total	5 408.69	805.13	182.39	191.01	262.39	2.25	8 453.93	887.66

四、彩票统计资料

国色天香	一鸣惊人	Quick3	欢乐彩蛋	福彩三十周年纪念	十全十美	十二生肖	蓝玫瑰	擂台赛	喜加福
—	—	—	1.20	1.65	—	—	73.30	—	—
—	—	—	—	—	—	—	—	—	—
295.25	-4.46	—	31.38	335.49	84.10	—	19.00	—	-18.86
—	—	0.34	—	—	4.80	—	62.50	—	9.65
3.40	5.00	7.26	—	25.65	57.95	47.15	—	—	—
1.45	5.45	25.02	—	157.95	160.20	73.50	383.75	28.76	6.60
—	84.90	—	213.25	67.20	90.70	—	427.45	—	29.90
16.15	—	4.90	—	166.95	14.10	—	208.05	—	8.65
—	—	—	—	—	—	—	0.05	—	269.90
24.90	15.75	2.72	13.05	129.40	10.50	13.70	350.05	2.06	80.75
63.93	—	—	—	27.10	31.55	—	85.41	—	—
-0.15	62.60	2.36	—	—	176.10	—	422.05	11.94	31.30
—	—	—	—	—	—	1.30	0.15	—	10.10
—	—	—	—	73.55	—	—	179.65	—	—
62.72	3.23	—	0.24	220.88	313.32	—	21.30	88.63	60.37
63.60	—	0.60	—	24.00	43.55	—	—	4.46	37.75
13.77	—	—	37.28	64.47	93.69	—	51.05	—	—
159.20	—	—	—	—	—	—	33.30	—	—
2.85	—	—	—	52.26	152.76	—	339.95	—	—
—	—	—	—	—	—	—	1 480.30	—	—
—	—	1.03	—	39.69	68.57	18.35	3.32	—	12.23
—	—	—	—	—	—	—	21.95	—	—
—	—	—	—	73.05	7.40	—	—	—	—
25.20	—	1.06	—	422.50	8.50	—	326.75	1.88	157.90
—	—	3.52	—	—	48.19	—	66.80	6.32	6.81
—	—	—	—	—	—	—	—	—	—
—	—	—	—	6.35	13.75	—	270.75	—	—
—	—	—	—	—	0.10	—	50.00	—	—
0.05	—	6.32	3.55	47.75	2.50	3.90	29.20	9.30	26.65
—	—	36.24	—	0.05	3.55	47.40	—	21.96	56.85
0.05	—	18.84	—	0.19	0.04	—	—	0.02	—
2.55	2.5	16.58	—	—	—	—	791.65	—	—
734.92	174.97	124.72	299.95	1 936.13	1 385.90	205.30	5 697.73	175.33	786.55

续表

序号	地区	临川四梦	黄金时代	摇钱树	双赢	5动奇迹	步步惊喜	蒸蒸日上	玫瑰之约
1	北 京	—	—	—	—	—	—	—	—
2	天 津	—	—	—	—	—	—	—	—
3	河 北	—	—	96.95	—	—	—	447.35	390.16
4	山 西	—	—	—	6.50	—	31.75	15.05	—
5	内蒙古	—	51.05	0.05	11.35	—	12.55	15.25	73.65
6	辽 宁	—	0.10	—	206.90	—	0.40	1.05	991.70
7	吉 林	—	80.65	—	114.75	—	240.80	—	—
8	黑龙江	—	—	—	11.70	1.75	—	105.00	—
9	上 海	—	—	0.25	—	—	—	30.80	—
10	江 苏	—	1.80	46.95	—	10.90	21.95	22.20	116.75
11	浙 江	—	2.17	588.35	1.97	1.92	122.51	106.71	11 767.43
12	安 徽	—	—	2.45	—	5.55	107.30	48.70	—
13	福 建	—	—	—	5.80	—	0.05	0.05	—
14	江 西	0.70	5.05	—	—	—	—	—	—
15	山 东	—	1.70	37.39	—	12.77	16.90	5.59	—
16	河 南	—	1.25	9.50	52.55	73.15	—	2.00	—
17	湖 北	—	—	7.50	105.85	—	—	—	—
18	湖 南	—	—	—	—	—	—	—	—
19	广 东	—	—	64.86	—	—	—	19.03	—
20	深 圳	—	—	—	—	—	—	—	—
21	广 西	—	40.93	251.37	39.22	—	—	76.04	—
22	海 南	—	—	—	—	—	—	—	—
23	重 庆	—	—	1.70	—	—	—	101.75	—
24	四 川	—	18.15	28.50	24.25	1.45	—	924.80	—
25	贵 州	—	—	158.86	13.92	11.46	—	—	61.46
26	云 南	—	—	—	106.45	—	—	445.30	—
27	西 藏	—	—	—	—	—	—	37.70	—
28	陕 西	—	—	—	—	—	—	0.90	764.80
29	甘 肃	—	206.80	334.80	11.75	—	6.65	0.45	0.30
30	青 海	—	—	—	173.20	—	—	—	—
31	宁 夏	—	—	—	—	0.15	—	0.10	14.05
32	新 疆	—	—	—	18.80	12.40	26.95	—	—
合计 Total		0.70	409.65	1 629.49	904.97	131.50	587.81	2 405.82	14 180.30

北京印象	幸运宝10	趣味台球	射门	戊戌狗-金狗银狗	戊戌狗-旺旺年	戊戌狗-福禄寿喜	冰雪良缘	天生一对	赢在2018
—	1.00	—	—	—	—	2.00	—	—	—
1.80	—	—	—	—	—	—	—	—	—
187.65	−131.00	−6.05	—	0.07	—	26.35	114.35	—	—
—	—	—	0.02	10.65	16.50	—	—	—	—
—	108.30	—	1.28	21.70	2.40	13.90	63.60	174.20	21.94
54.70	—	—	8.44	12.95	25.70	22.50	61.15	129.50	—
—	134.70	—	—	—	—	—	—	—	—
—	—	—	—	—	—	30.90	—	—	—
11.05	5.60	14.10	5.54	1.45	6.05	21.35	25.40	29.40	8.66
—	—	30.97	—	—	—	7.56	—	69.50	—
16.80	—	—	—	—	—	—	—	122.55	0.02
—	—	—	—	0.50	39.43	14.30	—	132.18	—
5.00	16.10	—	17.98	0.90	12.25	50.79	24.60	0.55	16.92
—	21.14	—	—	—	—	—	—	—	—
—	7.80	—	15.82	6.11	26.34	23.61	15.01	41.03	—
—	—	—	48.86	—	—	—	—	—	—
−3.05	—	—	9.33	6.20	5.40	33.60	—	—	—
—	—	5.25	—	—	41.00	—	—	736.20	—
—	5.45	15.35	—	—	1.65	6.05	—	—	—
—	36.25	—	6.81	—	—	—	—	36.85	—
—	—	—	—	—	—	50.55	—	—	—
—	60.00	—	—	—	—	—	—	—	—
—	1.40	7.25	—	—	—	40.10	—	70.50	—
—	—	—	—	10.60	—	—	—	—	—
45.90	1.15	4.35	—	12.25	13.65	64.85	32.00	—	4.84
319.86	**267.88**	**71.22**	**124.68**	**72.77**	**221.27**	**377.51**	**336.11**	**1 542.46**	**52.38**

续表

序号	地区	小黄人	福满人间	非常惊喜	怀袖清风	金光闪耀	冠军荣耀	财源广进	魅力宁波
1	北 京	—	—	—	—	—	—	—	—
2	天 津	—	—	—	—	—	—	—	—
3	河 北	—	—	—	—	—	996.95	—	—
4	山 西	197.50	—	—	—	—	438.65	—	—
5	内蒙古	—	—	90.45	45.00	—	313.40	—	—
6	辽 宁	38.05	—	—	—	—	2.90	—	—
7	吉 林	—	—	796.30	72.20	—	2.05	0.75	—
8	黑龙江	—	—	—	—	—	190.40	—	—
9	上 海	—	—	—	—	—	257.20	—	—
10	江 苏	10.75	—	36.70	19.95	36.80	46.85	—	—
11	浙 江	—	—	—	—	—	70.63	4.20	74.96
12	安 徽	126.55	—	—	—	—	1.80	—	—
13	福 建	—	—	4.75	—	—	77.50	—	—
14	江 西	26.70	—	—	—	—	7.00	—	—
15	山 东	28.46	—	—	49.50	30.37	126.48	—	—
16	河 南	44.95	—	—	—	—	43.10	—	—
17	湖 北	—	—	—	—	—	17.43	—	—
18	湖 南	—	—	—	—	—	93.85	—	—
19	广 东	—	—	—	—	—	118.16	—	—
20	深 圳	—	—	—	—	—	—	—	—
21	广 西	—	—	—	—	—	26.50	—	—
22	海 南	—	—	—	—	—	—	—	—
23	重 庆	—	413.00	—	—	—	65.20	—	—
24	四 川	—	—	—	—	—	125.40	—	—
25	贵 州	—	—	—	—	—	15.65	—	—
26	云 南	—	—	—	—	—	—	—	—
27	西 藏	—	—	2.00	—	—	69.55	—	—
28	陕 西	—	—	—	—	—	—	—	—
29	甘 肃	9.55	—	0.15	1.70	0.05	12.35	—	—
30	青 海	—	—	—	—	—	69.40	—	—
31	宁 夏	—	—	—	—	—	144.30	—	—
32	新 疆	119.00	—	36.15	—	973.90	23.60	—	—
合计 Total		601.51	413.00	966.50	188.35	1 041.12	3 356.31	4.95	74.96

群英会	沙漠寻宝	7开得胜	一路福星	壕7	祝你快乐	八仙过海	金沙滩	福袋	24K金
—	—	1.00	0.50	—	—	—	—	—	—
—	—	—	—	—	—	—	—	—	—
—	—	5.15	—	—	—	16.00	—	14.00	60.45
—	—	6.25	—	100.00	—	497.50	2.68	8.55	—
—	175.60	0.05	257.90	0.05	2.45	20.95	7.38	11.85	86.35
—	—	0.50	—	—	—	443.80	136.38	—	—
—	—	0.35	497.90	927.95	40.35	0.95	268.24	163.75	—
—	—	1.15	—	106.80	—	39.55	—	19.25	—
—	—	0.35	—	—	72.10	—	—	—	—
—	191.60	6.55	14.75	59.70	—	200.85	46.98	48.30	—
—	—	—	—	2.85	—	—	—	—	—
—	—	169.40	—	2.00	—	—	—	157.00	—
—	—	0.25	0.25	—	—	—	—	0.10	—
40.69	95.20	—	—	4.43	—	70.93	—	178.87	1.58
—	—	—	—	15.95	21.60	92.69	—	—	—
—	—	—	—	385.98	—	—	—	—	—
—	—	—	—	328.70	—	—	—	—	—
—	—	50.03	—	158.80	—	—	—	331.59	58.11
—	—	—	—	—	—	—	—	—	—
—	—	—	—	33.40	—	—	—	—	—
—	—	—	0.05	—	—	—	—	—	57.79
—	—	—	—	186.00	—	—	—	—	—
—	—	—	—	1.05	—	—	—	—	29.90
—	—	—	132.95	280.65	28.35	—	—	56.10	—
—	—	—	—	74.85	—	—	—	—	—
—	—	—	358.65	—	—	—	—	—	—
—	—	—	—	45.00	—	—	399.24	—	—
—	21.00	—	—	—	—	—	—	—	—
—	—	—	—	0.50	—	—	—	—	—
—	—	—	—	143.35	—	—	—	—	—
—	14.85	1.65	4.80	—	—	2.90	17.22	36.80	—
40.69	498.25	242.68	1 411.60	2 714.17	164.85	1 386.11	878.12	1 026.16	294.18

续表

序号	地区	美丽三沙	青蛙过河	橙意满满	聚宝盆	积金至斗	开心夹夹乐	66顺88发	苍狼啸月
1	北　京	—	—	—	—	—	—	2 714.15	—
2	天　津	—	0.85	—	—	—	—	1 488.45	—
3	河　北	—	—	5.20	600.00	688.05	249.00	7.05	6.00
4	山　西	—	23.85	45.75	—	—	—	—	—
5	内蒙古	—	70.40	—	1 935.75	126.20	10.95	1 158.00	—
6	辽　宁	—	—	—	150.00	0.65	—	—	—
7	吉　林	—	265.00	755.30	7 287.50	—	—	1 449.05	—
8	黑龙江	—	—	523.50	12.60	—	—	1 837.10	—
9	上　海	—	—	281.65	—	206.50	—	—	—
10	江　苏	—	22.30	59.60	430.40	334.35	51.95	5 876.40	4.00
11	浙　江	—	—	—	—	122.62	—	—	—
12	安　徽	—	—	244.05	111.10	354.55	—	1 160.35	—
13	福　建	—	—	—	—	0.05	25.90	2 883.00	—
14	江　西	—	—	13.95	6 155.40	—	—	93.85	—
15	山　东	—	—	635.99	—	—	—	6 733.06	58.86
16	河　南	—	96.35	144.51	4 602.50	100.95	—	2 214.52	—
17	湖　北	—	—	555.51	236.90	—	—	4 386.37	—
18	湖　南	—	—	—	270.00	—	—	1 967.85	—
19	广　东	—	—	588.04	—	—	37.33	11 207.90	—
20	深　圳	—	—	—	—	—	—	—	—
21	广　西	—	—	49.65	—	—	—	3 128.04	—
22	海　南	0.50	—	—	—	—	70.30	—	91.25
23	重　庆	—	—	43.10	84.75	99.55	—	0.50	—
24	四　川	—	—	—	121.30	111.75	—	—	—
25	贵　州	—	49.30	91.35	—	46.55	—	639.55	—
26	云　南	—	—	—	—	—	524.45	1 999.95	—
27	西　藏	—	—	181.75	—	—	47.80	1 121.65	—
28	陕　西	—	—	1 611.85	—	572.80	—	8 857.55	—
29	甘　肃	—	4.05	3.50	—	462.85	10.05	4 062.55	0.05
30	青　海	—	—	85.90	—	—	—	2 143.90	—
31	宁　夏	—	—	—	150.00	99.15	62.40	1 154.60	—
32	新　疆	—	23.10	13.55	—	—	—	3 475.40	—
	合计 Total	0.50	555.20	5 933.70	22 148.20	3 326.57	1 090.13	71 760.79	160.16

丹桂飘香-金桂银桂	越剧	369	圣诞快乐	己亥猪-金猪银猪	己亥猪-福猪拱门	己亥猪-喜事连连	8炫彩	梦圆桃花源	富贵满堂
—	—	—	—	—	—	—	0.10	—	500.00
—	—	98.45	—	—	—	—	—	—	—
338.35	—	991.35	180.20	—	—	278.25	—	—	—
—	—	—	—	—	0.10	—	197.96	—	37.30
50.20	—	1 517.10	—	32.70	0.20	12.05	193.50	—	349.20
—	—	—	—	—	26.50	419.70	592.58	—	24.50
98.15	—	134.05	—	—	—	—	1.26	72.30	115.90
—	—	—	161.50	20.15	48.05	—	7.82	—	—
—	—	—	—	—	—	82.75	202.18	—	—
15.30	—	6 537.00	59.80	1.35	0.15	2.65	100.24	63.75	173.40
157.70	144.50	6 297.63	29.00	1.25	0.92	34.71	—	—	—
—	—	353.35	—	1.60	2.90	—	87.26	—	249.25
2.75	—	—	—	—	—	—	—	—	23.80
—	—	1.85	61.28	17.11	8.38	1.46	—	—	188.63
73.72	—	3.95	34.74	53.10	352.95	61.70	—	—	64.95
—	—	1 739.58	—	5.40	—	—	—	—	—
—	—	—	—	—	—	—	75.12	—	342.65
—	—	6 799.00	—	92.45	22.44	12.95	—	—	373.38
—	—	—	—	—	—	—	—	—	—
3.60	—	2 031.90	—	1.55	0.80	—	—	—	—
—	—	131.65	—	—	—	—	—	—	180.55
—	—	2 733.50	—	—	4.05	50.65	—	—	150.25
—	—	6.15	—	0.30	0.10	2.85	192.42	—	380.80
—	—	—	—	—	—	—	26.22	—	48.05
—	—	—	—	—	0.05	—	—	—	31.70
62.80	—	159.25	—	—	—	—	—	—	—
5.00	—	—	237.50	—	—	—	—	—	587.55
—	—	51.80	—	0.40	0.10	0.90	—	—	38.50
—	—	—	—	—	—	—	—	—	183.95
—	—	0.05	—	0.05	—	—	44.22	—	—
3.45	—	—	28.65	18.80	—	10.05	121.34	11.75	92.35
811.02	144.50	29 587.61	792.66	246.21	467.69	970.67	1 842.22	147.80	4 136.65

续表

序号	地区	同喜同囍	新芽	魅力4射	超级钱袋子	中国龙5元	中国龙10元	中国龙20元	嗨啤
1	北　京	—	—	—	—	—	1 000.00	0.80	—
2	天　津	—	—	—	—	—	4 000.00	—	—
3	河　北	—	702.40	—	194.75	93.25	8.95	—	698.95
4	山　西	—	247.15	—	—	—	—	182.15	—
5	内蒙古	936.95	7.30	215.10	7.85	104.25	25.15	398.35	229.75
6	辽　宁	253.45	—	510.20	10.10	—	10.30	44.50	256.95
7	吉　林	—	846.65	197.75	198.60	—	—	—	189.55
8	黑龙江	—	952.70	—	—	33.05	21.00	1 909.65	410.25
9	上　海	—	—	2 000.00	—	—	—	—	—
10	江　苏	—	1.75	105.95	14.90	57.90	4.70	15.70	573.00
11	浙　江	—	26.06	942.80	—	5.93	635.78	4.26	536.56
12	安　徽	—	1.55	—	9.10	15.60	4.55	15.15	120.80
13	福　建	—	—	1.95	—	—	—	—	0.30
14	江　西	—	—	—	—	1.00	321.50	—	—
15	山　东	69.21	3.26	56.16	—	1.01	0.72	—	200.63
16	河　南	—	—	—	16.80	282.55	135.25	9.10	30.60
17	湖　北	—	—	423.25	—	0.85	0.50	0.10	265.35
18	湖　南	987.90	—	628.40	—	—	—	—	261.90
19	广　东	1 381.02	3 239.88	—	590.85	71.37	3 091.77	1 055.86	—
20	深　圳	—	—	—	—	—	—	8 601.65	—
21	广　西	—	452.10	—	—	414.05	67.65	—	57.25
22	海　南	—	69.90	2.90	—	370.15	—	—	—
23	重　庆	—	23.25	788.40	130.50	1.35	3.85	616.15	36.15
24	四　川	127.50	187.45	1 206.95	230.80	—	0.10	—	92.05
25	贵　州	800.05	57.85	—	94.45	236.65	—	—	—
26	云　南	—	—	—	0.05	—	—	150.90	—
27	西　藏	—	—	4.35	—	—	—	0.10	—
28	陕　西	1 092.60	5 000.00	1 946.95	125.00	—	237.50	—	—
29	甘　肃	—	—	—	0.20	3.75	—	0.45	3.15
30	青　海	—	0.20	0.65	—	46.60	0.10	—	101.50
31	宁　夏	—	—	2 142.10	100.80	—	—	—	—
32	新　疆	—	—	—	—	—	20.05	—	—
合计 Total		5 648.68	11 819.45	11 173.86	1 724.75	1 739.30	9 589.42	13 004.87	4 064.68

四、彩票统计资料

天仙配	福延吉至	繁荣昌盛	锦绣江山	财富传奇	666	3分制胜	黄金传奇	钻石风暴	小黄人-财神
—	—	—	—	—	1.25	800.00	—	—	—
—	—	—	—	314.90	—	—	—	—	—
—	—	—	—	—	45.90	—	103.00	—	—
—	—	—	—	—	—	797.40	—	—	—
—	—	—	—	161.35	251.30	767.80	66.45	—	—
—	—	—	—	436.05	33.05	48.05	—	—	—
—	46.20	—	—	—	457.10	918.90	—	—	—
284.40	—	—	—	—	16.10	149.10	350.95	—	—
—	—	—	—	—	300.00	800.00	—	—	—
242.35	—	—	—	—	113.95	801.60	—	—	—
—	—	—	—	14 140.66	—	984.41	—	—	—
—	—	—	—	1 414.25	303.80	331.60	134.60	—	—
205.90	—	—	—	154.45	0.30	776.90	0.25	—	—
78.95	—	—	—	85.83	139.19	1 721.45	57.49	319.64	48.82
—	—	—	—	—	81.65	124.55	228.85	—	—
—	—	—	—	—	—	444.95	—	—	—
670.89	—	—	—	—	1 181.22	932.30	—	34.65	—
—	—	—	—	—	—	—	—	—	—
—	—	—	—	—	—	—	—	—	—
—	—	—	—	128.60	—	—	—	—	—
—	—	139.50	1 340.70	—	—	—	—	—	—
—	—	—	—	2 142.70	—	—	—	—	—
—	—	—	—	—	—	120.35	—	—	—
—	—	—	—	—	—	333.10	—	—	—
—	—	—	—	282.15	—	7.65	—	—	—
—	—	—	—	3 173.00	—	—	—	—	—
—	—	—	—	36.05	12.00	16.70	59.10	—	—
—	—	—	—	—	983.40	—	253.10	—	—
—	—	—	—	—	—	22.80	—	—	—
503.40	—	—	—	—	48.75	—	—	—	—
1 985.89	46.20	139.50	1 340.70	22 469.99	3 968.95	10 899.60	1 253.79	354.29	48.82

续表

序号	地区	龙凤呈祥	超级幸运	好运锦鲤	鸿运当头	龙腾虎跃	至尊黄金	好礼多多	淘金王
1	北 京	—	1 300.00	—	—	—	—	—	1.75
2	天 津	258.65	391.50	—	—	—	201.66	—	—
3	河 北	—	80.70	—	—	—	40.02	0.21	116.05
4	山 西	—	31.50	—	—	—	—	98.92	397.50
5	内蒙古	27.35	78.00	—	—	—	78.72	160.84	49.70
6	辽 宁	32.55	651.00	—	—	—	701.16	382.48	58.15
7	吉 林	—	1 190.40	—	—	—	536.04	218.78	154.30
8	黑龙江	—	91.10	—	—	—	171.06	48.58	11.05
9	上 海	—	3 469.70	—	—	—	786.72	—	697.00
10	江 苏	232.75	5 235.50	—	—	—	534.84	—	350.30
11	浙 江	—	8 016.34	—	—	—	2 401.56	—	—
12	安 徽	109.95	751.50	—	126.65	—	501.60	2.56	198.30
13	福 建	—	—	—	—	—	360.00	—	224.55
14	江 西	47.45	306.50	—	—	—	199.98	—	—
15	山 东	—	13.25	5.84	—	—	—	364.53	—
16	河 南	260.10	190.80	—	—	—	245.28	—	30.65
17	湖 北	—	240.40	—	—	—	—	—	—
18	湖 南	—	1 938.10	—	—	—	—	—	—
19	广 东	—	2 398.89	—	—	13.70	—	88.30	—
20	深 圳	—	5 473.00	—	—	—	—	—	—
21	广 西	—	115.20	—	—	—	—	—	—
22	海 南	—	255.60	—	—	—	241.62	—	—
23	重 庆	—	19.60	—	—	—	127.50	—	—
24	四 川	—	225.50	—	—	—	—	—	—
25	贵 州	101.75	118.40	—	—	—	—	—	—
26	云 南	—	600.00	—	—	—	—	—	—
27	西 藏	—	1 873.30	—	—	—	709.14	—	—
28	陕 西	500.00	2 385.60	—	—	—	1 040.46	—	739.25
29	甘 肃	—	16.80	—	—	—	367.50	—	9.35
30	青 海	278.70	—	—	—	—	706.20	—	296.85
31	宁 夏	—	—	—	—	—	—	—	—
32	新 疆	6.95	10 068.60	—	96.65	96.45	303.54	45.30	269.00
	合计 Total	1 856.20	47 526.77	5.84	223.30	110.15	10 254.60	1 410.50	3 603.75

甜如蜜	金福星	唱响幸运	蓝色奇迹	喜事成双	庚子鼠5元	庚子鼠10元	庚子鼠20元	鼠兆丰年	好运来
1.50	—	—	—	—	—	—	573.55	—	150.00
—	2.80	—	—	91.95	—	9.05	14.75	0.32	—
—	—	—	—	33.45	38.20	19.50	18.00	—	—
—	—	—	—	245.50	0.15	10.90	622.90	—	245.90
214.95	40.75	201.80	958.55	—	150.20	139.20	16.55	84.58	322.50
491.75	582.35	624.80	—	239.30	—	—	—	—	795.20
375.90	1 160.35	95.35	—	69.30	56.55	—	—	—	138.80
519.15	—	—	—	105.50	417.85	278.80	—	5.67	150.00
799.80	1 802.10	—	—	—	339.95	8.25	—	35.93	—
63.25	657.05	729.50	—	38.85	4.95	0.40	141.90	56.24	317.50
—	—	—	—	13.05	30.10	1 171.76	599.19	—	—
483.60	153.00	—	—	210.05	18.60	7.95	—	9.25	172.20
0.80	—	16.45	9.95	—	1.75	3.65	—	—	633.35
132.80	—	—	—	27.50	—	128.25	—	—	—
1 570.94	—	—	2 925.15	—	108.10	111.01	131.08	—	1 848.40
726.27	60.15	—	514.36	—	162.68	70.40	249.09	335.47	627.28
—	—	—	—	150.55	559.57	0.35	−0.03	35.07	70.36
319.95	—	—	999.25	—	—	—	0.10	—	1 060.95
—	2 752.38	—	—	—	378.30	580.75	79.02	111.31	—
—	1 800.00	—	—	—	—	289.30	653.90	—	—
—	—	—	—	—	480.62	329.55	—	—	—
—	—	88.95	86.05	1.80	—	—	5.30	—	—
—	1 785.40	570.05	—	—	22.60	760.95	811.10	—	—
—	—	—	—	—	104.45	63.30	2.00	—	—
72.75	—	—	—	41.70	—	—	—	—	—
—	—	—	—	193.45	—	4.70	—	—	—
184.75	—	66.60	1.80	29.20	—	—	—	—	—
1 136.30	1 708.85	—	—	120.00	—	—	—	—	2 797.75
—	—	738.50	—	33.75	54.70	103.05	55.80	5.41	95.25
—	729.20	—	—	67.30	—	—	—	—	—
—	—	301.40	—	—	0.20	92.55	0.05	30.46	—
7.50	1 342.90	426.35	99.55	465.30	108.55	26.35	—	263.14	543.20
7 101.96	14 577.28	3 859.75	5 594.66	2 177.50	3 038.06	4 209.96	3 974.25	972.85	9 968.64

续表

序号	地区	新春大吉	金山·银山	开宝箱	笑口常开	心相连	幸运时刻	欢乐Party	莲花绽放
1	北京	—	—	—	—	500.00	—	—	—
2	天津	—	—	—	—	—	—	11.25	—
3	河北	—	480.70	128.58	—	64.70	—	—	—
4	山西	—	236.15	57.76	13.90	297.30	153.10	1.60	—
5	内蒙古	—	—	138.50	—	—	216.55	—	—
6	辽宁	466.70	443.80	626.32	358.65	383.10	598.55	448.75	—
7	吉林	—	138.05	243.38	78.75	68.60	—	41.60	—
8	黑龙江	—	145.45	—	563.55	—	—	—	—
9	上海	—	—	82.38	—	—	—	304.30	—
10	江苏	—	138.25	134.38	127.40	—	264.00	317.30	—
11	浙江	—	285.81	—	190.27	173.99	—	—	—
12	安徽	272.25	—	—	101.61	—	—	2.40	—
13	福建	—	—	—	—	191.50	95.50	—	—
14	江西	—	—	—	—	59.85	—	—	27.50
15	山东	—	—	—	188.33	—	626.85	1 119.83	—
16	河南	160.90	—	—	27.50	—	—	—	—
17	湖北	2 043.40	—	14.84	102.94	161.40	—	230.60	—
18	湖南	—	236.30	—	303.15	—	—	—	—
19	广东	478.15	921.37	39.64	—	196.54	432.56	1 000.79	—
20	深圳	—	—	—	—	—	—	—	—
21	广西	—	—	—	—	49.15	79.39	64.60	—
22	海南	—	—	—	—	47.90	—	—	—
23	重庆	—	—	—	—	—	—	—	—
24	四川	—	—	—	—	—	—	—	—
25	贵州	55.65	75.65	—	—	25.40	—	—	—
26	云南	—	—	0.38	—	373.50	211.00	—	—
27	西藏	—	—	—	—	—	—	—	—
28	陕西	—	—	—	93.95	100.00	—	183.00	—
29	甘肃	—	—	—	1.95	401.80	201.05	33.70	—
30	青海	—	—	—	—	—	—	—	—
31	宁夏	—	—	—	—	—	—	—	—
32	新疆	1 655.90	1 466.80	162.96	675.50	760.50	854.70	667.75	—
合计 Total		5 132.95	4 568.33	1 629.12	2 827.44	3 855.23	3 733.25	4 427.46	27.50

荣耀夺金	金砖	十里桃花	福彩	一触即发	福在眼前	扶贫帮困	福	九天揽月	丽美千秋
—	—	—	—	—	—	—	—	—	—
—	—	599.95	—	897.75	—	3.65	—	142.95	—
998.75	—	572.40	—	—	—	—	—	—	—
—	—	—	258.75	97.50	337.10	—	—	—	—
296.95	370.80	647.45	202.90	—	159.00	132.35	—	—	—
—	—	139.10	133.20	526.55	—	—	—	—	—
261.10	—	1 800.00	68.05	259.00	764.10	—	434.75	—	—
—	564.70	—	100.40	257.50	577.65	—	—	—	465.60
—	—	—	500.00	1 993.45	—	—	2 400.00	—	—
2 967.05	—	1 345.55	233.75	1 555.75	—	—	708.10	—	—
—	—	7 492.00	—	1 213.18	—	—	973.87	—	—
—	—	679.85	159.25	429.15	—	—	170.10	—	—
—	—	1 208.10	—	—	—	—	—	—	—
—	—	—	—	—	283.25	—	—	—	—
1 588.72	—	2 986.60	241.13	4 134.05	4 850.70	637.27	—	108.07	—
—	—	1 198.87	18.85	81.30	166.20	—	—	—	—
—	—	2 147.65	267.50	694.75	—	—	428.35	—	—
—	—	0.10	250.00	—	214.45	281.25	—	—	—
—	—	2 766.71	—	687.60	—	800.56	1 394.98	—	—
1 000.00	—	—	—	—	—	—	—	—	—
—	—	1 032.50	79.05	567.20	—	—	—	—	—
—	—	—	22.15	—	—	30.50	194.55	129.80	—
31.70	—	1 191.65	242.80	—	—	—	—	—	—
—	—	3 707.20	—	—	—	—	—	—	—
716.95	—	—	42.50	60.30	1 000.00	—	—	—	—
—	—	—	—	—	—	—	—	—	695.10
—	—	—	—	—	—	—	—	258.80	—
—	—	—	—	—	1 408.80	—	—	—	—
1.10	—	—	61.55	131.55	594.00	999.00	203.15	—	111.05
—	—	—	—	—	—	—	—	720.00	—
—	—	—	—	67.90	—	—	43.05	—	—
1 989.45	—	—	688.25	815.55	1 876.35	1 999.60	1 142.40	3 972.15	—	—
9 851.77	935.50	30 265.48	3 835.28	17 334.18	11 351.05	3 274.18	11 396.85	750.67	1 160.70

续表

序号	地区	超给力10元	超给力20元	超给力50元	平凡英雄	鹊桥会	连连好运	圆满	牛气10足
1	北京	1 400.00	—	—	311.80	600.00	—	—	1 000.00
2	天津	400.00	5.00	49.50	—	149.70	290.00	223.25	—
3	河北	63.70	137.50	326.30	—	—	260.55	—	1 960.40
4	山西	—	—	83.50	270.85	—	319.95	—	1 000.00
5	内蒙古	1 375.85	403.80	766.60	316.60	594.95	—	791.95	521.25
6	辽宁	516.50	118.30	397.10	—	472.70	231.35	—	1 450.75
7	吉林	1 403.80	809.55	336.20	139.10	—	272.55	—	638.40
8	黑龙江	1 646.50	1 154.10	789.60	620.20	—	—	—	747.85
9	上海	5 132.95	2 737.30	3 984.80	—	—	—	—	—
10	江苏	8 595.45	4 350.05	4 580.90	225.80	1 182.15	570.30	2 623.25	1 616.45
11	浙江	9 309.93	5 420.96	5 561.11	680.02	—	—	—	4 287.98
12	安徽	1 865.56	526.25	995.70	178.65	—	—	236.50	1 838.95
13	福建	1 195.30	67.40	558.30	51.10	113.60	—	—	1 325.50
14	江西	4 002.95	259.20	—	—	—	—	—	—
15	山东	95.80	113.91	387.42	85.57	383.36	2 045.15	—	—
16	河南	1 408.60	808.46	485.96	—	—	—	210.14	942.46
17	湖北	2 879.45	16.67	96.54	185.61	263.89	116.45	—	798.75
18	湖南	2 399.80	—	1 068.30	322.80	—	—	1 634.70	699.70
19	广东	11 505.97	4 759.04	3 433.95	422.77	1 414.77	995.01	1 791.95	5 426.63
20	深圳	—	—	—	—	—	—	—	—
21	广西	3 504.50	1 209.35	1 773.80	500.55	222.45	137.94	678.40	1 960.15
22	海南	391.95	—	—	—	—	—	—	—
23	重庆	4.80	63.25	12.40	594.45	—	—	—	—
24	四川	274.45	320.05	345.60	1 536.45	—	—	—	1 942.15
25	贵州	79.40	81.00	925.50	—	88.45	—	—	536.85
26	云南	3 119.95	600.15	600.00	285.20	—	—	0.10	2 000.00
27	西藏	1 053.45	1 218.95	1 053.30	—	109.30	—	—	—
28	陕西	3 599.95	—	1 080.20	—	—	—	530.80	5 000.00
29	甘肃	571.75	755.00	341.50	543.35	418.00	360.75	4 194.80	596.90
30	青海	1 400.00	555.50	800.00	—	—	—	—	—
31	宁夏	0.15	0.05	0.10	249.05	—	—	—	999.90
32	新疆	1 091.70	3 789.80	2 411.30	1 393.05	2 249.40	742.05	—	558.20
合计 Total		70 290.16	30 280.59	33 245.48	8 912.96	8 262.72	6 872.85	12 385.04	37 849.22

韩熙载夜宴图	承德风光	福源宝地	大美湘中	美丽画卷	挖金矿	哦耶	七彩叠叠乐	百年辉煌	大运鲁风
2 126.58	—	—	—	500.00	—	—	800.00	600.00	—
446.40	—	—	—	—	—	365.15	433.15	400.00	—
—	1 145.35	—	—	893.30	—	—	—	1 985.60	—
594.00	—	—	—	—	—	197.50	—	1 498.10	—
763.98	—	—	—	494.60	267.40	621.30	—	1 334.05	—
800.88	—	—	—	982.20	778.95	50.00	1 161.45	373.20	—
406.26	—	—	—	174.90	324.85	162.80	312.25	701.80	—
802.68	—	—	—	—	—	—	—	1 331.75	—
—	—	—	—	—	—	—	687.05	2 000.00	—
1 395.90	—	1 279.85	—	—	—	—	473.05	2 992.45	—
1 676.27	—	—	—	—	—	—	—	3 986.90	—
379.86	—	—	—	2 968.65	484.40	7.55	600.02	1 155.20	—
—	—	—	—	329.50	500.00	—	269.15	600.00	—
—	—	—	—	—	—	—	—	267.95	—
1 788.93	—	—	—	—	—	—	4 031.05	1 961.05	1 085.53
1 640.10	—	—	—	344.85	499.80	—	—	918.55	—
—	—	—	—	—	—	108.55	2 236.42	747.37	—
1 522.68	—	—	739.85	—	—	—	800.00	1 994.45	—
1 675.02	—	—	—	236.91	—	—	—	3 949.73	—
—	—	—	—	—	—	—	—	1 000.00	—
247.98	—	—	—	—	—	—	—	1 127.95	—
—	—	—	—	—	—	—	—	278.60	—
—	—	—	—	—	—	—	—	1 983.65	—
—	—	—	—	—	—	—	—	3 223.05	—
—	—	—	—	—	—	—	789.00	515.20	—
725.88	—	—	—	—	—	—	—	400.00	—
—	—	—	—	—	—	—	—	400.00	—
1 950.78	—	—	—	—	—	—	1 237.50	400.00	—
198.18	—	—	—	—	481.95	—	665.15	392.75	—
—	—	—	—	327.35	—	—	—	800.00	—
—	—	—	—	303.45	—	—	—	687.20	—
5 792.46	—	—	—	988.50	993.70	705.90	2 758.00	2 000.00	—
24 934.82	1 145.35	1 279.85	739.85	8 544.21	4 331.05	2 218.75	17 253.23	42 006.55	1 085.53

续表

序号	地区	五牛图	辛丑牛5元	辛丑牛10元	辛丑牛20元	黄金时代20元	深圳40周年5元	深圳40周年10元	深圳40周年20元
1	北京	300.00	1 000.00	2 000.00	4 000.00	2 061.20	—	—	—
2	天津	296.40	—	1 581.40	1 269.25	393.55	—	—	—
3	河北	1 423.26	995.25	1 600.00	2 808.85	1 987.25	—	—	—
4	山西	300.00	497.50	1 973.10	1 981.90	—	—	—	—
5	内蒙古	927.38	498.35	2 197.05	3 326.55	3 991.00	—	—	—
6	辽宁	1 107.50	1 499.15	999.00	400.00	972.35	—	—	—
7	吉林	390.85	1 000.00	2 597.55	1 591.75	393.25	—	—	—
8	黑龙江	1 184.95	477.50	1 547.05	1 147.00	—	—	—	—
9	上海	338.20	—	3 000.00	2 000.00	2 000.00	—	—	—
10	江苏	552.49	896.00	5 504.45	7 373.60	5 800.85	—	—	—
11	浙江	—	1 998.15	12 998.09	10 095.53	1 537.96	—	—	—
12	安徽	305.41	—	2 997.55	2 392.55	1 721.64	—	—	—
13	福建	725.60	—	6 994.90	2 796.95	1 576.40	—	—	—
14	江西	—	—	991.30	1 591.60	—	—	—	—
15	山东	—	1 903.50	17 998.05	7 999.15	2 363.75	—	—	—
16	河南	—	498.00	4 999.93	4 790.00	—	—	—	—
17	湖北	—	—	2 517.45	2 452.01	1 822.97	—	—	—
18	湖南	153.40	1 000.00	5 000.00	2 000.00	1 999.70	—	—	—
19	广东	961.28	—	17 430.04	10 514.29	3 166.24	—	—	—
20	深圳	—	1 000.00	—	2 280.00	—	331.90	742.80	1 340.70
21	广西	318.95	—	4 714.05	2 932.90	1 720.75	—	—	—
22	海南	—	—	—	185.55	204.45	—	—	—
23	重庆	—	—	2 000.00	4 000.00	—	—	—	—
24	四川	—	—	18 644.85	8 693.45	1 536.00	—	—	—
25	贵州	63.58	—	1 200.00	800.00	1 521.25	—	—	—
26	云南	—	500.00	1 120.00	1 700.00	1 639.90	—	—	—
27	西藏	—	—	—	—	282.55	—	—	—
28	陕西	—	—	6 000.00	1 000.00	—	—	—	—
29	甘肃	—	494.15	1 000.00	1 199.85	—	—	—	—
30	青海	—	—	400.00	700.00	—	—	—	—
31	宁夏	181.54	—	3 000.00	1 999.95	457.70	—	—	—
32	新疆	821.14	999.15	1 599.40	1 999.60	2 370.75	—	—	—
	合计 Total	10 351.93	15 256.70	134 605.22	98 022.28	41 521.45	331.90	742.80	1 340.70

四、彩票统计资料

瓷意安康	三月三	六福喜事	才华盖世	富贵临门	梦花园	花满堂	文都寻宝	花锦秀	花开中国梦
—	—	1 112.30	—	1 000.00	732.35	800	—	1 495.45	800.00
—	—	740.60	386.80	—	154.75	195.75	—	—	192.95
—	—	2 480.25	—	1 680.80	868.35	—	—	1 023.05	1 193.75
—	—	1 594.75	—	995.00	304.40	719.75	—	737.85	555.60
—	—	1 168.40	1 114.30	1 342.55	369.30	1 004.30	—	626.95	376.20
—	—	968.30	965.85	952.95	814.05	720.00	—	691.55	340.45
—	—	765.00	582.05	391.45	1 327.60	1 588.50	—	1 599.50	1 350.85
—	—	775.55	200.00	—	411.45	639.35	—	511.00	—
—	—	—	—	—	1 605.80	5 000.00	—	4 651.80	4 200.00
—	—	9 512.25	1 880.55	—	—	3 521.95	8 755.79	—	964.15
—	—	5 283.95	1 899.15	—	2 274.40	9 416.25	—	8 464.35	—
—	—	2 004.59	657.30	356.35	608.60	1 766.25	—	777.45	885.20
—	—	1 519.95	1 485.60	—	—	915.80	—	1 121.65	261.85
1 382.50	—	—	—	—	40.65	93.95	—	83.05	—
—	—	3 166.10	2 244.50	—	—	2 166.70	—	2 531.90	—
—	—	1 830.76	799.65	958.52	901.80	2 057.10	—	1 148.81	1 007.40
—	—	—	—	—	—	863.35	—	—	668.05
—	—	1 472.30	1 029.00	868.45	100.00	572.45	—	527.20	574.70
—	—	1 906.99	1 731.67	2 777.26	399.29	1 817.94	—	1 709.67	1 197.51
—	—	—	—	—	—	—	—	—	400.00
—	2 108.95	1 134.50	—	—	—	1 334.70	—	—	1 569.70
—	—	106.90	78.75	111.00	41.90	108.35	—	—	—
—	—	—	—	—	—	—	—	—	1 057.10
—	—	1 878.95	1 596.15	1 722.40	—	1 133.45	—	—	1 493.10
—	—	—	—	—	46.85	200.00	—	27.25	54.70
—	—	1 080.00	799.95	400.00	—	320.00	—	—	517.90
—	—	297.30	—	—	—	—	—	—	145.70
—	—	2 000.00	1 706.75	989.90	195.00	870.40	—	1 434.35	689.45
—	—	756.70	775.15	557.85	99.30	556.35	—	687.45	473.70
—	—	400.00	200.00	—	146.70	599.95	—	230.50	386.10
—	—	999.70	—	421.40	99.80	79.80	—	267.60	79.90
—	—	10 000.00	3 454.65	3 615.15	823.90	4 528.85	—	2 850.50	2 634.05
1 382.50	2 108.95	54 956.09	23 587.83	19 141.02	12 366.24	43 591.24	8 755.79	33 198.87	24 070.06

续表

序号	地区	美好生活	沁园春·长沙	大美新疆	绿水青山	12星座	我愿意	墨子	表里山河
1	北京	—	—	—	—	240.00	—	—	—
2	天津	—	—	—	—	328.20	—	—	—
3	河北	—	—	—	—	—	—	—	—
4	山西	—	—	—	—	—	—	—	525.50
5	内蒙古	—	—	—	—	240.00	—	356.70	—
6	辽宁	—	—	—	—	315.95	478.10	682.55	—
7	吉林	—	—	—	—	208.90	—	386.95	—
8	黑龙江	—	—	—	—	840.00	—	—	—
9	上海	—	—	—	—	—	—	1 171.50	—
10	江苏	—	—	—	—	1 315.85	—	—	—
11	浙江	—	—	—	4 012.40	—	—	—	—
12	安徽	—	—	—	—	180.60	—	403.30	—
13	福建	—	—	—	—	452.95	—	430.45	—
14	江西	—	—	—	—	—	—	—	—
15	山东	—	—	—	—	—	—	4 235.90	—
16	河南	—	—	—	—	—	—	774.75	—
17	湖北	—	—	—	—	84.05	—	—	—
18	湖南	2 000.00	7 688.30	—	—	—	—	354.25	—
19	广东	—	—	—	—	467.45	—	—	—
20	深圳	—	—	—	—	—	—	—	—
21	广西	—	—	—	—	—	—	—	—
22	海南	—	—	—	—	—	—	38.70	—
23	重庆	—	—	—	—	—	—	—	—
24	四川	—	—	—	—	—	—	304.90	—
25	贵州	—	—	—	—	—	—	—	—
26	云南	—	—	—	—	—	—	—	—
27	西藏	—	—	—	—	—	—	—	—
28	陕西	—	—	—	—	—	—	848.10	—
29	甘肃	—	—	—	—	—	—	—	—
30	青海	—	—	—	—	—	—	—	—
31	宁夏	—	—	—	—	118.50	—	—	—
32	新疆	—	—	10 000.00	—	—	—	2 577.75	—
合计 Total		2 000.00	7 688.30	10 000.00	4 012.40	4 792.45	478.10	12 565.80	525.50

人说山西好风光	洪崖洞	文润山青	足够精彩	炫8	夺冠	财富密码	味道	好运喵	正当红 10元
—	—	—	200.00	1 000.00	800.00	1 307.58	—	—	2 233.95
—	—	—	—	400.00	560.95	312.96	—	—	1 000.00
—	—	—	—	1 235.65	1 952.50	—	—	—	3 296.05
164.80	—	—	325.75	—	399.65	—	—	—	2 799.95
—	—	—	580.10	580.20	584.05	3 985.86	—	88.48	1 977.00
—	—	—	878.80	1 331.00	854.05	339.42	715.75	—	2 764.90
—	—	—	288.80	1 887.30	517.00	—	—	—	2 999.10
—	—	—	—	617.30	—	—	—	—	1 800.00
—	—	—	—	—	1 800.00	—	—	—	3 600.00
—	—	—	1 041.60	2 370.70	3 222.15	2 495.22	—	—	5 998.00
—	—	—	—	4 408.65	—	3 343.92	—	—	12 384.40
—	—	—	424.40	757.30	777.50	536.04	582.40	—	3 178.35
—	—	—	—	6 000.00	—	—	—	—	3 400.00
—	—	—	—	400.00	288.00	—	—	—	3 004.80
—	—	—	—	2 625.85	66.85	1 072.86	—	—	9 475.70
—	—	—	404.45	—	—	—	—	—	3 399.95
—	—	—	—	—	—	—	40.86	—	3 526.60
—	—	—	245.35	599.50	583.80	353.76	—	—	3 999.75
—	—	—	1 259.24	3 775.65	1 819.76	2 166.44	—	141.30	—
—	—	—	—	—	—	—	—	—	—
—	—	—	—	1 230.45	—	—	—	—	3 678.45
—	—	—	99.60	154.45	77.15	—	—	—	200.00
—	3 467.10	—	—	18.60	—	—	—	—	3 877.45
—	—	—	852.05	3 260.75	—	—	—	—	5 314.80
—	—	—	—	89.50	—	—	—	—	1 320.00
—	—	2 523.30	250.00	600.00	999.90	401.10	—	—	1 999.85
—	—	—	—	—	—	—	—	—	—
—	—	—	611.30	1 999.90	1 884.50	674.34	—	—	4 000.00
—	—	—	—	541.15	514.25	313.74	—	—	1 702.35
—	—	—	218.00	—	200.00	299.88	—	—	400.00
—	—	—	—	—	—	—	—	—	1 999.70
—	—	—	1 523.35	1 837.95	4 064.95	4 165.08	—	—	2 967.10
164.80	3 467.10	2 523.30	9 202.79	37 721.85	21 967.01	21 809.06	1 298.15	229.78	98 298.20

续表

序号	地区	正当红20元	正当红50元	发财鸭	喜上梅梢	满堂红	金字塔	快乐8	乘风破浪
1	北 京	1 600.00	2 200.00	—	—	—	—	600.00	625.50
2	天 津	993.10	545.10	—	123.60	—	—	400.00	—
3	河 北	1 799.60	1 000.00	—	—	—	—	—	—
4	山 西	2 279.35	1 799.90	—	—	—	—	—	—
5	内蒙古	1 951.75	1 647.40	—	—	—	—	582.65	—
6	辽 宁	1 517.50	550.00	—	137.15	249.85	—	726.40	326.65
7	吉 林	1 399.25	1 789.60	—	—	154.25	—	848.20	—
8	黑龙江	1 000.00	1 492.40	—	—	—	—	—	—
9	上 海	2 200.00	4 000.00	—	—	—	—	400.00	—
10	江 苏	5 981.10	3 992.00	—	—	—	—	709.35	233.10
11	浙 江	7 961.10	11 597.90	—	—	—	—	—	—
12	安 徽	2 583.55	2 689.50	—	—	1.25	—	574.30	1.80
13	福 建	1 200.00	600.00	—	—	—	—	—	—
14	江 西	1 160.00	800.00	—	—	—	—	—	—
15	山 东	5 438.35	3 540.30	—	—	—	—	284.25	986.30
16	河 南	2 000.00	1 600.00	—	—	—	—	—	—
17	湖 北	—	1 212.60	—	—	—	—	—	—
18	湖 南	1 000.00	2 000.00	—	—	—	—	399.45	—
19	广 东	17 551.35	7 871.08	—	664.87	—	—	—	—
20	深 圳	1 280.00	3 832.90	—	—	—	—	—	—
21	广 西	1 589.25	797.20	—	—	—	—	—	—
22	海 南	—	278.30	—	—	—	—	—	—
23	重 庆	—	2 986.10	—	—	—	—	—	—
24	四 川	2 235.30	4 114.40	—	—	—	—	—	—
25	贵 州	1 200.00	800.00	—	—	—	—	—	—
26	云 南	1 400.00	1 000.00	—	—	—	—	719.75	—
27	西 藏	—	—	—	—	—	—	—	—
28	陕 西	2 000.00	1 800.00	418.75	—	—	1 000.00	1 264.00	—
29	甘 肃	1 518.70	874.90	—	—	360.15	—	67.10	—
30	青 海	600.00	600.00	—	—	—	—	—	—
31	宁 夏	1 000.00	500.00	—	—	—	—	—	—
32	新 疆	6 848.00	9 004.30	454.50	—	385.90	1 887.40	1 420.35	1 801.35
合计 Total		79 287.25	77 515.88	873.25	925.62	1 151.40	2 887.40	8 995.80	3 974.70

山河锦绣	筑美中华	乐在棋中	摩登色彩	魅力长三角	5彩钻	金满堂	富贵6	合计 Total
—	470.30	—	—	—	800.00	211.80	—	63 455.06
—	256.60	—	—	—	505.65	—	—	32 434.79
—	—	—	—	—	330.75	270.35	—	64 739.97
—	—	—	—	—	275.20	214.55	—	40 979.56
—	—	—	—	—	3 512.75	—	—	67 369.01
—	180.00	—	—	—	387.35	186.75	695.75	75 702.17
—	—	282.25	—	—	—	—	—	74 467.18
—	—	—	—	—	—	—	—	49 051.83
—	—	—	—	—	—	—	—	98 181.56
40.00	298.45	—	—	40.00	1 031.20	1 049.45	2 235.50	200 342.78
—	1 353.25	—	—	—	1 924.75	1 610.75	40.00	301 763.60
—	—	—	—	3 889.34	1.95	—	—	65 626.61
—	59.90	—	—	—	52.75	50.75	—	65 403.03
—	57.10	—	—	—	81.60	—	—	42 272.32
—	—	—	—	—	—	—	1 503.05	159 059.21
—	—	—	—	—	—	—	—	67 490.02
—	—	—	—	—	—	—	—	63 023.20
—	26.70	—	—	—	—	—	—	82 740.94
—	827.22	—	282.43	—	2 390.59	4 435.10	2 688.48	337 235.97
—	685.80	—	—	—	563.35	520.25	—	73 733.09
—	—	—	—	—	—	—	—	80 643.04
—	—	—	—	—	—	—	—	6 108.89
—	—	—	—	—	—	—	—	54 989.46
—	—	—	—	—	—	1 462.00	—	136 516.90
—	—	—	—	—	—	—	—	20 890.76
—	—	—	—	—	741.25	41.00	474.15	55 589.50
—	—	—	—	—	—	—	—	26 167.14
—	—	742.40	—	—	—	—	—	117 240.85
—	—	—	—	—	202.55	423.00	—	46 869.18
—	—	—	—	—	323.00	—	—	19 554.22
—	—	—	236.05	—	—	—	—	23 233.71
—	402.00	—	373.75	—	1 615.80	—	—	205 900.32
40.00	4 617.32	1 024.65	892.23	3 929.34	14 740.49	10 475.75	7 636.93	2 818 775.78

（中国福利彩票发行管理中心供稿）

2021年中国体育彩票全国联网游戏销售统计（分地区按月统计）

Monthly Sales Statistics of National Games of Sports Lottery in Different Regions in China in 2021

胜平负任选 9 场

单位：万元
Unit: Ten Thousand Yuan

地区 Region	游戏类型 Game Type	1月 Jan.	2月 Feb.	3月 Mar.	4月 Apr.	5月 May	6月 June	7月 July	8月 Aug.	9月 Sept.	10月 Oct.	11月 Nov.	12月 Dec.	合计 Total
北京	竞猜	1 351.76	716.66	995.32	1 038.93	1 087.66	730.80	773.35	1 126.00	1 555.05	1 143.55	1 504.67	1 280.92	13 304.63
天津		625.09	336.85	451.77	487.68	513.64	352.23	358.71	519.36	733.31	548.88	709.94	583.16	6 220.61
河北		827.29	452.04	737.13	777.70	811.89	627.76	560.50	846.83	1 311.40	985.12	1 202.05	941.68	10 081.37
山西		292.67	156.00	217.35	225.40	239.36	151.81	172.49	269.46	383.71	280.63	375.67	313.96	3 078.52
内蒙古		337.32	163.75	231.81	230.81	244.47	159.81	152.50	226.18	350.49	264.96	357.68	302.63	3 022.41
辽宁		1 249.59	656.44	847.22	933.65	979.50	637.11	670.08	967.32	1 426.61	1 031.39	1 297.37	1 128.58	11 824.85
吉林		391.38	205.95	278.55	291.46	310.75	201.02	201.35	295.30	425.42	306.26	393.76	359.72	3 660.92
黑龙江		316.36	155.37	226.48	231.99	246.48	179.12	159.84	236.57	351.40	244.46	330.53	226.83	2 905.42
上海		1 548.55	831.78	1 118.46	1 205.50	1 263.52	824.42	914.40	1 295.92	1 752.32	1 238.29	1 566.48	1 413.51	14 973.15
江苏		1 709.79	875.92	1 265.65	1 377.58	1 383.91	921.83	990.53	1 431.15	2 057.34	1 511.44	1 983.26	1 796.57	17 304.96
浙江		2 315.54	1 206.35	1 660.31	1 827.38	1 960.72	1 328.99	1 508.81	2 106.41	2 938.09	2 096.74	3 016.03	2 611.75	24 577.15
安徽		722.21	390.05	570.07	562.25	608.21	383.15	412.24	593.80	910.62	639.16	818.34	722.03	7 332.12
福建		1 014.77	550.73	790.95	843.24	839.26	574.06	622.52	894.61	1 283.41	953.95	1 215.83	1 056.17	10 639.50
江西		993.46	511.27	708.76	700.45	720.90	468.16	516.61	720.81	1 026.39	723.35	959.58	824.50	8 874.25
山东		1 222.24	639.73	870.24	907.21	943.88	621.48	698.57	966.62	1 428.56	1 030.01	1 332.19	1 113.91	11 774.64
河南		620.74	317.34	435.37	479.54	491.84	318.90	366.67	501.39	728.39	527.83	781.15	676.72	6 245.89
湖北		1 986.56	1 037.18	1 281.32	1 337.73	1 503.57	906.18	1 039.22	1 470.59	1 989.18	1 442.42	1 929.44	1 646.03	17 569.40
湖南		1 185.93	620.29	872.85	946.49	952.20	630.93	714.19	1 037.16	1 552.67	1 059.99	1 567.17	1 183.65	12 323.52
广东		5 945.28	3 279.10	4 530.45	4 674.00	4 954.85	3 326.78	3 561.66	4 935.37	6 904.09	5 037.10	6 780.09	5 933.54	59 862.32
广西		1 358.64	751.94	997.46	1 059.00	1 158.48	759.62	792.52	1 105.39	1 536.50	1 152.79	1 433.28	1 234.89	13 340.51
海南		106.88	60.21	88.17	92.72	96.74	67.84	71.89	100.08	133.40	104.12	147.95	138.57	1 208.57
重庆		1 022.91	519.64	691.46	750.73	760.84	496.32	558.85	760.25	1 091.12	782.12	983.37	906.09	9 323.71
四川		1 718.55	925.01	1 259.66	1 367.52	1 458.62	938.41	1 006.11	1 450.17	2 059.43	1 493.69	1 977.18	1 697.03	17 351.38
贵州		427.52	237.53	341.28	344.31	353.72	240.59	252.97	351.14	539.19	387.80	508.60	429.96	4 414.61
云南		525.13	283.26	498.11	456.42	445.41	306.19	325.49	457.75	691.10	523.43	673.71	540.74	5 726.75
西藏		29.35	17.03	17.92	13.39	13.03	14.02	8.93	18.94	20.17	16.53	20.28	25.86	215.45
陕西		592.34	321.37	430.68	444.53	463.83	297.17	303.66	457.23	694.83	521.16	687.44	580.94	5 795.17
甘肃		238.03	129.13	174.85	187.90	184.16	129.09	136.07	191.67	299.40	215.53	313.68	233.39	2 432.91
青海		46.34	23.23	36.39	37.35	35.54	26.54	29.83	36.26	53.27	42.93	60.77	50.61	479.08
宁夏		110.30	55.41	78.79	86.72	86.95	54.18	49.74	72.08	132.54	96.28	131.08	110.64	1 064.71
新疆		449.26	235.71	337.63	337.21	350.69	220.25	205.11	338.50	519.01	390.22	516.34	440.01	4 339.94
合计 Total		31 281.81	16 662.29	23 042.47	24 256.79	25 464.60	16 894.76	18 135.39	25 780.31	36 878.41	26 792.13	35 574.91	30 504.58	311 268.44

单位：万元
Unit: Ten Thousand Yuan

足球 4 场进球

地 区 Region	游戏类型 Game Type	1月 Jan.	2月 Feb.	3月 Mar.	4月 Apr.	5月 May	6月 June	7月 July	8月 Aug.	9月 Sept.	10月 Oct.	11月 Nov.	12月 Dec.	合计 Total
北 京	竞猜	60.72	31.80	56.99	44.45	63.71	62.40	51.68	75.48	100.69	90.82	77.88	59.51	776.13
天 津		20.18	12.69	20.17	19.29	23.47	14.75	13.41	15.02	28.19	33.03	26.63	18.88	245.71
河 北		91.12	63.29	82.30	113.41	151.37	128.14	179.89	215.41	272.64	253.32	303.26	233.60	2 087.73
山 西		11.51	7.44	14.65	16.35	35.18	16.59	14.01	14.64	24.90	27.00	33.97	25.24	241.49
内蒙古		15.58	12.57	18.70	15.99	16.79	11.24	12.38	18.80	31.26	25.30	25.74	14.02	218.35
辽 宁		32.15	22.89	37.36	25.85	29.02	29.27	21.37	19.95	48.97	54.35	47.26	31.23	399.67
吉 林		15.96	9.24	15.54	11.44	12.87	11.01	8.85	19.76	26.31	22.57	26.14	21.45	201.15
黑龙江		11.40	8.32	15.47	10.83	9.30	9.17	6.11	7.61	22.69	23.26	22.74	21.05	167.95
上 海		74.71	41.89	81.72	55.75	85.27	57.41	48.81	58.48	106.97	114.75	140.82	88.61	955.18
江 苏		80.45	50.90	88.92	72.71	83.43	63.88	64.69	76.70	137.91	131.97	107.36	75.26	1 034.17
浙 江		91.88	72.63	125.54	86.70	99.91	92.82	82.47	112.25	202.61	202.04	193.32	142.69	1 504.86
安 徽		29.98	22.31	35.70	28.45	36.10	26.12	19.93	27.72	53.26	47.43	48.47	34.37	409.84
福 建		67.12	39.15	71.14	57.20	76.02	37.65	50.48	71.84	99.44	114.08	85.63	81.89	851.66
江 西		57.75	25.89	49.50	36.04	41.21	37.32	33.10	36.00	55.69	76.82	65.10	45.36	559.77
山 东		54.05	37.12	61.96	55.26	66.78	45.68	45.52	59.45	93.43	82.50	85.95	69.16	756.86
河 南		39.82	20.30	38.79	29.45	38.14	36.86	35.17	43.09	77.04	55.54	64.81	46.12	525.13
湖 北		84.16	62.42	82.70	48.59	83.55	47.11	54.04	68.74	99.87	115.95	112.02	80.17	939.11
湖 南		58.30	23.43	51.57	35.29	72.68	55.70	50.88	85.54	107.74	104.18	68.77	54.15	768.22
广 东		288.87	173.35	339.80	252.27	288.31	218.00	214.57	276.31	396.07	396.75	392.29	267.33	3 503.91
广 西		52.46	32.00	73.55	48.31	61.19	52.51	42.31	49.13	95.20	91.15	95.16	69.36	762.32
海 南		4.92	2.85	7.33	3.56	11.78	10.87	5.76	9.59	13.17	19.39	18.93	20.64	128.78
重 庆		133.12	81.54	99.20	66.01	69.65	52.64	58.34	72.63	108.27	86.29	85.03	59.97	972.68
四 川		64.79	31.27	67.35	49.14	70.70	52.68	53.45	57.81	110.06	118.89	106.73	85.41	868.28
贵 州		13.42	8.24	21.04	10.72	14.57	13.75	9.61	13.37	27.54	24.81	28.23	22.57	207.88
云 南		36.03	25.64	47.83	23.24	37.69	24.41	19.17	21.46	36.35	44.12	39.87	33.05	388.84
西 藏		1.23	0.78	1.57	1.19	0.85	1.08	0.43	0.63	2.22	2.61	2.03	0.79	15.39
陕 西		22.25	11.01	23.10	18.90	26.09	15.31	14.48	18.66	41.52	52.41	49.11	23.28	316.11
甘 肃		9.50	5.27	7.81	3.50	10.40	9.20	6.54	7.95	14.65	9.50	16.95	13.92	120.19
青 海		2.18	1.71	2.15	1.97	2.44	1.92	1.32	1.53	6.17	6.00	5.73	3.99	37.12
宁 夏		2.05	0.89	3.00	2.90	2.35	1.98	1.83	1.57	3.19	4.47	4.32	3.03	31.58
新 疆		10.03	6.07	11.33	5.74	15.75	13.72	9.70	13.90	19.67	23.73	19.39	12.59	162.61
合计 Total		1 537.68	944.90	1 653.80	1 256.29	1 636.58	1 251.15	1 230.31	1 570.99	2 463.65	2 455.02	2 399.63	1 758.69	20 158.69

足球 6 场半全场胜负

单位：万元
Unit: Ten Thousand Yuan

地区 Region	游戏类型 Game Type	1月 Jan.	2月 Feb.	3月 Mar.	4月 Apr.	5月 May	6月 June	7月 July	8月 Aug.	9月 Sept.	10月 Oct.	11月 Nov.	12月 Dec.	合计 Total
北京	竞猜	12.16	3.35	13.65	6.64	12.70	17.04	8.53	11.41	27.06	17.08	19.88	15.63	165.12
天津		5.28	1.64	7.18	3.86	4.82	7.17	5.01	5.02	12.10	5.86	7.47	5.08	70.49
河北		14.98	4.90	27.69	13.62	43.35	72.56	39.13	61.72	115.87	65.67	104.71	49.78	613.98
山西		1.91	1.06	3.64	1.94	2.55	2.65	1.58	2.30	8.48	4.37	6.78	3.29	40.54
内蒙古		4.37	1.53	6.16	2.35	3.71	8.12	1.64	2.75	8.47	3.85	4.59	6.55	54.09
辽宁		7.01	3.04	16.04	5.43	13.57	12.93	5.47	6.93	25.44	12.77	13.35	10.58	132.57
吉林		1.54	0.74	2.36	2.01	2.97	2.33	1.55	1.36	4.78	3.77	7.55	2.99	33.96
黑龙江		2.56	1.01	4.31	2.48	4.56	3.51	2.25	3.46	9.58	4.94	9.19	4.54	52.40
上海		15.73	4.52	17.70	8.83	23.48	24.39	14.21	18.92	55.27	26.12	32.62	24.81	266.60
江苏		15.78	5.14	26.41	10.46	19.54	18.18	14.43	14.13	55.28	32.65	37.37	28.25	277.64
浙江		31.83	8.64	44.23	19.01	44.60	55.21	35.09	51.12	117.71	62.77	76.40	47.69	594.31
安徽		7.01	3.45	12.22	5.39	13.05	15.34	6.50	9.35	20.43	11.74	15.57	11.68	131.73
福建		23.79	6.23	37.79	13.77	26.12	40.83	19.75	20.97	59.81	31.72	49.32	28.38	358.48
江西		10.43	2.96	16.73	6.15	9.31	12.50	8.02	9.05	29.58	16.51	15.25	10.44	146.94
山东		14.76	5.09	14.78	8.98	13.70	14.42	11.34	13.02	36.66	23.46	24.57	17.35	198.13
河南		5.75	2.79	8.60	4.44	9.67	10.48	5.71	8.45	26.60	13.37	13.24	9.48	118.55
湖北		16.06	7.19	28.38	10.69	34.04	29.90	14.50	18.59	53.23	20.29	24.34	21.99	279.21
湖南		11.00	2.71	12.13	6.02	11.73	12.89	8.11	10.51	42.93	15.10	18.94	15.47	167.53
广东		66.21	23.67	88.81	38.85	80.97	82.73	48.73	54.87	155.50	85.71	105.66	80.08	911.78
广西		14.09	4.22	19.39	7.58	18.98	20.36	12.69	11.10	39.07	23.29	24.29	19.90	214.96
海南		3.62	0.69	3.43	1.64	5.42	3.97	2.10	1.62	4.60	3.04	3.76	4.00	37.91
重庆		27.16	6.64	60.90	9.06	10.26	20.10	6.87	9.91	49.35	14.83	17.09	11.71	243.90
四川		12.74	4.26	18.89	7.67	19.90	22.16	15.12	17.63	52.98	28.67	32.45	26.27	258.74
贵州		4.89	1.96	6.70	3.82	6.36	7.29	5.47	5.21	16.12	9.25	10.82	8.40	86.28
云南		11.82	5.96	19.92	10.58	15.01	17.11	10.16	11.46	37.61	18.10	28.01	17.02	202.76
西藏		0.45	0.06	0.22	0.16	0.42	0.32	0.10	0.41	0.81	0.64	1.19	0.95	5.73
陕西		7.84	2.08	7.78	4.41	9.80	9.58	6.70	9.37	19.24	11.48	14.03	8.36	110.65
甘肃		3.44	1.44	3.10	1.85	3.65	4.69	1.42	2.31	6.58	4.01	5.37	3.67	41.53
青海		0.58	0.64	1.17	0.49	0.53	0.98	0.60	0.41	2.03	0.92	1.59	1.04	10.99
宁夏		0.51	0.23	1.33	1.02	1.17	0.86	0.78	0.92	2.27	1.53	2.21	1.44	14.27
新疆		3.83	1.57	3.82	2.14	3.97	3.98	2.36	3.00	10.81	7.19	10.30	6.56	59.51
合计 Total		359.14	119.42	535.46	221.32	469.91	554.59	315.92	397.30	1 106.25	580.69	737.91	503.37	5 901.28

足球胜平负

单位：万元
Unit: Ten Thousand Yuan

地区 Region	游戏类型 Game Type	1月 Jan.	2月 Feb.	3月 Mar.	4月 Apr.	5月 May	6月 June	7月 July	8月 Aug.	9月 Sept.	10月 Oct.	11月 Nov.	12月 Dec.	合计 Total
北京	竞猜	2 226.31	1 108.86	1 789.74	1 551.20	1 896.31	1 318.98	1 265.65	1 574.21	2 680.61	2 132.80	3 344.28	2 373.35	23 262.28
天津		898.72	448.46	783.86	768.32	884.08	582.00	495.83	630.62	1 064.03	910.07	1 255.30	897.76	9 619.05
河北		2 246.35	1 238.27	1 828.78	1 867.32	1 603.54	1 519.00	1 393.63	2 019.40	2 789.19	2 576.82	3 693.04	2 612.59	25 387.92
山西		424.84	216.52	379.05	329.78	402.41	258.05	252.38	355.87	616.45	504.15	627.09	481.02	4 847.61
内蒙古		565.35	288.29	437.41	362.19	448.94	301.03	326.77	354.83	685.70	534.54	716.06	523.76	5 544.86
辽宁		1 737.15	854.70	1 417.36	1 222.16	1 436.58	988.95	848.41	1 145.31	1 955.99	1 552.21	2 136.06	1 625.62	16 920.51
吉林		616.63	263.26	463.93	434.21	477.52	312.87	333.65	469.58	638.49	499.35	752.89	607.67	5 870.04
黑龙江		394.05	197.55	351.12	293.25	372.71	280.14	227.05	317.30	595.22	518.89	617.64	323.02	4 492.92
上海		2 322.86	1 177.93	2 040.85	1 719.32	2 172.90	1 480.92	1 373.17	1 815.23	3 009.40	2 452.13	3 406.70	2 525.22	25 496.63
江苏		2 800.55	1 453.52	2 465.58	1 940.79	2 356.70	1 608.30	1 493.28	1 940.87	3 591.53	3 283.56	4 535.26	3 319.25	30 789.17
浙江		4 673.86	2 245.88	3 548.05	3 325.26	4 106.88	2 886.57	2 927.72	3 752.77	5 856.26	4 947.90	7 101.62	5 538.24	50 910.98
安徽		1 107.59	536.20	882.80	784.87	1 010.32	735.29	687.95	770.63	1 410.89	1 088.61	1 499.90	1 135.31	11 650.35
福建		1 984.57	1 026.49	1 699.75	1 468.02	1 736.57	1 222.00	1 032.48	1 506.69	2 395.14	1 999.00	2 780.66	2 064.89	20 916.27
江西		1 453.47	667.36	1 209.90	955.91	1 133.61	771.86	722.23	910.71	1 541.38	1 268.61	1 842.77	1 321.47	13 799.27
山东		2 043.45	995.37	1 543.82	1 375.09	1 622.48	1 184.49	1 149.18	1 494.89	2 637.52	2 071.50	2 842.01	2 108.01	21 067.81
河南		968.18	497.34	865.25	769.39	921.30	652.09	555.39	750.54	1 324.54	1 042.61	1 490.08	1 071.68	10 908.40
湖北		3 002.54	1 565.94	2 719.18	2 202.62	2 937.35	1 621.76	1 493.69	1 867.02	3 087.69	2 817.79	3 833.56	2 925.35	30 074.49
湖南		2 339.21	1 164.98	2 179.48	2 052.34	2 213.56	1 817.05	2 308.05	2 343.01	3 276.40	3 003.98	3 768.93	3 032.95	29 499.92
广东		9 811.74	5 237.23	8 452.61	7 388.81	8 891.63	6 077.65	5 473.28	7 260.93	11 884.86	9 725.57	13 986.69	10 568.62	104 759.60
广西		1 605.18	895.02	1 486.44	1 347.85	1 609.61	1 098.10	971.84	1 213.25	2 131.18	1 807.97	2 609.03	1 952.80	18 728.27
海南		162.73	96.01	191.22	177.71	220.06	159.59	135.20	128.28	225.73	182.06	248.48	177.36	2 104.44
重庆		2 061.30	925.47	1 377.87	1 145.56	1 274.98	898.98	926.03	1 164.09	1 840.31	1 461.61	1 945.25	1 732.50	16 753.97
四川		2 413.84	1 221.91	2 059.33	1 750.96	2 274.00	1 537.40	1 263.22	1 800.47	3 236.50	2 622.86	3 728.02	2 666.05	26 574.56
贵州		664.82	340.31	617.00	529.04	608.25	451.98	409.99	503.77	950.86	777.03	1 109.43	767.71	7 730.20
云南		860.81	437.42	870.70	742.53	798.85	533.54	492.10	682.50	1 326.41	1 129.94	1 519.79	1 081.28	10 475.88
西藏		37.26	12.85	27.65	26.19	34.06	26.13	15.99	26.27	69.84	57.41	73.42	56.78	463.85
陕西		851.48	459.05	759.93	667.63	794.22	532.33	459.58	662.54	1 172.18	973.08	1 351.57	999.86	9 683.45
甘肃		424.94	203.85	307.13	277.57	324.87	236.84	208.48	279.96	506.12	393.69	615.77	406.67	4 185.90
青海		115.02	54.44	91.59	72.72	79.31	65.07	51.85	77.73	130.00	96.08	155.96	113.12	1 102.88
宁夏		230.27	110.95	180.50	160.38	150.15	110.81	98.25	134.61	260.08	189.65	292.58	232.87	2 151.10
新疆		689.90	355.29	592.09	527.54	670.57	405.64	340.63	457.89	795.71	662.78	956.27	679.28	7 133.58
合计 Total		51 734.95	26 296.70	43 619.95	38 241.53	45 464.29	31 675.39	29 732.92	38 411.77	63 686.20	53 284.25	74 836.10	55 922.07	552 906.12

竞彩玩法

单位：万元
Unit: Ten Thousand Yuan

地区 Region	游戏类型 Game Type	1月 Jan.	2月 Feb.	3月 Mar.	4月 Apr.	5月 May	6月 June	7月 July	8月 Aug.	9月 Sept.	10月 Oct.	11月 Nov.	12月 Dec.	合计 Total
北京		13 434.69	7 794.17	14 998.90	12 964.51	13 499.05	26 384.26	33 303.11	24 843.09	17 801.93	14 840.82	16 141.48	13 500.15	209 506.16
天津		12 303.36	7 773.88	14 851.14	12 654.39	13 352.98	23 742.62	28 293.50	20 817.75	14 896.02	12 931.90	13 927.67	12 374.41	187 919.62
河北		24 885.19	15 387.96	32 733.77	29 622.87	31 363.53	52 657.37	65 014.97	49 119.03	38 318.27	34 785.23	37 711.97	30 988.55	442 588.69
山西		18 779.99	10 151.47	19 233.85	17 067.83	17 967.36	27 992.60	32 976.43	26 752.28	22 142.79	19 826.16	22 487.92	19 487.72	254 866.40
内蒙古		15 577.10	9 924.42	19 869.30	19 471.77	19 890.90	37 012.42	39 941.63	25 869.07	20 485.27	18 624.16	22 524.16	16 438.93	265 629.13
辽宁		15 708.35	9 864.97	17 772.74	16 390.25	18 296.37	37 738.73	42 845.59	27 097.34	20 599.15	17 590.99	20 198.48	17 270.10	261 373.06
吉林		12 094.38	7 470.24	13 589.97	12 995.97	13 064.85	26 865.20	27 753.89	16 694.69	13 322.50	11 301.09	13 315.18	11 211.95	179 679.91
黑龙江		11 708.11	6 485.66	14 611.93	13 262.59	14 094.11	29 079.98	32 681.07	21 422.90	16 607.53	14 824.79	14 766.40	11 365.63	200 910.70
上海		10 566.39	6 898.33	12 359.88	11 091.95	12 462.32	21 190.95	25 546.01	18 018.17	13 455.71	11 847.92	13 030.23	12 020.98	168 488.84
江苏	竞猜	50 464.56	32 406.81	62 863.33	58 005.69	61 482.63	119 357.42	133 286.79	93 125.31	71 975.83	64 436.37	75 094.65	63 085.04	885 584.43
浙江		45 904.24	28 367.09	54 337.90	50 603.63	54 572.48	114 318.42	134 098.74	91 375.97	65 462.66	57 713.86	62 976.58	53 347.92	813 079.49
安徽		28 900.32	17 756.83	33 403.73	31 277.47	34 525.23	55 438.58	62 987.79	46 768.20	35 349.51	30 595.33	35 493.03	30 810.55	443 306.59
福建		20 137.05	12 812.35	24 901.60	22 625.65	25 104.60	36 484.97	41 423.44	32 568.75	25 469.88	23 026.88	25 934.09	24 337.36	314 826.62
江西		34 627.09	20 411.61	43 183.20	38 875.25	35 455.92	47 405.66	62 919.58	48 566.79	41 049.95	34 794.25	36 973.62	24 856.49	469 119.40
山东		75 787.39	45 737.27	87 855.72	80 579.71	86 409.09	118 844.40	135 223.83	111 649.54	90 073.61	80 017.14	88 450.17	77 993.80	1 078 621.66
河南		70 770.94	39 459.19	81 017.56	73 934.85	78 853.73	104 316.84	115 383.46	111 907.05	88 082.69	77 068.16	89 739.15	73 901.47	1 004 435.09
湖北		51 863.32	29 679.27	61 296.11	58 637.76	59 823.48	86 130.97	95 982.38	80 427.02	67 468.00	60 252.37	66 397.93	57 487.48	775 446.11
湖南		23 510.86	15 614.29	31 121.77	29 434.23	30 377.30	45 605.78	48 290.36	39 952.86	31 809.49	28 564.05	31 209.99	27 102.39	382 593.36
广东		42 927.99	28 686.51	51 382.33	43 154.77	46 847.74	82 122.49	97 801.43	64 961.68	43 766.36	37 193.19	44 009.46	41 496.81	624 350.76
广西		11 214.28	7 313.55	12 542.09	10 421.92	11 659.25	17 187.43	20 105.00	14 956.69	10 814.49	9 500.02	10 577.24	9 850.64	146 142.60
海南		1 125.96	662.58	1 141.66	1 078.61	1 302.87	2 157.89	3 795.53	3 105.18	2 383.72	1 981.14	2 517.87	1 996.50	23 249.50
重庆		42 091.10	22 366.58	38 210.63	35 213.71	38 387.17	44 342.20	54 463.30	45 442.42	33 468.82	25 977.13	28 825.62	26 164.16	434 952.83
四川		44 058.82	27 435.80	57 551.10	55 697.33	56 692.67	92 236.48	104 306.47	82 065.31	65 376.89	53 899.43	59 685.29	49 183.49	748 189.08
贵州		12 095.39	8 203.59	16 708.65	15 554.35	16 249.54	45 478.44	46 047.75	27 848.63	21 240.04	18 442.70	19 833.07	15 675.65	263 377.81
云南		19 925.95	12 611.00	25 197.29	25 117.99	25 703.45	60 960.42	66 708.72	41 232.36	31 152.61	26 625.38	28 757.77	24 182.48	388 175.39
西藏		1 056.64	419.57	1 105.79	1 292.55	1 292.88	3 158.80	3 747.50	2 393.26	1 651.82	1 407.97	1 644.27	1 053.33	20 224.39
陕西		23 940.61	13 753.60	26 801.31	24 299.26	25 727.09	47 428.22	52 190.00	38 301.38	29 828.78	24 658.80	27 390.71	22 805.76	357 125.52
甘肃		10 996.09	6 955.14	13 894.94	13 048.86	13 318.68	21 318.87	26 455.14	23 581.25	20 801.68	18 253.99	20 096.18	14 550.82	203 271.64
青海		2 252.01	1 372.87	2 387.24	2 389.71	2 358.14	4 321.93	4 773.06	3 485.99	2 626.53	2 353.94	2 549.14	2 175.11	33 045.66
宁夏		3 929.77	2 572.17	5 030.97	4 792.12	5 104.39	9 123.46	9 879.84	7 714.87	6 018.67	5 162.38	5 557.25	4 095.82	68 981.69
新疆		11 492.91	6 942.58	13 293.52	11 788.60	12 193.05	19 089.34	22 898.17	17 814.76	15 609.16	13 464.80	14 948.71	12 814.82	172 350.43
合计 Total		764 130.81	463 291.32	905 249.91	833 346.15	877 432.84	1 459 493.13	1 671 124.49	1 259 879.61	979 110.35	851 962.34	952 765.27	803 626.33	11 821 412.56

四、彩票统计资料

排列 3

单位：万元
Unit: Ten Thousand Yuan

地 区 Region	游戏类型 Game Type		1月 Jan.	2月 Feb.	3月 Mar.	4月 Apr.	5月 May	6月 June	7月 July	8月 Aug.	9月 Sept.	10月 Oct.	11月 Nov.	12月 Dec.	合计 Total
北京			1 917.53	1 141.35	2 329.75	2 458.97	2 517.49	2 581.65	2 637.40	2 532.63	2 541.26	2 124.57	2 497.87	2 661.34	27 941.81
天津			1 377.40	793.58	1 451.08	1 465.31	1 456.94	1 493.08	1 450.33	1 533.30	1 476.52	1 290.71	1 460.03	1 647.83	16 896.10
河北			2 296.53	1 456.41	3 816.69	4 482.54	3 670.48	3 517.48	3 564.20	3 548.14	3 543.55	2 990.54	3 455.84	4 576.45	40 918.84
山西			734.33	413.65	1 184.86	1 045.52	1 064.91	982.14	977.10	1 145.38	1 363.41	1 030.04	2 121.76	1 384.04	13 447.12
内蒙古			1 937.65	1 087.40	1 992.71	2 270.22	2 237.69	2 253.60	2 063.39	2 180.24	2 268.92	1 879.04	2 052.03	2 252.24	24 475.13
辽宁			2 208.44	1 319.94	4 377.17	3 724.18	2 716.08	2 873.90	2 737.99	2 792.87	2 782.96	2 350.39	2 492.60	2 721.25	33 097.74
吉林			1 172.96	703.41	1 948.74	1 390.62	1 329.42	1 366.62	1 298.89	1 392.69	1 409.98	1 178.50	1 291.76	1 436.00	15 919.58
黑龙江			1 263.58	673.52	1 374.05	1 409.30	1 456.20	1 377.82	1 346.30	1 401.19	1 404.69	1 211.26	1 284.76	1 206.08	15 408.75
上海			1 176.52	667.19	1 319.94	1 427.86	1 397.20	1 467.11	1 474.12	1 577.21	1 465.63	1 247.77	1 388.42	1 411.62	16 020.57
江苏			6 552.24	3 891.29	7 268.37	7 637.42	7 788.11	13 426.52	13 305.47	9 853.94	9 275.77	7 362.40	8 718.36	9 288.01	104 367.88
浙江			5 191.73	2 947.96	7 388.03	7 880.67	6 667.79	6 445.65	6 678.74	7 620.97	7 356.07	6 211.74	6 787.11	7 197.36	78 373.82
安徽		乐	1 698.14	1 008.74	5 069.95	3 554.63	2 805.75	2 517.26	2 512.34	2 592.70	2 575.68	2 108.66	2 262.72	2 342.28	31 040.85
福建		透	978.06	553.73	1 076.93	1 058.06	1 150.83	1 080.34	1 070.35	1 234.22	1 164.63	980.32	1 113.45	1 219.57	12 690.48
江西		排	4 091.21	906.55	1 498.14	1 627.71	1 389.41	1 357.87	3 407.05	4 521.00	1 733.49	1 270.58	1 319.80	1 652.09	24 774.88
山东		列	1 964.39	1 234.85	2 426.61	2 578.01	2 713.21	10 590.85	8 009.01	4 929.95	4 707.24	3 649.56	4 578.59	3 746.50	51 128.76
河南		3	4 727.74	2 870.40	9 453.87	10 742.37	7 759.93	6 729.38	6 205.12	6 665.32	6 966.37	7 490.28	7 338.29	6 193.40	83 142.46
湖北			3 974.47	2 951.87	9 078.34	6 698.76	6 025.28	5 124.99	4 989.88	5 997.83	5 712.22	4 346.86	5 004.97	4 358.51	64 263.97
湖南			1 913.84	1 104.13	1 947.40	2 076.76	2 010.97	1 972.36	2 043.86	3 071.32	2 920.83	2 954.25	2 217.29	2 174.64	26 407.65
广东			2 813.27	1 779.50	6 006.00	4 040.00	4 012.03	3 915.34	3 833.36	4 236.43	4 102.48	3 323.82	3 824.00	4 000.26	45 890.49
广西			365.29	222.16	405.44	459.70	447.83	484.53	485.56	498.59	486.75	396.06	468.59	454.83	5 155.32
海南			81.68	48.41	96.89	108.18	95.92	89.13	75.91	87.68	83.51	74.45	101.16	123.45	1 066.37
重庆			1 560.46	851.74	2 045.12	1 528.55	1 470.40	1 334.20	1 521.94	2 499.26	2 077.49	1 794.94	2 313.57	1 906.27	20 903.93
四川			4 455.70	2 529.04	4 573.90	5 068.59	5 890.14	6 858.35	5 525.64	5 871.87	5 799.92	4 510.10	4 875.24	5 215.30	61 173.78
贵州			1 294.11	752.54	2 620.35	2 328.46	1 881.98	1 880.51	1 671.49	1 604.92	2 005.24	1 414.13	1 576.87	1 949.63	20 980.23
云南			3 985.12	2 183.50	6 277.07	4 933.22	4 815.55	4 901.30	5 008.33	5 018.40	4 935.45	4 212.20	5 053.85	5 200.95	56 524.94
西藏			88.68	40.71	115.28	172.28	183.57	166.23	176.13	197.25	188.82	148.45	175.86	184.47	1 837.72
陕西			1 931.29	857.72	1 632.63	1 825.92	1 936.00	1 948.75	1 749.59	1 933.30	2 085.89	1 676.28	1 929.58	1 844.58	21 351.52
甘肃			1 297.62	768.70	2 638.56	2 194.92	2 266.27	2 127.30	1 858.70	1 859.96	1 926.91	1 452.74	1 591.04	3 275.25	23 257.97
青海			291.54	165.30	397.76	498.37	419.50	404.42	410.78	445.12	399.24	354.30	409.67	431.52	4 627.52
宁夏			881.43	514.62	1 043.58	1 105.70	1 090.75	1 100.93	1 085.74	1 126.65	1 174.09	994.45	1 044.99	1 209.21	12 372.15
新疆			1 084.45	676.13	1 338.48	1 505.25	1 571.23	1 569.81	1 532.28	1 898.03	2 269.89	1 900.14	1 921.89	2 099.70	19 367.27
合计 Total			65 307.37	37 116.02	94 193.67	89 284.06	82 238.84	93 939.41	90 706.97	91 868.35	88 204.88	73 929.50	82 671.94	85 364.61	974 825.61

排 列 5

单位：万元
Unit: Ten Thousand Yuan

地 区 Region	游戏类型 Game Type	1月 Jan.	2月 Feb.	3月 Mar.	4月 Apr.	5月 May	6月 June	7月 July	8月 Aug.	9月 Sept.	10月 Oct.	11月 Nov.	12月 Dec.	合计 Total
北京	乐透排列	1 237.74	654.42	1 162.05	1 163.11	1 107.97	1 088.25	1 130.21	1 140.53	1 162.15	1 027.85	1 208.58	1 319.27	13 402.14
天津		514.34	315.42	560.41	529.99	551.98	532.81	521.78	535.02	531.28	481.60	562.21	598.77	6 235.62
河北		1 501.39	1 007.32	1 856.50	1 784.59	1 743.13	1 684.38	1 725.97	1 751.72	1 698.76	1 533.80	1 785.62	1 980.03	20 053.20
山西		480.73	278.37	514.57	499.76	484.27	474.28	483.50	505.34	546.50	464.23	550.87	593.08	5 875.47
内蒙古		1 295.02	786.02	1 371.78	1 311.74	1 295.48	1 228.28	1 259.64	1 344.60	1 328.33	1 191.66	1 344.66	1 467.70	15 224.92
辽宁		1 210.32	766.66	1 383.36	1 279.81	1 264.94	1 241.80	1 255.54	1 291.03	1 255.24	1 118.95	1 205.25	1 371.80	14 644.69
吉林		747.53	460.76	825.26	767.57	746.30	732.77	731.80	740.42	756.91	676.09	758.12	863.28	8 806.79
黑龙江		665.27	402.97	772.83	749.47	735.60	713.16	704.30	694.00	665.38	588.85	650.33	601.49	7 943.64
上海		692.42	414.58	805.34	799.46	774.68	751.91	773.54	790.41	800.01	679.01	778.59	857.28	8 917.22
江苏		3 401.85	2 075.33	3 592.22	3 491.37	3 491.07	3 537.61	3 566.53	3 473.36	3 521.42	3 158.16	3 652.89	3 905.63	40 867.43
浙江		3 218.28	1 868.53	3 444.42	3 355.23	3 254.16	3 159.38	3 245.02	3 343.39	3 339.56	2 949.30	3 331.63	3 615.24	38 124.13
安徽		1 409.52	882.93	1 636.20	1 574.62	1 528.04	1 457.14	1 543.97	1 534.20	1 505.62	1 349.55	1 464.98	1 595.48	17 482.25
福建		661.58	426.69	683.28	671.59	677.62	663.08	666.32	676.29	663.55	590.88	667.45	729.31	7 777.63
江西		626.86	391.51	633.19	575.59	582.01	601.62	638.82	682.11	625.10	541.42	587.45	619.51	7 105.20
山东		1 114.75	670.28	1 150.09	1 122.66	1 110.95	1 212.86	1 285.09	1 269.85	1 213.94	1 096.07	1 234.15	1 310.31	13 791.01
河南		3 129.25	1 863.35	3 270.56	3 169.03	3 063.13	2 972.86	2 951.36	2 952.23	2 983.70	2 705.46	3 107.93	3 314.18	35 483.03
湖北		2 601.31	1 596.60	2 734.22	2 583.73	2 496.56	2 434.26	2 483.45	2 422.63	2 522.99	2 249.73	2 566.84	2 700.69	29 393.01
湖南		1 319.68	799.59	1 307.86	1 237.16	1 242.84	1 204.19	1 247.21	1 253.90	1 248.97	1 135.66	1 248.87	1 301.91	14 547.83
广东		2 484.42	1 508.53	2 874.49	2 678.64	2 619.76	2 636.27	2 760.27	2 741.56	2 749.87	2 413.21	2 782.05	3 053.37	31 302.43
广西		322.19	176.76	299.07	289.71	291.58	290.26	341.40	294.67	285.54	245.14	289.98	309.14	3 435.45
海南		657.20	506.38	749.73	727.79	687.73	731.41	764.42	746.86	726.46	643.27	802.61	923.32	8 667.18
重庆		472.00	304.14	510.04	471.34	473.54	449.69	617.18	594.04	543.06	550.11	562.26	551.05	6 098.46
四川		2 709.83	1 675.07	2 791.09	2 711.05	2 734.07	2 708.32	2 753.40	2 855.05	2 885.91	2 478.50	2 778.80	3 060.32	32 141.41
贵州		1 351.21	820.65	1 538.94	1 483.08	1 449.99	1 347.82	1 370.99	1 332.86	1 369.76	1 183.53	1 342.10	1 538.09	16 129.01
云南		4 315.80	2 528.46	4 720.12	4 546.96	4 605.25	4 599.31	4 653.17	4 705.57	4 731.81	4 303.17	4 959.77	5 343.11	54 012.50
西藏		154.48	74.45	190.47	213.91	208.75	207.47	204.32	206.49	205.36	191.25	214.17	226.86	2 297.98
陕西		1 056.94	612.71	1 107.96	1 081.21	1 054.73	1 027.70	1 053.00	1 075.86	1 077.58	968.47	1 088.04	1 049.03	12 253.22
甘肃		1 011.21	643.65	1 698.06	1 252.62	1 147.52	1 104.16	1 105.92	1 096.01	1 078.32	881.39	953.83	1 249.06	13 221.74
青海		305.56	167.90	313.89	338.33	332.64	321.16	333.42	316.67	326.66	278.69	303.79	336.55	3 675.26
宁夏		635.82	380.22	712.15	741.01	693.13	680.69	700.05	685.84	705.33	575.12	652.31	784.84	7 946.53
新疆		575.99	360.94	664.64	642.63	631.70	633.42	625.05	667.76	776.96	862.58	844.94	807.65	8 094.26
合计 Total		41 880.48	25 421.20	45 874.78	43 844.77	43 081.10	42 428.34	43 496.65	43 720.26	43 832.04	39 112.68	44 281.03	47 977.33	504 950.66

单位：万元
Unit: Ten Thousand Yuan

七 星 彩

地 区 Region	游戏类型 Game Type	1月 Jan.	2月 Feb.	3月 Mar.	4月 Apr.	5月 May	6月 June	7月 July	8月 Aug.	9月 Sept.	10月 Oct.	11月 Nov.	12月 Dec.	合计 Total
北京	乐透排列	617.67	348.16	556.87	558.01	527.45	511.40	521.89	628.55	635.65	548.24	564.68	604.18	6 622.74
天津		621.65	371.04	596.00	581.71	557.11	535.45	539.54	653.40	716.24	550.34	574.47	603.40	6 900.35
河北		1 428.03	928.86	1 421.75	1 366.09	1 232.18	1 185.03	1 354.95	1 734.46	1 955.80	1 413.66	1 402.09	1 478.58	16 901.46
山西		202.96	107.74	165.84	162.76	150.94	144.88	151.07	237.10	299.54	180.79	188.87	210.22	2 202.73
内蒙古		336.27	201.22	303.93	277.57	237.73	224.07	224.73	280.89	356.42	275.58	272.79	278.52	3 269.72
辽宁		433.57	199.83	279.03	274.10	254.65	247.81	269.68	396.14	580.90	309.89	583.67	330.46	4 159.73
吉林		575.09	327.45	494.25	483.00	445.12	435.62	451.59	504.58	489.52	474.47	479.73	513.21	5 673.61
黑龙江		433.01	261.95	427.60	439.54	395.81	372.72	390.51	472.97	503.70	429.36	419.93	368.09	4 915.20
上海		512.03	296.43	532.40	529.97	499.73	469.35	473.40	581.98	594.75	530.41	543.58	554.69	6 118.74
江苏		996.71	1 280.45	4 462.30	2 250.77	1 817.13	1 652.16	1 676.01	1 945.62	2 273.55	1 832.22	1 809.15	1 849.35	23 845.43
浙江		1 278.29	706.72	1 108.41	1 082.52	996.13	990.89	1 084.41	1 416.66	1 713.59	1 398.75	1 432.82	1 504.00	14 713.18
安徽		1 020.93	612.53	886.46	877.04	809.64	795.21	808.72	1 251.13	1 645.31	954.89	941.28	1 021.58	11 624.72
福建		1 484.47	590.02	893.17	879.87	806.73	773.04	831.33	1 066.58	1 309.80	1 025.78	1 018.13	1 066.54	11 745.45
江西		335.57	207.76	279.54	268.47	243.96	237.26	260.02	483.95	466.78	287.55	280.60	292.77	3 644.23
山东		1 483.64	737.88	1 081.49	1 025.52	948.37	883.57	926.88	1 380.29	1 661.42	1 140.56	1 111.49	1 151.45	13 532.57
河南		3 426.88	1 794.87	2 700.68	2 617.65	2 397.97	2 304.66	2 322.95	2 780.72	3 151.30	2 572.60	2 666.79	2 804.87	31 541.94
湖北		1 741.33	1 005.26	1 509.09	1 470.17	1 378.84	1 317.50	1 337.97	1 792.28	1 984.55	1 452.51	1 495.82	1 531.82	18 017.14
湖南		412.07	240.74	352.72	353.53	327.71	322.90	340.59	389.81	409.66	365.20	371.06	391.84	4 277.83
广东		2 609.74	1 451.99	2 323.38	2 223.50	2 065.60	2 139.14	2 302.31	3 262.53	3 833.65	2 638.59	2 816.06	2 710.27	30 376.74
广西		334.08	175.35	208.68	206.94	197.78	185.30	200.08	239.05	261.38	225.31	218.26	234.67	2 686.88
海南		783.61	555.02	809.34	788.89	741.82	753.89	763.28	814.16	752.81	709.73	812.17	864.12	9 148.82
重庆		340.90	180.87	252.06	243.91	241.45	250.47	275.59	510.44	781.77	495.36	511.51	497.36	4 581.69
四川		3 370.14	1 714.82	2 579.49	2 514.76	2 375.17	2 328.59	2 326.55	2 825.28	2 948.61	2 704.13	2 679.06	2 748.65	31 115.23
贵州		739.40	416.49	569.76	547.58	487.69	469.76	506.11	1 167.27	639.22	536.54	547.18	725.83	7 352.82
云南		2 013.41	1 176.92	1 928.87	1 843.58	1 703.29	1 704.70	1 812.58	2 107.28	2 160.30	1 806.73	1 859.87	2 005.96	22 123.48
西藏		64.72	23.58	59.35	67.96	58.68	56.28	57.89	85.99	90.83	67.14	65.91	70.05	768.38
陕西		369.36	194.64	298.02	299.63	279.77	273.27	278.51	371.88	491.75	373.49	405.49	371.96	4 007.78
甘肃		447.31	236.64	252.74	231.50	191.53	182.98	199.73	479.54	743.25	181.05	180.38	213.02	3 539.68
青海		94.10	46.51	75.97	77.23	70.31	68.90	71.10	90.60	95.93	79.12	77.51	85.10	932.39
宁夏		129.38	87.77	134.99	115.05	100.88	109.98	113.90	133.62	134.37	121.45	120.09	137.78	1 439.27
新疆		418.61	232.36	343.14	331.48	303.26	302.16	311.68	381.84	388.56	337.53	350.79	378.70	4 080.11
合计 Total		29 054.92	16 711.85	27 887.31	24 990.30	22 844.43	22 228.96	23 185.53	30 466.58	34 070.89	26 018.98	26 801.24	27 599.03	311 860.02

超级大乐透

单位：万元
Unit: Ten Thousand Yuan

地 区 Region	游戏类型 Game Type	1月 Jan.	2月 Feb.	3月 Mar.	4月 Apr.	5月 May	6月 June	7月 July	8月 Aug.	9月 Sept.	10月 Oct.	11月 Nov.	12月 Dec.	合计 Total
北京	乐透组合	11 168.37	7 125.28	12 778.26	12 795.82	14 337.27	12 094.09	11 574.95	11 508.59	11 564.76	9 925.07	12 112.30	12 437.77	139 422.52
天津		4 309.91	2 857.37	5 415.95	5 110.41	5 679.48	4 737.91	4 520.84	5 186.01	4 648.67	4 404.43	4 937.57	5 325.68	57 134.23
河北		13 968.91	10 254.84	17 039.34	18 287.08	20 889.05	16 781.95	15 997.87	15 838.74	15 630.00	13 365.04	15 955.63	16 983.18	190 991.61
山西		4 051.21	2 480.49	4 322.06	4 444.69	5 082.66	4 452.13	4 059.95	4 252.60	4 180.12	3 487.70	4 515.05	4 814.11	50 142.77
内蒙古		6 190.78	3 902.58	6 627.27	7 104.74	8 152.90	6 418.60	6 029.88	6 049.02	5 898.01	4 934.69	6 034.03	6 482.50	73 824.99
辽宁		6 749.83	4 642.03	7 744.80	8 877.01	9 743.72	7 634.85	7 379.64	7 482.21	7 620.46	6 417.65	8 000.82	7 945.41	90 238.42
吉林		5 001.47	3 168.87	5 612.43	6 064.69	6 912.21	5 580.22	5 257.90	5 303.07	5 412.25	4 502.23	5 182.66	5 613.60	63 611.61
黑龙江		6 926.84	4 592.43	9 116.08	9 366.33	10 459.53	8 474.62	8 023.15	7 927.40	7 829.27	6 802.12	7 788.97	6 969.60	94 276.34
上海		10 332.77	6 414.15	11 733.29	11 886.17	13 687.17	11 443.68	10 840.97	10 986.88	11 060.53	9 540.99	11 669.94	11 872.49	131 469.03
江苏		32 595.27	21 044.43	36 181.52	38 465.76	42 414.55	35 100.20	33 459.40	31 558.96	33 188.56	28 600.56	35 089.65	36 012.48	403 711.34
浙江		32 620.13	19 892.77	35 689.13	35 720.06	42 124.79	35 251.24	33 538.66	34 199.12	35 842.04	30 595.57	34 926.22	35 456.10	405 855.85
安徽		12 383.34	8 158.36	13 367.48	15 252.94	19 370.47	13 487.94	12 766.96	12 998.19	13 267.79	10 940.04	16 412.96	14 166.71	162 573.19
福建		27 075.77	16 920.63	28 273.81	28 786.41	32 578.55	26 943.17	25 574.41	25 552.87	25 214.38	22 565.24	27 259.28	27 768.81	314 513.34
江西		9 232.31	5 300.24	8 542.64	9 094.27	10 128.93	7 960.73	7 489.25	8 695.68	8 990.68	7 427.32	7 810.90	8 140.66	98 813.60
山东		19 746.38	12 589.27	27 040.04	24 238.42	27 769.02	21 167.33	20 229.31	20 636.55	20 651.69	17 845.88	23 676.25	21 964.65	257 554.95
河南		22 748.60	14 472.63	24 145.09	25 215.44	27 925.75	23 408.06	23 930.99	20 640.71	21 910.11	19 022.39	26 814.07	24 100.26	274 334.10
湖北		14 326.70	7 670.71	12 592.61	13 446.29	15 575.25	11 869.19	12 544.19	11 698.70	11 330.73	9 677.90	11 773.37	11 920.83	144 426.48
湖南		7 174.41	4 728.42	7 802.33	8 297.30	9 663.67	7 600.04	7 374.93	7 202.18	7 535.64	6 347.22	7 883.00	8 091.67	89 700.80
广东		36 024.49	22 246.00	39 153.20	38 657.35	45 137.97	36 826.16	36 060.65	36 131.47	36 649.93	31 197.64	37 752.77	38 922.80	434 760.44
广西		4 903.91	3 036.23	5 073.00	5 212.84	5 896.30	4 818.86	4 669.86	4 618.87	4 634.94	3 906.13	5 308.70	4 875.12	56 954.76
海南		1 970.72	1 328.82	2 187.27	2 167.61	2 744.41	2 117.69	1 975.22	1 907.12	1 939.27	1 632.67	2 117.63	2 414.13	24 502.56
重庆		6 450.41	4 358.54	7 304.37	8 774.10	9 691.79	7 528.06	6 753.52	6 843.59	7 205.24	5 921.29	7 187.07	7 766.64	85 784.61
四川		17 208.51	11 470.90	19 302.03	20 302.11	24 504.81	19 239.52	17 894.88	17 824.22	18 754.81	15 796.21	18 501.93	19 200.11	220 000.03
贵州		9 069.90	5 908.93	10 119.98	11 144.15	12 804.09	10 197.96	9 493.03	9 308.53	9 511.75	8 221.83	10 314.51	10 546.70	116 641.36
云南		17 371.22	11 004.45	19 465.72	20 675.78	24 007.44	19 373.10	18 510.91	18 128.08	18 564.66	18 513.42	19 245.06	19 973.82	224 833.68
西藏		1 026.33	402.77	980.52	1 239.64	1 614.30	1 226.81	1 149.09	1 125.05	1 189.80	961.87	1 171.90	1 208.42	13 296.49
陕西		8 784.52	5 740.42	11 504.24	10 848.89	11 484.55	9 602.37	9 160.77	8 924.86	9 116.72	8 914.83	11 468.44	10 633.05	116 183.67
甘肃		4 569.09	2 939.78	5 069.25	5 766.63	6 417.47	4 909.30	4 641.34	4 655.18	4 712.35	4 615.00	4 625.79	5 078.46	57 999.65
青海		1 371.66	789.67	1 448.34	1 530.67	1 732.06	1 453.05	1 421.69	1 401.17	1 417.70	1 175.41	1 363.77	1 482.22	16 587.40
宁夏		2 967.14	1 930.82	3 406.33	3 630.06	4 052.21	3 157.03	2 878.69	2 886.66	2 956.55	2 319.27	2 793.41	3 254.38	36 232.56
新疆		4 605.78	2 972.32	5 441.75	5 817.20	6 648.84	5 423.05	5 185.40	5 144.20	5 181.98	4 285.68	5 224.55	5 567.48	61 498.24
合计 Total		362 926.69	230 345.16	404 480.14	418 220.87	479 231.22	386 278.93	370 388.30	366 616.61	373 611.42	323 863.26	394 918.20	396 989.82	4 507 870.61

2021 年中国体育彩票区域联网游戏销售统计（分地区按月统计）

Monthly Sales Statistics of Inter-Regional Games of Sports Lottery in Different Regions in China in 2021

传 统 单 场

单位：万元
Unit: Ten Thousand Yuan

地 区 Region	游戏类型 Game Type	1月 Jan.	2月 Feb.	3月 Mar.	4月 Apr.	5月 May	6月 June	7月 July	8月 Aug.	9月 Sept.	10月 Oct.	11月 Nov.	12月 Dec.	合计 Total
北 京	竞猜	4 210.13	2 952.56	5 550.10	6 887.45	6 698.14	6 141.00	5 740.03	8 668.94	10 068.73	8 256.89	10 825.05	8 140.39	84 139.40
天 津		8 007.41	4 693.88	8 663.31	9 029.73	9 707.51	8 680.33	9 700.28	13 646.44	17 751.54	13 159.94	17 675.87	14 102.43	134 818.65
广 东		26 920.90	19 425.71	34 966.88	46 480.10	45 701.28	37 281.95	35 393.35	49 148.50	54 274.36	42 827.46	58 534.06	48 296.33	499 250.86
合计 Total		39 138.43	27 072.14	49 180.29	62 397.27	62 106.92	52 103.28	50 833.66	71 463.88	82 094.62	64 244.28	87 034.98	70 539.14	718 208.90

2021年中国体育彩票地方游戏品种销售情况表（分地区按月统计）

Monthly Sales Statistics of Regional Games of Sports Lottery in China in 2021

单位：万元
Unit: Ten Thousand Yuan

地 区 Region	游戏类型 Game Type	游戏名称 Game Name	1月 Jan.	2月 Feb.	3月 Mar.	4月 Apr.	5月 May	6月 June	7月 July	8月 Aug.	9月 Sept.	10月 Oct.	11月 Nov.	12月 Dec.	合计 Total
北 京	乐透组合	北京11选5	24 476.65	5 666.73	0.00	0.00	0.00	0.00	0.00	0.00	0.00	0.00	0.00	0.00	30 143.38
天 津	乐透组合	天津11选5	3 953.35	963.59	0.00	0.00	0.00	0.00	0.00	0.00	0.00	0.00	0.00	0.00	4 916.94
河 北	乐透组合	河北快乐扑克	0.00	0.00	0.00	0.00	0.00	0.00	0.00	0.00	0.00	0.00	0.00	0.00	0.00
		河北11选5	40 898.33	11 463.54	0.00	0.00	0.00	0.00	0.00	0.00	0.00	0.00	0.00	0.00	52 361.87
山 西	乐透组合	山西11选5	3 350.08	839.05	0.00	0.00	0.00	0.00	0.00	0.00	0.00	0.00	0.00	0.00	4 189.13
		山西泳坛夺金	0.00	0.00	0.00	0.00	0.00	0.00	0.00	0.00	0.00	0.00	0.00	0.00	0.00
内蒙古	乐透组合	内蒙11选5	18 867.10	4 963.52	0.00	0.00	0.00	0.00	0.00	0.00	0.00	0.00	0.00	0.00	23 830.63
		内蒙古泳坛夺金	0.00	0.00	0.00	0.00	0.00	0.00	0.00	0.00	0.00	0.00	0.00	0.00	0.00
辽 宁	乐透组合	辽宁11选5	6 927.56	1 947.50	0.00	0.00	0.00	0.00	0.00	0.00	0.00	0.00	0.00	0.00	8 875.05
		辽宁快乐扑克	0.00	0.00	0.00	0.00	0.00	0.00	0.00	0.00	0.00	0.00	0.00	0.00	0.00
吉 林	乐透组合	吉林11选5	15 917.27	4 228.00	0.00	0.00	0.00	0.00	0.00	0.00	0.00	0.00	0.00	0.00	20 145.28
黑龙江	乐透组合	黑龙江11选5	14 796.18	3 583.20	0.00	0.00	0.00	0.00	0.00	0.00	0.00	0.00	0.00	0.00	18 379.38
		黑龙江快乐扑克	0.00	0.00	0.00	0.00	0.00	0.00	0.00	0.00	0.00	0.00	0.00	0.00	0.00
	乐透排列	黑龙江六位数	60.51	35.98	68.61	68.72	57.58	63.29	61.82	61.11	54.08	54.80	58.87	48.68	694.05
上 海	乐透组合	上海11选5	11 516.78	3 094.95	0.00	0.00	0.00	0.00	0.00	0.00	0.00	0.00	0.00	0.00	14 611.73
江 苏	乐透组合	江苏11选5	50 785.65	13 944.78	0.00	0.00	0.00	0.00	0.00	0.00	0.00	0.00	0.00	0.00	64 730.42
	乐透排列	江苏体彩7位数	5 171.05	2 718.95	3 982.64	4 213.98	3 888.81	3 882.44	3 973.10	3 642.28	3 607.63	3 463.64	3 718.20	3 954.85	46 217.57
浙 江	乐透组合	浙江11选5	28 888.14	7 834.99	0.00	0.00	0.00	0.00	0.00	0.00	0.00	0.00	0.00	0.00	36 723.13
		浙江20选5	419.33	277.50	479.76	447.51	445.36	432.46	423.42	445.24	451.82	422.59	484.81	493.62	5 223.43
		浙江飞鱼	3 598.96	1 008.75	0.00	0.00	0.00	0.00	0.00	0.00	0.00	0.00	0.00	0.00	4 607.71
		浙江泳坛夺金	0.00	0.00	0.00	0.00	0.00	0.00	0.00	0.00	0.00	0.00	0.00	0.00	0.00
	乐透排列	浙江6加1	1 927.07	1 134.61	1 817.75	1 809.12	1 703.48	1 683.13	1 658.36	1 634.41	1 231.50	1 217.12	1 303.36	1 344.87	18 464.78
安 徽	乐透组合	安徽11选5	16 149.90	4 143.80	0.00	0.00	0.00	0.00	0.00	0.00	0.00	0.00	0.00	0.00	20 293.70

续表

地区 Region	游戏类型 Game Type	游戏名称 Game Name	1月 Jan.	2月 Feb.	3月 Mar.	4月 Apr.	5月 May	6月 June	7月 July	8月 Aug.	9月 Sept.	10月 Oct.	11月 Nov.	12月 Dec.	合计 Total
福建	乐透组合	福建11选5	21 216.94	6 421.20	0.00	0.00	0.00	0.00	0.00	0.00	0.00	0.00	0.00	0.00	27 638.15
		福建22选5	433.36	237.31	481.02	443.76	403.42	409.34	424.94	401.85	500.10	389.07	428.08	412.10	4 964.33
		福建31选7	2 967.44	2 574.90	3 975.50	3 330.13	2 680.64	3 318.25	2 465.01	3 135.38	3 438.44	2 225.78	2 573.98	4 338.31	37 023.76
		福建31选7附加	2 920.18	1 950.80	3 360.74	2 647.63	2 512.76	2 380.59	3 191.15	3 475.56	2 702.91	2 424.81	2 611.12	2 730.82	32 909.06
		福建36选7	1 301.09	762.84	1 303.45	1 252.58	1 213.03	1 205.35	1 262.24	1 125.76	1 153.64	1 093.10	1 253.88	1 226.16	14 153.12
江西	乐透组合	江西多乐彩	7 595.63	2 418.32	0.00	0.00	0.00	0.00	0.00	0.00	0.00	0.00	0.00	0.00	10 013.95
山东	乐透组合	山东快乐扑克3	0.00	0.00	0.00	0.00	0.00	0.00	0.00	0.00	0.00	0.00	0.00	0.00	0.00
		山东十一运夺金	33 304.96	9 064.86	0.00	0.00	0.00	0.00	0.00	0.00	0.00	0.00	0.00	0.00	42 369.81
河南	乐透组合	河南11选5	0.00	0.00	0.00	0.00	0.00	0.00	0.00	0.00	0.00	0.00	0.00	0.00	0.00
		河南泳坛夺金	28 028.65	7 224.27	0.00	0.00	0.00	0.00	0.00	0.00	0.00	0.00	0.00	0.00	35 252.92
湖北	乐透组合	湖北11选5	9 837.88	2 580.02	0.00	0.00	0.00	0.00	0.00	0.00	0.00	0.00	0.00	0.00	12 417.90
湖南	乐透组合	湖南即乐彩	0.00	0.00	0.00	0.00	0.00	0.00	0.00	0.00	0.00	0.00	0.00	0.00	0.00
		幸运赛车	528.17	126.71	0.00	0.00	0.00	0.00	0.00	0.00	0.00	0.00	0.00	0.00	654.88
广东	乐透组合	广东11选5	34 060.73	9 437.53	0.00	0.00	0.00	0.00	0.00	0.00	0.00	0.00	0.00	0.00	43 498.25
广西	乐透组合	广西11选5	1 783.55	533.38	0.00	0.00	0.00	0.00	0.00	0.00	0.00	0.00	0.00	0.00	2 316.93
海南		飞鱼	1 208.94	355.63	0.00	0.00	0.00	0.00	0.00	0.00	0.00	0.00	0.00	0.00	1 564.57
		环岛赛	0.00	0.00	0.00	0.00	0.00	0.00	0.00	0.00	0.00	0.00	0.00	0.00	0.00
	乐透排列	海南4+1	157.89	109.90	137.50	133.80	121.10	124.14	121.28	136.01	117.39	114.38	126.25	128.76	1 528.39
重庆	乐透组合	重庆11选5	0.00	0.00	0.00	0.00	0.00	0.00	0.00	0.00	0.00	0.00	0.00	0.00	0.00
		重庆百变王牌	294.38	78.85	0.00	0.00	0.00	0.00	0.00	0.00	0.00	0.00	0.00	0.00	373.23
四川	乐透组合	四川11选5	0.00	0.00	0.00	0.00	0.00	0.00	0.00	0.00	0.00	0.00	0.00	0.00	0.00
		四川金7乐	1 806.64	443.28	0.00	0.00	0.00	0.00	0.00	0.00	0.00	0.00	0.00	0.00	2 249.92
贵州	乐透组合	贵州11选5	15 569.01	4 258.41	0.00	0.00	0.00	0.00	0.00	0.00	0.00	0.00	0.00	0.00	19 827.42
云南	乐透组合	云南11选5	26 648.70	7 376.30	0.00	0.00	0.00	0.00	0.00	0.00	0.00	0.00	0.00	0.00	34 025.01
		云南快乐123	0.00	0.00	0.00	0.00	0.00	0.00	0.00	0.00	0.00	0.00	0.00	0.00	0.00
西藏	乐透组合	西藏11选5	8 934.80	2 271.41	0.00	0.00	0.00	0.00	0.00	0.00	0.00	0.00	0.00	0.00	11 206.21

续表

地区 Region	游戏类型 Game Type	游戏名称 Game Name	1月 Jan.	2月 Feb.	3月 Mar.	4月 Apr.	5月 May	6月 June	7月 July	8月 Aug.	9月 Sept.	10月 Oct.	11月 Nov.	12月 Dec.	合计 Total
陕西	乐透组合	陕西11选5	6 570.98	1 625.99	0.00	0.00	0.00	0.00	0.00	0.00	0.00	0.00	0.00	0.00	8 196.97
		陕西泳坛夺金	0.00	0.00	0.00	0.00	0.00	0.00	0.00	0.00	0.00	0.00	0.00	0.00	0.00
甘肃	乐透组合	甘肃11选5	12 255.21	3 293.92	0.00	0.00	0.00	0.00	0.00	0.00	0.00	0.00	0.00	0.00	15 549.12
		甘肃泳坛夺金	0.00	0.00	0.00	0.00	0.00	0.00	0.00	0.00	0.00	0.00	0.00	0.00	0.00
青海	乐透组合	青海11选5	2 814.17	723.11	0.00	0.00	0.00	0.00	0.00	0.00	0.00	0.00	0.00	0.00	3 537.28
		青海快乐扑克	0.00	0.00	0.00	0.00	0.00	0.00	0.00	0.00	0.00	0.00	0.00	0.00	0.00
宁夏	乐透组合	宁夏11选5	5 261.15	1 453.34	0.00	0.00	0.00	0.00	0.00	0.00	0.00	0.00	0.00	0.00	6 714.49
新疆	乐透组合	新疆11选5	6 795.71	2 083.79	0.00	0.00	0.00	0.00	0.00	0.00	0.00	0.00	0.00	0.00	8 879.50
合计 Total			480 000.07	135 255.48	15 606.97	14 347.23	13 026.18	13 499.00	13 581.31	14 057.61	13 257.52	11 405.28	12 558.55	14 678.16	751 273.35

（国家体育总局体育彩票管理中心供稿）

2021 年中国体育彩票竞猜型彩票销售情况表（分地区分游戏）

Sales Statistics of Terminal-Sales Sports Betting Tickets of Sports Lottery in Different Regions and in Different Games in China in 2021

单位：万元
Unit: Ten Thousand Yuan

序号	地区 Region	14场胜平负	足彩任选9场	4场进球	6场半场胜负	竞彩玩法	北京单场	虚拟足球	合计 Total
1	北京	23 262.28	13 304.63	776.13	165.12	209 506.16	84 139.40	0.00	331 153.72
2	天津	9 619.05	6 220.61	245.71	70.49	187 919.62	134 818.65	0.00	338 894.12
3	河北	25 387.92	10 081.37	2 087.73	613.98	442 588.69	0.00	0.00	480 759.69
4	山西	4 847.61	3 078.52	241.49	40.54	254 866.40	0.00	0.00	263 074.57
5	内蒙古	5 544.86	3 022.41	218.35	54.09	265 629.13	0.00	0.00	274 468.85
6	辽宁	16 920.51	11 824.85	399.67	132.57	261 373.06	0.00	0.00	290 650.66
7	吉林	5 870.04	3 660.92	201.15	33.96	179 679.91	0.00	0.00	189 445.97
8	黑龙江	4 492.92	2 905.42	167.95	52.40	200 910.70	0.00	0.00	208 529.38
9	上海	25 496.63	14 973.15	955.18	266.60	168 488.84	0.00	0.00	210 180.40
10	江苏	30 789.17	17 304.96	1 034.17	277.64	885 584.43	0.00	0.00	934 990.37
11	浙江	50 910.98	24 577.15	1 504.86	594.31	813 079.49	0.00	0.00	890 666.80
12	安徽	11 650.35	7 332.12	409.84	131.73	443 306.59	0.00	0.00	462 830.63
13	福建	20 916.27	10 639.50	851.66	358.48	314 826.62	0.00	0.00	347 592.52
14	江西	13 799.27	8 874.25	559.77	146.94	469 119.40	0.00	0.00	492 499.64
15	山东	21 067.81	11 774.64	756.86	198.13	1 078 621.66	0.00	0.00	1 112 419.10
16	河南	10 908.40	6 245.89	525.13	118.55	1 004 435.09	0.00	0.00	1 022 233.07
17	湖北	30 074.49	17 569.40	939.11	279.21	775 446.11	0.00	0.00	824 308.31
18	湖南	29 499.92	12 323.52	768.22	167.53	382 593.36	0.00	0.00	425 352.55
19	广东	104 759.60	59 862.32	3 503.91	911.78	624 350.76	499 250.86	0.00	1 292 639.23
20	广西	18 728.27	13 340.51	762.32	214.96	146 142.60	0.00	0.00	179 188.65
21	海南	2 104.44	1 208.57	128.78	37.91	23 249.50	0.00	0.00	26 729.19
22	重庆	16 753.97	9 323.71	972.68	243.90	434 952.83	0.00	0.00	462 247.09
23	四川	26 574.56	17 351.38	868.28	258.74	748 189.08	0.00	0.00	793 242.04
24	贵州	7 730.20	4 414.61	207.88	86.28	263 377.81	0.00	0.00	275 816.78
25	云南	10 475.88	5 726.75	388.84	202.76	388 175.39	0.00	0.00	404 969.62
26	西藏	463.85	215.45	15.39	5.73	20 224.39	0.00	0.00	20 924.81
27	陕西	9 683.45	5 795.17	316.11	110.65	357 125.52	0.00	0.00	373 030.91
28	甘肃	4 185.90	2 432.91	120.19	41.53	203 271.64	0.00	0.00	210 052.16
29	青海	1 102.88	479.08	37.12	10.99	33 045.66	0.00	0.00	34 675.73
30	宁夏	2 151.10	1 064.71	31.58	14.27	68 981.69	0.00	0.00	72 243.35
31	新疆	7 133.58	4 339.94	162.61	59.51	172 350.43	0.00	0.00	184 046.09
	合计 Total	552 906.12	311 268.44	20 158.69	5 901.28	11 821 412.56	718 208.90	0.00	13 429 855.99

（国家体育总局体育彩票管理中心供稿）

2021年中国体育彩票网点即开型彩票销售情况表（分地区分游戏）

Sales Statistics of Terminal-Sales Instant Win Tickets of Sports Lottery in Different Regions and in Different Games in China in 2021

单位：万元
Unit: Ten Thousand Yuan

序号	省编号	省份/游戏名称	面值（元） 棒棒糖 1	八喜 2	报喜 2	彩蛋 2	杭州2022 2	红色印迹 2	蕉好运 2	金豆豆 2	开口笑 2	年终奖 2	三叠字 2	太空寻宝 2
1	11	北京	0.00	0.00	0.00	0.00	0.00	0.00	0.00	0.00	0.00	0.00	0.00	178.29
2	12	天津	0.00	5.46	0.00	0.00	0.00	0.00	0.00	0.00	3.00	0.00	0.00	229.53
3	13	河北	0.04	224.88	0.06	34.86	0.00	0.00	0.00	1.68	0.00	1.11	40.02	831.00
4	14	山西	0.00	0.00	0.00	0.42	0.00	0.00	0.00	0.00	0.00	0.06	68.76	209.82
5	15	内蒙古	0.00	17.76	0.00	5.73	0.00	0.00	12.90	0.48	0.00	0.21	20.88	434.91
6	21	辽宁	0.66	0.00	0.00	0.00	0.00	0.00	54.48	0.06	0.00	0.00	2.34	1 240.74
7	22	吉林	0.00	0.00	0.00	0.00	0.00	0.00	0.00	0.00	0.00	0.00	0.00	624.57
8	23	黑龙江	0.00	0.00	0.00	107.31	0.00	0.00	97.68	0.00	136.71	0.03	4.05	436.77
9	31	上海	0.00	0.00	0.00	0.00	0.00	0.00	0.00	0.00	0.00	0.00	0.00	0.00
10	32	江苏	0.00	37.56	1.38	31.80	0.00	8.06	40.56	0.90	0.00	0.00	12.78	312.39
11	33	浙江	0.00	12.36	0.00	0.00	5.90	0.00	6.36	0.00	113.13	0.00	4.62	507.54
12	34	安徽	0.00	0.00	0.00	10.26	0.00	0.54	0.00	1.08	0.00	0.33	0.00	206.31
13	35	福建	0.00	6.60	0.33	5.07	0.00	0.00	12.90	0.00	0.00	0.33	0.00	297.00
14	36	江西	0.00	0.00	0.00	0.00	0.00	0.00	0.00	0.06	0.00	0.00	116.04	23.01
15	37	山东	0.00	384.42	0.00	0.06	0.00	0.00	0.00	0.54	0.00	0.00	41.79	1 428.93
16	41	河南	1.96	0.00	0.00	0.00	0.00	0.00	8.64	0.30	113.13	0.00	0.00	793.50
17	42	湖北	9.54	0.00	0.00	18.99	0.00	0.14	0.00	0.96	0.00	0.00	0.00	47.28
18	43	湖南	0.68	0.00	0.45	0.00	0.00	0.16	0.00	0.18	0.00	0.00	0.00	1.80
19	44	广东	0.00	0.00	0.00	17.19	0.00	0.00	0.00	0.36	0.00	0.00	0.00	1 442.79
20	45	广西	0.00	0.00	0.00	36.60	0.00	0.00	0.00	0.30	0.00	0.00	0.00	80.94
21	46	海南	0.00	6.96	0.00	0.00	0.00	0.00	0.00	0.00	0.00	0.00	0.00	0.36
22	50	重庆	0.00	31.86	0.00	0.00	0.00	0.00	0.00	0.00	0.00	0.00	71.49	261.60
23	51	四川	0.00	117.30	0.00	163.20	0.00	0.00	0.00	0.36	0.00	0.00	3.24	914.28
24	52	贵州	1.18	6.84	0.45	36.60	0.00	0.00	65.88	0.36	0.00	0.36	6.72	139.86
25	53	云南	0.00	0.00	0.03	2.04	0.00	0.00	0.00	0.54	0.00	0.00	0.00	344.22
26	54	西藏	0.00	141.60	0.00	163.20	0.00	0.00	0.00	0.00	0.00	0.00	0.00	500.01
27	61	陕西	0.00	0.00	0.00	2.04	0.00	0.00	0.00	0.00	0.00	0.00	24.30	310.41
28	62	甘肃	0.00	0.00	0.03	0.00	0.00	0.00	0.00	0.18	0.00	0.00	8.28	20.79
29	63	青海	0.00	77.16	0.06	0.00	0.00	0.00	0.00	0.00	0.00	0.27	93.27	162.75
30	64	宁夏	1.10	127.08	0.00	47.79	0.00	0.00	82.08	0.12	0.00	0.00	0.00	394.02
31	65	新疆												
		合计 Total	15.16	1 197.84	2.79	481.32	5.90	8.90	381.48	8.10	252.84	2.70	518.58	12 375.42

续表

序号	省编号	面值（元）省份/游戏名称	2 糖葫芦	2 旺旺	2 我爱中国	2 小金猪	2 招财猫	3 红樱桃	5 520	5 666	5 LOVE	5 爱冰爱运动	5 爱拼敢赢	5 爱赢爱冰雪
1	11	北京	0.00	0.00	0.00	0.00	0.00	0.00	63.30	898.59	0.00	154.74	179.40	359.10
2	12	天津	0.00	0.00	0.00	127.35	0.00	0.00	0.00	328.44	0.00	0.00	0.00	506.88
3	13	河北	7.17	1.92	0.27	0.00	0.96	0.00	0.00	359.01	0.00	331.32	254.88	1 323.75
4	14	山西	0.00	0.00	0.00	117.48	0.00	0.00	0.00	179.34	0.00	0.00	0.00	209.07
5	15	内蒙古	4.74	0.24	3.48	1 436.46	5.16	0.00	100.08	417.51	0.00	77.28	118.20	0.00
6	21	辽宁	0.18	0.36	0.00	0.00	0.00	149.73	0.18	1 439.97	0.00	0.00	0.00	0.00
7	22	吉林	0.00	0.00	0.00	326.52	0.00	0.00	0.90	0.00	0.00	0.00	0.00	359.82
8	23	黑龙江	106.98	0.00	0.00	0.00	0.00	0.00	0.00	359.91	0.00	0.00	0.00	0.00
9	31	上海	0.00	0.00	0.00	0.00	0.00	945.96	0.00	0.00	7.02	0.00	0.00	0.00
10	32	江苏	2.73	1.44	18.31	0.54	0.12	107.91	605.16	1 293.57	0.00	139.26	0.00	0.00
11	33	浙江	0.00	0.00	0.00	13.50	0.42	49.11	30.00	0.00	0.00	15.00	0.00	0.00
12	34	安徽	0.00	0.00	4.32	0.00	1.80	106.62	225.60	685.50	0.00	0.00	562.62	0.00
13	35	福建	0.00	1.41	0.00	17.49	2.28	545.40	0.00	1 077.33	0.00	0.00	9.48	0.00
14	36	江西	0.00	0.00	0.00	0.03	0.00	0.00	373.02	1 069.17	0.00	222.96	0.00	573.21
15	37	山东	0.27	0.00	0.00	237.90	0.00	0.00	0.00	0.00	0.00	0.00	0.00	33.00
16	41	河南	0.00	0.00	0.00	26.10	0.00	0.00	0.00	116.97	0.00	0.00	0.00	0.00
17	42	湖北	39.51	0.33	0.00	0.84	0.00	0.00	0.00	2 878.50	0.00	0.00	0.00	0.00
18	43	湖南	0.00	0.00	0.18	0.00	0.12	0.00	0.00	0.00	0.00	0.00	0.00	0.00
19	44	广东	0.00	0.00	0.00	32.67	0.00	0.00	0.00	117.90	0.00	0.00	0.00	0.00
20	45	广西	0.00	0.03	0.00	0.09	0.00	0.00	0.00	0.00	0.00	0.00	0.00	0.00
21	46	海南	0.00	0.00	0.00	115.05	0.00	0.00	0.00	2 338.59	0.00	0.00	0.00	0.00
22	50	重庆	0.00	10.41	0.00	0.00	1.62	0.18	0.00	149.94	0.00	0.00	0.00	0.00
23	51	四川	219.69	0.00	0.24	350.61	0.06	278.07	273.84	0.00	0.00	0.00	102.24	0.00
24	52	贵州	20.40	0.00	0.00	0.03	0.00	66.54	0.00	0.00	0.00	0.00	0.00	0.00
25	53	云南	0.00	13.05	0.00	5.40	0.00	927.06	0.30	0.00	0.00	0.00	12.00	0.00
26	54	西藏	0.00	0.00	0.00	0.00	0.00	0.00	0.00	0.00	0.00	0.00	0.00	0.00
27	61	陕西	166.44	0.00	0.30	0.00	0.00	36.12	0.00	0.00	0.00	0.00	0.00	0.00
28	62	甘肃	0.48	0.00	0.00	0.06	0.54	0.00	0.00	0.00	0.00	0.00	0.00	0.00
29	63	青海	0.00	0.00	0.00	0.00	0.00	0.00	0.00	259.62	0.00	0.00	17.46	62.04
30	64	宁夏	0.00	0.00	0.00	0.00	0.00	179.10	57.12	689.34	0.00	0.00	0.00	0.00
31	65	新疆	81.72	0.00	0.36	0.00	0.00	0.00	0.00	0.00	0.00	0.00	200.94	0.00
合计 Total			650.31	29.19	27.96	2 802.72	18.48	3 391.80	1 729.50	14 659.20	7.02	940.56	1 457.22	3 426.87

续表

序号	省编号	省份 面值（元） 游戏名称	包好运 5	冰雪极限 5	步步登高 5	财运旺好运旺 5	长征 5	吃西瓜 5	大吉大利 5	蝶 5	动出真我 5	动起来 5	发财树 5	翻倍赢家 5
1	11	北京	5.79	0.00	0.00	0.00	0.00	0.00	0.00	0.00	168.42	0.00	0.00	1 048.74
2	12	天津	5.79	0.00	0.00	0.00	0.00	0.00	0.00	0.00	0.00	0.00	0.00	298.62
3	13	河北	7.92	7.38	0.00	154.02	0.00	0.12	9.18	0.00	0.00	420.30	0.00	539.16
4	14	山西	0.00	0.00	0.00	0.00	0.00	0.00	0.00	0.00	0.00	219.42	0.00	269.40
5	15	内蒙古	0.00	0.00	0.00	140.64	0.00	0.06	1.32	0.00	75.48	29.52	1.68	569.31
6	21	辽宁	12.96	0.00	0.06	168.90	0.00	0.00	0.00	0.00	0.00	0.36	0.00	1 079.97
7	22	吉林	109.86	0.00	0.00	0.60	1.78	0.00	0.00	0.00	0.00	6.78	0.00	1 079.16
8	23	黑龙江	19.35	0.00	0.00	0.00	0.34	0.00	0.00	0.00	0.00	0.00	0.00	839.55
9	31	上海	74.82	0.00	0.00	0.00	0.00	0.00	0.00	0.00	281.70	174.60	0.00	359.64
10	32	江苏	24.42	0.00	11.64	48.72	18.42	2.40	18.84	291.78	149.34	782.22	0.72	2 476.74
11	33	浙江	0.00	6.00	0.00	0.00	0.00	1.44	0.00	0.00	0.00	19.62	0.00	2 309.76
12	34	安徽	0.00	0.48	0.00	3.72	0.00	0.06	0.06	7.26	0.00	0.00	0.60	624.24
13	35	福建	0.00	0.00	0.12	0.00	0.00	0.00	0.00	0.00	0.00	6.00	0.12	1 390.65
14	36	江西	0.00	0.00	0.00	0.00	3.84	0.00	0.00	0.00	0.00	0.00	0.00	888.96
15	37	山东	199.71	0.03	0.00	0.00	0.12	0.12	0.54	0.00	0.00	0.24	0.00	2 767.23
16	41	河南	40.50	0.00	0.00	0.06	1.20	0.00	0.00	0.00	0.00	0.00	0.00	2 029.14
17	42	湖北	0.00	0.00	0.00	139.38	6.28	0.18	0.00	0.00	0.00	443.94	0.06	627.21
18	43	湖南	0.00	0.00	0.00	14.82	0.00	0.00	0.12	0.00	0.00	109.38	0.18	234.39
19	44	广东	0.00	0.00	0.00	0.00	0.30	0.00	0.00	1.44	21.12	0.00	0.00	2 023.17
20	45	广西	0.00	0.00	0.00	11.22	0.00	0.00	0.00	0.00	23.10	0.00	0.00	348.00
21	46	海南	0.00	0.00	0.00	0.00	-127.96	0.00	0.00	0.00	0.00	0.00	0.00	89.82
22	50	重庆	0.00	0.00	0.00	0.00	0.00	0.06	0.18	0.00	0.00	0.18	0.24	291.39
23	51	四川	0.00	2.46	0.00	149.52	1.38	0.06	0.00	0.00	103.38	120.30	0.00	1 255.86
24	52	贵州	14.97	0.00	0.06	8.28	0.00	0.00	2.64	0.00	0.00	23.94	0.00	1 438.35
25	53	云南	42.36	0.00	0.00	21.30	0.28	0.30	0.00	0.00	60.90	392.52	0.18	1 348.80
26	54	西藏	0.00	0.00	0.00	0.00	0.00	0.78	1.32	0.00	0.00	0.00	0.00	269.82
27	61	陕西	105.99	0.00	0.00	0.00	1.38	0.06	0.06	0.00	0.00	153.30	0.48	0.00
28	62	甘肃	14.97	0.00	0.06	56.76	0.00	0.00	2.64	0.00	60.90	0.00	0.00	628.89
29	63	青海	0.00	0.00	0.00	186.96	0.00	0.30	0.00	0.00	0.00	60.78	1.86	59.94
30	64	宁夏	0.00	0.00	0.00	14.22	0.00	0.78	0.12	0.00	0.00	45.78	0.00	189.75
31	65	新疆	0.00	0.00	1.14	0.00	0.00	0.00	0.12	0.00	0.00	0.00	0.24	299.91
		合计 Total	664.44	16.35	13.08	1 119.12	-94.02	5.58	34.38	300.48	883.44	3 009.18	6.36	27 675.57

续表

序号	省编号	面值（元）省份/游戏名称	繁花似锦 5	粉橙蓝 5	恭喜发财 5	好开心 5	好运123 5	好运8 5	好运生肖 5	红包来啦 5	红色印迹 5	华夏古文明·山西好风光 5	金光闪烁7 5	金猪贺岁 5
1	11	北京	357.60	0.00	0.00	0.00	0.00	0.00	33.93	0.00	0.00	0.00	0.00	0.00
2	12	天津	0.00	0.00	0.00	0.00	0.00	0.45	175.71	0.00	0.00	0.00	0.00	0.09
3	13	河北	1 256.34	27.90	0.06	0.21	18.18	0.00	0.00	368.76	0.00	0.00	292.38	0.00
4	14	山西	96.21	66.30	0.00	4.05	0.00	0.00	3.18	0.00	0.00	142.84	0.00	2.01
5	15	内蒙古	125.40	4.20	0.2	1.56	23.10	47.94	52.44	73.32	0.00	0.00	71.46	0.00
6	21	辽宁	23.01	65.82	0.00	0.15	0.00	75.24	3.09	0.00	0.00	0.00	0.06	0.60
7	22	吉林	224.10	0.00	0.00	0.00	0.00	0.00	0.90	0.06	1.20	0.00	0.00	0.00
8	23	黑龙江	20.28	101.88	0.03	0.21	0.00	0.06	0.33	0.00	0.00	0.00	0.00	0.00
9	31	上海	0.00	697.20	0.00	0.78	0.00	0.30	186.93	14.82	0.00	0.00	0.78	9.39
10	32	江苏	980.97	29.22	11.28	17.16	2.70	1.14	224.49	0.00	0.00	0.00	0.00	0.00
11	33	浙江	392.67	0.00	0.21	0.21	0.00	0.00	0.27	562.74	0.00	0.00	0.00	0.33
12	34	安徽	0.00	269.28	1.26	0.18	9.54	470.70	37.98	0.36	0.00	0.00	260.76	0.12
13	35	福建	39.63	0.00	0.18	0.18	0.00	15.15	76.32	0.00	0.00	0.00	18.84	0.00
14	36	江西	26.04	204.24	0.15	0.09	0.00	0.00	46.17	0.00	0.00	0.00	0.00	0.42
15	37	山东	522.66	7.92	0.06	4.47	0.00	17.76	4.59	0.00	0.00	0.00	0.00	0.00
16	41	河南	816.81	0.00	0.15	0.24	0.00	95.70	74.07	0.00	0.00	0.00	0.00	1.38
17	42	湖北	0.00	16.86	19.47	0.42	26.58	0.00	89.97	0.00	0.48	0.00	40.08	6.45
18	43	湖南	4.35	7.02	0.15	0.00	0.00	186.87	0.00	0.00	0.06	0.00	0.00	0.51
19	44	广东	472.41	0.00	0.18	1.11	0.00	0.00	54.99	0.00	0.06	0.00	104.52	9.75
20	45	广西	0.00	0.00	0.06	0.00	0.00	0.00	160.47	0.00	0.00	0.00	0.00	1.11
21	46	海南	0.00	0.00	0.00	0.06	0.00	0.00	289.86	0.00	0.00	0.00	0.00	0.00
22	50	重庆	71.67	14.64	0.06	0.51	0.00	5.43	15.03	308.40	0.06	0.00	0.00	3.06
23	51	四川	462.66	350.94	0.00	0.00	47.46	0.00	0.00	0.00	0.00	0.00	96.18	0.48
24	52	贵州	131.19	122.76	1.86	1.11	0.00	70.62	209.61	39.66	0.06	0.00	0.06	0.36
25	53	云南	300.57	189.60	0.00	0.00	0.00	0.00	79.32	12.78	0.00	0.00	0.90	14.13
26	54	西藏	0.00	0.00	0.09	0.24	0.00	0.00	0.93	0.00	0.00	0.00	0.00	0.00
27	61	陕西	401.94	14.64	0.00	0.09	0.00	70.62	21.87	45.96	0.00	0.00	0.00	1.35
28	62	甘肃	0.00	0.00	0.00	−23.97	0.00	0.00	0.00	0.00	0.00	0.00	0.00	0.00
29	63	青海	0.00	0.00	0.00	1.20	0.00	4.11	0.00	0.00	0.00	0.00	100.74	0.24
30	64	宁夏	12.93	0.00	0.00	0.12	4.14	26.34	79.74	42.96	0.00	0.00	8.52	17.07
31	65	新疆	0.00	7.56	0.30	0.12	4.14	26.34	79.74	42.96	0.00	0.00		
		合计 Total	6 739.44	2 183.34	35.67	9.06	131.70	1 017.81	1 922.19	1 469.82	1.80	142.84	995.28	68.85

续表

序号	省编号	省份	面值(元)游戏名称 锦鲤	5 景彩骑妙	5 开门大吉	5 灵秀湖北	5 龙之九子	5 麻辣6	5 梅兰竹菊	5 美丽江西	5 妙	5 牛	5 巧克力	5 全民运动
1	11	北京	1.68	0.00	0.00	0.00	0.00	4 852.71	0.00	0.00	2.94	346.50	633.54	1.14
2	12	天津	5.10	0.00	0.00	0.00	0.00	1 620.75	0.00	0.00	0.00	179.97	253.98	0.00
3	13	河北	0.00	0.00	0.54	0.00	0.00	4 016.70	52.62	0.00	0.00	807.51	22.62	277.71
4	14	山西	86.40	0.00	0.12	0.00	0.00	937.05	0.00	0.00	0.00	298.68	0.00	0.66
5	15	内蒙古	118.32	0.00	0.00	0.00	0.00	2 312.79	71.70	0.00	0.00	359.61	122.28	107.40
6	21	辽宁	3.45	0.00	0.00	0.00	0.00	5 225.88	0.06	0.00	600.00	360.00	0.12	0.00
7	22	吉林	339.36	0.00	0.00	0.00	0.00	4 002.27	0.06	0.00	0.00	449.46	0.00	24.57
8	23	黑龙江	0.12	0.00	0.00	0.00	0.00	3 529.50	0.00	0.00	0.00	359.91	172.08	0.00
9	31	上海	0.81	0.00	1.20	0.00	0.00	1 885.35	0.00	0.00	0.00	179.22	0.00	230.49
10	32	江苏	231.45	0.00	0.30	0.00	256.44	3 915.99	283.44	0.00	113.04	787.02	434.76	7.74
11	33	浙江	10.89	0.00	0.00	0.00	0.00	5 001.42	15.00	0.00	0.00	1 228.86	1 804.92	0.00
12	34	安徽	280.50	0.00	0.00	0.00	0.00	1 202.76	0.00	0.00	0.00	445.50	116.10	14.64
13	35	福建	218.73	0.00	0.00	0.00	0.00	3 265.32	0.00	85.68	0.00	706.89	382.74	0.00
14	36	江西	40.80	0.00	0.00	0.00	0.00	598.74	0.00	0.00	0.00	265.80	1.44	0.00
15	37	山东	57.72	0.00	0.00	0.00	0.00	5 579.64	0.12	0.00	0.00	1 553.73	716.34	298.89
16	41	河南	8.16	0.00	0.00	0.00	0.00	4 132.62	0.00	0.00	0.00	806.40	979.38	51.00
17	42	湖北	45.87	0.00	0.00	1 329.57	0.00	474.00	0.00	0.00	0.00	299.46	166.80	167.16
18	43	湖南	72.27	0.00	0.48	0.00	52.89	275.34	0.00	0.00	0.00	89.40	9.96	0.00
19	44	广东	115.02	22.56	0.00	0.00	0.00	8 342.67	0.00	947.70	0.00	1 122.57	46.74	72.45
20	45	广西	0.00	0.00	1.20	0.00	0.00	434.88	128.28	0.00	0.00	179.40	3.78	0.00
21	46	海南	0.00	0.00	0.00	0.00	0.00	29.70	0.00	0.00	0.00	0.00	0.00	0.00
22	50	重庆	0.00	0.00	0.00	0.00	0.00	793.98	0.00	0.00	0.00	0.00	1.44	0.00
23	51	四川	0.00	0.00	0.00	0.00	0.00	2 947.71	511.86	0.00	0.00	781.77	0.00	17.10
24	52	贵州	23.70	0.00	0.00	0.00	0.00	2 024.88	0.00	0.00	0.00	628.92	43.44	19.68
25	53	云南	157.26	0.00	0.12	0.00	0.00	6 879.66	128.28	0.00	0.00	536.31	405.24	23.37
26	54	西藏	0.00	0.00	0.00	0.00	0.00	2 098.35	0.00	0.00	0.00	89.94	98.40	0.00
27	61	陕西	0.00	0.00	0.30	0.00	0.00	2 148.42	0.00	0.00	0.00	539.40	184.44	0.00
28	62	甘肃	30.54	0.00	0.00	0.00	0.00	1 848.90	0.00	0.00	0.00	179.49	1.08	2.01
29	63	青海	0.81	0.00	0.06	0.00	0.00	119.94	0.00	0.00	0.00	58.35	1.50	2.76
30	64	宁夏	0.66	0.00	0.84	0.00	0.00	353.61	0.00	0.00	0.00	149.82	59.28	14.85
31	65	新疆	8.79	0.00	0.00	0.00	0.00	2 351.31	0.00	0.00	0.00	179.88	356.46	0.00
		合计 Total	1 858.41	22.56	3.96	1 329.57	309.33	83 202.84	1 063.14	1 033.38	715.98	13 969.77	7 018.86	1 333.62

续表

序号	省编号	省份/游戏名称	面值（元）	山水重庆	山水重庆火锅	体彩顶呱刮十周年庆	甜蜜蜜	挑战MVP	挖财宝	旺旺	我爱中国	我的幸福	卧虎藏龙	五禽戏	小红包
				5	5	5	5	5	5	5	5	5	5	5	5
1	11	北京		0.00	0.00	0.00	1 506.09	128.31	0.00	0.00	0.00	39.78	0.06	0.00	0.00
2	12	天津		0.00	0.00	0.00	794.67	0.00	0.12	1.23	0.00	85.95	0.00	0.00	0.00
3	13	河北		0.00	0.00	3.72	1 366.59	0.00	0.00	0.00	0.12	241.35	0.90	7.32	0.00
4	14	山西		0.00	0.00	1.38	354.03	0.00	0.48	1.41	1.38	30.66	0.00	0.00	0.00
5	15	内蒙古		0.00	0.00	0.50	1 196.94	0.00	0.00	0.39	0.18	172.17	2.28	1.14	0.36
6	21	辽宁		19.38	0.00	0.12	3 966.12	145.32	0.00	0.00	0.00	60.66	0.00	0.00	0.00
7	22	吉林		0.00	0.00	0.12	1 918.35	52.17	0.00	0.00	0.00	161.13	0.00	0.00	0.12
8	23	黑龙江		0.00	0.00	0.00	2 151.09	227.07	0.00	13.32	0.00	241.92	0.00	0.00	0.00
9	31	上海		0.00	0.00	4.58	1 094.22	253.92	0.54	66.33	14.82	652.02	2.82	129.33	4.92
10	32	江苏		0.00	0.00	16.20	2 542.98	0.00	0.00	4.05	0.00	261.78	0.00	10.41	0.60
11	33	浙江		0.00	0.00	15.96	1 976.70	145.32	2.16	0.00	2.16	139.71	1.44	9.06	0.00
12	34	安徽		0.00	0.00	0.00	1 198.53	57.66	0.00	0.00	0.00	367.41	0.00	0.03	0.06
13	35	福建		0.96	25.98	0.54	2 529.06	6.00	0.54	0.39	0.24	67.17	6.12	8.19	0.00
14	36	江西		0.00	0.00	0.18	664.11	337.71	0.00	0.00	0.00	396.66	0.90	0.66	0.00
15	37	山东		0.00	0.00	1.80	2 480.67	0.00	0.00	0.00	0.06	107.79	0.12	3.99	0.00
16	41	河南		0.00	0.00	1.86	3 058.68	0.00	0.00	0.00	0.00	42.75	0.00	114.78	0.60
17	42	湖北		0.00	540.00	0.42	378.45	395.52	0.06	1.95	0.24	94.74	0.12	0.00	0.12
18	43	湖南		6.45	0.00	0.54	303.57	70.08	0.00	2.04	0.00	409.05	0.48	0.00	0.18
19	44	广东		44.07	0.00	23.16	5 759.91	26.85	0.00	0.00	0.12	48.96	0.00	0.00	0.06
20	45	广西		0.00	0.00	0.00	181.11	30.96	0.00	0.00	0.18	38.07	0.06	0.03	0.00
21	46	海南		40.35	0.00	3.42	85.26	48.24	0.00	0.36	0.00	0.00	0.00	8.70	0.06
22	50	重庆		160.98	25.98	0.12	400.32	0.00	0.54	0.00	3.42	158.88	6.12	54.87	0.00
23	51	四川		46.20	0.00	0.06	1 569.60	268.98	0.06	0.00	0.00	76.65	0.90	6.54	0.90
24	52	贵州		126.06	0.00	2.82	1 203.03	89.91	0.24	6.39	0.42	163.32	0.12	63.81	0.06
25	53	云南		0.00	0.00	0.00	3 074.67	0.00	0.06	0.00	1.20	0.00	0.00	71.22	0.00
26	54	西藏		50.31	0.00	0.96	1 373.13	105.45	0.24	0.96	0.00	117.96	0.30	18.75	0.90
27	61	陕西		0.00	0.00	0.00	967.20	0.00	0.06	0.00	0.42	167.07	0.00	0.00	0.06
28	62	甘肃		40.35	0.00	0.00	134.16	268.98	0.18	0.00	1.20	35.88	0.00	45.57	0.00
29	63	青海		0.00	0.00	0.66	361.62	89.91	0.00	0.00	0.00	32.13	0.18	3.21	0.00
30	64	宁夏		0.00	0.00	0.84	1 271.58	249.00	0.18	0.00	0.60	90.69	0.90	10.74	0.12
31	65	新疆		127.44	0.00										
		合计 Total		622.20	565.98	80.76	45 862.44	2 493.15	4.44	98.82	25.14	4 502.31	16.68	568.35	8.10

续表

序号	省编号	省份/游戏名称	面值(元) 小元宝	5 新时代动起来	5 幸福时光	5 一蹴而就	5 黄虎	5 遇见	5 中国红	5 中国节	5 中国结	5 中国砚都运动之城	5 中中中	5 巅峰对决
1	11	北京	0.00	0.00	0.00	3.72	278.07	93.87	1 475.58	8.46	0.00	0.00	4.17	0.00
2	12	天津	0.00	0.00	0.00	1.41	0.00	3.15	723.57	0.60	0.00	0.00	5.40	0.00
3	13	河北	1.92	41.97	2.16	141.03	52.77	174.03	118.17	531.96	50.34	0.00	163.77	0.00
4	14	山西	123.90	0.00	0.00	1.29	21.96	2.37	266.04	48.90	0.00	0.00	17.43	0.00
5	15	内蒙古	72.06	0.00	0.08	122.22	74.88	212.25	1 152.27	140.46	118.32	0.00	231.09	61.71
6	21	辽宁	0.24	0.00	0.00	144.81	483.12	36.39	3 386.25	0.18	0.00	0.00	83.70	5.07
7	22	吉林	278.58	0.00	0.00	412.98	182.97	675.84	2 082.03	36.60	0.00	0.00	52.23	0.00
8	23	黑龙江	0.12	0.00	0.00	14.13	124.62	134.79	2 192.07	0.06	0.12	0.00	0.33	0.00
9	31	上海	0.00	0.00	0.00	0.00	136.65	0.00	0.00	32.58	57.66	0.00	2.82	187.50
10	32	江苏	5.10	72.39	18.72	483.03	788.34	705.63	2 420.22	0.00	0.00	0.00	178.71	765.84
11	33	浙江	0.00	138.21	0.00	19.86	407.46	290.19	2 926.44	36.54	16.14	0.00	0.18	3.81
12	34	安徽	151.14	0.00	0.74	110.49	6.81	0.00	597.39	3.78	0.00	0.00	33.45	0.00
13	35	福建	86.28	139.47	0.00	40.38	171.03	74.64	2 686.35	0.00	0.00	0.00	170.34	0.15
14	36	江西	50.58	0.00	0.00	48.63	35.31	0.00	797.97	21.90	0.00	0.00	45.30	0.00
15	37	山东	38.40	0.00	0.10	559.56	110.85	448.62	2 055.03	361.92	0.00	0.00	184.05	0.78
16	41	河南	261.96	0.00	0.42	103.17	25.74	0.00	2 733.60	0.00	0.00	0.00	120.45	48.60
17	42	湖北	1.44	0.00	1.76	391.56	12.72	0.00	361.62	154.14	81.06	0.00	381.78	0.00
18	43	湖南	193.56	79.05	0.02	27.93	36.78	55.32	142.41	0.00	79.50	0.00	156.48	49.71
19	44	广东	0.00	0.00	0.00	206.46	573.09	39.18	4 361.70	63.24	8.04	1 435.74	0.00	399.57
20	45	广西	27.96	22.83	0.00	0.00	1.68	0.00	291.30	33.54	0.00	0.00	119.10	17.64
21	46	海南	0.00	0.00	0.00	1.02	15.15	0.00	748.68	0.00	0.00	0.00	0.06	0.00
22	50	重庆	0.00	0.00	0.00	48.84	46.08	0.00	429.84	21.90	0.00	0.00	156.54	0.78
23	51	四川	261.96	0.00	0.00	193.47	100.86	311.04	1 427.34	73.02	81.06	0.00	94.38	74.94
24	52	贵州	1.44	0.00	0.00	20.19	89.76	39.24	1 005.45	0.00	79.50	0.00	93.87	195.60
25	53	云南	37.80	0.00	0.36	150.84	631.17	314.10	2 043.27	2.40	8.04	0.00	3.30	0.00
26	54	西藏	0.00	0.00	0.16	29.16	18.09	10.83	818.70	0.00	0.00	0.00	0.00	0.00
27	61	陕西	18.06	0.00	0.00	128.49	12.18	10.38	40.59	15.96	377.46	0.00	327.69	8.70
28	62	甘肃	0.00	180.15	0.00	2.64	0.18	14.04	450.30	1.62	0.00	0.00	2.94	0.00
29	63	青海	50.40	0.00	0.00	6.09	20.04	10.38	0.00	17.52	125.70	0.00	5.37	0.93
30	64	宁夏	41.94	0.00	0.00	29.37	3.72	31.62	330.54	10.02	192.30	0.00	73.41	0.00
31	65	新疆	12.42	0.00	0.00	113.13	0.00	272.58	0.00	0.00	0.00	0.00	56.55	0.00
合计 Total			1 456.86	674.07	24.52	3 555.90	4 462.08	3 950.10	38 064.72	1 595.40	1 106.64	1 435.74	2 764.89	1 820.55

续表

序号	省编号	省份/游戏名称	面值(元) 炫青春行大运	5	100	10	10米运转	10	2022	10	7乐无穷	10	GO好运	10	爱跑	10	爱赢爱冰雪	10	八桂红	10	百步穿杨	10	捕鱼大师	10	财运到
1	11	北京	0.00	0.00	0.00	246.36	0.00	0.00	0.00	538.17	0.00	0.00	0.00	0.00
2	12	天津	0.00	0.00	0.00	0.00	0.00	0.00	0.00	0.00	0.00	0.00	0.00	0.00
3	13	河北	0.00	0.00	23.46	455.28	0.12	0.12	172.77	2 606.88	0.00	0.00	0.00	0.00
4	14	山西	0.00	0.00	0.00	31.26	0.00	0.00	121.02	89.91	0.00	0.00	0.00	2.10
5	15	内蒙古	0.00	0.00	11.58	90.00	0.30	0.00	96.12	0.00	0.00	0.00	0.00	0.00
6	21	辽宁	0.00	0.00	0.12	312.00	0.00	0.00	1.56	0.00	0.00	0.00	0.12	0.00
7	22	吉林	0.00	0.00	0.12	144.99	0.00	0.00	0.00	359.55	0.00	0.00	0.00	0.78
8	23	黑龙江	0.00	0.00	0.00	37.86	0.00	0.00	0.06	0.00	0.00	0.00	0.12	0.06
9	31	上海	0.00	0.00	0.00	107.82	2.58	0.00	382.41	290.55	0.00	0.00	0.00	3.12
10	32	江苏	0.00	0.00	42.42	393.48	0.00	0.00	38.34	0.00	0.00	0.00	0.00	0.06
11	33	浙江	0.00	0.00	2.94	381.36	0.18	0.00	0.00	0.00	0.00	0.00	0.00	0.00
12	34	安徽	0.00	0.00	0.00	5.25	0.00	0.00	5.88	678.99	0.00	0.00	0.00	0.00
13	35	福建	0.00	12.18	217.38	207.00	0.18	0.00	16.14	0.00	0.00	0.00	0.00	0.06
14	36	江西	0.00	0.00	0.00	21.60	0.00	0.00	1.98	0.00	0.00	0.00	0.00	0.00
15	37	山东	469.86	0.00	982.56	85.11	0.06	0.00	14.07	0.00	0.00	0.00	563.76	0.12
16	41	河南	0.00	120.18	0.18	0.00	0.00	0.00	0.00	27.00	0.00	0.00	0.00	0.18
17	42	湖北	0.00	0.00	210.84	21.00	0.00	0.00	9.09	0.00	0.00	0.00	88.65	0.00
18	43	湖南	55.47	0.00	0.00	79.11	0.00	0.00	356.13	0.00	0.00	0.00	0.00	0.00
19	44	广东	0.00	0.00	0.00	290.04	0.06	0.00	73.05	0.00	0.33	0.00	0.00	0.12
20	45	广西	0.00	0.00	0.00	26.97	2.58	0.00	19.26	867.63	0.00	0.00	0.00	9.36
21	46	海南	0.00	0.00	23.04	7.92	0.00	0.00	0.00	0.00	0.00	0.00	0.00	0.00
22	50	重庆	93.87	0.00	0.00	22.47	0.00	0.00	57.48	0.00	0.00	0.00	0.00	0.60
23	51	四川	1 042.74	0.00	0.42	111.72	0.00	0.00	0.00	0.00	0.00	0.00	0.00	0.00
24	52	贵州	0.00	0.00	14.28	38.40	0.06	0.00	22.29	0.00	0.00	0.00	0.00	0.06
25	53	云南	15.99	1 425.93	0.00	768.36	2.58	0.00	0.00	0.00	0.00	0.00	0.00	1.32
26	54	西藏	0.00	0.00	0.18	20.28	0.00	0.00	0.00	0.00	0.00	0.00	0.00	0.60
27	61	陕西	0.00	0.00	0.00	13.29	0.00	0.00	0.27	0.00	0.00	0.00	0.00	0.00
28	62	甘肃	0.00	0.00	0.00	0.27	0.00	0.00	0.00	0.00	0.00	0.18	0.00	0.06
29	63	青海	0.00	0.00	0.00	25.41	0.00	0.00	20.94	0.00	0.00	0.06	0.00	1.32
30	64	宁夏	0.00	0.00	38.76	5.10	0.00	0.00	16.71	0.00	0.00	0.00	0.00	0.06
31	65	新疆	0.00	0.00	0.00	0.00	0.00	0.00	0.00	0.00	0.00	0.00	0.00	0.00
		合计 Total	1 677.93	1 558.29	1 568.28	3 949.71	5.88	0.12	1 425.30	5 458.68	0.33	0.24	652.53	17.94

续表

序号	省编号	省份	面值（元）游戏名称	彩运来 10	长征 10	出7制胜 10	大运连连 10	蝶 10	动起来 10	翻倍赢 10	翻倍赢家 10	福禄寿喜 10	冠军数字 10	滚雪球 10	国泰民安 10
1	11	北京		0.00	0.00	1 121.70	0.00	0.00	0.00	0.00	1 977.96	0.00	465.63	0.00	15.18
2	12	天津		0.00	0.00	174.18	0.00	0.00	0.00	0.00	299.31	19.80	0.00	0.00	0.00
3	13	河北		5.28	0.00	754.77	0.00	0.00	342.48	0.00	1 528.47	2.52	0.00	10.32	102.30
4	14	山西		0.00	0.00	149.07	0.00	0.00	247.80	0.00	509.31	0.00	0.00	0.00	95.70
5	15	内蒙古		15.66	0.00	1 276.14	0.00	0.00	18.78	179.40	1 020.00	0.00	0.00	1.08	116.34
6	21	辽宁		0.06	0.00	360.54	0.00	0.00	0.00	0.00	2 279.97	0.00	0.00	0.00	0.00
7	22	吉林		0.00	0.00	0.00	0.00	0.00	27.78	0.00	1 379.43	0.00	0.00	0.06	0.78
8	23	黑龙江		0.00	0.06	506.13	0.00	0.00	0.24	0.00	719.76	0.00	0.00	0.90	6.42
9	31	上海		0.00	0.00	0.00	0.00	0.00	4.74	0.18	718.77	0.00	0.00	3.96	0.00
10	32	江苏		0.60	14.10	867.27	0.00	262.08	1 187.10	24.00	4 373.52	0.00	0.00	0.00	67.14
11	33	浙江		0.00	0.00	2 637.45	0.00	0.00	390.48	0.00	4 349.70	0.00	0.00	0.06	14.88
12	34	安徽		18.96	0.00	0.00	0.00	10.32	343.20	21.78	803.79	0.00	0.00	0.00	13.62
13	35	福建		0.00	0.00	1 784.34	0.00	0.00	13.68	0.00	2 499.84	0.00	0.00	0.24	19.50
14	36	江西		0.00	4.20	102.03	0.00	0.00	0.00	2.16	1 467.18	0.00	0.00	0.00	3.60
15	37	山东		0.48	0.08	962.43	4 483.98	0.00	23.70	51.48	4 246.47	0.00	0.00	0.00	1 261.74
16	41	河南		0.96	0.20	1 012.68	0.00	0.00	0.00	0.00	4 363.41	0.00	0.00	0.00	10.50
17	42	湖北		0.00	0.02	2 068.62	0.00	0.00	155.40	0.00	867.27	0.00	0.00	0.00	172.20
18	43	湖南		0.00	0.00	259.59	0.00	0.00	136.02	0.00	388.11	0.00	0.00	0.00	6.78
19	44	广东		0.00	0.02	0.00	0.00	0.00	0.00	0.00	4 197.81	0.00	0.00	0.00	0.00
20	45	广西		0.90	0.12	0.00	0.00	0.00	15.36	0.00	417.57	0.00	0.00	0.00	21.06
21	46	海南		0.00	0.08	155.28	0.00	0.00	128.16	0.00	238.56	0.00	0.00	0.30	0.00
22	50	重庆		0.48	0.00	962.43	0.00	0.00	47.64	0.00	1 134.66	0.00	0.00	0.06	16.86
23	51	四川		0.00	0.12	0.00	0.00	0.00	565.50	0.00	1 795.53	0.00	0.00	0.00	42.96
24	52	贵州		11.76	0.00	2 308.23	0.00	0.00	0.00	13.26	2 369.97	0.00	0.00	0.00	337.62
25	53	云南		3.30	0.02	359.73	0.00	0.00	219.78	0.00	3 568.08	0.00	0.00	0.00	45.00
26	54	西藏		3.96	0.00	680.76	0.00	0.00	16.98	0.00	359.70	0.00	0.00	0.00	22.26
27	61	陕西		0.00	0.00	0.00	0.00	0.00	0.00	0.00	959.01	0.00	0.00	0.00	2.40
28	62	甘肃		0.00	0.00	428.58	0.00	0.00	18.00	0.00	988.98	0.00	0.00	2.34	0.00
29	63	青海		0.00	0.00	0.00	0.00	0.00	0.00	0.00	59.94	0.00	0.00	4.56	31.56
30	64	宁夏		0.00	0.00	1 509.60	0.00	0.00	285.24	3.54	269.70	0.00	0.00	0.00	17.88
31	65	新疆		0.00	0.00	0.00	0.00	0.00	0.00	0.00	794.28	0.00	0.00	0.00	0.00
	合计 Total			61.92	18.94	19 479.12	4 483.98	272.40	4 188.06	295.80	50 946.06	22.32	465.63	23.88	2 444.28

续表

序号	省编号	省份/游戏名称	杭州2022	蒙门盛宴	好彩头	好运沈阳	和气生财	合体字	红包	红宝石8	红都瑞金	华夏古文明·山西好风光	环岛高铁	环青海湖
面值(元)			10	10	10	10	10	10	10	10	10	10	10	10
1	11	北京	0.00	0.00	349.96	0.00	0.00	358.56	1 375.83	1 538.79	0.00	0.00	0.00	0.00
2	12	天津	0.00	0.00	347.19	0.00	0.00	0.00	598.08	148.50	0.00	0.00	0.00	0.00
3	13	河北	0.00	0.18	563.82	0.00	182.58	0.00	0.00	579.57	0.00	0.00	0.00	0.00
4	14	山西	0.00	1.62	253.26	0.00	0.00	0.00	148.14	498.75	0.00	138.96	0.00	0.66
5	15	内蒙古	0.00	0.42	779.16	0.00	31.26	0.00	510.30	0.00	0.00	0.00	0.00	0.18
6	21	辽宁	0.00	0.12	389.14	1 884.78	0.12	0.00	360.00	1 012.86	0.00	0.00	0.00	0.00
7	22	吉林	0.00	0.00	702.33	0.00	0.00	0.00	178.29	0.00	0.00	0.00	0.00	0.00
8	23	黑龙江	0.00	0.00	410.25	0.00	0.00	0.00	0.00	981.96	0.00	0.00	0.00	0.00
9	31	上海	0.00	0.06	770.67	0.00	0.00	178.53	179.61	1 561.17	0.00	0.00	0.00	0.00
10	32	江苏	0.00	1.44	3 223.08	0.00	117.24	0.00	1 305.18	1 496.64	0.00	0.00	0.00	0.00
11	33	浙江	1 393.20	14.43	4 531.53	0.00	0.00	178.56	1 704.54	2 624.13	0.00	0.00	0.00	0.00
12	34	安徽	0.00	0.12	329.25	0.00	0.00	0.00	525.51	876.24	0.00	0.00	0.00	0.00
13	35	福建	0.00	0.90	2 312.31	0.00	387.06	0.00	1 186.95	1 751.07	0.00	0.00	0.00	0.00
14	36	江西	0.00	0.24	185.43	0.00	27.78	0.00	174.12	0.00	1 164.66	0.00	0.00	0.00
15	37	山东	0.00	0.03	3 306.06	0.00	0.00	0.00	1 793.82	372.84	0.00	0.00	0.00	0.00
16	41	河南	0.00	0.00	0.00	0.00	7.80	0.00	597.75	2 013.63	0.00	0.00	0.00	0.00
17	42	湖北	0.00	15.06	281.16	0.00	0.00	0.00	179.76	0.00	0.00	0.00	0.00	0.00
18	43	湖南	0.00	0.06	676.17	0.00	0.06	0.00	108.66	212.16	0.00	0.00	0.00	0.00
19	44	广东	0.00	0.66	2 057.19	0.00	0.00	0.00	0.00	2 822.28	0.00	0.00	0.00	0.00
20	45	广西	0.00	0.66	226.44	0.00	0.00	0.00	130.56	53.22	0.00	0.00	0.00	0.00
21	46	海南	0.00	0.06	16.71	0.00	0.00	0.00	0.00	0.00	0.00	0.00	1.68	0.00
22	50	重庆	0.00	0.00	873.27	0.00	0.00	0.00	0.00	0.24	0.00	0.00	0.00	0.00
23	51	四川	0.00	1.20	671.40	0.00	242.76	0.00	663.51	1 330.47	0.00	0.00	0.00	0.00
24	52	贵州	0.00	0.00	497.91	0.00	151.98	0.00	288.84	848.91	0.00	0.00	0.00	0.00
25	53	云南	0.00	0.00	1 546.74	0.00	523.38	0.00	1 445.94	4 510.65	0.00	0.00	0.00	0.00
26	54	西藏	0.00	0.00	270.54	0.00	0.00	0.00	158.85	1 064.52	0.00	0.00	0.00	0.00
27	61	陕西	0.00	0.00	0.00	0.00	0.00	0.00	780.09	471.48	0.00	0.00	0.00	0.12
28	62	甘肃	0.00	2.76	54.12	0.00	0.00	0.00	359.37	959.94	0.00	0.00	0.00	0.72
29	63	青海	0.00	1.38	120.81	0.00	123.24	0.00	53.22	0.00	0.00	0.00	0.00	9.48
30	64	宁夏	0.00	0.42	409.11	0.00	2.76	0.00	107.16	135.45	0.00	0.00	0.00	0.12
31	65	新疆	0.00	0.00	0.00	0.00	0.00	0.00	595.95	1 335.27	0.00	0.00	0.00	0.00
		合计 Total	1 393.20	41.82	27 155.01	1 884.78	1 798.02	715.65	15 510.03	29 200.74	1 164.66	138.96	1.68	11.28

续表

序号	省编号	省份	面值(元)														
		游戏名称	黄金之城	火星计划	吉祥如意	加油中国	江山如画	金鸡纳福	金牛贺岁	金猪贺岁	金猪纳财	锦虎贺岁	锦鲤	进球啦
			10	10	10	10	10	10	10	10	10	10	10	10
1	11	北京	0.00	717.06	0.24	0.00	0.00	0.00	517.59	0.00	0.00	402.03	736.71	863.22
2	12	天津	0.00	711.39	0.00	0.00	0.00	0.00	179.82	0.00	0.00	0.00	473.76	594.48
3	13	河北	0.42	909.51	0.06	0.72	0.00	0.48	1 256.73	2.16	0.96	80.73	14.01	1 641.24
4	14	山西	0.00	149.76	0.00	2.82	0.00	0.60	299.40	1.38	0.00	43.44	176.85	358.02
5	15	内蒙古	3.90	902.73	59.70	1.14	0.00	0.00	598.59	0.84	0.00	131.58	372.15	755.88
6	21	辽宁	0.00	720.00	0.18	0.18	0.00	0.00	588.51	0.30	0.06	572.79	194.31	899.97
7	22	吉林	0.00	355.17	149.10	0.06	0.00	0.00	629.28	0.30	0.00	315.03	93.36	1 676.25
8	23	黑龙江	0.00	718.89	0.24	0.00	0.00	0.00	714.18	0.00	0.00	57.63	0.27	640.59
9	31	上海	0.00	713.01	0.00	0.00	0.00	0.00	179.88	0.00	0.00	281.16	0.45	441.87
10	32	江苏	23.40	1 453.47	7.20	2.04	0.00	0.72	1 788.00	2.88	2.58	1 725.99	1 435.47	2 355.96
11	33	浙江	0.00	1 072.26	0.00	0.24	0.00	0.00	2 308.35	0.00	0.96	846.99	1 125.51	2 954.61
12	34	安徽	3.90	863.22	0.00	2.28	0.00	0.00	538.53	0.00	2.40	15.72	96.87	500.55
13	35	福建	0.06	1 253.43	425.16	0.66	0.00	0.42	1 854.90	0.00	0.54	335.31	875.31	1 139.76
14	36	江西	0.06	325.80	114.30	0.72	0.00	0.00	846.45	0.60	0.00	65.61	231.39	466.89
15	37	山东	1.50	1 604.58	517.02	0.00	0.00	6.66	2 753.01	5.82	12.48	142.62	1 229.07	3 512.43
16	41	河南	1.68	1 337.28	58.98	2.70	0.00	0.00	2 050.95	0.00	0.00	60.78	1 289.46	1 996.50
17	42	湖北	0.00	708.54	49.92	18.54	0.00	0.00	479.64	12.24	0.00	49.14	272.22	541.95
18	43	湖南	0.36	708.75	0.00	1.38	0.00	0.42	179.52	0.00	0.06	108.33	134.37	311.58
19	44	广东	0.00	897.90	0.00	136.02	0.00	0.00	1 732.56	0.00	0.00	1 265.55	788.28	1 794.96
20	45	广西	0.00	358.83	57.84	0.48	0.00	0.18	358.44	0.00	0.18	3.33	261.42	292.53
21	46	海南	0.00	0.00	0.12	7.44	285.30	0.18	0.00	0.00	0.00	16.62	0.00	88.14
22	50	重庆	0.00	702.30	0.00	0.06	0.00	0.00	554.52	0.12	9.24	150.33	241.86	973.59
23	51	四川	1.26	1 063.71	127.92	0.06	0.00	0.00	1 326.48	0.60	0.00	143.88	487.98	1 404.39
24	52	贵州	0.00	239.49	23.58	0.00	0.00	0.00	1 381.74	0.00	5.22	130.35	567.75	674.76
25	53	云南	1.20	1 077.00	43.74	1.98	0.00	0.06	899.40	4.98	4.98	917.16	870.45	2 255.94
26	54	西藏	0.00	139.89	175.92	0.00	0.00	0.00	177.06	0.00	1.02	32.79	270.90	531.84
27	61	陕西	1.80	948.54	10.32	0.24	0.00	0.18	1 079.22	0.00	0.00	16.50	210.66	868.95
28	62	甘肃	0.00	717.96	0.00	0.12	0.00	0.00	359.40	0.00	6.72	0.27	510.78	474.12
29	63	青海	0.00	110.19	0.12	0.54	0.00	0.00	89.94	1.32	0.00	40.77	0.06	89.22
30	64	宁夏	0.00	220.92	0.96	0.00	0.00	0.00	209.73	8.34	0.24	6.15	109.11	245.07
31	65	新疆	0.00	538.71	1.50	0.00	0.00	0.00	419.91	0.00	0.00	0.00	654.48	539.67
合计 Total			39.54	22 240.29	1 824.12	180.42	285.30	9.48	26 351.73	41.28	47.64	7 958.58	13 725.27	31 884.93

续表

序号	省编号	省份/游戏名称	面值(元) 精彩冬运	10 快赢	10 灵秀湖北-人文篇	10 灵秀湖北-山水篇	10 绿翡翠9	10 七彩云南	10 强力5	10 抢红包	10 倾城之恋	10 全民健身日	10 全民运动	10 三重钻石
1	11	北京	0.00	1.74	0.00	0.00	3 017.70	0.00	0.00	0.00	0.00	0.00	0.00	1 204.35
2	12	天津	0.00	0.00	0.00	0.00	1 128.93	0.00	0.00	0.00	0.00	0.00	0.00	0.00
3	13	河北	0.00	0.00	0.00	0.00	3 878.58	0.00	22.14	0.72	0.12	0.00	281.64	1 151.10
4	14	山西	0.00	0.00	0.00	0.00	602.04	0.00	112.14	3.00	0.00	0.00	0.00	270.06
5	15	内蒙古	45.21	0.00	0.00	0.00	2 847.87	0.00	10.68	1.20	76.08	0.00	0.00	0.00
6	21	辽宁	0.00	0.00	0.00	0.00	4 681.74	0.00	0.36	0.00	3.06	2.61	0.00	948.06
7	22	吉林	0.00	0.00	0.00	0.00	2 605.44	0.00	0.00	0.00	0.12	0.09	0.00	0.00
8	23	黑龙江	0.00	0.00	0.00	0.00	3 064.05	0.00	0.00	0.00	0.00	0.00	0.00	614.82
9	31	上海	0.00	0.00	0.00	0.00	3 150.75	0.00	0.00	0.00	0.00	0.09	0.00	921.30
10	32	江苏	0.00	0.00	0.00	0.00	4 137.66	0.00	50.58	2.40	839.88	999.45	291.96	1 810.14
11	33	浙江	0.00	0.00	0.00	0.00	3 896.49	0.00	14.04	0.00	24.30	193.59	0.00	1 425.24
12	34	安徽	0.00	0.00	0.00	0.00	1 416.36	0.00	0.00	0.06	0.00	48.93	0.00	930.48
13	35	福建	0.00	0.00	0.00	0.00	3 798.21	0.00	94.14	0.18	167.58	1.32	0.00	1 658.43
14	36	江西	0.00	0.00	0.00	0.00	29.94	0.00	0.00	0.00	0.00	0.00	36.00	322.20
15	37	山东	0.00	358.68	0.00	0.00	2 976.21	0.00	419.52	18.00	204.36	6.84	2.76	496.98
16	41	河南	0.00	0.00	1 257.99	0.00	3 448.65	0.00	0.00	0.00	13.38	0.00	0.00	0.00
17	42	湖北	0.00	0.00	0.00	1.50	793.53	0.00	0.00	0.00	15.96	84.03	0.00	332.94
18	43	湖南	0.00	0.00	0.00	0.00	377.73	0.00	0.00	0.00	0.54	370.44	169.02	0.00
19	44	广东	0.00	0.00	0.00	0.00	15 249.00	0.00	0.00	0.00	0.00	0.00	17.88	196.05
20	45	广西	0.00	0.00	0.00	0.00	379.41	0.00	0.00	0.48	0.00	40.68	78.84	0.00
21	46	海南	0.00	0.00	0.00	0.00	149.10	0.00	0.00	0.18	0.00	24.81	0.00	69.09
22	50	重庆	0.00	0.00	0.00	0.00	315.48	0.90	3.18	0.00	795.84	26.58	72.18	460.65
23	51	四川	0.00	0.00	0.00	0.00	1 214.94	0.00	12.72	0.00	178.44	47.52	347.04	868.26
24	52	贵州	0.00	0.00	0.00	0.00	1 988.73	0.00	4.62	0.00	0.00	21.03	49.02	4 108.71
25	53	云南	0.00	0.00	0.00	0.00	10 542.96	0.00	0.00	0.00	49.32	80.52	23.82	1 787.79
26	54	西藏	0.00	0.00	0.00	0.00	1 866.51	0.00	0.00	0.00	408.60	41.82	72.18	0.00
27	61	陕西	0.00	0.00	0.00	0.00	2 419.77	0.00	0.00	0.00	0.00	19.68	0.00	433.53
28	62	甘肃	0.00	0.00	0.00	0.00	1 488.45	0.00	0.00	0.00	0.00	0.69	89.64	252.12
29	63	青海	0.00	0.00	0.00	0.00	216.33	0.00	0.00	-1.20	0.00	3.30	0.00	74.04
30	64	宁夏	0.00	0.00	0.00	0.00	376.92	0.00	0.00	0.00	0.00	0.00	0.00	1 248.21
31	65	新疆	0.36	0.00	0.00	0.00	1 996.14	0.00	0.00	0.00	15.66	9.87	121.74	0.00
		合计 Total	45.57	360.42	1 257.99	1.50	84 055.62	0.90	744.12	25.02	2 793.24	2 023.89	1 581.54	21 584.55

续表

序号	省编号	省份	面值（元）/游戏名称	神灯	十倍幸运	十二生肖	十二星座	世界客都	鼠来宝	数字密码	四美	体彩顶呱刮十周年庆	天下名钻	天作之合	通吃
				10	10	10	10	10	10	10	10	10	10	10	10
1	11	北京		0.00	6 949.47	3.81	0.06	0.00	0.63	0.00	1.50	0.00	358.86	0.00	2 694.78
2	12	天津		0.00	2 310.93	0.00	0.36	0.00	1.71	0.00	0.00	0.00	149.46	0.00	300.06
3	13	河北		3.12	6 267.96	0.00	88.44	0.00	0.12	221.82	0.00	3.36	2 280.06	87.48	2 831.94
4	14	山西		2.82	1 700.04	0.00	0.00	0.00	1.35	130.50	0.00	3.30	0.24	0.00	327.69
5	15	内蒙古		3.84	4 232.94	0.03	127.56	0.00	13.32	150.54	0.00	0.48	167.76	399.96	1 640.94
6	21	辽宁		0.00	6 922.92	0.60	65.28	0.00	1.92	0.12	0.00	0.30	0.06	0.00	1 610.49
7	22	吉林		0.00	4 889.58	0.00	132.18	0.00	0.75	3.24	0.00	1.08	740.88	0.00	239.04
8	23	黑龙江		0.00	5 082.81	0.00	0.54	0.00	0.75	0.00	0.00	0.06	0.24	0.00	1 485.15
9	31	上海		0.00	5 213.13	0.00	53.34	0.00	174.27	0.00	131.40	0.00	0.00	0.00	955.92
10	32	江苏		23.40	9 814.71	81.12	1 302.72	0.00	169.89	1 036.62	303.03	5.40	1 320.96	10.08	3 508.26
11	33	浙江		0.00	12 471.96	0.00	0.00	0.00	4.74	7.92	0.00	0.24	1 943.76	0.00	2 374.74
12	34	安徽		0.72	2 441.52	0.00	29.52	0.00	0.00	61.20	0.00	0.42	925.08	0.00	1 134.51
13	35	福建		0.00	5 707.11	0.06	52.08	0.00	65.94	257.88	0.00	0.18	1 921.02	63.42	2 089.92
14	36	江西		1.08	1 241.22	1.62	0.00	0.00	86.85	0.00	0.00	1.08	4.44	0.00	211.38
15	37	山东		0.24	5 335.77	0.00	293.04	0.00	8.46	683.40	44.31	1.20	133.32	0.00	1 486.02
16	41	河南		3.12	7 259.40	0.42	1 417.44	0.00	132.69	103.62	0.00	1.50	713.94	716.70	1 421.88
17	42	湖北		0.00	8 275.14	3.36	745.32	0.00	79.38	0.00	0.00	0.36	1 032.42	0.06	3 397.41
18	43	湖南		0.30	2 295.42	3.57	0.00	0.00	19.20	0.00	0.00	1.26	2.40	0.00	364.32
19	44	广东		0.00	1 026.15	0.00	65.64	1 736.37	21.27	983.10	0.00	0.00	60.78	0.00	352.53
20	45	广西		0.06	30 943.95	0.00	610.86	0.00	47.94	0.00	0.00	0.66	0.00	0.00	8 417.13
21	46	海南		0.00	796.44	0.30	16.02	0.00	118.77	0.00	0.00	6.84	0.00	0.00	144.96
22	50	重庆		0.06	862.71	7.23	67.86	0.00	0.00	575.22	0.00	0.78	144.36	1.20	577.89
23	51	四川		0.24	1 625.22	0.00	0.00	0.00	79.08	0.90	0.00	0.06	133.32	0.00	233.46
24	52	贵州		0.00	5 335.77	1.02	293.04	0.00	8.46	167.22	0.00	0.06	732.00	0.00	1 486.02
25	53	云南		0.06	3 170.70	0.57	86.46	0.00	132.69	94.26	0.00	7.20	1 505.22	22.02	1 506.99
26	54	西藏		0.00	12 029.82	31.62	395.22	0.00	79.38	145.32	0.00	5.88	58.80	26.88	7 198.20
27	61	陕西		0.36	2 223.81	0.45	26.28	0.00	36.75	201.66	0.00	3.78	168.12	0.00	604.20
28	62	甘肃		0.06	2 710.29	0.00	58.20	0.00	4.41	46.08	0.00	0.06	0.06	1.20	908.79
29	63	青海		0.00	2 278.50	0.00	67.98	0.00	0.33	53.10	0.00	0.00	194.04	0.00	790.89
30	64	宁夏		0.00	1 108.38	0.03	30.12	0.00	48.87	0.00	0.00	0.42	182.70	0.96	318.18
31	65	新疆		0.00	5 882.82	0.99	0.00	0.00	0.00	0.00	0.00	2.40	1.02	18.24	138.84
		合计 Total		39.18	163 405.26	136.80	5 732.52	1 736.37	1 166.55	4 923.72	480.24	48.30	14 742.00	1 347.00	51 154.26

四、彩票统计资料

续表

序号	省编号	省份/游戏名称	面值（元） 团团圆圆 10	挖金矿 10	旺旺 10	为中国力量加油全运会 10	我爱篮球 10	我爱中国 10	我们的生活 10	卧虎藏龙 10	五星报喜 10	相约亚沙 10	享全运迎好运 10	新时代动起来 10
1	11	北京	0.00	157.98	0.00	531.39	351.54	0.00	0.00	0.00	0.00	0.00	0.00	0.00
2	12	天津	0.00	6.51	0.00	1 407.78	291.66	0.00	0.42	0.00	0.00	0.00	0.00	0.00
3	13	河北	449.64	955.02	3.42	1 229.76	0.12	1.32	54.33	1.62	111.72	0.00	0.00	137.46
4	14	山西	0.00	208.95	0.00	352.74	0.00	0.00	0.00	0.00	0.00	0.00	0.00	0.00
5	15	内蒙古	127.74	140.22	0.84	450.45	173.10	0.36	1.89	2.40	226.14	0.00	0.00	0.00
6	21	辽宁	0.00	0.00	0.18	885.36	4.56	0.00	0.00	0.06	0.00	0.00	0.00	0.00
7	22	吉林	0.00	223.14	0.00	425.01	0.00	0.00	2.01	0.00	0.00	0.00	0.00	95.88
8	23	黑龙江	0.00	0.72	0.00	711.69	119.16	0.00	0.15	0.00	0.00	0.00	0.00	247.74
9	31	上海	0.00	370.71	0.06	166.44	0.00	0.00	0.00	0.00	0.00	0.00	0.00	0.00
10	32	江苏	29.28	702.54	26.10	1 212.42	522.42	23.94	355.86	1.74	475.86	0.00	0.00	136.71
11	33	浙江	0.00	852.12	0.24	1 933.05	700.86	0.00	66.81	0.42	0.00	0.00	0.00	247.74
12	34	安徽	0.48	41.40	0.00	265.56	47.76	1.92	8.70	0.60	0.00	0.00	0.00	136.71
13	35	福建	0.00	34.05	0.06	888.33	69.84	0.00	0.00	0.36	0.00	0.00	0.00	0.00
14	36	江西	0.00	60.06	0.00	0.00	21.78	4.02	15.30	4.14	0.00	0.00	0.00	1 183.62
15	37	山东	5.22	686.94	0.06	2 229.06	349.08	0.06	0.00	3.60	295.80	0.00	0.00	0.00
16	41	河南	0.00	150.27	0.00	1 094.19	1.02	0.12	177.93	0.00	0.00	0.00	0.00	0.00
17	42	湖北	72.84	4.20	1.77	346.62	139.14	0.00	0.00	1.86	0.00	0.00	0.00	113.04
18	43	湖南	0.00	59.07	0.00	610.53	36.36	1.38	0.00	0.00	0.00	0.00	0.00	0.00
19	44	广东	0.00	1 528.80	0.00	1 287.18	273.72	0.00	0.00	0.36	0.00	0.00	0.00	0.00
20	45	广西	0.00	57.45	0.00	271.56	25.92	0.36	0.00	1.98	0.00	0.00	0.00	5.79
21	46	海南	0.00	0.06	0.00	0.00	0.00	0.00	0.00	0.00	0.00	308.52	0.00	0.00
22	50	重庆	0.00	112.08	0.00	172.68	0.00	2.58	0.00	0.36	0.00	0.00	0.00	17.46
23	51	四川	359.04	133.62	1.08	515.34	257.52	0.00	0.00	0.36	118.74	0.00	0.00	0.00
24	52	贵州	0.00	25.38	0.00	210.24	155.04	0.00	0.00	1.98	0.00	0.00	0.00	0.00
25	53	云南	98.04	148.50	0.54	826.83	361.74	0.84	5.70	0.12	701.04	0.00	0.00	0.00
26	54	西藏	0.00	21.90	0.36	115.11	0.00	0.00	0.00	0.42	0.00	0.00	0.00	0.00
27	61	陕西	0.00	101.19	3.04	2 948.94	62.22	0.36	152.55	0.42	0.00	0.00	2 852.82	0.00
28	62	甘肃	0.00	0.36	0.00	342.63	264.42	0.06	180.30	1.98	0.00	0.00	0.00	0.00
29	63	青海	0.00	2.67	0.00	86.55	19.14	0.00	0.00	0.00	0.00	0.00	0.00	22.71
30	64	宁夏	0.00	20.97	0.00	61.47	81.66	0.00	0.00	0.48	0.00	0.00	0.00	0.00
31	65	新疆	0.00	188.07	0.00	710.46	80.28	0.00	1.98	0.00	22.86	0.00	0.00	186.33
	合计 Total		1 142.28	6 994.95	42.75	22 289.37	4 410.06	37.32	1 023.93	20.16	1 952.16	308.52	2 852.82	2 146.74

续表

序号	省编号	面值（元） 省份/游戏名称	10 幸福中国	10 幸运时辰	10 秀甲天下 壮美广西	10 一触即发	10 一路平安	10 有礼了	10 遇见敦煌	10 跃龙门	10 扎西德勒	10 招财猫	10 蒸蒸日上	10 芝麻开花 节节高
1	11	北京	39.78	95.76	0.00	0.00	0.00	0.00	0.36	0.06	0.00	0.00	7.80	3.00
2	12	天津	45.81	150.81	0.00	0.42	0.00	0.00	0.30	409.14	0.00	0.00	4.56	0.54
3	13	河北	412.44	197.04	0.00	2.07	0.00	0.00	8.70	371.88	0.00	87.90	0.00	8.19
4	14	山西	4.29	1.74	0.00	0.00	0.00	0.00	0.00	4.02	0.00	39.18	0.00	0.00
5	15	内蒙古	319.95	196.14	0.00	179.91	0.00	0.00	96.24	291.42	0.00	18.30	0.00	59.67
6	21	辽宁	66.21	130.26	0.00	1.11	0.00	0.00	93.54	0.06	0.00	157.26	10.17	0.96
7	22	吉林	80.01	310.83	0.00	0.00	0.00	0.00	138.24	233.46	0.00	0.00	0.00	42.06
8	23	黑龙江	142.62	22.17	0.00	0.12	0.00	0.00	1.56	0.30	0.00	0.00	19.68	0.18
9	31	上海	0.00	0.00	0.00	0.00	0.00	0.42	53.58	0.00	0.00	0.00	56.73	0.00
10	32	江苏	684.06	712.41	0.00	136.11	1.64	0.00	760.02	595.80	0.00	214.50	181.23	302.82
11	33	浙江	85.68	531.96	0.00	0.00	0.00	32.58	413.22	60.84	0.00	87.96	0.18	162.93
12	34	安徽	109.08	0.00	0.00	0.51	0.00	0.00	106.14	13.92	0.00	174.12	0.00	208.68
13	35	福建	602.91	119.25	0.00	0.00	1.96	0.00	49.98	1.26	0.00	0.06	0.00	480.75
14	36	江西	188.61	0.00	0.00	16.62	15.32	0.00	11.82	156.06	0.00	16.68	254.52	0.00
15	37	山东	489.99	885.63	0.00	25.50	0.00	0.00	0.00	11.88	0.00	0.00	97.59	55.41
16	41	河南	80.91	8.76	0.00	116.31	4.08	1.20	264.66	356.64	0.00	248.04	0.00	429.00
17	42	湖北	27.87	432.48	0.00	221.52	0.00	0.00	0.00	9.72	0.00	0.00	0.00	10.41
18	43	湖南	132.84	81.78	0.00	2 697.06	0.00	0.00	777.00	86.82	0.00	0.00	0.00	3.00
19	44	广东	501.93	257.67	0.00	0.00	0.00	0.00	51.60	48.18	0.00	0.00	0.00	1 449.33
20	45	广西	62.97	0.00	1 641.84	0.00	0.00	0.00	0.00	0.00	282.00	0.00	0.00	0.00
21	46	海南	17.40	38.16	0.00	0.48	0.00	0.00	51.72	0.00	338.34	0.00	0.00	0.00
22	50	重庆	33.27	0.00	0.00	0.00	0.00	0.00	0.00	0.00	0.00	0.00	0.00	3.00
23	51	四川	210.99	242.61	0.00	120.21	0.00	0.00	275.04	229.32	0.00	439.44	0.00	271.38
24	52	贵州	0.00	24.27	0.00	0.27	0.00	0.00	0.00	141.84	0.00	141.18	0.00	155.70
25	53	云南	203.97	225.84	0.00	0.48	0.10	0.00	0.30	322.02	0.00	0.00	299.37	27.06
26	54	西藏	62.97	38.16	0.00	0.00	0.00	0.00	74.76	0.00	338.34	88.86	0.00	62.67
27	61	陕西	305.07	564.45	0.00	1.62	0.00	0.00	0.00	201.36	0.00	0.06	79.32	234.63
28	62	甘肃	163.20	6.54	0.00	0.00	0.00	0.00	189.60	0.00	0.00	0.00	55.35	0.00
29	63	青海	73.65	0.00	0.00	0.00	0.00	0.00	0.00	0.00	0.00	0.00	0.00	0.87
30	64	宁夏	13.29	28.95	0.00	1.62	0.00	0.00	45.90	0.06	0.00	58.08	0.00	0.00
31	65	新疆	16.53	424.20	0.00	13.35	0.00	0.00	0.00	5.16	0.00	0.00	0.00	8.76
	合计 Total		5 250.87	5 689.71	1 641.84	3 533.19	23.10	34.20	3 464.28	3 551.28	620.34	1 771.62	1 066.50	3 978.00

续表

序号	省编号	面值（元）省份/游戏名称	10 芝麻开门	10 中国红	10 中国砚都千年之城	10 中国砚都山水之城	10 魅力闽南	10 魅力内蒙古辉煌70年	20 20倍现金	20 7	20 7彩宝石	20 爱赢爱冰雪	20 巴山蜀水	20 颁奖礼
1	11	北京	0.00	3 164.16	0.00	0.00	0.00	0.00	0.00	9 605.40	51.00	1 075.32	0.00	0.00
2	12	天津	0.00	728.70	0.00	0.00	0.00	0.00	0.00	3 882.66	25.56	0.00	0.00	0.00
3	13	河北	16.38	526.86	0.00	0.00	0.00	0.00	0.00	8 700.12	23.52	6 274.80	0.00	0.00
4	14	山西	0.00	668.01	0.00	0.00	0.00	0.00	0.00	2 628.48	15.72	209.58	0.00	0.00
5	15	内蒙古	59.58	1 704.36	0.00	0.00	0.00	37.98	1.68	6 794.04	51.48	0.00	0.00	0.00
6	21	辽宁	0.00	2 631.03	0.00	0.00	0.00	0.00	0.06	7 398.78	14.28	0.00	0.00	0.00
7	22	吉林	0.00	1 639.29	0.00	0.00	0.00	0.00	0.00	4 172.88	210.18	0.00	0.00	0.00
8	23	黑龙江	0.06	1 660.53	0.00	0.00	0.00	0.00	0.00	4 145.22	13.62	0.00	0.00	0.00
9	31	上海	0.00	676.62	0.00	0.00	0.00	0.00	188.88	6 612.18	46.50	889.92	0.00	0.00
10	32	江苏	2.46	4 146.33	0.00	0.00	0.00	0.00	477.36	13 663.50	164.28	0.00	0.00	0.00
11	33	浙江	3.96	3 973.29	0.00	0.00	0.00	0.00	8.34	15 006.60	0.36	996.12	0.00	0.00
12	34	安徽	0.00	590.22	0.00	0.00	0.00	0.00	289.86	3 743.40	31.20	0.00	0.00	175.38
13	35	福建	0.24	4 102.89	0.00	0.00	1 404.72	0.00	45.72	5 525.34	697.14	0.00	0.00	899.34
14	36	江西	0.00	1 381.71	0.00	0.00	0.00	0.00	18.60	1 540.20	58.32	266.22	0.00	0.00
15	37	山东	260.34	2 813.40	0.00	0.00	0.00	0.00	0.18	10 162.50	1 629.12	18.00	0.00	0.00
16	41	河南	0.00	5 142.78	0.00	0.00	0.00	0.00	26.34	12 276.42	689.10	0.00	0.00	0.00
17	42	湖北	1.80	570.54	0.00	0.00	0.00	0.00	86.76	1 765.80	558.90	0.00	0.00	0.00
18	43	湖南	57.24	580.56	0.00	0.00	0.00	0.00	0.06	1 172.04	49.92	0.00	0.00	0.00
19	44	广东	0.18	10 553.31	2 370.84	2 984.88	0.00	0.00	271.86	19 546.14	0.06	1 497.96	0.00	0.00
20	45	广西	5.52	420.93	0.00	0.00	0.00	0.00	29.64	1 109.04	189.96	179.88	0.00	482.82
21	46	海南	0.00	762.63	0.00	0.00	0.00	0.00	0.12	813.30	21.30	0.00	0.00	0.00
22	50	重庆	91.50	1 234.35	0.00	0.00	0.00	0.00	0.06	1 573.08	309.96	0.00	146.16	0.00
23	51	四川	0.00	1 423.65	0.00	0.00	0.00	0.00	172.14	5 675.52	200.52	0.00	40.50	0.00
24	52	贵州	0.00	2 867.37	0.00	0.00	0.00	0.00	0.06	4 313.10	448.14	0.00	0.00	0.00
25	53	云南	0.18	2 318.55	0.00	0.00	0.00	0.00	271.86	15 827.76	645.72	0.00	0.00	0.00
26	54	西藏	0.00	6 909.15	0.00	0.00	0.00	0.00	11.28	4 235.88	208.98	0.00	0.00	0.00
27	61	陕西	91.50	1 376.28	0.00	0.00	0.00	0.00	148.20	6 100.74	4.92	0.00	0.00	0.00
28	62	甘肃	0.00	797.31	0.00	0.00	0.00	0.00	0.00	3 177.48	31.80	179.82	0.00	236.40
29	63	青海	0.00	115.56	0.00	0.00	0.00	0.00	37.62	1 667.82	104.10	0.00	0.00	0.00
30	64	宁夏	0.24	209.94	0.00	0.00	78.60	0.00	21.78	2 767.44	8.64	0.00	0.00	0.00
31	65	新疆	0.00	2 749.92	0.00	0.00	0.00	0.00	0.00	8 851.02	138.06	0.00	0.00	0.00
		合计 Total	499.50	68 440.23	2 370.84	2 984.88	1 483.32	37.98	1 836.54	194 453.88	6 642.36	11 587.62	186.66	1 793.94

续表

序号	省编号	面值（元）省份	茶马古道 20	超值8 20	大红包 20	大美青海·中华水塔 20	大熊猫 20	大运到 20	点石成金 20	蝶 20	发发发 20	翻倍赢家 20	福禄寿喜 20	富贵竹 20
1	11	北京	0.00	569.58	0.00	0.00	904.26	0.00	9 216.60	0.00	0.00	3 897.36	0.00	0.00
2	12	天津	0.00	277.32	0.00	0.00	145.86	0.00	2 351.10	0.00	0.00	2 392.26	1.14	0.00
3	13	河北	0.00	408.12	0.18	0.00	130.86	0.00	7 018.38	0.00	282.36	5 697.24	0.00	0.00
4	14	山西	0.00	200.70	0.06	0.00	87.66	0.00	1 335.72	0.00	0.00	928.92	0.00	0.00
5	15	内蒙古	0.00	764.70	0.00	0.00	299.40	0.00	3 532.80	726.48	0.00	2 097.54	0.00	0.00
6	21	辽宁	0.00	1 531.26	0.00	0.00	10.20	0.00	4 973.76	0.00	0.06	2 520.06	0.00	0.06
7	22	吉林	0.00	454.26	0.00	0.00	143.64	0.00	3 617.16	0.00	0.00	1 919.34	0.00	0.00
8	23	黑龙江	0.00	534.18	0.00	0.00	1.74	0.00	3 608.10	360.00	0.00	1 361.76	0.00	0.06
9	31	上海	0.00	0.00	0.00	0.00	23.76	0.00	6 628.38	0.00	63.90	2 517.42	0.00	0.36
10	32	江苏	0.00	777.90	1.68	0.00	2 966.82	0.00	10 949.40	0.24	0.00	10 918.14	0.00	1.86
11	33	浙江	0.00	1 150.80	0.00	0.00	8.76	0.00	13 369.44	24.32	29.70	8 970.00	0.00	0.00
12	34	安徽	0.00	232.86	0.00	0.00	0.00	0.00	2 816.04	0.00	0.00	2 423.40	0.00	0.36
13	35	福建	0.00	143.10	0.84	0.00	721.62	0.00	5 317.80	0.00	0.36	4 621.32	0.00	0.00
14	36	江西	0.00	0.00	0.06	0.00	396.90	0.00	1 190.10	0.00	0.60	2 874.06	0.00	0.06
15	37	山东	0.00	658.68	0.00	0.00	2 855.34	0.00	4 857.84	11.84	0.00	9 271.74	0.00	0.00
16	41	河南	0.00	0.30	0.12	0.00	579.24	0.00	6 684.60	0.00	0.00	10 365.90	0.00	1.32
17	42	湖北	0.00	0.36	0.36	0.00	1 055.82	0.00	1 084.56	0.00	231.00	2 184.12	0.00	0.00
18	43	湖南	0.00	59.46	0.00	0.00	98.28	0.00	1 024.14	0.00	0.00	567.78	0.00	0.00
19	44	广东	0.00	2 516.88	0.06	0.00	719.22	0.00	28 850.34	0.00	13.62	7 946.28	0.00	0.00
20	45	广西	0.00	0.00	0.24	0.00	74.46	0.00	720.48	0.00	0.00	775.86	0.00	0.06
21	46	海南	0.00	0.06	0.00	0.00	0.00	0.00	88.50	0.00	0.00	628.74	0.00	0.00
22	50	重庆	0.00	398.52	8.64	0.00	224.46	0.00	1 288.68	0.00	0.00	1 524.06	0.00	0.00
23	51	四川	0.00	849.42	0.06	0.00	101.10	7 197.84	6 219.42	0.00	0.00	3 233.58	0.00	0.00
24	52	贵州	0.00	685.56	0.00	0.00	385.32	0.00	3 864.72	0.00	0.06	4 110.00	0.00	0.00
25	53	云南	1 326.30	61.56	0.00	0.00	437.10	0.00	16 242.30	0.00	0.00	7 496.46	0.00	0.06
26	54	西藏	0.00	461.52	0.00	0.00	204.36	0.00	2 367.42	0.00	0.00	779.76	0.00	0.00
27	61	陕西	0.00	99.30	0.00	0.00	0.00	0.00	3 296.64	0.00	0.00	2 638.92	0.00	0.00
28	62	甘肃	0.00	205.32	0.00	0.00	444.18	0.00	2 024.58	0.00	0.00	1 798.98	0.00	0.06
29	63	青海	0.00	0.00	0.00	483.66	0.00	0.00	838.32	0.00	28.50	179.94	0.00	0.00
30	64	宁夏	0.00	537.60	0.00	0.00	74.58	0.00	859.74	0.00	0.00	855.60	0.00	0.00
31	65	新疆	0.00	0.00	0.00	0.00	722.94	0.00	5 370.48	0.00	0.00	1 619.64	0.00	0.00
		合计 Total	1 326.30	13 579.32	12.30	483.66	13 817.88	7 197.84	161 607.54	1 122.88	650.16	109 116.18	1.14	3.78

续表

序号	省编号	省份/游戏名称	面值（元）	国宝 20	好彩头 20	好运 20	贺新年 20	虎虎生威 20	花开富贵 20	皇家金典 20	吉祥如意 20	吉象如玉 20	节气歌 20	金孔雀 20	锦鲤 20
1	11	北京		1 156.56	1 821.42	0.00	0.00	1 142.46	0.00	0.00	0.06	0.00	0.00	13.98	2 947.50
2	12	天津		937.98	567.84	0.00	0.00	0.00	0.00	0.00	0.00	0.00	0.00	72.78	944.82
3	13	河北		1 449.00	1 452.24	0.00	442.80	214.98	8.10	0.30	2.46	0.00	58.98	0.30	1 120.56
4	14	山西		485.34	593.94	0.00	0.00	89.64	46.92	0.00	1.92	0.00	0.00	119.34	660.96
5	15	内蒙古		1 054.32	1 068.00	0.00	4.62	344.16	187.20	0.00	0.00	0.00	26.46	45.36	993.90
6	21	辽宁		1 134.12	1 437.48	0.00	0.00	951.30	3.30	0.12	0.18	0.00	0.00	0.00	961.74
7	22	吉林		875.76	1 006.98	0.00	87.00	588.30	340.74	0.24	0.00	0.00	0.30	0.00	472.92
8	23	黑龙江		244.44	498.42	0.00	0.00	182.34	0.00	0.00	0.00	0.00	0.00	0.00	716.16
9	31	上海		882.18	1 011.54	0.00	0.00	850.68	0.00	0.00	0.00	0.00	0.00	0.00	1 383.36
10	32	江苏		1 853.82	10 768.86	0.00	7.38	9 650.94	319.38	88.02	0.00	0.00	51.48	491.64	3 003.54
11	33	浙江		2 934.12	10 748.94	0.00	0.00	2 535.06	146.88	0.00	0.00	0.00	1.02	0.42	2 463.36
12	34	安徽		1 038.90	923.94	0.00	0.00	33.18	0.00	0.00	1.50	0.00	0.00	0.00	376.56
13	35	福建		26.82	4 285.44	0.00	30.90	1 165.98	187.98	0.48	1.20	183.90	12.84	9.90	1 396.74
14	36	江西		852.60	364.26	0.00	0.00	184.44	0.00	0.00	0.00	0.00	0.00	0.00	200.16
15	37	山东		2 388.42	10 064.34	0.00	0.66	444.36	2 556.48	0.12	0.00	0.00	0.42	0.42	2 411.46
16	41	河南		2 260.62	10 419.96	1 774.26	391.74	196.14	251.58	0.00	0.00	0.00	0.00	129.12	1 943.10
17	42	湖北		644.52	647.28	0.00	3.54	78.96	0.00	0.00	66.84	0.00	43.20	0.00	561.78
18	43	湖南		186.30	940.44	0.00	0.00	256.08	10.56	0.24	0.00	0.00	0.00	1.14	376.08
19	44	广东		22.92	2 333.94	0.00	0.00	429.24	59.58	0.00	0.00	0.00	0.00	0.00	1 494.18
20	45	广西		940.44	1 107.18	0.00	376.86	253.26	125.82	0.00	0.18	0.00	250.02	0.30	726.66
21	46	海南		7.26	1 584.72	0.00	0.78	424.02	429.96	0.84	0.00	0.00	153.54	0.00	797.52
22	50	重庆		228.36	750.84	0.00	12.72	12.96	0.18	0.06	1.86	0.00	0.00	0.00	184.32
23	51	四川		0.00	29.34	0.00	0.00	50.04	59.58	0.00	0.00	0.00	66.36	239.22	293.16
24	52	贵州		22.92	2 333.94	0.00	383.28	2 964.84	390.06	1.26	0.36	0.00	0.00	43.14	726.66
25	53	云南		1 510.26	3 655.92	0.00	383.28	2 964.84	390.06	1.26	0.36	278.94	0.00	239.22	3 291.72
26	54	西藏		0.00	420.90	0.00	1.68	66.84	0.00	0.00	0.06	0.00	66.36	43.14	991.50
27	61	陕西		455.28	1 097.64	0.00	21.60	46.08	59.58	0.00	0.00	0.00	0.00	0.66	1 485.12
28	62	甘肃		723.96	0.00	0.00	0.00	0.54	569.10	0.00	0.18	0.00	0.00	0.00	1 044.18
29	63	青海		147.60	157.08	0.00	24.12	128.10	43.26	1.92	0.00	0.00	0.00	0.00	405.84
30	64	宁夏		349.68	252.90	0.00	1.44	26.46	24.42	5.64	0.00	0.00	20.46	25.74	463.50
31	65	新疆		1 908.96	912.06	0.00	29.70	0.00	1 304.52	0.12	0.06	0.00	239.58	297.90	2 069.34
	合计 Total			27 266.88	76 474.92	1 774.26	1 820.82	26 038.50	7 006.02	99.36	76.68	462.84	924.66	1 491.36	36 705.06

续表

序号	省编号	省份	面值(元)/游戏名称	锦绣 20	牛气冲天 20	跑出精彩 20	汽车迷 20	日进斗金 20	汕头2021亚青会 20	体彩顶呱刮十周年庆 20	天时地利人和 20	卧虎藏龙 20	五虎将 20	西游记 20	星光闪耀 20
1	11	北京		0.00	2 118.12	0.00	0.00	0.00	0.00	0.00	0.00	0.12	3 564.06	0.00	190.20
2	12	天津		0.00	989.10	0.00	0.00	0.00	0.00	0.00	0.00	0.00	878.10	0.00	2.82
3	13	河北		997.86	1 677.06	0.00	0.00	6.12	0.00	13.98	0.00	0.48	2 059.08	0.00	127.38
4	14	山西		0.00	599.46	0.00	0.00	0.00	0.00	3.78	0.00	0.00	705.30	0.00	3.36
5	15	内蒙古		227.82	1 260.00	0.00	0.00	0.72	0.00	0.36	0.00	4.92	1 686.42	21.96	596.82
6	21	辽宁		0.06	1 409.94	0.00	0.00	0.12	0.00	0.48	0.00	0.00	1 439.58	0.00	17.22
7	22	吉林		0.18	1 138.80	0.00	0.00	0.00	0.00	0.18	0.00	0.00	1 412.04	0.00	145.98
8	23	黑龙江		0.00	716.10	0.00	0.00	0.06	0.00	0.06	0.00	0.00	712.80	0.00	217.44
9	31	上海		0.00	716.46	0.00	0.00	0.00	0.00	0.00	0.00	0.00	698.34	0.00	489.96
10	32	江苏		2 126.82	8 882.94	0.00	0.00	83.40	0.00	91.44	0.00	8.40	7 295.28	37.02	836.64
11	33	浙江		0.00	8 118.54	0.00	0.06	0.00	0.00	6.12	0.00	0.00	11 500.38	0.00	0.42
12	34	安徽		0.00	1 078.80	0.00	0.00	1.62	0.00	0.18	1.38	1.14	0.00	6.84	802.98
13	35	福建		0.00	5 383.38	2 804.16	0.00	1.08	0.00	0.18	0.00	0.30	6 176.52	0.00	15.24
14	36	江西		0.00	1 355.64	0.00	0.00	1.02	0.00	0.66	0.00	0.12	904.08	0.00	170.10
15	37	山东		0.72	8 337.84	0.00	0.00	56.10	0.00	1.26	53.04	0.00	9 499.62	6.84	1 386.72
16	41	河南		0.54	6 667.62	0.00	0.00	0.48	0.00	0.24	0.00	0.06	7 448.88	0.00	0.00
17	42	湖北		0.00	1 768.38	0.00	0.00	0.18	0.00	4.08	0.00	0.36	929.46	10.86	642.72
18	43	湖南		17.40	717.42	0.00	0.00	1.08	0.00	0.00	0.00	1.08	351.96	0.00	64.92
19	44	广东		0.00	6 473.64	0.00	0.00	0.00	2 238.12	0.18	0.00	0.06	2 847.18	2.28	0.00
20	45	广西		0.00	1 194.90	0.00	0.00	0.36	0.00	0.18	0.00	0.00	528.78	0.00	51.84
21	46	海南		0.18	286.20	0.00	0.00	2.46	0.00	6.24	0.00	0.06	333.90	0.06	0.00
22	50	重庆		0.00	1 183.20	0.00	0.00	0.30	0.00	9.36	0.00	0.00	928.08	0.00	29.40
23	51	四川		0.00	4 456.50	0.00	0.00	1.08	0.00	4.02	0.00	1.56	1 062.72	0.00	456.42
24	52	贵州		0.00	2 728.62	0.00	0.00	0.00	0.00	0.06	0.00	0.00	2 428.80	0.00	511.08
25	53	云南		0.00	4 480.56	0.00	0.00	1.02	0.00	0.72	0.00	4.56	3 694.20	0.06	388.56
26	54	西藏		0.00	569.88	0.00	0.00	2.04	0.00	6.24	0.00	0.00	528.78	0.00	155.22
27	61	陕西		0.00	4 399.14	0.00	0.00	0.00	0.00	9.36	0.00	0.06	1 296.78	0.00	109.26
28	62	甘肃		0.00	2 569.68	0.00	0.00	0.00	0.00	4.38	0.00	0.06	1 724.04	0.00	27.90
29	63	青海		0.00	265.74	0.00	0.00	0.06	0.00	8.22	0.00	0.06	339.30	0.00	92.58
30	64	宁夏		0.42	628.26	29.82	0.00	2.46	0.00	0.06	0.00	6.72	625.08	0.00	17.58
31	65	新疆		17.46	1 289.52	0.00	0.00	2.10	0.00	4.26	0.00	0.90	1 416.90	0.00	271.20
		合计 Total		3 389.46	83 461.44	2 833.98	0.06	163.86	2 238.12	230.88	54.42	30.90	75 016.44	79.02	7 821.96

四、彩票统计资料

续表

序号	省编号	省份/游戏名称	面值(元) 20 一蹴而就	20 赢	20 永子	20 粤战越勇	20 运	20 中国范儿	20 中国红	20 炫酷9	30 95至尊	30 宝石之王	30 大吉大利	30 富贵有余
1	11	北京	7.28	3.06	0.00	0.00	70.80	347.76	6 625.20	0.24	1 792.20	6 677.76	6 046.56	0.00
2	12	天津	3.68	3.96	0.00	0.00	0.00	6.18	1 988.94	0.96	896.64	1 507.50	1 652.46	0.00
3	13	河北	1 213.68	918.18	0.00	0.00	0.00	0.24	3 631.86	0.00	6 045.24	5 524.02	5 737.20	0.00
4	14	山西	63.60	190.38	0.00	0.00	5.70	9.36	1 488.72	3.30	478.26	1 161.78	1 175.64	0.00
5	15	内蒙古	465.84	1 015.32	0.00	0.00	1.38	292.86	2 497.68	126.24	2 370.36	2 987.64	4 516.86	5.16
6	21	辽宁	76.24	1.80	0.00	0.00	0.00	6.12	4 090.08	0.78	2 159.94	4 469.76	5 003.28	0.00
7	22	吉林	644.32	0.54	0.00	0.00	0.00	4.86	2 825.10	0.12	2 396.94	2 664.90	2 457.72	0.00
8	23	黑龙江	34.24	0.12	0.00	0.00	211.20	0.54	1 670.70	0.00	1 619.22	1 814.22	2 791.02	0.00
9	31	上海	0.00	0.24	0.00	0.00	0.00	0.00	4 093.68	0.00	359.52	3 682.08	1 765.86	0.00
10	32	江苏	884.24	1 215.30	0.00	0.00	285.60	511.80	8 794.02	74.88	4 771.32	7 933.14	5 291.76	103.02
11	33	浙江	601.04	3.00	0.00	0.00	339.12	4.62	8 843.22	0.00	7 179.72	8 277.12	7 243.92	0.00
12	34	安徽	402.48	430.50	0.00	0.00	438.06	691.38	844.56	715.50	1 782.00	2 070.54	1 255.02	0.00
13	35	福建	138.00	122.70	0.00	0.00	400.20	122.28	4 708.38	153.72	3 783.54	3 772.20	2 796.90	65.64
14	36	江西	116.48	40.74	0.00	0.00	524.22	20.58	1 879.50	0.60	1 135.74	1 039.20	1 043.76	0.06
15	37	山东	2 774.72	54.30	0.00	0.00	4.56	1 734.42	5 437.44	654.06	8 919.12	6 531.48	4 810.92	0.00
16	41	河南	1 994.16	868.26	0.00	0.00	781.98	1 615.50	8 453.94	0.00	8 455.68	7 968.12	8 984.64	0.18
17	42	湖北	535.12	269.64	0.00	0.00	618.72	909.78	1 211.76	1.74	712.80	836.28	836.34	31.86
18	43	湖南	104.24	62.22	0.00	0.00	0.00	1.92	1 032.18	178.86	1 425.90	333.12	214.62	0.00
19	44	广东	2 338.56	2 556.42	0.00	3 211.62	0.00	914.16	15 142.74	0.00	3 830.40	16 176.90	12 722.58	0.00
20	45	广西	0.00	51.84	0.00	0.00	28.68	52.02	1 480.98	150.84	1 069.02	442.44	476.04	282.36
21	46	海南	0.00	0.06	0.00	0.00	0.18	0.00	1 911.66	0.00	579.84	59.82	196.32	0.00
22	50	重庆	4.96	0.00	0.00	0.00	51.12	0.06	1 361.40	0.00	537.06	1 091.16	1 014.12	0.00
23	51	四川	643.60	512.10	0.00	0.00	334.08	167.76	5 485.02	379.98	3 220.92	4 195.68	2 580.90	0.00
24	52	贵州	32.56	39.42	0.00	0.00	0.00	137.22	2 654.04	1.56	1 139.34	2 120.22	2 308.26	13.62
25	53	云南	142.32	37.14	1 952.16	0.00	427.02	177.60	9 819.54	0.96	6 356.52	9 218.22	10 899.66	0.06
26	54	西藏	336.96	0.00	0.00	0.00	0.00	145.32	1 593.54	167.16	419.40	1 420.14	1 700.40	0.00
27	61	陕西	0.00	45.72	0.00	0.00	179.82	523.08	1 788.72	392.52	1 765.56	3 111.54	2 108.34	5.10
28	62	甘肃	83.44	44.70	0.00	0.00	0.18	26.94	1 640.40	524.76	2 874.96	2 129.16	2 131.20	0.00
29	63	青海	144.72	0.06	0.00	0.00	0.00	0.00	668.28	9.66	359.10	632.52	825.42	0.12
30	64	宁夏	118.72	0.96	0.00	0.00	30.72	0.00	1 287.00	16.14	597.12	756.54	1 025.76	0.18
31	65	新疆	1 189.44	175.38	0.00	0.00	127.08	251.40	4 534.68	141.36	1 079.28	7 118.82	5 014.32	0.00
		合计 Total	15 094.64	8 664.06	1 952.16	3 211.62	4 860.42	8 675.76	119 484.96	3 695.94	80 112.66	117 724.02	106 627.80	507.36

续表

序号	省编号	面值（元）省份/游戏名称	30 好彩头	30 天降财神	30 万马奔腾	30 新速度新高度	30 至尊宝	50 中国龙	50 巅峰对决	合计 Total
1	11	北京	0.06	0.00	0.00	222.18	0.00	8 861.80	0.00	112 063.14
2	12	天津	0.06	0.00	0.00	107.64	0.00	2 159.70	0.00	37 510.19
3	13	河北	0.12	0.00	0.00	49.14	0.00	6 914.80	0.00	115 853.51
4	14	山西	0.18	0.00	0.00	385.74	0.00	1 503.60	0.00	26 521.15
5	15	内蒙古	6.60	0.00	105.78	114.78	1.80	3 013.70	13.20	69 384.02
6	21	辽宁	3.06	0.12	0.00	527.34	0.00	5 207.70	0.10	93 567.58
7	22	吉林	0.30	0.00	0.00	0.90	0.06	3 136.70	0.00	60 928.35
8	23	黑龙江	0.24	0.00	0.00	249.42	0.00	2 591.60	0.00	53 263.81
9	31	上海	0.06	0.00	0.00	405.00	0.00	4 932.80	0.00	60 358.47
10	32	江苏	0.72	13.44	0.00	1 065.90	1.74	8 348.30	2 809.10	212 991.13
11	33	浙江	0.24	0.00	0.00	1 082.16	0.00	12 413.30	10.80	198 555.27
12	34	安徽	8.22	11.22	0.00	1 240.32	3.42	2 403.80	0.00	46 018.09
13	35	福建	6.18	0.30	0.00	420.84	0.06	4 480.70	422.70	116 728.03
14	36	江西	0.18	0.00	0.00	6.06	0.00	1 322.30	0.00	30 000.56
15	37	山东	2.34	0.00	0.00	677.28	0.00	5 111.90	0.00	176 778.85
16	41	河南	12.78	0.12	0.00	192.66	0.18	10 990.40	5.70	171 084.34
17	42	湖北	0.18	0.00	0.00	579.36	0.00	1 489.10	0.00	37 309.98
18	43	湖南	0.78	169.92	0.00	162.54	0.66	562.80	74.60	21 608.77
19	44	广东	0.00	0.00	0.00	314.76	0.00	20 874.10	0.00	289 951.27
20	45	广西	10.08	22.86	0.00	0.00	0.36	571.90	57.80	19 630.13
21	46	海南	0.06	0.00	0.00	36.00	0.00	437.90	92.60	10 715.26
22	50	重庆	0.12	0.00	0.00	40.92	0.00	1 649.80	0.00	28 767.37
23	51	四川	0.00	0.00	0.00	657.06	2.22	5 311.40	0.00	102 031.46
24	52	贵州	0.00	0.00	0.00	46.62	0.00	1 872.50	0.30	59 717.07
25	53	云南	0.90	0.00	43.56	812.52	0.00	12 598.20	23.20	212 019.46
26	54	西藏	0.00	0.00	0.00	423.84	1.02	2 781.30	0.00	36 721.71
27	61	陕西	0.00	12.48	0.00	651.54	0.00	1 661.80	58.10	61 330.05
28	62	甘肃	0.06	0.00	0.00	165.06	0.00	1 317.40	0.00	44 164.40
29	63	青海	0.72	0.12	0.00	269.16	0.00	792.80	2.90	12 070.96
30	64	宁夏	4.26	10.38	0.00	0.00	0.00	348.30	1.40	19 186.68
31	65	新疆	1.68	0.00	0.00	750.78	0.00	7 426.30	2.80	85 481.95
	合计 Total		60.18	240.96	149.34	11 657.52	11.52	143 088.70	3 575.30	2 622 313.01

（国家体育总局体育彩票管理中心供稿）

（五）其他统计资料
Other Statistical Data

2002—2021年全国彩票机构代扣代缴中奖奖金个人所得税情况一览表

Table of Individual Income Tax from Lottery Winners Withheld by Lottery Organizations in China from 2002 to 2021

所 得 税 额

Individual Income Tax

单位：万元
Unit: Ten Thousand Yuan

年份 year	福利彩票机构 Welfare Lottery Organization	体育彩票机构 Sports Lottery Organization	合 计 Total
2002	78 606.53	121 109.45	199 715.98
2003	84 221.75	123 735.36	207 957.11
2004	96 053.50	86 883.14	182 936.64
2005	105 357.07	70 823.65	176 180.72
2006	112 917.80	127 554.33	240 472.13
2007	156 994.13	142 039.91	299 034.04
2008	159 522.18	152 544.72	312 066.90
2009	198 950.60	166 801.30	365 751.90
2010	232 340.43	169 751.12	402 091.55
2011	289 156.99	202 445.02	491 602.01
2012	329 532.92	190 863.29	520 396.20
2013	308 398.23	207 576.22	515 974.46
2014	329 890.42	259 744.71	589 635.13
2015	304 516.62	249 166.36	553 682.98
2016	317 677.41	232 534.00	550 211.41
2017	326 649.71	280 602.21	607 251.92
2018	316 356.53	279 868.17	596 224.70
2019	342 574.68	460 001.76	802 576.44
2020	280 447.66	328 786.72	609 234.38
2021	362 262.88	422 556.91	784 819.79
合 计 Total	4 732 428.02	4 275 388.35	9 007 816.38

2021年全国各地区彩票机构代扣代缴中奖奖金个人所得税情况一览表

Table of Individual Income Tax from Lottery Winners Withheld by Lottery Organizations in Different Regions in China in 2021

所得税额
Individual Income Tax

单位：万元
Unit: Ten Thousand Yuan

地　区 Region	福利彩票机构 Welfare Lottery Organization	体育彩票机构 Sports Lottery Organization	合　计 Total
北　京	7 763.99	12 124.90	19 888.88
天　津	3 022.71	8 412.74	11 435.44
河　北	17 994.12	16 448.29	34 442.41
山　西	5 567.32	3 476.46	9 043.78
内蒙古	9 194.76	6 233.49	15 428.25
辽　宁	13 531.12	11 379.00	24 910.12
吉　林	3 957.95	6 171.15	10 129.10
黑龙江	8 541.19	7 352.16	15 893.35
上　海	11 060.65	9 198.39	20 259.04
江　苏	22 346.31	29 968.68	52 314.99
浙　江	26 518.45	35 786.44	62 304.89
安　徽	19 124.99	12 431.69	31 556.69
福　建	16 529.02	21 718.09	38 247.11
江　西	6 830.82	10 689.79	17 520.62
山　东	23 185.51	18 997.09	42 182.59
河　南	14 185.53	22 148.81	36 334.34
湖　北	10 063.00	14 487.71	24 550.71
湖　南	10 648.75	22 462.29	33 111.04
广　东	40 947.22	50 736.18	91 683.40
广　西	11 859.28	5 991.41	17 850.70
海　南	1 369.43	6 311.22	7 680.65
重　庆	12 175.99	8 258.81	20 434.80
四　川	17 585.71	25 059.42	42 645.14
贵　州	6 801.11	10 111.54	16 912.65
云　南	12 572.98	17 756.51	30 329.49
西　藏	717.07	838.96	1 556.02
陕　西	12 457.26	9 557.48	22 014.73
甘　肃	4 380.08	5 985.41	10 365.49
青　海	905.32	1 342.72	2 248.04
宁　夏	3 157.72	4 505.49	7 663.21
新　疆	7 267.53	6 614.57	13 882.09
合　计 Total	362 262.88	422 556.91	784 819.79

（中国福利彩票发行管理中心、国家体育总局体育彩票管理中心供稿）

2002—2021 年全国彩票机构中百万元以上大奖情况一览表

Table of Quantity of Millionaire Prize Winners in Lottery Organizations in China from 2002 to 2021

单位：个
Unit：Ge

年份 year	福利彩票机构 Welfare Lottery Organization	体育彩票机构 Sports Lottery Organization	合 计 Total
2002	874	1 141	2 015
2003	766	774	1 540
2004	1 017	627	1 644
2005	806	606	1 412
2006	873	534	1 407
2007	1 023	533	1 556
2008	873	872	1 745
2009	1 137	1 037	2 174
2010	1 348	1 118	2 466
2011	1 391	1 012	2 403
2012	1 794	939	2 733
2013	1 874	1 120	2 994
2014	1 736	1 341	3 077
2015	1 435	1 302	2 737
2016	1 597	1 389	2 986
2017	1 726	1 105	2 831
2018	1 540	1 147	2 687
2019	1 853	2 910	4 763
2020	1 778	1 284	3 062
2021	2 266	1 618	3 884
合 计 Total	27 707	22 409	50 116

2021年全国各地区福利彩票中百万元以上大奖情况一览表

Table of Quantity of Welfare Lottery Millionaire Prize Winners in Different Regions in 2021

地区 Region	500万元以上大奖个数 Five-million Yuan Prize Winners	100万元以上大奖个数 One-million Yuan Prize Winners
北　京	41	54
天　津	14	17
河　北	106	117
山　西	31	36
内蒙古	47	61
辽　宁	74	83
吉　林	16	19
黑龙江	52	58
上　海	55	59
江　苏	71	101
浙　江	147	197
安　徽	117	124
福　建	61	78
江　西	30	32
山　东	115	151
河　南	81	100
湖　北	48	55
湖　南	49	58
广　东 （不含深圳）	156	201
广　西	65	78
海　南	8	8
重　庆	74	83
四　川	92	105
贵　州	37	40
云　南	62	72
西　藏	2	4
陕　西	67	85
甘　肃	22	30
青　海	2	10
宁　夏	17	20
新　疆	40	72
深　圳	42	58
合　计 Total	1 841	2 266

注：其中500万元以上大奖个数包含在百万元以上大奖个数中。

（中国福利彩票发行管理中心供稿）

2021年全国各地区体育彩票中百万元以上大奖情况一览表

Table of Quantity of Sports Lottery Millionaire Prize Winners in Different Regions in 2021

地 区 Region	500万元以上大奖个数 Five-million Yuan Prize Winners	100万元以上大奖个数 One-million Yuan Prize Winners
北 京	21	40
天 津	14	21
河 北	32	77
山 西	8	13
内蒙古	12	18
辽 宁	25	41
吉 林	15	23
黑龙江	11	19
上 海	19	41
江 苏	57	111
浙 江	70	147
安 徽	27	41
福 建	38	104
江 西	23	40
山 东	49	80
河 南	58	70
湖 北	24	60
湖 南	40	155
广 东	84	193
广 西	11	24
海 南	9	17
重 庆	19	42
四 川	37	74
贵 州	22	28
云 南	33	50
西 藏	2	3
陕 西	15	26
甘 肃	12	16
青 海	2	4
宁 夏	13	16
新 疆	14	24
合 计 Total	816	1 618

注：其中500万元以上大奖个数包含在百万元以上大奖个数中。

（国家体育总局体育彩票管理中心供稿）

2005—2021年全国彩票机构投注终端数量一览表

Table of the Quantity of Lottery Sales Terminals in China from 2005 to 2021

投注终端机
Sales Terminal

单位：台
Unit：Tai

年 份 year	福利彩票机构 Welfare Lottery Organization	体育彩票机构 Sports Lottery Organization	合 计 Total
2005	77 969	49 914	127 883
2006	93 138	65 040	158 178
2007	104 526	79 055	183 581
2008	115 487	96 828	212 315
2009	125 415	111 317	236 732
2010	144 250	113 971	258 221
2011	154 520	129 699	284 219
2012	151 994	127 871	279 865
2013	165 629	130 467	296 096
2014	171 109	140 824	311 933
2015	179 296	145 330	324 626
2016	184 362	156 065	340 427
2017	184 741	165 437	350 178
2018	183 673	173 591	357 264
2019	188 245	177 579	365 824
2020	174 714	196 374	371 088
2021	163 667	207 546	371 213

2021年全国各地区彩票机构投注终端数量一览表

Table of the Quantity of Lottery Sales Terminals in China in Different Regions in 2021

投注终端机

Sales Terminal

单位：台
Unit: Tai

地区 Region	福利彩票机构 Welfare Lottery Organization	体育彩票机构 Sports Lottery Organization	合 计 Total
北 京	2 461	7 270	9 731
天 津	1 775	3 874	5 649
河 北	8 237	10 723	18 960
山 西	5 322	4 024	9 346
内蒙古	4 151	4 184	8 335
辽 宁	6 319	7 168	13 487
吉 林	3 704	4 107	7 811
黑龙江	5 916	5 134	11 050
上 海	2 866	4 166	7 032
江 苏	11 721	15 279	27 000
浙 江	7 534	14 887	22 421
安 徽	5 804	5 927	11 731
福 建	4 214	10 253	14 467
江 西	4 556	6 142	10 698
山 东	9 824	14 028	23 852
河 南	9 190	16 270	25 460
湖 北	8 631	9 137	17 768
湖 南	6 678	5 374	12 052
广 东	10 578	14 986	25 564
广 西	4 827	3 976	8 803
海 南	1 927	2 209	4 136
重 庆	4 811	3 828	8 639
四 川	7 879	9 933	17 812
贵 州	3 719	4 567	8 286
云 南	7 112	7 323	14 435
西 藏	526	787	1 313
陕 西	5 014	2 758	7 772
甘 肃	3 221	3 188	6 409
青 海	682	752	1 434
宁 夏	1 319	1 359	2 678
新 疆	3 149	3 933	7 082
合 计 Total	163 667	207 546	371 213

（中国福利彩票发行管理中心、国家体育总局体育彩票管理中心供稿）

2021年全国电脑福利彩票游戏一览表

Table of Computerized National Welfare Lottery Games in 2021

（国家体育总局体育彩票管理中心供稿）

地区	玩法	停止销售时间	开奖日（星期）一	二	三	四	五	六	日	开奖方式	开奖时间	媒体	备注
北京	双色球联销	20：00		1		1		1		直播	21：15	中国教育电视台1套、中国福彩网、中彩网、人民网、新华网、新浪网、搜狐网、网易网、腾讯视频网	
	七乐彩联销	20：30	1		1		1		1	直播	21：30	中国福彩网、新浪网、搜狐网、新华网、中彩网	
	3D联销	21：00	1	1	1	1	1	1	1	直播	21：30	中国福彩网、新浪网、搜狐网、新华网、中彩网	
	快乐8	00：00	1	1	1	1	1	1	1	计算机自动开奖	21：30		
	乐透：111~666 组合（快3）		1	1	1	1	1	1	1	计算机自动开奖	每20分钟开奖一次		2月10日停售
天津	双色球联销	20：00		1		1		1		直播	21：15	中国教育电视台1套、中国福彩网、中彩网、人民网、新华网、新浪网、搜狐网、网易网、腾讯视频网	
	七乐彩联销		1		1		1		1	直播	21：30	中国福彩网、新浪网、搜狐网、新华网、中彩网	
	3D联销		1	1	1	1	1	1	1	直播	21：30	中国福彩网、新浪网、搜狐网、新华网、中彩网	
	快乐8	21：00	1	1	1	1	1	1	1	直播	21：30		
	乐透：组合20选5（快乐十分）	22：55	1	1	1	1	1	1	1	计算机自动开奖	每20分钟开奖一次		2月10日停售
河北	双色球联销			1		1		1		直播	21：15	中国教育电视台1套、中国福彩网、中彩网、人民网、新华网、新浪网、搜狐网、网易网、腾讯视频网	
	七乐彩联销	19：40	1		1		1		1	直播	21：30	中国福彩网、新浪网、搜狐网、新华网、中彩网	
	3D联销		1	1	1	1	1	1	1				
	快乐8	21：00	1	1	1	1	1	1	1				
	乐透：组合20选5好运2	18：30	1	1	1	1	1	1	1	录播	22：15	河北都市频道	附加玩法
	乐透：组合20选5好运3		1	1	1	1	1	1	1				附加玩法
	数字：排列00000~99999全组合		1	1	1	1	1	1	1				
	数字：排列0000000~9999999全组合		1	1	1	1	1	1	1				
	乐透：111~666组合（快3）	22：00	1	1	1	1	1	1	1	计算机自动开奖	每20分钟开奖一次		2月10日停售

340

续表

地区	玩法	停止销售时间	开奖日（星期）一	二	三	四	五	六	日	开奖方式	开奖时间	媒体	备注
山西	双色球联销	19:45		1				1	1	直播	21:15	中国教育电视台1套、中国福彩网、中彩网、人民网、新华网、新浪网、搜狐网、网易网、腾讯视频网	
	七乐彩联销	20:00	1		1				1	直播	21:30	中国福彩网、新浪网、搜狐网、新华网、中彩网	
	3D联销	21:00	1	1	1	1	1	1	1	直播			
	快乐8	冬令时：22:00 夏令时：23:00	1	1	1	1	1	1	1	计算机自动开奖	每20分钟开奖一次		2月10日停售
内蒙古	双色球联销	20:00		1				1	1	直播	21:15	中国教育电视台1套、中国福彩网、中彩网、人民网、新华网、新浪网、搜狐网、网易网、腾讯视频网	
	七乐彩联销	20:30	1		1				1	直播	21:30	中国福彩网、新浪网、搜狐网、新华网、中彩网	
	3D联销	21:00	1	1	1	1	1	1	1	直播			
	快乐8	22:10	1	1	1	1	1	1	1	计算机自动开奖	每20分钟开奖一次		2月10日停售
	乐透：111-666组合（快3）	20:00	1	1	1	1	1	1	1	直播			
辽宁	双色球联销	20:20		1				1	1	直播	21:15	中国教育电视台1套、中国福彩网、中彩网、人民网、新华网、新浪网、搜狐网、网易网、腾讯视频网	
	七乐彩联销	20:30	1		1				1	直播	21:30	中国福彩网、新浪网、搜狐网、新华网、中彩网	
	3D联销	21:00	1	1	1	1	1	1	1	直播			
	快乐8												
	乐透：组合35选7	19:00	1	1	1	1	1	1	1	录播	20:30	辽宁福彩网	
	乐透：组合35选7好运彩1												附加玩法
	乐透：组合35选7好运彩2												附加玩法
	乐透：组合35选7好运彩3												附加玩法
	乐透：组合35选7好运彩4												附加玩法
	数字：6位数+1生肖码	18:30	1		1		1		1				
	乐透：组合12选5（快乐12）	21:50	1	1	1	1	1	1	1	计算机自动开奖	每20分钟开奖一次		2月10日停售

续表

地区	玩法	停止销售时间	一	二	三	四	五	六	日	开奖方式	开奖时间	媒体	备注
吉林	双色球联销	20:00		1		1		1		直播	21:15	中国教育电视台1套、中国彩网、中国福彩网、人民网、新华网、新浪网、搜狐网、网易网、腾讯视频网	
	七乐彩联销	20:30	1		1		1		1	直播	21:30	中国福彩网、新浪网、搜狐网、新华网、中彩网	
	3D联销	21:00	1	1	1	1	1	1	1	直播	21:30	中国福彩网、新浪网、搜狐网、新华网、中彩网	
	快乐8	21:40	1	1	1	1	1	1	1	计算机自动开奖	每20分钟开奖一次		2月10日停售
	乐透:111~666组合(快3)												
黑龙江	双色球联销	20:00		1		1		1		直播	21:15	中国教育电视台1套、中国彩网、中国福彩网、人民网、新华网、新浪网、搜狐网、网易网、腾讯视频网	
	七乐彩联销	20:00	1		1		1		1	直播	21:30	中国福彩网、新浪网、搜狐网、新华网、中彩网	
	3D联销	21:00	1	1	1	1	1	1	1	直播	21:30	中国福彩网、新浪网、搜狐网、新华网、中彩网	
	快乐8												
	乐透:组合22选5	18:20	1	1	1	1	1	1	1	录播	18:50	黑龙江福彩网	
	乐透:组合36选7												
	数字:000000~999999排列												
	乐透:组合20选5(快乐十分)	22:00	1	1	1	1	1	1	1	计算机自动开奖	每20分钟开奖一次		2月10日停售
上海	双色球联销	20:00		1		1		1		直播	21:15	中国教育电视台1套、中央电视台财经频道、中央人民广播电台"中国之声"频率、中国福彩网、上海福彩网、新华网、中彩网、新浪网、搜狐网、上海福彩微信公众号、官方客户端	
	七乐彩联销	20:00	1		1		1		1	直播	21:30	中国福彩网、新浪网、搜狐网、新华网、上海福彩网、上海福彩微信公众号、官方客户端	
	3D联销	21:00	1	1	1	1	1	1	1	直播	21:00	上海福彩网、上海福彩微信公众号、官方客户端	
	快乐8	18:45					1			公告			
	数字:6位数+1生肖码	18:30											
	数字:0000~9999全排列	20:30											
	乐透:111~666组合(快3)	22:28	1	1	1	1	1	1	1		每20分钟开奖一次		2月10日停售

续表

地区	玩法	停止销售时间	一	二	三	四	五	六	日	开奖方式	开奖时间	媒体	备注
江苏	双色球联销	20：00		1		1	ін	1		直播	21：15	中国教育电视台1套、中国福彩网、中彩网、人民网、新华网、搜狐网、网易网、腾讯视频网	
	七乐彩联销	21：00	1		1		1			直播	21：30	中国福彩网、新浪网、搜狐网、新华网、中彩网	
	3D联销	18：30	1	1	1	1	1	1	1	公告	19：30	江苏省福彩网	
	快乐8	20：00	1	1	1	1	1	1	1	公告	19：30	江苏省福彩网	
	乐透：组合15选5	21：00	1	1	1	1	1	1	1				
	数字：6位数+1生肖码	18：30	1	1	1	1	1	1	1				
	乐透：111~666组合（快3）	22：10								计算机自动开奖	每20分钟开奖一次	官微及主流报纸	2月10日停售
浙江	双色球联销	20：00		1		1		1		直播	21：15	中国教育电视台1套、中国福彩网、中彩网、人民网、新华网、搜狐网、网易网、腾讯视频网	
	七乐彩联销	21：00	1		1		1			直播	21：30	中国福彩网、新浪网、搜狐网、新华网、中彩网	
	3D联销	18：30	1	1	1	1	1	1	1	录播	22：25	浙江钱江都市频道	
	快乐8		1	1	1	1	1	1	1		22：25	浙江钱江都市频道	
	乐透：组合22选1（快2）	24：00	1	1	1	1	1	1	1	计算机自动开奖	22：25	浙江钱江都市频道	
	乐透：组合12选5（快乐12）	22：20								计算机自动开奖	每20分钟开奖一次		2月10日停售
安徽	双色球联销	20：00		1		1		1		直播	21：15	中国教育电视台1套、中国福彩网、中彩网、人民网、新华网、搜狐网、网易网、腾讯视频网	2月10日停售
	七乐彩联销	21：00	1		1		1			直播	21：30	中国福彩网、新浪网、搜狐网、新华网、中彩网	
	3D联销	19：00	1	1	1	1	1	1	1		19：35	安徽省福彩网，开奖次日安徽省主流报刊登	
	快乐8												
	乐透：组合15选5												
	数字：6位数+1生肖码												
	乐透：111~666组合（快3）	22：00	1	1	1	1	1	1	1	计算机自动开奖	每20分钟开奖一次		2月10日停售

续表

地区	玩法	停止销售时间	开奖日（星期）一	二	三	四	五	六	日	开奖方式	开奖时间	媒体	备注
福建	双色球联销	20：00		1					1	直播	21：15	中国教育电视台1套、中国福彩网、中彩网、人民网、新华网、新浪网、搜狐网、网易网、腾讯视频网、福建电视台电视剧频道、福建电视新闻频道、福建电视台教育频道、福建福彩官方微博、微信、开奖次日福建主流报纸刊登	
	七乐彩联销	19：30	1		1			1		直播	21：30	中国福彩网、新浪网、搜狐网、新华网	
	3D联销	20：15	1	1	1	1	1	1	1	公告		浙江影视频道	
	快乐8	21：00	1	1	1	1	1	1	1	直播		福建电视台教育频道、福建新闻广播	
	乐透：组合15选5	18：30	1					1					
	数字：6位数+1生肖码（快3）	22：30	1	1	1	1	1	1	1	计算机自动开奖	每20分钟开奖一次		2月10日停售
江西	双色球联销	20：00		1			1		1	直播	21：15	中国教育电视台1套、中国福彩网、中彩网、人民网、新华网、网易网、搜狐网、新浪网、腾讯视频网、江西福彩网、江西电视台2套、经济晚报	
	七乐彩联销	20：00	1		1			1		直播	21：30	中国福彩网、中彩网、网易网、搜狐网、新浪网、新华网	
	3D联销	20：30	1	1	1	1	1	1	1	直播	19：00	中国福彩网、中彩网、人民网、新华网、腾讯视频网、江西福彩网、经济晚报	
	快乐8	21：00	1	1	1	1	1	1	1	录播		江西教育电视台	
	乐透：组合15选5	18：30	1					1					
	数字：6位数+1生肖码（快3）	22：10	1	1	1	1	1	1	1	计算机自动开奖	每20分钟开奖一次		2月10日停售
山东	双色球联销	20：00		1			1		1	直播	21：15	中国教育电视台1套、中国福彩网、中彩网、人民网、新华网、网易网、腾讯视频网、山东彩票网	
	七乐彩联销	21：00	1		1			1		直播	21：30	中国福彩网、新浪网、搜狐网、新华网、中彩网	
	3D联销	22：30	1	1	1	1	1	1	1		每20分钟开奖一次		2月10日停售
	乐透：组合20选5（群英会）												

续表

地区	玩法	停止销售时间	一	二	三	四	五	六	日	开奖方式	开奖时间	媒体	备注
河南	双色球联销	20：30		1		1			1	直播	21：15	中国教育电视台1套、中国福彩网、中彩网、人民网、新华网、新浪网、搜狐网、网易网、腾讯视频网	
	七乐彩联销	21：00	1		1		1			直播	21：30	中国福彩网、新浪网、搜狐网、新华网、中彩网	
	3D联销	20：30	1	1	1	1	1	1	1	录播	22：50	河南都市频道	附加玩法
	快乐8		1	1	1	1	1	1	1				附加玩法
	乐透：组合22选5 好运2		1	1	1	1	1	1	1				附加玩法
	乐透：组合22选5 好运3		1	1	1	1	1	1	1				
	乐透：组合22选5 好运4		1	1	1	1	1	1	1				
	乐透：111~666组合（快3）	22：00	1	1	1	1	1	1	1	计算机自动开奖	每20分钟开奖一次		2月10日停售
湖北	双色球联销	20：00		1		1			1	直播	21：15	中国教育电视台1套、中国福彩网、中彩网、人民网、新华网、新浪网、搜狐网、网易网、腾讯视频网	
	七乐彩联销	20：30	1		1		1			直播	21：30	中国福彩网、新浪网、搜狐网、新华网、中彩网	
	3D联销	20：00	1	1	1	1	1	1	1	公告	20：30	湖北福彩网、开奖次日湖北省主流报纸刊登	
	快乐8	21：00	1	1	1	1	1	1	1				
	乐透：组合30选5	20：00	1	1	1	1	1	1	1				
	乐透：111~666组合（快3）	22：00	1	1	1	1	1	1	1	计算机自动开奖	每20分钟开奖一次		2月10日停售
湖南	双色球联销	20：00		1		1			1	直播	21：15	中国教育电视台1套、中国福彩网、中彩网、人民网、新华网、新浪网、搜狐网、网易网、腾讯视频网	
	七乐彩联销	20：30	1		1		1			直播	21：30	中国福彩网、新浪网、搜狐网、新华网、中彩网	
	3D联销	21：00	1	1	1	1	1	1	1	直播			
	快乐8												
	乐透：组合20选5（快乐十分）	23：00	1	1	1	1	1	1	1	计算机自动开奖	每20分钟开奖一次		2月10日停售

续表

地区	玩法	停止销售时间	开奖日（星期）一	二	三	四	五	六	日	开奖方式	开奖时间	媒体	备注
广东	双色球联销	20：00		1		1			1	直播	21：15	中国教育电视台1套、中国福彩网、中彩网、人民网、新华网、新浪网、搜狐网、网易网、腾讯视频网	
	3D联销	21：00	1	1	1	1	1	1	1	直播	21：30	中国福彩网、新浪网、搜狐网、新华网、中彩网	
	快乐8		1	1	1	1	1	1	1				
	乐透：组合36选7		1	1	1	1	1	1	1				附加玩法
	乐透：组合36选7好彩1		1	1	1	1	1	1	1				附加玩法
	乐透：组合36选7好彩2		1	1	1	1	1	1	1				附加玩法
	乐透：组合36选7好彩3		1	1	1	1	1	1	1				
	乐透：组合20选5（快乐十分）	23：00	1	1	1	1	1	1	1	计算机自动开奖	每20分钟开奖一次		2月10日停售
深圳	双色球联销	20：00		1		1			1	直播	21：15	中国教育电视台1套、中国福彩网、中彩网、人民网、新华网、新浪网、搜狐网、网易网、腾讯视频网	
	七乐彩联销		1		1		1						
	3D联销	21：00	1	1	1	1	1	1	1	直播	21：30	中国福彩网、新浪网、搜狐网、新华网、中彩网	
	快乐8	23：10	1	1	1	1	1	1	1	计算机自动开奖	每20分钟开奖一次		2月10日停售
	乐透：组合35选7	20：00	1		1		1	1		官网录播视频	20：20	深圳特区报、深圳福彩网	

续表

地区	玩法	停止销售时间	开奖日（星期）一	二	三	四	五	六	日	开奖方式	开奖时间	媒体	备注
广西	双色球联销	20：00		1		1			1	直播	21：15	中国教育电视台1套、中国福彩网、中彩网、人民网、新华网、搜狐网、新浪网、网易网、腾讯视频网	
	七乐彩联销	20：20	1				1		1	直播	21：30	中国福彩网、中彩网、搜狐网、新浪网、新华网	
	3D联销	21：00	1	1	1	1	1	1	1	直播	21：30	中国福彩网、中彩网、搜狐网、新浪网、新华网	2月10日停售
	快乐8	21：00	1	1	1	1	1	1	1	计算机自动开奖	每20分钟开奖一次		
	乐透：组合24选7及好运彩（快乐双彩）	22：27		1		1		1		直播	21：15	中国教育电视台1套、中国福彩网、中彩网、人民网、新华网、搜狐网、新浪网、网易网、腾讯视频网	
海南	乐透：111~666组合（快3）	20：00	1	1	1	1	1	1	1	直播	21：30	中国福彩网、中彩网、搜狐网、新浪网、新华网	
	双色球联销	21：00	1	1	1	1	1	1	1	直播	21：30	中国福彩网、中彩网、搜狐网、新浪网、新华网	2月10日停售
	七乐彩联销	凌晨02：00	1	1	1	1	1	1	1	计算机自动开奖	每20分钟开奖一次		
	3D联销	20：00		1		1			1	直播	21：15	中国教育电视台1套、中国福彩网、中彩网、人民网、新华网、搜狐网、新浪网、网易网、腾讯视频网	
	快乐8	20：30	1				1		1	直播	21：30	中国福彩网、中彩网、搜狐网、新浪网、新华网	
	组合22选1（快2）	21：00	1	1	1	1	1	1	1	直播	21：30	中国福彩网、中彩网、搜狐网、新浪网、新华网	2月10日停售
重庆	双色球联销	23：40	1	1	1	1	1	1	1	计算机自动开奖	每20分钟开奖一次		
	乐透：组合20选5（快乐十分）												

续表

地区	玩法	停止销售时间	开奖日（星期）一	二	三	四	五	六	日	开奖方式	开奖时间	媒体	备注
四川	双色球联销	20:00		1		1		1	1	直播	21:15	中国教育电视台1套、中国福彩网、人民网、新华网、新浪网、搜狐网、网易网、腾讯视频网	
	七乐彩联销	20:00	1		1		1		1	直播	21:30	中国福彩网、新浪网、搜狐网、新华网、中彩网	
	3D联销	21:00	1	1	1	1	1	1	1	直播	21:30	中国福彩网、新浪网、搜狐网、新华网、中彩网	
	快乐8	22:00	1	1	1	1	1	1	1	直播	21:30	中国福彩网、新浪网、搜狐网、新华网、中彩网	
	乐透：组合12选5（快乐12）	20:00	1	1	1	1	1	1	1	计算机自动开奖	每20分钟开奖一次		2月10日停售
贵州	双色球联销	20:00		1		1		1	1	直播	21:15	中国教育电视台1套、中国福彩网、人民网、新华网、新浪网、搜狐网、网易网、腾讯视频网	
	七乐彩联销	21:00	1		1		1		1	直播	21:30	中国福彩网、新浪网、搜狐网、新华网、中彩网	
	3D联销	21:00	1	1	1	1	1	1	1	直播	21:30	中国福彩网、新浪网、搜狐网、新华网、中彩网	
	快乐8	22:00	1	1	1	1	1	1	1	直播	21:30	中国福彩网、新浪网、搜狐网、新华网、中彩网	
	乐透：111~666组合（快3）	20:00	1	1	1	1	1	1	1	计算机自动开奖	每20分钟开奖一次		2月10日停售
云南	双色球联销	19:30		1		1		1	1	直播	21:15	中国教育电视台1套、中国福彩网、人民网、新华网、新浪网、搜狐网、网易网、腾讯视频网	
	七乐彩联销	19:30	1		1		1		1	直播	21:30	中国福彩网、新浪网、搜狐网、新华网、中彩网	
	3D联销	20:00	1	1	1	1	1	1	1	直播	21:30	中国福彩网、新浪网、搜狐网、新华网、中彩网	
	快乐8	21:00	1	1	1	1	1	1	1	直播	21:30	中国福彩网、新浪网、搜狐网、新华网、中彩网	
	乐透：组合20选5（快乐十分）	21:35	1	1	1	1	1	1	1	计算机自动开奖	每20分钟开奖一次		2月10日停售
西藏	双色球联销	19:30		1		1		1	1	直播	21:15	中国教育电视台1套、中国福彩网、人民网、新华网、新浪网、搜狐网、网易网、腾讯视频网	
	七乐彩联销	19:30	1		1		1		1	直播	21:30	中国福彩网、新浪网、搜狐网、新华网、中彩网	
	3D联销	20:00	1	1	1	1	1	1	1	直播	21:30	中国福彩网、新浪网、搜狐网、新华网、中彩网	
	快乐8	21:00	1	1	1	1	1	1	1	直播	21:30	中国福彩网、新浪网、搜狐网、新华网、中彩网	
	乐透：111~666组合（快3）	23:30	1	1	1	1	1	1	1	计算机自动开奖	每20分钟开奖一次		2月10日停售

续表

地区	玩法	停止销售时间	一	二	三	四	五	六	日	开奖方式	开奖时间	媒体	备注
陕西	双色球联销	20:00		1		1			1	直播	21:15	中国教育电视台1套、中国福彩网、中彩网、人民网、新华网、新浪网、搜狐网、网易网、腾讯视频网	
	七乐彩联销	20:30	1		1	│ 1			直播	21:15		
	3D联销	20:30	1	1	1	1	1	1	1	直播	21:30	中国福彩网、新浪网、搜狐网、新华网、中彩网	
	快乐8	21:00	1	1	1	1	1	1	1	直播	21:30		
	乐透：组合20选5（快乐十分）	22:00	1	1	1	1	1	1	1	计算机自动开奖	每20分钟开奖一次		2月10日停售
甘肃	双色球联销	20:00		1		1			1	直播	21:15	中国教育电视台1套、中国福彩网、中彩网、人民网、新华网、新浪网、搜狐网、网易网、腾讯视频网	
	七乐彩联销	20:30	1		1		1			直播	21:15		
	3D联销	20:30	1	1	1	1	1	1	1	直播	21:30	中国福彩网、新浪网、搜狐网、新华网、中彩网	
	快乐8	21:00	1	1	1	1	1	1	1	直播	21:30		
	乐透：111-666组合（快3）	19:45	1	1	1	1	1	1	1	计算机自动开奖	每20分钟开奖一次		2月10日停售
青海	双色球联销	20:00		1		1			1	直播	21:15	中国教育电视台1套、中国福彩网、中彩网、人民网、新华网、新浪网、搜狐网、网易网、腾讯视频网	
	七乐彩联销	20:30	1		1		1			直播	21:15		
	3D联销	20:30	1	1	1	1	1	1	1	直播	21:30	中国福彩网、新浪网、搜狐网、新华网、中彩网	
	快乐8	21:00	1	1	1	1	1	1	1	直播	21:30		
	数字：111-666排列（快3）	22:00	1	1	1	1	1	1	1	计算机自动开奖	每20分钟开奖一次		2月10日停售
宁夏	双色球联销	20:00		1		1			1	直播	21:15	中国教育电视台1套、中国福彩网、中彩网、人民网、新华网、新浪网、搜狐网、网易网、腾讯视频网	
	七乐彩联销	20:30	1		1		1			直播	21:15		
	3D联销	21:00	1	1	1	1	1	1	1	直播	21:30	中国福彩网、新浪网、搜狐网、新华网、中彩网	
	快乐8	21:00	1	1	1	1	1	1	1	直播	21:30		
	数字：快3	22:00	1	1	1	1	1	1	1	计算机自动开奖	每20分钟开奖一次		2月10日停售

续表

地区	玩法	停止销售时间	开奖日（星期）							开奖方式	开奖时间	媒体	备注
			一	二	三	四	五	六	日				
新疆	双色球联销	20：00		1					1	直播	21：15	中国教育电视台1套、中国福彩网、中彩网、人民网、新华网、新浪网、搜狐网、腾讯视频网	
	七乐彩联销	21：00	1			1			1	直播	21：30	中国福彩网、新浪网、搜狐网、新华网、中彩网	
	3D联销	19：30	1	1	1	1	1	1	1				
	快乐8		1	1	1	1	1	1	1				
	乐透：组合18选7			1			1			录播	0：25	新疆电视台4套	
	乐透：组合35选7		1			1							
	乐透：组合25选7				1			1					
	数字：00000~99999排列（时时彩）	凌晨02：00	1	1	1	1	1	1	1	计算机自动开奖	每20分钟开奖一次		2月10日停售

（中国福利彩票发行管理中心供稿）

2021年全国电脑体育彩票游戏品种一览表

Table of Computerized National Sports Lottery Games in 2021

省市	玩法	停止销售时间	开奖日 一	二	三	四	五	六	日	开奖方式	开奖时间	媒体
北京市	北京11选5	23:00:29	1	1	1	1	1	1	1	专用电子摇奖设备开奖	20分钟开奖一次	销售点内指定画面
	排列3、排列5	20:00:00	1	1	1	1	1	1	1	专用摇奖设备开奖	20:30	中国体彩网，中国竞彩网，CCTV-2，CCTV-12，中央人民广播电台
	七星彩	20:00:00	1		1		1	1		专用摇奖设备开奖	20:30	
	超级大乐透	20:00:00	1		1			1		专用摇奖设备开奖	20:30	
	足彩胜负（包括任选九场）	根据比赛时间								比赛结果		中国体彩网，中国竞彩网
	足彩4场进球	根据比赛时间								比赛结果		
	足球6场半全场胜负平	根据比赛时间								比赛结果		
	全国联网单场竞猜游戏（以下简称竞彩）	根据比赛时间								比赛结果		
	区域联网单场竞猜游戏（以下简称北京单场）	根据比赛时间								比赛结果		北京体彩网
天津市	排列3、排列5	20:00:00	1	1	1	1	1	1	1	专用摇奖设备开奖	20:30	中国体彩网，中国竞彩网，CCTV-2，CCTV-12，中央人民广播电台
	七星彩	20:00:00		1		1		1		专用摇奖设备开奖	20:30	
	超级大乐透	20:00:00	1		1			1		专用摇奖设备开奖	20:30	
	足彩胜负（包括任选九场）	根据比赛时间								比赛结果		中国体彩网，中国竞彩网
	足彩4场进球	根据比赛时间								比赛结果		
	足球6场半全场胜负平	根据比赛时间								比赛结果		
	竞彩	根据比赛时间								比赛结果		
	北京单场	根据比赛时间	1	1	1	1	1	1	1	比赛结果		天津体彩网
	天津11选5	23:40:09	1	1	1	1	1	1	1	专用电子摇奖设备开奖	20分钟开奖一次	销售点内指定画面

351

续表

省市	玩法	停止销售时间	一	二	三	四	五	六	日	开奖方式	开奖时间	媒体
河北	排列3、排列5	20:00:00	1	1	1	1	1	1	1	专用摇奖设备开奖	20:30	中国体彩网，中国竞彩网，CCTV-2、CCTV-12、中央人民广播电台
	七星彩	20:00:00		1			1		1	专用摇奖设备开奖	20:30	中国体彩网，中国竞彩网，CCTV-2、CCTV-12、中央人民广播电台
	超级大乐透	20:00:00	1		1			1		专用摇奖设备开奖	20:30	中国体彩网，中国竞彩网，CCTV-2、CCTV-12、中央人民广播电台
	足彩胜负（包括任选九场）	根据比赛时间								比赛结果		中国体彩网，中国竞彩网
	足彩4场进球	根据比赛时间								比赛结果		中国体彩网，中国竞彩网
	足球6场半全场胜负平	根据比赛时间								比赛结果		中国体彩网，中国竞彩网
	竞彩	根据比赛时间								比赛结果		中国体彩网，中国竞彩网
	河北11选5	22:29:59	1	1	1	1	1	1	1	专用电子摇奖设备开奖	20分钟开奖一次	销售点内指定画面
山西	排列3、排列5	20:00:00	1	1	1	1	1	1	1	专用摇奖设备开奖	20:30	中国体彩网，中国竞彩网，CCTV-2、CCTV-12、中央人民广播电台
	七星彩	20:00:00		1			1		1	专用摇奖设备开奖	20:30	中国体彩网，中国竞彩网，CCTV-2、CCTV-12、中央人民广播电台
	超级大乐透	20:00:00	1		1			1		专用摇奖设备开奖	20:30	中国体彩网，中国竞彩网，CCTV-2、CCTV-12、中央人民广播电台
	足彩胜负（包括任选九场）	根据比赛时间								比赛结果		中国体彩网，中国竞彩网
	足彩4场进球	根据比赛时间								比赛结果		中国体彩网，中国竞彩网
	足球6场半全场胜负平	根据比赛时间								比赛结果		中国体彩网，中国竞彩网
	竞彩	根据比赛时间								比赛结果		中国体彩网，中国竞彩网
	山西11选5	23:45:29	1	1	1	1	1	1	1	专用电子摇奖设备开奖	20分钟开奖一次	销售点内指定画面
内蒙古	排列3、排列5	20:00:00	1	1	1	1	1	1	1	专用摇奖设备开奖	20:30	中国体彩网，中国竞彩网，CCTV-2、CCTV-12、中央人民广播电台
	七星彩	20:00:00		1			1		1	专用摇奖设备开奖	20:30	中国体彩网，中国竞彩网，CCTV-2、CCTV-12、中央人民广播电台
	超级大乐透	20:00:00	1		1			1		专用摇奖设备开奖	20:30	中国体彩网，中国竞彩网，CCTV-2、CCTV-12、中央人民广播电台
	足彩胜负（包括任选九场）	根据比赛时间								比赛结果		中国体彩网，中国竞彩网
	足彩4场进球	根据比赛时间								比赛结果		中国体彩网，中国竞彩网
	足球6场半全场胜负平	根据比赛时间								比赛结果		中国体彩网，中国竞彩网
	竞彩	根据比赛时间								比赛结果		中国体彩网，中国竞彩网
	内蒙古11选5	23:05:29	1	1	1	1	1	1	1	专用电子摇奖设备开奖	20分钟开奖一次	销售点内指定画面

四、彩票统计资料

续表

省市	玩法	停止销售时间	开奖日 一	二	三	四	五	六	日	开奖方式	开奖时间	媒体
辽宁	排列3、排列5	20:00:00	1	1	1	1	1	1	1	专用摇奖设备开奖	20:30	中国体彩网、中国竞彩网、CCTV-12、中央人民广播电台
	七星彩	20:00:00		1			1		1	专用摇奖设备开奖	20:30	中国体彩网、中国竞彩网、CCTV-12、中央人民广播电台
	超级大乐透	20:00:00	1					1		专用摇奖设备开奖	20:30	中国体彩网、中国竞彩网、CCTV-12、中央人民广播电台
	足彩胜负（包括任选九场）	根据比赛时间								比赛结果		中国体彩网、中国竞彩网
	足球4场进球	根据比赛时间								比赛结果		中国体彩网、中国竞彩网
	足球6场半全场胜负平	根据比赛时间								比赛结果		中国体彩网、中国竞彩网
	竞彩											销售点内指定画面
	辽宁11选5	22:28:29	1	1	1	1	1	1	1	专用电子摇奖设备开奖	20分钟开奖一次	销售点内指定画面
吉林	排列3、排列5	20:00:00	1	1	1	1	1	1	1	专用摇奖设备开奖	20:30	中国体彩网、中国竞彩网、CCTV-12、中央人民广播电台
	七星彩	20:00:00		1			1		1	专用摇奖设备开奖	20:30	中国体彩网、中国竞彩网、CCTV-12、中央人民广播电台
	超级大乐透	20:00:00	1					1		专用摇奖设备开奖	20:30	中国体彩网、中国竞彩网、CCTV-12、中央人民广播电台
	足彩胜负（包括任选九场）	根据比赛时间								比赛结果		中国体彩网、中国竞彩网
	足球4场进球	根据比赛时间								比赛结果		中国体彩网、中国竞彩网
	足球6场半全场胜负平	根据比赛时间								比赛结果		中国体彩网、中国竞彩网
	竞彩											销售点内指定画面
	吉林11选5	21:29:59	1	1	1	1	1	1	1	专用电子摇奖设备开奖	20分钟开奖一次	销售点内指定画面
黑龙江	黑龙江6+1	20:00:00						1		专用摇奖设备开奖	20:10	黑龙江交通广播电台
	排列3、排列5	20:00:00	1	1	1	1	1	1	1	专用摇奖设备开奖	20:30	中国体彩网、中国竞彩网、CCTV-12、中央人民广播电台
	七星彩	20:00:00		1			1		1	专用摇奖设备开奖	20:30	中国体彩网、中国竞彩网、CCTV-12、中央人民广播电台
	超级大乐透	20:00:00	1					1		专用摇奖设备开奖	20:30	中国体彩网、中国竞彩网、CCTV-12、中央人民广播电台
	足彩胜负（包括任选九场）	根据比赛时间								比赛结果		中国体彩网、中国竞彩网
	足球4场进球	根据比赛时间								比赛结果		中国体彩网、中国竞彩网
	足球6场半全场胜负平	根据比赛时间								比赛结果		中国体彩网、中国竞彩网
	竞彩											销售点内指定画面
	黑龙江11选5	22:44:19	1	1	1	1	1	1	1	专用电子摇奖设备开奖	20分钟开奖一次	销售点内指定画面

续表

省市	玩法	停止销售时间	开奖日 一	二	三	四	五	六	日	开奖方式	开奖时间	媒体
上海	排列3、排列5	20:00:00	1	1	1	1	1	1	1	专用摇奖设备开奖	20:30	中国体彩网、中国竞彩网、CCTV-2、CCTV-12、中央人民广播电台
	七星彩	20:00:00		1			1	1		专用摇奖设备开奖	20:30	
	超级大乐透	20:00:00	1					1		专用摇奖设备开奖	20:30	
	足彩胜负（包括任选九场）	根据比赛时间								比赛结果		中国体彩网、中国竞彩网
	足球6场半全场胜负平	根据比赛时间										
	竞彩	根据比赛时间										
	上海11选5	23:59:59	1	1	1	1	1	1	1	专用电子摇奖设备开奖	20分钟开奖一次	销售点内指定画面
江苏	江苏体彩7位数	20:00:00		1	1			1	1	专用摇奖设备开奖	21:00	江苏体育休闲频道
	七星彩	20:00:00		1			1	1		专用摇奖设备开奖	20:30	中国体彩网、中国竞彩网、CCTV-2、CCTV-12、中央人民广播电台
	排列3、排列5	20:00:00	1	1	1	1	1	1	1	专用摇奖设备开奖	20:30	
	超级大乐透	20:00:00	1					1		专用摇奖设备开奖	20:30	
	足彩胜负（包括任选九场）	根据比赛时间								比赛结果		中国体彩网、中国竞彩网
	足球6场半全场胜负平	根据比赛时间										
	竞彩	根据比赛时间										
	江苏11选5	22:05:29	1	1	1	1	1	1	1	专用电子摇奖设备开奖	20分钟开奖一次	江苏体彩网
	虚拟足球e球彩	22:08	1	1	1	1	1	1	1	销售点内指定画面	8分钟开奖一次	销售点内指定画面
浙江	浙江6+1	19:00:00					1			专用摇奖设备开奖	19:30	浙江电视台经济生活频道
	浙江20选5	19:00:00	1	1	1	1	1	1	1	专用摇奖设备开奖	19:30	浙江电视台经济生活频道
	排列3、排列5	20:00:00	1	1	1	1	1	1	1	专用摇奖设备开奖	20:30	中国体彩网、中国竞彩网、CCTV-2、CCTV-12、中央人民广播电台
	七星彩	20:00:00		1			1	1		专用摇奖设备开奖	20:30	
	超级大乐透	20:00:00	1					1		专用摇奖设备开奖	20:30	
	足彩胜负（包括任选九场）	根据比赛时间								比赛结果		中国体彩网、中国竞彩网
	足球6场半全场胜负平	根据比赛时间										
	竞彩	根据比赛时间										
	浙江飞鱼	23:53:09	1	1	1	1	1	1	1	专用电子摇奖设备开奖	20分钟开奖一次	销售点内指定画面
	浙江11选5	22:29:59	1	1	1	1	1	1	1	专用电子摇奖设备开奖	20分钟开奖一次	销售点内指定画面

四、彩票统计资料

续表

省市	玩法	停止销售时间	一	二	三	四	五	六	日	开奖方式	开奖时间	媒体
安徽	排列3、排列5	20:00:00	1	1	1	1	1	1	1	专用摇奖设备开奖	20:30	中国体彩网、中国竞彩网、CCTV-2、CCTV-12、中央人民广播电台
	七星彩	20:00:00		1			1		1	专用摇奖设备开奖	20:30	中国体彩网、中国竞彩网、CCTV-2、CCTV-12、中央人民广播电台
	超级大乐透	20:00:00	1		1			1		专用摇奖设备开奖	20:30	中国体彩网、中国竞彩网、CCTV-2、CCTV-12、中央人民广播电台
	足彩胜负（包括任选九场）	根据比赛时间								比赛结果		中国体彩网、中国竞彩网
	足彩4场进球	根据比赛时间								比赛结果		中国体彩网、中国竞彩网
	足球6场半全场胜负平	根据比赛时间								比赛结果		中国体彩网、中国竞彩网
	竞彩	根据比赛时间								比赛结果		中国体彩网、中国竞彩网
	安徽11选5	22:00:29	1	1	1	1	1	1	1	专用电子摇奖设备开奖	20分钟开奖一次	销售点内指定画面
福建	福建22选5	19:00:00	1	1	1	1	1	1	1	专用摇奖设备开奖	19:02	福建体育频道
	福建36选7	19:00:00		1		1			1	专用摇奖设备开奖	19:02	福建体育频道
	福建31选7	19:00:00	1		1			1		专用摇奖设备开奖	19:02	福建体育频道
	福建31选7附加	19:00:00	1		1			1		专用摇奖设备开奖	19:02	福建体育频道
	排列3、排列5	20:00:00	1	1	1	1	1	1	1	专用摇奖设备开奖	20:30	中国体彩网、中国竞彩网、CCTV-2、CCTV-12、中央人民广播电台
	七星彩	20:00:00		1			1		1	专用摇奖设备开奖	20:30	中国体彩网、中国竞彩网、CCTV-2、CCTV-12、中央人民广播电台
	超级大乐透	20:00:00	1		1			1		专用摇奖设备开奖	20:30	中国体彩网、中国竞彩网、CCTV-2、CCTV-12、中央人民广播电台
	足彩胜负（包括任选九场）	根据比赛时间								比赛结果		中国体彩网、中国竞彩网
	足彩4场进球	根据比赛时间								比赛结果		中国体彩网、中国竞彩网
	足球6场半全场胜负平	根据比赛时间								比赛结果		中国体彩网、中国竞彩网
	竞彩	根据比赛时间								比赛结果		中国体彩网、中国竞彩网
	福建11选5	23:08:59	1	1	1	1	1	1	1	专用电子摇奖设备开奖	20分钟开奖一次	销售点内指定画面
江西	排列3、排列5	20:00:00	1	1	1	1	1	1	1	专用摇奖设备开奖	20:30	中国体彩网、中国竞彩网、CCTV-2、CCTV-12、中央人民广播电台
	七星彩	20:00:00		1			1		1	专用摇奖设备开奖	20:30	中国体彩网、中国竞彩网、CCTV-2、CCTV-12、中央人民广播电台
	超级大乐透	20:00:00	1		1			1		专用摇奖设备开奖	20:30	中国体彩网、中国竞彩网、CCTV-2、CCTV-12、中央人民广播电台
	足彩胜负（包括任选九场）	根据比赛时间								比赛结果		中国体彩网、中国竞彩网
	足彩4场进球	根据比赛时间								比赛结果		中国体彩网、中国竞彩网
	足球6场半全场胜负平	根据比赛时间								比赛结果		中国体彩网、中国竞彩网
	竞彩	根据比赛时间								比赛结果		中国体彩网、中国竞彩网
	江西多乐彩	23:09:59	1	1	1	1	1	1	1	专用电子摇奖设备开奖	20分钟开奖一次	销售点内指定画面

续表

省市	玩法	停止销售时间	开奖日 一	二	三	四	五	六	日	开奖方式	开奖时间	媒体
山东	排列3、排列5	20:00:00	1	1	1	1	1	1	1	专用摇奖设备开奖	20:30	中国体彩网、中国竞彩网、CCTV-2、CCTV-12、中央人民广播电台
	七星彩	20:00:00		1		1		1		专用摇奖设备开奖	20:30	
	超级大乐透	20:00:00	1					1	1	专用摇奖设备开奖	20:30	
	足彩胜负（包括任选九场）	根据比赛时间								比赛结果		中国体彩网、中国竞彩网
	足彩4场进球	根据比赛时间								比赛结果		
	足球6场半全场胜负平	根据比赛时间								比赛结果		
	竞彩	根据比赛时间								比赛结果		
	山东十一运夺金	23:00:49	1	1	1	1	1	1	1	专用电子摇奖设备开奖	20分钟开奖一次	销售点内指定画面
河南	排列3、排列5	20:00:00	1	1	1	1	1	1	1	专用摇奖设备开奖	20:30	中国体彩网、中国竞彩网、CCTV-2、CCTV-12、中央人民广播电台
	七星彩	20:00:00		1		1		1		专用摇奖设备开奖	20:30	
	超级大乐透	20:00:00	1					1	1	专用摇奖设备开奖	20:30	
	足彩胜负（包括任选九场）	根据比赛时间								比赛结果		中国体彩网、中国竞彩网
	足彩4场进球	根据比赛时间								比赛结果		
	足球6场半全场胜负平	根据比赛时间								比赛结果		
	竞彩	根据比赛时间								比赛结果		
	河南泳坛夺金	23:10:30	1	1	1	1	1	1	1	专用电子摇奖设备开奖	20分钟开奖一次	销售点内指定画面
湖北	排列3、排列5	20:00:00	1	1	1	1	1	1	1	专用摇奖设备开奖	20:30	中国体彩网、中国竞彩网、CCTV-2、CCTV-12、中央人民广播电台
	七星彩	20:00:00		1		1		1		专用摇奖设备开奖	20:30	
	超级大乐透	20:00:00	1					1	1	专用摇奖设备开奖	20:30	
	足彩胜负（包括任选九场）	根据比赛时间								比赛结果		中国体彩网、中国竞彩网
	足彩4场进球	根据比赛时间								比赛结果		
	足球6场半全场胜负平	根据比赛时间								比赛结果		
	竞彩	根据比赛时间								比赛结果		
	湖北11选5	21:55:29	1	1	1	1	1	1	1	专用电子摇奖设备开奖	20分钟开奖一次	销售点内指定画面

四、彩票统计资料

续表

省市	玩法	停止销售时间	开奖日 一	二	三	四	五	六	日	开奖方式	开奖时间	媒体
湖南	排列3、排列5	20:00:00	1	1	1	1	1	1	1	专用摇奖设备开奖	20:30	中国体彩网、中国竞彩网、中央人民广播电台、CCTV-2、CCTV-12
	七星彩	20:00:00		1			1	1		专用摇奖设备开奖	20:30	
	超级大乐透	20:00:00	1					1		专用摇奖设备开奖	20:30	
	足彩胜负（包括任选九场）	根据比赛时间								比赛结果		中国体彩网、中国竞彩网
	足彩4场进球	根据比赛时间								比赛结果		
	足球6场半全场胜负平	根据比赛时间								比赛结果		
	竞彩	根据比赛时间								比赛结果		
	湖南幸运赛车	23:59:59	1	1	1	1	1	1	1	专用电子摇奖设备开奖	20分钟开奖一次	销售点内指定画面
广东	排列3、排列5	20:00:00	1	1	1	1	1	1	1	专用摇奖设备开奖	20:30	中国体彩网、中国竞彩网、中央人民广播电台、CCTV-2、CCTV-12
	七星彩	20:00:00		1			1	1		专用摇奖设备开奖	20:30	
	超级大乐透	20:00:00	1					1		专用摇奖设备开奖	20:30	
	足彩胜负（包括任选九场）	根据比赛时间								比赛结果		中国体彩网、中国竞彩网
	足彩4场进球	根据比赛时间								比赛结果		
	足球6场半全场胜负平	根据比赛时间								比赛结果		
	竞彩	根据比赛时间								比赛结果		
	北京单场	根据比赛时间								比赛结果		
	广东11选5	23:09:59	1	1	1	1	1	1	1	专用电子摇奖设备开奖	20分钟开奖一次	广东体彩网
广西	排列3、排列5	20:00:00	1	1	1	1	1	1	1	专用摇奖设备开奖	20:30	中国体彩网、中国竞彩网、中央人民广播电台、CCTV-2、CCTV-12
	七星彩	20:00:00		1			1	1		专用摇奖设备开奖	20:30	
	超级大乐透	20:00:00	1					1		专用摇奖设备开奖	20:30	
	足彩4场进球	根据比赛时间								比赛结果		中国体彩网、中国竞彩网
	足球6场半全场胜负平	根据比赛时间								比赛结果		
	竞彩	根据比赛时间								比赛结果		
	广西11选5	23:40:29	1	1	1	1	1	1	1	专用电子摇奖设备开奖	20分钟开奖一次	销售点内指定画面

续表

省市	玩法	停止销售时间	一	二	三	四	五	六	日	开奖方式	开奖时间	媒体
海南	海南4+1	20:00:00	1	1	1	1	1	1	1	直播	20:20—20:30（开奖节目起始时间）	海南广播电视总台公共频道
	排列3、排列5	20:00:00	1	1	1	1	1	1	1	专用摇奖设备开奖	20:30	中国体彩网、中国竞彩网、CCTV-2、CCTV-12、中央人民广播电台
	七星彩	20:00:00		1		1	1		1	专用摇奖设备开奖	20:30	中国体彩网、中国竞彩网、CCTV-2、CCTV-12、中央人民广播电台
	超级大乐透	20:00:00	1		1			1		专用摇奖设备开奖	20:30	中国体彩网、中国竞彩网、CCTV-2、CCTV-12、中央人民广播电台
	足彩胜负（包括任选九场）	根据比赛时间								比赛结果		中国体彩网、中国竞彩网
	足球4场进球	根据比赛时间								比赛结果		中国体彩网、中国竞彩网
	足球6场半全场胜负平	根据比赛时间								比赛结果		中国体彩网、中国竞彩网
	竞彩	根据比赛时间								比赛结果		中国体彩网、中国竞彩网
	海南飞鱼	23:50:29	1	1	1	1	1	1	1	专用电子摇奖设备开奖	20分钟开奖一次	销售点内指定画面
重庆	排列3、排列5	20:00:00	1	1	1	1	1	1	1	专用摇奖设备开奖	20:30	中国体彩网、中国竞彩网、CCTV-2、CCTV-12、中央人民广播电台
	七星彩	20:00:00		1		1	1		1	专用摇奖设备开奖	20:30	中国体彩网、中国竞彩网、CCTV-2、CCTV-12、中央人民广播电台
	超级大乐透	20:00:00	1		1			1		专用摇奖设备开奖	20:30	中国体彩网、中国竞彩网、CCTV-2、CCTV-12、中央人民广播电台
	足彩胜负（包括任选九场）	根据比赛时间								比赛结果		中国体彩网、中国竞彩网
	足球4场进球	根据比赛时间								比赛结果		中国体彩网、中国竞彩网
	足球6场半全场胜负平	根据比赛时间								比赛结果		中国体彩网、中国竞彩网
	竞彩	根据比赛时间								比赛结果		中国体彩网、中国竞彩网
	重庆百变王牌	23:56:59	1	1	1	1	1	1	1	专用电子摇奖设备开奖	20分钟开奖一次	销售点内指定画面
四川	排列3、排列5	20:00:00	1	1	1	1	1	1	1	专用摇奖设备开奖	20:30	中国体彩网、中国竞彩网、CCTV-2、CCTV-12、中央人民广播电台
	七星彩	20:00:00		1		1	1		1	专用摇奖设备开奖	20:30	中国体彩网、中国竞彩网、CCTV-2、CCTV-12、中央人民广播电台
	超级大乐透	20:00:00	1		1			1		专用摇奖设备开奖	20:30	中国体彩网、中国竞彩网、CCTV-2、CCTV-12、中央人民广播电台
	足彩胜负（包括任选九场）	根据比赛时间								比赛结果		中国体彩网、中国竞彩网
	足彩4场进球	根据比赛时间								比赛结果		中国体彩网、中国竞彩网
	足彩6场半全场胜负平	根据比赛时间								比赛结果		中国体彩网、中国竞彩网
	竞彩	根据比赛时间								比赛结果		中国体彩网、中国竞彩网
	四川金7乐	22:34:34	1	1	1	1	1	1	1	专用电子摇奖设备开奖	20分钟开奖一次	销售点内指定画面

续表

省市	玩法	停止销售时间	开奖日 一	二	三	四	五	六	日	开奖方式	开奖时间	媒体
贵州	排列3、排列5	20:00:00	1	1	1	1	1	1	1	专用摇奖设备开奖	20:30	中国体彩网、中国竞彩网、中央人民广播电台CCTV-2、CCTV-12
	七星彩	20:00:00		1			1	1		专用摇奖设备开奖	20:30	
	超级大乐透	20:00:00	1					1		专用摇奖设备开奖	20:30	
	足彩胜负（包括任选九场）	根据比赛时间								比赛结果		中国体彩网、中国竞彩网
	足彩4场进球	根据比赛时间								比赛结果		
	足球6场半全场胜负平	根据比赛时间								比赛结果		
	竞彩	根据比赛时间								比赛结果		
云南	贵州11选5	22:20:49	1	1	1	1	1	1	1		20分钟开奖一次	销售点内指定画面
	排列3、排列5	20:00:00	1	1	1	1	1	1	1	专用电子摇奖设备开奖	20:30	中国体彩网、中国竞彩网、中央人民广播电台CCTV-2、CCTV-12
	七星彩	20:00:00		1			1	1		专用摇奖设备开奖	20:30	
	超级大乐透	20:00:00	1					1		专用摇奖设备开奖	20:30	
	足彩胜负（包括任选九场）	根据比赛时间								比赛结果		中国体彩网、中国竞彩网
	足彩4场进球	根据比赛时间								比赛结果		
	足球6场半全场胜负平	根据比赛时间								比赛结果		
	竞彩	根据比赛时间								比赛结果		
西藏	云南11选5	22:59:29	1	1	1	1	1	1	1	专用电子摇奖设备开奖	20分钟开奖一次	销售点内指定画面
	排列3、排列5	20:00:00	1	1	1	1	1	1	1	专用摇奖设备开奖	20:30	中国体彩网、中国竞彩网、中央人民广播电台CCTV-2、CCTV-12
	七星彩	20:00:00		1			1	1		专用摇奖设备开奖	20:30	
	超级大乐透	20:00:00	1					1		专用摇奖设备开奖	20:30	
	足彩胜负（包括任选九场）	根据比赛时间								比赛结果		中国体彩网、中国竞彩网
	足彩4场进球	根据比赛时间								比赛结果		
	足球6场半全场胜负平	根据比赛时间								比赛结果		
	竞彩	根据比赛时间								比赛结果		
	西藏11选5	23:10:29	1	1	1	1	1	1	1	专用电子摇奖设备开奖	20分钟开奖一次	销售点内指定画面

续表

省市	玩法	停止销售时间	开奖日一	二	三	四	五	六	日	开奖方式	开奖时间	媒体
陕西	排列3、排列5	20:00:00	1	1	1	1	1	1	1	专用摇奖设备开奖	20:30	中国体彩网，中国竞彩网，CCTV-2，CCTV-12，中央人民广播电台
	七星彩	20:00:00		1		1		1		专用摇奖设备开奖	20:30	中国体彩网，中国竞彩网，CCTV-2，CCTV-12，中央人民广播电台
	超级大乐透	20:00:00	1		1			1		专用摇奖设备开奖	20:30	中国体彩网，中国竞彩网，CCTV-2，CCTV-12，中央人民广播电台
	足彩胜负（包括任选九场）	根据比赛时间								比赛结果		中国体彩网，中国竞彩网
	足球4场进球	根据比赛时间								比赛结果		中国体彩网，中国竞彩网
	足球6场半场全场胜负平	根据比赛时间								比赛结果		中国体彩网，中国竞彩网
	竞彩	根据比赛时间								比赛结果		中国体彩网，中国竞彩网
	陕西11选5	23:09:59	1	1	1	1	1	1	1	专用电子摇奖设备开奖	20分钟开奖一次	销售点内指定画面
甘肃	排列3、排列5	20:00:00	1	1	1	1	1	1	1	专用摇奖设备开奖	20:30	中国体彩网，中国竞彩网，CCTV-2，CCTV-12，中央人民广播电台
	七星彩	20:00:00		1		1		1		专用摇奖设备开奖	20:30	中国体彩网，中国竞彩网，CCTV-2，CCTV-12，中央人民广播电台
	超级大乐透	20:00:00	1		1			1		专用摇奖设备开奖	20:30	中国体彩网，中国竞彩网，CCTV-2，CCTV-12，中央人民广播电台
	足彩胜负（包括任选九场）	根据比赛时间								比赛结果		中国体彩网，中国竞彩网
	足球4场进球	根据比赛时间								比赛结果		中国体彩网，中国竞彩网
	足球6场半场全场胜负平	根据比赛时间								比赛结果		中国体彩网，中国竞彩网
	竞彩	根据比赛时间								比赛结果		中国体彩网，中国竞彩网
	甘肃11选5	23:11:24	1	1	1	1	1	1	1	专用电子摇奖设备开奖	20分钟开奖一次	销售点内指定画面
青海	排列3、排列5	20:00:00	1	1	1	1	1	1	1	专用摇奖设备开奖	20:30	中国体彩网，中国竞彩网，CCTV-2，CCTV-12，中央人民广播电台
	七星彩	20:00:00		1		1		1		专用摇奖设备开奖	20:30	中国体彩网，中国竞彩网，CCTV-2，CCTV-12，中央人民广播电台
	超级大乐透	20:00:00	1		1			1		专用摇奖设备开奖	20:30	中国体彩网，中国竞彩网，CCTV-2，CCTV-12，中央人民广播电台
	足彩胜负（包括任选九场）	根据比赛时间								比赛结果		中国体彩网，中国竞彩网
	足球4场进球	根据比赛时间								比赛结果		中国体彩网，中国竞彩网
	足球6场半场全场胜负平	根据比赛时间								比赛结果		中国体彩网，中国竞彩网
	竞彩	根据比赛时间								比赛结果		中国体彩网，中国竞彩网
	青海11选5	22:55:29	1	1	1	1	1	1	1	专用电子摇奖设备开奖	20分钟开奖一次	销售点内指定画面

续表

省市	玩法	停止销售时间	开奖日 一	二	三	四	五	六	日	开奖方式	开奖时间	媒体
宁夏	排列3、排列5	20:00:00	1	1	1	1	1	1	1	专用摇奖设备开奖	20:30	中国体彩网、中国竞彩网、CCTV-2、中央人民广播电台
	七星彩	20:00:00		1			1	1		专用摇奖设备开奖	20:30	
	超级大乐透	20:00:00	1					1		专用摇奖设备开奖	20:30	
	足彩胜负（包括任选九场）	根据比赛时间								比赛结果		中国体彩网、中国竞彩网
	足球6场半全场胜负平	根据比赛时间								比赛结果		
	足彩4场进球	根据比赛时间								比赛结果		
	竞彩	根据比赛时间										
	宁夏11选5	22:05:29	1	1	1	1	1	1	1	专用电子摇奖设备开奖	20分钟开奖一次	销售点内指定画面
新疆	排列3、排列5	20:00:00	1	1	1	1	1	1	1	专用摇奖设备开奖	20:30	中国体彩网、中国竞彩网、CCTV-2、中央人民广播电台
	七星彩	20:00:00		1			1	1		专用摇奖设备开奖	20:30	
	超级大乐透	20:00:00	1					1		专用摇奖设备开奖	20:30	
	足彩胜负（包括任选九场）	根据比赛时间								比赛结果		中国体彩网、中国竞彩网
	足球6场半全场胜负平	根据比赛时间								比赛结果		
	足彩4场进球	根据比赛时间										
	竞彩	根据比赛时间										
	新疆11选5	23:40:09	1	1	1	1	1	1	1	专用电子摇奖设备开奖	20分钟开奖一次	销售点内指定画面

（国家体育总局体育彩票管理中心供稿）

五、中央专项彩票公益金使用情况

2021年中央专项彩票公益金支持全国低收入家庭高校毕业生就业帮扶项目（宏志助航计划）实施情况

习近平总书记强调，教育扶贫是阻断贫困代际传递的治本之策。一人就业、全家脱贫，增加就业是最有效、最直接的脱贫方式。为深入贯彻习近平总书记关于困难毕业生就业帮扶的系列重要指示精神，在财政部大力支持下，教育部2021年首次实施"中央专项彩票公益金宏志助航计划——全国低收入家庭高校毕业生就业帮扶项目"（以下简称"宏志助航计划"），对低收入家庭高校毕业生开展线上线下就业能力培训。"十四五"期间，宏志助航计划将开展线下培训50万人、线上培训200万人。2021年完成线下培训5万人、线上培训58万人。

一、资金安排情况

2021年，共安排资金4 925万元。其中，拨付教育部学生服务与素质发展中心800万元，用于线上培训平台建设和课程研发；拨付135所全国高校毕业生就业能力培训基地4 125万元，用于开展线下培训。

二、项目执行情况

（一）遴选培训基地

印发《教育部办公厅关于开展全国高校毕业生就业能力培训基地遴选工作的通知》（教学厅函〔2021〕29号），确定135所高校为全国高校毕业生就业能力培训基地，负责本省（自治区、直辖市）低收入家庭高校毕业生线下就业能力培训，培训基地分布在全国31个省（自治区、直辖市）和新疆生产建设兵团的75个城市，其中本科高校106所，专科高校29所。

（二）组织线下培训

一是全面部署实施。印发《教育部办公厅关于实施宏志助航计划——全国低收入家庭高校毕业生就业帮扶项目的通知》（教学厅函〔2021〕33号），召开中央专项彩票公益金宏志助航计划工作启动会，对宏志助航计划进行安排部署。省级教育行政部门结合本省实际，出台宏志助航计划实施方案，组织本地高校积极参加。二是精心组织培训。组建课程专家组，结合低收入家庭高校毕业生就业需求开发标准课程大纲。各培训基地严格按照培训要求，配备优秀师资，分批次、高质量完成培训任务。三是开展就业帮扶。各培训基地坚持目标导向，持续为参训毕业生提供"一对一"就业咨询、简历修改和面试指导，确保就业帮扶不断线。培训期间，各培训基地累计举办宏志助航计划招聘活动298场，提供岗位信息74万条。

（三）组织线上培训

一是搭建培训平台。开发"宏志助航计划——全国高校毕业生就业能力培训网络平台"，印发《关于开展宏志助航计划——全国高校毕业生就业能力网络培训的通知》，部署实施线上培训工作。二是整合课程资源。整合教育部"24365互联网+就业"公益直播课和知名企业提供的优质课程，已上线各类课程118门，视频数量2 403个。三是实时监测统计。面向全国高校广泛动员宣传，组织学生开展线上学习，及时反馈培训进展。截至2022年2月28日，平台注册人数94.4万人，学习人数58.2万人，覆盖全国2 141所高校。

三、实施效果情况

在各地、各高校共同努力下，2021年宏志助航计划各项任务已全部完成，线上、线下实际培训人数均超过计划培训人数，参训毕业生整体满意度96%，已成为低收入家庭高校毕业生等重点群体就业帮扶的品牌项目。

2021年12月5日，中央教育工作领导小组秘书组编发教育信息，专题介绍了宏志助航计划项目实施情况。2021年12月7日，教育部向中共中央办公厅、国务院办公厅报送了实施宏志助航计划项目的《教育要情》，被国务院办公厅《昨日要情》全文采用。东北师范大学培训基地125名参训毕业生向财政部、教育部呈送锦旗，表达对宏志助航计划项目的感激之情。

（教育部高校学生司供稿，李健执笔）

2021年中央专项彩票公益金支持幼儿普通话教育项目("童语同音"计划)实施情况

为深入学习贯彻习近平总书记关于国家通用语言文字教育"要从娃娃抓起"的指示精神,全面落实全国语言文字会议精神,聚焦民族地区、农村地区,进一步加大国家通用语言文字推广力度,抓住幼儿时期的语言学习关键期,着力加强学前儿童普通话教育,夯实终身发展基础、帮助个人成长成才、助力乡村振兴、服务铸牢中华民族共同体意识发挥基础性作用,中央财政通过中央彩票公益金,专项支持教育部"十四五"时期实施"童语同音"计划——幼儿普通话教育项目。

项目通过集中培训、送培下乡等多种方式,对新疆、西藏、内蒙古、四川、甘肃、青海、云南等省份民族地区农村幼儿园教师,开展国家通用语言文字应用能力培训,加快推进幼儿学会普通话工作。项目分批推进,逐步覆盖上述地区农村幼儿园。

一、资金安排情况

2021年,中央财政安排3 080万元支持实施"童语同音"计划。截至2021年12月31日,已将2 578.15万元拨付到北京师范大学、国家开放大学、云南师范大学、新疆师范大学等31家项目实施单位。

二、项目执行情况

(一)项目组织情况

一是项目实施单位遴选。按照"统筹规划、条件公开、自愿申请、合理布局、择优选择"的原则,开展实施单位推荐遴选工作,经专家评审,遴选出国家开放大学、北京大学等56家单位作为项目实施单位并公布。二是组织开展2021年培训工作,对培训对象、方式、管理、组织实施进行整体安排。项目计划遴选7省份乡村、镇乡结合区、镇区8 000名幼儿园教师进行培训,为确保培训及时、有效开展,尽量克服项目启动时间晚以及新冠肺炎疫情带来的影响,要求所有参训学员完成"线上+线下"双轮培训。线上培训由国家开放大学统一开展,时长为20学时。线下培训由北京师范大学等30家单位对口开展,时长为7天。

(二)项目开展情况

为克服新冠肺炎疫情影响,完成既定目标,项目由原计划线下培训调整为线上线下混合式培训。线上培训实施单位为国家开放大学,开发建设电脑端、移动端2版培训课程,建设完成20学时课程内容,包括60个核心视频资源以及542个配套学习资源。完成线上培训8 108人,培训任务完成率达102%。策划"汉字文化名片"征集活动、"最美家乡"抖音短视频挑战赛和"童语同音""学习之星"评选活动,学员反响热烈。线下培训实施单位为30家,发挥各自优势,集中优质师资、资源、课程实施培训。受项目启动时间晚、培训单位和参训学员所在地疫情防控等多重因素影响,2021年完成线下集中培训2 486人,完成率为31.08%。各单位在培训设计、师资选择、培训内容、跟踪培训成果等方面下功夫,取得较好培训效果,受训教师成绩提升比率超90%,满意度超90%。

三、实施效果情况

项目社会效益显著。一是资源开发。培训

单位从受训学员的地域、语言、职业等特点整体进行规划设计，汇聚专业力量研发课程内容，生成大量专家课程、研修成果和经典案例等。如国家开放大学联合北大幼儿园等专业师资团队共同研发课程、陕西师范大学结合培训实际需求编写《青少儿语言表达艺术》等。二是培训辐射。培训单位举办各种专题活动扩大培训的社会辐射，如国家开放大学"汉字文化名片"征集活动，收到1 045个投稿作品，活动累计访问投票量达148万余票；"最美家乡"短视频挑战赛累计播放86.7万人次；"童语同音""学习之星"公益宣传片，在各大视频平台累计播放量突破300万人次。三是多点联动。带动浙江、安徽、福建、湖北等省份开展幼儿教师国家通用语言文字专项培训。徐州幼儿师范高专开展民族地区幼儿普通话教育"百园千师万家"结对帮扶项目，实现东部优质教学资源、教育理念与西部地区园所共通共享。521支大学生团队参与2021年"推普助力乡村振兴"全国大学生社会实践志愿服务活动，深入18个中西部省份近200个县，聚焦学前儿童、幼儿园教师等开展推普活动。科大讯飞公司等在疫情期间向参加培训教师免费提供国家通用语言在线学习、普通话模拟测试等服务。

（教育部语言文字应用管理司供稿，
宋成执笔）

2021年中央专项彩票公益金支持中小学生校外研学实践活动项目实施情况

加强中小学生校外教育是促进学生全面发展的重要领域,是落实立德树人根本任务的重要举措,也是经济社会发展的必然要求、深化教育综合改革的迫切需要,符合国际教育发展趋势。2021年中小学生校外研学实践活动项目资金,主要支持新增的20个"全国中小学生研学实践教育基地"(以下简称"实践基地")和32个"全国中小学生研学实践教育营地"(以下简称"实践营地"),组织开展中小学生研学实践教育活动,帮助中小学生了解国情、开阔眼界、增长知识,着力提高中小学生的社会责任感、创新精神和实践能力。

一、资金安排情况

2021年,共安排资金1.9亿元,支持新增的20个实践基地和32个实践营地开展校外研学实践活动,每个实践基地支持标准为150万元,每个实践营地支持标准为500万元。截至2021年12月底,项目已实际支出资金1.9亿元,执行率为100%。

二、项目执行情况

2021年共遴选新增20个实践基地,每个新增实践基地支持资金150万元。在"十三五"时期教育部命名的40个实践营地中,遴选了32个服务质量高、覆盖范围广、接待人数多的中小学生研学实践营地,组织开展研学实践教育教学活动,推动其进一步发展,发挥其辐射带动作用,每个实践营地支持资金500万元。总的来看,实现了新增实践基地向9个实践营地空白省份倾斜,实现了既定的绩效目标,达到了预期的效果。

2021年,开发及形成研学实践活动线路72条,比计划超出12条;研学实践基地教师业务交流与培训967人次,比计划多167人次;活动惠及中小学生217.6万人次,其中惠及家庭经济困难学生11.6万人次,远超目标值;参与研学实践活动学校1 183所,比计划多183所。

三、实施效果情况

一是凸显红色育人功能,强化学生爱国主义教育。项目在活动设计中将红色教育因素融入实地研学,有效强化了学生的爱国主义情怀。例如,开滦国家矿山公园开发的"红与黑:凝聚黑色魅力,传承红色经典"、"红领巾小讲堂"等研学活动,依托自身煤炭资源特色,展示我国近代工业发展历程,介绍跨越百余年的红色故事,强化了中小学生对我国工业发展历史的认知,实现了红色经典的有效传承。又如,广西自治区全州县有效盘活当地"红军长征湘江战役纪念园"红色资源,以"红军长征突破湘江"为主题开发了《我是小小讲解员》《看图作战急行军》《战地医疗救护》等10套适合不同年龄段中小学生的红色研学实践课程,组织广西自治区内外中小学生开展红色主题研学实践活动,惠及中小学生40余万人次,促进学生培育和践行社会主义核心价值观,培养了学生的社会责任感,激发了学生的创新精神,提高了学生的实践能力。

二是有效整合当地特色资源,提升校外活动场所服务能力。项目结合当地自然资源和传统文化特色,开发出了极具地方特色的精品研学课程,在强化学生对家乡文化、城市发展历史、自然环境等领域认知的同时，有效提升校外活动场所服务能力。例如，云冈研究院开发的云冈石窟实景美育课程、包头市中小学综合实践教育中心联合南海湿地及黄河湿地博物馆开发的"湿地探秘"精品研学课程等，课程开发主题均紧密结合当地资源特色，提高了研学活动对学生的吸引力，有效激发学生创造力，提高学生学习兴趣。

三是引领地方政府重视研学实践活动，推动地方财政加大校外教育投入力度。随着项目开展模式的日趋成熟，其社会影响力和政府关注度不断提升，校外研学活动推动了地方政府加大对校外研学活动的资金投入力度，进一步促进了研学活动的良性循环发展。例如，湖南省长沙市教育局在2021年开展了面向全市各类研学教育场馆（基地）的遴选活动，推动全市每区建立1所以上劳动教育基地，带动了实践营地所在区域校外教育资源的合理开发与利用，有利于振兴乡村经济发展。

四是实现异地优势资源共享，提高教育资源使用效率。实践营地探索研学互换模式下的校外研学课程开发，通过资源优势互补的实践营地之间"学生互换"的方式，实现了优质教育资源共享，提高了教育资源使用效率。例如，大兴安岭中小学综合实践学校与内蒙古呼伦贝尔市海拉尔区素质教育实践学校开展合作，结合双方自然环境和地域资源优势，采取"学生互换"的形式，邀请学生跨省参加研学旅行，该活动被各大媒体宣传报道，引发社会各界广泛关注。

五是结合数字资源平台研发线上课程，推动教育资源均等化。数字化线上课程的开发打破了传统教学的空间限制，助力研学资源共享，推动了地区教育资源均等化发展。目前，部分实践营地已开发了相应的线上研学课程，如北京市教学营地开发的"全国中小学生研学实践教育北京营地研学平台"、长沙市中小学素质教育实践基地岳麓营地开发的"云课堂"等。与线下研学活动相比，网络课程的服务范围更广，更能应对当前疫情防控形势，同时也是对线下活动的有益补充。

（教育部经费监管事务中心供稿，
田书源执笔）

2021年中央专项彩票公益金支持居家和社区基本养老服务提升行动项目实施情况

一、彩票公益金使用规模

2021年，中央专项彩票公益金支持开展居家和社区基本养老服务提升行动项目补助资金（以下简称"中央补助资金"）规模为11亿元。

二、资助项目

中央补助资金主要用于以下两方面：一是家庭养老床位建设。支持项目地区为符合条件的经济困难失能、部分失能老年人建设家庭养老床位，对其经常活动的居家场所进行适老化改造和信息化改造。二是居家养老上门服务。支持项目地区以提供相关服务的专业机构为依托，为符合条件的经济困难失能、部分失能老年人提供助餐、助洁、助行、助浴、助医、康复、巡访关爱等上门服务。

三、执行情况

（一）遴选项目地区

民政部办公厅、财政部办公厅联合印发《关于开展2021年居家和社区基本养老服务提升行动项目申报工作的通知》（民办函〔2021〕37号），经过地方申报、审核遴选等工作环节，确定北京市朝阳区等42个地区（以下统称为"项目地区"）实施2021年居家和社区基本养老服务提升行动项目，并给予中央专项彩票公益金支持。

（二）加强资金管理

财政部、民政部联合印发《中央专项彩票公益金支持居家和社区基本养老服务提升行动项目资金管理办法》（财社〔2021〕56号），在资金分配因素、支出范围、使用管理、绩效评价等方面提出明确要求。民政部养老服务司委托第三方机构开展绩效评价，重点关注42个项目地区资金投入使用、项目管理、资金实际产出、政策实施效果等情况。

（三）加强项目管理

为进一步明确项目工作任务，民政部办公厅、财政部办公厅联合印发《关于组织实施2021年居家和社区基本养老服务提升行动项目的通知》（民办函〔2021〕64号）文件，进一步明确了项目的工作目标、重点任务、保障措施，同时要求省级民政、财政部门加强组织实施，做好业务衔接、绩效管理、公开公示和宣传推广等工作。按照前述通知要求，省级民政部门对项目地区工作进展实行"月指导、季调度"，每半年向民政部提交工作任务执行、资金使用、绩效评价等进展情况报告。民政部养老服务司委托第三方机构开展项目实施情况研究，并召开年度项目调度视频会，梳理42个项目地区两项重点工作任务以及保障措施完成情况。

（四）加强信息统计

民政部在"金民工程"全国养老服务信息系统中开设《2021年居家和社区基本养老服务提升行动项目》栏目，要求项目地区及时填报基本情况、中央补助资金支持的两项重点任务开展情况及质量管理、保障措施完成情况等关键信息，通过细化统计指标方式，确保中央补助资金能够"见人、见事、见实效"。

（五）实际效果

项目自开展以来，总体成效较好。项目地

区共完成73 949张养老床位建设，并针对有效需求进行适老化和信息化改造；为经济困难失能、部分失能老年人提供上门服务1 094 013人次，通过助餐、助洁、助浴、助行、助医、康复护理、巡访关爱等服务，更好地满足老年人多样化的养老服务需求，有力提升老年人的获得感和幸福感。

（民政部养老服务司供稿，何妮执笔）

2021年中央专项彩票公益金支持城乡医疗救助项目实施情况

中央专项彩票公益金支持医疗救助的资金，与中央财政医疗救助补助资金一般公共预算部分统筹使用，按照《城乡医疗救助基金管理办法》（财社〔2013〕217号）和《中央财政医疗救助补助资金管理办法》（财社〔2019〕142号）进行管理。

2021年中央财政投入医疗救助补助资金299.2亿元，其中包含中央专项彩票公益金19.3亿元，中央专项彩票公益金补助占当年中央财政投入6.45%。

2021年前三季度数据统计显示，全国医疗救助资助参加基本医疗保险人数7 418.1万人次，实施住院和门诊救助7 252.3万人次。

通过资金有效支持，政策不断完善，医疗救助对象覆盖范围不断扩大，医保救助政策得到有效落实，缓解了困难群众医疗费用负担，降低了因病致贫、因病返贫的风险。

下一步，我们将继续加强和规范"十四五"时期中央彩票公益金项目使用管理，切实提高彩票公益金使用效率：一是夯实医疗救助托底保障能力，分类资助医疗救助对象参加居民医保，确保困难群众应保尽保。二是加强对救助对象的识别和救助能力建设，提高医疗救助的精准性和托底功能。三是加快实现包括门诊费在内跨省就医直接结算，方便群众看病就医。

（国家医疗保障局规财法规司供稿，葛旻书执笔）

2021年中央专项彩票公益金支持欠发达革命老区乡村振兴项目实施情况

为贯彻落实党中央、国务院关于实现巩固拓展脱贫攻坚成果同乡村振兴有效衔接的决策部署，自2021年起，中央财政将原中央专项彩票公益金支持贫困革命老区脱贫攻坚资金调整为支持欠发达革命老区乡村振兴项目资金，支持革命老区探索乡村振兴的模式和经验。

一、资金规模及资助项目

2021年，中央财政下达中央专项彩票公益金支持欠发达革命老区乡村振兴项目资金20亿元，支持全国28个省（区、市）的40个革命老区县开展乡村振兴示范区建设。其中，河北、山西、江苏、浙江、安徽、江西、山东、河南、河北、湖南、广东、广西等12个省份各安排2个示范区，其余省份各安排1个示范区，每个示范区补助安排中央专项彩票公益金5 000万元。

二、资金项目执行情况

（一）关于项目建设情况

全国40个示范区共安排彩票公益金项目621个，包含产业发展类项目169个、基础设施建设类项目444个、到户类项目8个。各地积极克服疫情影响，依据项目实施计划，加紧推进项目建设，通过约半年时间完成项目360个、占比58%。

（二）关于资金使用情况

示范区总体按照《中央专项彩票公益金支持欠发达革命老区乡村振兴项目资金管理办法》相关要求，突出资金支持重点，主要用于必要的农村人居环境整治和公益性基础设施建设、促进脱贫劳动力就业增收、发展农业特色产业等。紧盯项目管理关键环节，落实公开公示制度要求，强化监督检查，推动资金安全、规范使用。

（三）关于资产管护情况

各地全面加强示范区项目资产后续管理，评估抽取的238个彩票公益金项目中，有226个明确了资产权属、占比95%，有209个明确了后续管护责任、占比92.5%，资产未确权的项目主要是尚未完工或刚建成未移交项目。36个示范区明确了产业类项目收益分配方案，所得收益主要用于促进脱贫户或低收入人口增收、小型公益性基础设施运营维护、壮大村集体经济等。

三、项目实施效果

（一）社会效益方面

示范区建设推动当地治理体系和治理能力明显提高。示范区内村级公共基础设施明显改善，开展群众性议事协商活动更加深入，村民参加各类文体活动频次明显增加。32个示范区常住人口治安查处、刑事案件发生率明显下降或者为零。抽查的210个行政村实施的515个项目中，村集体、村民参与规划的有504项、占比97.86%，参与项目实施的有495项、占比96.12%，参与项目监督的有509项、占比98.83%，参与项目验收的有465项、占比90.29%。

（二）经济效益方面

示范区乡村产业发展基础及带动能力显著增强。40个示范区均培育发展了至少1个特色产业，产业规模增幅7.4%；初步统计显示，示范区内农村居民人均可支配收入1.78万元，平均增长约

2 000元、增幅13.2%，其中32个示范区收入增速高于所在县平均水平；示范区内村级集体经济平均收入40.08万元，平均增长9.78万元、增幅32.28%。

（三）生态效益方面

示范区乡村人居环境和生态状况有所改善。示范区内乡村绿化率进一步提高，无害化厕所普及率平均增幅16.07%，农村垃圾无害化处理率平均增幅9.91%，畜禽粪污综合利用率平均增幅3.15%。

（国务院扶贫办供稿）

2021年中央专项彩票公益金支持乡村学校少年宫项目实施情况

一、基本情况

2021年，中央专项彩票公益金共安排2.8302亿元（其中新建项目修缮装备经费1.5亿元、原有项目运转经费1.3302亿元），支持新建乡村学校少年宫1 000所。截至2021年年底，中央专项彩票公益金支持建设的乡村学校少年宫累计已达2.1万所。

二、主要成效

一是助力乡村振兴。2021年，中央专项彩票公益金支持的1 000所乡村学校少年宫新建项目指标全部投入脱贫县。截至2021年年底，脱贫县乡镇累计建设中央项目9 848所，加上地方自建项目，脱贫县乡镇乡村学校少年宫覆盖率达到100%，实现了全覆盖。乡村学校少年宫建设从娃娃抓起，开展精神文化扶贫、实现扶志扶智，让农村孩子享受到公平、有质量的素质教育，从根本上激发了原贫困地区发展的内生动力，让脱贫具有可持续的内生动力，巩固拓展了脱贫攻坚成果，助推了乡村振兴。

二是落实立德树人。乡村学校少年宫坚持以社会主义核心价值观为引领，积极开展"扣好人生第一粒扣子"、"新时代好少年"学习宣传、"童心向党"等主题实践活动，开展传承红色基因、"四史"等学习教育，努力建设农村未成年人思想道德建设的重要阵地。在活动组织、内容安排、技能传授中突出思想道德内涵，更加自觉、更有成效地将思想道德教育与各项活动有机结合，借助活动育人模式，帮助农村学生养成好品行、好习惯，从小树立正确的理想信念、价值理念、道德观念。

三是缩小城乡教育差距。乡村学校少年宫以培养时代新人为方向，以探索农村育人新模式、促进农村孩子德智体美劳全面发展为出发点，有针对性地设计开展文体娱乐、技能培训、体育劳动等活动。中央支持建设的乡村学校少年宫涵盖文艺、体育、科普、手工、技能、劳动等多个门类，一些地方还打造了特色品牌活动，农村学生可以自主选择项目、定期轮换参加，帮助农村孩子培养了兴趣爱好、增长了知识、获得了美感、提升了综合素质，有效推动了农村育人模式改革创新，弥补了农村学校课堂教育的不足。

四是赢得社会认可。各地普遍反映，参与乡村学校少年宫活动的农村孩子，自尊自强、人格健全、心态阳光，展现出健康向上的精神风貌。乡村学校少年宫建设，促进了农村未成年人德智体美劳全面发展，减少了农村留守儿童失管失教现象，实现了农村家长让孩子获得更好培养教育的愿望，农村家庭的获得感、幸福感、安全感进一步增强。乡村学校少年宫项目成为未成年人思想道德建设工作的响亮品牌，成为学生受益、家长放心、群众满意的育人工程、民生工程。

（中央文明办三局供稿，黄才玲执笔）

2021年中央专项彩票公益金支持中国红十字会人道救助救援项目实施情况

一、项目实施基本情况

2021年，中国红十字会总会共执行当年国家彩票公益金"红十字人道救助救援项目"资金4 200万余元，主要用于采购并储备紧急人道救助物资，采购并发放送温暖物资，开展救援队培训、演练，以及采购、维护保养救援装备等工作。

紧急人道救助项目，最终采购资金为2 188.97万元，赈济家庭箱1.05万个、服装2.4万件、毛巾被7.5万床、棉被5万床、棉帐篷1 000顶、单帐篷3 000顶、折叠床6 000张，储备到全国34个红十字备灾救灾中心以备救灾急需。2021年，先后向河南派出"7·20"特大暴雨灾害救援救助工作组3批次，指导当地红十字会开展救援救助；针对全国新冠肺炎疫情防控、自然灾害，启动响应67次，调拨物资包括赈济家庭包31 678个、夹克衫7 255件、冲锋衣21 300件、毛巾被16 000条、棉被56 247床、棉衣29 000件、棉帐篷3 950顶、单帐篷3 241顶、折叠床1 850张，受益群众达28.7万人次。

经常性人道救助项目，使用资金900万元采购"红十字博爱送万家"活动棉衣30 151件、棉被30 151床、大米30 151袋（每袋10公斤）、糖果30 151袋（每袋1公斤），在河北、山西等23省（自治区、直辖市）开展送温暖活动，首次将干细胞和人体器官捐献者困难家庭纳入发放范围，将人道救助与干细胞、人体器官捐献的业务工作有机结合，促进人道救助和捐献工作一体发展。

人道救援和红十字系统备灾救灾中心规范化建设部分，河南郑州"7·20"特大暴雨救灾期间，全国各级红十字救援队132支4 600余人共搜救转移安置、救助受灾群众10万余人次。全年各级红十字会组织救援队培训演练及实战救援5 400余次，其中，总会开展"同心协力——2021中国红十字会应急救援综合演练"等3期演练，培训救援队骨干340余人，向13家红十字救援队承建单位拨付救援队装备维保费用110余万元。

二、项目的实施成效

第一，为受灾、受疫情影响的人民群众生命健康安全及时提供物资保障。中国红十字会总会通过及时调拨国家彩票公益金及社会捐赠资金采购的常态化救灾物资和紧急情况下救助物资，有效满足了受灾群众吃、穿、住、用等多方面生活需求，为疫情防控工作人员和困难群众提供了工作和生活基本保障。

第二，提升了红十字救援队应急救援速度和能力。通过国家彩票公益金支持的系统综合性救援队演练推动了开展红十字救援队大练兵活动全面展开，全年共有28个省级红十字会组织开展符合本地特色的救援队培训演练活动，强化了救援队员和应急物流工作人员的理论基础与实战能力，在参与自然灾害救援救助和疫情防控工作时，能够及时、高质、高效地为受灾情、疫情影响的地区群众提供赈济、医疗、供水、大众卫生、心理、搜救、水上救生、救护转运等方面的服务，充分践行了"人民至上、生命至上"

理念。

第三，经常性救助带动了地方投入。截至2021年年底，通过国家彩票公益金支持"红十字博爱送万家"的900万元项目资金，带动全国各级红十字会募集款物价值超过4.46亿元，有116万个家庭受益，使更多的困难家庭得到了救助。

（中国红十字会总会供稿，茹文君执笔）

2021年中央专项彩票公益金支持中国红十字生命健康安全教育项目实施情况

2021年，中国红十字生命健康安全教育项目（以下简称"项目"）财政拨款为2 745.79万元，项目主要内容为：加强应急救护能力建设，开展应急救护培训，以及宣传倡导普及活动等。项目实施坚持以人民为中心，践行"生命至上、人民至上"的理念，开展群众性应急救护工作，提升公众应急救护知识技能普及程度，助力健康中国建设。

一、加强标准化研发，推动群众性应急救护工作深入开展

制定《学校应急救护培训标准（征求意见稿）》《学校应急救护响应标准（征求意见稿）》等，支持学校应急救护工作开展。与教育部办公厅联合印发《关于进一步推进学校应急救护工作的通知》，将应急救护培训纳入学校素质教育内容，融入教学与教育活动、课堂教育与课外实践；将应急救护知识技能纳入学生军训内容，并重点对学校校医、体育教师、班主任等开展取证培训，切实提高在校师生应急救护知识与技能普及率。2021年，全国红十字系统对学校师生普及应急救护知识1 245万余人次，取证培训69万余人。设计、制作溺水、心肺复苏等8套应急救护主题宣传材料，微信公众号累积阅读量达4.3万余人次，单篇最高阅读量达1.6万余人次。加强应急救护培训课程体系建设，研发、增设救护员（初级）培训和救护员复训课程，推动应急救护工作深入开展。2021年，全国红十字系统共培训持证红十字救护员183万余人，普及应急救护知识2 545万余人次。

二、开展应急救护师资培训，提升应急救护培训质量

为了更好地发挥地方红十字应急救护培训基地作用，中国红十字会总会克服新冠肺炎疫情影响，举办基地讲解员培训班10期，对来自黑龙江、吉林等12个省（市）的200名学员进行了红十字运动知识、应急救护、场馆讲解等内容的培训。举办应急救护师资提高班18期（线下培训班3期、线上培训班15期），对来自全国各地的360余名师资，从红十字运动知识、应急救护知识更新、参与式教学法等方面进行了提高培训。开展应急救护培训教研活动20次，包括心肺复苏专项培训4次，试讲考核5次，创伤救护实操培训7次，课程体系建设4次。基地讲解员与救护师资培训、师资研讨活动极大提升了基地讲解员与救护师资的讲解水平和授课能力，提升了应急救护培训质量。

三、数字赋能，打造应急救护工作信息化服务平台

推动互联网、大数据等信息科技手段与应急救护工作深入融合，实现应急救护工作的高效化、标准化、智能化。对原有的红十字生命健康安全教育项目管理平台进行升级改造，开发完善学员网上报名、在线学习、理论测试、网上发证等功能。2021年6月，"救在身边·红十字应急救护服务平台"正式上线，实现应急救护培训全流程管理。为做好平台推广使用工作，对省、市、县三级红十字会工作人员进行角色授权，完善授

权人员审批制度和流程，制作平台使用培训视频和平台使用手册，举办26期线上培训班，对全国3 939名授权人员进行平台使用培训。

四、加大宣传力度，开展"红十字与冬奥同行"活动

中国红十字会总会按照与北京冬奥组委签署的《合作备忘录》要求，积极参与北京冬奥会、冬残奥会航空医疗救援，地面急救转运，比赛场馆AED配置，志愿者救护培训等服务工作。为加强红十字会服务冬奥宣传工作，制作了"红十字与冬奥同行"系列公益广告，于冬奥会开幕前1个月，在北京城区主要线路的公交候车厅及北京地铁8条线路发布"红十字与冬奥同行"系列公益广告。设计制作"红十字与冬奥同行"志愿服务手册、纪念徽章等，配发给服务北京冬奥会、冬残奥会的红十字志愿者。红十字志愿者的热情服务，向世界展示了北京冬奥会的人文关怀与人道精神。

（中国红十字会总会训练中心供稿，
顾新蕊执笔）

2021年中央专项彩票公益金支持中国造血干细胞捐献者资料库项目实施情况

中国造血干细胞捐献者资料库管理中心（中华骨髓库，以下称"管理中心"）坚持"以供者为本，为患者服务"的理念，以打造"世界一流强库"为目标，努力为国奉献、为民造福。2021年仍是受新型冠状病毒性肺炎影响的一年。管理中心在中国红十字会总会（以下简称"总会"）的正确领导下，全面加强党的各项建设，以党建引领业务开展，加强内部管理，创建凝心聚力、干事创业的工作氛围。积极探索疫情常态化下新的工作模式，深化改革创新，砥砺奋进，攻坚克难，依法履职尽责。

一、制度建设

为保证资金使用合理、规范，管理中心参考财政部及总会相关文件，从业务和财务方面制定了比较完备的制度，且做到及时修订、完善。为进一步加强和规范对彩票公益金的使用管理，2021年管理中心制定《中国造血干细胞捐献者资料库管理中心彩票公益金管理办法》，已上报总会审批，按照总会意见，通过总会筹财部向财政部征求意见，待回复并补充完善后印发执行。

二、彩票公益金使用规模

2021年，国家投入彩票公益金9 310.65万元支持中国造血干细胞捐献者资料库项目。其中：支付检测费等5 968.77万元，网络建设及维护等732.6万元，样品储存保管费502.41万元，数据质控工作299.07万元，志愿者保障和保留1 478.05万元，运行保障相关支出329.75万元。

三、执行情况

截至2021年年底，中华骨髓库全年共接受检索申请12 299例，其中国内患者检索11 544人次，初配相合率94.36%，对外检索755人次，初配相合率95.81%；全年共向国内外149家移植医院提供造血干细胞1 898例（见图1），较2020年同期增长539例；历史累计捐献造血干细胞12 582例，其中境外捐献367例。12月单月实现造血干细胞捐献193例，创历史新高。

管理中心在捐献业务保质保量完成前提下，抓紧抓实以下业务工作：

（一）科学合理下达任务、保证质量完成入库

不断扩大有效库容，科学、精准下达入库任务15.33万人份，其中彩票公益金支持14.14万人份，省级自筹资金支持1.19万人份。在各分库和组织配型实验室的通力合作下完成全年入库任务（见图2）。

（二）信息化建设及网络系统维护

一是积极推进2021年信息化工作部署，做好年度信息系统、异地容灾备份库运行维护及综合业务系统软件升级改造，加快推进样品库监管信息系统建设和项目实施。二是落实审计署、公安部和总会对于管理中心业务系统等级保护工作的要求，完成业务系统等保定级、等保备案、等保测评初测和整改，目前正在进行复测。三是配合总会做好信创工程工作部署和阶段性任务落实，做好安可替代工程国产软硬件资产盘点、登记、回收处理工作；大力推进正版软件安装工作。

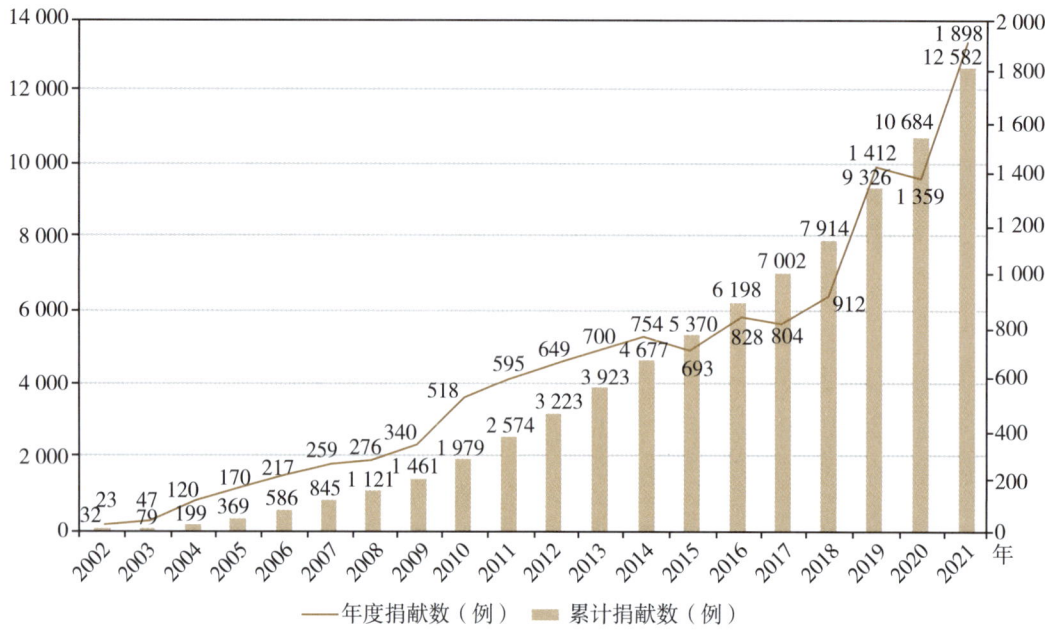

图1　2002—2021年中华骨髓库造血干细胞累计捐献及年度捐献数据

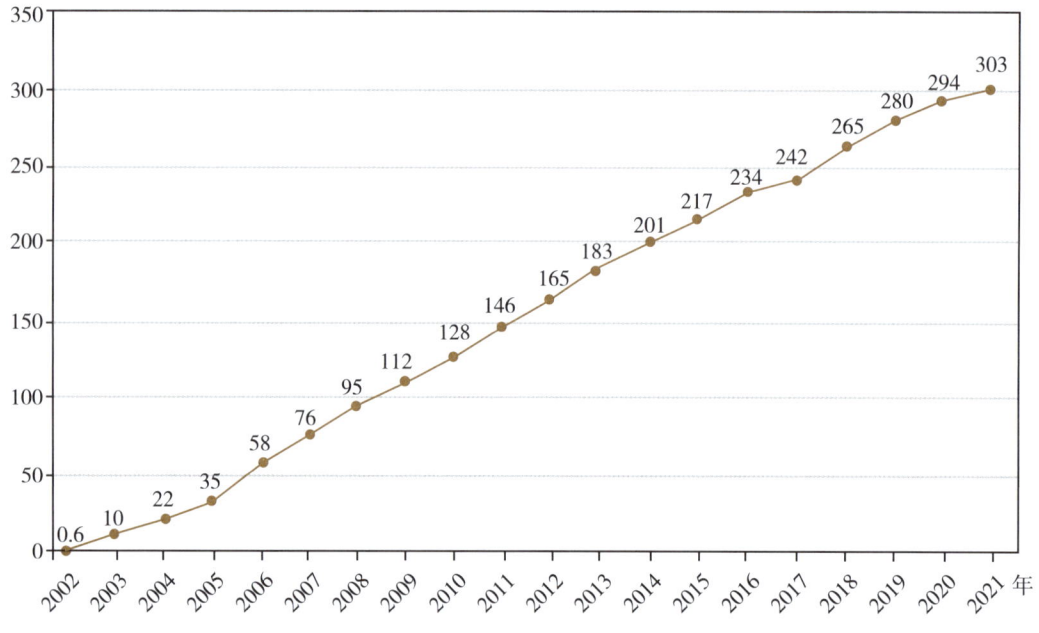

图2　2002—2021年中华骨髓库志愿捐献者入库数据

(三)血样保管及入库数据质控工作

2021年的样品库工作重点是对生物安全持续开展整改工作,以及对样品库库存样本销毁工作进行可行性分析,并制订候选方案;同时完成2020年入库HLA分型数据质控,发布2021年版HLA数据入库标准、质控标准。

(四)志愿者保留、保障和无偿献血工作

一是管理中心顺利完成志愿者保留工作任务,通过回访激活在库的志愿者,保持志愿者捐献意向。对2020年入库志愿捐献者进行2%质控,总体同意捐献率为84.2%。二是进一步推动捐献造血干细胞和无偿献血省级志愿服务组织的融合。各省级管理中心均成立了无偿献血、捐献造血干细胞省级志愿服务大队，通过鼓励各地志愿服务组织做精做细志愿服务活动，推动志愿服务活动贯穿造血干细胞捐献全业务流程及地方无偿献血相关工作。

（五）其他工作

一是完善捐献相关工作。制作了高分辨血样及造血干细胞采集物标签、患者宣教手册、全流程时效性图、满意度调查表挂图及高分辨血样包装盒，定制了造血干细胞运送箱及志愿者入院包、靠垫、握力球。顺利完成捐献者保险、人道救助及捐献服务补助费核拨工作。协助做好《人道主义救死扶伤用途的特殊血液出入境管理办法》等文件的发布、实施相关工作。二是发布《中华骨髓库2020年管理评审报告》，完成年度内审工作；完成《中华骨髓库质量体系文件》升级工作；按世界骨髓库资质认证报告的要求落实后续工作，形成第二阶段认证的整体规划，以及启动对标差距评估工作的初步思路。

四、社会效益

（一）抓典型、讲好红十字故事

中华骨髓库挖掘典型捐献案例，注重加强舆情监控，提高宣传应急能力。结合疫情防控、首例藏族同胞捐献、红十字日、世界骨髓捐献者日等重要时间节点，加强宣传报道。全年发布微信公众号文85篇，单篇阅读量最高达2万人。官方微博在2021年政务微博行业排名第三，并已是连续多年位居前三。中央媒体多次报道造血干细胞捐献者事迹。

（二）努力打造系统内外、线上线下、优势互补的宣传平台和阵地

中华骨髓库拓展公益合作，与国家体育总局体育彩票管理中心达成合作意向，计划未来三年互通平台、共享资源，共同提高社会公益认知和品牌建设。

（三）打造志愿服务品牌，展现良好精神风貌

一是中华骨髓库重启20周年受新冠肺炎疫情影响、现场宣传未能如期举办的系列活动。管理中心调整工作方案，以拍摄主题宣传片《红色生命线》、线上传唱公益歌曲《多幸运遇见你》、制作主题纪念册、纪念邮折、纪念文创宣传品等多种方式组织全国开展宣传活动。二是积极参评2021中国公益映像节，以参与抗击武汉新冠肺炎疫情的造血干细胞捐献者为主角拍摄的《守护——中华骨髓库造血干细胞捐献者抗疫侧记》一片，荣获"最佳纪录片奖"。积极参评2021中国正能量"五个一百"网络精品征集评选展播活动，"中华骨髓库造血干细胞捐献突破万例系列宣传活动"入围"百项网络正能量专题活动"。

（中国造血干细胞捐献者资料库管理中心供稿，刘洋执笔）

2021年中央专项彩票公益金支持大病儿童救助项目实施情况

中央专项彩票公益金大病儿童救助项目(以下简称"大病儿童救助项目")是由中国红十字会总会(以下简称"总会")负责,委托中国红十字基金会(以下简称"中国红基会")组织实施,协同全国各级红十字会和定点医疗机构执行,专项救助白血病和先心病儿童的公益项目。2021年,中国红基会积极领会落实财政部和总会指示精神,坚持"人民至上、生命至上"理念,贯彻"我为群众办实事",以提升彩票公益金执行率为首要目标,充分调动全国红会和定点医院的积极性、协同性,着力增强人民群众的获得感,取得了良好的社会效益。

一、全面推进项目实施,高质量完成预算执行

一是100%完成预算执行。根据《财政部关于调剂中国红十字会总会2021年部门预算的通知》(财社〔2021〕50号),"大病儿童救助项目"财政拨款33 464.24万元,全部完成资助,救助了来自全国31个省(市、区)及新疆生产建设兵团的大病患儿11 456名,其中,白血病患儿8 649人,先心病患儿2 807人。2021年,有185名白血病患儿、155名先心病患儿来自国家乡村振兴重点帮扶县,资助金额843万元。

二是克服新冠肺炎疫情影响,持续开展先心病筛查活动。通过邀约定点医院跨省筛查和鼓励省内自主筛查"双模式",组织医疗专家主动深入偏远地区开展筛查,有效扩大受益面,提升救治率。2021年,联合18家定点医院在西藏、新疆、青海等10省(区、市)筛查儿童405 387名,其中,符合手术指征的有1 801人,完成手术治疗有399人,资助资金505.5万元。

三是联合定点医疗机构专业力量,对于病情紧急、资金筹集困难的患儿缩短审批流程,实现"实时资助",及时、有效缓解自付压力。2021年,联合16家医院通过紧急模式救助白血病患儿25名、先心病患儿326名,拨付救助款758.5万元。

四是上线"彩票公益金项目管理系统",提高工作效率。2021年7月彩票公益金项目管理系统正式运行。目前,全国各级红十字组织、定点医疗机构、彩票公益金项目办工作人员、评审专家等共3 000多人通过该系统开展患儿资料申请、审核、评审、回访等工作。实现申请审核最短耗时1天,从申请至拨款最短耗时35天,极大地提升了资助效率。

二、加大品牌推广力度,传播人道救助正能量

一是提升项目品牌知晓率及辨识度。制作彩票公益金项目VI视觉识别系统,在系列宣传活动中重点露出"彩票公益金"标识。参与微博"温暖季"活动,邀请艺人推广"英雄能量包"话题,深化"彩票公益金"形象宣传。

二是利用新媒体宣传推广项目。联合游戏平台,开启青年人群公益宣教,为大病儿童募集善款,效果显著;采用"达人探店"短视频传播新玩法,实现字节公益、四川观察、尤伦斯、迪士尼等优质资源跨界合作,共同打造大病儿童关爱活动平台。

三是开展患儿心理抚慰活动。与UCCA尤伦斯当代艺术中心进行深度战略合作，并在迪士尼（香港）支持下，在北京、成都顺利开展以UCCA展览为载体的大病患儿艺术关爱之旅，获得患儿及家长一致好评，得到中新社、公益时报社等10家官方媒体关注并报道，抖音话题上升至热榜第二名，视频观看量超百万人次。

三、多渠道撬动社会资源，形成资源动员合力

中国红基会积极发挥国家彩票公益金的杠杆效能，加大社会资源动员。年内募集白血病、先心病救助相关社会捐赠款物1 095.96万元，2009年以来累计为白血病、先心病儿童募集社会救助款超过1亿元。积极开展网络众筹，年内为白血病患儿家庭募集印刷《小天使医典》康复指南1 283本，众筹"英雄能量包"1 332个。

2009年以来，中央专项彩票公益金大病儿童救助项目累计拨付资金18.89亿元，救助白血病、先心病儿童超过66 000名，直接受益人口逾33万人（按照一家5口人计算），成为国家儿童医疗保障体系和政府医疗救助的有力补充，为防止大病儿童家庭因病致贫、因病返贫做出了积极贡献。

（中国红十字基金会供稿，刘凤梅执笔）

2021年中央专项彩票公益金支持人体器官捐献项目实施情况

2021年是"十四五"开局之年,中国人体器官捐献管理中心在宣传动员、缅怀纪念、报名登记、捐献见证、人道关怀、业务培训和信息平台建设等方面扎实开展工作,取得显著成效。2021年全年新增志愿登记151万人,比上年增长50.5%,完成捐献5 295例,捐献器官1.75万余个,比上年增长5%以上,累计志愿登记人数突破429万人,累计完成逝世后捐献3.78万余例,捐献器官11.32万余个,人体器官捐献的社会知晓度和公众参与度大大提升。

一、项目预算收支及管理情况

2021年度项目总预算8 882.08万元,其中当年财政拨款8 834.35万元,以前年度结转47.73万元。截至2021年12月31日,项目实际支出金额7 308.12万元。项目资金严格按照《中央专项彩票公益金支持红十字事业项目资金管理办法》《"十四五"彩票公益金人体器官捐献项目实施方案》有关规定执行。在会计核算方面,严格按照相关财务规定和要求,专款专用,严格资金审批流程,确保项目资金使用的规范性和安全性。2020年绩效评价获得财政评审中心92.58分,评价等级为"优"。

二、项目执行及完成情况

(一)宣传动员

一是制作《器官捐献·毅路前行》宣传片,编印《生命的乐章》宣传册,编印4册人体器官捐献系列宣传资料,编印12期《中国人体器官捐献工作通讯》;二是在全国发起"生命之约·大爱传递——人体器官捐献志愿登记宣传季"等活动,支持全国开展19场宣传活动,重点支持在云南、天津、上海举办"点亮生命之灯""定向义赛""向阳而生"等主题宣传活动;三是关注绿色环保,联合推出《一场特殊的器官"移植"》公益项目。

(二)缅怀纪念

一是2021年3月31日,在南京举办"生命的乐章——2021年全国人体器官捐献缅怀纪念暨宣传普及活动";二是在全国发起"人体器官捐献缅怀纪念月活动",共开展50余场形式多样的缅怀纪念活动;三是设计开发"生命的乐章"线上缅怀H5;四是联合各地推动新建缅怀纪念场所10处,截至目前全国共设捐献者缅怀纪念场所160余处。

(三)报名登记

2021年全年新增志愿登记151万人,其中单月登记最高为22.5万余人,单日登记最高为2.48万人,制作发放实体登记卡和感谢信80万套,志愿登记者满意率达93.8%以上。

(四)捐献见证

一是为2 200余名协调员定制工作服装、工具包等用具,办理人身意外伤害保险,拨付捐献服务劳务费;二是支持省级管理机构开展捐献见证服务等基本工作经费。

(五)人道关怀

一是向4 906户捐献者家庭发放人道关怀慰问金;二是通过实地探访和电话回访形式慰问25名捐献者家属和移植接受者代表。

(六)业务培训

一是首次线上举办全国人体器官捐献协调员

培训班，9天共安排45位老师授课，新培训协调员429名；二是在全国发起"关爱生命·救在身边——人体器官捐献志愿服务月活动"，支持在全国开展10个志愿服务项目；三是在"中国红十字志愿者"平台建立"人体器官捐献志愿者"团体，目前注册志愿者队伍1 900余人。

（七）信息平台运营和维护升级

一是对志愿登记和案例报告系统进行全面改造升级和安全加固。二是与公安部全国公民身份证号码查询服务中心和第三方公司合作，进一步加强个人身份验证和信息保护。三是完成网站和信息平台二级和三级等保备案测评，增强云平台安全防护措施。四是制订完善信息系统网络安全应急预案，明确各方责任，努力防患于未然。

（八）项目管理

一是印发《人体器官捐献登记管理办法》和《人体器官捐献协调员管理办法》，同时制定印发优秀协调员评选表彰、网上志愿登记备案、捐献证书制作颁发等3个配套工作规范；二是召开2021年全国人体器官捐献工作会议，贯彻落实相关制度，指导全国扎实开展人体器官捐献工作，表彰2019—2020年度25名全国人体器官捐献优秀协调员；三是委托相关单位分别开展课题研究，加强人体器官捐献相关工作的薄弱环节建设。

三、项目取得社会成效

人体器官捐献项目通过社会宣传动员、缅怀纪念、报名登记、人道关怀等方式，普及器官捐献知识，宣传相关政策，鼓励公民自愿捐献器官，挽救众多患者生命，服务医学发展，树立崇尚科学、移风易俗、友爱奉献的新风尚，为健康中国建设和社会主义精神文明建设做出了突出贡献。

（中国人体器官捐献管理中心供稿，
齐悦臻执笔）

2021年中央专项彩票公益金支持教育助学项目实施情况

2021年,中国教育发展基金会在教育部、财政部领导下,以习近平新时代中国特色社会主义思想为指导,深入贯彻落实习近平总书记关于教育的重要论述,围绕党中央决策部署和教育中心工作,以建设高质量教育体系为目标,聚焦巩固、拓展脱贫攻坚成果与乡村振兴有效衔接,坚持"拾遗补缺"工作要求,立足不断完善国家学生资助政策体系,助力教师队伍建设,帮助学校应对突发紧急事件,保障正常教学秩序,严格按照《中央专项彩票公益金教育助学项目资金管理办法》相关要求,积极推进2021年中央专项彩票公益金教育助学项目滋蕙计划、励耕计划和润雨计划相关工作。

一、资金安排

2021年,共安排资金10亿元,实际支出99 768.77万元。其中,滋蕙计划支出20 000万元,资助中西部22个省(自治区、直辖市)和新疆生产建设兵团普通高校家庭经济困难新生31.8万人,一次性补助其从家庭所在地到被录取院校之间的交通费和入学后短期生活费,资助标准为考入省(自治区、直辖市)内院校的新生每人500元、考入省(自治区、直辖市)外院校的新生每人1 000元;励耕计划支出62 140万元,资助中西部22个省(自治区、直辖市)和新疆生产建设兵团家庭经济困难教师5.89万人,在每人每年1万元的资助标准基础上,对其中1 890名家庭经济特别困难的教师予以2万-5万元的资助;润雨计划支出17 628.77万元,资助河南、陕西、山西、湖北等地遭遇暴雨洪涝灾害等突发紧急事件的学校。

二、典型做法

(一)多方调研,了解需求

充分做好"十四五"期间中央专项彩票公益金教育助学项目特别是2021年项目谋划:一是加强与各地的沟通,先后赴陕西省安康市、渭南市,云南省红河州等地调研教育发展改革中遇到的困难、存在的问题,同时邀请山西省、黑龙江省、河北省、贵州省等地基层教育部门来京交流;二是在陕西西安召开座谈会,邀请中西部省份教育厅领导及财务、人事、教师工作、学生资助等相关部门负责人参加会议,深入研究探讨,切实对接项目内容与教育需求。

(二)严格评审,确保精准

在各地教育行政部门组织申报、评审、公示、审核并逐级上报的基础上,制定了《中央专项彩票公益金教育助学项目励耕计划评审工作手册》,明确评审目标、评审程序、评审标准等工作原则,邀请36名相关工作经验的专家对各省推荐的重点资助对象名单进行集中评审,每名评审对象提交的申请表和证明材料均由两位专家审核,汇总后形成专家评审结果,以确保真正困难、急需的教师获得资助。

(三)加强监管,务求实效

一是加强对项目实施过程的监管,要求各项目执行单位及时报送项目进展和落实情况,同时要求各相关省级教育行政部门加强项目在执行过程中的自查工作,于年底报送总结自评报告。二是加强对资金的监管,按照润雨计划审计全覆盖工作要求，聘请会计师事务所对河北省、云南省等地开展审计工作，并出具审计报告。

三、实施效果

（一）滋蕙计划

一是进一步完善了国家学生资助政策体系，实现了高中阶段教育和高等教育之间的有效衔接；二是有效缓解了中西部地区家庭经济困难普通高校新生的经济压力，支持其继续求学；三是激励有理想、有本领、有担当的学生为实现梦想而奋斗，以积极的姿态投入大学的学习和生活中。

（二）励耕计划

一是一定程度上弥补了国家在家庭经济困难教师资助方面的政策空白，实现了从学前教育到高中教育阶段的教师资助全覆盖；二是切实解决了受助教师的部分生活困难问题，增强了他们战胜困难的信心；三是坚定了广大教师教书育人的信念，助力教师队伍建设。

（三）润雨计划

一是及时、有效地解决一些地方突发紧急事件给教育带来的不良影响，有力维护学校的正常教学秩序；二是充分示范引领，带动社会资源支持教育，2021年引导社会资金支持教育系统应急救灾逾1亿元；三是有力促进社会和谐，充分体现了彩票公益金"取之于民、用之于民"的精神。

（中国教育发展基金会供稿，段小川执笔）

2021年中央专项彩票公益金支持法律援助项目实施情况

2021年，中国法律援助基金会（以下简称"法援基金会"）按照国家法律援助政策部署安排，组织开展中央专项彩票公益金法律援助项目（以下简称"'中彩金'法律援助项目"）实施工作，执行项目资金1.3亿元，有效维护了困难群众合法权益，发挥了项目在促进社会公平正义、维护社会和谐稳定、全面推进法治建设等方面的积极作用。

一、加强监管，确保项目资金使用安全

一是加大项目案件卷宗抽查力度。2021年法援基金会分两次抽查400多家实施单位卷宗，每次抽查比例在20%以上。二是在新冠肺炎疫情允许的情况下开展实地调研。在法援基金会张彦珍理事长和张建华秘书长的带领下，先后调研了江苏、浙江、河北、陕西、山西等地实施单位，查看卷宗，了解需求，听取实施建议。三是委托第三方开展驻在式检查。2021年下半年，法援基金会委托北京中晟鑫泽管理咨询有限公司，对新冠肺炎疫情相对安全的北京、广东和安徽共8家项目实施单位的项目财务文件材料和案件卷宗材料进行全面检查，要求实施单位对发现的问题做成整改台账，限期整改，并计划对其进行整改回头看。

二、规范管理，保障项目顺利实施

一是制定项目执行标准。法援基金会结合多年项目实施经验，采取召开专家研讨会等多种方式，制定了《中央专项彩票公益金法律援助项目执行标准》，其中专门明确了针对特殊群体的特别关爱措施，并就关爱措施相关内容征求了全国总工会、全国妇联、中国残联和全国老龄办的意见。二是推进项目实施示范单位建设。法援基金会按地区分类型筛选了9家项目实施较为突出的单位，要求其按照《中央专项彩票公益金法律援助项目执行标准》改进工作，同时委托中国人民公安大学法律学院数字公共法律服务研究中心进行验收。三是推进2021年度项目实施工作。2021年2月，在法援基金会官网发布公告，面向社会公开征集实施单位，最后经过评审会确立602家实施单位。根据《关于完善中央专项彩票公益金法律援助项目资金分配方案的规定》编制年度资金使用计划。四是开展项目培训工作。在司法部法律援助中心支持下举办西部法律援助志愿者培训班，对全国范围内80名各实施单位负责同志进行培训。组织网络培训，邀请北京致诚农民工法律援助与研究中心佟丽华主任开展针对新就业形态劳动者权益法律援助保障的线上培训。

三、保障民生，取得显著社会成效

2021年，"中彩金"法律援助项目共资助办理五类困难群体法律援助案件79 184件，直接受益群众达102 242人次，为困难群众挽回损失或取得经济利益超过34.71亿元，投入回报比为1∶23。其中，项目资助办理农民工案件54 896件，受益农民工74 539人，为当事人挽回经济损失或取得经济利益20.90亿元；残疾人案件2 558件，受益残疾人2 682人，为当事人挽回经济损失或取得经济利益2.44亿元；老年人案件6 835件，受益老人8 026人，为当事人挽回经济损失

或取得经济利益4.57亿元；妇女权益保障案件12 719件，受益妇女14 518人，为当事人挽回经济损失或取得经济利益5.28亿元；未成年人案件2 176件，受益未成年人2 477人，为当事人挽回经济损失或取得经济利益1.53亿元。

四、加强宣传，提升项目社会影响力

2021年，法援基金会积极通过多种途径和形式宣传"中彩金"法律援助项目实施成效。为做好《中华人民共和国法律援助法》实施的宣传工作，法援基金会与央视《今日说法》栏目组合作，通过项目优秀实施单位先进事迹展示项目实施成果，增进群众对法律援助法的了解。此外，法援基金会还在《法治日报》专版宣传"中彩金"法律援助项目"十三五"期间实施成果；在《法治日报》"中国法律援助基金会·惠民生法援行"专栏，刊发19篇文章，宣传项目好的经验做法、典型案例和先进人物事迹。2021年9月，"中彩金"法律援助项目荣获"中华慈善奖"，该奖项是我国公益慈善领域中的最高荣誉。法援基金会积极通过官网专文（公众号同步）、《法治日报》专版等形式进行宣传。

（中国法律援助基金会供稿）

2021年中央专项彩票公益金支持残疾人事业项目实施情况

2021年，中央财政安排支持残疾人事业项目专项彩票公益金预算252 020万元，其中：中央本级21 676万元、转移支付230 344万元。共资助中央本级项目4个、转移支付项目6个。各项目彩票公益金使用规模、执行情况和实际效果如下：

一、中央本级资助项目

（一）残疾人体育项目

1.资金规模：16 478.51万元。

2.执行情况及效果：

（1）东京残奥会实现五连冠。新冠肺炎疫情导致东京残奥会延期举办，也给代表团训练等带来许多困难和挑战。中国残联及时调整训练计划和参赛方案，做到训练不间断、斗志不衰减，实现备战和防疫两不误。第16届残奥会于2021年8月24日至9月5日在日本东京举行，中国体育代表团不畏强手，顽强拼搏，取得了96枚金牌、60枚银牌、51枚铜牌、创造29项世界纪录的优异成绩。在残奥会上中国体育代表团已经连续五届金牌数和奖牌数高居榜首。新冠肺炎疫情防控"零感染"，反兴奋剂"零出现"。

（2）切实抓好2022年北京冬残奥会备战工作，全力获取参赛资格。国家轮椅冰壶、越野滑雪和冬季两项、高山滑雪、单板滑雪等6个大项目在2020—2021年冬训结束后，5月起陆续开展决战决胜集训工作。2月至10月，在国内举办越野滑雪、高山滑雪、单板滑雪比赛，通过积极争取国际组织支持，系列赛事升级为国际积分赛，为运动员获取积分创造更多机会。参加残奥冰球B组锦标赛获得冠军，获得参赛资格。经过努力，2022年冬残奥会中我国有96名运动员参加全部6个大项73个小项的比赛。

（3）全国残特奥会圆满成功。经国务院批准，全国第十一届残运会暨第八届特奥会于2021年10月22日至29日在陕西举行。本届运动会共设43个大项分布在西安市、宝鸡市、铜川市、渭南市、杨凌示范区等5个市（区）。前期提前在北京、辽宁、吉林、黑龙江、广东、山东、浙江、湖北、四川、青海等10个省市举办了10个残奥听障项目、9个群体项目比赛。全国31个省、自治区、直辖市、新疆生产建设兵团和香港特别行政区、澳门特别行政区共35个代表团参赛。本届残运会暨特奥会共有4 484名运动员参赛。残运会项目产生1 074枚金牌、超36项世界纪录，创179项全国纪录，特奥会项目产生740枚金牌。

（4）推动残疾人康复健身。做好"十四五"开局，实施残疾人康复健身体育行动，修订完善"十四五"残疾人体育发展实施方案，指导各地贯彻落实中国残联、国家体育总局《关于进一步加强残疾人康复健身体育工作的指导意见》，促进残疾人体育全面发展。创新举办残疾人健身周活动和全国特奥日活动。积极响应"带动三亿人参与冰雪运动"的号召，以"助力冬残奥，健康进小康"为主题，成功举办"第五届中国残疾人冰雪运动季"活动，超过30万人次参与了互动交流。

（二）残疾人群众性体育和残疾人体育技术保障项目

1.资金规模：1 826.41万元。

2.执行情况及效果：

（1）发展残疾人群众性体育。培养残疾人群众体育专业人才400人。举办残疾人群众体育赛事和品牌示范服务活动，累计组织基层残疾人参与康复健身体育赛事和开展体育服务人数达万余人次，创新开展残疾人康复健身体育赛事活动和服务新模式，促进残疾人康复健身。

（2）加强残疾人体育技术保障工作。2021年累计采购2.2万多件（套）器材装备，保障了近千人次的残疾运动员日常训练及参赛。完成残疾人运动员兴奋剂检查771例，检测合格率99.9%，不断筑牢反兴奋剂风险防控体系。

（三）盲人读物出版项目

1.资金规模：2 623.7万元。

2.执行情况及效果：

出版盲文读物914种、3 010万页，出版多媒体有声读物374课时、有声读物1 205小时，大字读物59种、12.11万册，完成2款无障碍硬件产品、2款软件研发工作和1项专利申请，不断满足盲人在学习科学文化知识和提高就业技能方面对盲人读物的日益增长和多样化的需求。

（四）盲人公共文化服务项目

1.资金规模：747.38万元。

2.执行情况及效果：

2021年通过中国盲文图书馆微信公众号累计进行了30期书日推荐活动、4期"读行天下"推介活动。开展讲座、名家讲堂等各类盲人文化活动237场，提供近2.16万册（台）盲人读物、阅听设备的循环借阅。开展全国文化助盲志愿者师资培训4次，举办文化助盲志愿服务项目专项赛；建立12支文化助盲志愿服务队。盲人公共文化服务项目丰富了盲人读者的文化生活，大幅度提高盲人公共文化产品和服务的供给能力，推动了公益性盲人文化事业的发展。

二、转移支付资助项目

（一）残疾儿童康复救助及早期干预试点

1.资金规模：198 209万元。

2.执行情况及效果：

全国各地积极贯彻落实党中央、国务院决策部署，残疾儿童康复救助制度在全国所有省、市、县全面实施，救助政策、工作体系及服务体系不断完善、有效运行。2021年，中国残联及时汇总并通过中国残联官网发布全国3 200余家经办机构和7 900多家定点机构信息，为残疾儿童及时申请康复救助、接受康复服务提供便利。各地积极推进残疾儿童康复救助提标扩面，黑龙江、辽宁等地提高了救助标准。在中央彩票公益金资助下，残疾儿童受益范围扩大，2021年共有36.3万残疾儿童接受康复救助，较2020年增加7.9万人，基本实现了有需求的残疾儿童"应救尽救"目标。

（二）困难残疾人家庭无障碍改造项目

1.资金规模：19 289万元。

2.执行情况及效果：

中国残联推动将困难重度残疾人家庭无障碍改造纳入《中华人民共和国国民经济和社会发展第十四个五年规划和2035年远景目标纲要》，纳入国务院印发的《"十四五"残疾人保障与发展规划》，写入残工委2021年工作要点，同时作为落实《政府工作报告》重点工作。为整合资源，中国残联、国家发展改革委、民政部、财政部、住房和城乡建设部、国家乡村振兴局六部门共同印发了《关于"十四五"期间推进困难重度残疾人家庭无障碍改造工作的指导意见》。明确"十四五"期间目标任务为补贴110万户困难重度残疾人家庭无障碍设施改造。

2021年，全国共完成困难重度残疾人家庭无障碍改造18.8万户，解决了残疾人家庭生活难题，增强了残疾人独立自主生活能力，改善了残疾人及家庭生活质量，解决了残疾人群众身边的"急难愁盼"问题，让脱贫基础更加稳固，成效更可持续。

（三）残疾人康复和托养机构设备补助项目

1.资金规模：4 646万元。

2.执行情况及效果：

2021年，为全国816个残疾人康复机构、托养机构配发康复训练设备、医疗康复设备、残疾人基本生活技能训练设备、残疾人无障碍设备设施，解决了新建的残疾人康复和托养机构燃眉之急，保障已建的各地残疾人康复和托养机构的良性运转，让广大残疾人就近就便享受到康复、托养服务。

（四）残疾学生助学项目

1.资金规模：4 000万元。

2.执行情况及效果：

2021年，资助31所面向全国招生的全日制高等特教学院、中国残联和地方政府合作办学的全日制特教普通高中以及残联系统独立设置的全日制残疾人中等职业学校，用于改进办学条件、加强实训基地建设。

（五）残疾人文化服务项目

1.资金规模：3 300万元。

2.执行情况及效果：

截至2021年年底，中央彩票公益金共支持电视"手语栏目"、专题节目及融媒体建设74个，实施"五个一"文化进残疾人家庭项目超过7.7万户等。项目的实施促进了各地残疾人公共文化服务网络的完善，提升了公共文化场所和残疾人综合服务设施为残疾人提供文化服务的能力，弘扬了社会主义核心价值观和人道主义精神，促进社会对残疾人事业的了解和支持，使更多残疾人能走出家门、融入社会，积极参与社区文化生活。

（六）贫困智力、精神和重度残疾人残疾评定补贴项目

1.资金规模：900万元。

2.执行情况及效果：

2021年，为全国218 401名当年办理残疾人证的贫困智力、精神和重度残疾人提供残疾评定补贴，减轻了办理残疾人证的残疾人经济负担。为残疾人及时享受到各项社会保障和福利政策，改善生产、生活状况创造了条件。

（中国残疾人联合会计财部供稿，
张宁执笔）

2021年中央专项彩票公益金支持低收入妇女"两癌"救助项目实施情况

一、2021年资金规模

2021年,财政部共拨付中央专项彩票公益金支持低收入妇女"两癌"救助项目资金28 675万元,其中,28 551万元用于救助28 551名农村低收入患病妇女,124万元用于开展"两癌"防治宣教活动及项目管理服务工作。截至2022年3月底,全国妇联按照《中央专项彩票公益金支持低收入"两癌"救助项目管理办法(财行〔2021〕384号)》(以下简称《管理办法》),将2021年度救助金拨付至2 254个县级妇联。

二、项目执行情况

全国妇联高度重视低收入妇女"两癌"救助项目,将该项目作为关爱妇女健康的重点民生实事,精心组织、严格管理、规范运作,切实发挥财政资金在巩固、拓展脱贫攻坚成果同乡村振兴有效衔接中的积极作用。

(一)提前摸清底数,严格项目申报

2021年7月,全国项目实施单位组织基层妇联开展"两癌"患病妇女摸底,9月正式启动申报工作。县级妇联积极协调医保、卫生健康、民政、乡村振兴等部门,严格审核救助对象申报资格,初步确定救助对象;市级、省级妇联复核申报人员信息,将救助申报人数上报至全国项目实施单位。2021年各地共申报符合条件的待救助对象79 476人。

(二)科学制订方案,及时拨付资金

救助资金分配向脱贫地区、欠发达地区特别是乡村振兴重点帮扶县倾斜,重点救助农村低保对象、特困人员、易返贫致贫人口、因病因灾因意外事故等刚性支出较大或收入大幅缩减导致基本生活出现严重困难的人群,同时结合地区经济社会发展及财力实际状况分档划分,对各地区实行不同资金分配比例。同时,按照《管理办法》要求,2021年度救助资金由全国妇联直接拨付至2 254个项目实施县,提高了救助时效。

(三)落实各级责任,加强监督检查

县妇联作为第一责任单位,负责申报和具体落实。省级项目执行办公室对市、县级妇联项目申报及实施情况进行监督检查。全国妇联妇女发展部、中国妇女发展基金会和省级妇联签订三方协议,对资金使用情况进行跟踪监管,各级妇联层层签订执行协议,明确资金监管责任,严格执行拨付时限和拨付方式,不得滞留救助金、不得对救助金进行拆分,确保专款专用。

三、项目社会效益和经济效益

(一)有效缓解28 551名农村低收入患病妇女经济压力

2021年,中央专项彩票公益金支持的28 551万元全部用于直接救助,每人获得1万元的救助,对防止"两癌"患病妇女家庭因病致贫、返贫起到了积极作用,受到了党政领导的高度重视和妇女群众的普遍欢迎。

(二)扩大示范效应,积极拓宽救助渠道

在中央专项彩票公益金的带动下,2021年各级妇联共争取各类"两癌"救助资金超9 900万元,救助患病妇女超1.2万人。其中,辽宁、河南、江西、山东、海南、云南、青海等地妇联积极争取财政支持，设立省级专项资金扩大救助范围，总计争取到"两癌"救助专项资金6 970万元，救助6 970名患病妇女；北京、福建、吉林、黑龙江、浙江、湖南、重庆、新疆、内蒙古等地妇联争取社会资源和爱心捐赠累计2 942万元，拓宽救助渠道，救助5 080人。

（三）加大宣传力度，提高妇女健康意识

一是传播彩票公益金正能量。各地在救助基金发放和宣传报道中务必体现"彩票公益金资助——中国福利彩票和中国体育彩票""低收入妇女'两癌'救助"等重要内容，做到标准明确、标识清楚、口径统一、宣传到位，着力突出中央专项彩票公益金在关注妇女健康、改善妇女民生中的重要作用。二是加大"两癌"防治宣教力度。开展"两癌"防治知识到村庄到社区、进"妇女之家"、上高铁等活动，向3 000个市县级、59多万个村及社区妇女之家发放"两癌"防治视频U盘和折页147万份，组织妇女观看视频、举办讲座，有930万妇女参与活动。"两癌"防治知识视频在高铁电视上循环播放134万次、覆盖超1.2亿人次；全国妇联所属新媒体平台累计播放量达1亿多次，有效提升了妇女"两癌"防治意识和自我保健能力。

（全国妇联妇女发展部供稿，郭隶执笔）

2021年中央专项彩票公益金支持国家艺术基金项目实施情况

2021年，国家艺术基金管理中心以推动艺术事业高质量发展为目标，繁荣艺术创作，聚焦精品力作，努力提升资助工作的精准度、有效性，充分发挥引领带动作用，积极推进2021年国家艺术基金资助项目相关工作，确保"十四五"开局良好。

一、资金安排

2021年，国家艺术基金项目预算50 000万元，全年实际支出46 273.32万元，全年执行率为92.24%。支出用于资助艺术创作、传播交流推广和艺术人才培养等。

二、执行情况

（一）夯实制度体系建设

一是完成《国家艺术基金"十四五"时期资助规划》编制工作，明确了"十四五"时期国家艺术基金资助管理的指导思想、工作原则和目标任务，进一步突出资助重点，优化资助结构，提高资助效果。二是财政部、文化和旅游部制定《中央专项彩票公益金支持国家艺术基金项目资金管理办法》，推动加强对国家艺术基金管理，促进其持续稳定健康发展。三是发布《国家艺术基金2022年度资助项目申报指南》，充实和细化申报要求，运用多种手段开展广泛、深入的申报动员辅导，引导申报质量提升，实现对香港特别行政区、澳门特别行政区开放项目申报。四是修订发布《国家艺术基金资助项目监督管理办法》《国家艺术基金资助项目延期和终止管理办法》《国家艺术基金资助项目实施指南》等制度，提高了制度的有效性和衔接的紧密性。

（二）持续强化立项评审

一是优化升级信息系统，实现项目申报无纸化，为项目主体节约材料费、邮寄费和差旅费约800万元，有7 461个各类艺术机构、单位和个人申报了2022年度资助项目10 978项，申报项目总量再次突破1万项。二是召开2022年度资助项目评审专家大会，对项目评审工作的方向、原则、重点、纪律提出明确要求。三是按照政治强、业务精、作风好的要求，开展年度专家推荐和信息确认工作，完成专家库专家遴选，确定了5 187位年度资助项目评审专家候选人。四是落实疫情防控工作要求，在保证质量、维护公正的前提下，实现项目评审网络化，组织了1 785位专家，通过网络评审、视频会议评审和专家委员会复核，确定拟资助项目628项。

（三）有序深化监督管理

一是召开资助项目实施督导会，部署历年延期项目的监督实施和项目审计问题的整改工作，强化整改结果运用，对久拖不决的项目全面、扎实开展清理，有力扭转部分项目主体重立项、轻实施的倾向。二是适应新冠肺炎疫情防控形势，妥善引导项目实施，通过视频会议形式为2020年度资助项目的实施主体1 100多人做了项目实施和财务管理培训，把管理制度和资金使用要求传达、解读到位，组织专家对部分资助项目开展了现场监督。三是遴选监督专家52人次，分批次对367个资助项目进行了结项验收。四是及时受理信访投诉，积极回应社会关切，确保监督工作公开、透明。

（四）创新成果运用方式

一是围绕庆祝建党100周年，推动歌剧《红船》等15部庆祝中国共产党成立100周年大型舞台剧和作品主题创作项目顺利完成，在《中国文化报》和"文旅中国"等媒体开设了宣传专栏。二是组织开展"奔小康·云演播""奔小康·过大年""辉煌百年·壮丽史诗"等主题优秀舞台艺术作品网络演播活动，全网总点击量突破近4 000万次。三是组织专家300余人次，围绕沪剧《敦煌女儿》等17部滚动资助剧目召开了30余场专家研讨会，帮助其加工、修改、完善、提高。在通过结项验收的艺术人才培训项目和青年艺术创作人才项目中，遴选48件（组）优秀美术作品纳入成果运用，开展宣传推介。

（五）提高资金使用效益

一是开展资助项目审计抽查工作，抽选25个项目实施实地审计，审计金额5 700多万元，以点带面督促主体提高项目经费管理水平。二是完成2020年度593项资助项目的签约，并按计划和规定拨付了资助项目首笔款和中期款，保证了预算执行率。三是分批次召开项目实施财务督导会议，推动绩效评价和审计结果通报、整改和验收。

三、实际效果

（一）引领带动作用得到充分发挥

紧密围绕繁荣发展社会主义文艺，满足人民群众对美好生活需要的目标任务，资助创作了一批优秀作品，开展了一批品牌活动，培养了一批领军人才，为艺术事业发展提供了有力支持，有效激发了全民族文化创新创造活力。资助创作的作品和开展的展览演出活动，在庆祝中国共产党成立100周年主题宣传教育活动中发挥了积极作用。

（二）文化惠民作用得到充分体现

有效利用互联网、新媒体宣传，推动资助成果的演播形态转化，形成主题鲜明、内容丰富、形式多样的媒体宣传矩阵，推介了优秀作品，惠及了广大人民群众，营造了欢乐、祥和的节日氛围，扩大国家艺术基金资助项目的影响力、感召力。

（三）项目资助效益得到充分彰显

落实全面深化改革总要求，创新财政投入方式，注意体现公益属性，综合运用政策解读、立项评审、实施监督、成果运用、绩效评价等资助管理方法、手段，不断完善资助体系，通过定额资助和匹配资助相结合，带动各方面资源投入艺术事业，充分发挥了项目资助的导向作用。

（国家艺术基金管理中心供稿，李悦执笔）

2021年中央专项彩票公益金支持河北省社会公益事业发展项目实施情况

一、基本情况

2021年,财政部下达河北省中央专项彩票公益金10 648万元,专项用于支持河北省社会公益事业发展。根据财政部《中央专项彩票公益金支持地方社会公益事业发展资金管理办法》(财综〔2021〕21号)明确的分配方式,结合河北省实际,项目资金采取因素法分配下达,分配因素包括区域人口、70岁以上常住人口数、义务教育阶段在校学生、地方彩票公益金收入等。

为贯彻落实集中财力办大事,防止资金分散,此次分配对象主要为各设区市(含定州、辛集及雄安新区),由各设区市根据全市工作重点,统筹用于支持本市域地方社会公益事业发展。2021年7月13日,河北省财政厅印发《关于下达2021年中央专项彩票公益金支持地方社会公益事业发展资金预算的通知》(冀财综〔2021〕24号),正式批复下达项目资金预算指标及区域绩效目标表,由各市、县按照规定的资金使用范围,确定具体扶持项目。

同年,为进一步规范和加强中央专项彩票公益金支持地方社会公益事业发展资金管理,河北省专门印发《关于进一步做好中央专项彩票公益金支持地方社会公益事业发展资金管理工作的通知》,要求各地严格按照资金管理办法使用管理资金,切实做好绩效公开相关工作,以及加强项目资金管理。

二、资助项目及执行情况

2021年,河北省中央专项彩票公益金支持地方社会公益事业发展资金共安排项目16个,其中,民政类4个、体育类4个、教育类4个、文化类2个以及其他社会公益项目2个。具体执行情况分别为:石家庄市档案馆建设项目1 366.54万元,邢台市七里河城市运动公园项目1 301.33万元,邯郸市体育运动学校扩建项目1 178.71万元,廊坊市广阳区九州镇中学操场改造、地面硬化项目430.19万元,承德市中心城区"口袋公园"建设项目503.87万元,张家口市优抚医院建设二级康复专科医院设备购置项目和张家口市幼儿园园舍维修加固改造项目1 410.78万元,衡水市第七人民医院老年养护中心护理能力完善提升项目837.03万元,沧州市养老服务项目建设887.15万元,保定市迎冬奥冰雪运动推广普及项目和莲池区中小学生近视眼防控提升项目1 337.58万元,唐山市市直学校建筑外墙砖改造项目649.1万元,秦皇岛图书文献资源购置项目414.72万元,定州市民政福利机构消防改造项目83.04万元,辛集市城区体育公园建设和农村文体广场建设项目55.6万元,雄安新区文化活动站和展览馆设施设备项目192.36万元。经统计,已完成项目11个,正在实施项目5个。在项目具体实施过程中,项目主管部门和实施单位严格按照项目规划及规定用途专款专用,资金使用严格执行相关财务制度,合理分配管理项目资金,确保资金运行安全、高效。

三、项目实施效果

总体上看,项目具体实施中,各地严格按照有关规定组织有关部门按程序编制预算,并在规定时间及时下达资金，根据批复的项目预算和绩效目标执行实施，集中精力重点解决好本地区社会公益事业领域突出问题和薄弱环节，有效改善了部分地区社会公益事业落后问题，弥补了在基本公共服务相关领域存在的不足，使河北省地方政府社会公益事业供给能力得到有效提升，地区间社会公益事业进一步实现均衡、协调发展。经各市组织的群众满意度自评结果，群众满意度为89.29%。具体项目方面，如衡水市老年养护中心护理能力完善提升项目的实施完成，有效满足了老年人的医养需求，提高了护理服务能力，推进了当地养老产业不断发展。雄安新区文化活动站建设项目建成后，通过艺术课程、公益讲座、展览展示等文化活动，服务群众达7 000人次，为群众提供了良好的文化活动场所和氛围，提高了雄安新区的公共服务水平。

（河北省财政厅供稿）

2021年中央专项彩票公益金支持山西省社会公益事业发展项目实施情况

一、中央专项彩票公益金使用规模及资助项目

2021年,财政部以财综〔2021〕20号文件下达山西省2021年中央专项彩票公益金6 944万元,专项用于支持地方社会公益事业发展。按照有关规定,山西省财政厅及时分配下达全部资金。资金主要用于四个方面:残疾人托养服务项目1 300万元、文化事业发展项目2 644万元、红十字会关爱生命健康教育项目500万元和乡村中小学老师能力素质提升项目2 500万元。

二、中央专项彩票公益金执行情况

从各部门上报情况看,截至2021年年底,资金当年支出3 385.9万元,预算执行率为48.9%。具体如下:

（一）资助残疾人托养服务项目

本项目年度预算总额1 300万元,全年执行数689.71万元,预算执行率48.9%。项目年度指标全部完成。全年完成托养人数3 250人,完成率100%。

（二）支持地方社会公益文化事业发展项目

本项目年度预算总额2 644万元,全年执行数1 985.31万元,预算执行率75.1%。项目年度指标部分完成。演出场次94次、受益群众3.6万人次,资助基层舞台建设数量66个、基层文化服务中心建设数量30个,基层能人能力培训受益学员737人次。

（三）资助红十字会关爱生命健康教育项目

本项目年度预算总额500万元,全年执行数489.81万元,预算执行率98%。项目年度指标全部完成。建立红十字会生命安全健康体验教室4个、举办救护培训及急救知识普及等受益人群30.2万人次,完成率均达100%。

（四）资助中小学乡村教师能力素质提升计划

本项目年度预算总额2 500万元,全年执行数221.07万元,预算执行率8.9%。项目年度指标全部完成。中小学乡村教师培训43 974人次,乡村教师、校长结业率90%。

对各项目的实施效果和满意度调查显示,各受益群体的满意度达到了预期指标要求,满意度均在90%以上。

三、中央专项彩票公益金实施效果

（一）资助残疾人托养服务项目

通过实施本项目,托养人员的生活处理能力有所提高、健康状况有所好转、居家环境有所改善,健康管理服务有所加强;通过各级残疾人联合会的政策宣传、服务机构入户贴心服务,使整个社会提高了对残疾人的关心、理解,支持残疾人的社会氛围有所增强,使残疾人获得感、幸福感、安全感持续提升,得到了社会各界人士和残疾人朋友的高度好评。

（二）支持地方社会公益文化事业发展项目

本项目的实施,深入推动了山西省文化和旅游大融合、大发展,实现了经济效益和社会效益的双赢。公益文化设施功能提升项目,改善了市、县两级公共文化设施水平,推动了城乡文化均衡发展;基层舞台建设项目,改善了公共文化

设施水平，不断丰富农村居民精神文化生活，有效保障农村居民的基本文化权益；基层综合性文化服务中心建设项目，有利于完善基层公共文化设施网络，打通地区公共文化服务"最后一公里"；有利于统筹利用资源，促进共建共享，提升基层公共文化服务效能；高雅艺术进校园项目，不仅满足了学生的观演需求，也带动和引领了大学的文化教育方向；文化品牌基层行项目，满足了基层群众多样化、多层次、多方面的精神文化需求，同时也增进了群众对山西本土文化的认识和了解，增强了群众对家乡的文化自信；基层文化人才能力培训提升项目，提升了基层文化建设人才的业务水平、知识水平和创新发展能力，提升了基层公共文化服务质量；流动文化设施配送项目，促进公共文化服务向基层辐射延伸，能够满足大众的实际需求，有效促进了地方公益事业发展。

（三）资助红十字会关爱生命健康教育项目

本项目的实施，为应急救灾提供了救援安全保障，提高了山西省红十字会的应急救援能力；建设生命安全健康体验教室和举办公益讲座、培训，提高了人民群众防灾避险、自救互救能力，促进了社会和谐，对经济发展起到了间接促进作用；进一步完善了山西省应急救护培训网络体系，使得"人人学急救，急救为人人"的理念深入人心；进一步维护和提升了红十字会的社会公信力，统一打响"红十字应急救护培训"品牌。

（四）用于支持教育事业发展项目

不同项目的培训，使具有不同优势和特长的骨干教师在不同的教学岗位，以不同的方式发挥骨干带头作用，这对于提高农村教师队伍素质、加强乡村教师队伍建设、推进义务教育均衡发展、促进基础教育改革，以及提高教育质量均具有重要意义，对全省基础教育改革发展也有着巨大的推动作用。该项目取得了良好的社会效益。

（山西省财政厅供稿）

2021年中央专项彩票公益金支持内蒙古自治区社会公益事业发展项目实施情况

一、总体情况

（一）公益金使用规模

2021年，财政部下达内蒙古自治区中央专项彩票公益金支持地方社会公益事业发展专项资金（以下简称"中央专项资金"）5 139万元。国家的大力支持为内蒙古自治区公益事业发展注入强大动力，极大地改变了自治区部分地区社会公共服务设施落后的面貌，让人民群众感受到中央专项彩票公益金的"助力添彩"。

（二）资助项目情况

2021年，内蒙古自治区严格执行《中央专项彩票公益金支持地方社会公益事业发展资金管理办法》（财综〔2021〕21号）规定，使用中央专项彩票公益金支持地方社会公益事业发展项目6个，惠及学前教育、残疾人事业、社会公益、党建活动四个方面。具体资助项目如下：

1.学前教育类建设项目2个。

包头市东河区复生幼儿园、赤峰市宁城县存金沟乡中心园共投入中央专项资金1 579万元。根据《国家中长期教育改革和发展规划纲要（2010-2020年）》《国务院关于当前发展学前教育的若干意见》要求，学前教育要坚持公益性和普惠性的原则，坚持政府主导，并提高公办幼儿园占比。目前随着经济社会快速发展和国家鼓励生育政策的出台，现有的学前教育资源满足不了辐射范围内适龄儿童入学的需求，新建幼儿园2所，受益学生450人，可以在一定范围内解决幼儿"入园难"的问题。

2.残疾人事业类项目1个。

呼和浩特市武川县特殊教育学校建设项目投入中央专项资金560万元。该项目可有效提升特殊教育办学条件，满足特殊教育教学的需求，工程竣工后可开设9个班级，为残疾儿童掌握一定的生活技能、补偿缺陷、学会生活、回归社会提供了良好的学习生活环境。

3.社会公益类项目2个。

额尔古纳殡仪馆附属设施建设项目投入中央专项资金720万元。该项目殡葬服务范围覆盖周边45公里，涉及总人口4万人。呼伦贝尔额尔古纳市作为全市唯一的土葬区，在丧葬过程中，受传统思想和封建迷信的影响，铺张浪费较严重。传统丧葬习俗与文明安葬的冲击、殡葬服务项目的不足与群众不断提高对丧葬服务质量的要求的矛盾日趋凸显，进行殡葬改革工作迫在眉睫。

锡林郭勒盟苏尼特左旗职工之家项目投入中央专项资金980万元。该建筑包含单层文化宫及三层职工服务中心。单层文化宫包括男女更衣室、洗手间、淋浴室、配电室、休闲篮球场、排球场、羽毛球场、乒乓球以及台球等活动场地，三层职工服务中心包含户外劳动者服务站、劳模展厅、综合服务窗口、党建活动室、职工培训教室等。该项目的实施将充分发挥工会的职能作用，改善全旗职工文体活动条件。

4.党群活动类项目1个。

兴安盟阿尔山市神泉党群活动中心投入中央专项资金1 300万元，内部设置一站式服务大厅、文体活动中心、调解室、书画室、图书室、棋牌室、青少年活动中心，志愿者之家等功能用房。该项目将完善党群活动中心内部建设，不断增强基层党组织的领导力和凝聚力。

二、项目实施情况

为充分体现中央专项彩票公益金支持地方社会公益事业发展项目资金真正惠民、利民的成效，内蒙古自治区本着公开、公平、公正原则选择项目，突出重点，回应民生关切，坚持精准投入，统筹协调，充分发挥财政资金的撬动作用，推动内蒙古自治区公益事业补齐短板，扶强培优。2021年，在疫情和部分地区环境条件恶劣的影响下，各项目主管部门、实施单位积极作为、克服困难，加快项目进度，各项目均符合招投标和项目申请预期要求，且已按计划要求合理推进，在施工过程中严格按照行业要求和设计规范进行监督和施工，绝大多数项目均已开工建设并初见成效，工程竣工交付使用指日可待。

内蒙古自治区财政厅严格按照《财政部关于印发中央专项彩票公益金支持地方社会公益事业发展资金管理办法的通知》（财综〔2021〕21号）要求，切实加强中央专项彩票公益金支持地方社会公益事业发展资金管理，强调与地方财政资金统筹安排使用，形成资金合力，注重公益事业受惠人群多，集中力量办大事，防止"撒胡椒面"，确保中央专项资金用在"刀刃"上，花在"关键"处。一是加强制度执行。严格落实财综〔2021〕21号文件精神，并要求各盟市认真贯彻执行。二是加强分配管理。自治区严格按照规范的程序开展项目评审，聘请各类专家对项目进行全方位评审，确保支持优质项目。三是加强使用管理。要求各盟市专款专用，加快项目建设进度，充分发挥中央专项资金引领、带动作用和公益金社会效益。四是加强绩效管理。要求盟市在申报项目时报送绩效目标表，在分配下达资金后定期反馈项目进展情况，汇总形成区域绩效目标表与区域绩效自评报告，完善项目全流程绩效管理工作。

三、项目成效情况

2021年度中央专项彩票公益金支持内蒙古自治区社会公益事业发展项目的竣工和使用，将提升全区公共设施服务能力，丰富人民群众精神文化生活，改善生活环境，促进社会福利、教育、文化等事业的全面发展。

社会公益事业的投入弥补了多方面社会切实需要。学前教育的投入，积极促进和推动了地区基础教育发展，为提高全民素质，培养适应社会发展、符合社会建设需求的更多、更优人才奠定基础。残疾人教育的投入，不仅能保障学生正常开展教学活动，还能培养残疾学生生活自理能力，解决部分残疾学生的就业问题，同时促进地方社会公益事业的发展，为进一步扩大特殊教育资源，改善特殊教育学校办学条件，提高特殊教育发展水平，贡献了重要的"公益金力量"。殡仪馆附属设施建设，将全面提高当地殡葬服务质量，使整个丧葬过程成为文明、健康、进步的活动；项目运行后，可以有效地减少土地浪费，减轻丧户的费用支出，改变破坏生态环境等丧葬陋习，社会效益十分显著。职工之家的建设，为各级工会开展文体活动提供基础保障，努力营造职工群众参与文化活动、人人共享文化成果的良好氛围。党群活动中心打通了宣传群众、教育群众、关心群众、服务群众的"最后一公里"。

中央专项彩票公益金支持内蒙古自治区社会公益事业发展项目的实施进一步彰显了彩票公益金的国家性、公益性、人民性，弥补了自治区社会公益事业的"短板"，支持了困难行业和弱势群体，推动了全区社会公益事业发展。与此同时，自治区社会公共服务能力也在逐步提升，公益事业基础设施条件不断改善，机构承载服务能力不断增强，人民群众受益明显，群众的获得感、幸福感显著增强。

（内蒙古自治区财政厅供稿，温冰洁执笔）

2021年中央专项彩票公益金支持黑龙江省社会公益事业发展项目实施情况

一、使用规模和资助项目

2021年，财政部下达黑龙江省中央专项彩票公益金支持地方社会公益事业发展资金7 285万元，主要用于两个方面：一是安排6 285万元，用于民办养老机构建设及运营补贴；二是安排1 000万元，用于支持烈士纪念设施维修改造。

民办养老机构建设及运营补贴是对按标准建设、依规定运营的新增养老服务机构床位，每张床位给予2 000元的建设补贴，补助资金3 098.40万元。按入住满一个月的老年人实际占用床位数，每月每张床位给予100元的运营补贴，省里负担50%，补助资金3 262.32万元。以上两项资金共6 360.72万元，扣除清算上年结余75.72万元，2021年下达补助资金6 285万元。

烈士纪念设施维修改造是对省级烈士纪念设施的烈士墓、烈士纪念碑、烈士纪念馆（精英祠展馆、纪念堂、烈士事迹展览馆）、烈士骨灰堂、烈士塔（祠、亭）、纪念雕塑、烈士英名墙、纪念广场等维修改造予以补助，其他维修改造所需资金由当地政府负责；对任务比较重的县（市）参照该补助范围予以适当补助（本次补助比例约为支持项目所需资金的75%）。2021年下达资金1 000万元。

二、执行情况

（一）民办养老机构建设及运营补贴

1. 因疫情原因，有24个机构未完成施工建设（扩建），或已建设完成但因疫情而未能进入机构核床，或手续不合格，未发放建设补贴。财政为2020年全省符合一次性建设补助条件的113家民办非营利养老机构新增床位10 022张发放一次性建设补贴2 004.4万元。

2. 2021年疫情养老机构封闭管理，老人入住机构意愿降低，实际入住人数未达到预期入住人数，部分市、县预估人数不准确。财政为2020年全省符合运营补助条件的1 178家民办非营利养老机构发放运营补贴2 862.02万元。

3. 全省按实际情况拨付资金4 866.42万元，预算执行率为77.43%。

（二）烈士纪念设施维修改造

支持6个烈士纪念设施维修改造项目。预算执行率为100%。

因东北气候寒冷，工程建设施工期较短，目前克山县、同江县2个项目已完成施工，其他工程建设正在实施中，预计2022年9月底前完工验收。

三、实际效果

一次性建设补助在一定程度上改善了民办养老机构服务环境，有效提升养老服务能力。养老机构运营补助鼓励和支持了民办养老机构健康可持续发展。

烈士纪念设施通过修缮改造，整体建设管理保护水平得到进一步提升；传承和弘扬英雄烈士精神，培育和践行社会主义核心价值观，爱国主义和国防教育阵地作用得到进一步发挥。

（黑龙江省财政厅供稿）

2021年中央专项彩票公益金支持安徽省社会公益事业发展项目实施情况

2021年，财政部安排安徽省中央专项彩票公益金支持地方社会公益事业发展项目资金8 049万元。根据全省地方社会事业发展实际和彩票公益金管理使用有关规定，经过认真研究，安徽省决定将此项资金用于县（区域）级特困供养服务设施改造提升项目和安徽省美术馆陈列布展及开馆项目。其中：县（区域）级特困供养服务设施改造提升项目安排4 025万元，安徽省美术馆陈列布展及开馆项目安排4 024万元。同年6月，省财政将项目资金及时分解并下达到省文旅厅和各地民政部门。

一、县（区域）级特困供养服务设施改造提升项目实施情况

2021年，根据民政部、发展改革委、财政部《关于实施特困人员供养服务设施（敬老院）改造提升工程的意见》（民发〔2019〕80号）及省民政厅、省发改委、省财政厅《安徽省特困人员供养服务设施（敬老院）改造提升三年行动计划（2020-2022年）》（皖民养老字〔2020〕40号）等文件精神，安徽省利用中央专项彩票公益金继续推进县（区域）级特困供养服务设施改造提升。通过该项目，全省计划改造不少于80个敬老院作为县（区域）级特困供养服务设施（敬老院），改建不少于3 200张普通养老床位，改造不少于5 600张照护型床位。根据测算，项目实施需要安排资金约4 000万元，实际安排资金4 025万元。

截至2021年年底，全省共改造完成178个敬老院作为县（区域）级特困供养服务设施（敬老院），改建普通养老床位3 687张，改造照护型床位6 924张，各市所辖县（区域）级特困人员供养服务设施改造提升完成率超过80%，全省县（区域）级失能半失能特困供养人员集中供养能力将得到大幅提升。

项目资金使用符合国家财经法规、财务管理制度以及有关专项资金管理办法的规定，项目实施质量达到相应质量要求。项目实施符合地方实际情况，特困供养老年人生活状况得到改善，生活质量有明显提高，群众满意度较高，失能、半失能特困人员满意度超过90%，达到了预期目标。

二、安徽省美术馆陈列布展及开馆项目实施情况

安徽省美术馆项目为省公益文化惠民的重点工程和文化强省标志性项目之一。2021年，根据省委、省政府的要求，安徽省积极推进省美术馆开馆准备工作，包括主题展览布展、完善公共空间文化特色装饰、购置调湿系统等专用设备设施，以及保障开馆与向公众免费开放等。根据测算，项目实施需要安排资金约4 000万元，实际安排资金4 024万元。

安徽省美术馆是一座传统与现代交融、科技与艺术结合的建筑群，承担着美术收藏、展览、研究、交流合作、公共教育和文化服务等重要职能，是安徽规模最大、功能最全的现代化、公益性美术馆。在开馆之际，共计安排7个专题展览。他们分别是：韩美林艺术展、青春万岁：新中国美术的青年时代——中央美术学院美术馆藏品专

题展、马克·夏加尔：物色之梦数字艺术展、安徽省重大历史题材美术作品展、新安画派特展、安徽现代美术名家作品展和安徽当代工艺美术作品展。通过此次开馆展览，安徽省美术馆积极回应社会公众对艺术之美的追求和期待，弘扬传统、讴歌时代，着力推出丰富多彩的美育教育活动，持续开展高水平的学术研究，引领社会公众认识美、感受美、发现美、创造美。

今后，安徽省美术馆将充分发挥美术在服务经济社会发展中的重要作用，为社会公众提供丰富优质的文化服务，把美术成果更好地服务于人民群众的高品质生活需求，展现中国精神、时代气象、安徽风格，着力将省美术馆办成人民满意的美术馆，为建设现代化美好安徽做出积极贡献。

（安徽省财政厅综合处供稿，张飞执笔）

2021年中央专项彩票公益金支持福建省原中央苏区社会公益事业发展项目实施情况

2021年，财政部下达福建省中央专项彩票公益金支持原中央苏区社会公益事业项目资金9 900万元。根据原中央苏区社会公益事业建设发展需要，该专项资金用于补助福建省原中央苏区社会公益事业项目共计27个，涵盖全民健身、文化、卫生医疗、社会福利、生态环保等领域。

一、彩票公益金使用规模情况

福建省财政厅充分发挥中央专项彩票公益金的政策扶持和引导作用，2021年，下达中央专项彩票公益金支持7个设区市原中央苏区社会公益事业项目资金9 900万元，全力支持省原中央苏区社会公益事业发展项目的建设和提升，具体是：下达福州市430万元、宁德市1 808万元、泉州市430万元、漳州市1 482万元、龙岩市1 808万元、三明市2 134万元、南平市1 808万元。

二、资助项目情况

2021年，在27个获得中央专项彩票公益金补助的社会公益事业项目中，全民健身类11个、文化类9个、卫生医疗类1个、社会福利类1个、生态环保类5个。具体资助项目及资金额如下：

1. 福州市资助罗源县岐阳体育馆、田径场建设项目430万元。

2. 三明市资助三元龙舟游乐港（龙舟公园）项目326万元，永安巴溪两岸景观改造提升项目326万元，明溪县滴水岩红色旅游景区提升改造工程项目400万元，清流县公共体育标准田径跑道和足球场建设项目326万元，宁化县长征学院（一期）建设项目430万元，泰宁县城区健身步道及健身设施项目326万元。

3. 泉州市资助南安市疾控中心迁建项目430万元。

4. 南平市资助邵武市福山森林公园基础设施建设工程项目430万元，光泽县新博物馆陈列布展设计施工项目400万元，政和县工人文化建设项目326万元，顺昌县仁寿镇群众活动场馆项目326万元，松溪县中国湛卢冶金博物馆项目326万元。

5. 漳州市资助芗城革命历史博物馆基础配套建设及展厅布展施工一体化项目326万元，云霄县开漳公园项目430万元，诏安县非物质遗产铁枝木偶文化项目326万元，南靖县全民健身步道项目400万元。

6. 龙岩市资助上杭县"重走红军路"徒步交通旅游项目430万元，长汀县体育中心项目400万元，新罗区龙津河北岸滨河绿道项目326万元，永定区文秀新城（文秀数字产业园）公益设施建设项目326万元，武平县公共文化服务中心项目326万元。

7. 宁德市资助蕉城霍童线狮馆建设项目326万元，福安市潭川湖生态园全民休闲健身工程项目400万元，寿宁县育英阁环溪步栈道建设提升项目430万元，霞浦县下浒镇全民健身中心项目326万元，柘荣县全民健身漫步道（二期）工程项目326万元。

三、执行情况

福建省财政厅严格按照《中央专项彩票公益金支持地方社会公益事业发展资金管理办法》

《福建省财政厅关于印发〈2021年中央专项彩票公益金支持我省原中央苏区发展项目申报办法〉的通知》规定进行资金的分配管理，专款专用，并加强对项目管理及资金使用的监督。建立绩效运行动态监控机制，对项目建设情况进行抽查和督促落实。各级财政部门及时开展中央专项彩票公益金专项资金转移支付项目绩效评估，提升项目效益。

截至目前，补助项目都在有序建设中，5个项目已建成并投入使用；已投入使用的项目建设质量合格率达100%，资金使用合规率达100%。

四、投入使用项目实际成效

中央彩票公益金支持的原中央苏区社会公益事业发展项目的建设，有效带动了社会资本投入5 000多万元。对补助项目的实施效果和满意度调查显示，受益群众的满意度均在95%以上，达到预期目标。社会公益事业发展项目的投入使用，进一步促进了社会福利、文化、教育和体育等事业的全面发展，有效带动项目周边片区经济社会文化发展。以下是两个效果比较好的已投入使用项目的实际成效。

1. 明溪县滴水岩红色旅游景区提升改造工程项目。2021年，该项目使用中央专项彩票公益金400万元，为居民提供了良好的旅游休闲活动场所，壬寅虎年春节假期，明溪滴水岩红色旅游景区以全新姿态推出"梦幻滴水岩，探秘玉虚洞"，持续引爆明溪旅游市场，实现明溪旅游业态开门红。据不完全统计，春节假期滴水岩红色旅游景区日均接待游客近万人次，同比增长75.6%，带动旅游消费同比增长126%。

2. 邵武市福山森林公园基础设施建设工程项目。2021年，该项目使用中央专项彩票公益金430万元。目前已完成新建登山步道3公里、4个避雨凉亭以及1个休息长廊等设施建设，为市民提供了良好的健身休闲活动场所，日均人流量在5 000人次以上，大大改善了城市健身登山步道条件，形成分布合理、使用方便、较为完整的登山步道系统。

在中央专项彩票公益金的支持下，涵盖多个民生领域的社会公益事业项目的落地，极大地改善了福建省原中央苏区社会公益事业基础配套设施，有效提升了社会公益机构服务能力和水平，切实增强了人民群众的获得感和幸福感。

（福建省财政厅供稿，舒晓磊执笔）

2021年中央专项彩票公益金支持江西省赣南等原中央苏区社会公益事业发展项目实施情况

一、基本情况

"十三五"时期，财政部下达中央专项彩票公益金11.55亿元，支持江西省建设102个社会公益事业项目，至2021年绝大部分项目均已完工并投入使用。2021年，财政部再次下达中央专项彩票公益金17 300万元，支持江西省赣南等原中央苏区社会公益事业发展项目总计182个，其中：民政福利类项目72个、全民健身类项目39个、助残类项目9个、社区建设类项目42个、其他类项目50个。2021年设定完工项目目标67个，支持民政福利类项目建设数量26个；支持全民健身类项目建设数量17个；支持助残类项目建设数量4个；支持社区类项目建设数量16个，其他类项目4个。

二、主要做法

（一）及早谋划支持方向

在"十四五"项目申报上，江西省早着手、早准备，组织各设区市提前谋划，立足解决原中央苏区底子薄、基本公共服务水平不高的问题，重点考虑养老事业供需矛盾突出、残疾人事业服务紧缺和体育事业发展落后等问题，会同民政、残联、体育等部门共同研究商讨"十四五"时期社会公益事业发展重点，确定"十四五"时期中央专项彩票公益金重点申报方向。

（二）扎实抓好项目储备

在申报项目选择上，各地财政局统筹各部门"最短板""最需要""最受益"的社会公益事业项目作为中央专项彩票公益金申报项目。如赣州市在资金下达前就建立了《赣州市"十四五"中央专项彩票公益金项目库》，共储备项目579个，并按轻重缓急和项目准备情况进行了排序，其中：民政类项目483个，体育类项目88个，残疾人康复托养类项目8个。

（三）严格规范项目管理

为进一步规范和加强中央专项彩票公益金支持赣南等原中央苏区社会公益事业发展资金管理，顺利实施好"十四五"中央专项彩票公益金支持江西省社会公益事业项目建设，省财政厅及时制定了《江西省财政厅关于印发〈江西省中央专项彩票公益金支持赣南等原中央苏区社会公益事业发展资金管理办法〉》（赣财综〔2021〕17号），同时要求各有关设区市也分别制定了项目资金管理办法。

三、取得的成效

中央专项彩票公益金项目的建设，极大地改善了江西省赣南等原中央苏区社会公共服务设施落后的面貌，有力推动了赣南等原中央苏区脱贫攻坚、同步全面小康步伐，切实提升了群众的幸福感和获得感，提高了市民对彩票公益金"取之于民、用之于民"的认同感。"十三五"时期至今，江西省赣南等原中央苏区社会福利设施供需矛盾得到缓解。通过中央专项彩票公益金的支持，赣南等原中央苏区已新建光荣院、综合福利院、敬老院43个，新增建筑面积达29万平方米，新增床位6 300余张，缓解了原有光荣院、敬老院、综合福利院床位少及缺口大的矛盾。新建乡村"幸福之家"121个、社区养老服务中心6个，城乡养老条件得到极大改善；残疾人康复托养条件得到持续改善。新建残疾人托养（康复）中心14所、新增建筑面积5.65万平方米，新增床位532张。助残服务能力不断提升。全民健身活动场所得到较大提升。新建全民健身及体育场所50个、新增建筑面积109.02万平方米，农民体育健身工程覆盖率也得到了大幅提高，全民健身基础设施得到进一步改善。

（江西省财政厅供稿）

2021年中央专项彩票公益金支持山东省沂蒙革命老区社会公益事业发展项目实施情况

一、资金使用规模

2021年，财政部拨付山东省中央专项彩票公益金支持地方社会公益事业发展资金（以下简称"中央专项资金"）4 500万元，用于支持山东省沂蒙革命老区社会公益事业发展项目建设。其中，用于支持教育事业发展项目1 000万元，占比22.2%；用于支持文化事业发展项目900万元，占比20%；用于支持其他社会福利事业发展项目2 600万元，占比57.8%。在中央专项资金的带动下，地方财政及社会资本累计投入5.4亿元，有力支持了沂蒙革命老区社会公益事业发展。

二、资金资助项目

2021年，中央专项资金用于实施社会公益事业发展项目共计5个。具体情况如下：

（一）社会福利类项目2个

主要是新建养老服务、医疗康养机构及购买配套设施，完善硬件建设，改善居住环境，提高服务水平，扩大养老服务供给能力。具体项目情况：临沂市罗庄区罗庄街道中心敬老院总投资5 100万元，使用中央专项资金900万元，地方财政安排资金4 200万元；日照市五莲县康福家园项目总投资44 310万元，使用中央专项资金1 000万元，其他资金43 310万元。上述项目建成后，可新增床位1 200余张，实现老年人、残疾人康复医疗、长期医疗护理一站式服务。

（二）残疾人类项目1个

即临沂市河东区天使国际特教学校康复病房楼项目。该项目建筑面积7 000平方米，总投资2 260万元，使用中央专项资金700万元，其他资金1 560万元。项目建成后能够满足300余名残疾儿童同时进行康复，规模和治疗效果在国内领先，并成为全国特殊教育"医教结合"学术交流、教学实践点。

（三）教育类项目1个

济宁市泗水县龙城小学分校建设项目。该项目总投资6 000万元，使用中央专项资金1 000万元，地方财政安排资金5 000万元。项目建成校舍建筑面积1.5万平方米，可新增小学36个教学班、学位1 620个，辐射周边受益人口24万人以上，将有效满足学校周边适龄儿童入学需求。

（四）文化类项目1个

临沂市蒙阴县博物馆建设项目。该项目建筑总面积5 766平方米，一层文物库房区面积2 100平方米，二、三层文物展览展示区面积3 491平方米。布展项目总投资约5 620万元，使用中央专项资金900万元，地方自筹资金4 720万元。

三、项目执行情况

截至2021年年底，中央专项资金4 500万元已全部拨付到位，实际支出3 900万元，预算执行率为82.2%。主要原因是受疫情、冬季大气污染防治等因素影响，部分项目工期拖后或需根据项目实施进度和验收情况拨付资金。支持建设的5个项目中，3个项目已完工，2个项目尚在建设中。其中，泗水县龙城小学分校项目于2021年11月完成招标、签订施工合同并进场施工，目前处于在建状态，预计2022年底前完工；临沂市罗庄区罗庄街道中心敬老院项目因建设规划变动，重新办理了立项审批手续，导致工程进展延后，预计2022年年底完工。

四、社会效益

中央专项资金支持的项目中，既有为老年人、残疾人等弱势群体服务的敬老院、医养康复中心等特定公益机构，又有开阔眼界、提升素质的博物馆项目，还有提升教育保障能力的小学项目，有效满足了沂蒙革命老区人民生活及养老优抚等方面的公共服务需求，社会效益十分显著。

山东是人口大省、农业大省、优抚大省，社会公益事业发展"短板"较多，资金需求很大。山东省将根据实际情况，进一步加大对山东省革命老区社会公益事业发展的资金支持，按照"取之于民、用之于民"的原则，加强资金管理，提高资金使用效益，确保中央专项资金承载的利民惠民政策落实到位，造福广大人民群众。

（山东省财政厅综合处供稿，刘海涛执笔）

2021年中央专项彩票公益金支持河南省社会公益事业发展项目实施情况

一、资金规模

为加强资金统筹，坚持集中财力办大事原则，2021年，河南省统筹中央专项彩票公益金支持地方公益事业发展资金（以下简称"中央资金"）12 569万元和部分省级统筹彩票公益金（以下简称"省级资金"）14 726万元，共计27 295万元，集中支持建设一批医养结合项目，助力补齐养老服务民生"短板"。

二、资助项目

国家"十四五"规划和2035年远景目标纲要提出"实施积极应对人口老龄化国家战略"。2019年，国务院印发《关于实施健康中国行动的意见》（国发〔2019〕13号），要求"推进医养结合"。为贯彻落实中央精神，2019年，河南省政府印发《关于推进健康中原行动的实施意见》（豫政〔2019〕26号），将"推进医疗卫生和养老服务融合发展"作为一项重要专题列入主要任务，并明确要求"加大财政投入力度"，确保落实工作任务。2021年，省委书记楼阳生在郑州调研社区居家养老工作时明确要求"推进医疗、医药、医保、医养、医改'五医联动'"。为贯彻落实党中央、国务院和省委、省政府决策部署，切实解决医养结合服务设施缺乏和服务能力偏低等制约河南省城镇社区养老服务体系发展的现实难题，我们统筹中央资金和省级资金，集中支持以下项目。

2021年，为加快提升河南省医养结合服务能力和水平，满足老年人多元化健康养老服务需求，河南省财政厅会同省卫生健康委、省民政厅在全省范围内开展医养结合示范项目试点工作，采取竞争性评审的方法，分两批择优确定83个示范项目，其中：服务能力提升项目56个，在建项目23个，新建项目4个。对纳入医养结合示范试点范围的项目，省财政根据每张养老床位3 000元和每平方米养老服务设施建筑面积1 000元的定额补助标准，按照统一公式测算分配补助资金，共需安排补助资金38 992万元；2021年，按照70%的比例先行下达资金共计27 295万元，其中中央资金12 569万元、省级资金14 726万元，专项用于支持医养结合设施建设、设备配置和健康养老信息化建设等方面，剩余30%的资金待示范项目完成试点任务并通过省级验收后予以拨付。

三、执行情况

（一）资金执行情况

为加强资金监管，保障资金安全、规范、高效使用，依托在线监控系统，通过"制度+技术"手段，对补助资金从下达到拨付实施全流程跟踪监管，实现财政资金全过程可监控、可追溯。2021年，省级财政共计下达医养结合示范项目补助资金27 295万元，全年实际支出17 131.4万元，支出进度62.7%。其中：中央资金12 569万元全部支出，支出进度100%；省级资金支出4 562.4万元，支出进度30.9%。

（二）项目实施情况

按照年初计划，56个能力提升项目和23个在建项目计划工期12个月，预计于2022年8月底前完成；4个新建项目计划工期18个月，预计于

2023年2月底前完成。为加强项目建设管理，推进项目加快实施，省财政联合省卫健委、省民政厅印发通知，就加强项目建设管理和严格绩效运行监控提出具体要求，并建立激励约束机制；建立工作台账，按月汇总各地绩效运行信息，全面掌握项目单位施工建设进度；不定期开展实地核查，督促指导项目推进，确保按期、保质、保量完成绩效目标。截至2021年年底，共计21个项目提前完工，占83个示范项目总额的25.3%，并已全部投入使用，其中：新增护理型床位8 182张，新增（改造）养老服务设施建筑面积378 805平方米。

四、实际效果

针对河南省医养结合服务设施不足、服务能力偏低，难以有效发挥对居家社区养老服务支持作用和保障老人健康养老需求的现实难题，河南省旨在通过支持养老机构设立医疗机构、医疗机构设立养老机构、医养共同体建设，培育一批综合能力强、社会效益好、群众满意度高的医养结合示范项目，补齐养老服务设施"短板"，加快提升河南省医养结合服务能力和水平，满足老年人多元化健康养老服务需求。已建成并投入使用的21个项目，社会经济效益显著，入住老年人和家属满意度持续提升，居民满意度较高，引领带动作用发挥效益明显，有力提升了全省医养结合服务能力和水平，较好实现了年初既定目标。

（河南省财政厅综合处供稿，李莉执笔）

2021年中央专项彩票公益金支持湖北省社会公益事业发展项目实施情况

一、彩票公益金使用规模

2021年,中央下达湖北省专项彩票公益金支持地方社会公益事业发展资金7 606万元,用于居家适老化改造和公办养老机构改扩建等养老事业方面,资金已全部拨付到位。

二、资助项目情况

该项资金专项用于支持特殊困难老年人居家适老化改造和公办养老机构改扩建等养老事业方面。具体用于支持属于湖北大别山、湘鄂渝黔革命老区范围的45个县(市、区)的5 286户特殊困难老年人居家适老化改造和13个县级社会福利院或失能特困人员供养服务机构项目建设,以及1个少数民族联系点农村福利院改扩建,提升特困供养老人护理服务质量,改善居家养老环境。

三、资金执行情况

2021年,中央下达湖北省专项资金7 606万元,全部下达符合条件的革命老区,无迟拨、滞拨现象。其中,拨付45个县(市、区)的5 286户特殊困难老年人居家适老化改造项目资金1 057万元,拨付13个县级社会福利院或失能特困人员供养服务机构项目建设资金6 500万元,拨付1个少数民族联系点农村福利院改扩建49万元。各市县实际执行6 602万元,结余1 004万元,执行率为86.79%。结余资金按照有关规定结转到2022年继续使用。

四、实际效果

实际执行中,湖北省充分发挥中央专项资金的示范带动作用,撬动了更多地方资金和社会资源投入社会公益事业发展。为进一步规范预算资金管理,充分发挥资金使用效益最大化,通过日常督办、季度督查和专项检查等形式,对各地转移支付资金使用范围、使用管理、使用绩效、养老服务体系进展成效等一并进行综合检查评估,并及时反馈评估中发现的问题,提出改进措施和建议。各项目完成情况较好,有力支持了革命老区地区的养老事业发展。

在中央专项资金支持和地方财政、社会力量共同投入下,2021年,湖北省共建设革命老区地区公办养老机构13个,其中建成11个、在建2个。对5 286户特殊困难老年人家庭进行了居家适老化改造,项目验收合格率为100%,建设和改造设施均达到国家标准和行业标准合格率。各项目建设和改造工作任务的及时完成,弥补了当地养老服务基础设施不足,特殊困难老年人居家养老环境改善情况明显提高。从上门回访情况来看,改造对象及家属满意度指标达到90%以上。

(湖北省财政厅供稿)

2021年中央专项彩票公益金支持湖南省社会公益事业发展项目实施情况

一、中央下达专项彩票公益金预算情况

2021年,财政部《关于下达2021年中央专项彩票公益金支持地方社会公益事业发展资金预算的通知》(财综〔2021〕20号)安排湖南省2021年中央专项彩票公益金10 169万元,用于支持地方社会公益事业发展。

年度资金总体绩效目标:促进全省社会公益事业快速发展,社会养老服务质量明显提升,全民健身体育事业蓬勃发展,群众精神文化生活进一步丰富,社会公益事业"短板"得到有效弥补。

二、湖南省资金分解下达和管理使用情况

根据《湖南省财政厅关于下达2021年中央专项彩票公益金支持地方社会公益事业发展资金的通知》(湘财综指〔2021〕8号)及时下达中央专项彩票公益金10 169万元:一是安排市县5 169万元,用于支持各市县社会公益事业发展;二是安排支持全省残疾儿童康复救助项目5 000万元。

资金使用管理方面,根据《财政部关于印发〈中央专项彩票公益金支持地方社会公益事业发展资金管理办法〉的通知》(财综〔2021〕21号)、《湖南省省级财政专项彩票公益金管理办法》(湘财综〔2017〕22号)、《湖南省省级财政专项彩票公益金绩效管理办法》(湘财综〔2017〕38号)等文件规定,规范中央专项彩票公益金使用管理、提高资金使用绩效。市县也根据各地实际制定了公益金管理办法和绩效管理办法。

三、资助项目情况及实际效果

2021年度中央专项彩票公益金使用突出重点,弥补"短板",重点支持民政福利类、体育类、文化类及其他社会公益项目,促进全省社会公益事业均衡发展。共建设完成424个社会公益项目,其中支持民政福利类项目120个、支持体育类项目194个、支持文化类项目62个、支持其他社会公益项目48个。

中央专项彩票公益金的投入:一是养老服务质量明显提升,支持养老服务项目96个,新建或改建场所52个,受益群众超10万人;二是全民健身体育事业蓬勃发展,支持体育类项目194个,新建或改建场所163个,举办全民健身群众体育活动1 000余场,受益群众超30万人;三是群众精神文化生活进一步丰富,支持文化类项目62个,新建或改建场所55个,受益群众超30万人;四是残疾人等困难群体生活水平显著提高,为全省4 780名0-6岁残疾儿童提供了机构训练、手术矫治、辅具适配等基本康复服务,改善残疾儿童功能状况,不断提高残疾儿童生活自理能力和社会参与度。中央专项彩票公益金项目的实施,有效弥补了湖南省社会公益事业"短板",解决了各地一些突出的民生问题,助力乡村振兴,推进全省社会公益事业快速发展,彩票公益属性进一步得到彰显。

(湖南省财政厅综合处供稿,李慧娟执笔)

2021年中央专项彩票公益金支持广东省原中央苏区社会公益事业发展项目实施情况

2021年,中央专项彩票公益金支持广东省社会公益事业发展项目资金共计安排3 500万元。在中央财政的大力支持下,广东省社会公益事业进一步发展,民生福祉进一步增进,充分发挥了中央专项彩票公益金的使用效益。

一、资金分配使用情况

广东省高度重视中央专项彩票公益金支持地方社会公益事业发展项目资金的规范管理使用。按照资金管理办法规定以及财政部有关工作要求,中央财政安排广东省的项目资金主要用于支持省内原中央苏区有关区县社会公益事业发展。

为切实管好、用好有关项目资金,省财政按照"突出重点、补齐'短板'、严格审核、绩效优先"的原则,通过因素法对资金进行合理分配。主要分配因素包括人均可支配财力、资金需求金额、项目类型等。具体分配情况:韶关市(南雄市)241万元、河源市(和平县、龙川县、连平县)740万元、梅州市(梅江区、蕉岭县、平远县、兴宁市、大埔县、五华县)2 480万元、潮州市(饶平县)39万元。

资金分配至各区县后,按照要求安排用于建设养老机构、儿童福利机构、流浪乞讨救助机构等社会公益事业项目,后续将继续督促相关地方在确保项目规范、安全的前提下,加快项目建设和拨款进度,确保资金使用效益。

二、支持项目建设情况

2021年,中央专项彩票公益金支持广东省原中央苏区社会公益事业发展的项目总数达27个,其中养老领域15个项目、儿童领域6个项目、社会救助领域3个项目、殡葬领域3个项目。具体项目情况如下:

(一)养老领域15个项目

包括韶关市南雄市湖口镇、全安镇、帽子峰镇、澜河镇、百顺镇、南亩镇、乌迳镇、界址镇、雄州街道敬老院基础设施建设及设备购置项目,河源市龙川县隆街镇、元善镇、陂头镇敬老院基础设施建设及设备购置项目,梅州市梅江区西郊街道居家养老服务中心、大埔县医养服务中心、平远县养老中心建设项目。

(二)儿童领域6个项目

包括韶关市南雄市儿童福利院基础设施建设项目,梅州市儿童福利院设施设备升级改造项目,大埔县、五华县、蕉岭县儿童福利院档案室建设项目,兴宁市儿童资料档案室建设项目。

(三)社会救助领域3个项目

包括河源市龙川县流浪乞讨人员保护机构建设项目,潮州市饶平县救助管理站改建项目,梅州市五华县救助服务站和未成年人救助保护中心建设项目。

(四)殡葬领域3个项目

包括韶关市南雄市、河源市龙川县、梅州市大埔县殡仪馆设施设备升级改造项目。

三、加强资金管理情况

(一)制度为纲

严格落实彩票公益金、中央专项彩票公益金支持地方社会公益事业发展资金管理有关要求,采取因素法科学分配项目资金,按照规定的资金支持范围规范使用,全程加强对项目资金管理。

(二)强化绩效

及时制定和报送中央专项彩票公益金支持广东省原中央苏区社会公益事业发展资金区域绩效目标,将绩效目标与项目资金同步下达市县,按照财政部有关要求,严格做好项目资金绩效自评、结果应用、绩效公开等工作,确保各项绩效目标如期保质实现。

(三)关注执行

密切关注项目资金执行情况,推动市县切实加快资金下达和执行进度,对部分资金执行进度较慢的项目加强督促,力求及早发挥中央专项彩票公益金使用效益。

(广东省财政厅供稿,李良恒、刘烨执笔)

2021年中央专项彩票公益金支持广西壮族自治区社会公益事业发展项目实施情况

一、使用规模

2021年,财政部下达广西中央专项彩票公益金支持地方社会公益事业发展项目资金(以下简称"中央专项彩票公益金")9 064万元。

二、资助项目

2021年,广西中央专项彩票公益金主要用于5个方面,具体如下:

1. 安排市级特殊教育学校建设项目2 200万元,用于支持梧州市、北海市、百色市、玉林市、贺州市等5个市新建特殊教育学校教学楼。

2. 安排民政服务及养老服务机构建设项目1 699万元,主要用于支持社区精神障碍患者康复、乡镇社会工作服务站项目建设、福利医疗机构和养老服务中心服务能力提升项目。其中,创新支持形式,对乡镇(街道)社会工作服务站项目以政府购买服务的方式,引入社会工作专业力量开展社会工作服务,服务对象包括困境老年人、留守儿童、事实无人抚养儿童等,服务内容涵盖社会救助、人民调解、社区矫正、安置帮教、禁毒戒毒等。

3. 安排县级医疗机构能力提升项目1 700万元,着力解决桂林市资源县、梧州市龙圩区等7个县(市、区)医疗机构设施设备不足、诊疗环境较差等问题。

4. 安排体育公园(中心)建设项目1 350万元,用于支持柳州市鱼峰区、桂林市恭城瑶族自治县等7个县(市、区)新建全民健身体育场所,满足当地群众健身需求。

5. 安排残疾人事业发展补助项目2 115万元。其中,安排残疾人服务设施设备补助项目215万元,重度残疾人家庭无障碍改造项目1 000万元,残疾人精准康复基本辅具适配项目900万元。

三、执行情况

中央专项彩票公益金于2021年6月下达各省(区、市),目前部分项目还处于投资评审或政府采购阶段;部分项目正在施工,资金按工程进度付款。截至2021年年底,中央专项彩票公益金共支出6 063.75万元,支出进度66.9%。

四、项目社会效益

(一)残疾儿童学生受教育权利得到保障

支持5所特教学校开展建设,开工建设(新建)面积1.1万平方米,新增已交付建筑面积0.83万平方米,有效改善了特殊教育学校办学条件,残疾儿童少年义务教育入学水平进一步提高。

(二)残疾人生活质量有效提升

改善和消除残疾人家庭生活障碍,提高残疾人生活品质,使残疾人更有尊严地生活,促进残疾人全面实现小康;改善残疾人功能状况,增强生活自理和社会参与能力,进一步满足受助残疾人基本辅具需求;改善残疾人服务设施的服务能力,提高残疾人康复和托养服务水平。

(三)养老服务体系进一步完善

通过支持养老服务机构建设和改善基础设施,消除了风险隐患,老年人照护能力得到有效提升。

(四)特殊困难群体归属感、获得感持续提高

依托乡镇(街道)社工站建设,培养了一批

服务于少数民族边疆地区的本土社会工作者，助力提升民生服务能力和社会治理水平，提升困难群体的归属感和幸福感。

（五）群众体育健身场地供给明显增加

提高全区公共体育服务水平，实现和保障了人民群众基本体育健身权益，给全区体育设施建设、赛事活动举办，促进和谐社会发展带来巨大的推动作用，有效提高群众获得感和幸福感。

（六）县级专科医院服务水平和诊疗能力得到提升

通过支持一批县级专科医院建设，医院规模进一步扩大，病床数和医疗设备数量增加，有效提升医院综合服务水平，给予当地居民更好医疗保障服务，满足群众诊疗需求。

（广西壮族自治区财政厅综合处供稿，
曾庆伟执笔）

2021年中央专项彩票公益金支持海南省社会公益事业发展项目实施情况

一、彩票公益金使用规模

2021年，依据《财政部关于下达2021年中央专项彩票公益金支持地方社会公益事业发展资金预算的通知》（财综〔2021〕20号），安排海南省中央专项彩票公益金8 590万元，用于支持海南省地方社会公益事业发展。

经省政府同意，海南省财政厅依据《海南省财政厅关于下达2021年中央专项彩票公益金支持社会公益事业发展资金的通知》（琼财综〔2021〕642号）分配下达了全部8 590万元中央补助资金。

二、资助项目情况

全年支持文化体育类项目2个。一是海南省琼中县体教融合产业发展（琼中女足）示范区风雨足球场2 322万元；二是省图书馆二期（东楼）开馆设施设备购置和改造1 208万元（该项目已列入2021年政府工作报告的工作任务，属于省会城市十大标志性公共文化设施工程）。

支持民政福利类项目2个。一是根据2021年政府工作报告"健全社会保障"的支持方向，安排全省残疾儿童康复救助项目（覆盖19个市县）1 500万元；二是安排全省养老服务设施改造提升项目（覆盖8个市县）1 200万元。

支持教育类项目1个。根据2021年政府工作报告"加快教育事业发展"的支持方向，安排海南师范大学附属中学综合楼项目2 360万元。

三、资金执行情况

中央专项彩票公益金8 590万元已全部拨付到位，拨付率为100%。

四、实际效果

中央专项彩票公益金对全省社会福利、文体、教育等社会公益事业给予了大力支持，有力补充海南省社会公益事业建设资金不足，对带动全省经济社会文化不断提升发挥了重大作用；增进了民生福祉，体现了彩票公益金使用的公益性，提高了群众的满意度。

（一）教育和文体设施（场所）条件得到明显改善

2021年，海南师范大学附属中学综合楼项目于7月31日正式开工建设，2021年已完成地下室结构施工工程，2 360万元资金已于当年全部支出。该项目对于解决海南省江东新区高中学校硬件基础设施不足、满足当前及未来生源需求、弥补全省现代化教育设施及教学配套设施"短板"具有重大意义。琼中县体教融合产业发展（琼中女足）示范区风雨足球场的建设，不仅对提升海南省中部市县文体基础设施水平、增强体育运动群众参与度奠定了基础，更有利于打造好海南省琼中女足这一"金字招牌"，带动足球俱乐部、足球培训等逐步形成规模，促进海南省足球产业的可持续发展。海南省图书馆为全面贯彻落实习近平总书记关于多读书、读好书、善读书的精神，全面落实文化惠民政策，开展丰富多彩的系列文化活动，助推"书香海南"建设等提供了有力支持。

（二）推动残疾儿童康复救助，实现"应救尽救"

在残疾儿童康复救助方面，坚持以人民为中

心，患儿生活条件境况显著改善。2021年，中央专项彩票公益金支持海南省社会公益事业资金，覆盖全省19个市县，对0-6岁孤独症、脑瘫、智力"三类"儿童抢救性康复，对残疾儿童尽早进行康复训练，使得残疾儿童生理机能恢复取得显著成效，提高了残疾儿童生活自理能力，实现了对"三类"儿童康复训练应救尽救的目标，充分利用残疾儿童康复训练的黄金时段，有效改善了残疾儿童生存状况，减轻了残疾患儿的家庭压力及社会负担，使残疾患儿及家长切身感受到了党和国家的温暖和关怀。

（三）社会公益机构的服务能力持续提高

除海南省人民医院、海南省妇女儿童医学中心等公立医疗机构外，为了向残疾儿童提供就近就便的康复服务，按照受助对象的康复意愿，2021年中央专项彩票公益金也支持社会公益机构向"三类"儿童提供康复救助服务，如海南省天意特殊教育培训中心、海口雨润特殊儿童教育培训中心、儋州市好多多儿童康复培训中心、儋州市西部格言特殊教育培训学校、儋州市筑梦儿童康复服务中心及陵水县的明天综合康复门诊部等。在中央彩票公益金的支持下，相关社会公益机构的服务能力得到显著提高，立足公益之路的信心更足、干劲更大。

（四）受益人群满意度高

2021年，财政部第一次将海南省纳入中央专项彩票公益金支持地方社会公益事业发展资金补助范围。一年来，通过中央专项彩票公益金支持海南省社会公益事业相关项目的实施，群众对所涵盖的社会福利、体育、教育等领域的项目广泛关注，受益群众多，受益面积大，社会反映非常好，群众满意度较高。综合各市县上报绩效报告情况，全省受益人群满意度达到90%以上。

（海南省财政厅供稿）

2021年中央专项彩票公益金支持重庆市社会公益事业发展项目实施情况

一、彩票公益金资金使用规模

根据《财政部关于下达2021年中央专项彩票公益金支持地方社会公益事业发展资金预算的通知》（财综〔2021〕20号）有关规定，中央下达重庆市资金预算为4286万元。

重庆市按照因地制宜、突出重点的原则，把资金集中用在补齐"短板"的社会公益事业项目上。重点支持20个经济欠发达区县，主要考虑当地残疾人数、65岁及以上老年人数、义务教育阶段学生数、基层医疗卫生机构数、公共文化机构数、留成公益金和转移支付依存度等因素分配。重庆市财政局于2021年7月印发《重庆市财政局关于下达2021年中央专项彩票公益金支持区县社会公益事业发展资金预算的通知》（渝财综〔2021〕38号），全部下达至20个经济欠发达区县。

二、资助项目

按照向贫困地区和革命老区倾斜的精神，重庆市2021年度中央彩票公益金支持地方社会公益事业发展项目资金全部使用于支持20个经济欠发达区县（含7个革命老区县）公益事业发展项目，主要涉及养老助弱机构建设、基础教育学校设施设备更新维护、学前教育建设、乡镇居民文化场所建设、村居便民设施建设等社会公益性事业发展项目56个。其中：新建城口县葛城街道梧桐社区养老站、开州区温泉镇养老服务中心等乡镇养老院6处，提档升级潼南区崇龛镇养老服务中心、武隆区白马失能特困人员集中照护中心等敬老助残场所22处，整修垫江县双溪等村居便民服务中心16所，支持丰都县乡镇广播系统和文化场所建设，新建巫山县白杨幼儿园、秀山县清溪街道孝溪小学公办幼儿2所，对梁平区礼让镇学校、垫江县一中、石柱县民族中学等5所学校场所设施设备进行修缮，对奉节县健康扶贫医疗救助、南川区乡镇卫生院购置进行补助，改扩建巫溪县公益性盼官山公墓墓穴420个，新建酉阳县和南川区村级便民道路14公里、桥梁1座、便民路灯30盏。

三、执行情况

项目资金管理严格按照财政部要求，规范运作，严格监管，与主管部门和执行单位分工协作，各司其职。一是建立绩效目标管理和运行动态监控制度，所有预算资金文件均附加项目绩效目标表，纳入对项目实施单位的考核；二是预算资金均纳入国库集中支付系统管理，并按照中央专项资金管理要求，预算执行年限不得超过两年，未完成的预算指标一律实行零结转；三是项目实施单位在加强预算执行的同时，还要严格按照政府采购程序、政府购买服务要求等，予以公开公示。

四、使用效果

支持养老服务中心、失能特困人员集中供养中心等养老助弱项目，惠及人口数万人，极大地改善了经济欠发达区县养老助弱基础设施和公共服务水平，提高了居民生活条件；支持教育设施设备建设更新项目满足了适龄儿童教学需求；支持乡镇广播系统和文化场所建设项目，有效满足服务对象物质和精神文化的需要，同时也促进了人们交流和沟通需求；支持村居道路硬化、便民路灯安置等项目，解决了群众出行"最后一公里"的难题，乡村人居环境得到改善，带动了乡村旅游和夏季避暑、冬季赏雪等乡村产业发展。

同时，村居道路硬化、人行便道、便民路灯等项目，促使人居环境得到进一步改善；用于社会福利、体育、教育、红十字、残疾人、文化，以及其他社会公益事业项目持续运营时间不低于8年，充分彰显社会公益性，取之于民，用之于民。

中央专项彩票公益金支持地方社会公益事业发展的项目，使得人民群众真正得到了实惠，得到了广大人民群众的普遍欢迎和拥护。

（重庆市财政局供稿）

2021年中央专项彩票公益金支持四川省社会公益事业发展项目实施情况

一、资金规模和资助项目

2021年，中央财政下达四川省中央专项彩票公益金支持地方社会公益事业发展项目资金13 006万元，主要用于两个方向：一是区域性养老服务中心项目10 006万元；二是社会公益类项目（殡葬）3 000万元。具体情况如下：

安排中央彩票公益金10 006万元资助新建区域性养老服务中心7个，计划新增养老床位1 390张。其中：绵阳市游仙区信义镇区域性养老服务中心1 080万元，新增床位150张；自贡市沿滩区瓦市区域性养老服务中心1 440万元，新增床位200张；攀枝花市米易县撒莲镇区域性养老服务中心1 080万元，新增床位150张；内江市东兴区综合养老服务中心二期（失能老人照护楼）2 446万元，新增床位340张；广安市岳池县坪滩敬老院（区域服务中心）1 440万元，新增床位200张；广安市武胜县失能老人照护中心1 440万元，新增床位200张；内江市隆昌市县级失能特困人员养老护理院新建1 080万元，新增床位150张。

安排中央彩票公益金3 000万元资助古蔺县茅溪镇等40个农村公益性墓地建设。

二、项目执行情况

（一）资金到位情况

四川省在收到中央财政补助资金后，严格落实《四川省省级财政性资金管理决策程序规定》，资金分配方案通过省政府常务会审定后下达，分区域预算绩效目标同步批复。及时完成资金分配下达工作，并按照有关政策足额落实地方资金，资金到位率100%。

（二）项目管理情况

1. 加大对中央彩票公益金补助的市（州）、县（市、区）项目抽样审计力度，综合考虑抽审市（州）覆盖面和抽审资金量进行安排。将中央专项彩票公益金支持的基本建设项目纳入四川省民政领域基本建设项目监测机制，直到建成投入使用，实现全过程监测。

2. 持续完善制度建设。主管部门制定出台《四川省民政厅预算绩效管理办法（试行）》及事前绩效评估、绩效运行监控、绩效评价、绩效评价结果应用等四个实施细则，确保彩票公益金"花得好""能见效"。

3. 信息公开和标识使用管理。不断完善彩票公益金信息公开内容，让社会各界一目了然，督促指导各地彩票公益金资助项目在显著位置悬挂"彩票公益金资助——中国福利彩票和中国体育彩票"标识，把标识应用作为公示信息重要内容管理，主动接受人民群众、社会各界和新闻媒体的监督，不断提升彩票公益金项目的公信度和影响力。

三、项目完成情况

受新冠肺炎疫情阶段性突发影响，各地项目前期筹备工作时限普遍延期、开工计划不断推迟或间歇性停工。目前区域性养老服务中心7个项目完成开工前准备工作，正在加紧建设中，已建立台账跟踪资金进度并加强督导；40个新建农村公益性墓地已完成14个，其余正在抓紧施工，已建立台账跟踪进度并加强督导。

四、项目实施效果

通过实施新建养老机构项目，进一步扩大了养老服务有效供给，推动了养老服务供给结构不断优化、养老服务质量持续改善，有效满足了老年人多样化、多层次养老服务需求，老年人获得感、幸福感、安全感明显提升；通过实施农村公益性墓地建设，切实解决了乡村群众遗体、骨灰安葬安放问题，有效治理散埋乱葬现象。

五、彩票公益金支持项目典型案例

2021年5月，为深入学习贯彻习近平总书记关于养老服务的重要指示精神，落实积极应对人口老龄化国家战略部署，加强养老服务人才队伍建设，推动养老服务高质量发展，民政部、人力资源和社会保障部决定联合举办全国养老护理职业技能大赛（以下简称"全国大赛"）。全国大赛分为地市级及计划单列市或副省级城市选拔赛、省级选拔赛、全国决赛三个阶段。为做好大赛相关工作，四川省遂宁市民政局、市人力资源和社会保障局联合举办遂宁市首届养老护理职业技能竞赛（以下简称"遂宁竞赛"），遂宁市社会福利院作为全国大赛和遂宁竞赛的主要承办单位。

（四川省财政厅供稿）

2021年中央专项彩票公益金支持贵州省社会公益事业发展项目实施情况

一、资金安排总体原则

根据中央专项彩票公益金用于扶持社会公益事业的用途要求，结合贵州省"十四五"社会公益事业发展需求，积极推动与提升人民获得感、幸福感紧密相关的社会公益事业加快发展，选取基础较为薄弱，亟待改善的相关公益事项进行扶持。

1. 聚焦民生事业"短板"。按照"缺什么，补什么"、"建一个，成一个"原则安排资金，实行一次性补助，支持教育、民政、体育等社会公益事业领域的薄弱环节，推动增进民生福祉。

2. 坚持以绩效为导向。对申报项目严格绩效目标和指标设置。对支持项目进行事前评估、事中监督和事后评价全过程绩效管理。

3. 注重把好项目准入关。选取已批准立项，或已开工建设，或主体工程已完工的项目给予支持。扶持的项目不得新增地方政府债务。

二、项目和资金安排情况

2021年，中央专项彩票公益金支持贵州省社会公益事业发展资金3亿元。按照项目安排原则，经相关省级主管部门和省财政投资部门审核，确定中央专项彩票公益金支持以下类社会公益项目：

1. 教育事业方面：支持包括幼儿园、义务教育阶段学校及普通高中学校的综合楼、教学楼、图书馆、学生宿舍等建设，共计27个项目，金额11 433.19万元。

2. 民政事业方面：支持包括养老、儿童、殡葬及社会工作4类，共计12个项目，金额7 708.42万元。

3. 体育事业方面：支持包括体育场、体育馆等公共体育设施及体育器材器械配置2类，共计9个项目，金额7 424.22万元。

4. 残疾人事业方面：支持省残疾人康复医院、省残疾人托养中心建设及省残疾人康复医院提质改造，共计3个项目，金额1 729.28万元。

5. 卫生事业方面：支持2个县级医院建设项目，金额1 704.89万元。

项目安排具体如下表所示：

	项目类别	补助项目个数	其中：已完工项目个数（个）	补助金额（万元）
教育项目	教学楼、图书馆、学生宿舍等建设	27	10	11 433.19
民政项目	民政项目合计	23	7	7 708.42
	养老机构项目	5	2	2 956.66
	儿童福利机构项目	6	5	2 611.76
	殡葬设施设备更新改造	11		1 500
	社会工作和志愿服务站	1		640
体育项目	体育项目合计	9	1	7 424.22
	体育场馆等公共体育设施	8	1	6 277.67
	省十一运会竞赛器材	1		1 146.55
残联项目	残联项目合计	3	2	1 729.28
	康复医院、托养中心建设	2	2	115.02
	康复医院提质改造	1		1 614.26
卫生项目	县级医院建设	2		1 704.89
合计		64	20	30 000

三、项目实施情况及成效

2021年，中央专项彩票公益金支持贵州省社会公益事业建设的64个项目中，已建设完成20个，在建44个，部分项目已提前投入使用，及时发挥了社会效益。

通过财政资金引导带动，充分发挥中央资金"四两拨千斤"的作用，由中央专项彩票公益金资助的贵州省教育、民政、体育、卫生、残疾人事业等领域的公共资源配置水平得到了进一步提高，为贵州社会公益事业高质量发展奠定了坚实基础。

1. 教育公益事业方面。通过中央专项彩票公益金支持，对地方各阶段教育基础设施的薄弱环节进行补充，进一步改善地方学校办学条件，推动了地方教学质量提升和学位供给增加。

2. 民政公益事业方面。通过中央专项彩票公益金对民政公益事业的支持，在一定程度上盘活了养老服务资源，补充了儿童福利服务设施"短板"，推进了殡葬基本公共服务提质增效，提升了基层社会工作服务能力。

3. 体育公益事业方面。通过对体育场馆、体育公园以及具有地方特色的体育项目的支持，进一步增加了群众身边公共体育设施供给，改善了群众健身运动环境，为贵州省即将举办的第十一届运动会提供了设施保障。

4. 残疾人公益事业方面。支持省残疾人托养中心和省残疾人康复医院建设及提质改造，进一步满足了全省残疾人的康复托养需求，提升了省级残疾人康复托养机构的康复治疗及托养能力，充实了残疾人职业康复、社会康复、心理康复等服务功能。

5. 卫生事业方面。重点支持脱贫后基础不牢的三穗县、台江县县级医院建设，更大限度地满足了人民群众看病就医需求，提升医疗服务质量，对巩固健康扶贫成果，促进社会和谐发展发挥了积极作用。

四、组织保障措施

（一）强化部门协作和制度建设

贵州省财政厅会同省教育厅、省体育局、省民政厅、省卫生健康委员会、省残疾人联合会等省级主管部门，对项目的申报和审核及时进行认真研究，压实职责分工，对发现的问题及时提出对策和意见。经商相关省级主管部门，省财政厅制定了《"十四五"时期中央专项彩票公益金支持贵州社会公益事业发展资金管理办法》，进一步规范资金管理，科学、合理组织项目实施。

（二）加强全过程绩效管理

将绩效目标设置作为项目预算安排的前置条件。根据项目实际情况，科学反映项目核心产出、经济和社会效益等指标，合理设定指标值，确保绩效目标的完整性和规范性，对绩效目标实现程度和预算执行进度实行"双监控"。加强绩效评价结果应用，督促资金使用单位认真整改绩效评价中发现的问题，确保绩效目标保质保量完成。

（二）加强项目督查力度

省财政厅会同相关省级主管部门抓好项目建设督查，要求各地按时报送项目建设进度，由省级主管部门牵头，不定期组织专项督查，及时发现和解决问题，进一步推动预算执行和项目建设。

（贵州省财政厅供稿）

2021年中央专项彩票公益金支持云南省社会公益事业发展项目实施情况

2021年，云南省财政厅本着"公益性、平衡性、补短板"的原则，聚焦重点区域、重点项目和突出问题，向"补短板"的社会公益事业倾斜，充分发挥中央专项彩票公益金支持地方社会公益事业发展的保障和助推作用。

一、彩票公益金使用规模

2021年6月，财政部下达云南省2021年中央专项彩票公益金支持地方社会公益事业发展资金预算6 735万元，专项用于支持云南省社会公益事业发展。

二、资助项目

云南省财政厅严格按照《中共中央 国务院关于全面实施预算绩效管理的意见》（中发〔2018〕34号）、《中央专项彩票公益金支持地方社会公益事业发展资金管理办法》（财综〔2021〕21号）等规定，将中央专项彩票公益金支持地方社会公益事业发展资金与地方留成彩票公益金统筹安排，重点向"补短板"的社会公益事业项目倾斜，向困难行业和弱势群体倾斜，用于云南省社会公益事业发展的薄弱环节和领域。2021年，云南省统筹安排中央专项彩票公益金支持地方社会公益事业发展资金预算6 735万元，支持社会公益事业项目210个，主要用于农村综合性活动场所建设、农村公益性基础设施建设、农村中小学体育设施建设和基层老年人活动场所建设。资助项目分布在16个州（市）102个县（市、区），覆盖210个自然村，受益人数达251 934人。

三、执行情况

（一）预算执行情况

云南省财政厅统筹考虑本地区不同区域、人群、领域的社会公益事业需求。2021年7月9日，云南省财政厅以《云南省财政厅关于下达中央专项彩票公益金支持地方社会公益事业发展资金预算的通知》（云财综〔2021〕31号）在规定时限内全部分配下达各州（市）、省直管县（市）财政部门，其中昆明市748万元、昭通市507万元、镇雄县136万元、曲靖市530万元、宣威市139万元、楚雄州446万元、玉溪市308万元、红河州567万元、文山州525万元、普洱市483万元、西双版纳州265万元、大理州530万元、保山市257万元、腾冲市83万元、德宏州205万元、丽江市286万元、怒江州169万元、迪庆州190万元、临沧市361万元。

在下达资金的同时，分解下达绩效目标。各级财政部门严格按照绩效管理有关规定，加强预算绩效目标管理，做好绩效运行监控和绩效评价、强化绩效评价结果应用，切实提高财政资金使用效益。截至2021年12月31日，中央专项彩票公益金支持地方社会公益事业发展资金预算实际支出2 912.22万元，结转3 822.78万元。

（二）项目实施情况

为规范和加强中央专项彩票公益金支持地方社会公益事业发展资金管理，做好项目组织实施工作，严格按照批复的预算执行，云南省财政厅认真指导各州（市）财政部门做好中央专项彩票公益金支持地方社会公益事业发展项目库建设，加强项目的申报、审核和管理。在单位申报项目时，均提交编制完整、符合相关规定的项目规划。在项目实施过程中，各级财政部门协同社会公益事业主管部门及时督促项目单位加快实施进度。针对进度较慢的项目，开展实地检查。重点检查是否严格按照项目申报的建设内容实施，是否擅自变更实施内容，是否严格按照专项资金管理要求独立核算、专款专用等问题，保证项目尽快竣工并投入使用。结合预算执行进度，选取部分州（市）县项目，现场蹲点，调研督导，加强对资金管理、使用的监督和指导。截至2021年年底，中央专项彩票公益金支持地方社会公益事业发展资金资助项目210个，其中：已完工45个，在建161个，延期动工4个。完工项目均全部通过验收。

四、实际效果

通过项目实施，有效改善了困难地区群众的生活质量，促进各民族和谐发展，保障了困难地区人民群众能从彩票公益金项目中受益，年度总体绩效目标基本完成。

中央专项彩票公益金补助项目的顺利推进，取得显著的社会效益，彰显了国家彩票"来之于民、用之于民"的发行宗旨，体现了党和政府对农村、农民的关怀，使党群、干群和城乡关系更加密切，极大地丰富了基层群众的业余文体生活，群众参与文体活动的积极性不断提高，民族文化发展和繁荣得以不断推进。

实施的项目，有效地改善了欠发达地区群众生活质量，提升困难地区公共服务均等化水平，缩小了城乡差距，为促进社会和谐稳定、文明进步创造了良好环境，作出了积极贡献，受到了广大农村和农民的普遍欢迎和赞扬。调查显示，群众对项目满意度达96.38%。

（云南省财政厅供稿）

2021年中央专项彩票公益金支持西藏自治区社会公益事业发展项目实施情况

一、中央专项彩票公益金支持西藏社会公益事业发展资金使用规模

2021年,依据《财政部关于下达2021年中央专项彩票公益金支持地方社会公益事业发展资金预算的通知》(财综〔2021〕20号),下达西藏自治区中央专项彩票公益金预算资金45 000万元,用于支持西藏社会公益事业发展。截至2021年年底,西藏自治区已安排下达资金45 000万元,其中用于支持社会福利事业资金13 714万元、用于支持公共体育事业资金8 186万元、用于支持残疾人事业资金3 100万元,用于支持县城污水处理及收集系统工程项目资金20 000万元。

二、中央专项彩票公益金支持西藏社会公益事业建设项目实施情况

一是社会福利项目。支持全区38个社会福利事业项目发展,共安排资金13 714万元。其中:支持农村社区综合服务站(农村幸福院)项目10 200万元,在12个边境县新建34个农村幸福院;支持县级特困人员集中供养服务机构提升改造项目4个,安排资金3 514万元。

二是体育事业项目。支持全区2个公共体育事业发展项目,安排资金8 186万元。其中:支持山南市体育馆建设资金4 000万元;支持那曲市体育馆建设资金4 186万元。

三是残疾人事业项目。支持自治区19个残疾人公益事业发展项目,安排资金3 100万元。其中:支持残疾人康复人才能力提升项目120万元,自治区残疾人康复中心设备购置及附属配套项目350万元;支持6个已建县级残疾人综合服务中心业务设备购置及附属配套项目1 200万元,每个县200万元;支持2个已建市级残疾人康复中心、托养中心设施设备、附属配套项目800万元,每个市400万元;支持7地市重度残疾人生活辅助器具采购项目130万元;支持2个地市重度贫困残疾人家庭无障碍辅具(卫浴等设施)改造建设项目500万元。

四是其他社会公益事业项目。支持自治区8个县城污水处理及收集系统项目,安排资金20 000万元,其中:拉萨市900万元,山南市1 906万元,林芝市3 728.33万元,昌都市5 544万元,那曲市5 671.67万元,阿里地区2 250万元。2021年,8个彩票公益金支持项目中那曲市有2个项目,拉萨市、阿里地区各有1个项目,共计4个项目完成建设。

西藏自治区特殊的地理环境、气候条件决定区内基建项目施工期短,且受项目前期准备、手续繁杂等因素影响,2021年只有4个项目完工,其余建设项目都在按照既定目标有序实施。

三、中央专项彩票公益金支持西藏自治区社会公益事业建设项目产生的效益

(一)经济效益

2021年,中央专项彩票公益金支持社会公益事业项目的实施,能有效拉动投资、消费需求,为企业发展提供机遇。一定程度上推动养老服务、残疾人事业、体育事业、地方建筑业、建材业等相关产业发展,也带动了运输业、金融业、

服务业等相关产业发展。项目在建设过程中，就地用工，促进当地群众的就业，增加城乡居民收入，给当地带来了明显的经济效益。

（二）社会效益

中央专项彩票公益金支持社会福利事业项目的实施，进一步完善了全区社会福利体系，有效改善了老人、孤儿、残疾人等特殊群体的硬件基础设施和软件条件，切实增强了该群体的自我发展能力，推动了全区公益事业的健康发展。县城污水处理项目的实施，有效改善了城市居民的居住环境。整体项目极大地改善了项目地群众的生产生活条件，扩大了受益覆盖人口，有效提高了高原人民的获得感、幸福感和安全感，在促进固边兴边富民等方面发挥了积极作用。

（三）生态效益

项目在执行过程中基本保持生态平衡和生态系统的良性、高效循环，未对自然环境产生不利影响。与此同时，彩票公益金支持的县城污水处理项目的实施，完善了城市污水管网，使城市污水得到了有效处理，城市卫生环境得到改善。

（西藏自治区财政厅供稿）

2021年中央专项彩票公益金支持陕西省社会事业发展项目实施情况

一、基本情况

2021年,中央下达陕西省专项彩票公益金6 496万元,全年共实施项目86个,主要涉及民政福利、体育、残疾人等6个领域。其中:民政福利类项目33个,共安排资金2 275万元;体育类项目14个,共安排资金1 120万元;残疾人类项目6个,共安排资金445万元;文化教育类项目26个,共安排资金2 090万元;生态环境类项目4个,共安排资金360万元;其他社会公益类项目3个,共安排资金206万元。

二、项目实施效果

2021年,在中央专项彩票公益金的大力支持下,陕西省围绕经济社会发展中的公益性项目,将中央专项彩票公益金重点用于支持养老、体育、残疾人、生态环境等项目。从执行情况看,各地收到中央专项彩票公益金后,按规定用途专款专用,相关责任单位能严格按照项目内容及时组织实施。通过支持养老服务体系建设,进一步完善民政福利类相关设施设备,提升当地养老事业发展水平。各地社会事业"短板"项目的实施,有效改善了群众生产生活质量,扩大群众受益面,弥补了当地社会公益事业欠账。此外,对革命老区、困难行业和弱势群体的生产生活环境进行提升改造,促进当地社会公益事业持续发展。

三、具体项目实施情况

(一)西安市莲湖区"虚拟养老院"办公运营场所提升改造项目

该项目总投资1 369万元,建成面积约1 000平方米,受益人数9万余人。其中,安排中央专项彩票公益金110万元。"虚拟养老院"内现设有老年活动中心、智慧课堂、调度中心、中央厨房、老年餐厅、健康小屋六大项服务区域,既丰富了辖区内老年人的业余生活,又增强了老年人日常生活的体验感。

(二)宝鸡市儿童福利院康复训练室项目

该项目于2021年10月开始施工,总投资247万元,其中中央专项彩票公益金60万元。该项目的实施有利于社会残疾儿童的康复训练,为患有脑瘫、自闭、语言发育、生长发育迟缓等疾病的儿童提供有效康复治疗。

(三)宝鸡市社会福利院老年公寓维修改造项目

该项目总投资337万元,其中中央专项彩票公益金50万元,于2021年10月开始施工。项目主要内容是改造、加固院墙体,重建地面防滑设施,增加墙体扶手、全院监控设施及养老型床位。该项目的实施有利于保障和提高院内已供及代养人员的安全防护水平、生活质量和医疗水平,在现有基础上增加收养床位数量,为社会提供更多养老服务资源。

(四)宝鸡市残联综合服务中心建设项目

该项目总投资380万元,其中中央专项彩票公益金160万元,该项目包括服务中心院内地面整体硬化、楼道的亮化、美化装修、会议室及办公区整体装修、卫生间无障碍升级等。该项目的实施为宝鸡市22.1万残疾人提供了就业、康复、教育培训等方面的服务,极大地改善了宝鸡市残疾人综合服务设施不足的状况，提升宝鸡市为残疾人服务的整体能力和质量。

（五）宝鸡市眉县凉阁村中心敬老院建设项目

该项目总投资45万元，其中中央专项彩票公益金30万元。该项目主要对原西凉阁村委会旧址进行改造升级，修建活动室、餐厅、灶房等功能室七间及相关配套设施建设，建筑面积220平方米。项目的实施对辖区内空巢老人、留守老人、残疾老年人、困难老年人的物质生活和精神生活有积极的促进作用，进一步提高了辖区老年人的幸福指数。

（六）宝鸡市岐山县凤鸣区域敬老院改造提升项目

该项目总投资300万元，其中中央专项彩票公益金120万元。该项目包括旱厕改智能水厕、新建公共洗浴室、新建后厨储藏室、老年公寓楼吊顶、暖气片、墙面及地面更新改造防滑处理。项目建成后将大幅提升入住农村特困老人的生活环境、生活质量，养老服务兜底保障体系更加完善，养老质量再上新台阶，积极推进了岐山县养老事业的跨越式发展，体现出良好的社会效能。

（七）宝鸡市凤县留凤关敬老院提升改造项目

该项目总投资200万元，其中中央专项彩票公益金60万元。该项目包括为敬老院公寓加装卫生间、改造相关附属设施、安装喷淋灭火器等内容，服务中心院内地面整体硬化，楼道的亮化、美化装修，会议室及办公区整体装修，并对卫生间进行了无障碍升级。该项目的实施极大地改善了凤县留凤关区域农村特困人员集中供养服务质量，为失能和半失能老人提供了更好的生活环境，提升了老人们的幸福感和获得感。

（八）汉中市留坝县古营盘旅游研训基地足球场建设项目

该项目占地面积约36 860平方米，主要建设内容包括：新建国际标准化天然草坪足球场、400米标准环形塑胶跑道，配建足球场看台348.37平方米、辅助用房400平方米；新建5人制天然草坪足球场4个，配套建设排水、供电管网及绿化、监控、照明、消防、电子显示屏等设施。项目概算总投资3 805万元，其中：中央专项彩票公益金补助资金70万元，争取地方财政补助及其他资金支持3 735万元。

（九）渭南市临渭区盈田小学校园系统集成及校园部室配套教学提升建设项目

该项目总投资1 079.65万元，其中中央专项彩票公益金补助60万元，地方财政补助1 019.65万元。项目于2021年6月开始实施，2021年9月中旬完工并投入使用。项目主要建设内容包括：校园基础网络建设1项、校园安全监控系统建设1项、校园无线网络建设1项、校园广播系统建设1项、多功能报告厅1间、会议室1间、党员活动室1间、教师办公室7间、学生图书阅览室1间、教师阅览室1间、心理咨询室1间、活动室1间、音乐器材室1间等21个部室建设。项目建设完成后，大大改善了学校办学条件，解决了附近居民群众就近入学难问题，全面提升了学生的文化教育、体质教育，推进了城乡教育教学条件的改善，提高了群众、学生、教师对临渭教育教学的满意度。

（十）渭南市合阳县残疾人康复中心建设项目

合阳县残疾人康复托养中心，总投资1 340万元，其中2021年中央专项彩票公益金支持投入65万元。建筑面积3 600平方米，设计为四层框架结构：一层为儿童康复区，二层为各类肢体残疾人康复治疗区，三层为听力、智力、精神残疾人康复区；四层为管理服务区。建成后的合阳县残疾人康复托养中心将成为全市唯一产权自有、规模最大、设计规范、功能齐全、设计一流、技疗合一的残疾人康复托养中心，有利于残疾人事业，有利于增强综合服务能力，有利于提高残疾人生活水平，为合阳县残疾人康复工作奠定了坚

（十一）渭南市合阳县城关街道办白灵村文化广场建设项目

该项目安排中央专项彩票公益金100万元，改造建筑项目面积4 785平方米，该村1 477人受益，文化基础设施改造为白灵村群众提供了体育健身娱乐等文化活动场所，有效改善乡村精神文明，提高了群众生活质量。

（十二）渭南市华阴市5人制社会足球场建设项目

华阴市5人制社会笼式足球场，位于华阴市体育运动中心内，占地2 000平方米，总投资300万元，其中中央专项彩票公益金支持社会公益事业发展资金60万元，项目于2021年4月施工，2021年8月竣工。该项目的建成，丰富了广大居民体育生活，增强了广大人民群众的身体素质，深受人民群众的认可和喜爱。

（十三）渭南市白水县老年养护院提升改造项目

白水县老年养护院改造提升项目安排中央彩票公益金60万元，项目建筑面积1.3万平方米，设计床位385张，修建的特护室、图书室、娱乐休闲室，为老年人的起居提供了宽敞、明亮、舒适的生活条件，让老年人住得舒心。

（十四）商洛市山阳县老年养护院提升供养能力项目

山阳县老年养护院于2017年3月承建，总投资700万元，属公办性质的民生福利项目。2021年，安排中央福利彩票公益金75万元，通过政府采购，购置老年护理床100张，主要用于失能、半失能老人特殊护理照料。该项目的实施有利于促进社会养老服务水平提升，使服务做到精准化、精细化；有助于促进供养能力提升，引领全县养老事业向高标准、高要求方向发展。

（十五）安康市岚皋县城北社区日间照料中心简介

该项目安排中央彩票公益金60万元，主要用于城北社区老年人日间照料，日间照料中心建设面积640平方米，已于2021年9月正式投入使用。日间照料中心按照建设要求设立厨房、餐厅、文体活动室、休息室、阅览室、康复锻炼室、健康咨询室、心理疏导室、书画室、棋牌室、舞蹈室等，采取多种形式为辖区老年人提供休闲娱乐、膳食供应、生活照料等服务，可以读书、看报、聊天、娱乐、健身，吃饭有餐厅，累了有休息室，身体不适可以找医生，满足了社区居家老年人日常的养老需求，完善了老年服务体系。同时，为丰富辖区内老年人生活，中心还开展助餐、助浴、助医及委托照料等服务，每逢重大节日开展联欢会一次，每月组织小型活动一次；每季度开展为老服务活动一次，提高老人的获得感和幸福感。

（十六）咸阳市三原县西阳镇西北村排污渠改造建设项目

该项目共安排资金175万元，其中中央彩票公益金75万元，自筹资金100万元。主要修建排硝渠1 700米以及管网铺设和绿化工程。2021年6月动工建设，2021年底竣工，2022年投入使用。该项目的实施，受益群众达450户1 935人。项目完成后对改善环境、卫生和空气质量起到了重要的推动作用，提高了农民生活质量，完善了农村基础设施功能，为进一步深化城乡环境综合治理和创建生态乡镇奠定了基础。

（陕西省财政厅供稿，简宏仓执笔）

2021年中央专项彩票公益金支持甘肃省社会公益事业发展项目实施情况

一、资金管理及分配情况

为加强资金管理，提高资金使用效益，根据《中央专项彩票公益金支持地方社会公益事业发展资金管理办法》（财综〔2021〕21号），省财政厅及时修订了《甘肃省中央专项彩票公益金支持地方社会公益事业发展资金管理办法》，规定专项资金主要用于甘肃省社会福利、体育、残疾人等社会公益事业项目，明确了项目库管理、资金分配、资金使用、公告标识、绩效评价、监督管理等要求。省财政厅采取因素法分配资金，设定了上年度中央专项彩票公益金绩效评价结果、彩票公益金上缴额、财政困难程度、地区常住人口等因素及相应权重，测算分配下达市（州）补助额度；市（州）财政局根据省上下达的预算指标，采取项目法，从县（市、区）财政局建立的中央彩票公益金支持社会公益事业发展资金项目库中，研究确定具体扶持项目及补助金额，并将资金分配文件向省财政厅报备。2021年，财政部下达甘肃省中央专项彩票公益金7 975万元，全省共扶持社会公益事业项目42个，其中：社会福利类项目8个，补助资金1 713万元；公共体育类项目24个，补助资金4 639万元；残疾人类项目10个，补助资金1 623万元。

二、项目管理及实施情况

专项资金实行"项目库"管理制度，省财政厅负责指导市（州）、县（市、区）财政局建立本地区项目库；市（州）、县（市、区）财政局会同相关主管部门组织本地区社会福利、体育、残疾人等社会公益项目申报、审核、评审及入库储备管理等工作；要求市（州）、县（区）财政局严格核实项目情况，审核申报资料，确保项目真实、可行、合规。县（市、区）项目单位根据同级财政局拨付的资金，制定项目建设管理制度，组织项目实施，并接受财政、审计部门的监督。全省已完成竣工验收并投入使用的项目25个，占全部补助项目的60%，其余17个没有完工项目均按计划进度实施。

三、主要做法及取得效益

（一）以绩效为导向，科学合理分配资金

省财政厅积极推动绩效评价工作，建立绩效评价制度，设定项目绩效评价指标及量化评分标准，每年组织第三方机构对上一年度扶持项目进行绩效评价，将评价结果作为各市（州）下一年度资金分配重要依据，不断深化绩效管理水平。市、县财政局督促项目单位切实履行绩效管理主体责任，按期组织开展绩效自评，将评价报告及时报送财政部门，确保财政资金发挥效益，促进社会公益事业更好、更快发展。

（二）整合优质养老资源，打造多元养老模式

城市养老服务中心及乡镇敬老院建设等项目，整合、优化了养老和医疗两方面资源，打造了集养老护理、医疗康复于一体的养老机构，为老年人提供了持续性、针对性的医疗、养老服务，重点解决了老年人的医疗和康复护理的服务难题，满足社会多层次养老需求。灵台县百里中心敬老院建设项目在以养为主的基础上，探索多种养老模式，实现"老有所为、老有所乐、老有

所学、老有所居、老有所养、老有所医"的目标，做到规模适宜、功能完善、安全卫生、运行经济。

（三）推进殡葬改革进程，倡导文明殡仪行为

殡葬基础设施改扩建，对推进殡葬改革进程，倡导文明、健康、进步的殡仪活动及构建和谐社会、保护生态环境等具有重要意义。兰州新区公墓区建设项目、静宁县殡仪馆和公益性骨灰安放堂建设项目，把"以人为本、以孝为先"作为殡葬文化建设核心内容，努力打造承担社会责任、传承传统文化、传达地方特色、传播现代文明的文化基地。

（四）培育体育项目文化，丰富市民业余生活

健身场地设施提档升级，是开展全民健身运动的重要保障。兰州奥体中心项目、张掖奥体中心游泳馆主体工程建设、嘉峪关市游泳馆标准赛场改建项目，充分利用区域内交通、绿地等资源，修建或完善体育活动配套设施，满足市民对"饭后健身"爆发式增长的需求，不断提高人民群众的生活品质、健康水平和幸福指数，使当地市民在体育参与中增强体育意识，形成健身理念，享受体育乐趣，提升生活满足感和幸福感。

（五）推动残疾人事业发展，增强残疾人保障能力

残疾人康复托养机构的建设，进一步满足城乡残疾人基本康复服务需求，提供专业化康复服务，提高残疾人救治效率，促进残疾人事业发展。定西市残疾人托养中心建设项目，为残疾人实施康复服务，提高了残疾人生存质量，培养了残疾人自尊、自强、自立的精神，减轻了残疾人的家庭经济负担和后顾之忧，缓解了定西市残疾人日益增长的服务需求与残疾人综合康复设施明显滞后的突出问题。

中央专项彩票公益金有力支持了甘肃省各级养老服务机构、殡葬基础设施、公共体育设施和残疾人托养康复基础设施建设，极大弥补了甘肃欠发达地区的社会公益事业基础设施和服务水平欠账，有效提升了社会公益机构的服务能力和承接能力，对推动全省社会公益事业持续健康发展，满足人民日益增长的美好生活需要，提高群众获得感、幸福感、安全感等均发挥了十分重要的作用。

（甘肃省财政厅综合处供稿，匡哲执笔）

2021年中央专项彩票公益金支持青海省社会公益事业发展项目实施情况

一、资金使用规模

根据《财政部关于下达2021年中央专项彩票公益金支持地方社会公益事业发展预算的通知》(财综〔2021〕20号)文件精神,按照财政部关于项目安排和资金使用的有关要求,在深入调研全省各地区社会公益事业发展需求的基础上,青海省确定了项目资金安排重点向东部人口集中地区和青南涉藏地区倾斜,以及重点向养老福利、群众体育、供水保障、学前教育等补"短板"的社会公益事业倾斜的资金分配方案。向各市(州)下达中央专项彩票公益金支持地方社会公益事业发展资金10 809万元,并同步下达绩效目标。

分资金层级看:省级安排700万元,占6.5%;市(州)级安排资金1 544万元,占14.3%;区(县)级安排资金8 565万元,占79.2%,资金分配重点向基层和财力基础薄弱地区倾斜。

分资金投向看:一是养老福利类,安排3个老年活动中心建设项目2 940万元及10个农村互助幸福院建设项目,共计3 540万元,占32.8%。二是群众体育类,安排全民健身器材购置项目300万元、11个智慧健身房项目400万元、17个射箭场项目500万元;西宁市体育场维修改造项目900万元;黄南州泽库县体育文化广场建设项目600万元、黄南州泽库县民族射箭场项目70万元,共计2 770万元,占25.6%。三是供水保障类,安排6个农村牧区供水保障工程项目1 955万元,占18.1%。四是学前教育类,安排西宁市保育院迁建项目644万元、西宁市城东区第三幼儿园建设项目500万元;海东市平安区第四幼儿园建设项目1 400万元,共计2 544万元,占23.5%。

分地区看:项目安排覆盖省本级、8个市(州)和20个县(区),其中:西宁市、海东市人口集中地区安排6 574万元,占60.8%;黄南州、果洛州、玉树州涉藏市县安排2 230万元,占20.6%。

二、实施效果

随着中央专项彩票公益金支持青海省社会公益事业发展资金投入和项目实施,有效弥补了地方公共财政对社会福利事业和公益事业资金投入上的不足,进一步夯实了社会公益事业发展基础,提升了全省特别是涉藏州县社会公益事业基础设施建设水平,为加快推进全省社会公益事业发展奠定了坚实基础。一是符合地区实际。项目安排和资金分配由各级政府慎重研究,科学决策,充分结合地区社会公益事业发展实际,重点向薄弱环节和领域倾斜,体现了"补短板"的资金分配导向。二是资金使用规范。强化事前项目申报和绩效目标审核,资金严格按照规定的使用范围分配使用,未安排与社会公益事业无关的支出,有效保障了资金合理使用。三是有效弥补欠账。青海省地方财力有限,社会公益事业发展历史欠账较多,市县财政"三保"、债务还本付息等刚性支出压力较大,财政收支矛盾较为突出。中央专项彩票公益金有效改善了地方财力困境,弥补了地方社会公益事业投入不足,为进一步促进各地社会公益事业协调发展提供坚实保障。

三、具体项目实施情况

（一）西宁市保育院迁建项目

建设内容：建筑面积6 423.8平方米，主要建设教学楼、室外活动场及总图工程，并购置设备。

资金执行情况：项目规划总投资9 542万元，总到位资金4 095.8万元，已支付4 095.8万元，资金支付率100%。其中，2021年下达中央专项彩票公益金644万元，已支付644万元，主要用于支付装饰装修工程款（175万元）、室外总图工程款（133.3万元）、购置设备款（300万元）和相关二类费用（35.7万元），资金支付率100%。

项目效益：项目计划2022年9月投用，规划新增公办学前教育学位360名，对扩大全市公办学前教育资源具有重要现实意义。项目的实施可进一步优化全市学前教育布局和资源配置，有效推动和引领全市学前教育高质量发展。（本部分由西宁市教育局供稿，高立民执笔）

（二）城东区第三幼儿园建设项目

建设内容：该项目占地约9亩，总建筑面积约3 200平方米，主要建设保教楼一栋、大门及基础设施配套工程和设备购置。建设后可设9个教学班，共计幼儿270名。

资金执行情况：总投资1 557.41万元，项目于2021年6月开工建设，计划于2022年9月完工投入使用。目前已完成主体封顶，二次结构工程量完成80%，根据合同约定（工程量完成70%）、现场进度，已支付工程款1 090.19万元，支付率为70%。

项目效益：该项目正是按照市委、市政府要求，进一步贯彻落实西宁市教育大会部署，加快推进教育现代化、优质化、均衡化，努力办好让党放心、让人民满意的又一项重大举措。项目建成后，将极大地缓解城东区教育资源紧缺的现状，优化教育布局结构，提升办学条件，扩大教育区位优势，有效缓解"入园难"等问题。

（三）海东市平安区第四幼儿园建设项目

建设内容：新建教学及辅助用房6 127.76平方米。

资金执行情况：项目总投资2 668万元，目前主体已完工，根据工程进度及合同约定已拨付工程款1 830万元，其中中央专项彩票公益金中支出575.22万元，拨付率为68.6%。

项目效益：该项目建设地点在湟源路西侧，原发改委院内。由于该片区附近无公立幼儿园，周围适龄儿童无法就近入学，该项目建成后可为周边适龄儿童提供450个学位，满足广大人民群众对学前教育的多方需求，进一步改善学前教育办学条件，为全区学前教育的健康可持续发展奠定坚实的基础。

（四）海东市循化县积石镇新建村互助幸福院

建设内容：该项目总投资60万元，总用地面积105平方米，总建筑面积197.12平方米，包括室内、室外给排水、消防、电气工程等配套工程。

资金执行情况：2021年，省财政厅下达《2021年中央专项彩票公益金支持地方社会公益事业发展资金（市州级）预算的通知》（青财综字〔2021〕1090号），海东市循化县积石镇新建村互助幸福院项目获得2021年中央专项彩票公益金支持资金60万元。截至2021年12月31日，项目已完成了土建工程，实际支出资金45.85万元，资金支出率为76.42%。计划于2022年4月份进行验收。（本部分由海东市循化县民政局供稿，赵岚执笔）

（五）黄南州尖扎县昂拉乡净化水厂建设项目（昂拉河东拉毛5村）

建设内容：新建集水井1座，集成一体化水厂1座，建设用地总面积816.73平方米。其中，建筑物用地面积262.52平方米，绿化用地面积222.15平方米，厂内地坪192.46平方米，厂内道路139.60平方米，卫生厕所1座，院落围墙111

米，场外道路20米。新建150吨清水池1座，闸室2座，各类阀门井5座（其中，分水井3座、检查井2个），铺设供水管道3 651米、排水管道126米，管道防护3座（总长29米），恢复灌溉渠道62米，安装智慧水表643套。

资金执行情况：黄南州尖扎县昂拉乡净化水厂建设项目（昂拉河东拉毛5村）总投资779.73万元。其中，乡村振兴衔接资金119.73万元，债券资金400万元，青海省2021年度中央专项彩票公益金支持地方社会公益事业发展项目资金260万元。

项目效益：一是工程项目实施后，可直接改善项目区群众643户2 537人，10 478头（只）牲畜及项目区旅游人口3 200人的饮水水质，改善饮水卫生条件，增强人民体质，减少村民医药费支出，可极大地调动农民群众的生产积极性。二是净水工程项目的实施，可极大地改善广大群众的生产、生活条件和饮水卫生条件，减少疾病的发生，提高村民的健康水平，促进当地民族文化、卫生、教育等事业的全面发展，促进地区精神文明建设。三是项目的实施，进一步完善了当地基础设施建设，对地区生态保护建设也会起到积极的促进作用。

（六）海北州祁连县农村饮水安全保障工程

建设内容：高崂村：新建蓄水池1座（200吨），检查井1座。入户井150座，干管5条长6 842米（其中Φ110-1.6MPa的2条共计3 318米，Φ75-0.8MPa的3条共计3 524米），入户管长4 500米（Φ32-1.6MPa），管道防护12米，硬化路拆除与恢复567米。河西村：新建阀门井8座，入户井172座，干管3条长5 934米（Φ63-1.25MPa）支管1条长292米（Φ40-1.6MPa），入户管长5 160米（Φ32-1.6MPa），硬化路拆除与恢复578米，村道柏油路穿管3处共计12米，U43排水渠拆除与恢复292米。大浪村：新建机井6眼，80米井深。大泉村：新建机井6眼，80米井深。

项目效益：工程的实施，可确保八宝镇高崂村、扎麻什乡河西村、野牛沟乡大泉村、大浪村4个村334户2 021人的饮水量，改善居民生活条件，进一步提升农村饮水的安全保障水平，具有较好的社会效益。（本部分由祁连县农牧水利科技和乡村振兴局供稿，任维邦执笔）

（青海省财政厅供稿）

2021年中央专项彩票公益金支持宁夏回族自治区社会公益事业发展项目实施情况

根据《财政部关于下达2021年中央专项彩票公益金支持地方社会公益事业发展资金预算的通知》（财综〔2021〕20号），中央财政下达宁夏2021年中央专项彩票公益金8 632万元。宁夏财政厅会同相关部门周密安排部署，合理筛选项目，及时分配资金，加快项目实施。

一、中央专项彩票公益金使用规模和资助项目

按照"缺什么，补什么"，宁夏财政厅会同相关部门紧紧围绕自治区重大民生项目，突出重点支持领域。2021年中央专项彩票公益金重点支持社会福利、体育、残疾人、教育等社会公益事业项目，共计安排8 632万元。

（一）安排社会福利公益项目3 032万元

一是社区老年人日间照料中心建设项目650万元，新建3个社区老年人日间照料中心；二是安排农村老饭桌建设项目125万元，建设5个农村老饭桌；三是安排养老服务优化项目1 807万元，支持7个市、县（区）实施养老服务优化项目，对养老机构、所有纳入特困供养、建档立卡范围的高龄、失能、残疾老年人家庭，进行设施设备安全性、便利性和舒适性改造；四是实施养老机构消防安全达标提升项目450万元，支持6所养老机构消防设施进行改造，配置消防设施及器材。

（二）安排体育公益项目2 200万元

一是支持市、县（区）建设多功能运动场20个，补助1 000万元；二是支持市、县（区）建设健身步道28.6公里，补助1 200万元。

（三）安排残疾人事业发展公益项目2 600万元

一是支持9个重点帮扶县（区），实施2 230户困难残疾人家庭无障碍改造项目，补助1 115万元。二是支持市、县（区）实施0-6岁残疾儿童康复救助项目，救助残疾儿童1 811名，补助935万元。三是支持3个县（区）实施残疾人康复托养服务设施建设及设备购置，补助550万元。

（四）安排教育公益项目800万元

一是支持自治区贫困地区农村中学科技馆可持续发展，对全区84所农村中学科技馆补助770.1万元，主要用于设备购置、设施修缮等，科技教育活动器材、教具、资源包购置等。二是支持开展农村中学骨干科技教师培训及业务交流29.9万元。

二、项目资金执行情况

（一）项目资金到位情况

2021年，中央专项彩票公益金8 632万元全部落实到社会福利、体育、残疾人、教育等社会公益事业项目，在规定时间内资金已全部下达相关市、县及单位，资金到位率100%。

（二）项目资金执行情况

截至2021年年底，中央专项彩票公益金8 632万元，已完成支出4 728.75万元，预算执行率55%。其中：安排社会福利事业项目3 032万元，完成支出717.67万元，预算执行率24%；安排体育项目2 200万元，完成支出1 330.72万元，预算执行率60.49%；安排残疾人事业发展项目2 600万元，完成支出2 040.69万元，预算执行率78.49%；安排教育公益项目800万元，完成支出

640.34万元，预算执行率80%。

三、产生的社会效益

一是社会福利公益项目。5个农村老饭桌，已完成1个，其他正在有序推进；3个社区老年人日间照料中心、养老服务优化项目、养老机构消防安全达标提升项目，均为下半年实施，加上受疫情及冬季停工影响，工程进度有快有慢，且按合同约定的工程进度支付款项，资金执行率较低。此次中央专项彩票公益金支持地方社会福利事业项目完成后，将为农村老年人提供助餐、助医、精神慰藉、助洁等便捷服务，不断满足农村、社区老年人养老需求；养老服务优化、消防安全达标并投入使用后将有效改善养老机构服务环境，提升保障水平。

二是体育公益项目。项目资金于2021年7月下达，完成招投标开工建设后，因受疫情及冬季停止施工影响，延至2022年继续实施。宁夏"十四五"规划将全民健身服务体系建设工程列入城乡居民健康水平提升重点工程项目，5年内将新建社区多功能运动场160个，健身步道500公里。2021年中央专项彩票公益金支持建设的20个多功能运动场、28.6公里健身步道，以及自治区彩票公益金分年度有计划地支持建设，使全区的全民健身场地设施进一步完善。

三是残疾人事业发展公益项目。通过实施0-6岁残疾儿童康复救助项目，共资助全区26个市、县（区），为1 811名残疾儿童提供机构内康复训练，有效提高了残疾儿童生活自理、社会适应和学习能力，保障了残疾儿童的健康成长。通过实施困难残疾人家庭无障碍改造项目，共完成2 542户，为广大残疾人不同程度地创造了安全的出行环境和便利的家庭生活条件，提升了残疾人及家属的幸福感。通过残疾人基础设施建设及设备购置，有效满足了各类残疾人提供专业的康复服务、辅助器具适配等功能需求，为就业年龄段、有托养需求的智力、精神及重度肢体残疾人提供托养服务。

四是教育公益项目。通过连续实施农村中学科技馆可持续发展项目，为84所农村中学科技馆购置基础学科展品、机器人、无人机、数字化虚拟科技馆等及科技活动器材，发挥教师专业特长，2021年农村中学科技馆参观人数14.3万人次，开放次数3 992场（次），开展科普活动3 282次，分别比上年同期增长50%、25%、128%，进一步激发了学生对科学的兴趣，科学素养得到提升。支持连续举办的宁夏农村中学科技馆骨干教师培训班，促进教师理论素养和专业能力不断提升，为开展科技教育活动、助力"双减"政策落地见效打下良好基础。

宁夏回族自治区财政厅结合项目实施情况和资金支付情况，加强与自治区主管部门及有关市、县的沟通，推进项目尽快落地见效。加大检查指导力度，会同相关部门开展重点督导，督促项目加快实施，尽早竣工验收。加快社区老年人日间照料中心、农村老饭桌建设、残疾人项目建设、健身步道及多功能运动场建设进度，保质保量完成任务，更好地服务相关群体。加强绩效管理，压实部门单位主体责任，完善项目绩效评价体系和相关指标，加强全过程绩效管理，不断提高资金使用效益。

（宁夏回族自治区财政厅供稿，李海宁执笔）

2021年中央专项彩票公益金支持新疆维吾尔自治区社会公益事业发展项目实施情况

一、资金使用规模

2021年,财政部下达中央专项彩票公益金支持新疆维吾尔自治区社会公益事业建设项目资金32 000万元。新疆财政厅按照《彩票公益金管理办法》《中央专项彩票公益金支持地方社会公益事业发展资金管理办法》,结合新疆社会公益事业发展实际情况,按照体现公益、扩大覆盖,突出重点、有保有压,严格审核、加强管理的原则,安排支持社会福利项目资金13 757万元,教育发展项目资金7 514.8万元,体育发展项目资金6 573.8万元,文化润疆项目资金4 154.4万元。

二、项目实施情况

(一)支持社会福利事业发展

支持社会福利类项目69个,资金13 757万元。其中,社会福利机构消防安全改造项目34个,资金5 900万元;居家养老服务机构基础设施设备升级改造项目15个,资金3 936万元;新疆静宁医院基础设施设备升级改造项目800万元;新疆荣军医院优抚对象巡回医疗项目100万元;殡仪馆基础设施设备升级改造项目3个,资金1 300万元;社会工作和志愿服务项目12个,资金850万元;残疾人康复机构基础设施设备升级改造项目550.68万元;残疾人体育发展事业项目45.32万元;社区群众文化活动场所建设项目275万元。

项目的实施,增强了公办养老、儿童等社会福利机构保障能力,推动了社区居家养老体系建设,有效破解了老年人居家养老难题,提升了老年人、儿童获得感和幸福感。提升了残疾人康复机构规范化、标准化建设水平,同时为自治区在全国第十一届残疾人运动会上取得优异成绩提供了有力保障。

(二)支持教育事业发展

支持教育发展类项目3个,资金7 514.8万元。其中,支持省属师范类院校就读师范类专业新疆高中班毕业专项培养经费1 514.8万元;职业教育发展项目5 910.209万元;足球夏令营项目89.791万元。

项目的实施,有效解决了自治区乡村中小学教师匮乏和师资水平不高问题,加强了应用类技术技能型人才培养,提升了职业院校办学层次和水平,为全区经济社会高质量发展提出了人才保障。

(三)支持体育事业发展

支持体育发展类项目13个,资金6 573.8万元。其中,新建羽毛球馆1座,资金775.8万元;体育训练器材购置项目500万元;新疆体育科学研究所体育科研仪器设备购置项目528万元;足球场、篮球场等体育运动场地设施建设项目4个,资金1 270万元;少年足球发展项目1 000万元;健身路径器材购置项目3个,资金1 900万元;阿克苏地区体育馆维修更换项目300万元;健身步道建设项目300万元。

项目的实施,进一步调动广大群众参与全民健身活动积极性,提高人民健康水平,推动了自治区群众体育、竞技体育的高质量发展。

(四)支持文化润疆事业发展

支持文化润疆类项目5个,资金4 154.4万元。其中，践行文化润疆、百部爱国主义电影进校园项目554.4万元；克州博物馆项目1 800万元；文化体育中心建设项目300万元；妇联"文化润疆进家庭"农村妇女素质提升项目2个，1 500万元。

项目的实施，进一步提升自治区中华优秀传统文化氛围，让传统文化融入各族群众日常生活，促进各民族广泛交往、深度交融，促进各民族文化团结统一。

三、资金执行情况

2021年，新疆自治区财政厅严格执行资金跟踪反馈制度，随资金拨付文件印发了资金跟踪单，督促资金使用部门和地（州、市）按月报送资金执行情况反馈表，及时了解和掌握资金使用管理情况，提高资金使用效益。

中央专项彩票公益金于2021年6月拨付到位，截至2021年12月31日，实际支出18 701.68万元。剩余资金按照项目实施进度预计于2022年6月支出完毕。

四、取得的成效

中央专项彩票公益金重点向自治区党委、人民政府明确提出的重大民生项目倾斜，向南疆四地州、困难行业和弱势群体倾斜，向"补短板"公益事业倾斜，加大对文化润疆支持力度，推动新疆各项社会公益事业高质量发展，老年人、困难儿童、残疾人、殡葬、精神卫生等社会福利机构的保障能力和服务水平得到大幅提升，进一步丰富人民群众文化体育生活，提高了职业教育水平。

经统计，改善各类社会福利机构设施设备4.35万平方米，惠及5.49万人；新增体育场地面积1.24万平方米，惠及24.78万人；提升62所职业院校办学层次和水平；为南疆四地州2 310所农村中小学校放映爱国主义电影9 420场；在南疆四地州农村建设"靓发屋"1 000个，带动4 500名妇女就地就近就业增收；设计装修博物馆面积7 722平方米；支持自治区残疾人运动员参加全国第十一届残疾人运动会取得历史最好成绩，斩获23金、15银、28铜，共计66枚奖牌。

（新疆维吾尔自治区财政厅综合处供稿，

张巧莉执笔）

2021年中央专项彩票公益金支持新疆生产建设兵团社会公益事业发展项目实施情况

一、基本情况

2021年,根据《财政部关于下达2021年中央专项彩票公益金支持新疆生产建设兵团社会公益事业发展资金预算的通知》(财综〔2021〕22号),中央财政安排新疆生产建设兵团(以下简称"兵团")中央专项彩票公益金7 200万元,用于支持兵团社会公益事业发展。按照向基层、向重点领域倾斜的原则,严格遵循有关工作要求,将中央专项彩票公益金重点用于支持社会福利、教育、文化和残疾人公益事业发展。

二、项目执行情况

2021年,兵团财政下达各师市及兵直单位中央专项彩票公益金7 200万元,支持项目共计10个,具体执行情况如下:

(一)支持社会福利事业发展

2021年,中央专项彩票公益金支持兵团3个社会福利事业项目,共计3 280万元。

1. 支持兵团本级养老服务机构建设,共计2 000万元。兵团本级养老服务机构主体工程建设项目建筑面积21 250平方米、建设床位500张,项目建设周期2年,2021年度完成前期设计、土地整理、施工备料等工作,计划2022年完工。

2. 支持2个团场公益性墓地建设,共计1 280万元。每个团场公益性墓地占地20 000平方米,项目建设周期2年,2021年度完成地勘勘界、勘察设计等工作,计划2022年完工。

(二)支持教育事业发展

2021年,中央专项彩票公益金支持兵团2个教育事业项目,共计2 400万元。

1. 支持石河子工程职业技术学院教学楼建设,共计1 800万元。该建设项目建筑面积6 500平方米,项目建设周期2年,2021年度完成初步设计评审,项目正在建设中,预计2022年11月投入使用。

2. 支持1所中学教学仪器设施设备购置,共计600万元。设备购置已完成,计划2022年6月投入使用。

(三)支持文化事业发展

2021年,中央专项彩票公益金支持兵团1个文化事业项目,用于13所团场学校少年宫的修缮和器材购置,共计195万元。2021年度已完成12所团场学校少年宫修缮和器材购置,平均每所建筑面积1 097平方米,剩余1所团场学校少年宫修缮和器材购置正在推进中。

(四)支持残疾人事业发展

2021年,中央专项彩票公益金支持兵团4个残疾人公益事业项目,共计1 325万元。

1. 支持30个团场残疾人康复机构设备购置,共计709万元,完成10个团场设备购置,剩余项目正在推进中。

2. 支持1 500户残疾人家庭无障碍改造,共计225万元。完成447户残疾人家庭无障碍改造,1 053户正在实施过程中,计划2022年11月底前完成。

3. 支持残健融合文化设施设备补助项目,共计300万元。已完成50个团场阳光无障碍影院系统配发。

4. 支持2个康复专业技术人员培训项目,共计89万元。兵团残疾人康复专业技术人员师资培训班项目已完成。团场康复专业技术人员普遍培训项目，预计于2022年6月底前完成。

三、项目实施效果

（一）完善服务体系，提升社会福利事业整体水平

1. 支持养老事业发展。支持新建兵团本级养老服务机构，推动补齐兵团养老服务"短板"，完善了"兵、师、团"三级养老服务体系，满足了兵团本级及直属单位、第十一师及第十二师驻乌单位老年人的养老服务需求，在完善社会服务体系、促进经济发展等方面发挥了重要作用。

2. 支持殡葬服务事业发展。支持2个团场新建公益性墓地，有效治理团场墓葬混乱无序的现状，进一步加强公墓规范化管理，有利于弘扬先进殡葬文化，推动兵团团场丧葬礼俗改革，有效助力兵团乡村振兴建设和推动社会文明进步。

（二）优化基础设施，改善教育教学条件

1. 促进教育教学条件的改善。支持1所中学教学仪器设施设备购置，完善了教学条件，保障年均2 000余名学生实验教学需求，促进兵团教育事业均衡发展。

2. 促进职业教育条件的改善。支持1所中等职业技术学校新建学校教学楼，建筑面积达6 743平方米，为年均1 200余名学生提供良好的教学环境。

（三）搭建活动平台，丰富青少年文化生活

支持13个团场少年宫修缮和器材购置，覆盖面达11个师市，项目学校平均设置活动数12个，受益未成年人数达1.44万人，学生参与率达95%以上。通过广泛开展文体娱乐活动、技能培训活动和道德实践活动，提高了青少年社会实践能力，实现以乐促智、以技促能、以德育人的教育目标，取得了良好的社会效益。

（四）建立专业化平台，改善残疾人生活

1. 加大培训力度，购置康复设备，提升团场康复服务能力。已完成10个团场康复机构购置设备，用于残疾人手术、康复训练、辅助器具适配等方面，改善了团场残疾人康复机构硬件条件。同时举办了康复专业人员技术培训班，受训人员63人次，进一步提升了兵团康复机构的服务能力和专业化水平。

2. 推动创造残疾人家庭无障碍环境。以残疾人需求为导向，以改造项目能够满足残疾人日常生活无障碍基本需求为标准，因户施策，因人而异，因需服务，已推动447户残疾人家庭进行无障碍改造，残疾人满意度达85%以上，提高了残疾人日常生活自理能力，创造了更加便利的残疾人家庭无障碍环境。

3. 丰富残疾人精神文化生活。购置残健融合设施设备，为50个团场搭建阳光无障碍影院系统，完善无障碍文化建设资源配备，受益人数达5 200人。通过集体观看电影、体验听书机、阅读盲文图书等高质量、多样性的文化活动，进一步丰富残疾人精神文化生活。

（新疆生产建设兵团财政局供稿，
易晔执笔）

六、附 录

主要彩票游戏类型简介

传统型彩票（Draw Games）：又称"被动型彩票"，是指由彩票发行者事先在彩票上印好号码，通常是5至7位数字，并将固定编组、中奖规则、奖金等级和中奖金额或实物公布，彩票销售一段时间后集中公开摇奖，购买者所购彩票的号码与开奖号码比对，以确定是否中奖和中奖奖级的彩票游戏。传统型彩票有着悠久的历史，遍布全球，我国福利彩票早期主要是此类彩票。由于购买传统型彩票需要等待开奖时间，因此随着即开型彩票的出现，购买者更青睐即买即刮即兑的即开型彩票，对传统型彩票的兴趣逐渐减少。

乐透型彩票（Lotto Games）：是指由购买者从M个号码中选取N个号码（M>N）的组合为一注彩票进行投注，并与彩票发行者在投注活动结束后某一时点从M个号码中随机抽取的N个开奖号码的组合比对，以确定是否中奖和中奖奖级的彩票游戏。如福利彩票双色球、体育彩票超级大乐透等属于此类彩票游戏。

数字型彩票（Number Games）：是指购买者从由0至9个号码构成的N组数列中选取其中一组排列号码为一注彩票进行投注，并与彩票发行者在投注活动结束后某一时点从相同数列集合中随机抽取的某一组开奖排列号码比对，以确定是否中奖和中奖奖级的彩票游戏。如福利彩票3D、体育彩票排列3等属于此类彩票游戏。

即开型彩票（Instant Games）：是指彩票发行者在某一固定奖组的彩票中，将中奖符号印制在彩票介质上加以遮盖，并事先公告中奖符号，购买者从同一奖组的彩票中选购后可即时刮开遮盖物以确定是否中奖和兑奖的彩票游戏。如福利彩票刮刮乐、体育彩票顶呱刮属于此类彩票游戏。

竞猜型彩票（Toto）：是指以某种竞赛结果确定投注中奖结果的彩票游戏。相对于其他纯粹的幸运型游戏而言，竞猜型彩票具有更多的个人智慧因素。如体育彩票足球彩票、篮球彩票属于此类彩票游戏。

基诺型彩票（Keno Games）：是指由购买者从M个数字中任选1到N个数字作为投注号码，从M个数字中摇出L（M>L>N）个数字作为开奖号码，将投注号码和开奖号码进行比对，以确定是否中奖和中奖奖级的彩票游戏。如福利彩票快乐8游戏属于此类彩票游戏。

（财政部综合司供稿）

2021年世界彩票销售情况

2021年，全球彩票总销量达到3 466.4亿美元（不包括视频彩票VLT销量）。其中，欧洲彩票销量为1 172.2亿美元，北美洲彩票销量为1 128.0亿美元，亚洲和中东地区彩票销量为1 024.6亿美元，澳大利亚和新西兰地区彩票销量为70.0亿美元，中美洲、南美洲和加勒比海地区彩票销量为60.2亿美元，非洲彩票销量为11.3亿美元。

在各类型彩票销量（不包含视频彩票VLT销量）统计中，即开型彩票销量为1 187.6亿美元，是2021年销量最高的彩票类型，占总销量的34.3%；乐透型彩票销量为993.0亿美元，占总销量的28.6%；体育竞猜型彩票销量为447.5亿美元，占总销量的12.9%；数字型彩票销量为272.8亿美元，占总销量的7.9%；传统抽奖型彩票销量为201.2亿美元，占总销量的5.8%；基诺型彩票销量为113.5亿美元，占总销量的3.3%；其他类型彩票（不包含视频彩票VLT）的销量为250.7亿美元，占总销量的7.2%。

2021年，全球视频彩票（VLT）共销售256.7亿美元，其中欧洲视频彩票销量为162.7亿美元，所占份额最大，达到63.4%；其次是北美，销量为83.3亿美元，所占份额为32.5%；亚洲视频销量为10.7亿美元，所占份额为4.2%。

附表 1 **2021 年世界彩票销售[1,2]**

单位：百万美元

	乐透/ 乐透附加[3]	数字抽奖[4]	基诺[5]	其他[6]	体彩[7]	抽奖	即开型/ 揭开型	总销售额[8]
非洲	614.1	13.1	22.4	60.1	255.8	9.2	158.2	1 132.9
澳洲	6 152.4	10.9	134.4	99.2		69.2	535.4	7 001.5
亚洲、中东地区	28 335.0	10 222.5	4 199.3	6 710.7	31 509.2	9 775.2	11 705.5	102 457.4
欧洲	40 724.1	2 342.8	1 399.8	15 016.9	11 914.1	9 172.5	36 648.1	117 218.4
中南美洲、加勒比海	4 354.5	901.0	102.2	16.9	190.8	379.6	77.3	6 022.3
北美	19 118.7	13 792.5	5 488.5	3 168.4	883.1	718.6	69 632.9	112 802.7
全球总计	**99 298.8**	**27 282.8**	**11 346.5**	**25 072.2**	**44 753.1**	**20 124.3**	**118 757.4**	**346 635.2**
占比	28.6%	7.9%	3.3%	7.2%	12.9%	5.8%	34.3%	100.0%

注：
1. 除非有特殊标注的"财政年度"，所有彩票销售都表示为日历年度。如果2021年度彩票销售数据在截稿前未能获得，编辑人员将采用上一年度提供的数据。栏中标注的"年度"表示销售数据公布的年度。表格列中的"年"表示彩票的销售年度，"PC"表示人均量。
2. 根据世界各国2021年预计人口数据。美国人口数据为美国人口统计局2021年7月1日所预测的人口数据。2020年加拿大人口数据由加拿大统计局提供。2021年澳大利亚人口数据由澳大利亚统计局提供。其他国家的人口数据是该国2021年的预计人口数（来源：美国人口普查局国际数据库）。
3. 乐透游戏的销售数据包括各种乐透彩票的销售额以及乐透附加的销售额。
4. 此栏数字销售为非乐透玩法，如每日和周开型的2D、3D和4D。
5. 基诺彩票销售包括定期基诺抽奖和快速基诺抽奖。
6. 此栏为混合栏，彩票种类包括宾果和一款类似于超级6的niche游戏。此外，博彩机构未提供销售明细，因此其总销售额列入"其他"类。
7. 体彩（足彩）销售额包括赔率竞猜彩票和固定赔率投注彩票的销售。
8. 视频彩票终端（VLT）的收益未计入彩票组织的总销售额，销售额中不包含电子彩票的净收益。

附表 2 **2021 年非洲彩票销售**

单位：百万美元

彩票机构	国家	年份[1]	人口[2] （百万）	乐透/ 乐透附加[3]	数字 抽奖[4]	基诺[5]	其他[6]	体彩[7]	抽奖	即开型/ 揭开型	总销 售额	人均 （美元）	汇率[8]
阿尔及利亚体彩	阿尔及利亚	2003	32.5	5.0			0.1		0.5	6.9	12.5	$0	0.0140
国家彩票	贝宁	2000	6.6				3.4	3.7		5.1	12.2	$2	0.0014
国家彩票	布基纳法索	2016	17.9	0.7				170.7	5.6		177.1	$10	0.0016
国家彩票	布隆迪	2010	9.9							0.6	0.6	$0	0.0008
COGELO	刚果	1995	2.5				17.7				17.7	$7	0.0020
国家彩票	科特迪瓦	2003	17.0							67.2	67.2	$4	0.0019
国家彩票	埃塞俄比亚	2012	96.8	0.4				8.6	18.5		27.5	$0	0.0543
国家彩票	冈比亚	1997	1.2				0.8		0.4		1.2	$1	0.0955
国家彩票	加纳	2014	26.4	98.2			0.5				98.7	$4	0.3109
肯尼亚慈善彩票	肯尼亚	1996	27.8					0.0	8.6		8.6	$0	0.0185
Societe d'Explotiation	马达加斯加	1996	14.1	0.8						0.7	1.6	$0	0.0003
LONAMA	马里	1999	10.8					0.1		0.0	0.2	$0	0.0016
Lottotech Ltd.	毛里求斯	2021	1.3	46.7				0.2			46.9	$37	0.0223
游戏和体育公司	摩洛哥	2006	33.2					27.0	13.3		40.3	$1	0.1189
国家彩票	摩洛哥	2017	35.3	16.3	11.4	22.3	3.7			21.7	75.4	$2	0.1065
Empresa de Lotarias	莫桑比克	2001	19.4		1.1			1.0			2.1	$0	0.0000
国家彩票	尼日尔	2003	10.4					28.7	1.1		29.8	$3	0.0019

续表

彩票机构	国家	年份[1]	人口[2]（百万）	乐透/乐透附加[3]	数字抽奖[4]	基诺[5]	其他[6]	体彩[7]	抽奖	即开型/揭开型	总销售额	人均（美元）	汇率[8]
国家彩票	塞内加尔	2000	10.3				32.8	0.8	0.1	1.9	35.6	$3	0.0014
国家彩票	南非	2019	58.6	439.1	0.5	0.1	1.0	17.3		6.1	464.1	$8	0.0711
国家彩票	多哥	1999	5.3	6.8			0.1	6.3		0.5	13.7	$3	0.0016
津巴布韦国家彩票	津巴布韦	2010	11.7				0.0			0.1	0.1	$0	0.0027
总计				**614.1**	**13.1**	**22.4**	**60.1**	**255.8**	**9.2**	**158.2**	**$1 132.9**		
占比				54.2%	1.2%	2.0%	5.3%	22.6%	0.8%	14.0%	100.0%		

附表3　　2021年亚洲/中东彩票销售

单位：百万美元

彩票机构	国家和地区	年份[1]	人口[2]（百万）	乐透/乐透附加[3]	数字抽奖[4]	基诺[5]	其他[6]	体彩[7]	抽奖	即开型/揭开型	总销售额	人均（美元）	汇率[8]
中国福利彩票[9]	中国	2021	1 444.2	10 373.2	3 964.9	3 559.0				4 422.7	22 319.8	$15	0.1569
中国体育彩票	中国	2021	1 444.2	7 220.8	3 841.9			21 071.4		4 114.4	36 248.5	$25	0.1569
香港赛马会	中国香港	2021	7.6	438.0							438.0	$58	0.1288
财富彩票公司	印度	2003	1 049.7	1 369.4							1 369.4	$1	0.0219
马汀彩票机构	印度	2003	1 049.7	2.3				759.7			762.1	$1	0.0219
瑞穗银行	日本	2021	126.1	2 823.3	735.8		140.0		3 027.3	449.6	7 176.1	$57	0.0087
日本体育委员会	日本	2021	126.1					974.7			974.7	$8	0.0087
DongHang Lottery	韩国	2021	51.3	4 315.2			88.5		244.5	371.3	5 019.4	$98	0.0008
Sportstoto Korea	韩国	2021	51.3					4 720.4			4 720.4	$92	0.0008
体育推广基金会	韩国	2014	49.8					2 986.0			2 986.0	$60	0.0009
黎巴嫩游戏公司	黎巴嫩	2021	6.8				126.5		0.0		126.5	$19	0.0007
万能集团	马来西亚	2015	30.1		627.3						627.3	$21	0.2323
泛马来西亚体彩公司	马来西亚	2020	32.4		396.0			74.3			470.3	$15	0.2475
马来西亚体育透透公司	马来西亚	2020	32.4				591.1				591.1	$18	0.2475
慈善彩票办公室	菲律宾	2019	108.1	210.9	570.7	34.5			0.2	15.3	831.6	$8	0.0197
新加坡博彩有限公司	新加坡	2018	5.8				5 413.4				5 413.4	$935	0.7313
国家彩票管理局	斯里兰卡	2015	21.6					108.5	7.8		116.3	$5	0.0068
台湾彩券股份有限公司	中国台湾	2021	23.9	1 477.5	76.4	522.6	351.3			2 324.4	4 752.2	$199	0.0361
台湾运彩	中国台湾	2021	23.9					1 682.5			1 682.5	$71	0.0361
政府彩票办公室	泰国	2021	70.0					5 634.9			5 634.9	$81	0.0299
Vietlott	越南	2020	97.3	104.5	9.5	83.2					197.2	$2	0.0000
总计				**28 335.1**	**10 222.5**	**4 199.3**	**6 710.7**	**31 509.2**	**9 775.9**	**11 705.5**	**$102 457.7**		
占比				27.7%	10.0%	4.1%	6.5%	30.8%	9.5%	11.4%	100.0%		

附表 4 2021 年澳大利亚、新西兰彩票销售

单位：百万美元

彩票机构	国家	年份[1]	人口[2]（百万）	乐透/乐透附加[3]	数字抽奖[4]	基诺[5]	其他[6]	体彩[7]	抽奖	即开型/揭开型	总销售额	人均销量	汇率[8]
金匣子彩票公司	澳大利亚	2021	5.2	1 084.4					10.2	154.6	1 249.1	$239	0.7256
西澳大利亚彩票机构	澳大利亚	2021	2.7	669.2	10.9		54.4			100.8	835.3	$312	0.7256
新南威尔士州彩票机构	澳大利亚	2021	8.2	1 601.3					49.8	106.1	1 757.2	$215	0.7256
南澳大利亚州彩票机构	澳大利亚	2021	1.8	324.5		101.3			3.0	25.6	454.4	$257	0.7256
塔茨集团	澳大利亚	2021	7.9	1 658.1					6.3	62.9	1 727.3	$219	0.7256
乐透新西兰	新西兰	2021	4.9	815.0		33.1	44.8			85.4	978.2	$201	0.6837
总计			30.6	6 152.4	10.9	134.4	99.2		69.2	535.4	$7 001.5	$229	
占比				87.9%	0.2%	1.9%	1.4%		1.0%	7.6%	100.0%		

附表 5 2021 年欧洲彩票销售

单位：百万美元

彩票机构	国家	年份[1]	人口[2]（百万）	乐透/乐透附加[3]	数字抽奖[4]	基诺[5]	其他[6]	体彩[7]	抽奖	即开型/揭开型	总销售额	人均销量	汇率[8]
奥地利彩票公司[9]（GGR）	奥地利	2021	9.0	704.4	4.8	0.0	178.3	2.8	17.2	85.1	992.5	$110	1.1324
国家彩票	比利时	2021	11.6	1 144.9			86.1			501.7	1 732.6	$149	1.1324
国家彩票	保加利亚	2020	7.0	93.1			4.0			56.5	153.7	$22	0.6280
克罗地亚彩票	克罗地亚	2021	4.1	75.8		10.3	32.0	81.4	0.6	19.8	219.8	$54	0.1504
塞浦路斯政府彩票	塞浦路斯	2019	1.2						4.8	46.4	51.2	$43	1.9134
Sazka 公司	捷克共和国	2019	10.7		426.4		19.9	109.6		225.8	781.7	$73	0.0440
丹麦国家彩票	丹麦	2019	5.8	422.6			339.9				762.5	$132	0.1651
D.K.Klasselotteri	丹麦	FY21	5.8						106.4		106.4	$18	0.1523
乐透爱沙尼亚	爱沙尼亚	2020	1.3	73.2		9.5				12.6	95.2	$72	1.2282
芬兰国家彩票（GGR）	芬兰	2020	5.5	487.4		199.2	259.7	168.5		63.4	1 178.2	$213	1.2282
法国国家游戏集团	法国	2021	65.4				6 504.5	4 773.1		10 171.7	21 449.2	$328	1.1324
GKL（NKL & SKL）	德国	2020	83.9						383.8		383.8	$5	1.2282
巴登符腾堡州乐透公司	德国	2021	10.8	817.7	237.0	21.9		9.1	19.8	109.8	1 215.2	$113	1.1324
巴伐利亚州乐透公司	德国	2018	12.5	1 062.7		37.3	81.1	6.2	48.5	145.2	1 381.0	$110	1.2282
柏林乐透公司	德国	2020	3.5	309.6		8.5	16.3	1.6	11.7	11.1	358.8	$102	1.2282
Lotto Bremer	德国	2020	0.7	55.9			5.9	0.4	2.3	2.8	67.3	$102	1.2282
基尔西北乐透公司	德国	2020	2.8	288.0		4.9	38.2	1.3	11.5	17.8	361.8	$128	1.2282
黑森州乐透公司	德国	2020	6.1	680.8		20.0	53.0	21.1	28.1	99.4	902.4	$148	1.2282
下萨克森乐透公司	德国	2020	7.9	685.6		12.0	99.5	21.7	38.6	27.9	885.3	$112	1.2282

续表

彩票机构	国家	年份[1]	人口[2]（百万）	乐透/乐透附加[3]	数字抽奖[4]	基诺[5]	其他[6]	体彩[7]	抽奖	即开型/揭开型	总销售额	人均销量	汇率[8]
梅克伦堡乐透	德国	2020	1.6	143.7				3.7		5.5	152.9	$93	1.2282
西德意志乐透公司	德国	2020	17.8	1 762.6		34.6	135.0	11.2	50.0	114.1	2 107.6	$118	1.2282
莱因兰普法尔茨州乐透公司	德国	2020	4.0	404.2		9.4	31.9	16.0	21.5	24.6	507.6	$127	1.2282
萨尔州乐透公司	德国	2021	1.0	114.9		3.4	9.2	0.8	5.4	10.3	144.0	$142	1.1324
汉堡乐透公司	德国	2010	1.8	155.8		2.9	20.5	5.3	4.3	2.1	191.0	$106	1.3252
萨克森-安哈特乐透公司	德国	2020	2.3	200.4		0.5	18.8	7.5	12.0	19.0	258.2	$112	1.2282
萨克森乐透	德国	2020	4.1	329.9		8.1	28.2			36.4	402.6	$97	1.2282
勃兰登堡乐透公司	德国	2020	2.5	238.9			19.7		3.4	10.7	272.6	$109	1.2282
图林根州乐透公司	德国	2020	2.2	183.6		4.2	16.9	0.5	4.1	4.2	213.5	$96	1.2282
直布罗陀政府彩票	直布罗陀	FY15	0.03					7.9			7.9	$272	1.4833
足球预测公司（GGR）	希腊	2020	10.4	637.0			81.0	329.6			1 047.6	$101	1.2282
希腊国家彩票公司（GGR）	希腊	2020	10.4							93.8	93.8	$9	1.2282
匈牙利国家彩票公司	匈牙利	2021	9.6	366.3	130.5	19.9	5.0	1 153.1		473.4	2 148.1	$223	0.0031
冰岛彩票大学冰岛彩票[9]	冰岛	2021	0.3					17.5		1.0	18.5	$54	0.0077
Islensk getspá	冰岛	2021	0.3	52.6				16.3			68.9	$203	0.0077
国家彩票	爱尔兰	2020	5.0	727.1						401.5	1 128.6	$227	1.2282
以色列体育竞猜委员会	以色列	2017	8.5					788.1			788.1	$92	0.2601
Mifa Hapayis	以色列	2021	8.8	545.5	1 337.0	57.9	137.5			859.2	2 937.1	$334	0.3208
SISAL S.p.A.[9]	意大利	2019	60.5	2 065.7			2 286.8	1 770.5		18.2	6 141.1	$102	1.1199
乐透马蒂克公司[9]	意大利	2021	60.4	9 437.4			338.4		24.7	13 582.3	23 382.8	$387	1.1324
哈萨克斯坦国家彩票	哈萨克斯坦	2020	18.8	2.8		1.0	2.6			9.1	15.5	$1	0.0024
拉脱维亚乐透	拉脱维亚	2021	1.9				73.9				73.9	$40	1.1324
OLIFEJA	立陶宛	2021	2.7	58.9		4.4				47.0	110.3	$41	1.1324
卢森堡国家彩票	卢森堡	2011	0.5	73.4		28.7				22.0	124.1	$244	1.3252
Lotarija Makedonija[9]	北马其顿	2008	2.6					9.6			9.6	$4	0.0234
Maltco（GGR）	马耳他	2020	0.4	25.9		5.9	0.0	5.5		0.5	37.8	$86	1.2282
摩尔多瓦彩票公司[9]	摩尔多瓦	2015	3.4	0.3				0.1			0.4	$0	0.0500
Nederlandse Loterij	荷兰	2016	16.8	164.5	7.4	23.3		141.0	733.7	91.5	1 161.5	$69	1.0536
Norsk Tipping	挪威	2020	5.5	1 311.9			2 642.3	417.2		125.0	4 496.4	$824	0.1167
Totalizator Sportowy	波兰	2021	37.8	725.9		734.3			11.6	499.1	1 971.0	$52	0.2464
里斯本慈善会	葡萄牙	2020	10.2	819.6			95.1	627.6	88.7	1 769.0	3 399.9	$334	1.2282
罗马尼亚彩票[9]	罗马尼亚	2020	19.2	72.1				0.2		15.6	87.9	$5	0.2519

续表

彩票机构	国家	年份[1]	人口[2]（百万）	乐透/乐透附加[3]	数字抽奖[4]	基诺[5]	其他[6]	体彩[7]	抽奖	即开型/揭开型	总销售额	人均销量	汇率[8]
JSC TC Center	俄罗斯	2021	145.9	201.4	190.7	13.3	369.6			41.5	816.6	$6	0.0134
塞尔维亚国家彩票	塞尔维亚	2017	7.1	41.3			8.6			12.1	62.0	$9	0.0101
Tipos AS	斯洛伐克	2020	5.5	219.9			518.1			98.7	836.8	$153	1.2282
体育彩票公司	斯洛文尼亚	2021	2.1		2.3		7.4	101.9		1.2	112.7	$54	1.1324
西班牙国家彩票	西班牙	2021	46.8	3 997.3			187.5	190.5	6 222.6		10 597.9	$227	1.1324
加泰罗尼亚彩票	西班牙	2021	7.6	14.9	1.8	4.1	3.5		39.2	8.4	71.8	$9	1.1324
ONCE	西班牙	2020	46.8	240.3					1 094.4	649.1	1 983.8	$42	1.2282
Svenska Spel[9]（GGR）	瑞典	2020	10.2	382.1			71.7	166.6		196.2	816.6	$80	0.1221
SwissLos 公司	瑞士	2021	6.1	820.5		55.7	78.7	793.2		445.7	2 193.8	$360	1.0925
罗曼德彩票[10]	瑞士	2021	2.1	307.0	4.9	64.7	107.6	159.5		420.5	1064.2	$507	1.0925
土耳其国家彩票机构	土耳其	2018	76.7	429.8					158.1	54.3	642.2	$8	0.1891
M.S.L. 乌克兰	乌克兰	2019	44.0	6.6	0.0		2.8	2.0		3.7	15.2	$0	0.0419
英国国家彩票	英国	2021	68.2	6 540.2						4 884.6	11 424.8	$168	1.3489
总计				40 724.1	2 342.8	1 399.8	15 016.9	11 914.1	9 172.5	36 648.1	$117 218.4		
占比				34.7%	2.0%	1.2%	12.8%	10.2%	7.8%	31.3%	100.0%		

附表6　　　　　　　　　　**2021 年中美洲、南美洲和加勒比海地区彩票销售**

单位：百万美元

彩票机构	国家	年份[1]	人口[2]（百万）	乐透/乐透附加[3]	数字抽奖[4]	基诺[5]	其他[6]	体彩[7]	抽奖	即开型/揭开型	总销售额	人均销量	汇率[8]
阿根廷国家彩票	阿根廷	2016	42.2	115.0	289.1				4.9	2.1	411.0	$10	0.0629
巴西联邦储蓄银行	巴西	2021	214.0	3 196.6				19.5	58.9		3 275.1	$15	0.1771
Polla Chilena	智利	2019	19.0	192.4			0.6	26.6	1.9	7.3	228.9	$12	0.0013
智利彩票机构	智利	2008	17.9	7.3		67.5			6.7	8.6	90.0	$5	0.0016
Junta de Proteccion	哥斯达黎加	2017	4.9	30.0	108.3				307.2	7.8	453.3	$93	0.0017
萨尔瓦多国家彩票	萨尔瓦多	2015	6.4	39.0						3.0	42.0	$7	1.0000
Supreme Ventures Ltd	牙买加	2009	2.8	27.6	242.9	3.6	16.1			1.5	291.7	$103	0.0112
巴拿马国家彩票	巴拿马	2015	4.0	638.0						5.0	643.0	$161	1.0000
因特拉洛秘鲁公司	秘鲁	2012	29.5	38.0	0.8	1.8	0.1	41.6		7.2	89.5	$3	0.3914
CBN 圣卢西亚公司	圣卢西亚	2021	0.2	2.1	13.1					1.1	16.4	$89	0.3704
特立尼达国家彩票	特立尼达	2010	1.2	37.8	191.3	3.4				17.0	249.5	$203	0.1548
Banco de Quinielas	乌拉圭	2021	1.3	30.8	55.5	25.9		103.0		16.7	231.9	$176	0.0223
总计				4 354.5	901.0	102.2	16.9	190.8	379.6	77.3	$6 022.3		

附表 7　　2021 年北美洲彩票销售

单位：百万美元

	国家	年份[1]	人口[2]（百万）	乐透/乐透附加[3]	数字抽奖[4]	基诺[5]	其他[6]	体彩[7]	抽奖	即开型/揭开型	总销售额	人均销量	汇率[8]
大西洋彩票公司[9]	加拿大	2021	2.5	259.7	0.5	8.4	62.7	50.6		237.1	619.0	$251	0.7824
不列颠哥伦比亚省彩票机构	加拿大	2021	5.2	582.0		301.7	410.1	32.1	73.1	222.1	1 621.0	$311	0.7824
魁北克乐透公司[9]	加拿大	2021	8.6	897.5	38.6	152.2	239.6	111.2	84.2	461.7	1 985.0	$231	0.7824
安大略省彩票和游戏公司	加拿大	2021	14.8	1 963.6	158.4	83.2	2.6	248.5		1 292.0	3 748.4	$253	0.7824
加西彩票公司	加拿大	2021	7.1	846.5	22.5	14.1		70.9		302.8	1 256.7	$176	0.7824
Pionosticos	墨西哥	2015	125.2	393.4				82.6		8.3	484.3	$4	0.0578
Lotena Nacional	墨西哥	2016	125.2						262.9		262.9	$2	0.0483
Lotena Electronica	美国	2021	2.9	140.3	297.3	0.6		283.9		67.9	790.0	$276	1.0000
维尔京群岛彩票公司	美国	FY10	0.1	0.6					14.5	1.3	16.4	$149	1.0000
亚利桑那州彩票机构	美国	2021	7.3	285.2	17.4		51.0			1 080.1	1 433.7	$197	1.0000
阿肯色州彩票机构	美国	2021	3.0	71.7	19.5		20.0			527.8	639.0	$211	1.0000
加利福尼亚州彩票机构	美国	2021	39.2	1 563.8	227.1	398.2	34.9			6 823.7	9 047.7	$231	1.0000
科罗拉多州彩票机构	美国	2021	5.8	237.1	16.0					607.0	860.1	$148	1.0000
康涅狄格州彩票公司	美国	2021	3.6	214.9	290.4	147.5	32.7			848.1	1 533.7	$425	1.0000
哥伦比亚特区彩票	美国	2021	0.7	17.2	126.9	6.1	19.6			48.4	218.3	$326	1.0000
特拉华州彩票机构[9]	美国	2021	1.0	52.7	65.4	9.7		122.4		114.1	364.3	$363	1.0000
佛罗里达州彩票机构	美国	2021	21.8	1 504.4	873.9		22.4			6 933.6	9 334.3	$429	1.0000
乔治亚州彩票机构	美国	2021	10.8	474.4	1 061.6	234.9	329.1			3 963.2	6 063.3	$561	1.0000
印地安纳州彩票机构	美国	2021	6.8	252.2	104.2		28.1			1 435.8	1 820.3	$267	1.0000
爱达荷州彩票	美国	2021	1.9	63.7	3.6		16.9			289.1	373.4	$197	1.0000
伊利诺伊州彩票公司	美国	2021	12.7	551.1	681.8		50.7			2 264.2	3 547.9	$280	1.0000
爱荷华州彩票机构	美国	2021	3.2	97.5	15.1		21.9			331.4	466.0	$146	1.0000
堪萨斯州彩票机构	美国	2021	2.9	84.8	9.0	12.2	10.3			236.3	352.6	$120	1.0000
肯塔基州彩票机构	美国	2021	4.5	190.7	254.1	91.7	49.2			1 013.1	1 598.9	$355	1.0000
路易斯安那州彩票公司	美国	2021	4.6	154.2	142.6		10.6			329.1	636.5	$138	1.0000
缅因州彩票机构	美国	2021	1.4	56.3	12.0		13.7			326.5	408.4	$298	1.0000
马里兰州彩票机构[9]	美国	2021	6.2	316.3	694.8	285.5	393.0			1 016.5	2 706.1	$439	1.0000
马萨诸塞州彩票机构	美国	2021	7.0	390.3	371.3	1 177.5				4 043.3	5 982.5	$857	1.0000
密歇根州彩票机构	美国	2021	10.1	425.9	1 161.2	613.9	381.2			2 482.2	5 064.4	$504	1.0000
明尼苏达州彩票机构	美国	2021	5.7	159.1	23.0		21.3			624.7	828.1	$145	1.0000
密西西比州彩票机构	美国	2021	3.0	79.5	21.9					407.7	509.0	$173	1.0000
密苏里州彩票机构	美国	2021	6.2	218.0	186.8	60.4				1 226.3	1 691.6	$274	1.0000

458

续表

国家		年份[1]	人口[2]（百万）	乐透/乐透附加[3]	数字抽奖[4]	基诺[5]	其他[6]	体彩[7]	抽奖	即开型/揭开型	总销售额	人均销量	汇率[8]
蒙大拿州彩票机构	美国	2021	1.1	33.8			12.6	6.4		29.1	81.9	$74	1.0000
内布拉斯加州彩票机构	美国	2021	2.0	82.1	7.8					124.7	214.6	$109	1.0000
新罕布什尔州彩票机构	美国	2021	1.4	86.2	10.9	53.5	45.6	43.8		328.4	568.5	$409	1.0000
新泽西州彩票机构	美国	2021	9.3	755.1	746.8	115.9	83.2			2 243.2	3 944.3	$425	1.0000
新墨西哥州彩票机构	美国	2021	2.1	55.9	7.5		1.2			91.0	155.6	$74	1.0000
纽约州彩票机构[9]	美国	2021	19.8	1 180.3	1 935.1	705.8				4 622.5	8 443.7	$426	1.0000
北卡罗来纳州彩票	美国	2021	10.6	428.0	739.2	80.7	65.4			2 656.1	3 969.5	$376	1.0000
北达科他州彩票机构	美国	2021	0.8	33.1							33.1	$43	1.0000
俄亥俄州彩票机构[9]	美国	2021	11.8	426.9	829.4	615.1	234.4			2 387.5	4 493.3	$381	1.0000
俄克拉荷马州彩票	美国	2021	4.0	93.1	7.1					273.8	374.0	$94	1.0000
俄勒冈州彩票机构[9]	美国	2021	4.2	127.6	2.0	107.6		30.1		194.6	461.9	$109	1.0000
宾夕法尼亚州彩票公司	美国	2021	13.0	749.0	676.2	43.9	290.6			3 668.2	5 427.8	$419	1.0000
罗德岛州彩票机构[9]	美国	2021	1.1	56.3	23.8	88.0	10.2	38.8		139.6	356.7	$326	1.0000
南卡罗来纳州彩票	美国	2021	5.2	205.8	468.2					1 741.0	2 415.0	$465	1.0000
南达科他州彩票[9]	美国	2021	0.9	29.7						50.2	79.9	$89	1.0000
田纳西州彩票机构	美国	FY21	7.0	193.8	137.1	16.1	0.2			1 591.2	1 938.4	$278	1.0000
德克萨斯州彩票机构	美国	2021	29.5	1 106.2	455.2					6 823.8	8 385.3	$284	1.0000
佛蒙特州彩票机构	美国	2021	0.6	22.9	2.8		7.0			132.7	165.3	$256	1.0000
弗吉尼亚州彩票机构	美国	2021	8.6	349.4	761.8	52.2	186.2			1 414.1	2 763.7	$320	1.0000
西弗吉尼亚州彩票机构[9]	美国	2021	7.7	239.8	22.5	6.3				712.5	981.2	$127	1.0000
威斯康星州彩票机构	美国	2021	1.8	62.5	13.3	5.6	9.1	45.7		183.6	320.3	$180	1.0000
怀俄明州彩票机构	美国	2021	5.9	228.3	48.4		0.9			659.6	937.2	$159	1.0000
安大略省彩票和游戏公司	美国	2021	0.6	28.4							28.4	$49	1.0000
总计				19 122.7	13 793.7	5 488.7	3 168.4	883.1	711.9	69 634.7	$112 803.3		
占比				17.0%	1.22%	4.9%	2.8%	0.8%	0.6%	61.7%	100.0%		

注
1.除非有特殊标注的"财政年度"，所有彩票销售都表示为日历年度。如果2021年度彩票销售数据在截稿前未能获得，编辑人员将采用上一年度提供的数据。栏中标注的"年度"表示销售数据公布的年度。表格列中的"年"表示彩票的销售年度，"PC"表示人均量。
2.美国人口数据为美国人口统计局2021年7月1日所预测的人口数据。2021年加拿大各省人口数据由加拿大统计局提供。2021年澳大利亚各州人口数据由澳大利亚统计局提供。其他国家的人口数据是该国2021年的预计人口数（来源："统计时代"（Statistic Times））。
3.乐透游戏的销售数据包括各种乐透彩票的销售额以及乐透附加的销售额。
4.此栏数字销售为非乐透玩法，如每日和周开型的2D、3D和4D。
5.基诺彩票销售包括定期基诺抽奖和快速基诺抽奖。
6.此栏为混合栏，彩票种类包括宾果和一款类似于超级6的niche游戏。此外，博彩机构未提供销售明细，因此其总销售额列入"其他"类。
7.体彩（足彩）销售额包括赔率竞猜彩票和固定赔率投注彩票的销售。
8.货币汇率以2021年12月31日的当天销售为准（来源：www.oanda.com）。
9.彩票机构总销售额不包含视频终端游戏收入。
10.销售额不包括Tactilo的营业总收入。

附表 8　　　　　　　　　　　　　　　　2021 年非洲彩票销售

单位：当地货币百万计

	国家	年份	货币	乐透/乐透附加[3]	数字抽奖[4]	基诺[5]	其他[6]	体彩[7]	抽奖	即开型/揭开型	总销售额
阿尔及利亚体彩	阿尔及利亚	2003	DA	359			6		35	491	890
国家彩票	贝宁	2000	非洲法郎				2 389	2 602		3 641	8 632
国家彩票	布基纳法索	2016	非洲法郎	460				106 040		3 500	110 000
国家彩票	布隆迪	2010								780	780
COGELO	刚果	1995	非洲法郎					8 738			8 738
国家彩票	科特迪瓦	2003	非洲法郎							35 542	35 542
国家彩票	埃塞俄比亚	2012	比尔	7					159	341	507
国家彩票	冈比亚	1997	达拉西				9			4	13
国家彩票	加纳	2014	加纳塞地	316			2				317
肯尼亚慈善彩票	肯尼亚	1996	肯尼亚先令						1	463	464
Societe d'Explotiation	马达加斯加	1996	马达加斯加法郎	3 393						2 813	6 207
LONAMA	马里	1999	西非法郎					95		2	97
Lottotech Ltd.	毛里求斯	2021	毛里求斯卢比	2 091				10			2 101
游戏和体育公司	摩洛哥	2006	迪拉姆					227		111	339
国家彩票	摩洛哥	2017	迪拉姆	153	107	210	35			203	708
Empresa de Lotarias	莫桑比克	2003	梅蒂卡尔		26 678			22 616			49 294
国家彩票	尼日尔	2014	非洲法郎					15 500		600	16 100
国家彩票	塞内加尔	2000	非洲法郎					23 286	573	68	1 331	25 258
国家彩票	南非	2019	南非兰特	6 174	7	1	14	244		86	6 525
国家彩票	多哥	1999	非洲金融共同体法郎	4 350			81.741	4 023		290	8 745
津巴布韦国家彩票	津巴布韦	2010	津巴布韦元				11			43	54

附表 9　　　　　　　　　　　　　　　　2021 年亚洲/中东彩票销售

单位：当地货币百万计

	国家和地区	年份	货币	乐透/乐透附加[3]	数字抽奖[4]	基诺[5]	其他[6]	体彩[7]	抽奖	即开型/揭开型	总销售额
中国福利彩票	中国	2021	元	66 113	25 270	22 683				28 188	142 255
中国体育彩票	中国	2021	元	46 021	24 486			134 299		26 223	231 029
香港赛马会	中国香港	2021	港元	3 400							3 400
财富彩票公司	印度	2003	印度卢比	62 500							62 500
马汀彩票机构	印度	2003	印度卢比	106	1 921				34 675		36 702
瑞穗银行	日本	2021	日元	324 889	84 669		16 116		348 369	51 742	825 785
日本体育委员会	日本	2021	日元					112 162			112 162
DongHang Lottery	韩国	2021	韩元	5 137 100			105 300		291 100	442 000	5 975 500
Sportstoto Korea	韩国	2021	韩元					5 619 491			5 619 491
体育推广基金会	韩国	2014	韩元					3 281 344			3 281 344

续表

国家和地区		年份	货币	乐透/乐透附加[3]	数字抽奖[4]	基诺[5]	其他[6]	体彩[7]	抽奖	即开型/揭开型	总销售额
黎巴嫩游戏公司	黎巴嫩	2021	L£				191 612			11	191 623
万能集团	马来西亚	2015	百万美元		2 700						2 700
泛马来西亚体彩公司	马来西亚	2020	百万美元		1 600			300			1 900
马来西亚体育透透公司	马来西亚	2020	百万美元				2 388				2 388
慈善彩票办公室	菲律宾	2019	菲律宾比索	10 717	28 998	1 753			11	777	42 257
新加坡博彩有限公司	新加坡	2018	新加坡元				7 402				7 402
国家彩票局	斯里兰卡	2015	斯里兰卡卢比						16 029	1 152	17 181
台湾彩券股份有限公司	中国台湾	2021	新台币	40 950	2 118	14 484	9 736			64 424	131 712
台湾运彩	中国台湾	2021	新台币					46 631			46 631
政府彩票办公室	泰国	2021	泰铢						188 268		188 268
Vietlott	越南	2020	越南盾	2 613 681	236 467	2 078 773					4 928 922

附表 10　　2021年澳大利亚、新西兰彩票销售

单位：当地货币百万计

	国家	年份	货币	乐透/乐透附加[3]	数字抽奖[4]	基诺[5]	其他[6]	体彩[7]	抽奖	即开型/揭开型	总销售额
金匣子彩票公司	澳大利亚	2021	澳元	1 494					14	213	1 722
西澳大利亚彩票机构	澳大利亚	2021	澳元	922	15		75			139	1 151
新南威尔士州彩票机构	澳大利亚	2021	澳元	2 207					69	146	2 422
南澳大利亚州彩票机构	澳大利亚	2021	澳元	447		140			4	35	626
塔茨集团	澳大利亚	2021	澳元	2 285					9	87	2 381
乐透新西兰	新西兰	2021	新西兰元	1 192		48	66			125	1 431

附表 11　　2021年欧洲彩票销售

单位：当地货币百万计

	国家	年份	货币	乐透/乐透附加[3]	数字抽奖[4]	基诺[5]	其他[6]	体彩[7]	抽奖	即开型/揭开型	总销售额
奥地利彩票公司[9]（GGR）	奥地利	2021	欧元	622	4	0	157	3	15	75	876
国家彩票	比利时	2020	欧元	940			104			392	1 436
国家彩票	保加利亚	2019	列弗	35			84			668	787
克罗地亚彩票	克罗地亚	2021	库纳	503	63	188	419	8		100	1 281
塞浦路斯政府彩票	塞浦路斯	2019	欧元					3		24	27
Sazka 公司	捷克共和国	2019	捷克克朗		9 689		453	2 490		5 130	17 762
丹麦国家彩票	丹麦	2019	丹麦克朗	2 560			2 059				4 619
D.K.Klasselotteri	丹麦	FY19	丹麦克朗						737		737
乐透爱沙尼亚	爱沙尼亚	2020	欧元	60	8					10	78
芬兰国家彩票（GGR）	芬兰	2020	欧元	397	162	211	137			52	959
法国国家游戏集团	法国	2021	欧元				5 744	4 215		8 982	18 941
GKL（NKL & SKL）	德国	2019	欧元						333		333

续表

	国家	年份	货币	乐透/乐透附加[3]	数字抽奖[4]	基诺[5]	其他[6]	体彩[7]	抽奖	即开型/揭开型	总销售额
巴登符腾堡州乐透公司	德国	2021	欧元	722	209	19		8	18	97	1 073
巴伐利亚州乐透公司	德国	2020	欧元	865		30	66	5	39	118	1 124
柏林乐透公司	德国	2020	欧元	253	7	13	1	8		9	292
Lotto Bremer	德国	2020	欧元	46			5	0	2	2	55
基尔西北乐透公司	德国	2020	欧元	235	4	31	1	9		15	295
黑森州乐透公司	德国	2020	欧元	554	16	43	17	23		81	735
下萨克森乐透公司	德国	2020	欧元	558	10	81	18	31		23	721
梅克伦堡乐透	德国	2020	欧元	117				3		5	125
西德意志乐透公司	德国	2020	欧元	1 435	28	110	9	41		93	1 716
莱因兰普法尔茨州乐透公司	德国	2017	欧元	274	7	25	14			17	337
萨尔州乐透公司	德国	2021	欧元	102	3	8	1	5		9	127
汉堡乐透公司	德国	2010	欧元	118	2	16	4	3		2	144
萨克森-安哈特乐透公司	德国	2020	欧元	163	0	15	6	10		15	210
萨克森乐透	德国	2020	欧元	269	7	23				30	328
勃兰登堡乐透公司	德国	2020	欧元	195		16		3		9	222
图林根州乐透公司	德国	2020	欧元	150	3	14	0	3		3	174
直布罗陀政府彩票	直布罗陀	FY15	直布罗陀镑					5			5
足球预测公司（GGR）	希腊	2020	欧元	519			66	268			853
希腊国家彩票公司（GGR）	希腊	2020	欧元							76	76
匈牙利国家彩票公司	匈牙利	2021	福林	119 715	42 636	6 493	1 627	376 823		154 716	702 010
冰岛彩票大学[9]	冰岛	2021	冰岛克朗					2 280		135	2 415
Íslensk Getspá/Getraunir	冰岛	2021	冰岛克朗	6 864			2 134				8 998
国家彩票	爱尔兰	2019	欧元	549	10		28			298	885
以色列体育竞猜委员会	以色列	2017	新谢克尔					3 030			3 030
Mifa Hapayis	以色列	2021	新谢克尔	1 700	4 168	180	429			2 678	9 155
SISAL S.p.A.[9]	意大利	2019	欧元	1 845			2 042	1 581		16	5 484
乐透马蒂克公司[9]	意大利	2021	欧元	8 334			299			11 994	20 627
Satty Zhuldyz	哈萨克斯坦	2020	坚戈	1 188		407	1 111			3 844	6 549
拉脱维亚乐透	拉脱维亚	2021	欧元				65				65
OLIFEJA	立陶宛	2021	欧元	52	4					41	97
国家彩票	卢森堡	2010	欧元	55		22				17	94
Lotarija Makedonija[9]	北马其顿	2008	代纳尔					409			409
MALTCO Lotteries Malta（GGR）		2020	欧元	21	5	0	4	0		31	737
摩尔多瓦彩票公司[9]	摩尔多瓦	2015	摩尔多瓦列伊	7				2			9
Nederlandse Loterij	荷兰	2016	欧元	156	7	22		134	696	87	1 102
Norsk Tipping AS[9]	挪威	2020	挪威克朗	10 028		997	1 237	3 576		1 089	16 928

续表

	国家	年份	货币	乐透/乐透附加[3]	数字抽奖[4]	基诺[5]	其他[6]	体彩[7]	抽奖	即开型/揭开型	总销售额
Totalizator Sportowy	波兰	2021	兹罗提	2 946		2 981			47	2 026	8 000
SGML	葡萄牙	2020	欧元	667			77	511	72	1 440	2 768
罗马尼亚彩票[9]	罗马尼亚	2020	罗马尼亚列伊	286				1		62	349
JSC TC Center	俄罗斯	2020	卢布	15 006	14 211	993	27 542			3 096	60 847
塞尔维亚国家彩票	塞尔维亚	2017	塞尔维亚第纳尔	4 097			852			1 200	6 148
Tipos AS	斯洛伐克	2019	欧元	136		51	237	39		80	542
体育彩票公司	斯洛文尼亚	2021	欧元		2		7	90		1	100
SELAE	西班牙	2021	欧元	3 530			166	168	5 495		9 359
加泰罗尼亚彩票	西班牙	2021	欧元	13	2	4	3		35	7	63
ONCE	西班牙	2020	欧元	196					891	529	1 615
瑞典国家彩票[9]（GGR）	瑞典	2019	瑞典克朗	2 593		537	534	1 587		1 607	6 858
SwissLos 公司	瑞士	2021	瑞士法郎	751		51	72	726		408	2 008
罗曼德彩票[10]	瑞士	2021	瑞士法郎	281	4	59	99	146		385	974
土耳其国家彩票机构	土耳其	2018	新土耳其里拉	2 273					836	287	3 397
M.S.L. 乌克兰	乌克兰	2019	Hrvv	157	1		66	49		89	363
英国国家彩票	英国	2021	英镑	4 848						3 621	8 470

附表 12　　2021 年中美洲、南美洲和加勒比海地区彩票销售

单位：当地货币百万计

	国家	年份	货币	乐透/乐透附加[3]	数字抽奖[4]	基诺[5]	其他[6]	体彩[7]	抽奖	即开型/揭开型	总销售额
阿根廷国家彩票	阿根廷	2016	阿根廷比索	1 828	4 597				78	33	6 535
巴西联邦储蓄银行	巴西	2021	雷亚尔	18 050				110		333	18 493
Polla Chilena	智利	2019	菲律宾比索	143 616			462	19 867	1 413	5 459	170 817
智利彩票机构	智利	2008	菲律宾比索	4 573		42 374			4 197	5 397	56 541
Junta de Proteccion	哥斯达黎加	2017	科朗	17 231	62 240				176 544	4 482	260 498
萨尔瓦多国家彩票	萨尔瓦多	2015	美元	39						3	42
Supreme Ventures Ltd	牙买加	2009	日元	2 465	21 684	324	1 439			131	26 043
巴拿马国家彩票	巴拿马	2015	巴拿马巴波亚	638						5	643
因特拉洛秘鲁公司	秘鲁	2012	新索尔	97	2	5	0	106		18	229
CBN 圣卢西亚公司	圣卢西亚	2021	东加勒比元	6	35					3	44
特立尼达国家彩票	特立尼达	2010	特立尼达和多巴哥元	244	1 236	22				110	1 612
Banco de Quinielas	乌拉圭	2021	乌拉圭新比索	1 381	2 491	1 160		4 623		751	10 405

附表13 　　　　　　　　　　　　　　2021年北美洲彩票销售概况

单位：当地货币百万计

彩票机构	国家	年份	货币	乐透/乐透附加[3]	数字抽奖[4]	基诺[5]	其他[6]	体彩[7]	抽奖	即开型/揭开型	总销售额
大西洋彩票公司[9]	加拿大	2021	加元	332	1	11	80	65		346	834
不列颠哥伦比亚省彩票机构	加拿大	2021	加元	744		386	524	41	93	284	2 072
乐透-魁北克彩票机构[9]	加拿大	2021	加元	1 147	49	195	306	142	108	590	2 537
安大略省彩票和游戏公司	加拿大	2021	加元	2 510	202	106	3	318		1 651	4 791
加西彩票公司	加拿大	2021	加元	1 082	29	18		91		387	1 606
Pionosticos	墨西哥	2015	墨西哥比索	6 805			1 429			143	8 377
墨西哥国家彩票	墨西哥	2016	墨西哥比索						5 440		5 440

附表14 　　　　　　　　　　　　2021亚洲视频彩票终端（VLT）机器净收入

单位：百万美元

彩票机构	国家	年份	人口（百万）	乐透型/乐透附加	数字	基诺	视频彩票终端净收入	体彩	抽奖	即开型/揭开型	总销售额	人均销量	汇率
中国福利彩票	中国	2021	1 444.2				1 065.8				1 065.8	$1	0.1569

附表15 　　　　　　　　　　　　2021欧洲视频彩票终端（VLT）机器净收入

单位：百万美元

彩票机构	国家	年份	人口（百万）	乐透型/乐透附加	数字	基诺	视频彩票终端净收入	体彩	抽奖	即开型/揭开型	总销售额	人均销量	汇率
奥地利彩票公司	奥地利	2021	9.0				27.2				27.2	$3	1.1324
OPAP	希腊	2020	10.4				246.3				246.3	$24	1.2282
冰岛彩票大学	冰岛	2021	0.3				49.0				49.0	$144	0.0077
SISAL S.p.A.[1]	意大利	2019	59.3				4 689.6				4 689.6	$79	1.1199
乐透马蒂克公司[1]	意大利	2018	59.3				10 928.8				10 928.8	$184	1.1438
马其顿彩票机构	北马其顿	2008	2.1				20.76				20.8	$10	0.0234
摩尔多瓦彩票公司	摩尔多瓦	2015	3.6				0.4				0.4	$0	0.0504
Norsk Tipping	挪威	2020	5.5				35.1				35.1	$6	0.1167
罗马尼亚彩票	罗马尼亚	2020	19.6				154.3				154.3	$8	0.2519
瑞典国家彩票	瑞典	2019	9.9				80.2				80.2	$8	0.1072
罗曼德彩票	瑞士	2021	2.1				38.8				38.8	$18	1.0925
M.S.L. Ukraine	乌克兰	2019	44.0				0.4				0.4	$0	0.0419
总计			225.0				16 270.8				$16 270.8	$72	

注：
1.包含视频彩票终端（VLT）收入以及有奖娱乐游戏机（AWP）收入。

附表 16 2021 北美洲视频彩票终端（VLT）机器净收入

单位：百万美元

彩票机构	国家	年份	人口（百万）	乐透型/乐透附加	数字	基诺	视频彩票终端净收入	体彩	抽奖	即开型/揭开型	总销售额	人均销量	汇率
阿尔伯塔省游戏与酒类管理局	加拿大	FY21	4.4				212.5				212.5	$48	0.7928
大西洋彩票公司	加拿大	2021	2.5				270.1				270.1	$110	0.7824
乐透-魁北克彩票机构	加拿大	2021	8.6				347.9				347.9	$40	0.7824
马尼托巴省酒类和彩票公司	加拿大	FY21	1.4				109.0				109.0	$79	0.7928
萨斯喀彻温酒类与游戏管理局	加拿大	FY21	1.2				138.0				138.0	$117	0.7928
特拉华州彩票机构	美国	2021	1.0				406.0				406.0	$405	1.0000
马里兰州彩票机构	美国	2021	6.2				968.6				968.6	$157	1.0000
纽约州彩票机构	美国	2021	19.8				1 687.0				1 687.0	$85	1.0000
俄亥俄州彩票机构	美国	2021	11.8				1 326.6				1 326.6	$113	1.0000
俄勒冈州彩票机构	美国	2021	4.3				1 124.3				1 124.3	$265	1.0000
罗德岛州彩票公司	美国	2021	1.1				449.8				449.8	$411	1.0000
南达科他州彩票公司[2]	美国	2021	0.9				326.8				326.8	$365	1.0000
西弗吉尼亚州彩票机构	美国	2021	1.8				964.6				964.6	$542	1.0000
总计			64.9				$8 331.1				$8 331.1	$128	
世界总计							$25 667.8				$25 667.8		

附表 17 2021 亚洲视频彩票终端（VLT）机器净收入

单位：当地货币百万计

	国家	年份	货币	乐透型/乐透附加	数字	基诺	视频彩票终端净收入	体彩	抽奖	即开型/揭开型	总计
中国福利彩票	中国	2021	元				6 793				6 793

附表 18 2021 欧洲视频彩票终端（VLT）机器净收入

单位：当地货币百万计

	国家	年份	货币	乐透型/乐透附加	数字	基诺	视频彩票终端净收入	体彩	抽奖	即开型/揭开型	总计
奥地利彩票公司	奥地利	2021	欧元				24				24
OPAP	希腊	2020	欧元				201				201
冰岛彩票大学	冰岛	2021	冰岛克朗				6 393				6 393
SISAL S.p.A.[1]	意大利	2019	欧元				4 188				4 188
乐透马蒂克公司[1]	意大利	2018	欧元				9 555				9 555
马其顿彩票机构	北马其顿	2008	代纳尔				887				887
摩尔多瓦彩票公司	摩尔多瓦	2015	摩尔多瓦列伊				8				8
Norsk Tipping	挪威	2020	挪威克朗				301				301
罗马尼亚彩票	罗马尼亚	2020	罗马尼亚列伊				613				613
瑞典国家彩票	瑞典	2019	瑞典克朗				748				748
罗曼德彩票	瑞士	2021	瑞士法郎				36				36
M.S.L. Ukraine	乌克兰	2019	格里夫纳				11				11

注：
1. 代表综合VLT和AWP收入。

附表 19　　2021北美洲视频彩票终端（VLT）机器净收入

单位：当地货币百万计

	国家	年份	货币	乐透型/乐透附加	数字	基诺	视频彩票终端净收入	体彩	抽奖	即开型/揭开型	总计
阿尔伯塔省游戏与酒类管理局	加拿大	FY21	加元				268				268
大西洋彩票公司	加拿大	2021	加元				345				345
乐透－魁北克（SEJQ）	加拿大	2021	加元				445				445
马尼托巴省酒类和彩票公司	加拿大	FY21	加元				138				138
萨斯喀彻温酒类与游戏管理局	加拿大	FY21	加元				174				174
特拉华州彩票机构	美国	2021	美元				406				406
马里兰州彩票机构	美国	2021	美元				969				969
纽约州彩票机构	美国	2021	美元				1 687				1 687
俄亥俄州彩票机构	美国	2021	美元				1 327				1 327
俄勒冈州彩票机构	美国	2021	美元				1 124				1 124
罗德岛州彩票公司	美国	2021	美元				450				450
南达科他州彩票公司	美国	2021	美元				327				327
西弗吉尼亚州彩票机构	美国	2021	美元				965				965

七、彩票票样